P9-AQR-081

BETHADA NÁEM nÉRENN

LIVES OF IRISH SAINTS

Edited from the Original MSS. with Introduction

Translations, Notes, Glossary and Indexes

BY

CHARLES PLUMMER

VOL. I

Introduction, Texts, Glossary

OXFORD

AT THE CLARENDON PRESS

Oxford University Press, Great Clarendon Street, Oxford OX2 6DP
Oxford New York
Athens Auckland Bangkok Bogota Bombay
Buenos Aires Calcutta Cape Town Dar es Salaam
Delhi Florence Hong Kong Istanbul Karachi
Kuala Lumpur Madras Madrid Melbourne
Mexico City Nairobi Paris Singapore
Taipei Tokyo Toronto Warsaw
and associated companies in
Berlin Ibadan

Published in the United States by
Oxford University Press Inc., New York

First published by Oxford University Press 1922
Reprinted 1968
Special edition for Sandpiper Books Ltd., 1997

British Library Cataloguing in Publication Data
Data available

ISBN 0-19-821389-1

3 5 7 9 10 8 6 4

Printed in Great Britain by
Bookcraft Ltd
Midsomer Norton, Somerset

PREFACE

THE present volumes of Irish Lives of Irish Saints are intended as a supplement to the two volumes of Latin Lives published by the Clarendon Press in 1910; and throughout the present work the results arrived at in the earlier work are taken for granted, and I have been content as a rule to refer to them, merely making such additions and corrections as have been suggested by more than ten years of additional study. The most important of these relate to the Lives of St. Brendan and St. Coemgen. Hence the Introduction to the present work is concerned mainly with the manuscript sources of the texts, with the relations of these texts to the corresponding Latin Lives, and (where there is more than one Life of the same saint) with the relations of the texts to one another. With the exception of the Life of St. Bairre of Cork and the second Brendan document, none of these Lives have, to my knowledge, been previously printed.

For the sake of students who are interested in Irish Hagiology and ecclesiastical antiquities, but are not acquainted with Irish, I have translated all the documents here printed; and I have tried to make the translation as readable as is consistent with fidelity. In the case of the numerous poems inserted in the Lives (one Life is entirely metrical) I have, where possible, translated line by line. It is in the translation of these poems that the difficulty of producing a readable result is greatest. The artificial character of much of Irish poetry, and the numerous 'chevilles' in which it abounds, cause any translation which adheres at all closely to the original to sound intolerably bald and prosaic.

For the solution of many cruxes, especially in the poetry, I am indebted to Dr. Osborn Bergin, Professor of Irish Language and Literature in the National University of Ireland, who spent more time and trouble over the proof-sheets than I like to remember. Wherever possible this help is specifically acknowledged in Translation, Notes, or Glossary. But it has not been possible to do this in all cases, and my readers will accept my assurance that the book owes more to Dr. Bergin than appears on the surface.

To Mr. R. I. Best, Assistant Librarian of the National Library of Ireland, I am also indebted for much kind help and several valuable suggestions.

The issue of the book has been delayed, like many more important matters, by the outbreak of the great war, and the difficulties resulting from it. I can only record my gratitude to the Delegates of the Clarendon Press, firstly for their liberality in undertaking the work, and secondly for persevering with it in the face of many obstacles. Their printers have shown their accustomed patience and skill in executing a rather complicated task.

Complete Indexes are given of all names of persons and places, and a Subject Index to the Introduction and Notes. The Glossary only professes to give the less common words occurring in the texts; and, using a practical test of rareness, I have included all words which are not to be found in Windisch's *Irische Texte mit Wörterbuch*, the Glossary to Atkinson's Passions and Homilies from the Leabhar Breac, or Meyer's *Contributions to Irish Lexicography*. My transcripts and collations of the MSS. of the Bibliothèque Royale at Brussels, which furnish such a large proportion of my texts, were fortunately completed before the outbreak of the war. To the authorities of that Library, of the British Museum, of the Bodleian, of Trinity College, Dublin, and the Royal Irish Academy, I have once more to acknowledge my indebtedness for unfailing courtesy and help.

CHARLES PLUMMER.

CORPUS CHRISTI COLLEGE, OXFORD,
11*th September*, 1922.

CONTENTS OF VOL. I

INTRODUCTION

§ 1. The present volumes are intended as a realization, however imperfect, of the hope expressed in the Preface to Vitae Sanctorum Hiberniae, that I might be able to deal with some of the Irish Lives corresponding with certain of the Latin Lives published in those volumes. It will, however, be noticed that whereas thirty-two saints were represented in the earlier work, only ten, or less than a third, find a place here.

The reasons for this great disparity are as follows. In the case of fourteen saints, Aed mac Bric, Boecius, Cainnech, Comgall, Cronan, Enda, Fintan, Gerald, Ita, Mochua, Molua, Munnu, Samthann, and Tigernach, no Irish lives, so far as I know, exist.

§ 2. The remaining eight have been omitted either because the Irish lives are merely literal translations of the Latin Lives previously published, and therefore add nothing to our knowledge, or because they have been previously published.

The former reason applies to the Lives of Ailbe (contained in Br. MS. 2324 f. 139 and Stowe MS. No. ix, p. 97), Declan (in Br. MS. 4190 f. 171 and two later MSS.), the earlier Life of Finan (in Br. MS. 2324 f. 135 and Stowe MS. No. ix, p. 53), and Mochoemoc (in the same Br. MS. f. 289).

The latter reason applies to the Lives of Ciaran of Clonmacnois, printed by Stokes in his Lives of Saints from the Book of Lismore; of Fechin, printed by him in Rev. Celt. xii. 320; of Moling, printed by him, ib. xxvii. 257, and also separately; of Molaisse, printed by O'Grady in Silva Gadelica, i. 17, and the later life of Finan, printed by Macalister in *Z. C. P.* ii. 550.

§ 3. *Per contra*, of the ten saints dealt with here, five are represented by more than one document; Brendan, Ciaran of Saigir, Maedoc, by two; Coemgen and Mochuda or Carthach by three.

During the progress of this work an edition of the second Brendan document by Professor Thurneysen has appeared, in Z. C. P. x. 408–20, while Mr. Best's excellent Handbook of Irish Philology and Literature revealed to me for the first time the existence of an edition of the Life of Bairre in the Journal of the Cork Historical and Archaeological Society for 1893.

With these exceptions I believe the contents of the present work to be hitherto inedited.

§ 4. The sources from which they are derived are in the main two of Michael O'Clery's MSS. in the Bibliothèque Royale at Brussels numbered respectively 2324–40 and 4190–200 (which may be called O'Clery[1] and O'Clery[2] respectively); and vol. ix of the Stowe MSS. now in the Royal Irish Academy, numbered A. 4. 1.

The two O'Clery MSS. form part of the large collections made in Ireland by Michael O'Clery, a Franciscan lay-brother, and one of the compilers of the Annals of the Four Masters, under the direction of the provincial superiors of his Order, who at that time had their head-quarters in the Irish College at Louvain, in furtherance of their gigantic project of publishing a complete Corpus of Irish antiquities both secular and ecclesiastical. Of this scheme I have spoken in V. S. H. pp. v, x–xi, xviii–xix. The industry of Michael O'Clery was indeed extraordinary, and if all the colophons in which he records the dates and places at which he made his various transcripts were collected from the numerous volumes written by his busy pen, we should be able to form a fairly complete itinerary of his movements during the years in which he was engaged upon this task.

These two MSS. consist almost entirely of ecclesiastical matter, and largely of Lives of Saints. The dates which occur in the former volume range from 1620 to 1635, those in the latter from 1627 to 1635; but in both the year which recurs most frequently is 1629. They are both quarto MSS. on paper, the former containing 356 ff. and the latter 281 ff.

§ 5. The Stowe MS. is also a small quarto MS. on paper containing 300 pages. It has been very much injured by damp, and some leaves at the beginning are in great part illegible. It consists entirely of Lives of Saints, of which there are sixteen. At the end of the fifteenth life, that of St. Senan, is a note stating that the foregoing lives were copied by Domnall O Duinnin (Donnell Dinneen) at Cork in September 1627 for Francis O Mathgamna (O'Mahony), Provincial of the Friars Minor of Ireland.[1] The last Life, that of St. Ruadan, probably comes from a different source, though this is not expressly stated.[2]

The mention of the Friars Minor, or Franciscans, makes it not unlikely that this volume also was transcribed in the interest of the great Franciscan undertaking.

§ 6. For the lives contained in the present work we are dependent, in the case of Coemgen I, Coemgen II, and Colman Ela, solely on O'Clery[1], in the case of Berach, Brendan I,[3] Ciaran of Saighir II, the

[1] This is followed by a note in Irish dated 1766, stating that the volume belonged to Cathal Og Ua Conchabair o Ath na gCarr, i. e. Charles O'Conor of Bellanagare, the well-known Irish antiquary.

[2] See below, p. xl.

[3] i. e. considered as a whole, for parts of it, as will be shown, are identical with documents relating to this saint found in the Book of Lismore and elsewhere.

tract on the Úi Suanaigh, solely on O'Clery[2], while Ciaran I and Maedoc I are found only in Stowe. But for the labours of Michael O'Clery and his fellow-workers, these, like so many other documents, would have utterly perished.

The lives of Abban, Bairre, and Mochuda I, however, are found both in O'Clery[1] and Stowe, while for Ruadan and for parts of Mochuda II we can compare Stowe with O'Clery[2].

§ 7. And this at once raises the interesting question of the relation of Michael O'Clery's work to that of Donnell Dinneen.[1] In the colophon to the Life of Bairre (infra, i. 22) O'Clery expressly says that he copied it at Cork from a vellum MS. belonging to Donnell Dinneen; and the same statement is made with regard to the lives of Fursa and Cranatan in O'Clery[1] which are found also in Stowe. In the case of Ruadan O'Clery took his copy, not from the Dinneen Vellum, but from a MS. belonging to Eochraid O'Sheil. But the statements in regard to the lives of Bairre, Fursa, and Cranatan make it not unlikely that the Dinneen and O'Clery copies of the Lives of Abban and Mochuda I also come from one and the same source. Only, in that case, one or both of the scribes must have taken considerable liberties with the originals: for the textual notes furnish abundant evidence that the two recensions often differ considerably, not only in vocabulary and phraseology, but also in such matters as expansion or abbreviation, insertion or omission.

§ 8. The question is, Can we determine which of the two scribes reproduced his original the more faithfully? I have no hesitation in pronouncing in favour of O'Clery, for two reasons. The Irish scribe was seldom content to be a mere copyist, but aspired to the more ambitious rôle of an editor. O'Clery more than once complains that by the express orders of his superiors he was definitely limited to the humbler function. Thus in the colophon to the Life of Colman Ela (infra, i. 182), after expressing his poor opinion of the work, he adds: 'let the reproach of it be on the men who ordered me to follow the track of the old books till the time of their revision' (*lit.* straining). In the colophon to the metrical Life of Caimin of Inis Celtra, after denouncing the composition with even greater vigour,[2] he adds: 'but I give as my excuse, that it was enjoined on me to follow the track of the old books, because it is only a collection of things which is to be made at present' (O'Clery[1] f. 273 v°). We may be thankful to O'Clery's superiors who checked his desire to improve upon his originals; and perhaps we may also be thankful that 'the time for their revision' never came; had it been taken in hand, it is possible that O'Clery's careful transcripts might have disappeared in the process.

[1] Cf. V. S. H. pp. xxv f. [2] Cf. ib. p. lv.

§ 9. The second proof of O'Clery's fidelity as a copyist is this. By a fortunate accident we have in the case of Brendan ii two copies made by him from the same MS., one in 1627 and the other in 1634. Probably by 1634 O'Clery had forgotten that he had already made a copy of this tract in 1627.[1] The earlier copy is in MS. O'Clery 1 f. 70 v°, the other in a third O'Clery MS., Brussels 5100–4 f. 12 r°. But though separated by an interval of seven years they agree so minutely, even down to the contractions and abbreviations used, that the coincidence can only be explained by the most painstaking reproduction of his originals on the part of the scribe (see below, p. xxiv). Hence wherever a Life exists both in the O'Clery and Dinneen MSS. I have in all cases taken O'Clery as the basis of the text.

Other MSS. used will be described in the following Introductions to the Separate Lives.

§ 10. **Betha Abain.** This Life is here edited from the two MSS. O'Clery 1 ff. 145^b–50^b (Br.) and Stowe, pp. 205–21 (St.). The suggestion made above that both MSS. may be derived from the same original is confirmed by the fact that in both the life ends, obviously incomplete, at exactly the same point. Though the sense of the two texts may be generally the same, they differ a good deal, as stated above, in vocabulary and phrasing. In some cases the two scribes seem respectively to prefer different words to express the same idea. Thus for 'wife' Br. uses *seitig*, while St. prefers *bain-cheile* (§§ 1, 12); in § 11 St. throughout substitutes *coinnel* for Br.'s *sudrall*, the originality of the latter being shown, however, by the fact that in one case St. has: 'sudrall. i. coinnell'. In § 7 Br. has *damna* for 'material', while St. uses *adbur*; in §§ 36, 37 St. prefers *éidir* where Br. has *cuimgeach*, *cumang*, to express the idea of 'ability to do'.

§ 11. But the difference between the two texts is not confined to vocabulary and phrasing. Br. has two sections (§§ 30, 34) which are not in St.; and they differ occasionally as to matters of fact; thus in § 15 Br. says that the monsters subdued by Abban subsequently appeared every seventh year, St. says that they appeared frequently; in § 24 Br. makes Abban prophesy of Finan, while St. reverses the relation between the two saints. In both these cases Br. seems to be correct. And though St. has occasionally preserved a better reading than Br. (e. g. §§ 21, 24 where Br. has made omissions owing to homoioteleuton) yet Br. on the whole seems the more original. Thus in §§ 5, 36 Br. has the characteristic 'cuithe na ngiall' and the 'crosfigil', which St. has changed into the colourless 'prison' and 'earnest prayer'; and in § 1 Br. (like M) has preserved both the Irish

[1] In another case O'Clery was about to make a similar mistake, but discovered it, and broke off what he had begun to copy, infra, p. xxxix, and Moch. ii. § 30, critical note.

stanzas, while St. omits the former of them. The two texts also differ as to the divisions into chapters.

§ 12. The Life, as stated, is obviously incomplete at the end; and both scribes in their colophons hint at this incompleteness. As far as it goes, it covers much the same ground as the two Latin Lives, M and S, and the incidents occur in practically the same order. Of the two it is nearer to S, for it has a section (§ 40 = S § 39) which is not in M; it also agrees with S in not having some of the homiletic matter with which M is farced (M §§ 10, 29).

But many sections which are common to M and S are also omitted (M §§ 26-8, 32, 35-7 = S §§ 21-3, 26, 29-31), and generally the Irish text reads like an abbreviation, and the topographical and personal data seem less precise and abundant than in the Latin Lives.

§ 13. Here, and in all cases, in order to facilitate the work of comparison, references are given in the critical notes to parallel passages in the Latin Lives, where such parallels exist. Where two or more Irish Lives are printed, the parallels between them are also noted. The divisions into chapters (marked by Roman numerals) are taken from Br., the chapter divisions of St. being given in the critical notes. For convenience of reference I have, however, here and in the other Lives, broken up the text into shorter sections, which are numbered continuously in Arabic figures.

§ 14. **Betha Bhairre o Chorcaigh.** This Life is edited from the same two MSS., O'Clery[1], pp. 122b–8a (Br.) and Stowe, pp. 1–17 (St.). Coming as this Life does at the beginning of the latter MS., it has suffered more than the other Lives from the ruin of damp, and a good deal of the early part is quite illegible. In the case of this Life the probability that the two copies come ultimately from the same source amounts very nearly to certainty. O'Clery made his transcript from the vellum belonging to Donnell Dinneen in 1629, while Stowe was written by Donnell Dinneen himself in 1627.[1] The relation between the two texts is much the same as in the preceding Life, general agreement in sense, combined with considerable variety in vocabulary and phrasing; each scribe having here also his own preferences in these matters, e. g. *cuingid*, Br., *iarraidh*, St. = seeking, §§ 8, 11, 26; *airis*, *tarrustair*, Br., *comnaidim*, St. = to abide, §§ 30, 31, 34; *éitsecht*, Br., *bás*, St. = death, §§ 41, 47; *dogrés*, Br., *dognaith*, St. = continually, habitually, §§ 39, 42, &c. St. occasionally supplies a better reading, but on the whole is shorter and less original. There are two small fragments of this life in the Book of Fermoy, f. 59c–f. 60a (Fer.) containing §§ 1–7, 49, 50, the intervening part being lost owing

[1] It is just possible that O'Clery's transcripts from this MS. may have been made because Dinneen's work was found to be unsatisfactory.

to the lacuna in the MS. between ff. 59 and 60.[1] These fragments have been collated as far as they go.

§ 15. There is a later Irish Life of Bairre, an expanded and slightly different recension of our Life, which is cited as Ir.[2] Of this there are several MSS. belonging to the eighteenth and nineteenth centuries; R. I. A. Hodges and Smith's MSS. No. 12, pp. 506–28; do. No. 150, pp. 129–37 (imperfect); do. No. 168, pp. 110–16; King's Inns, Dublin, MS. No. 19.[2] Of these MSS. H and S No. 12 seems to me the best, and that is the MS. referred to as Ir.[2] unless otherwise stated; but No. 168 has also been used. This later Life has occasionally points of interest.

§ 16. The Life here printed does not show any clear evidence of being based upon a Latin original, nor does it stand in any distinct relation to either of the Latin Lives, though it contains some of the same incidents. But even where the incidents are the same, the account given of them is sometimes different. In one case it seems to have embodied from different sources two mutually inconsistent accounts of the same incident, viz. the removal of Bairre to Cork (see note on § 30). Of the two Latin Lives, M and R, our Life seems nearer to M, agreeing with it against R in not having the famous incident of the saint's riding on horseback across the sea from St. David's to Cork (see V. S. H. i. 69 note 8). Of the parts peculiar to our Life the most interesting are §§ 21–4, 34, which seem to indicate the existence of groups of federated churches under the headship of Cork (see notes ad loc.); and the topographical details contained in these sections are of great value (cf. also § 11).

§ 17. **Betha Beraigh.** For the text of this Life we are dependent entirely on O'Clery[2] ff. 71–88. In the colophon, § 91, O'Clery says that he copied it 'from a bad old vellum book' belonging to the children of Brian[3] O'Mulconry in 1629. The 'badness' of O'Clery's exemplar is shown chiefly in the obscurity and corruption of some of the poems with which the text is interspersed; and in the absence of any other MS. we have no means of amending this except conjecture.

The Life is of considerable interest, and is very much fuller than the only known Latin Life printed in V. S. H. i. 77–86. It cannot therefore be taken from it; nor do I think that the Latin Life (R) is abridged from our text.

§ 18. **Betha Brenainn Clúana Ferta.** The present Life is taken from

[1] For a description of the Book of Fermoy and its contents, see Dr. Todd's article in the Proceedings of the R. I. A., Irish MSS. Series, vol. i, pp. 3 ff. (1870).

[2] These two last MSS. were copied from the same original; see critical note on § 51.

[3] In MS. No. 12 of the King's Inns, Dublin, f. 37^{b}, is a note: Agso leabhar Briain oig meic Briain Úi Maile conaire.

O'Clery[2] ff. 224^a–63^b. Of the Life in its present form no other copy is known to exist. It is, however, partly made up of materials which are to be found in a separate form elsewhere.

The Life in fact represents the last stage in that process of conflating the various elements of the Brendan story which runs through so much of the Brendan literature.

As I have shown elsewhere (Z. C. P. v. 124 ff.; V. S. H. I. xxxvi ff.) the Brendan legend exists in two main forms: (1) A Life of Brendan (Vita Brendani *or* VB, in Irish, *Betha Brenainn*); and (2) the later Navigatio Brendani *or* NB, in Irish, *Muiridecht Brenainn.*

§ 19. The general scheme of VB is as follows. After giving an account of Brendan's birth, education, and early miracles, it tells how he was seized with the desire of pilgrimage, and for a 'terra secreta in mari ab hominibus semota' (S^1 § 4), and was shown from the summit of Slieve Aughty 'insula amenissima', the discovery of which is promised him. He builds three skin-covered coracles, each holding thirty men; they wander about for five years, meeting with various adventures, and seeing many islands, but not the one they sought. They are warned to return to Ireland, and there Brendan learns from St. Ita that his failure is due to his having sought the sacred land on the skins of dead animals. By her advice he builds a single vessel of timber, and starting with sixty companions, after various further adventures, reaches the promised goal of the 'desiderata insula' (S^2 § 10). This second quest occupied two years, at the end of which Brendan returns to Ireland, where he ultimately dies, after various adventures there, and in Britain, and in Gaul. One or two additional incidents of the great voyage are given in the shape of stories told by Brendan to his monks after his return.

§ 20. The scheme of the NB is much simpler. Without any reference to Brendan's earlier life, it tells how he received a visit from Barrinthus (Barrfind), who narrates how he had gone with his disciple Mernoc on a voyage to the Land of Promise. Brendan determines to follow his example, and sets out in a single skin-covered coracle with seventeen companions. They wander continuously for seven years, returning, however, to certain points at certain seasons of the ecclesiastical year, one of which is the celebration of Easter on the whale's back. At the end of the seven years they attain their goal, and return to Ireland, where Brendan shortly afterwards dies; the incidents of his later life, like those of his earlier life, being wholly omitted by NB.

§ 21. As far as regards the voyage of Brendan the chief differences between the two narratives are these: (*a*) In VB he sets out to discover an island revealed to him in answer to his prayer for a place of retirement; in NB his goal is the Land of Promise, of which he had heard from Barrinthus. This discrepancy is, however, rendered less obvious by two facts, viz. that the Land of Promise, when discovered, turns out to be an island; and that the island of VB was divinely promised to Brendan. (*b*) In VB Brendan sets out at first with three skin-covered coracles and ninety companions; subsequently with a single timber-built boat and sixty companions. In NB he sets out with a single skin-covered coracle and only seventeen companions. (*c*) In VB the seven years' wandering fall into two well-marked divisions, an unsuccessful voyage of five years and a successful voyage of two years. In NB the seven years are continuous. It is mainly in regard to these three points that inconsistencies occur in the authorities which have attempted to conflate the two narratives.

§ 22. The NB was very popular in the Middle Ages, and numerous MSS. of it exist. I know, however, of no Irish version of it, except so far as it is embodied in the present Life.

It is otherwise with the VB. Of the Latin sources the only unconflated recension of it is to be found in the second of the two lives in the Codex Salmanticensis (S^2, printed edition, cols. 759–72). This is absolutely pure. Unfortunately it has been ruthlessly abbreviated to make it more suitable for public reading (§ 17, cf. § 12). Parts of VB are found, conflated in various ways with NB, in the first life in Cod. Sal. (S^1, printed ed., cols. 113–54[1]); in the Life printed by Cardinal Moran in his Acta Brendani (1872) from the well-known MS. in Primate Marsh's Library, commonly called Codex Kilkenniensis (M)[2]; in the Life printed by myself from two Rawlinson MSS. (R; V. S. H. i. 98–151); and lastly in Capgrave, Noua Legenda Anglie (Capg. ed. Horstman, i. 136–53). Of these conflated Latin recensions R contains the largest amount of VB and S^1 the least. I have explained elsewhere the different modes of conflation adopted by the compilers of S^1, M, R, Capg., with their respective advantages and disadvantages.[3]

§ 23. In Irish we have a version of VB in the Life edited by Stokes in his Lives of Saints from the Book of Lismore, pp. 99–116, with some additional readings from the Paris MS. Bibl. Nat. Fonds Celt. No. 1, and from our Life (L).[4] This Irish recension of VB is unfortunately imperfect. The latter part of it as printed by Stokes (from l. 3880 onwards) is the conclusion of the Fís Adamnain, which

[1] The copy of NB used by S^1 was imperfect, and our Life shows the same defect.

[2] See V. S. H. pp. ix–xiv. I cite Moran's edition of the Life by chapters, and his edition of the Nauigatio by pages; cf. ib. p. xxxviii.

[3] ib. pp. xxxvii–xxxix.

[4] There is another copy, not used by Stokes, in our Stowe MS. pp. 175–204; and some late MSS. of little or no value, Egerton 91 f. 26^a; R. I. A. 23 L 11, p. 285; 23 G 25, p. 150.

does not adhere even grammatically to what precedes. The explanation of this amalgamation is, as I have elsewhere shown, purely mechanical. In the MS. used by the scribe of the Book of Lismore the Fís Adamnain followed the life of Brendan. By loss or mutilation of leaves the end of the latter tract and the beginning of the former disappeared, but later scribes, copying mechanically, failed to notice the lacuna and so united the two fragments. This defect runs through all the MSS. of this earlier Irish life, which must all therefore go back to the same defective original, and it is strongly marked in our present Life; for at the end of § 151 the compiler indicates clearly that he is passing to other sources. Either then the compiler used the same defective original, and detected the defect, or, if he used a MS. in which the two fragments had already been conjoined, he rightly perceived that the latter portion had nothing to do with his subject, and discarded it.

§ 24. But this earlier Irish life is not only defective; it is also conflated. In previous discussions of this subject I pointed out that there were inconsistencies in the narrative of L; the transition from the 'terra secreta', *talam derrit* desired by Brendan (l. 3561), to the Land of Promise, *tír tairngire*, which he attained (ll. 3564, 3844); the confusion between the five years of unsuccessful wandering (l. 3594) and seven years' continuous wandering (ll. 3609, 3717).[1] These inconsistencies I formerly attributed to contamination with NB. Further study shows that they are due, not entirely to that cause, but partly also to conflation with another Irish tract on Brendan of which I gave some account in V. S. H. I. xli,[2] though I did not then realize the extent to which it had been used by the compiler of L. In this tract the voyage of Brendan is motived in a very original and poetical way.

The twelve apostles of Ireland were with Finnian of Clonard, when suddenly a wondrous flower appeared among them from the Land of Promise. They all wish to start to discover that land; they cast lots who shall go, the lot falls on Brendan of Birr, but he is considered too old for the quest, and ultimately the younger Brendan sets out with 158 companions in a single boat. We are first told of the repeated Easters celebrated on the back of the whale; next, Brendan and his companions are nearly engulfed by whirlpools; the devil alights on the mast of their boat, and shows Brendan the entrance to hell (an incident which probably belongs to VB, as there is a parallel to it in R § 67); and the tract concludes with a version of the Judas

[1] In l. 3844 the number seven is justifiable.

[2] Printed in the present work, i. 96–102, under the title of 'The twelve Apostles of Ireland', and cited for shortness as Brendan ii. (Not to be confounded with the second *Latin* Life, printed V. S. H. ii. 270–92.)

incident, different from those contained in VB and NB, though it occurs as a separate story in the Book of Fermoy, f. 58^a (=p. 85). From this source are taken the following passages in Stokes's edition of L: ll. 3589–95, 3601–8, 3615–68.

§ 25. It will be seen that Brendan ii agrees with NB against VB (1) in making the object of Brendan's quest the Land of Promise (though its actual discovery is not given); (2) in making him start in a single boat (L has altered this, l. 3608, to harmonize it with the VB narrative); (3) the mention of repeated Easters on the whale also shows affinity with NB, though the number of Easters is not given in Brendan ii; the sentence about the seven years, L 3608–9, is an insertion of the compiler, either from a reminiscence of NB, or from the verse of Cuimine of Connor which he proceeds to quote, who, however, seems to represent Brendan as passing the whole of his seven years on the back of the whale.[1]

§ 26. We have now to examine the structure of our present Life; it is, as I have said, the most conflate of all the Brendan Lives. The bulk of it consists of a conflation of VB and NB, but the mode of conflation is quite peculiar. The Latin conflate Lives insert the NB, or such part of it as they adopt, in one continuous narrative in the middle of their respective texts of VB, fitting the two narratives together in various ways, more or less successful. The method of our compiler is different. Up to the end of § 151 his narrative consists of alternate slices of the Irish Life (L) and an Irish translation, probably made by himself, of NB, taken, however, from a defective copy similar to, or identical with, that used by S^1 (see note on § 67). He adheres very strongly to the scheme of VB which divides Brendan's wanderings into two voyages of five and two years respectively; c. xxxi is headed: 'Return of Brendan from his first voyage'; c. xxxii is headed: 'Here followeth the second voyage'. Accordingly part of the NB narrative is allotted to the first, and part to the second voyage.

§ 27. The following table will make this clear; the references for L are to the lines of Stokes's edition, those for NB to the pages of Moran's edition.

§§ 1–27=L 3305–562.
§§ 28–40=NB 85 *ad calcem*—90, 13.
§§ 41–2=L 3562–72.
§§ 43–6^a=NB 90, 13—91, 13.
§ 46^b=a harmonizing link by compiler (see note ad loc.).
§ 46^c=L 3574–6.
§§ 47–51=L 3736–56.

[1] See Z. C. P. i. 62. This strongly confirms my former suggestion, V. S. H. p. xxxix, that the whale story does not really belong to VB.

§§ 52-66 = NB 91, 14—96 *ad calcem.*

§ 67 is the composition of the compiler to supply the defect in his copy of NB.

§§ 68-79 = NB 105, 5—110, 1.

§§ 80-2 = NB 110, 15—111 *ad calcem.*

§§ 83-5 = L 3601-33.

§§ 86-92 = L 3669-736 (end of first voyage).

§§ 93-6 = L 3760-86.

§§ 97-120 = NB 121 *ad calcem*—129, 12.

§§ 121-6 = NB 118 *ad calcem*—121 *ad calcem.*

§§ 127-44 = NB 111 *ad calcem*—118 *ad calcem.*

§§ 145-51 = L 3787-880.

Of the NB narrative pp. 96 *ad calcem*—105, 5 are omitted owing to the defect in the copy used; p. 110, 1-15, is omitted, as the story of the whale therein contained is given in § 83 from L (Brendan ii). The conclusion of NB, pp. 129, 12—131, 7, is discarded, because the compiler saw that it was inconsistent with what he was about to give from the latter part of VB.[1] In the first voyage the sections of NB occur in the order of the original, but in the second voyage the three blocks of NB narrative, §§ 97-120, 121-6, 127-44, occur in a reversed order.

§ 28. Of the L text the poems, which do not occur in all MSS., are omitted. also ll. 3589-600, part of which comes from Brendan ii; while ll. 3633-68 (the description of hell from the same source) are summarized in five words (see note on § 85). The description of Paradise in § 150 is also much abbreviated. The order of L is adhered to with one exception; the incident of the 'crossan' is transferred from the second to the first voyage, for reasons stated in the note to §§ 47-51. The combination of the two narratives leads to various inconsistencies as to the number of the boats and of the companions of Brendan, dates, &c. In a few cases the compiler has attempted to harmonize these, but by no means in all.

At the end of § 151 the compiler by the note, 'the following additional stories come from a different book', clearly marks the fact that the sources hitherto drawn upon are exhausted; of NB he has used all that suited his purpose, while the genuine narrative of L comes abruptly to an end at this very point.

§ 29. In regard to the remaining portion of our Life the interesting

[1] He has thus avoided the gross contradiction into which the compiler of R fell, who after narrating (from NB) how Brendan at the end of seven years discovered the Land of Promise in a skin-covered coracle, goes on to relate (from VB) how he failed for five years to find the blessed island of his vision, because he sought it 'on the skins of dead animals', finally reaching it after two years' more search, in the timber vessel which St. Ita advised him to build.

question arises whether it contains any part of the lost continuation of L. I am afraid that it does not. Deducting the separate Irish stories which the compiler has incorporated, viz. Dobarchú, §§ 162-4; Aed Guaire, §§ 185-91; Brendan and the young harper, §§ 201-4 (for the sources of which see the critical notes), deducting also the verses in §§ 155, 160, 166, 174, 177, 184, 208, there only remain three short sections, 159, 179, 200, which cannot be paralleled in one or more of the Latin sources; of these § 179 is a mere inference, and § 200 an editorial link. My own impression is that the compiler in this later portion is, with the exceptions noted above, merely drawing on Latin versions of the VB, just as in the earlier portion he drew upon the Latin narrative of the NB. This is confirmed by an apparent mistranslation from the Latin in § 157 (see note ad loc., and cf. notes on §§ 153, 180).

§ 30. The critical notes show the parallel passages of the Latin recensions of VB contained in R, M, S^2, and Capgrave. Of these the R narrative is much the fullest, and furnishes much the largest number of parallels; but our compiler has embodied points which are peculiar to M (see notes to §§ 158, 205), to S^2 (see notes to §§ 175, 183), and to Capgrave (see notes to §§ 192, 195, 197). Of course the question arises, which cannot be definitely answered, whether the compiler had a Latin source in which these points had already been combined, or whether he gathered them himself from different sources resembling or identical with those named above. Considering his passion for conflation, the latter view seems to me more likely. Of the insertions from Irish sources the Dobarchú story interrupts the narrative very awkwardly; the Aed Guaire story the compiler himself regards as out of place; the position given to the beautiful little story of Brendan and the young harper is however happily chosen.

O'Clery in his colophon says that he got this life from a MS. written in 1536 by Seery O'Mulconry; whether the latter was also the compiler of it is an interesting question, which cannot however be answered.

§ 31 *Note.* The second Life of Brendan printed by me in an appendix to V.S.H. ii. 270-92 stands in no relation to our Irish Life. I venture, however, to call attention to it in this note, because since the publication of V.S.H. and *a fortiori* of my Essay in Z.C.P. v. 124 ff., new light has been thrown on the question of its origin by a dissertation of Dr. Erich Pfitzner entitled 'Das anglo-normannische Gedicht von Brendan als Quelle einer lateinischen Prosafassung' Halle a. S., 1910; for a copy of which I am indebted to the kindness of the author. Both in the Essay, u. s. pp. 138 ff., and also in V.S.H. I. xlii, I showed the very close relationship in which this hitherto unknown Latin Life of Brendan stands to the Anglo-Norman poem published first by Suchier in Romanische Studien (1875), i. 555 ff., and subsequently in a separate form by Francisque Michel, Paris, Claudin, 1878. Partly perhaps because I am much more familiar with mediaeval Latin than with Anglo-Norman French, I assumed, almost as a matter of course, that the Latin Life was the original on which the Norman poet based his work. Dr. Pfitzner, as the title of his essay implies, takes the opposite view very strongly, that the Latin Life is a mere translation of the poem ; and it cannot be denied that he has made out a strong case. It would be out of place to discuss the question here; but I trust that future students of the question will not hastily adopt my theory without weighing carefully Dr. Pfitzner's arguments.

§ 32. I am sorry to have to confess that Dr. Pfitzner has also pointed out several errors, some rather serious, in my text of the Latin Life.

§ i. l. 2, *after* locutionis, *add* et actus.
§ iii. l. 9, *for* quam etiam, *read* quando sanctum.
§ iv. l. 6, *for* non, *read* nos.
§ vi. l. 9, *after* prophetie, *add* plenus.
p. 273 note 4, *for* domas, *read* domos.
§ xiii. l. 5, *after* ut, *add* in.
ib. l. 12. It should have been mentioned that 'domum' in the text is a correction man. sec. of 'dominum' m. pr. (Dr. Pfitzner has himself fallen into error over this passage).
§ xiv. l. 6, *for* carientia, *read* carentia.
§ xvii. l. 7, *for* preficerentur, *read* re-.
§ xviii. l. 11, *for* peruenerunt, *read* -niunt.
§ xxvi. l. 7, *for* aliis, *read* illis.
§ xxvii. l. 3, *for* fuit, *read* sint.
ib. l. 14, *for* postea quam, *read* postea que.
§ xxx. l. 8, *for* aeneum, *read* aenum.
§ xxxi ad finem, *for* proponitur, *read* ponitur.
§ xxxiv. l. 2, *after* suis, *add* fessis.
§ xxxv sub finem, *after* flammis, *add* et morsibus.
§ xxxviii. l. 5, *after* stimulo, *add* citatus (m. pr. scitatus).
§ xxxix. l. 8, *for* munimine, *read* signaculo.
§ xliii ad finem, *after* tormenta, *add* miseranda.
§ xliv. l. 1, *for* hic, *read* hec.
ib. l. 12, the doubtful word in the MS. which I read as 'tuicior' Dr. Pfitzner reads as 'trucior'; if that is correct no alteration is needed.
§ xlvi. l. 11, *after* inmundiorem, *add* autem (Dr. Pfitzner gives 'ante' which makes no sense).
§ xlviii. l. 6, *for* Patre, *read* parte.
§ li. l. 5. *for* op(or)tune, *read* optime.
ib. l. 7, *before* precedentibus, *add* triginta.
ib. l. 9, *for* adimpleuerunt, *read* -plentur.
§ lii. l. 3, *after* densa, *add* a.
ib. ll. 4, 5, *for* cum . . . iter, *read* tamen . . . tunc.
§ liv. l. 12, *for* magica, *read* magna.
§ lv. l. 8, *after* ualde, *add* et Dei famulus.
§ lvi. l. 2, *for* similiter, *read* simul.
§ lvii. l. 1, *for* quare, *read* quia.
ib. l. 17, *for* naues, *read* nauem.
§ lviii. l. 3, *for* comites, *read* communiter.

In three or four cases where I have read *nos nobis*, Dr. Pfitzner would read *uos, uobis*. The two sets of words are practically indistinguishable, and either reading makes sense.

§ 33. **Da apstol decc na hErenn.** (Brendan ii.) Of the contents of this tract and of its partial incorporation into L, and through L into the preceding conflate Life of Brendan I have said enough in the introduction to that Life. It only remains to give a brief account of the MSS. from which the tract is here printed. Two vellum and three paper MSS. of it are known to me. Of the vellum copies the older is contained in the MS. known as the Liber Flauus Fergusiorum in the R. I. A., Part II, § v ff. 7 c–8 b (cited as F). This MS. was probably written towards the middle of the fifteenth century.[1] The text of this MS. is rather briefer than that of the others, and less luxuriant in its wealth of alliterative epithets. Unfortunately the last page of the tract has been much obscured, and is very difficult to read.

The other vellum copy is contained in Brit. Mus. Egerton 1781 ff. 152 d–3 d, a MS. once belonging to Monck Mason. A scribal note at f. 128 a shows that the MS. was written in 1487 by Diarmaid bacach ('the lame') mac Parthalain.[2] This text (cited as Eg.[1]) is the most nearly related to L. Unfortunately, owing to the fact that this copy was at one time the last item in the volume, the verso of f. 153 is much abraded and obscured, and is very difficult to decipher.

§ 34. Of the paper copies two are by O'Clery, and are both at Brussels; one in O'Clery [1] f. 70 b (Br.[1]), and the other in MS. 5100–4 f. 12 a (Br.[2]). The former copy was made apparently in 1627, the latter in 1634. And they were both copied from the same MS. This would be clear from internal evidence alone, for, as already stated, the two texts agree most minutely. But the colophons which Michael O'Clery was in the habit of suffixing to his transcripts not only confirm this inference, but give us the name of the MS. from which he worked, and the name of the scribe who wrote it. At f. 73 a of Br.[1] (only one page removed from the conclusion of our tract) occurs the following note: 'Asan Leabur Ruadh Mhuimnech do sgriobh Murchadh O Coinlis do sccriobh an brathair bocht Michel O Clerigh gach a ffuil 'san ccaternae sin anúas', i. e. 'From the Red Book of Munster written by Murchadh O'Coinlis (Candlish) the poor friar Michael O'Clery copied all that is contained in the preceding quire'; while the next date which occurs (f. 82 b) is 1627, though we cannot be sure that this date applies also to our tract. In Br.[2] f. 14 v°, two pages from the conclusion of the Brendan story, occurs the similar entry: 'Asan leabar do sccriob Murchad O Cuinnlis .i. an Leabur Ruad, do sccriobadh gach a bfuil 'san ccaternae so hi cconueint bratar Chuinnche hi tTuad-mumain 30 Junii 1634', i. e. 'From the book written by

[1] See E. Gwynn, Proc. R. I. A. xxvi. C. pp. 16, 26, 29, though the dates which he gives as 1435 and 1440 should be 1437 and 1446 respectively.

[2] Mac Farlane; another member of the same family, Conall Ballach [the freckled] Mac Parthalain, was the scribe of part of Rawl. B. 513; see f. 2.

Murchad O'Cuinnlis, i.e. the Red Book, the contents of this quire were copied June 30, 1634, in the convent of the brethren at Cuinnche in Thomond '.[1]

§ 35. Now a Murchad Ua Cuindlis wrote part of the Yellow Book of Lecan probably in 1399, v. Facs. 318 ^{b} 10 (= col. 320, cf. Introd. p. 2 ^{b}), while a Murchad Riabach (or the Swarthy) Ua Cuindlis wrote part of the Book of Lecan. Two scribal notes by him occur in that MS., f. 102 ^{d} and f. 107 ^{c}; the latter is dated 'in foghmar do marbad Mac Donnchaidh', i.e. the autumn that Mac Donough was slain; perhaps Cathal Mac Donough, slain 1421 (v. F. M. *sub anno*); for at f. 30 ^{d} of the same MS. is a note by Adam O'Cuirnin, dated 1418.[2] Whether this Murchad the Swarthy was identical with the Murchad of the Yellow Book, I cannot positively say; nor whether the scribe of the Red Book of Munster was identical with either or both of them. But if he were, and it is not unlikely, then the Red Book would have to be dated considerably earlier than either F or Eg.^{1} For this reason, and because of the difficulty of getting a satisfactory text from either F or Eg.^{1}, I have based my text on the two Brussels copies, giving the principal variants of the other MSS. in the notes.

§ 36. For a knowledge of the third paper MS. I am indebted to Mr. R. Flower of the Department of MSS., British Museum. This is Egerton 136, a small 4to volume, somewhat fragmentary, written in a large firm hand of the seventeenth century, and containing various ecclesiastical pieces. Our tract begins at the bottom of f. 75 r°, and ends at the top of f. 79 r°. Its readings are cited as Eg.^{2} The chief peculiarity of this copy is that it omits the former of the two poems contained in the tract.

§ 37. **Betha Ciarain Saighre** (I). This Life is taken from the Stowe MS., and is the fourteenth in the volume. It is the only copy known of this recension, the Brussels Life being, as we shall see, quite different. It covers much the same ground as the Latin Life of the M recension (V. S. H. i. 217-33), but is shorter; §§ 2, 11, 19, 21, 24, 25, 37, 38 of M being omitted, sometimes to the detriment of the sense (see note on § 42). But it cannot be derived from M, for it is in some respects more original, and has preserved some points of very great interest which M has either altered or omitted (see notes to §§ 27, 34, 35). On the other hand § 12 of our Life seems less original than M § 8.

§ 38. **Betha Ciarain Saighre** (II). For this Life the only authority is O'Clery ^{2} ff. 144 ^{a}–53 ^{b}. It is, as we have seen, quite distinct from Ir.^{1} It is obviously imperfect at the beginning (see note ad loc.); and there is one other mark of defect (see note on § 20). It is clearly

[1] Quin, Bar. Bunratty, co. Clare; for an account of the foundation of this Franciscan house see F. M. *sub anno* 1402.

[2] Cf. O'Curry, MS. Materials, p. 163.

taken from a Latin original; the absurd confusion of 'ficones' and 'falcones' in § 3 is alone sufficient to prove this; and we have besides the retention of the Latin word 'prefectus' in § 27, and of Latin forms of names, Odranus, Medranus, Cerpanus, Bartanus, Cobranus. And one of the chief points of interest about the Life is that the Latin original on which it is mainly based can be shown to be the Latin Life of which we possess an abbreviated recension in Capgrave (ed. Horstmann, ii. 320–7); though the unabbreviated recension has not, so far, been discovered.

§ 39. The close relation of our Life to Capgrave is shown by the following facts: (i) Several sections are common to this Life and Capgrave, and are found in none of the other authorities. This is the case with §§ 6, 29, 46–8, 50–2, 59. (ii) The order of all the matter common to the two texts is identical. The parallelism is sometimes interrupted by the fact that (as will be shown presently) there are sections in our text which have no parallel in Capgrave; but it is never destroyed. If the references to Capgrave given in the critical notes be taken in the order in which they there occur, it will be found that they form a continuous series. This is a very strong argument, as the order of the incidents in M and Ir.[1] is, as may be seen from the same notes, very different. (iii) Where our text has parallels both in M and Capgrave, it will be found that in many cases it is markedly nearer to Capgrave than to M. This is true of §§ 9, 21, 27, 31, 34, 35, 38, 45, 56, 57, 67–70, 72–5. The references given in the critical notes will enable any one to test the truth of this assertion for himself. In other cases the comparison is inconclusive; because the texts of Capgrave and M are too similar to furnish any test. But the force of the argument is not weakened by this fact, nor by the fact that Ir.[2] sometimes has points in common with M which are not in Capgrave; for (*a*) these points may have disappeared from the Capgrave text in the process of abbreviation; (*b*) it is quite possible that the author of our Life may have had a subsidiary authority of the M type in addition to his main authority of the Capgrave type. The latter suggestion is made more probable by a fact to be mentioned presently, and also by the fact that in one or two cases he seems to agree with M *against* Capgrave; §§ 26, 30, 49 (see notes ad loc.).

§ 40. But though so closely related to Capgrave, our Life cannot be taken from it; for, firstly, its text is much fuller, Capgrave, as usual, being greatly abbreviated; and, secondly, it contains a number of sections which are not in Capgrave at all. These sections fall into two classes. The first class is entirely peculiar to Ir.[2], and consists of §§ 7, 53, 55[b], 60, 61, 64, 71. It is of course impossible to say whence these sections are derived; they may come from the unabridged Capgrave text, or from some independent source. Anyhow they do not come from M. The second class consists of §§ 16, 40, 41, 43, 63, 65, 66. These sections are found in M, and (with the exception of §§ 43, 66) also in Ir.[1] Of course these sections also may have had parallels in the unabridged Capgrave text; but we cannot exclude the possibility that they may be derived from a source resembling M.

§ 41. The close parallelism of Ir.[2] with Capgrave renders it all the more noteworthy that Ir.[2] knows nothing of Ciaran's migration to and death in Cornwall, or of his identity with the Cornish Pieran (see note on § 72), as alleged in Capgrave. The Life in its present form is late; this is proved both by the language, and also by the 'pseud-epigraphical' prophecy of the Reformation in § 73 (v. note ad loc.). But the above discussion has shown that it is based on earlier materials of some interest.

§ 42. **Betha Coemgin** (I, II, III). Three Lives of Coemgen are given here, which are cited in the critical notes and elsewhere as Ir.[1], Ir.[2], and Ir.[3], and in the Indexes and Glossary as Coem. i, ii, and iii, respectively. The first of these is wholly in prose, the second wholly in verse, the third mainly in prose, but interlarded with fragments of verse taken from Ir.[2] Ir.[1] and Ir.[2] are both found in O'Clery[1], the former occupying ff. 274[a]–7[b], the latter ff. 278[a]–86[b]. Except for the fragments of Ir.[2] embodied in Ir.[3] there is no other extant authority known for the text of either of these Lives. Of Ir.[2] O'Clery in his colophon expresses a very unfavourable opinion. But, as I have said elsewhere, it is neither better nor worse than the ordinary run of such compositions. Of Ir.[3] two MSS. exist, both very late; one, T.C.D. H. iv. 4, pp. 146 ff., No. 1346 in Abbott's Catalogue (T), written by Aed (or Hugh) O'Daly[1] in 1725; the other, R.I.A. 24 M 38, pp. 1 ff. (A), written in 1765 by Labhras Mac Anallaigh (Lawrence Mac Cannly or Mac Nally), though the table of contents gives the name of the scribe as Owen Connellan. It varies the phraseology of T a good deal, while keeping the sense, and the order of the later chapters is different; but it is essentially the same text, though it obliterates some interesting points which T has preserved. None of the Irish Lives are related in any direct way to the Latin Lives, as far as I can see, though of course some of the incidents in both are identical; the latter may therefore be neglected in discussing the mutual relations of the former.

§ 43. Ir.[1] is obviously incomplete; after enumerating some of the privileges bequeathed by Coemgen to his community, it ends with an 'et cetera', and O'Clery in his colophon calls it 'this little fragment'. It is no less clearly an abbreviation, rather carelessly made, from an earlier Life. In § 18 there is an omission which makes it appear as if it had been the disobedient, and not the devout son of

[1] See below, p. xxxiii.

Dimma, who was raised to life again by Coemgen; in § 24 the phrase 'as I said before' alludes to an incident which has not, as a matter of fact, been mentioned; while in § 29 the separation of Coemgen from his tutor is mentioned, but not the fire miracle which brought about the separation.

§ 44. There is certainly a relationship between Ir.[1] and Ir.[2], but it is not that of direct derivation on either side. I do not think Ir.[1] is taken from Ir.[2]; there is nothing corresponding to Ir.[1] §§ 1, 5, 6 in Ir.[2]; while Ir.[1] §§ 2-4 are much fuller than the corresponding lines in Ir.[2] c. 1. Still less can Ir.[2] be derived from Ir.[1], for there are long passages in Ir.[2], e.g. c. 3, ll. 1-26, c. 12, to which there is nothing corresponding in Ir.[1] The relationship is therefore probably to be explained from the relationship existing between the earlier documents on which they are respectively based. We have seen already that Ir.[1] is an abbreviation of an earlier Life, and we shall see presently that Ir.[2] is a very composite structure, made up of earlier materials. But the connexion between Ir.[1] and Ir.[2] seems proved by the following facts: (*a*) Ir.[1] and Ir.[2] have in common a certain number of incidents which Ir.[3], though much nearer, as we shall see, to Ir.[2], has omitted; (*b*) there is an agreement in phraseology to an extent which cannot be accidental; (*c*) certain incidents are grouped similarly in both lives, though the order of the groups varies.[1]

§ 45. Some illustrations may be given of the two first points:—

Ir.[1]	Ir.[2]
§ 10. tainic . . . bo glégheal dochum na naoidhen . . . 7 ní fes cia buaile asa ttainicc no gus a tteichead.	c. 3, ll. 37-40. Tuccadh . . . bó glégheal chum na naidhen; bó nach fes cáit as tainicc no ca táin gos a teigedh.

This incident is not in Ir.[3]

§ 12. no biodh gan omhan, gan eccla, os cend an locha.	c. 3, ll. 97-9. Do biodh gan uamhan, gan eccla . . . is loch fuithe.

Not in Ir.[3]

§ 13. péist uathmar . . . ro chuir si ár . . . for fhianaibh Erenn go minic.	c. 3^b, ll. 1-3. Aiccmeil . . . péist . . . meinic tucc maidm ar an bféin 'sar Fhionn féin.

Not in Ir.[3] This mention of Finn and the Fiana is particularly interesting.

§ 15. ro urmais bó do buaibh . . .	c. 6, l. 9. gur urmais bó do bhuaibh.

[1] Thus Ir.[1] §§ 7-23 correspond to Ir.[2] cc. 2-10; Ir.[1] §§ 24-6 to Ir.[2] cc. 20-2; Ir.[1] §§ 27, 28 to Ir.[2] c. 18; Ir.[1] §§ 29-33 to Ir.[2] cc. 14-17; Ir.[1] § 34 to Ir.[2] c. 19; Ir.[1] § 35 to parts of Ir.[2] cc. 11, 12, 12^b; Ir.[1] § 36 to the former part of Ir.[2] c. 11. So that, if we number these longer portions of Ir.[1] from i to vii, they will be found to occur in Ir.[2] in the following order: i, vii, vi, iv, iii, v, ii.

§ 17. iffern 7 saoghal gerr da gach nech do loisccfedh úrach no crionach . . .	c. 7, ll. 21–4. ifrioun 7 gairde saoghail . . . ag gach nech . . . do loisccfedh a húrach na a críonach.

This curse is not in Ir.^{3}

§ 19. doroine C. oircinneach . . . do sliocht . . .	c. 8, ll. 37–8. dogní C. oircinnigh do shiol . . .

Not in Ir.^{3}

§ 25. sméra 'sna fuighlechaibh, 7 ubhla for crannaibh sailech 7 buinnein for carrgibh.	c. 21, ll. 5–7. sméra dubha 'sna fuighlibh, ubhla craoibhe na soilech, 7 buinnéin don charraic.

These particulars are not given in Ir.^{3}

§ 30. buidhen do dhaoinibh bochta.	c. 15, l. 3. buiden do bochtaibh.
§ 31. Ro smuain . . . go ndingentai sging . . . do chroicend . . .	c. 16, ll. 7, 8. Do smuain gur bo maith . . . da nderntaoi sging don croicionn.

The obscure word 'scing' or 'sging' does not occur in Ir.^{3}

It should be noticed that the resemblances come from both of the parts into which, as we shall see, Ir.^{2} is divided.[1]

Whether the common originals which underly the related parts of Ir.^{1} and Ir.^{2} were in prose or verse it is impossible to say. I am inclined to think that they were in verse; but the difference between the diction of Irish verse and that of Irish rhetorical prose is not very great. Between Ir.^{1} and Ir.^{3} I can trace no direct connexion, though of course there is a general resemblance in the parts where both run parallel to Ir.^{2}

§ 46. The composite character of Ir.^{2} is very evident. The first part consists of cc. 1–11, of which c. 1 is introductory, while c. 11 has mainly to do with the privileges of Glendalough, &c., the intervening chapters being biographical. This portion seems clearly marked off from the rest by the fact that the last line of c. 11 repeats very nearly the first line of c. 1. It is marked off still more clearly by the colophon contained in the concluding quatrain of which more will be said presently.

Chapters 12, 12^{b}, 13 are in subject akin to c. 11; they contain a lament over the decadence and degeneracy of Glendalough, and a ghastly list of the punishments destined to fall on those who infringe the rights and privileges bequeathed by Coemgen. To much of these three chapters there is nothing parallel in the other lives.

[1] Compare also Ir.^{1} § 13 with Ir.^{2} c. 4, ll. 7–8; Ir.^{1} §§ 21, 22 with Ir.^{2} c. 10, ll. 1, 5, 9–10, 17–20 (not in Ir.^{3}); Ir.^{1} § 28 with Ir.^{2} c. 18, ll. 9–12; Ir.^{1} § 32 with Ir.^{2} c. 17, l. 3.

The remaining chapters, 14–23, are biographical, commencing with two incidents of Coemgen's childhood, glaringly out of place here if the work be regarded as a single whole.[1] Neither of the two main biographical portions contains any mention of Coemgen's death; so that O'Clery's contemptuous expression in the colophon, 'these lays which are *called* a *Life* of Coemgen', is not unjustified.

§ 47. In the heading the authorship of Ir.[2] is ascribed to a disciple and monk of Coemgen, named Solam or Solomon, of whom nothing is known. It is of course absurd to ascribe the language of this Life to the next generation after Coemgen, who died early in the seventh century; but the ascription must be understood as applying only to the first part of the work, cc. 1–11; for at the end of c. 11 occurs the colophon already alluded to, containing the line: 'I am Solam, Coemgen's fosterling'.

In O'Clery's colophon at the end of the whole work he speaks of having derived it from two different MSS.; and at first I was inclined to see in this the explanation of the composite character of Ir.[2]; in other words that O'Clery himself had combined materials taken from two separate sources. But further reflection shows this to be unlikely, if not impossible. For our analysis of Ir.[1] has proved that parts at any rate of the materials contained in the two halves of Ir.[2] existed already in combination when Ir.[1] was written. There is nothing to suggest that O'Clery was the actual redactor of Ir.[1] The latter was copied from a MS. belonging to a priest near Leighlinn, whereas the two MSS. whence he derived Ir.[2] came from the neighbourhood of Glendalough. Moreover Ir.[3] implies a copy of Ir.[2] superior to O'Clery's; for the incident of the deceitful women and the cheeses, which is complete in Ir.[3] §§ 42, 43, is obviously imperfect in Ir.[2] c. 23.[2]

§ 48. I have already said that I can trace no direct connexions between Ir.[3] and Ir.[1] The relationship of Ir.[3] to Ir.[2] is, on the other hand, extremely close. And first as regards the order of the incidents. From § 2 of Ir.[3] and c. 2 of Ir.[2] to c. 23 with which Ir.[2] ends, corresponding to Ir.[3] §§ 42, 43, the order of the incidents is absolutely identical in both lives; and when we consider how dislocated the order of the incidents in Ir.[2] is, owing to the fact that it is a conflation of two or more different sources, it is quite impossible that this coincidence should be accidental. The only interruption to

[1] This inconsistency runs through all the three lives; the corresponding §§ 29, 30 of Ir.[1] are also out of place from the chronological point of view.

[2] It would be just possible to get over this difficulty by suggesting that the redactor of Ir.[3] used O'Clery's rough copy, and that O'Clery accidentally omitted the beginning of c. 23 in his fair copy; for here, as in other cases, he tells us that he made a first copy on the spot, and a second copy in the convent of Donegal.

the complete parallelism is due to the fact that there are a certain number of passages in Ir.^{2} which are unrepresented, or nearly so, in the other life.[1]

§ 49. This result is confirmed by the resemblances in phraseology between Ir.^{2} and Ir.^{3} I give, as before, some instances in parallel columns :—

Ir.^{2}	Ir.^{3}
c. 2, ll. 5–6. Nír airigh mathair an meic doigh na tiachair.	§ 2. ... nair mhothaig a mathair ... doigh na diachair.
ib. ll. 27, 28. tapar óir ... illaimh gach aingil.	ib. go ttapur ... a lamh gacha aingil.
c. 3, l. 74. cercaill ... cloiche fa chend.	§ 5. cloch-chearchuill fana chend.
c. 5, ll. 9, 10. deiredh oidche ar lár snechta ... mar do cleacht.	§ 7. deiredh oidhche sneachta amhuil ro cleachtadh.
c. 6, l. 1. bruccaid bocedach.	§ 8. brugaidh boicheadach.
c. 9, ll. 7, 8. ceol aingeal dó ... ba proinn.	§ 17. as é céol na naingeal do budh proinn dó.
c. 15, l. 4. ag dol do ghorta.	§ 26. ag dul don gorta.

(A curious phrase ; literally, 'going to hunger', i. e. being starved.)

c. 18, ll. 17–20. Do thaladh a loim ... ar cloich thuill, ... is é ainm an ionaid go cinnte, Inis Eillte osin alle.	§ 33. do thal ... ar ccloich thol-ta lacht ... gurab é ainim cinnte na haite sin ... Innis Eilte, o shoin a lédh.

These resemblances are also too close to be accidental.

§ 50. In the Introduction to Vitae Sanctorum Hiberniae, pp. lv f., I put forward the theory that an earlier recension of Ir.^{3} was the common source from which Ir.^{2} and our present Ir.^{3} were derived, and that a later editor had gone over the prose Life and inserted in it passages from the metrical version. I was led to this theory by the fact that in certain parts Ir.^{3} seems to be fuller than Ir.^{2} (e. g. Ir.^{3} § 11 as compared with Ir.^{2} c. 6, ll. 25–8 ; Ir.^{3} § 35 as compared with Ir.^{2} c. 19). But on further reflection the existence, pointed out above, of long passages in Ir.^{2} to which there is nothing corresponding in Ir.^{3} seems to me to make this theory improbable, and I am inclined now to regard Ir.^{3} as derived directly from Ir.^{2} It was taken, as we have seen, from a copy of Ir.^{2} better than O'Clery's ; and the variant readings in the quotations from Ir.^{2} contained in Ir.^{3} (for which see the critical notes) are a further proof that the text used was different from O'Clery's.

[1] Ir.^{2} c. 3. ll. 1–26, 37–40, 89–100 ; c. 3^b ; c. 4, ll. 1–16 ; c. 10, ll. 13–32 ; c. 11, ll. 61–8 ; c. 12, ll. 1–52 ; c. 12^b, ll. 5–32.

§ 51. It is, however, quite likely that the compiler of Ir.[3] had some other source than Ir.[2], which enabled him to expand certain sections of the latter. It may also have furnished him with one or two interesting points which he alone has preserved, such as the name of Coemgen's birthplace, § 3; and the explanation of the fact that Coemgen's Leinster retreat should have been discovered by a man of Meath, by the statement that the latter was on 'a tour of grazing' at the time (§ 8, see notes ad loc.).

This second source, however, if it existed, did not extend far beyond Ir.[2]; for after the point where Ir.[2] ends, Ir.[3] has only two sections, one containing a very brief reference to Coemgen's death, and the other his pedigree.

§ 52. The heading of Ir.[3] attributes the authorship of this life also to the monk Solam. But in the text of the life the assertion of his authorship is limited to the verses cited, except in one doubtful case in § 2, where, on the occasion of the first quotation, the phrase occurs: 'as says the monk Solam . . . by whom *this* life (an beatha *sa*) was written'; but in MS. A this crucial word *sa* is omitted. Ir.[3] cites the latter part of Ir.[2] as Solam's work (§ 32 from Ir.[2] c. 17, ll. 5–8), though we have seen reason to believe that the authorship of the so-called Solam should be limited to cc. 1–11.

§ 53. **Betha Cholmain Eala.** This so-called 'Life' is taken from O'Clery[1] ff. 219ª–26ª; and no other authority for the text is known. It is in no true sense a life at all; it gives no account of Colman's birth, but begins with his settlement in Fir Cell. Nor is there any mention of his death; but the work is obviously incomplete, ending with an 'et reliqua'. We might almost think that O'Clery had broken off in disgust in the middle of his task, for he confesses in the colophon that he found much of it 'long, tedious, and tiresome'. But as he says that he copied 'the little he could find of the life of Colman', we must ascribe the incompleteness to the state of the MS. which he had before him.

§ 54. The work consists of a few incidents from the life of the saint, only two of which, the death of Gregory the Great and the story of the two youths whom Colman exempted from monastic discipline, have any connexion with the Latin Lives. To these are added a number of poems of the usual kind, partly repeating in verse the substance of the foregoing prose, and partly enumerating the penalties and rewards, temporal and eternal, to be meted out to those who violate or conserve the dues and privileges of the saint, of his fair, and so forth. 'Long, tedious, and tiresome', the reader, like O'Clery, will probably find them. And they are often obscure and corrupt as well. Yet even they have preserved one or two points of interest, e.g. the visit to Kintyre (§ 26) which is confirmed by local dedications (see note ad loc.). The prose portions contain several interesting things; the pretty story of the little boy who ran away in despair because he could not remember his lessons, but was encouraged to return by watching how withy by withy the round wattled house rose from the ground, and how drop by drop the hollow was filled by the rain; the no less beautiful story how the swans came and sang to Colman and his monks to cheer them at their labours; the curious tradition of the saint's two breasts, one yielding honey and the other milk, with other interesting details pointed out in the notes.

§ 55. **Betha Maedoc** (I). This shorter Life of Maedoc is taken from the Stowe MS., pp. 132–47; and no other copy is known to exist, the Brussels Life which follows (Maedoc ii) being entirely distinct.

The genesis of the present text is not hard to determine; it is clearly an abbreviation of the Latin Life (M) printed in V.S.H. ii. 141–63; there is no trace of any use of the earlier Latin Life (V) printed, ib. 295–311. It summarizes M §§ 1–5, 7–16, 19, 20, 22, 24, 26, 27, 29, 31–5, 37, 39, 42, 43, 45–7, 50, 56–9; and in the process of compression the narrative has suffered a good deal (cf. note on § 12), and in other respects also the compiler has altered the M narrative, without (apparently) any authority; cf. notes on §§ 16, 19, 27, 30, 35. There is one interesting addition, the reference in § 14 to the curious magical process called 'corrguinecht' (see note ad loc.).

§ 56. **Betha Maedóc Ferna** (II). This Life is taken from O'Clery[1] ff. 168^{a}–218^{b}. It was copied by Michael O'Clery in 1629 from an older MS. of which more will be said presently. Two other MSS. have been used; one in R. I. A. 23 O 41, pp. 241–328 (A), written by James Maguire in 1721; the other in T. C. D. H. vi. 3 (H) written in 1737 by Aodh O'Dalaigh (Hugh O'Daly).[1] Of these two MSS. A is much the more correct. There are other eighteenth- and nineteenth-century MSS. of this Life, but I have not thought it necessary to collate these.[2] This Life is no doubt the one cited by Colgan, Acta SS. p. 215^{b} as the work of Gilla Mochuda O'Cassidy, for five of the poems contained in the Life are ascribed to that writer. The idea that O'Cassidy was concerned with the compilation of the whole life seems also to underly O'Clery's colophon (given in a note at the end of the Life): '. . . I wrote this life . . . from the book which Fintan O'Cuirnin wrote for Parthalan (Bartholomew) O'Fergusa, . . . from old . . . books of the time of the saints and of Sidrac (Seery) Mór O'Cuirnin, and of Gilla Mochuda O'Cassidy, who wrote and compiled

[1] On this bardic family cf. O'Donovan's edition of Aenghus O'Daly's Satire on the Tribes of Ireland, pp. 1–15; above, p. xxvii.

[2] T. C. D. H. ii. 6; R. I. A. Reeves MSS. No. 32; O'Longan MSS. No. 12.

this life from the mouth . . . of Maedoc himself.' The O'Cuirnins were hereditary ollavs and historians of Breifne and of the O'Rourkes, the overchiefs of Breifne. The burning of their MSS. is recorded by the F. M. under 1416 (cf. also F. M. 1429, 1438, 1459, 1519). The O'Fergusa (or Fergussons) were hereditary erenaghs of Rossinver (see note on §§ 35, 36), a church which occupies a large space in this Life. It was therefore natural that an O'Cuirnin should write, and that an O'Fergusa should possess a copy of the work. Unfortunately I have not discovered the date of either of them. Sidrac or Sigraid O'Cuirnin, 'poet and ollav of Breifne', died in 1347 (F. M.), while O'Cassidy died after 1147 (v. note on §§ 194–5). Hence it is clear that O'Cassidy cannot have derived any of his materials 'from the mouth of Maedoc', who died in 626, and that if any parts of the composition are rightly assigned to him and O'Cuirnin, it must be made up of materials of very different ages.[1]

§ 57. That it is a highly composite work is evident on the face of it. Putting aside for the present the poems, and putting aside also §§ 10–13 which came from an Ossianic source (v. note ad loc.), the Life falls into two main divisions. One consists of a somewhat amplified translation of the M recension of the Latin Life, though with differences in order (see notes on §§ 123, 136, 139-41, 191–3). When O'Clery says in his colophon that he 'does not approve the order of composition' of the Life, he may be referring to these changes, or (more probably) to the way in which the M narrative is interrupted by, and interpolated with, passages from another source. The M narrative is concerned mainly with Ferns; Drumlane, which figures so prominently in our Life, is only once mentioned in M (§ 1); and that, not as a monastery founded by Maedoc, but as one frequented by his parents before his birth. Rossinver, the other church prominent in our Life, is not mentioned in M at all. To one or other of these two churches we must look for the origin of the second source, which deals with their rights and privileges, their respective erenaghs, O'Farelly and O'Fergusa, their relations to O'Rourkes and O'Reillys, the former being overchiefs (ard-ríg) of the whole of Breifne, and immediate chiefs of West Brefny (Leitrim) in which Rossinver was situated, while the O'Reillys were chiefs of East Brefny (Cavan) in which Drumlane was situated, though not far from the confines of the two districts. The relations of these churches to other churches, especially Ferns, Devenish, and Ardbreckan, are also given, and it should be noted that Drumlane is evidently given a superiority over Ferns (see note on § 215). On the whole it is probable that this second source is

[1] In the Life itself, § 221, O'Cassidy is said with less glaring improbability to have derived his knowledge from materials *written* by Maedoc.

to be traced to Rossinver rather than to Drumlane; in one of the poems at any rate Rossinver is given as the place of writing (§ 220)[1]; and in § 220 distinct superiority over all Maedoc's churches is given to it. Rossinver is the place of the saint's death and burial; it is there that the prayers of his followers are most heard by him and God, § 45; while the fact that the MS. used by O'Clery belonged to an erenagh of that church points in the same direction.

§ 58. Anyhow we may call this second source northern (N), as opposed to M, which, dealing mainly with Ferns, may be called a southern source. The proportion of narrative in N is much less than in the parts derived from M; and what narrative there is seems given mainly to furnish a semblance of historical foundation for the rights claimed in the poems by the saint's churches, or a framework for their detailed enumeration. Thus the story of the conversion of Aed Dub of Breifne into Aed Finn, a story which does duty in the same way in the Lives of two other saints (see note on §§ 40, 41), is made the basis of the saint's claims on Breifne, while the meetings with other saints, such as Molaise of Devenish and Ultan of Ardbreckan, give an opportunity for the lengthy exposition of similar claims. Much of it reads like an extract from the monastic 'lebar sochair', book of profits, dues, rent-roll, &c.[2] In general character N resembles very closely a good deal of the Life of Caillin contained in the Book of Fenagh; and, here as there, the most awful penalties are invoked for the least infringement of the saint's lightest claims. Other passages profess to show the connexion of Maedoc with the ancestors of his various coarbs, with other saints, and with the various chiefs of Breifne, &c.

§ 59. Nor is there any very close connexion apparent between the different parts of N, if, omitting the intervening sections of M, we bring them together. It is therefore unlikely that N existed in a single continuous document before it was incorporated with M; and this improbability will appear still greater after we have analysed the poems with which the life is interspersed. These are twenty-two in number. The following table shows the order of the poems, their alleged authorship, where any author's name is given, the number of sections which they occupy, and the sections, if any, in the prose narrative to which the poems correspond, and whether those prose sections belong to the M or N source.

[1] In §§ 237, 245, where the same phrase is used, Maedoc himself is supposed to be speaking.

[2] Cf. i libar sochair Lothra, B. Lecan, f. 114 v° col. 1; lebar sochair do Fachtna, Misc. Celt. Soc. p. 22.

Alleged Author	Position of Poem	Corresponding sections of Prose Narrative	Source
1. Anon.	§ 7	§§ 5, 6	N (?)
2. Finn.	§§ 12, 13		Ossianic
3. Patrick.	§ 16	§§ 14, 15	N
4. Anon.	§ 22	§§ 20, 21	M
5. Anon.	§§ 30–33	§§ 24–29	M
6. Anon.	§§ 48–52	§§ 40–47	N
7. Anon.	§§ 79–89	§§ 57–78	M
8. Anon.	§§ 106–113	§§ 90–105	M
9. Anon.	§§ 120–122	§§ 114–119	M
10. Anon.	§§ 130–133	§§ 123–129	M
11. Anon.	§§ 172–190	§§ 134–148	M
		§§ 149–160	N
		§§ 161–171	M
12. Gilla M. O'Cassidy.	§§ 196–198	§§ 194, 195	N
13. do.	§§ 202–205	§§ 199–201	N
14. Ultan.	§§ 207–214	§§ 206, 207	N
15. Gilla M. O'Cassidy.	§§ 217–220	§§ 215, 216	N
16. do.	§§ 221^{b}–224	§ 221^{a}	N
17. Maedoc.	§§ 237–245	§§ 230–236	N
18. Anon.	§§ 259–263	§§ 247, 251–258	N + M
19. Gilla M. O'Cassidy.	§§ 264, 265		
20. Sigraid O'Cuirnin.	§§ 266–271		
21. Maedoc.	§§ 272, 273		
22. Anon.	§§ 274–277		

§ 60. Now of these Nos. 1–11 (with the exception of No. 2 which comes, as already shown, from a special source) agree in this, that they are all mere metrical summaries (sometimes very brief, as in Nos. 7–10) of the preceding prose narrative, whether that narrative comes from M or N. Moreover, they are all anonymous; for it is obvious that attributions to Finn and Patrick may be neglected. As a rule each poem represents a homogeneous portion of the narrative, either M or N; but No. 11 is a marked exception to this rule, its first fifteen sections being based on the M narrative, the next twelve sections on N, while the last eleven sections are based on M. Hence it is clear that this poem cannot have been composed before the M and N elements were combined. It is therefore probably the work of the compiler of the life, and we may trace the same hand in the remaining nine poems (excluding No. 2).[1] I do not think the poems are fragments of an independent metrical life, as in the case of the third Irish life of Coemgen, for owing to the great brevity of some of them they would hardly be intelligible without the preceding prose narrative.

§ 61. The character of the remaining poems Nos. 12–22 is, with one exception, markedly different. Two of them (Nos. 18, 22) are anonymous, three others may be regarded as anonymous (Nos. 14, 17, 21), being assigned to impossible authors, Maedoc and Ultan. But the

[1] A slight indication that the author of No. 5 was a Northerner may be found in the fact that in describing the separation of Molaise and Maedoc he says that Molaise *came* to Devenish, whereas Maedoc *went* to Ferns.

remaining six are assigned to perfectly possible authors, Gilla Mochuda O'Cassidy and Sigraid O'Cuirnin. It is in agreement with this that the poems are much more independent in character. The last four, as the table shows, have nothing corresponding to them in the prose, while in the case of the others the poems go much beyond the prose narrative which precedes them, the prose serving rather as a preface to the poem; whereas in the former part the poem is a mere summary of the prose. All these later poems are northern in character, except No. 18 which is based mainly on M, though it has two stanzas derived from N (see note on § 262); and being anonymous, it is probable that this poem should be classed with those in the earlier part of the life.[1]

§ 62. The genesis of the Life would therefore seem to be somewhat as follows. A writer, who was probably connected with the monastery of Rossinver, wishing to compose a Life of his founder, took as the basis of his work the Latin Life of the M recension, which he translated and expanded. But as this dealt mainly with Ferns, he interpolated it with various sections derived from northern sources, dealing with Drumlane and Rossinver, and the various families of Breifne, Fermanagh, and Oriel. He sought to give variety to his work by introducing various poems into it; but whereas the earlier poems are mere metrical summaries of the prose narrative, probably composed by himself, in the latter half of his work he used for the most part poems already existing, and wove them into his narrative, with the exception of the four last, by brief connecting links in prose. It is just possible that the compiler of the life may have been that Fintan O'Cuirnin from whose copy O'Clery made his transcript. If so, it is the more regrettable that I cannot fix his date.

§ 63. In the strict sense of the word history the Life is very unhistorical. The attempt to trace arrangements obviously late to the institution of St. Maedoc is absurd. But as evidence of those later arrangements, and as affording illustrations of Irish customs and habits of thought, the Life contains much that is of very great interest. The poems are not, it is true, of a very high class of poetry, but they also contain points of interest which are not to be found in the prose narrative.

§ 64. **Betha Mochuda** (Mochuda I). The present Life is here printed from O'Clery ff. 151[a] ff. (Br.), and Stowe, pp. 18 ff. (St.). Contrary to his usual custom Michael O'Clery has not added any colophon showing the source whence he derived the life, but a note which he has made after § 15 (v. textual note ad loc.) shows that he copied it at Cork, in the summer of 1629. The Stowe copy was also

[1] The poems do not entirely cover the prose narrative. It may be seen from the above table that §§ 1–4, 17–19, 23, 191–3 (M) and §§ 8, 9, 34–9, 53–6, 225–9 (N) of the prose are unrepresented in the poems.

written at Cork, in the house of the Franciscans, of which order Michael O'Clery was a lay brother, so that probably here, as in other cases, the O'Clery and Stowe copies were made from the same original; and the relation of the two texts is much the same as in other cases. Stowe abbreviates by omitting §§ 6, 7, 17, 26, 27, 37–40, 46. *Per contra* it inserts after § 14 (see textual note ad loc.) a copy of the tract known as the 'Indarba Mochuda a Raithin', and it is this insertion which has caused the omission of §§ 37–40, which contain a different version of the same event.

§ 65. In the main this Life is a much abbreviated version of the Latin Life of the M recension printed in V. S. H. i. 170 ff.; §§ 12, 15, 17, 18, 30, 32–6, 41–4, 50, 52, 54, 55, 58, 66 of that text are wholly omitted, and the rest is much curtailed. For this reason I have not thought it necessary to annotate the Life to any great extent. There are, however, some points in which this text differs from M; see notes on §§ 24, 37, 43, 44. This last case is of some textual importance. In § 44 (=M § 64, S § 17) two names are mentioned, Colman and Molua, which are not in M but are in S. It is impossible that our Irish life can have been taken from S for it contains several sections which are not in that extremely abbreviated version; but the presence of these names suggest that both it and S were taken from an earlier recension of the M text, which contained these names, which our M has omitted.

§ 66. **Indarba Mochuda a rRaithin** (Mochuda II). This tract is here printed from O'Clery [2] ff. 266 ff. (Br.). There is an earlier copy in the Book of Fermoy ff. 34^d–6^d (Ferm.). Unfortunately it is imperfect at the end owing to the loss of a leaf. It goes as far as § 27. The first fifteen sections are also found in a single leaf now incorporated in MS. Ashmole 1763 f. 58 (A) in the Bodleian Library. A slightly abbreviated version has also been inserted (as we have seen) in the Stowe copy of the preceding Life of Mochuda (St.). These other MSS. have all been collated, and are cited in the critical notes. A somewhat different version of §§ 2–20 has been printed by Stokes in his second edition of the Félire, pp. 92–6 from Rawl. B. 512 f. 59^b, but this also is imperfect owing to the loss of a leaf.[1]

§ 67. The 'Indarba' proper ends with § 28; but in the MS. used by O'Clery, which belonged to Brian mac Niallusa, it was followed by the little poem in § 29, and also by a version of the story which now occupies §§ 33, 34. O'Clery copied the poem, and began to copy the tale (§ 30), but broke off, because, as he states in a note, he recognized that he had the same tale from a different source, viz. the book written by Teige O'Keenan, mentioned in the final colophon (see textual notes to §§ 30, 36). From this second source O'Clery took the poem, §§ 31, 32, the tale already mentioned, §§ 33, 34, and another

[1] Keating has embodied the story in his History of Ireland, iii. 118 ff.

tale 'Scel ele ar Mochuda' §§ 35, 36. Of the poem I have found no other copy; but the story in §§ 33, 34 is also in Rawl. B. 512 f. 142^b; the story in §§ 35, 36 is in the same MS. f. 142^d, whence it has been printed by Meyer in Z. C. P. iii. 32; in the Book of Lismore, f. 44^d (L. S. p. xvi); and in R. I. A. Hodges and Smith, No. 150, p. 166.

§ 68. The 'Indarba' proper, §§ 1–28, gives a very vigorous and dramatic account of the expulsion of Mochuda from Rahen. It emphasizes the jealousy of his ecclesiastical neighbours, and the dislike felt to the settlement of a Munsterman in Meath. Incidentally it gives an interesting illustration of the constitution of the Irish monastic federations (§ 15). From the statement of Tighernach that Mochuda was expelled 'in diebus Paschae', Bishop Reeves ingeniously inferred that his expulsion was due to the Paschal controversy. There is no hint of this either in the Irish or the Latin sources, but it may nevertheless be true, v. V. S. H. p. xlvi. Some sections of the Indarba have parallels in the Latin Lives, but are not derived from them; though the fragments of Latin which remain in the text suggest that it is based on a Latin original. When it was composed I am unable to say (see note on § 22).

§ 69. **Do mhacuibh Úa Suanaig.** In O'Clery[2] the 'Indarba Mochuda' is followed immediately by this short tract, which is evidently intended as an appendix to the 'Indarba'. The connexion between the two tracts is that in the shorter one something is told of the fortunes of the church of Rahen after it had passed into the hands of the brothers Úi Suanaig in the eighth century.[1] Of the fortunes of Rahen between the expulsion of Mochuda and its occupation by the Úi Suanaig I have found nothing. The object of the tract is to show, by a series of historical instances, the heavy penalties which fell on those who did any outrage to that church.[2] Most of the events mentioned can be traced in the Annals (see notes); the latest event mentioned is of the year 1156. The historical summary is preceded by some genealogical matter, largely identical with matter contained in the 'Tribes and Customs of Hy Fiachrach' (see notes on §§ 1–3), and two short poems are inserted with the object of showing that Mochuda had prophesied the greatness of his successors (see note to §§ 5, 6). I know no other copy of this curious little tract; nor does O'Clery in his colophon state, as he usually does, whence he obtained it, though it has a pathetic personal note, 'Indeed I am sorrowful', which, though not uncommon with other Irish scribes, is seldom heard from him.[3]

[1] They inherited also a bell called *Glasán Mochuta*, Betha Colmain maic Luachain, ed. Meyer, p. 20 note.

[2] In this respect it strikingly resembles the Miracles of St. Senan, edited by the present writer in Z. C. P. x. 1–35; and, like that tract, it contains some curious illustrations of the social life of the writer's time.

[3] Another instance occurs, however, on the margin of Coem. ii. c. 21; see critical note ad loc.

§ 70. **Betha Ruadain.** This Life is here printed from O'Clery[1] ff. 193–202 (Br.) compared with Stowe, pp. 287 ff. (St.). In the colophon O'Clery says that he originally copied it in the Franciscan convent of Athlone in Feb. 1628 from a MS. belonging to Eochraid Ó Siagail[1] (O'Shiell), and rewrote it in the Franciscan convent at Donegal in March 1629. In Stowe it is the last of the sixteen Lives of Saints contained in that volume. And it would seem to have been taken from a different source from the other fifteen. For in a note at the end of the fifteenth Life[2] (St. Senan), the writer, Donnell Dinneen, speaks of the preceding Lives, which he enumerates by name, as 'the most that we could find for copying of the Lives of the Irish Saints'.[3] The source of the first fifteen Lives was, as we have seen, almost certainly Dinneen's own vellum MS., whence O'Clery also took some of his Lives.[4] The note clearly indicates that that source was exhausted; and the Life of Ruadan must have been added from another source, subsequently discovered. Whether this was the O'Sheill MS. used by O'Clery cannot be determined.

§ 71. But however that may be, the relations between the two texts is much the same as in those cases in the which it is certain or probable that the two scribes worked from the same original, general agreement in sense, combined with divergence in vocabulary and phraseology, Stowe being shorter and less original, though it has in some cases preserved a better reading. In the notes I have pointed out cases in which St. has obliterated interesting features preserved by Br., and the critical notes will furnish other examples. The Life was based upon a Latin original; the Latin text corresponding with § 47 evidently contained a play on the words 'piscis' and 'piscina', which cannot of course be reproduced in Irish. And of our existing Latin Lives it is certainly nearest to S. In the notes several instances are pointed out in which it agrees with S against M, and only one in which it agrees with M against S. On the whole the Irish recension is shorter than the Latin, several sections of the latter being unrepresented in the former.[5]

At the end of the Life is printed a detached story about Ruadan from O'Clery[1] ff. 160–1.[6] Of this story St. has embodied an abridged version in the Life itself; another proof that the Stowe text is a later editorial recension.

[1] The Life of Colman Ela was copied from the same MS.

[2] Cited above, p. xii.

[3] an mheid as mo fuaramar rena sgriobadh do beathaidibh na naom nEirennach.

[4] Above, p. xiii.

[5] M §§ 5, 6 (= S § 4); M § 9 (= S § 7, omitted also by R); M § 20 (S = § 14); M § 23 (= S § 17).

[6] In V. S. H. p. lxxvii note 1 I have wrongly stated that it occurs in the same MS. as the Life.

LIST OF ABBREVIATIONS USED, AND OF WORKS CITED IN THE INTRODUCTION AND NOTES

For the Lives contained in the present volumes the following abbreviations are used:—

Ab. = Abban; Ba. = Bairre; Ber. = Berach; Br. i = Brendan, Life; Br. ii = Da Apstol dec na hÉrenn; Ci. S. i. ii = Ciaran of Saigir, Two Lives; Coem. i. ii. iii = Coemgen, Three Lives; Col. E. = Colman Ela; Maed. i. ii = Maedoc, Two Lives; Moch. i = Mochuda, Life; Moch. ii = Indarba Mochuda; Rua. = Ruadan; Ui S. = Do macuib Úa Suanaig.

Aberdeen Breviary = BreuiariumAberdonense, 2 vols. 4to, 1854.

Acc. Sen. = Accallam na Senórach, ed. Whitley Stokes; in Irische Texte IV, i, 1900.

Acta Apocr. = Acta Apostolorum Apocrypha, ed. Lipsius and Bonnet, 3 vols., 1891–1903.

Adamn. = Adamnan's Life of Columba.

Aislinge Meic Conglinne, ed. Kuno Meyer, 1892.

A. L. C. = Annals of Loch Cé, ed. W. M. Hennessy (R. S.), 2 vols., 1871.

Anecdota = Anecdota from Irish MSS., ed. Bergin and others (5 vols. have so far appeared).

Ann. Ult. = Annals of Ulster, ed. W. M. Hennessy and Rev. B. MacCarthy, 4 vols., 1887–1901.

Arch. Celt. Lex. = Archiv für Celtische Lexicographie, ed. Whitley Stokes and K. Meyer, 3 vols., 1900–7.

Atk. Passions = The Passions and Homilies from Leabhar Breac, ed. R. Atkinson, 1887 (Todd Lecture Series).

Baring-Gould and Fisher, v. British Saints.

BB. = Book of Ballymote, published in facsimile by R. I. A., folio, 1887.

Bede, H. E. = Bede, Historia Ecclesiastica, ed. C. Plummer, 2 vols., 1896.

Betha Colmain maic Luacháin, ed. K. Meyer, 1911 (Todd Lecture Series).

B. Fenagh = Book of Fenagh, ed. W. M. Hennessy and D. H. Kelly, 4to, 1875.

B. Ferm. = Book of Fermoy.

Bibl. Hagiog. Lat. = Bibliotheca Hagiographica Latina, 2 vols., 1898–1901.

Biskupa Sögur, 2 vols., Copenhagen, 1858–62.

B. Lism. = Book of Lismore.

Book of Deer = Book of Deer, ed. John Stuart, LL.D. (Spalding Club), 1869.

Br. (before the number of a MS. or the life of a saint) = Brussels.

Bran = The Voyage of Bran son of Febal . . . Kuno Meyer and Alfred Nutt, 2 vols., 1895–7.

British Saints = Lives of the British Saints, by S. Baring-Gould and John Fisher, 4 vols.. 1907–13.

Buile Suibhne = The Frenzy of Suibhne, ed. J. G. O'Keeffe, 1913 (Irish Texts Society).

Campbell, Superstitions = Superstitions of the Highlands and Islands of Scotland, by John Gregorson Campbell, 1900.

Campbell, Tales = Popular Tales of the West Highlands collected by J. F. Campbell, 4 vols., 2nd ed.

Capg. *or* Capgrave = Noua Legenda Anglie, by John of Tynemouth, John Capgrave, &c., ed. Carl Horstman, 2 vols., 1901.

C. B. S. = Lives of the Cambro-British Saints, ed. Rev. W. J. Rees, 1853.

C. Cath. = Cath Catharda, ed. Whitley Stokes; in Irische Texte IV, ii. 1909

C. F. T. = Cath Finn-Trágha (Battle of Ventry), ed. K. Meyer, Anecdota Oxoniensia, 1885.

Chron. Mon. Abingdon = Chronicon Monasterii de Abingdon, ed. Joseph Stevenson, 2 vols., 1858, R. S.
Chron. Scot. = Chronicon Scotorum, ed. W. M. Hennessy (R. S.), 1866.
Cod. Sal. = Acta Sanctorum Hiberniae ex Codice Salmanticensi, ed. de Smedt et de Backer, 4to, 1888; v. V. S. H., p. ix.
Cóir Anm. = Cóir Anmann (Fitness of Names), ed. Whitley Stokes, in Ir. T. III. ii, 1897.
Colgan, A. S. = Colgan, Acta Sanctorum Hiberniae, folio, 1645.
Conybeare, Apollonius = The Armenian Apology and Acts of Apollonius, &c., ed. F. C. Conybeare, 1896.
Cormac, Glossary, in Three Irish Glossaries, ed. Whitley Stokes, 1862. (New ed. by K. Meyer, 1912.)
Cormac, Transl. = Cormac's Glossary, translated by John O'Donovan, ed. Whitley Stokes, Irish Arch. and Celtic Soc., 4to, 1868.
Cymmrodor, (Y) = Magazine of the Society of Cymmrodorion.
Dinneen = Irish-English Dictionary, by Rev. Patrick S. Dinneen, 1904.
Ducange = Ducange, Glossarium Mediae et Infimae Latinitatis.
Duchesne, Origines = Origines du Culte Chrétien, par L. Duchesne, 3me éd., 1903. (There is also an English Translation.)
Eg. = Egerton MSS. in British Museum.
Elder Faiths = Traces of the Elder Faiths of Ireland . . . by W. G. Wood-Martin, 2 vols., 1902.
Ériu = Ériu, the Journal of the School of Irish Learning, Dublin, 1904 ff.
Fél.[1] = Félire of Oengus, ed. Whitley Stokes, R. I. A., Irish MS. Series, vol. i, 4to, 1880.
Fél.[2] = The same, ed. Whitley Stokes, Henry Bradshaw Society, 1905.
Fer. (in critical notes) = Book of Fermoy.
F. M. = Annals of the Kingdom of Ireland by the Four Masters, ed. John O'Donovan, 2nd ed., 7 vols. 4to, 1856.
Forbes, Calendars = Kalendars of the Scottish Saints, by A. P. Forbes, Bishop of Brechin, 4to, 1872.
Gorm. v. Mart. O'Gorman.
Gougaud = Les Chrétientés Celtiques, par Dom Louis Gougaud, 1911.
H. and S. = Hodges and Smith, Collection of MSS. in R. I. A.
H.D.B. *or* Hastings' D.B. = Hastings' Dictionary of the Bible, 5 vols., 1898–1904.
H. F. v. Hy Fiachrach.
Hogan = Onomasticon Goedelicum, by Edmund Hogan, S.J., 1910.
Hyde, Douglas, Religious Songs of Connacht, 2 vols., 1906.
Hy Fiachrach = Genealogies, Tribes, and Customs of Hy-Fiachrach, ed. John O'Donovan, Irish Arch. Soc., 4to, 1844.
I.A.S. = Irish Archaeological Society.
Ir.[1], Ir.[2], &c. = First, Second Irish Life.
Ir. Gl. = Irish Glosses, ed. Whitley Stokes, I. A. S, 1860.
Ir. T. = Irische Texte, a series edited by Windisch, Stokes, and others, 1880 ff.
Jubinal = La Légende latine de S. Brandaines . . . par Achille Jubinal, 1836.
Keating = Keating's History of Ireland (Foras Feasa ar Eirinn), ed. D. Comyn and Rev. P. S. Dinneen, 4 vols., Irish Texts Society, 1902–14.
L (in critical notes) = L. S. q.v.
La Borderie, de, Hist. Bret. = Histoire de Bretagne, par A. de La Borderie, vol. i, ed. 2, 1905.
Laud = Laud Collection of MSS., Bodleian Library.
Laws = Ancient Laws and Institutes of Ireland, 5 vols. and Glossary, 1865–1901.
L. Br. = Lebar Brecc, *or* The Speckled Book, published in facsimile by the R. I. A., folio, 1876.
Le Grand = Les Vies des Saints de la Bretagne-Armorique, par Fr. Albert le Grand, ed. 1837, par Miorcec de Kerdanet.
L. H.[1] = Liber Hymnorum, ed. J. H. Todd, 2 parts, Irish Arch. and Celtic Soc., 4to, 1855–69 (imperfect).
L. H.[2] = Liber Hymnorum, ed. J. H. Bernard and R. Atkinson, Henry Bradshaw Soc., 2 vols., 1898.
LL. = Lebar Laigen, *or* Book of Leinster, published in facsimile by R. I. A., folio, 1880.
L. na g-C. = Leabhar na g-Ceart, *or* Book of Rights, ed. John O'Donovan, Celtic Soc., 1847.
L. S. = Lismore Saints, i. e. Lives of Saints from the Book of Lismore, ed. Whitley Stokes, Anecdota Oxoniensia, 1890.
LU. = Lebar na h-Uidre, *or* Book of

the Dun Cow, published in facsimile by R. I A., 4to. 1870.
M = The recension of Latin Lives of Saints, contained in the two sister MSS., Marsh's Library, V. 3. 4, and T. C. D., E. 3. 11; see V. S. H., pp. ix ff.
Macculloch, R. A. C. = The Religion of the Ancient Celts, by J. A. Macculloch, D.D., 1911.
Mack. Cat. = Descriptive Catalogue of Gaelic Manuscripts, Donald Mackinnon, 1912.
Maclagan, Evil Eye = Evil Eye in the Western Highlands, by R. C. Maclagan, M.D., 1902.
Magh Lena = The Battle of Magh Lena, ed. Eugene Curry, Celtic Soc., 1855.
Magh Rath = The Battle of Magh Rath, ed. John O'Donovan, Irish Arch. Soc., 4to, 1842.
M. and C., v. O'Curry.
Mart. Don. = The Martyrology of Donegal, ed. John O'Donovan, J. H. Todd, and Wm. Reeves, Irish Arch. and Celtic Soc., 1864.
Mart. O'Gorman = Martyrology of O'Gorman, ed. Whitley Stokes, Henry Bradshaw Soc., 1895.
Mart. Tall. = Martyrology of Tallaght, in LL. (and ed. by Rev. Matthew Kelly, 1857).
Misc. Celt. Soc. = Miscellany of the Celtic Society, ed. John O'Donovan, 1849.
Misc. I. A. S. = Miscellany of the Irish Arch. Soc., vol. i, 4to, 1846.
Moran = Acta S. Brendani, ed. Rt. Rev. P. Moran, 1872.
MS. Mat., v. O'Curry.
N = The northern source in Maedoc ii.
NB. = Nauigatio Brendani in Brendan i.
Noua Legenda Anglie, v. Capgrave.
Obits and Martyrology, v. Todd, Obits.
O'Clery [1] = Br. MS. 2324-40.
O'Clery [2] = Br. MS. 4190-4200.
O'Curry, M. and C. = Manners and Customs of the Ancient Irish, by Eugene O'Curry, 3 vols., 1873.
O'Curry, MS. Mat. = Lectures on the Manuscript Materials of Ancient Irish History, by Eugene O'Curry, 1878.
O'Davoren = O'Davoren's Glossary, ed. 2, by Whitley Stokes, in Archiv für Celt. Lexicog. ii. 197 ff.
O'Don. Suppl. = O'Donovan's Supplement to O'Reilly's Dictionary, v. O'Reilly.
O'Flaherty, Iar Connaught = A Chorographical Description of West or h-Iar Connaught, by Roderic O'Flaherty, ed. J. Hardiman, Irish Arch. Soc., 4to, 1846.
O'Gorman, v. Mart. O'Gorman.
O'Grady, Catalogue = Catalogue of Irish MSS. in the British Museum, by Standish H. O'Grady (not yet published).
O'Hanlon = Lives of the Irish Saints, by Very Rev. John O'Hanlon, N.D. (9 vols. and part of vol. 10 had been published at the time of the author's death).
O'Hart, Pedigrees = Irish Pedigrees, ... by John O'Hart, ed. 3, 1881.
Olden, Church of Ireland, 1892.
O'Reilly = An Irish-English Dictionary, by Edward O'Reilly, 4to, 1877.
Oss. Soc. = Ossianic Society.
Petrie's Life = The Life and Labours of George Petrie, LL.D., by William Stokes, M.D., 1868.
Petrie, Round Towers. = The ecclesiastical Architecture ... [and] Round Towers of Ireland ... by George Petrie, 2nd ed. 1845.
P. L. = Patrologia Latina (Collection Migne).
R = The recension of Latin Lives contained in the two Rawlinson MSS., B. 485 and 505; see V. S. H., pp. xv ff.
Rawl. = Rawlinson Collection of MSS. in Bodleian Library; of these Rawl. B. 502 has been published in facsimile by the Clarendon Press, ed. Kuno Meyer, folio, 1909.
R. C. = Revue Celtique, 1870 ff.
Reeves Adamn. *or* Rs. Ad. = Adamnan's Life of St. Columba, ed. Dr. Wm. Reeves, Irish Arch. and Celtic Soc., and Bannatyne Club, 4to, 1857.
Reeves, Eccl. Ant. = Ecclesiastical Antiquities of Down, Connor, and Dromore, by Rev. Wm. Reeves, 4to, 1847.
R. I. A. = Royal Irish Academy.
R. S. = Rolls Series.
S. (in critical notes) = Codex Salmanticensis; see V. S. H., p. ix.
St. Malo = Deux Vies inédites de Saint Malo, ed. Dom F. Plaine et A. de la Borderie, 1884.
Saltair na Rann, ed. Whitley Stokes, 1883 (Anecdota Oxoniensia).
Sar. Br. = Breuiarium ad usum Sarum,

ed. F. Procter and Christopher Wordsworth, 3 vols., 1879-86.
Schröder = Sanct Brandan, ed. Carl Schröder, 1871.
S. C. S. = Celtic Scotland, by W. F. Skene, 3 vols., 1876-80.
Silva Gad. = Silva Gadelica, a Collection of Tales in Irish, ed. Standish H. O'Grady, 2 vols., 1892.
Sim. Dun. = Simeon of Durham, ed. T. Arnold (R. S.), 2 vols., 1882-5.
St. = Stowe q.v.
Stokes, Anglo-Norman Church = Ireland and the Anglo-Norman Church, by G. T. Stokes, D.D., 1889.
Stokes, Miss, Christian Art = Early Christian Art in Ireland, by Margaret Stokes, 1887.
Stowe = Stowe MSS. in R. I. A.
T. B. C. = Táin Bó Cualgne, ed. E. Windisch, 1905.
T. C. D. = Trinity College, Dublin.
Tecosca Cormaic = Instructions of King Cormac mac Airt, ed. K. Meyer, 1909 (Todd Lecture Series).
Thes. Pal. = Thesaurus Palaeohibernicus, ed. Whitley Stokes and John Strachan, 2 vols., 1901-3.
Three Glossaries, v. Cormac.
Tigh. = Tighernach's Annals, ed. Whitley Stokes, in R. C. xvi-xviii.
Todd, Obits = Obits and Martyrology of Christ Church, Dublin, ed. J. H. Todd and J. C. Crosthwaite, Irish Arch. Soc., 4to, 1844.
Top. Poems = Irish Topographical Poems, ed. John O'Donovan, Irish Arch. and Celtic Soc., 1862.
Tr. Th. = Triadis Thaumaturgae . . . Patricii, Columbae, et Brigidae . . . Acta, ed. J. Colgan, folio, 1847.
V = The recension of the Latin Life of St. Maedoc contained in Cotton, Vespasian A. xiv ; see V.S.H., pp. lxxv f.
V. B. = Vita Brendani, in Brendan i.
v. l. = varia lectio.
V. S. H. = Vitae Sanctorum Hiberniae, ed. C. Plummer, 2 vols., 1910.
V. Tr. = Vita Tripartita, The Tripartite Life of Patrick, ed. Whitley Stokes (R. S.), 2 vols., 1887.
Waifs and Strays of Celtic Tradition, Argyllshire Series, 1889 ff.
Y. B. L. = Yellow Book of Lecan, published in facsimile by R. I. A., folio, 1896.
Z. C. P. = Zeitschrift für Celtische Philologie, 1897 ff.

BETHADA NÁEM NÉRENN
LIVES OF IRISH SAINTS

Betha Abáin annso sis. f 146[b]

i. (1) Ro gabh[1] rí oirdnidhe cenn*us*[2] for Laighnibh fea*cht* riamh, Corbm*ac* eissiu*m*. Ro bai séitigh[3] lais, Milla a hain*m* sidhe; 7 ba deirbhsiur d'espucc Iubh*air* issidhe. *Ocus* dorala gur bo halachta[4] hí; 7 cuiris fis fora brath*air* .i. for esp*occ* Iubh*air* i nam tuismedha dhi. Et dixit[5] Milla i*ar* faicsin a brath*ar*:

Esp*occ* Iubh*air* do*m* chob*air*,
'Sé ro fhidir mo rúna;
Cuinghedh dilgadh mo chinadh,
Rom gabhsat idhain gúra.

Et dixit episcup*us*:

Esp*occ* Iubair at farr*adh*,
Rot gabhsat idhain gúra;
Béra mac uasal amhra,
Rot cabhra Rí na ndúla.

(2) Beiridh an inghen mac la guidhe an epscuip naemtha, gan doigh ga*n* tiach*air*, 7 ro baist*edh* hé, 7 tucc*adh* Abbán d'ain*m* f*air*. *Ocus* b*erar* dia oilemhai*n* é, 7 do chur cerda luith 7 gaiscc*idh* roimhe[6], día bheith hi rrighi for lorcc a ath*ar*. *Ocus* nir bó t*ar*ba són.

(3) Briath*ra*[7] Dé ro canadh som gibe ní no canta f*r*is; 7 ro an in scribtúir aicce gan sáeth*ar* gan meabhrucc*adh*. Ro ba follus g*r*asa Dé f*air*; 7 nir bo hiongn*adh* sin, óir ro thirchan Pat*r*aicc he, an tan ro gab port hi lLaignibh *ar tús*, 7 drem dona naemhaibh ele[8].

(4) *Ocus*[9] ba machtn*adh* la tuistighibh ('*no* la hoidedhaibh'[10]) Abbáin in abairt[11] fora raibhe; 7 beiritt leo he go hair*m* irraibhe a ath*air* 7 a mhath*air*; 7 ro chansat fríu nach *ar* lorcc na righe rob áil le hAbán a ghniomha do bheith, *acht* lenmai*n* don fír-Dhia, 7 don chreidemh chatoilica.

(5) *Ocus* guidhidh a ath*air* 7 a math*air* é im anmhain aga noidhrea*cht*; 7 nír bó t*ar*bha són. 'Neimhtní gach ní *acht* Dia', or sé. *Ocus* doníad

[1] §§ 1, 2 = M § 3; St. c. 1; S § 2[a]. [2] flathas 7 forlamhas St. [3] baincheile St. [4] torrach St. [5] St. omits Milla's verse. [6] do munadh luith 7 lamhaigh 7 gaisgidh 7 aithiorach (i. aithgherrach, marg. note, later hand) gacha ceirde dó St. [7] § 3 = M § 4; St. c. 2; S § 2[b]. [8] drem . . . ele *om.* St. [9] §§ 4, 5 = M §§ 5, 6; St. c. 3; S § 3. [10] This alternative reading is clearly right: la lucht oilemhna Abain, St. [11] an modh St.

cimidh dhe, ⁊ cuiritt cuibrighi f*air*, ⁊ cuiritt hi ccuithe na ngiall he[1]; ⁊ dogheibhit f*or*sgáoilte hé i*ar*nabh*ar*ach for urlaiṇ*n*[2] an dúin gan cengal, ga*n* cuibr*ech*. *Ocus* o'tco*n*catt*ar* ga*n* nert áca *air*, deonaighit dó a thoil féin do den*um*. Teid siumh go hair*m* irrabhat*ar* a lucht oilemhna.[3]

ii. (6) Laithe naen[4] dia mbói Aban la laogaibh a bhuime, dochi[5] cú all*aidh* go hairm irraibhe. 'Ro chan Día', ol Abán, 'an téigen d'fur-
f. 147a t*acht*[6]. Tomhail in laogh si*n*', | ar se, 'ata an una ('.i. gorta') fort'. Ro ith, ⁊ b*er*idh buidhe a coda fri hAban.

(7) *Ocus* ba doirbh[7] leisna hoccaibh[8] ele an laogh do chaithemh[9]; ⁊ ro gabh omhan Abán riana bhuime. 'A Íosa', ol sé, 'do chruth*aigh* in láogh so gan damhna[10], cruth*aigh* anossa hé leisan damhna[10] fil sun*n* dhe.' Do eirigh an laeg go h*air*m[11] irrabhatt*ar* na láoigh aile, ⁊ ro géim, ⁊ dogní reabhr*adh* ar áon fríu. *Ocus* tiagaitt oidedha Abáin go hairm irraibhe an righan ⁊ an rí, ⁊ in*n*isit dóibh na miorbuile sin. 'As deoin lin*ne*', ol síatt, 'antí doróine na miorb*uil*e sin f*air*, eissiumh d'adradh dó.'

iii. (8) Luidh[12] Aban go hair*m*[11] a roibhe easp*occ* Iubh*air* .i. derbhrath*air* a mhath*ar*, ⁊ ba failtighi an tesp*occ* roimhe fora dhiadhacht na fora ghaol fris. Da blíadhai*n dec* áes Abáin an tan sin[13]. Ba hiomdha nech[14] naomhtha la hIubh*ar*, ⁊[15] reicles oirdnidhe. *Ocus* do bái recles lais día tucc toil t*air*sibh i ninis foran taoibh thes do Laighnibh, ⁊ Beicc Éire a hain*m*.

iv. (9) Luidh[16] Iubhar do Roimh, ⁊ cuinghis[17] for Abán foss[18] ós ci*n*d na manach go ttísadh doridhisi. Nír bó toil do Abbán sin, gen gur t*r*iall la hIubh*ar* do Roimh; ⁊ cíis gur bo fliuch blae ⁊ bruin*ne* dó. Gairis Iubh*ar* hé, ⁊ cuiris a chend ina ucht, ⁊ tuitis a shuan f*air*; ⁊ téid Iubh*ar* 'san luing gan ráthucc*adh* do Abán. *Ocus* dúisccis[19] Abán, go ffaca in long hi fudomhai*n* na f*air*rge[20]; ⁊ ba doil*igh* laisiumh an ní sin. 'A Iosa', ol sé, 'soirbhidh in *conair* damhsa g*us*in eth*ar* uccat. Do t*r*aighis an Muir Rúadh', ol sé, '⁊ ní decmaicc ni for bith duit[21]; ⁊ seol meisi dot adhr*adh*'.

(10) Éirghis, ⁊ gabhais for fedh na f*air*rge, gur bó soilléir aingil f*r*ia taobhaibḥ, ⁊ nir bo fess dia ffacaidh hé, an eitedha[22] diadha do fhás f*air*, nó an siubhal dáenna donídh. Ro airis[23] an long fris forsa*n*

[1] ⁊ cuirid a bpríasún mar fer coire é St. [2] faithce St. [3] teid . . . oilemhna *om.* St. [4] §§ 6, 7 = M § 7; St. c. 4; S § 4. [5] tig St. [6] an riachtanas do fhoirithin St. [7] doilig St. [8] haogáiribh St. [9] don coin allta, ⁊ tiaghaid do chasaid Abain go [a] bhuime *add.* St. [10] adhbur St. [11] háit St. [12] § 8 = M §§ 8, 9; St. c. 5; S § 5. [13] da bliadain . . . an tan sin *om.* St. [14] dalta St. [15] ⁊ cealla iomda oga St., which omits the rest of the section. [16] §§ 9, 10 = M §§ 11, 12; St. c. 6; S § 6. [17] ro shir St. [18] anadh St. [19] ro mosgail St. [20] go nar bhó deimhin lais nár bhudh do nélaibh an áoier hé *add.* St. [21] ni fhuil áon ni ar bith 'na ceisd fort St. [22] eitighe St. [23] do comnaidh St.

muir. *Ocus* ba machtn*adh* lásin foirin*n* 'si*n*', go ro in*n*is Iubhar doibh *gur*ab le hAbán ro bái an long ag fuir*ech*.

(11) Ticc [1] Aban isin luing, 7 gabait port | isin Ettailli. *Ocus* tia- f. 147[b]
cchaitt go cath*air* aincriostt*aidh*e, Padua a hain*m*. *Ocus* ro fi*ar*faicchedh dibh: 'Cia h*air*m asa ttangab*air*? no ca *conair* a ccingfidhi [2]?' 'Éirenn*aigh* sin*n*', ol síatt, '7 do Roimh t*r*iallmait, d'faghbhail t*ar*bha in luaighidhe*chta* [3] do gheall Día dia mhuin*n*tir.' 'Cidh sin?' ol in rí, 'cred adeirthi fri ar ndeibh ne?' 'Dee bodhra balbha filet libh, gan n*er*t cobh*ar*ta forra féin, na for nech ele aca.' 'Foillsigh*id* si dúin*n* araill do mhiorbuilibh bhar nDía fein,' ol in rí; 'adhnaidh an tsúdrall so [4] gan teine lá bhar nanála, no dogebtái bás dochraid foc*et*óir.' *Ocus* cuiris Iubh*ar* 7 a muin*n*ter a nanála *ar* uainibh fon súdraill [5], 7 ni ro lass; 7 ba súan do Abbán indsin a haithle an aistir [6] doroine; 7 dúisccitt he; 7 cuiris a anál fon súdra[i]ll [7], 7 do lass foc*et*óir.

v. (12) Atbath [8] séitigh [9] an rí in adh*aig* sin, 7 ticc an rí *ar*abh*ar*ach go h*air*m irrabhatt*ar* na naoi*m*h, 7 cuinghis [10] forra a shéitigh do thodhú*sacht* dó, 7 no géb*edh* baist*edh* chuicci. 'Do Abán as déoin la Día an dusccadh do den*amh*', ol Iubh*ar*. Guidhis Aban forsan inghin, 7 ro duisigh a bás hí. *Ocus* gabhais an rí 7 a séitigh [11], 7 a nuile daine bái leo baistt*edh* asa haithle. [12]

(13) 'Tugaidh [13] furt*acht* foran ccrich si', ol an rí. 'Fil peist neimhe aga hin*n*radh, et*er* dhaine 7 in*n*ile [14]. Fuath leomhain fuirre, 7 do ruccusa áes na crichi so fea*chtus* dia díochur, 7 ro m*ar*bh tri c*et* laoch dibh, 7 ros fui*righ* [15] ina haiti fein acc fásucc*adh* forain*n* [16].' Beiris Aban drem dibh lais día thecc*us*cc [17] *gu*sin ait irraibhe in peist [18], 7 tiaghait for cúla, oir ni léigh a neccla 'dóibh' acht a foillsiucch*ad* [19] a ccein uathaibh.

(14) Ticc an peist neimhi i ndáil Abain go ccolcc mór [20] fuirri. 'Cuirim si fort, a hucht Íosa, an tanam si*n* dochuir Día ion*n*at', ol Abbán, 'lasa ndernais míghniomha, scar*adh* fris, 7 an colcc adhuathm*ar* [21] sin fil fort do dhul for neimhtní.' Sc*ar*ais a hanam | fría la f. 148[a]
breithir in naeimh. Lethait a haitt*r*eabhthaigh fon crích dia naitte [22], 7 dia nadbhadhaibh, 7 do mol*adh* Dia leo.

vi. (15) Teitt [23] an righ go h*air*m irrabatt*ar* na naoi*m*h. 'Fil loch lin*n*', ol sé, 'go piastaibh neimhe fair oc ingreim [24] na c*r*iche, 7 is*edh* as

[1] § 11 = M § 13; St. c. 7; S § 7. [2] ca slighe a rachtaidhe St. [3] luaidechta St. [4] an coinnel so St. [5] fon gcoinnill St. [6] an tshiubhail St. [7] fon sudraill .i. an choinnel St. [8] § 12 = M § 14; St. c. 8; S § 8. [9] fuair baincheile . . . bás St. [10] sirigh St. [11] a cheile St. [12] aran lathair sin St. [13] §§ 13, 14 = M § 15; St. c. 9; S § 9. [14] ag milled dáoine 7 airneisi innte gach láoi St. [15] ro an St. [16] ag denamh díthe duinne gach laoi St. [17] MS tesccuscc; munadh St. [18] comnuidhe na piasda St. [19] munadh St. [20] fior-granna St. [21] comaightheach St. [22] dia haitiughad St., omitting '7 . . . adbhadhaibh'. [23] §§ 15, 16 = M § 16; St. c. 10; S §§ 10. 11. [24] ag milledh St.

áil duin*n*, sibh d'ar furt*acht* forra'. Tiaghaitt dibhlinaibh go hur[1] an locha, 7 teccaitt na piasta i ndail Abáin, 7 luigitt fria thaobh[2], 7 lighitt a cossa.[3] 'Furáilim foraibh[4]', ol Abán, 'i nain*m* na Trínóide, dul 'san loch ucc*at* hi ccúil mbicc de, 7 a iascc do tomhailt, 7 oirisiumh an*n*[5], 7 ga*n* urcóid do dhenamh 'do neoch' for bith[6].' *Ocus* doníatt amhl*aidh*; 7 docíther aníu a cean*n* na[7] sea*chtmaidhe* bliad*na* íat foran ccúil sin[8] da fhoillsiucch*ad* go m*ar*aitt do choimhlíon*adh*[9] breithre Abáin.

vii. (16) Luidhset na naoi*m*h do Roimh go mbenn*acht*ain an phop*uii* leo. *Ocus* ro bhenn*ach*sat somh iatt somh.[10] Teccaid for cula go hEirin*n* doridhisi.

(17) Luidh[11] Pat*r*aicc 7 esp*occ* Iubh*air* 7 Abán hi lluing for Loch Garman; *co n*facat*ar* an peist ndímóir fria ttáobh, 7 *cet* cend fuirre, 7 dá *cet* súil, 7 da *cet* clúas,[12] go ro tochuir[13] ainbhtine derm*air* forsan muir, go ro chuir an g*r*ían[14] i nuacht*ar*, go raibhe in long for 'comh'badhadh. Luidh Pat*r*aicc 7 esp*occ* Iubair for sesaibh na luingi do ghuidhe Dé im f*urtacht* forra.

(18) Anais Abán gan dul leo, óir nir mhes a urn*aigh*the comh*ar*d fri hurn*aigh*the na náemh naile; 7 nír sccuir an tanfadh béos. Asb*ert* an taingel uaistibh: 'Tucc*aidh* Aban chuccaibh, oír as día urn*aigh*the tuccadh diochur[15] na péiste ucc*at*.' *Ocus* tuccadh Aban chuca, 7 doní guidhe 'chum nDé, 7 ro díchuir in pheist; 7 ní fes cia *conair* i ndeach*aid*. *Ocus* isse an diabhal fodera an pheist do th[e]*acht*[16] 'san c*r*uth sin chuca do aidhmill*edh* forna nao*m*haibh. Ro chiun*aigh* an mhuir, 7 tiaghait i ttír 'san tracht fa togha léo.

viii. (19) Fe*chtus*[17] do Abán fri taobh an trachta, *co n*aca an ton*n* muiridhe ina dhail go méid nderm*áir*; 7 ba h*air*di hí inás in talamh;
f. 148b 7 búailis fri tír go | hairm hirraibhe Aban, 7 ní deachaid ní b*údh* síriu.[18] Cuiris Aban a bhachaill forsa*n* tuin*n*, 7 téid fein fuirre, 7 ro iomhch*uir* an mbachaill he forsan tuin*n* hi fudomhai*n* na fairrge; go ttangatt*ar* ili diabhal ina thimcheall. 'Anossa', ol siat, 'aithfimíd ne fort sa 'na ndeine[19] d'éccoir[20] forain*n*, occ breith *ar* muin*n*tire úain*n* let[21] a*m*ainsi[22] 7 led mealltoirea*cht* ngúach*aich*[23]'; dia ccualad*ur* an guth nai*n*glighe úasuibh:

(20) 'Eirgidh', ol sé, 'a bfodo*main* if*rinn* a bfail a nait*r*eabtai[24] do shíor'; 7 doro*nsa*d a*m*luigh; 7 ro baoi Aban fora b*ach*uill in fedh sin.

[1] bruach St. [2] 7 . . . a thaobh *om.* St. [3] 7 doronsat umla dó *add.* St. [4] fógraim dhaoibh St. [5] fuirte do gnath St. [6] do dhenamh do duine na d'ainmidhe St. [7] MS. an. [8] 7 doronsad samluigh 7 tógbhuid a gcinn isin gcuil sin go minic St. [9] do fhioradh St. [10] Iar ndenam a tturasa dóibh isin Roim, tiaghaid 7c. St. [11] §§ 17, 18 = M § 18; St. c. 11; S § 13. [12] 7 dá cet suil . . . clúas *om.* St. [13] togaibh St. [14] an muir-grian iochtair St. [15] dibirt St. [16] 7 as é fodera an diabhal do cur St. [17] §§ 19, 20 = M § 17; St. c. 12; S § 12. [18] foide St. [19] diogholtar fort sa a ndena St. [20] 7 do inghreim *add.* St. [21] Here there is a change of hand in the MS. [22] led ghaois St. [23] mbregaidh St. [24] ait a ndentaoi comnaidh St.

'Beir si', ol an taingel, 'go cenn seacht mbliadan ndég 7 tri cet bliadan ag foghnam do Día gan nert aimsighthe fort; 7 téid[1] t'anam a bfiagnaisi na Trionnoide, 7 bud feirde na daoine go foircenn mbratha[2] an loingseoireacht so dorinnis. Tuc Dia nert for muir duit ná tucadh d'áon romad. Ni fhuil nech rachus for muir a curach no a luing, 7 gebhus[3] fo tri a nainm na Trionoide:—

"Curach Abain foran linn
Is muinnter fionn Abain ann[4]",

nach ticfad slán; 7 fo tri teighe[5] do Róim.'

ix. (21) La naon[6] do Abán ag siubhal fria hur in cuain, go nacaid tri longa isin purt og triall do Róim. Téid Abán ana ndail, 7 téid a luing dhiobh dia noilithre ro badur ag dul; 7 *coica* i ngach luing diobh. Tiaguid amach forsan muir, 7 ni ro fhaolsat cor a cechtar dona[7] hairdibh díobh. Ba cían doibh foran abairt sin[8], 7 ba machtnad leo sam sin, go gcualadur an gut[h] nainglighe uaistib: 'Asé bur bfochann[9]', ol sé, 'gin cenn gin ab foruibh. Fil bur ndiol do ab sunn', ol sé, an taingel, ['7 Abán a ainm'. 'Ni haithnidh duinne in fer sin', ol síad. 'Cuirigh na croinn si foraibh', ol an taingel[10]] '7 in nech fora nanfa an crann so díbh, tabraidh bur gcennus dó'. *Ocus* ro thuit an crann for Aban, 7 no berid umla dhó, 7 bá soirbh [a] slighe doibh go dul do Roim.

(22) Dia ttárla[11] nech dóibh isin Róim doberedh cuid[12] na cet-oidhce da gach oilitreach no teighedh inn; 7 ruc iadsum lais, 7 ro baoi Aban fo oirmidhin mhóir lais; 7 bá machtnad leo sum an denam baoi for leith for Aban aige, 7 gin aithne aige fair. | 'Aingeal[13] dorad a eol damh[14]', ol fer in tighi. 'Ni hiongnadh sin', ol siatt somh, 'do benadh comnuidhe asainne forsan muir, go ro umhlaighemar dó.' Dobheir Grigoir gradha saccairt fair, 7 doní[15] abb dhe. f. 149a

x. (23) *Ocus*[16] gluaisit for ccúla do thoidhecht dochum na hErenn, go ttarlattar dá sluagh dó fri broinn[17] catha do chur, 7 a renna 7 a ffaobhair innillte re hacchaid aroile. Gabhais Abbán an chonair ettorra[18]. 'I nainm na Trínoide', ol sé, 'sccuiridh don dásacht foratáithi, 7 treiccidh an gnímh as mesa foran soighniomh.' Cuiritt a fferga for ccúla, 7 doníad sith 7 cáencomhrac, 7 anaid hi sist 7 hi ccairdes tre bithe; 7 ticc Abbán i nErinn go mbennachtain na sluagh sin lais.

[1] 7 rachaidh St. [2] an betha 7 go deredh an domain St. [3] 7 adera na focail so St. [4] ind M (*rightly*). [5] rachai fo tri St. [6] § 21 = M § 19; St. c. 13; S. § 14. [7] 7 nirb fada docodur an tan nár fhedsad cor do cur diobh a naon aird dona ceitre St. [8] aran ordugadh sin St. [9] abur St. [10] From St.; *om.* Br. homoiotel. [11] § 22 = M § 20; St. c. 14; S § 15. [12] oigheacht St. [13] Here the former hand resumes. [14] aithne 7 eolas damh fair St. [15] ro ghoir St. [16] § 23 = M § 21; St. c. 15; S § 16. [17] re hagaidh St. [18] an tslighe tarsa St.

xi. (24) Triallais [1] i *Connacht*aibh, 7 dorin*ne* téora reicclesa oirmhidnecha [2] in*n*te. *Ocus* triallais for cúla co crích Eachach Coinchin*n* hi crích Corc Duibhne. Mór trá d'eccalsaibh naemhdha do sén*adh* la hAban [3]. *Ocus* ro bhenn*ach* Boirnech, 7 dorad do Gobnait hé. *Ocus* ro [bhennaigh Cill Aithfe ar Magh Coi*n*cin*n* 7 dorad do Finán hí; 7 ro [4]] thirchan Finán treimsi rena *tus*m*edh* [5]; 7 dobheir Cill Eachach Coinchin*n* dó.

(25) *Ocus* ro bhenn*ach* Cúl Collainge, 7 Brí Gobhan*n*, 7 Cill Cruimpir, 7 Cill na M*ar*bh; 7 ro bennach Cluai*n* aird Mobecoc, 7 Clúain Fin*n*glaisi, 7 ro fhaguibh Beccan in*n*te; 7 móran ele d'eccalsaibh [6]; 7 ro fáccaibh oific na heccailsi naoi*m*h[i] i ngach ecclais dibh.

xii. (26) Luidh [7] Abán i nÉilibh; 7 robai in rí, 7 áes an tire i naenach; 7 ni raibhe creidemh léo. *Ocus* ticc Abbán occ síoladh breithre Dé doibh. 'Cidh ráed é Día?' ol in rí. 'Cruthaighteoir nimhe 7 talman, 7 aga bfuil fis gacha torracht 7 nach torracht [8].' 'Innisi damhsa', ol an rí, 'an lícc dimor uccat fil forsan tul*aigh*, cía mó atá i ttalamh dhi na úasa?' 7 ro in*n*is Abbán sin. *Ocus* dober*ar* moghadha in righ dia tobach [9] a talm*ain*, 7 ro frith am*ail* ro raidh Abán; 7 gabhais an rí *con*a *cr*ich baistt*edh* iarsin.[10]

f. 149b xiii. (27) 'Fil [11] peist neimhe isin crich so', ol an ri, '7 fúath [12] cait fuirre; cen*n* 7 lái teint*idhe* le, móa oldát láeigh *ar* mbu*air*; fiacla *con*da le.' 'Ni dhingni sí [13] urcoid do nech do*n* crich so', ol Aban. *Ocus* tar*l*a an pheist dó lá náen occan abhain*n* danad ain*m* Brosn*ach*, 7 lighis a chosa, 7 máolais an g*r*ean*n* adhuathmar [14] bái fuirre [15]. *Ocus* tócbais lais hí, 7 cuiris hi lloch bái re thaoibh do thomailt eiscc.[16] *Ocus* aithnighis [17] di ga*n* urcóid do den*amh* do neoch for bith [18], 7 do fíoradh són [19].

(28) *Ocus* [20] ba senda an rí an tan sin, 7 ni raibhe oidhre lais [21] acht inghen rucc a shéitig in acchaid sin; 7 cuinghis for Aban a baistedh; 7 ro airigh doilghes [22] forsan rígh tre bheith gan oidhre. 'Madh déoin do Dia', ol Abbán, 'doghebair oidhre.' 'Ac', ol an rí, 'ní thicc dímsa lem shen*n*d*acht*.' Gabhais Abban in naidhin et*er* a dí laimh, 7 dogní ern*aigh*the dhiochra 'chum nDé d'faghail eidhre don righ; 7

[1] §§ 24, 25 = M § 22; St. c. 16; S § 17. [2] anoirecha St. [3] mór . . . Aban *om.* St. [4] The passage in brackets is from St.; omitted by Br. owing to homoioteleuton. [5] ro thiorchan Fionan toigheacht Abain treimhsi do bliudhnaim (*sic*) riana breith St. (which is a misunderstanding on the part of the scribe of St.). [6] 7 moran . . . eccalsaibh *om.* St. [7] § 26 = M § 23; St. c. 17 S § 18. [8] fios gach neith da ttainic 7 da ttiocfa St. [9] legadh St. (omitting 'a talmain'). [10] This last sentence, '7 gabhais 7c.', is somewhat expanded in St. [11] § 27 = M § 24; St. c. 18; S § 19. [12] dealbh St. [13] 'Geallaim si dhuit si as ucht De', ar Aban, 'nach diongna si 7c.' St. [14] 7 an colg nime *add.* St. [15] 7 ro slecht dó *add.* St. [16] do chaitheam eisg 7 uisge an locha St. [17] ro fuagair St. [18] do duine na d'ainmidhe osin súas St. [19] ro comaill sin do gnaith St. [20] § 28 = M § 25; St. c. 19; S § 20. [21] do cloinn aige St. [22] toirsi mhór 7 cuma dermair St.

an inghen ro chuir isin top*ar*, tóccbhais lais ina mhac, ⁊ cuiris i nucht in righ. ‘Accso do mh*ac* duit’, ol sé. *Ocus* gabhais luathg*áire* derm*áir*[1] an rí, ⁊ aós na críchi do*na* míorbhuilibh sin. *Ocus* do scc*ar* Abbán ⁊ an rí fri aroile fo caoncomhrac[2]; ⁊ ticc Aban go Ros m*ac* Truin.[3]

xiv. (29) Laithe[4] do Abban for brú Siuire, ⁊ tórmach tuile in*n*te. T*r*aighis in táth ria nAbán gur bó leca tiorma. Ba dí*air*mhi pop*al* diadha *ar* áon f*r*i hAban an tan sin. ‘Gabhaidh an *conair* anon*n*’, *ar* sé. Gabhaitt, ⁊ gabhais Abbán for a lorcc, ⁊ macáomh ócc *ar* aón fris gan rathucc*adh*[5] dó, go ro muigh a*n* sr*u*th *fair*. Ní ro *air*igset[6] esbhaidh an óccáin forra, go rabhatt*ar* fora bproind *ar*abh*ar*ach. Luidh Abbán gusin sruth, ⁊ duisccis an naidhin do*n* g*r*ian gan ball fliuch for folt na err*edh* dó.

xv. (30) Laithe[7] do aodhairibh Abáin ag coimhétt a ttréda, go ffaccaidh na | faolcoin friu. ‘Leiccidh uaibh, ⁊ coimhétt*aid*’, ol f. 150a
Abban; ⁊ doníadh na faolchoin sin; óir as íad ba haodhairedha dó an céin ba béo.

xvi. (31) Luidh[8] Corbm*ac* m*ac* Di*ar*m*a*ta, rí Úa cCein*n*seal*aigh* do den*amh* creichi for Cam Ross .i. reicles Abbáin. Teid cuid dia shluagh hi ccuili Abáin, ⁊ dobherad an miach tomhais bai an*n* forsan faithche, ⁊ ní ro fhedsat a chur díbh, óir do lensat a lámha dhe. Gabh*us* omhan an ri *co*na slogh. Cuirit fiss for Abán, ⁊ guidhit *fair* t*r*oc*air*e do dénamh forra on airc ina rabhat*ar*[9]. Cuiris Abán cros dia laimh[10] uasaibh, go ro scc*ar* an miach fríu, ⁊ doradadh an feran*n* a ttimcheall an bhaile do Aban; ⁊ luidh Abbán for cula go mbenn*acht*ain na crichi lais.

(32) Tuitis[11] an agh*aid fair*; ba fúar, ⁊ ba dorcha iséic, *conar* cumhaingset cor don *conair*[12]. Dociad aingeal ina ndail, ⁊ tap*ur* sol*us*ta ina laimh, ⁊ dosfucc i llaimh Abbáin. Beiris Abán eol*us con*aire doibh lasin tap*ar* go rochtain ina reccles fein doibh; ⁊ fogeibh[13] an taing*eal* fora chin*n* isin temp*ul*, ⁊ geibhis an tap*ar* a laimh Abáin; ⁊ sg*ar*ait f*r*i aroile.

xvii. (33) Laithe[14] dia ffac*aidh* Abbán neach amhlabh*ar* ina dháil, do chuingidh furt*acht*a *fair*, cuiris cros Iosa[15] for ubhall bái ina laimh. ‘Tomhail so,’ *ar* sé. Doroine an teslan samlaidh, ⁊ ba slán o gach ngal*ar*[16] bai *fair*.

xviii. (34) Laithe ele[17] at*con*n*airc* Abán nech hi pairilís, ⁊ cos ⁊ lamh

[1] gairdechas adhbalmor St. [2] aontoigh St. [3] MS. ruin; and so St. [4] § 29 = M § 30; St. c. 20; S § 24. [5] airiughadh St. [6] fionnsat St. [7] § 30 = M § 31; S § 25; not in St. [8] § 31 = M § 33; St. c. 21; S § 27. [9] on eigin sin St. [10] dia bachaill St. [11] § 32 = M § 34; St. c. 22; S § 28. [12] go nár fhedsad cor do cur diobh on chonair St. [13] fuaradur St. [14] § 33 = M § 38; St. c. 23; S § 32. [15] a nainm Iosa St. [16] ro fóiredh gach riachtanas St. [17] § 34 = M § 40; S § 34; not in St.

dia easb*aidh*. Cuinghis for Abán ar déirc ⁊ troighe furt*acht* fair. 'Bí slán', ol Abán, 'i nain*m* na Trínoide'; ⁊ ro bái o breithir Abain.

xix. (35) Laithe naen[1] dia ffaca Aban nech *'ar* ttuiti*m* lubhra f*air*, cuinghis a fhurta*cht* for Abán: 'Sirim si *ar* Día furt*acht* fort', ol Abán, ⁊ doroine Día sin la breithir in naoimh.

xx. (36) Batt*ar*[2] dí eirrigh[3] comfocc*us* do Aban i *con*flicht[4] f*ri* f. 150^b aroile. Gabs*at* la catha | for aon maigh go mbatt*ar* u*cht* fri hu*cht*. Tiagh*ar* ona tuathaibh dia mbat*ar* go hAbban, *ar* co tís*edh* dia furt*acht*.[5] Teíd siumh i ccroisfighill f*ri* Día f*ri* dén*amh* samhlaidh[6]; ⁊ fu*air* siumh ón, *co nár* bhad cuimhgeach im*er*tha *ar*m[7], na toidheacht for *ar*oile, gur bhad siod*ach* la breithir Abáin.

xxi. (37) Bai[8] araile sáor airmittn*ech*[9] i ccomfoc*cus* do Abban, ⁊ ba hé dognídh lubh*air* gach naoimh fría reimhes[10]; go ro dallta la hoirbire na naomh for a dáoire fríu, ⁊ méd a loighi; Gobán a ain*m*. Teitt Abán dia chuing*edh*[11] fri den*amh* reclésa dó. Asb*ert* somh ní bái a cumang[12] dó, *ar* ba dall. Asb*ert* Abán frissiumh: 'Fogebha do roscc céin bhé occin lubh*air*, ⁊ a dola úait *iar*na forbhadh'. Ro firadh són; ⁊ ro mór*adh* ain*m* Dé ⁊ Abain desidhe.

xxii. (38) Rainic[13] araile amlabh*ar* go hAbán dia cobh*air*. Asb*ert* somh: 'A Iosa', ol sé, 'amhail doradais labhra foran anman*n* mbruidemhail fea*cht* riamh .i. forin asal; tabh*air* urlabhra dó so', ol sé. Doradadh iar*amh* am*ail* ro chuin*n*igh.

xxiii. (39) Bat*ar*[14] t*ra* bú iom*dha* la manchu Abáin; *con* luidh buachail dibh cucca somh, ⁊ asbert f*ri*s go mbói bó il-dathach aim*r*it lais, ba háille do*na* cethraibh talmandaibh, gan bliocht gan laogh o ro gen*air*. Bennaighidh siu*mh* in mboin iar*amh*, go ro eamhnastair[15] dí laogh fona dathaibh ucc*at*, ⁊ as ing ma congaibhthi lest*ra* dia hass[16]; ⁊ bái samlaidh gan trág*adh*[17] fri re Abáin; ⁊ ro thinastair[18] iar*amh*.

xxiv. (40) Araile u*air*[19] dodhechatt*ar* coimhtionol na manach comfocc*us* go hAbán do fhiss a mbeth*ad* ⁊ a neiseirge; ⁊ dia ttec*usc* ⁊ foircetal dó. Cet*hr*acha ⁊ cétt cleir*ech* a líon. Fogní siumh doibh amail *con*naigset[20] f*air*, ⁊ ceileab*r*ait i*aramh*.

Ni fuil FINIT sun*n ar* bheth*aid* Abbai*n*[21].

[1] § 35 = M § 39; St. c. 24; S § 33. [2] § 36 = M § 41; St. c. 25; S § 35. [3] da miligh mormenmnacha St. [4] a gcogad St. [5] d'iarraidh Abhain dia neadurghaire St. [6] doroine Aban urnaighthe diocra go Dia fa chosg do techt for an dimfheirg do lathair St. [7] bo heidir a narm d'iomluagh St. [8] § 37 = M § 42; St. c. 26; S § 36. [9] anórach St. [10] ⁊ ro budh é a gnathughadh, oibrecha na naom do dhenamh a ngach áit a mbiodaois St. [11] iarraigh St. [12] nár bho heider St. [13] § 38 = M § 43; St. c. 27; S § 37. [14] § 39 = M § 44; St. c. 28; S § 38. [15] ro thuisimh St. [16] ⁊ nior bho hurasa diol a bainne do soithidhibh d'faghbhail isin aon baili St. [17] traothadh St. [18] thiormaidh St. [19] § 40 = St. c. 29; S § 39; not in M. [20] ro foillsigh Ában doibh amhail ro iarrfadh St. [21] There is no other colophon than this in Br.; a later hand in St. has added a similar remark: ní fes dam an i crioch a bhetha.

Betha Bhairre ó Chorcaigh. f. 122[b]

i. (1) Mobarri[1] di*no* do Con*n*achtaibh dó iar ccenél, do clan*n*aibh Bríai*n* m*eic* Eachach an tsain*n*rith .i. Bairri m*ac* Am*airgin*, m*eic* Duibhduibhne, m*eic* Airt, m*eic* Carthaind, m*eic* Flaind, m*eic* Nindedha, m*eic* Briai*n*, m*eic* Each*ach* Muighmedhoin. Tainic iar*omh* cenel ⁊ bunadh antí naemh B*arr*i a criochaibh *Con*nacht, gur gabh forba ⁊ feran*nus* ind Ach*ad* Durb*con* i ccrich M*úscraighe* Mitine[2].

(2) Is an*n*sin bai baile ag Amairgin, occ athair Bairri. In tAmhirgin sin di*no* fa gabhai amhra hé, ⁊ is hé fá primh-gobha do righ Raithlenn an tan sin[3] .i. do Thigernach m*ac* Aodha Uargairbh, m*eic* Criomhthain*n*, m*eic* Eachach, m*eic* Cais, m*eic* Cuirc.

(3) Ro bái di*no* cu*m*hal sochraidh i ttigh in righ[4]. Ro f*or*congair[5] an rí dia[6] mhuin*n*tir na ro áentaigedh neach dibh lé[7] i llánamhas[8]. Ni cúalae di*no* Amhairghin inní sin. Ro áentaidh iar*omh* an gobha ⁊ an chumhal go hincleithe, ⁊ ro fes forra i*ar*ttain, úair ro coimpredh[9] an chumhal. Iarsin ro gair*me*dh an cumhal on rígh .i. ó Thigernach, ⁊ ro fiarf*aigh* dhi cia ór bó torrach[10]. *Ocus* atb*er*t an cumhal gurab ó Aimhirgin.

(4) Is an*n*sin atb*er*t an rí a ccuib*rech* a ndís .i. Aimhirgin ⁊ an cumhal, ⁊ fós adub*airt* teine mór d'fadudh ⁊ a ccor in*n*te a ndís. *Acht* ní ro léicc Día do somh si*n*, úair tainic saignén ⁊ torann ⁊ fleochadh derm*áir* an*n*, *co nár* fétsat tene d'fadúdh[11] úair rob ionmhain la Día naemh Bairri, cidh ríasíu ro geinedh. Is an*n*sin ro labhair in náidhi a broin*n* a math*ar*, ⁊ atb*ert*: 'A rí, na déna an gnímh neccóir[12], úair ní bá móide do g*r*adh ag Día, cía dogne.' Is an*n*si*n* atb*er*t an rí fria mhuin*n*tir: 'Airisidh bicc, go ffaiccem ⁊ go ffesam cía norn[13] aiccillenn.'

(5) Is an*n*sin[14] tairisis an saighnén, ⁊ an toran*n*, ⁊ an fleochadh; ⁊ ro haincedh Aimhirgin ⁊ in chumhal gan a losc*cadh*; ⁊ ro tuisimh an chumhal an m*ac* nadhamhra[15] .i. antí naemh Bairri. Iarna gheinemhain di*no* ro aiccill foc*et*óir an rí, gu ro sáoradh dó a athair ⁊ a

[1] §§ 1–6 = M § 2. [2] Mittaine Fer. [3] fa gobha romhaith é, ⁊ as é fa priomh-ollamh gobhanaig rig na criche, Ir.[2] [4] Ro bhaoi ingen uasal aontugha. bean uasal onoireach a bfochair mna an righ sin, Ir.[2] [5] MS. for*con*congair. [6] dia uile m. St. [7] di Fer. [8] narbadh sotheach dia saerad *add.* Fer. [9] ro chomprestar Fer. (*recte*). [10] do ghnúis-imdeargaidh an inghion ann sin, Ir.[2] *add.* [11] St. p. 2. [12] egcorach St. [13] ron- Fer. [14] ró árdaig an gaoth *add.* Ir.[2] [15] adhamraighthi Fer.; rug an bhean uasal sin gein mhullach-leathan min-aluinn mhic Ir.[2]

math*air*. Doratt an rí dó íatt a sáoiri, ⁊ doratt é fein *con*a síol do
f. 123[a] Bhairri | tré bithe.

ii. (6) Ní ro labhair in m*ac* t*r*a iarsi*n* go haimsir coir. Tainic iarsin Aimhirghin ⁊ an cumhal, ⁊ an m*ac* becc[1] léo go hAchadh Durp*con*. Is an*n*sin ro baist*edh* an m*ac*; Mac Cuirp, esp*occ* do Dál Modula do Corco Airchind D*r*oma, is é ro*n* baist. Is e c*et* ain*m* doradadh f*air* .i. Loán[2], ⁊ ro hoiledh fri ré sea*cht* mb*liadan* i nAch*ad* Durb*con*.

(7) Ro batt*ar*[3] di*no* tri*ar* cleir*ech* d'feraibh Mum*an* ina nailithre a crích Laighen[4] isin aimsir sin. Tangatt*ar* i ccóir thurasa d'fios a ttíre f*én*, ⁊ dodechatt*ar* fora tt*urus*[5] go tech nAimhirgin; ⁊ at*con*ncat*ar* an gillae mbecc nálain*n* istigh. Adub*airt* an f*er* fá sine dibh: 'As ca*om*h in m*ac* becc so', ar se[6]; 'doraithne rath an Spirtu Naoi*m*h ina gnúis, ⁊ ro b*udh* maith lind leighen*n* do dénamh dó'. 'Masa maith', ol Aimhirgin[7], 'beiridh libh, ⁊ d*éntar* dó'. Adub*air*t an senóir: 'Ni beram anosa, go ttísam arís an tan reccmáitt a Laighnibh.'

(8) Tangatt*ar* iar*omh* an t*r*iar *cet*na go tech nAimhirghein i naimsir samr*aidh*, ⁊ ruccsatt leo an m*ac*. O ró siach[t]at*ar* t*ra* gu*s*in slíabh díanadh ainm Muincilli .i. do Ros Coill[8], tainic íta an*n* don m*ac* bhecc, ⁊ ro chái ag cuinghidh[9] dighe. Atb*ert* an senóir fria thimtiridh[10]: 'Eircc do saigidh na heillte útt arin tsleibh[11], go ttucca dhigh úaithi don m*ac*'. Dochúaidh a*n* timthíridh[10], ⁊ ro bligh lestar[12] lán do lemhna*cht* uaithi, ⁊ doradadh don m*ac* becc.

(9) Is an*n* adub*air*t an senóir: 'Áit a ndérna[13] Dia an firt nadamhra so *ar*in mac, is an*n* as cóir tin*n*sccetal leighin*n* dó, ⁊ a bherradh, ⁊ claochlodh a anma'. *Ocus* doronadh amhl*aidh*. Adub*air*t an fer ron berr: 'As caomh ⁊ as fi*n*d an barr fil for Lóan'. Atrub*air*t an senóir: 'As maith a nabra; úair bidh é a ain*m* óniu amach, Findbarr'.[14]

iii. (10) Isé sin[15] laithi tainic Brenain*n* Birrae a Sliabh Muincilli, go ttárrastair in baili atát crosa Brenaind aníu. Ro ling an carp*a*t fo trí fáoi, conus tárla as; ⁊ ro cháiest*air*[16] go mór, ⁊ ro fháitbhestair iarttain. *Ocus* ro fi*arfaigh*set a muinter de, cidh ara nderna cái ar tús, ⁊ gáire iarsin. 'Gillae becc tainic sund aníu, ara nderna Día míorbuil
f. 123[b] móir, isé fath[17] ara ndernas | toirrsi.

[1] *sic* Fer., St.; Br. transposes 'cumal' and 'mac becc'. [2] Lúan Ir.[2] [3] §§ 7–9 = M §§ 3, 4. [4] i. Breanuinn, Lochán ⁊ Fiodhach *add.* Ir.[2] [5] conair Fer.; slige St. [6] St. p. 3. [7] Here Fer. breaks off, mutilated; see § 48 infra. [8] Rus Cuill an tan so St.; Ros Coille Ir.[2] [9] iarraidh St. [10] deisgiobal St. [11] ⁊ ata soidhéanta ag Dia, an fiadh d'anmhuin riot Ir.[2] *add.* [12] soithech St. [13] The scribe at first wrote 'dernadh'. [14] i. Barrfionn no Fionnbarr, ⁊ as é sin céad lá dorin a fháoisdin, Ir.[2], which now goes on to § 13 and then returns here. Moreover it makes the Brendan of § 10 and the Fidach of § 13 into two of the three clerics who fostered Bairre, v. s. note 4. [15] §§ 10, 11 = M §§ 5, 6. [16] ro ghoil ⁊ ro chaoidh Breanuinn Ir.[2] [17] St. p. 4.

(11) 'Itche ro chuinghes[1] go Dia, t*ri* feranna i nDesmum*ain*, go ro foghnattais dom comh*ar*ba im diaigh .i. ó Abhain*n* Móir go Láoi, o Láoi go Ban*n*ae 7 go Bai mBéiri, o Bhándai[2] go Cléiri.[3] *Ocus* ní thard Dia damhsa sai*n*, *acht* is re fognamh Barra doratt Día[4] iatt tre bithe'. Docuatt*ar* *iar*sin na tri cléirigh adubramur a[5] crich Laighen, 7 Bairri léo. *Ocus* is é ro thórain*n* Ceall m*ei*c Cathail[6] i mBealach Gabhrain. Is in*n*te ro legh Barri a psalmae.

iv. (12) Fe*cht* do Bharrai occ leghadh a psalm, gu ro fher sne*cht*a mór an*n*, go raibhi cochall dhe immón mboith a ndénadh Bairri a leighen*n*. Adub*air*t Barrai fria oitti: 'Ro badh maith lem an cochall so do beith imom boith, go ttairsittís lem mo psailm.' Dorighne Dia am*laidh*, úair ro legh an sneachta don talm*ain*, 7 ro mair an cochall bui dhe im*m*on mboith, go ttairnic[7] do Bhairri a psailm.

v. (13) Fea*cht*[8] tainic araile duine saidbir, Fidhach a ainm, go háit i m'báoi' Barrai .i. go Lóchan, dá gabhail d'an*m*caraitt. Atrubhairt Lóchan ria Fidach: 'Slecht don ghilla bhicc utt .i. do Bharrae.' Atrub*air*t Fidhach: 'As becc lem slechtain dó.' Adub*air*t Lochan re Fidhach: 'Dia ngabar sa hé[9] do anmcharait, an ngebha sae?' Atrub*air*t an laech, ro gebhadh. Is an*n*sin ro shlecht an clér*ech* do Bharrai, 7 ro slecht Fidach; 7 ro edhbair Lóchan a chill do Dhia 7 do Bharrai[10], 7 ro edhbair Fidhach [é féin[11]] *con*a iartaighi. Adub*air*t Bairri ria a oide: 'Geibh uaim an laoch so *con*a iart*r*aighi[12], tar cenn mo psalm ro gabhad uait.'[13]

vi. (14) Tainic[14] *iar*sin Bairri f*or* *conair* do tuidhe*cht*[15] hi Muma*in*. Ḋoruacht[16] go hair*m* i tta Cul Caissine[17] aníu, i nOsr*aighe*, 7 ro thorain*n* an cill sin, 7 ro hedhbradh dó hí tri bithe.[18]

vii. (15) Doch*úaid* Bairri *iar*si*n* go hAchad mBó, 7 is an*n* 'ro gabh ionadh *ar* t*ús*. Tainic iarsin Cain*n*ech m*ac* hÚa Dhalan*n*[19] go Barri, 7 ro chuin*n*igh chuicce[20] fágbháil lais an ionaid sin. 'Cidh[21] rom bia

[1] ro iarras ar Dia St. [2] Bhandain St., Ir.[2] [3] Ir.[2] inserts the words '7 go Báoi Bhéara' here, instead of above. [4] do choimed St. [5] no i, added above the line. [6] Cill Cathail, Ir.[2] [7] ro criochnaidh St. [8] Ir.[2] repeats this incident here, though it has already given it above, see p. 12, note 14. [9] d'oide faoisdineach 7 *add.* Ir.[2] [10] St. p. 5. [11] From St. [12] guna lorg St. [13] do leghadh agad 7 do gabhadh uadh St.; do cheileabhair dá oide 7 dá chomdhaltadhaibh sgoile uile *add.* Ir.[2] [14] § 14 = M § 7. [15] slighe do teacht St. [16] doriacht St. [17] Cill Caisin St.; Ir.[2] [18] 7 is uirthi tugthar Cill Barra a nOsruighibh aniugh *add* Ir.[2] [19] Ghalann St.; Cainnech, an naomh do bhi 'san chill sin roimhe Ir.[2] [20] ro sir mar athchuingidh fair St. [21] The conversation between the two saints runs thus in Ir.[2] (12, p. 512): 'Créad an sochar do bhias damh ar son a fhágbhala?' 'Ro budh mór sin, a Bharra', ar Cainioch, 'i. gibe áit nó ionnad a mbiadh do chómhnúidhe fein, do thaise, 7 do thaithídhe, biadh iomad srúithe 7 cleireach 7 dáoine náomhtha ann, 7 biadh iomad somharthuin 7 onóra 7 gacha maithiosa ad chill do ghnáth, ar son na honóra 7 na hormidne dobheire dhamhsa.' 'Créad an sochar eile bhias damh?' ar Barra. 'Biaidh na sochair ud uile ag gach neach gheabhus do chómharbus tar h'eis.' 'As ró-doilg líom mur rugais an

f. 124[a] sa aire?' or Bairri. 'Rot fía | maith aire, a Bhairri', ar Cain*n*each, 'an tionad i ngebhae, 7 i mbeitt do thaisi, im*m*att sruithi 7 sobh*ar*tan 7 airmittne an*n* dogrés, fo bith na hairmittne[1] dobeiri dhamh sa.'

(16) 'Cidh naill?' oll Barri. 'Rot bia', or Cainneach, 'nemh da gach fir ghebh*us* th'ionadh.' 'Ba ro moch lim sa adubairtais si sin', ar Bairri, 'doigh a thelgun doibh, 7 ateatha[2] ar daigh na breithre sin.' Adub*airt* Cain*n*each: 'An uair ghébhas [bás] do chomarba sae 7 fer th'ionaid, ní scéra cen an*m*chairdes fair on righ nemdha.' Ro thórain*n*sett an chill 7 an relecc, 7 adub*air*t Bairri: 'Bát úaiti m*ei*c aptha[3] na cille so.' Asb*er*t Cain*n*ech: 'Ni bat ili meic apt[h]a[4] do reilgi si.'

viii. (17) Tainic[5] iarsin Bairri go hesp*ucc* M*a*c Cuirp hí Clíu[6]. Fer amhra di*no* an Mac Cuirp sin, 7 comalta do D*aui*d Cille[7] Muine, 7 dá dhalta do Grigoir Rúamha íatt a ndís. In tan iar*om* tainicc Bairri go hesp*ucc* M*a*c Cuirp rotnaiccill an rí .i. Fachtna Fergach[8] m*a*c Cáelb*aidh* sen[9], M*ú*scr*aigh*e Breogai*n*, 7 is*edh* ro ráidh rís: 'Riccim si a les, go ro bhennacha sa a ndís so .i. mo mhac dall 7 mh'inghen amlabhar[10].' Ro bhennach Bairri íatt a ndís, 7 ro slánaighit .i. a roscc don mhac, 7 a herlabhra don inghin.

(18) Ó[11] ro bhatt*ar*[12] iar*omh* acc imaccall*aimh* .i. Bairri 7 an rí, ro cualatt*ar* golghaire mór. 'Cidh so?' ol Bairri. Asb*er*t an rí: 'Mo séitigh[13] as m*ar*b anosa.' Atb*er*t Bairri f*r*isin righ: 'As tualai*n*g Día a[14] tódúsccadh a bás.' Ro bhennach Bairri iarsin uiscci[15], 7 ro fot*r*aiccit an rioghan[16] ass, 7 at*r*acht[17] a bás amhail bidh asa codladh atrésedh[17].

(19) Ó ro bhattar[18] occ imaccallaimh, Bairri 7 an rí[19], adub*airt* an ri: 'Cidh ar na déini si, a Bhairrai, ferta i nar ffiadnaissi ne fós?' 'As tualai*n*g Dia a ndénamh, madh áil dó.' Ind aimsir earr*aigh* t*r*a si*n* do shun*nradh*[20]. Ro t*ui*ts*e*t aráidhi cnai fáiscci don choll fo ra bhatt*ar*[21], gur bhat lána a nochta dona cnoibh. Is an*n*sin ro edhbrastair an rí .i. Fachtna Raith nA*irr*t*ad*[22] i mbith-dilsi do Bhairri.

bhreath sin orm, a náoimh-chleirig', ar Barra, 'óir do leigisfinn mórán do pheacachaibh óna bpeacadhaibh 'san ccómdháil si, 7 as eagal liom go leigfid cách faillighe ina ccreideamh 7 ina crabudh, ar son na breithe sin rugais orm.' Adubairt Cainioch: 'An úair gheabhus do chómarba so 7 fer t'ionnaid ceannas, ni sgarfadh gan anmchardeas aige ón rígh neamhdha'. [1] ar son na hanora St. [2] lionfaid a riaghail St. [3] budh tearc mic bháis St. [4] ni bo lia mic bhais St. [5] § 17 = M § 7. [6] Something added in St., . . . ail mc. Iugaine fair. [7] St. p. 6. [8] Feradach Ir.[2] (12); Meirgeach Ir.[2] (168). [9] sinsear Ir.[2] [10] nemhlabha (*sic*) St. [11] § 18 = M § 8. [12] 7 dobhí an rıgh 7 Barra aig caoineas comhraidh re chéile Ir.[2] [13] mo ben sa St. [14] cumachtach Dia 'ma St. [15] 7 adubairt a breith dia hionnsaigid *add.* St. [16] ingen. St. [17] ro eirig . . . do eireochadh St. [18] § 19 = M § 9. [19] 7 as é ionnad iona rabhadar, a nDoire Coille, Ir.[2] *add.* [20] Fo bun chuill ro badur 'na suidhe an tan si[n] St. *add.* [21] Do thuit frasa mora do chnoibh búidhe asa mogallaibh ina bhfiaghnaise Ir.[2] [22] This is Hogan's expansion of the contraction in Br. (Onomasticon). In St., which is mutilated here, I can only read: Rai . . . n, which suggests 'Airrtenn'. Ir.[2] (12) reads Rath nArthair, while 168 has Raith Mharthir.

ix. (20) Ro legh[1] iarsin Bairri leabh*ar* Matha ⁊ leabar apstal | acc f. 124ᵇ easp*ucc* M*ac* Cuirp; ⁊ ro cuinnig esp*ucc* Mac Cuirp logh a leighin*n* for Bhairri. Adub*airt* Bairri: 'Ca logh chuinghe?' Adub*airt* esp*ucc* M*ac* Cuirp: 'Is*edh* as áil[2] damh, *gur*ab i náen bhaile bhes *ar* neiseirge i llaithe 'brátha'.' At*bert* Bairri: 'Rot bia sa inní sin, uair bidh i náen baile rottnadhnaicfider, ⁊ bhes ar neiseirge.'

x. (21) Ro aittreabh i*ar*sin Bairri i lLoch Irce[3], ⁊ i nEt*er*gabhail ris anair[4]. *Ocus* is í[5] so scol ro bói occ Bairri isin loch .i. Eolang a oitte[6], ⁊ Colmán Dhaire Dúncon[7], ⁊ Baichine[8], ⁊ Nesan, ⁊ Garban[9] m*ac* Findb*airr*, ⁊ Talmach[10], ⁊ Fin*n*ch*a*d Dhomhnaigh Moir, ⁊ Fachtna Ria[11], ⁊ Fachtna Ruis Ailithir, Luicer[12] ⁊ Caman[13] ⁊ Loichine[14] Achaidh Airaird[15], Cairine[16] ⁊ Finntan ⁊ Eothuile[17] fuilet hi Rus Caerach, Treallan[18] fuil i nDrui*m* Draighnighe, ⁊ Caolchú[19] ⁊ Moghen*na*, ⁊ Modíomócc[20], ⁊ Santan, ⁊ Luiger m*ac* Coluim[21]. Tuccsat t*ra* an lucht sin a ccealla do Dhía ⁊ do Bhairri i mbith-dílse.

(22) Ite di*no* ro bhatt*ar* aicce i nEtt*ar*gabhail .i. derbhshiúr[22] Bhairri, ⁊ Crothru[23] inghen *Con*aill, ⁊ tri hinghena M*eic* Cártain*n*, ⁊ Cóch caill*ech* Ruis[24] Ben*n*cuir, ⁊ Moshillan[25] Rátha Moiri, ⁊ Scothnat[26] Cluana Bicc, ⁊ Lasar Achaidh Durb*con*, ⁊ téora inghena Luigd*ech*, Dune, ⁊ hEr, ⁊ Brighit Airnaidhi[27]. Ro edhbairset in lu*cht* sa uile a cealla do Dhía ⁊ do Bhairri i mbith-dilsi.

(23) Bairnech Mór i ccrich M*úscraighe*[28] Mhitaini, Iuran Brit ceta ro gabh an*n*, ⁊ Nathi, ⁊ Bróccán; ro idhb*air*set a ccill do Bhairri .i. Bairneach Mór[29]; ⁊ forfáccaibh Bairri menistir[30] ⁊[31] *cethir*-leabuir an tsoscela aca somh. Lugh*aidh*[32] m*ac* Findtai*n*, do Dhail Modúla Airthir Cliach, ise cétna ro gabh Cean*na*[33] D*r*oma hi cC*arn* Tig*ernaigh*[34] hi ccrich Fer Muighi Féine, ro edhbhair a chill do Bhairri, ⁊ rucc Lugaid o Bharrai offertóir findruine. Báetan mac Eog*ain* ro ghabh Glen*n* Cáin hi ccrích hU Luig*dech* Eli, ⁊ Modimócc[35] di*no* daltai do Bharrai, ⁊ di easp*ucc* iatt, ro edhbairsett a ndís a ccill do Bharrai i nógh-dílsi

[1] § 20 = M § 10. [2] St. p. 7. [3] Eirci St. [4] a nEadarghabháil Ruis aniar Ir.²; after 'anair' St. adds: ⁊ ro coimed sgol mhór ann. [5] as iad St. [6] Eolang do beannuigh Achad Bolg Ir.² [7] ⁊ Cormac *add.* St. [8] Baithine St.; Baoithin Laoigne Ir.² [9] Garbhrais Ir.² [10] *om.* Ir.² [11] ⁊ F. Ria *om.* Ir.² [12] Luigér St.; *om.* Ir.² [13] Coman Ir.² [14] Luighchne Ir.² [15] Ioraind St.; Ir.² [16] Cainioch Ir.² [17] Bothaile Ir.² [18] Greallan St.; Ir.²; perhaps rightly. [19] cColchú Ir.² [20] Mogiomog St.; Momaedhog Ir.² [21] Cuilmin Ir.² [22] Searbh siur do St. [23] Crotra St.; Crotha Ir.² [24] Cóch inghion Cailleachruis Ir.² [25] Moghsillean Ir.² [26] Gobnuit Ir.² (12); Gobanait (168). [27] Lúgh*ech*, ⁊ Duineadha Each*aidh* (Ach*aidh* 168) Duin, ⁊ Eachtach ⁊ Bríghid Tiobraide nandhe (? naoide 168) Ir.²; which then adds: ⁊ rob iad sin an cóimhthionol sgoile bannaomh bhi ag Barra a nEadarghabhail. [28] St. p. 8. [29] .i. B. Mór *om.* St.; Ir.² omits the whole sentence: B. Mór . . . .i. B. Mór. [30] Ir.² differs as to the distribution of Bairre's gifts. [31] seacht liubhair an rechta ⁊ *add.* St. [32] Ir.² omits from 'Lugaidh' to 'findruine'. [33] cenn St. [34] Tigherna St. [35] Mogiomóg St.; Ir.²

f. 125[a] .i. Glen*n* Cáin. | Druim Eidhneach[1] hi ccrich hU Luig*dech* Eli, Sáran ron gabh. Ro edhbair sein a chill do Bhairri, 7 ros fucc somh o Bhairrai a menistir numha[2], cona shac*ar*faic[3].

(24) Goban corr ro gabh hi Fán Lopaist[4], 7 ro edhb*air* a chill do Bh*arr*ai; 7 dorat Barrai do somh offertoir airgit 7 cailech altora di ór. Fin*n*tan[5] 7 Domhangein, ite rogabhsat Cluain Fotai 7 Tulaigh[6] Min, 7 ro edhbairsett a ccill do Barrai. Dorat Barra doibh siumh offertoir 7 caileach altóra do ghlaine. Doróine Bairri firt nadhamhra an*n*sin .i. ícaid an mac do[7] dhoilli 7 [an ingen] do[8] amhlobhrai, 7 ícaidh an clamh gur bo slán. Brogan[9] mac Senain, daltai do Bhairri, dognidh tri haicechta[10] g*a*ch láe la Barrai, go tuccad g*r*adha fair. Ron edhbair fodéin *con*a chill .i. Clúain Cárnai i mbith-dilsi do Bharrai.

xi. (25) Tainicc[11] iarsin Barrai, 7 aingil roimhe, go a crich féin, 7 ro chumhd*aigh* Cill Achaidh Dorb*chon*. Atá cúas an*n*sin .i. cúas Barrai a ain*m*, 7 atá lind maith ina fh*arr*adh, asa ttabh*ar*ta brattán gach noidhce do Bhairri iarna ghabail i llíon aen mhogail. Atrubhairt an taing*el* fri Barrai: ‘Ní ba sun*n* bías th'esérghe.’

xii. (26) Tainicc iarsi*n* B*a*rrai *t*ar*an* abhain*n*[12] go Cill na Cluaine, 7 ro cumd*aigh* ecclas in*n*te, 7 tárrastair[13] innte fri ré cíana .i. go ttangatt*ar* dá dhalta do Ruadhan[14] chuicce .i. Corbm*ac* 7 Buchin[15] iar ccuingidh[16] ionaidh doibh for Ruadhan. Go neb*ert* Ruadhán fríu: ‘Eirgidh go mbenn*acht*ain, 7 in bail a mbenfa a thengae re bh*ar* cclocc, 7 hi meabhai[17] iris bhar tteighi liubhair, is an*n*sin bías bhar neiséirghe.’

(27) O dór*ócht*att*ar* iar*omh* go Barrai, go Cill na Clúaine, tangatt*ar* doibh na huile so íar mbreithir Ruadháin. Ros gabh toirrsi mór íatt iarsin, ar ní ro[18] shaoilset an cheall do leigen doibh. Atb*ert* Barra friu so*m*h: ‘Na bidh brón na toirrsi foraibh; dobeirim si duibh si 7 do Dhiá an chill so *con*a huilibh mainibh.’ Ro cumhd*aigh* *tra* Barrai da cill décc resíu tainicc go Corcaigh, 7 fosraccaibh uile *ar* umaloitt 7 *ar* mhét a dheirci.

f. 125[b] xiii. (28) Tucc aingel iar*am* eol*us* do Bharrai o Chill na Cluaini *con*uicci an ion*adh* i ttá Corcach aniu; 7 adub*airt* fris: ‘Airis sun*n* u*air* bidh e so do port eisérghe.’ Dorighne Bairri áine tredanas[19] i*ar*sin isin ionad sin, go ttainic cuicce Aedh m*ac* Comgail do Uibh m*e*ic [C]iair[20] ag iarr*aidh* bó atrulla[21] do bhreith laigh, go fuair hí hi ffarr*adh*[22] na cleirech.

[1] Aighnech St.; Éigneach Ir.[2] [2] numaidhe St.; nuaidhe Ir.[2] [3] cona aos crabha[i]dh Ir.[2] [4] ro gabh Fan Lobharr Ir.[2] [5] Finntan . . . glaine *om.* Ir.[2] [6] The scribe at first wrote ‘tulaidh’. [7] St. p. 9. [8] 7 an ingen don St. [9] Bréogán Ir.[2] [10] tri cechta Ir.[2]; do legadh *add.* St.; Ir.[2] [11] §§ 25-29 = M § 12. [12] budhes *add.* St. [13] tairisigh St. [14] Lothra *add.* St. [15] Baoithine St.; Baoithin Ir.[2]; = Baithine § 47. [16] 'ar niarraidh St. [17] a mbeabh St. [18] St. p. 7. [19] -nais St. [20] do Uibh Ciairmhaic St. [21] do éló uaidh St. [22] a bfochair St.

(29) Ro fhi*arfaigh* Áedh dibh : 'Créd ro tabhárfucc[1] sun*n*?' Ro frecc*air* Bairri : 'Atám acc iarr*aidh* inaid i nguidhfem Día orain*n* féin, 7 ar antí dobéra dhuin*n*.' Atrub*airt* Aedh : 'Dobheirim si dhuit an tionad so, 7 an mboin tucc Dia chucc*at* an*n*.' Tainic i*ar*sin Áedh m*ac* Míandaig[2], 7 ro edhb*air* do Bhairri Foithrib[3] nAedha i Muigh Tuath, 7 a maincine féin[4] *con*a cloin*n*; 7 tainicc i*ar*tai*n* Aedh, 7 rotnedhbair *con*a cloinn[5] a mbith-dílsi do Bhairri.

xiv. (30) Tainicc iarsin aingel Dé día thórromha[6], 7[7] adub*airt* f*r*is : 'In an*n*so is áil duit airisiu*mh*?' Adu*bair*t Bairri : 'Massedh[8] as áil le Dia[9], as an*n*.' Adub*airt* an taingel : 'Madh sun*n* thairisi, bidhat úaiti meic bet[h]adh[10] as docum nimhe. Eircc seachat biucc[11] *con*uicce an ion*adh* atátt na huiscce iomdha f*r*it anair, 7 airis[12] an*n* ar comhairle an Choimd*edh*, 7 bidh im*dha* sruithi 7 m*eic* bethadh an ionaidh sin dochum nimhe.'

xv. (31) Tainic iarsi*n* an taingel roime *gu*san ionadh ro cindedh dó o Dhía ; 7 ro thorain*n* an taing*el* an chill, 7 ros benn*ach*, 7 tarr*ust*air[13] Bairri i*n*dti iarsin.

xvi. (32) Dochuaidh[14] Bairri[15] *iarsin* do Roimh, do ghabail[16] gradh nesp*uicc* ar áen 7 Eolang, 7 Maedhócc Ferna, 7 D*aui*d Cilli Muine, 7 da manach *dec* doibh. G*r*igoir di*no*, ise ro ba comarba Pettair an ionbaidh[17] sin. In tan di*no* tu*ar*gaibh G*r*igoir a lámh *ar*[18] ci*n*d Ba*r*ra do erleghadh na ng*r*adh fair, tainic lasar do nimh foran laimh, *co* *ne*be*r*t G*r*igoir fri Barrai : 'Eircc dod tigh, 7 airleghfaidh an Coimde fein g*r*adh nesp*uicc* fo*r*t.'

xvii. (33) *Ocus* as amlaidh ro comhaill*edh*[19] ; óir tainicc Barrai dia cill féin, 7 ro airlegh an Coimdhe[20] fein g*r*adh nesp*uicc* f*a*ir agan ccrois ar | acch*aid* an tempaill, bhail[21] in ro hadhnacht a thaisi i*ar*tain ; f. 126*a*
7 ro tebri*nn*[22] ola t*r*ia talmai*n* go hiom*dha* ann, go ttainicc *tar*a assa[23], 7 *tar* assa[23] na sruithi ro bhatt*ar* ina fhar*radh*[24]. Ro benn*ach* iarsin Barrai *con*a sruithibh[25] an chill 7 an reilecc, 7 adubhratt*ar*: 'Im*a*t sruithi[26] doghres hi cCorcaigh.'

xviii. (34) Tarr*ust*air[27] iarsin Barraı i cCorc*aigh*, 7 sccol mor do naemhaibh áicce in*n*te .i. Fachtna ro gabn Cill Ria[28], Elt*in* m*ac* Cobhthaig ro gabh Cill na hIndsi ; Ferg*us* Findabrach ro gabh Findab*air*

[1] cred dot tug St. [2] Mianaidh St. [3] Coill St. [4] 7 e fein St. [5] 7 tainicc . . . cloinn *om.* St. (homoiotel.). [6] agallaim St. [7] St. p. 11. [8] mas ann St. [9] ar nanadh *add.* St. [10] madh ann so comnochair, budh beg do macaibh bethadh rachas St. [11] eirig as so tamall beag eile Ir.[2] [12] comnaidh St. [13] ro comnaidh St. [14] With §§ 32, 33 compare M §§ 11, 13. [15] 7 cuideacht onoireach chleire *add.* Ir.[2] [16] chuingidh St. [17] tan St. [18] os St.; Ir.[2] [19] 7 is mar sin ro fioradh St. [20] St. p. 12. [21] an ait St. [22] ro bris St. [23] brogaibh St. [24] 7 ro leigisedh an ola sin gach aicid rea mbeanadh Ir.[2] *add.* [25] naomuibh St. [26] naomh 7 firen St. ; sruithe 7 saireolach Ir.[2] [27] ro chomnaidh St. [28] Riada Ir.[2] (12).

na Righ; *Con*dire[1] m*ac* Foirtchirn*n* ro gabh Tulaigh Ratha. Esp*ucc* Lib*ar*[2] ro gabh Cill Ia[3]. Esp*ucc* Sinell[4] ro gabh Cluain Bruices[5]. Fingin 7 Trian ro gabs*at* Domnach Mór Mitaine[6]. Mucholmoc m*ac* Grilli*n* ro gabh hi rRoss Ailitir, 7 Fachtna m*ac* Mongaigh beos. Colman[7] esp*ucc*[8] ro gabh Ceann Eich; Muadan 7 Cairpre esp*uicc* ro gabsat Aill Nuaitin[9]. Ro edbairset an fhoire*nn* sin uile a ccella do Dhia 7 do Bhairri[10].

xix. (35) Adub*airt*[11] esp*ucc* Mac Cuirp fri Barrai: 'Madh mo chorp sa dech fon tálmain sun*n ar tús*, 7 madh mh'anam dheachus[12] dochum[13] nimhe[14], gach aon iar*amh* atbéla i ccuairt[15] Corc*aigh*e nís léicceabh sa i nifern[16].' *Con*idh é iar*amh* esp*ucc* M*ac* Cuirp cedna m*ar*bh docuaidh fo úir Corc*aighe*.

xx. (36) Ro ba[17] sniomh la Barrai beith cen an*m*c*ar*ait iar mbás a shenora. *Con*idh iarsin[18] docuaidh do saigidh Eolaing, 7 ro fhoillsigh Día do Eolaing Barrai do rochtain cuicce. *Co n*eber*t* ría muin*n*tir: 'Ticf*at* aidhedha uaisle sun*n* aníu, 7 frithailid[19] iat im biadh 7 im fot*r*accadh.'

(37) Ro siacht B*arrai* iarsin, 7 dorala fertigis Eolaing dó, 7 ro fher failte fris, 7 adub*airt*: 'As fáilidh an senoir fribh[20]; gatar[21] dibh 7 dén*aidh* bhar ffotracc*adh*.' Adub*airt* Barrai: 'As túiseacha dúin*n*[22] an senoir d'accallaimh.' Doch*úaid* an ferthigis do accallaimh Eolaing, 7 ro in*n*is dó aithescc Bharrai. Adub*airt* Eolang: 'Denadh Barrai a fothruccadh ar tús; 7 doghénam iomaccallaimh iarsin. Táed chena[23] imb*ar*ach dia reiccles, 7 ricciubh[24] sa cuicce hi cind sea*cht*mai*ne*.'

f. 126b xxi. (38) *Ocus* is*edh* on ro comhailledh; | oir tainic Eolang hi ccin*n* sea*cht*mai*ne* co Corcaigh, 7 ro shlecht foc*ét*oir do Bharra, 7 is*edh* adub*airt*: 'Edbraim si duit si mo chill, 7 mo chorp, 7 m'anmai*n*.' Ro chái Barrai iarsin, 7 isedh adub*airt*: 'Ni hedh sin ro imráidhi*usa*, *acht* gomadh mé ro edhbradh duit si mo chill.' Atrub*airt* Eolang: 'Bidh amhail atb*er*im si bías; óir as hí toil De. *Ocus* at ionmhain si

[1] Conaire St.; Ir.[2] [2] Liubhair St.; Ir.[2] (12); Lubhar Ir.[2] (168). [3] Cill Fiacha Ir.[2] (12). [4] Seancheall Ir.[2] [5] Broices St.; Buircheas Ir.[2] [6] Miotoine St. [7] Mocholmog St. [8] *om.* St. [9] This is the reading both of Br. and St., and also of Mart. Don. March 6, p. 64, which quotes this chapter; Ir.[2] reads Cill an Atain; but probably the text should be corrected by LL 360 left margin: Muadan o *Chill Muadain* i Sleib Coirpri, where the names of both the bishops mentioned in the text seem to be preserved. For the passage 'Fingin . . . Nuaitin' Ir.[2] (12) reads: Fingin 7 Trian ro ghabhsad Domnach Mór .i. í Miotaine, Mocholmog ro gabh Ros Oilithre, Rubhán 7 da easbog eile do gabh Cill an Atain; Ir.[2] (168) only has: Fingin 7 da easbog eile do gaib Cill an Atain. [10] oir robdar daltadha uile do Bharra iad, *add.* St. [11] § 35 = M § 13^{b}. [12] rechas St. [13] St. p. 13. [14] as fochedoir *add.* St. [15] gach aon dogeabha bás 'san reilic so St. [16] go brach St. [17] §§ 36–39 = M § 14. [18] aire sin St. [19] fritheoilter St.; frithealtar Ir.[2] [20] réomhad 7 read chuideachtain Ir.[2] [21] bentar St. [22] linn St.; Ir.[2] [23] téighedh iaram St. [24] reaghad St.

ag Dia, 7 at móa inú sa[1]; *acht* cuinghim si logh m'edhb*ar*ta cuccat sa .i. g*ur*ab i naen baile bhes ar neiseirge.' Adub*airt* Barrai: 'Rot bia sa si*n*; acht am sniomhach sa fós imon anmchairdes.' Adub*airt* Eolang: 'Rot gebha an*m*chara do dhiongmala dom laim si aníu.'

(39) *Ocus* is*edh* ón ro comhailledh; úair dorad Eolang lamh Barrai hi llaimh in Coimdhedh budéin ag ulaidh Eolaing hi fiadhnaisi aingel 7 archaingeal, 7 as*edh* adub*airt*: 'A Coimdhe, geibh cuccat an duine firén so.' *Ocus* ro ghabh iarsi*n* an Coimdhe lamh Barra cuicce[2] for nemh. Adub*airt* im*morro* Eolang: 'A Choi*m*de, na beir uai*m* anosa anti Barrai, go ti aims*er* a tuaslaicthe a curp.' Ro leicc an Coimdhe úadh iarsi*n* lamh Barrai. *Ocus* on ló si*n* ni cáemhnacc*air* nach nduine feghadh a laimhe ara taitneimhche[3]; conadh aire sin no bídh lámhan*n* ima laimh dogrés[4].

xxii. (40) Tainicc for menm*ain* do Bharrai tormach taisi naomh do chuinghidh dia reilicc. Tainicc iar*amh* an taingel dia accallaimh, co neb*ert* f*r*iss: 'Eircc si amárach hi ccrich Ua cCriomhtain*n*[5] súas, 7 ataid taissi espucc[6] an*n*.' Docuaidh B*arr*a *iarnamar*ach do Dhisiurt Mór. *Co n*aca an*n*sin senadh[7] acc adhnacal na ttaisi dia ndeachaidh siumh d'*iarraidh*. 'Maith sin', *ar* B*arr*a fri Fia*m*ma m*ac* nEoghain; 'cidh dogníther lat an*n*sin?' 'Is*edh* so', *ar* Fiama; 'aingel Dé tainic do*m* accallai*m*h aráeir, *co n*eb*er*t frim tea*cht ar* cean*n* na ttaisi so ait irrabhatar, *conus*[8]tucc*us* ass.'

(41) 'Assí sin caingen domfucc sa[9] om tigh', ol Barrai. 'Cidh bías an*n* di*no*?' *ar* Fiam*m*a. 'Ni conntab*airt*', ol B*arr*a, 'leiccfitther duit si na taissi.' 'As maith sin', | ar Fiama, '7 rot fia sa[10] a logh. f. 127[a]
Bidh lat an baile so, *con*a taisibh oníu co brath.' 'As ced', ol Barra, 'bidh maith an baile, 7 bidh airmittn*ech* a co*mhar*ba i ttalamh.' *Con*adh aire sin ro airiltnighestair Fiama tiodhnacal[11] cuirp *Crist* do Bharrai hi llaithe a eitsechta[12].

xxiii. (42) As lir tra tuirim 7 aisneis' a ndoróine Dia d'fertaibh 7 mirbhuilibh ar naemh B*arr*a. Ar ni fhuil neach ele *coní*s*edh*[13] a faisnéis uile mina tís*edh* féin no aingel Dé dia nin*n*isin. As lór im*morro* araidhe an becc so dibh[14] ar deismire*cht* a betha inmedhon*aigh*, 7 a airb*ert* bith cach laithi, a inísle 7 a umhla, a chendsa 7 a cáenbharraighe, a ainmne 7 a ailgine[15], a dheirc 7 a t*r*ocaire 7 a dhilgaidhchi, a áeine 7 a apstanaint, a ern*aigh*the grésach, a fhrithaire 7

[1] ina misi St. [2] ag altóir 7 ag uladh Eoluinn fein, *add.* Ir.[2] [3] niorb fheidir le haon nech fechain aran laim sin le med a deallraidh St. [4] dognaith St.; Ir.[2] adds: 7 as uime sin dligeas gach easbog da mbiaid a cCorcadh coiméad do bheith ar a lamhuin*n* (laimh 168) aige Ir.[2] [5] Ó gCobhthuinn Ir.[2] [6] naom St. [7] seannóir Ir.[2] [8] St. p. 15. [9] an cuis tug misi St. [10] dogebhair si St. [11] aire sin fuair F. tabairt St. [12] bháis St. [13] aon duine lé modh (= le mbudh) eidir St. [14] nach fuláir an beagán so do smúaineamh Ir.[2] [15] ailgenuighe St.

a menma innithmheach[1] i nDia dogrés[2]. Ni fhuil nech aile *con*ic a innisin, acht mina tísadh budéin, nó aingel Dé dia in*n*isin.

(43) Ar robt*ar* ili buadha antí naemh B*ar*rai, ar fa fer firen go ngloine aiccnidh amhail uasal-ath*air*; ba fír-ailithir é amhail Abram; ba cen*n*ais, diuit, dilgadhach[3] o chr*idh*e amail Móysi; ba psalm-cetl*aidh*[4] molbt*ach* tog*aidh*i am*ail* D*auid*; fa hestadh eccna 7 eolais am*ail* Sholm*an* mac nD*auid*. Fa lest*ar*[5] tog*aidh*e f*r*i fóccra firin*n*e am*ail* Pól naps*tal*. Ba fer lan do rath 7 do deolaidhe*cht*[6] an Spirta Náeimh am*ail* Eoin m*ac*an. Ba leoman *ar* nert 7 ar chum*ach*ta, ba rí *ar* órdan 7 airech*us*, fri saeradh 7 dáeradh, fri m*ar*b*adh* 7 bethucc*adh*, fri cuibh*rech* 7 túaslaccadh[7]. Ba nat[h]*air* ar tuaicle 7 treab*air*e[8] im gach maith; ba colum *ar* cennsa 7 diuite [a naghaidh gacha huilc[9]].

(44) Ba he an lubgort cáin lán do luibhibh sualcha. Ba he an top*ur* glainidhe t*r*iasa nighthe pectha in phopail ro erb Dia dó, do lessucc*adh* ó ghloine a fhoircetail. Ba he di*no* an nell nemh*dha* t*r*iasa t*us*midhthea[10] talamh ina heccailsi .i. anman*na* na firen o bráenaibh a f*or*cetail sidhaigh sualtaigh[11]. Ba hé di*no* an lochran*n* órda ro hadnadh on Sp*irut* Naemh, asa teichit dorcha 7 t*ar*gabal[12] i tegdais an
f. 127b Coimdedh .i. isin ecclais. Ba he[13] di*no* | an teine taidhleach[14] go ng*r*is goirthi[15] 7 fhadaidh déirci hi cc*r*idibh na mac mbeth*ad*. Ba he fós an b*ar*c bith-buadhach no laadh slogha na nil-phop*al* t*ar* ainbhtine an domhain co t*r*acht na heccailsi nemhda. Ba he di*no* an fethal coisreccthа an righ nemdha dognídh sídh 7 ca*on*-comrac et*er* Dia 7 duine.

(45) Ba he di*no* an t*ar*d-máer 7 an recht*air*e ro-úasal ro fháid an taird-ri nemhdha do thobach císa[16] sualach 7 soighníom*h* o clan*n*aibh na nGaeidel. Ba he di*no* an lia loghm*ar* o ccu*m*hdaighthea an ruir-'th'éch nem*dha*. Ba he di*no* an lest*ar* glainidhe t*r*iasa todáilte fín breithre Dé dona hil-poiplibh filet i*ar*na cul. Ba he di*no* an mor-bhrugh*aid* sona sobh*ar*tanach an eccna 7 in eolais nó ícad bo*cht*a na firinne o iom*at* a f*or*cetail. Ba he di*no* gescca na fír-fínemhna .i. C*r*i*st* do th*ar*cudh bethaidh 7 sásadh don domhan. Ba hé di*no* an fír-liaigh no ícadh gallra 7 tedhman*na* cuirp 7 anma gach duine irisigh isin ecclais. Ropt*ar* iomdha t*r*a buadha antí naomh Barrai *co na* cu*m*aing duine a tuiremh ar a niomat.

xxiv. (46) Atad[17] sea*cht* míorb*uil*i rele sun*n*, ite ro tion*n*laic Dia do Bairri naemh seach na huile naemha ele .i. labhra dó ríana ghein

[1] shiorruidhe St. [2] dognaith St. [3] cennais caoin-maithfiodhach St. [4] sailm-chiallach Ir.[2] [5] soithech St. [6] 7 d'eolas St. [7] St. p. 16. [8] gliocas St. [9] From St.; *om.* Br. [10] budh sáoi é a néaluibh nimhe trésa bfaicthear Ir.[2] [11] Ba he an topur . . . sualtaigh *om.* St. [12] dorcha cionad St. [13] From this point down to 'sásad don domhan' in § 45 *om.* St. [14] theilgtheach Ir.[2] [15] gorúidhe Ir.[2] [16] MS. císa 7; a chiosa suibhailceadha Ir.[2] [17] §§ 46–50 = M § 15; St. omits § 46.

i mbroinn a mháthar; ⁊ lab*airt* di*no* fhol*lus* ele focettóir iarna ghein ria nai*m*sir cóir; ⁊ edhb*airt* dó riana bhathais; ⁊ ferta do den*amh* dó gan a ett*ar*guidhe impu; ⁊ aingil no beirtis hé[1] gach *con*air no téighedh, ⁊ no bíttis ina coimhitteacht; ⁊ Eolang do thab*airt* a laimhe i llaimh nDé; ⁊ dá lá décc don gréin iarna écc gan a dorchugh*ad* o nellaibh; ⁊ dreimire óir do bheith ina ecclais do airicill na nanmand naemh t*r*it docu*m* nimhe, am*ail* at*connairc* Fursa craibt*ech* indsin.

xxv. (47) O thainic tra laithi etsechta[2] an fhir fora rabhat*ar* na hilbuadha sin .i. antí naemh Barra, *iar* níc do dall ⁊ clamh ⁊ bacach ⁊ bod*har* ⁊ amlob*har*, ⁊ áesa gacha hinlubhra[3] *ar*cena; *iar* fotucc*adh* ceall | ⁊ recclés ⁊ mainistreach imdha do Dia; ⁊ iar noirdnedh f. 128a in*n*tibh sein eps*cop* ⁊ shaccart ⁊ áesa gacha g*r*aidh *ar*cena, fri hong*adh*, ⁊ cosmadh, ⁊ coisreccadh, ⁊ bennach*ad* tuath ⁊ cenel, fri bathais, ⁊ chomna, ⁊ an*m*chairdes, ⁊ foirchetal, ⁊ coimhett irse ⁊ creidmhe isna criochaibh sin dogrés[4], dochúaidh iar*amh* Barrai do Chill na Cluaine do accallaimh Corm*aic* ⁊ Baithine.

(48) Dorocht im*morro* Fiam*m*a ina comhdhail siu*m*h go Cill na Clúaine, go ro bhen*n*ach cach dibh dia'roile[5] ina mbraithribh naemhaibh; ⁊ do raidh Barra f*r*iu somh: 'As mith*ig* damh sa[6] mo thúasluccad a carcair cuirp[7] ⁊ tea*cht* dochum an righ nemh*dha* fil occam thogairm[8] cuicce anosa[9].' Ro gabh iar*amh* Barrai sacarfaic an*n*sin do laimh Fiama, ⁊ ro fáoidh a spir*at* dochum nimhe occan ccrois i medhon Cille na Cluaine.

xxvi. (49) Teccait[10] iarsi*n* a mhanaigh ⁊ a dheiscip*uil*, ⁊ senadh[11] ceall Desmum*an* do thórromha ⁊ d'onórucc*adh*[12] cuirp a maighistreach .i. antí naemh Barra, ⁊ non berat léo co hionad a eiseirghe .i. Corcach.

xxvii. (50) Ro sínedh trá dona sruithibh an lá sin .i. lá eitsechta antí náem B*ar*ra; nír leícc Día gréin fo talmai*n* [co cend[13]] da la *décc* i*ar*sin .i. an céin[14] ro bhatt*ar* senadha cheall Desmum*an* im corp a maighistreach d'iomnaibh[15] ⁊ psalmaibh, ⁊ aifren*n*aibh ⁊ ceilebh*ar*taibh. Teccait di*no* aingil nimhe i frestal[16] a anma, ⁊ nos berat leo co nonóir ⁊ *air*mittin docum nimhe, bail i ttaitne am*ail* grein i naentaidh uasal-aithr*ech* ⁊ fáthu, i naent*aidh* apstal ⁊ deiscip*ul* Ísa, i naent*aidh* noi ngr*a*dh nimhe na dernsat im*ar*b*us*, i naent*aidh* diadh*acht*a ⁊ daen-

[1] ⁊ aingeal Dé ag deanamh tréora dhó Ir.[2] [2] báis St. [3] tedhma St. [4] fri hongadh . . . dogrés *om.* St. [5] dia cheile St. [6] lemsa St. [7] sgarad rem corp budhesta St. [8] cuired St. [9] Here Fer. resumes after the lacuna. [10] From here to 'ceilebhartaibh' in § 50 is omitted by St. at this point, and inserted at the end of § 50. [11] coimthionol St. [12] d'anoir Fer.; St. [13] From Fer. [14] fedh St. [15] co nimnaib Fer.; St. [16] a gcuinni St.

nachta[1] M*ei*c De, i náent*aidh* as uaisle gach náent*aidh*, i náent*aidh* na naemh T*r*inoitte, Ath*air*, M*ac*, 7 Sp*ira*t Naomh[2]. Amen. Finit.

(51) An brath*air* bo*cht* Michel o Clerigh ro scc*r*iobh an bhetha so Bharrai i cCorcaigh i cconueint na mbrath*ar* as leabh*ar* memruim le Domhnall o nDuinnín, 24 Iunii 1629.

[1] St. p. 17. [2] St. inserts from above (v. p. 21, note 10); then adds: iar mbreith buadha o demhan 7 doman dó. Ailim trocaire Dé uile-cumachtaigh go roisium 7 go ro aitreabham uile amhluigh sin in secula seculorram (*sic*). Amen. Finit. Ir.[2] (168) has the following colophon: Agsin betha Barra do réir mur fua[i]r an tatha[i]r Eoghan ó Caoim i a leabur hI Cruimín o Achadh Bolg, 7 'arna haithsgriobhadh (MS. haithigiobh) le Seagan o[g] ó Conaill a mBale Putéil 1772, 7 'arna treas-sg[r]iobh[adh] le hEogan Caomhánach an 18 mad la d'earrach i[n] oidche oio innide (?) 1817. The copy of Ir.[2] in King's Inns MS. No. 19 has a similar colophon: Agso beatha Bara do rer mar fuarus sgriobtha a leabar hI Cruimin o Achad Boln—(?).

Betha Beraigh.

f. 71[a]

i. (1) *Ego sitienti dabo de fonte aquae uitae gratis* .i. antí shan*n*taighes in fhírin*n*e dobér sa dó ind ascuidh do top*ur* in uiscce bii. *Qui uicerit possidebit hec* .i. anti chlófes, as do dobértar na neithi si. *Et ero illi Deus*; 7 as meisi b*ú*s Dia do. *Et ille erit mihi filius*; 7 bidh mac eisiumh damhsa. Íosa C*riost*, M*a*c De bí, ticcerna na nuile dúla, an tres[1] p*er*sa na dhiadhachta, medhon-sídhaighthi[d] muin*n*tire nimhe 7 talm*an*, slainícidh an cinedha daonna, isé ro raidh na briath*ra* sa do tioncoscc in mor-maithesa tidhnaices dia naemhaibh, 7 dia fíre-naibh, 7 don[2] foirin*n* doberatt mor-g*r*ád do isin ecclais abh*us*.

(2) Eoin im*morro* mac Zebedei, comh*ar*ba na hoighi, and*ar*a haps*tal déc* ro togh Iosa ina apstalacht, in cetram*adh* fer ro scriobh an soisc*él*a coimdhetta, antí ro suidhig[3] top*ur* in fhir-eccna do ucht[4] an tslainicedha, ise ro scrioph na briatra sa, *co n*a farocaibh a ccui-mne lasin ecclais co dei*redh* an dom*ain*, co nab*air* hi sund: *Ego sitienti dabo de fonte aque uitae gratis.* Intí shan*n*taighes an fhirin*n*e dobér sa dó ind ascaidh do thop*ar* ind *us*ci bíi.

(3) Comúaim im*morro* na briat*har* sa ise leth ataebi la hEoin co dú i nerbairt Íosu reimhe: *Ego sum alpha 7 ó, Ego initium et finis* .i. as me tos*ach* na nuile dul, 7 as mé as [f]orbha. *Con*idh for sliocht a maghistreach Iosu. *Ego sitienti dabo de fonte aquae uitae gratis.* Intí san*n*taighes an fírinne, | dobér sa ind ascaidh dó do top*ur* in uiscce bí. f. 71[b]
Qui uicerit possidebit hec .i. antí clofes, as dó dobérth*ar* na neithe si. *Et ero illi Deus*. 7 as meisi b*us* Dia dó. *Et ille*[5] *erit mihi filius.* 7 bidh mac eisiumh damhsa.

(4) Is on top*ar* sa *tra* .i. o Íosa *Criost*, as top*ar* fír-eccna, ro lionadh ina huile naemha o rath eccna 7 faistine, o fertaibh 7 miorbuilibh, ó cumachtaibh díaisneidhe, ó ion*n*arbadh demhna 7 eitritec*dha*, oc traeth*ad* ingrein*n*te[6] 7 iodhal-adh*ar*ta, 7 m*a*c mallachtan, amail ro lionadh antí diatá líth 7 foraithmet ind eccmaing na ree si 7 na haim-*sere* .i. an lasair lain*n*erdha, 7 an lochrand sol*us*ta, 7 an ruithen tait-nemhach, 7 an lía lógm*ar*, 7 an gescca tóirtech co cclann*aibh* sualach .i. Berach[7] m*a*c Nemhnaill[8], m*ei*c Nem*ar*gein, m*ei*c Fintai*n*, m*ei*c Mail, m*ei*c Dobhtha, m*ei*c Áeng*us*a, m*ei*c Erca d*ei*rg, meic B*r*iain, m*ei*c

[1] andara F. [2] MS. do don. [3] = suig; suidighestair F. [4] so F; MS uiscce. [5] MS. illi. [6] ? -tide; so F. [7] = R § 2. [8] This might be read Nemhuaill.

Each*ach* Muighmedhoin. Finmait ingen C*arthaigh* .i. deirbhsíur do c*r*uimther Fráoch, math*air* Beraigh. Is an*n* iar*amh* atfiadh*ar* ní do f*er*tuibh 7 miorbuilibh anti naemh Beraigh.[1]

ii. (5) Mór [2] tra an onoir 7 in *air*mitt*iu* dorad Dia do naemh Berach, co ro foillsicch*edh tri*asin taircettal ro thirchan Patraicc occan proicept dorinne' do *Connacht*uibh, 7 occa mbaist*edh*. *Conus* tarla Patraicc [3] do tigh Dobhtha m*eic* Aeng*usa*. Ferais iar*omh* Dobhtha mór fáilte f*r*ia Pat*raicc*; 7 ferais a seithche 7 a clan*n* an c*ed*na fris.

f. 72[a] (6) I*ar*sin asbert a seitche fri Dobhtha dol do sheilcc. | Doluidh iar*omh* Dobtha *con*a m*a*cuibh do sheilcc. Is an*n*sin iar*omh* do toirbhir an Coimdiu tri domha alltai 7 mucc all*aidh* do Dobhtha foc*ét*óir, 7 da m*a*cuibh. *Ocus* ruccs*a*t leo dochum a tighe, go háit hi raibhe Pat*raicc* cona cleirchibh.

(7) Is an*n*sin di*no* ro forbhanadh an la aca, 7 tangatt*ar* dorchata na hoidce, 7 ni frith lochrand no coin*n*el frisan dingentai an fiadach do cosc*cr*adh, nó do lucht*air*echt hi llios no a tegdais Dobhtha. Ro ba toirrsech di*no* Dobhtha *con*a mhuintir donní hí sin. Is an*n*sin im*morro* dorin*n*e Patraicc an mór-mhiorbhail .i. doraithne in grian ina frithing dar colair fhuinidh, go ro shoillsigh d'feraibh Er*enn*, 7 go ro urlamhaigh Dobhtha guna muin*n*tir an proin*n* dona cléircibh, 7 co ro caithset na cleirigh 7 Dobhtha *con*a mhuin*n*tir an proin*n*; 7 doronsat altucc*adh* buidhe do Día, 7 ro mór-molsat an Coimde et*er* cle*rech* 7 laoch ; *con*adh desin ain*m*nigther Ach*adh* nGréine beos.

(8) An tan im*morro* ro baoi an coire forsan teine, 7 meic Dobhtha imo*n* tene, is an*n*sin a*tr*acht Dobhtha do fadudh na teinedh, 7 dorad lasair fuirre focéttóir. Is an*n*sin do raidh Pat*r*aicc fri Dobhtha : 'ni bía aen cenn*acht* dot siol féin úas do chin*iud* co tí an brath.' 'Pudh*ar* sin, a cleir*igh*', ar Binen, 'ar is maith doroine Dobhtha a nderna .i. ar umhalóitt duin*ne*.' Is an*n*sin do raidh Pat*r*aic gomadh cenn ar thotacht, 7 gom*adh* flaith gach laoch úasal no biadh dia síol, gom*adh ar*

f. 72[b] iomatt an dagh-laoch na raibhfitis | fo aon cin*n* [4].

iii. (9) Arnamh*ar*ach da*no* doroine Pat*ra*icc p*ro*cept na hirsi catoilica ó incollucch*adh* m*eic* Dé có a eseirghe do Dobhtha. Iar forbadh in proicepta do ráidh Dobhtha fri Pat*r*aicc : 'Dént*ar* mo bhaisttedh sa fes*ta*, 7 baisttedh mo muin*n*tire.' 'Nocha tó', ol Pat*r*aic. 'Cind*us* cena?' ol Dobhtha. 'Mac gheinfes on cethram*adh* fer do tor*udh* do shliasta sa a cin*n sescat* b*liadhan*', ol Pat*raicc*, 'as é nod baisttfe, 7 bidh lán Éiri 7 Alba dia chlú, 7 dia fhertaibh, 7 dia míorbuilibh ; bidh nath*ar* neimn*ech*, bidh saighnén áighthidhe, adhuathm*ar*, loisccn*ech*, bidh ton*n* brátha do m*a*rb*adh*, 7 do loscc*edh*, 7 do badhadh na ningrin*n*ti [5] ; bidh umhal, inísel, cennais, dilgadach, dércach fri muin*n*tir

[1] Rather over a line left blank in MS. [2] = R § 3. [3] The words *no* Patraicc are interlined ; the text has Fintan. [4] MS. cinedh [5] ? ingrinntidi.

an Coimd*edh*, bidh óir-lest*ar* tocc*aidhe*, lán d'eccna, 7 d'airmittin, 7 d'óighi, 7 dona huilibh shubailcibh 7 shoighniomhaibh.'

(10) Cíar bó faóil*idh* da*no* Dobhtha do*n* t*air*cetal sin, ro ba bronach, 7 doróine fodhord mor fri Pat*r*aicc. Asbert Pat*r*aic fri Dobhtha: 'Biaidh fodhord go brath it dheg*aidh*.' Asb*er*t Binén fri Pat*r*aicc: 'Is *ar* maith riot sa doróine Dobhtha an fodord.' Asb*er*t Pat*r*aicc: 'Madh laoch nos cobhradh an fodhord, buaidh ngaiscc*idh* fair; madh ben, son[as] cuiledh; madh cleir*ech*, buaidh foghlama 7 cráb*aidh*. *Ocus* da*no* ni racha Dobhtha don tsaoghal, go ro baistte an mac thairng*er*tach é.' *Ocus* ro ba mór forbailte Dobhtha donní si*n*; *ocus* is on fodhord sin atá fodord mui*n*tire Beraigh aníu; 7 is a maisi téitt dóibh.

(11) Forfhagaibh t*r*a Pat*r*aicc fágbála maithe iom*dha* do Dobhtha 7 dia chlannmaicne .i. forfagaibh doibh ina | fhoc*r*aibh buaidh neini*gh* f. 73[a]
7 sobhartai*n* for a mnaibh, 7 buaidh ngaiscc*idh* for a laochaibh, buaidh neini*gh* 7 crab*aidh* 7 foghlama for a ccléircibh, buaid ngar-inghion 7 ng*ar*-mac 7 daltadh léo, acht co nderndáis réir an mh*eic* thairnger-t*aigh*. *Ocus* forfaccaibh go mbeittís oirdn*idh*e laoch 7 cleir*ech* dia siol go brath.

iv. (12) Is an*n*sin asb*er*t Dobhtha fri Pát*r*aicc: 'Citne man*chaine* fágbá don m*ac* so?' Asb*er*t Pat*r*aicc: 'Cran*n* as gach tene uime fora theinidh; 7 crand ó mo theinidh si fora theine.' i. Idh m*ac* Oéng*us*a, ar isé Pat*r*aicc ro bhaistt Idh. *Ocus* forfaccaibh a ttindscetal man*chaine* do Bherach. Is an*n* ro ord*aigh* Pat*r*aicc gomadh isin Clúain ar brú an locha no chumhdaigedh an m*a*c tairngert*ach* a chathraigh. *Ocus* ro ordaigh gom*adh* a terman*n* a bfuil et*er* in móna 7 in loch .i. an magh *con*a cluai*n*tibh caille, 7 co ndoiribh móntaigh. *Ocus* forfáccaibh go mbíadh sobh*a*rta*n* isin chathraigh sin, 7 go mbeith tene béo in*n*te co dheir*edh* an dom*ain*; 7 gom*adh* hí an treis teine deighenach no bhíadh i níar*th*ar an bhetha.

(13) Is an*n*sin ro raidh Dobhtha: 'As doirbh an tionadh anta.' Asb*er*t Patraicc: 'Anní as doirbh la daoinibh, as soirbh la Día, 7 biaidh a saoth*ar* imaille risan mac; 7 beid a naoimh áontad*aigh* ag dítten a cathrach. *Ocus* bidh cenn cathrach niom*dha* a chathair. *Ocus* gibé tí i nacch*aidh* an meic si*n*, gét*ar* nemh 7 talamh aire, 7 ara chloin*n*, 7 ara íartaighe, muna dherna aithrighe nobain*n*.'

(14) Ceileabhrais Pat*r*aicc do Dobhtha an*n*sin, 7 fagbhais benn-*acht*ain fair, 7 fora chloinn, 7 fora iartaighe, 7 fora tir, 7 fora talamh, 7 foran mac thairngert*ach* re cach, | 7 imaraen ri cach, 7 a ndegh*aidh* f. 73[b]
cáich. *Ocus* luidh for a chuairt phroiccepte.

v. (15) Dobhtha da*no* ro tócaith a shaogal i mbeth*aid* sainem*ail* co cend *sescat* bl*iadhan*. Mac don Dobhtha sa Mál; mac dosidhe Fin*n*tan; mac dósidhe Nemhnall[1]. Isé da*no* in Nemhnall sin dorad Finmaith,

[1] This is clearly Nemhnall. Note that Nemargen is omitted; cf. § 4.

inghen C*ar*th*aigh*, do mnáoi. Asi rucc do Nemhnall an mac sin ro thairngir Pat*r*aicc a ccion*n* *sescat* bliadh*an* *iar*san taircetal .i. naemh Berach.

(16) Is an*n* dano ruc*cadh* anti náemh Berach ag brathair a mhath*ar* .i. Cruimter Fraoch, m*ac* C*ar*thaigh, i nGurt na Luachra a ccomhfhocc*us* Cluana *Con*m*aicne*. *Ocus* ata an*n*oid ⁊ cros an*n*san ion*adh* si*n*; ⁊ atá an lec fora ruc*cadh* naemh Berach. *Ocus* ro edhbair Cruimther Fraoch an feran*n* sin i*ar*tain do Bherach. Cruimther Fráoch da*no*, ise ro bhaist naemh Berach, ⁊ isé ros ail gur bó mith*ig* dó leighenn do dénamh. Ise da*no* ai*nm* baiste Ber*aigh* .i. Fintan, am*ail* asb*ert* an tegn*aidh* 'san rann:

Fintan, fer buadhach bear*ach*,
Gerbh uallach a cCluain C*air*pthi
Roces *et reliqua*.

Berach im*morro* ai*nm* fuair trésin rin*n*-áithe ⁊ tre géire a fhert ⁊ a míorbal.

vi. (17) Rucc[1] da*no* Finmaith inghen do Nemhnall .i. naem-ógh úas*al* airmid*nech* .i. Midhab*air*; ⁊ isí ro benn*aigh* a mBuimlin*n*. Ise dano Berach aon nduine isin dom*un* roba tocha fri Crui*mter* Fraoch do neoch ro aerfhaemh doen*n*acht, cenmotá Criost a aen*ar*. *Con*idh *aire* si*n* dorad Cruimt*her* Fraoch na tri bean*nacht*a dorad Colum Cille dó, *ar* a gar-m*a*caibh, ⁊ *ar* m*a*caibh a seth*ar*, ⁊ *ar*a daltaibh *ar* daigh in Beraigh.

vii. (18) O robtar slána im*morro* sea*cht* mbli*adh*na do náemh Berach, ruc*cadh* go Daigh mac Cairill do d. leighin*n*, go ro fhoglaim eccna
f. 74a m*eic* Dé, | gur bó sáoi, ⁊ ro báoi rath Dé *ar* forbairt ina coimhitte*cht* i fertaibh ⁊ a míorbuilibh gach día. *Ocus* doghnídh umhalóitt día oide .i. do Dhaigh m*a*c Cairill.

viii. (19) I naraile aims*er* tangatt*ar* aidhedha uaisle go Daigh, ⁊ ni ra bhatt*ar* na man*aigh* na lucht na humalóitte isin reicles an tan si*n*, ⁊ ni raibe nech ele *acht* Daigh ⁊ Berach a ndís. *Ocus* doroine Berach umhalóitt ⁊ osaicc dona haidhedhaibh, ⁊ ni raibhe biadh isin recles *acht* dá mheidh do ghrán cruithnechta. *Ocus* ro raidhedh fri Berach dol co muilen*n* i Muigh Mhuirtemhne do bleith an da meidhe si*n*. *Ocus* docúaidh Berach frissan umalóitt sin g*us*in muilenn.

(20) Is annsin doróine an Coimdhe f*er*ta móra ⁊ míorbhuile tre Berach .i. ro báoi araile ben agin muil*enn*, ⁊ m*a*caomh i*m*maille fria, ⁊ ro ba mac fir soiceinél*aigh* é, do *Con*ailibh M*u*rteimhne eisei*n*, ⁊ ro ba la a ath*air* an muilen*n*, ⁊ in feran*n* irraibhe. *Ocus* ro báoi bolcc corca agan mnaoi fon muilen*n*; ⁊ ro raidh Berach frisan mnáoi:

[1] = R § 4.

'Sccuir an muilenn, ⁊ beir chugat th' *ar*bh*ar*, go ro meilt*er* an becc so; ar atád aidhedha úaisle ag*ár* nernaidhe, ⁊ siad gan biadh.'

(21) Ní namá na ro leicc an ben do Berach a arbh*ar* do bhleith, *acht* ro cháin go mór, ⁊ ro cháin an senóir o ttainic. At*r*acht Berach go hopan*n* ⁊ dorad a *ar*bhar i mbél in mhuilin*n*, ⁊ ro búi an 'ben' ⁊ Berach ag comhtairb*air*t an mhuilin*n*, ar ní ro léicc necht*ar* dibh día ceile é. Is an*n*sin ro deiligh na cumh*achta* diadha min na cruithnechta *ar* ind*ar*a leith don mhuilen*n*, ⁊ min in choirce do taoibh ele.

(22) Is andsin do |-rochair an m*a*caomh i fothaig in mhuilin*n*, go f. 74[b]
ro báidhedh. *Ocus* tainic támh oban*n* don mnaoi, go ro dheiligh a hanam ⁊ a corp re 'roile. Daoi*ne* ele da*no* ro bhatt*ar* agin muilen*n* ro eirgset, ⁊ dorua*cht*at*ar* mui*nter* na mna ⁊ in m*a*caoimh dochuaidh, ⁊ rob ail leo Berach do mh*ar*badh. Is an*n*sin ro sheacsat ⁊ ro fhéodhaighset a ccosa ⁊ a lamha, ⁊ ruccadh a sedh asta, *conar* bó calma gach duine dibh ina ben sheola.

(23) Do rochtat*ar* da*no* na scc*él*a sin go hathuir in m*a*caoimh, ⁊ do rocht *con*a óighreir leis do Bherach. Slechtuis foa chosaibh, ⁊ cíidh go hanbáil. Slánaighidh Berach a mhuinnter, ⁊ ro athbeoaigh in m*a*caomh, ⁊ in mnaoi. Is an*n*sin ro edb*air* ath*air* an mheic a muilean*n* do Bherach, ⁊ in baile imalle. *Con*idh é sin Raen Beraigh i Maigh M*ur*teimhne, ⁊ Muilend Eil*end*. Ro moradh da*no* ain*m* Dé ⁊ naoimh Beraigh tresna *fer*taibh si*n*, ⁊ tresna míorbhuilibh.

ix. (24) Doluidh Berach iarsin go hInis Cáoin, ⁊ a *ar*bh*ar* meilti lais. *Ocus* ro sásadh na háidhidh ⁊ na man*aigh* ⁊ na boi*cht*. Ro foillsigedh da*no* do Dhaigh na ferta ⁊ na míorbuile dorin*ne* Berach. Is an*n*sin ro raidh Daig fri Berach: 'A mic nit ailfiter[1] iffos ri immat 'do' mhíorbaili ⁊ ferta; ⁊ dé*na* dul go con*air* aile.' Is an[n]sin dorad Daigh in mbachuill ngirr do Be*a*rach, ⁊ dorad in céolan do fhuighioll *secht* mion*n* *cethrachat ar cét*; ⁊ forfaguibh Daigh ratha na mion*n* sin uile forin ccéolan, ⁊ isé sin Clog Be*araigh* aniúdh i nGlin*n* da lacha. Dorat Daigh móir-bhen*nacht*uin an*n*sin do Be*a*rach, ⁊ ro fáoidh go Caoimhgei*n*.

x. (25) Doluigh[2] dan*o* Be*ar*ach[3] tair Mhagh | Mu*ir*theimhne[4] f. 75[a]
i ccrich Rois d*ar* Bóinn i mBhreaghuibh. Is an*n*sin dorónadh móir-fleadh ag rí Breagh do ri Teamhrach. T*a*ruill da*no* Bearach g*u*sin mbaile iraibhe in fhleadh, ⁊ dochuaidh a teach na fleidhe. *Cáega* dabhach dano ro bhátt*ar* forna deasguibh i ttigh na fleidhe. Ro chuin*n*ig Be*ar*ach digh for coi*m*héuduighi in lean*na*, ⁊ ni t*a*rdadh dó. Is an*n*sin ro raidh B*erach*: 'Ni bú iughuide in fhleadh cía dobe*ar*th*ar* deoch d'fhior do mhuintir in Choi*md*headh.'

(26) Imthighis roime for séatt, ⁊ dorocht foc*ét*oir rí Tea*mh*rach

[1] MS. failfaist*er*; ailfiter on margin. [2] = R § 17. [3] The scribe seems to have written at first: oc dol don Berach. [4] A change of hand here.

docum na fleidhe. Is an*n*sin foc*ét*óir ro raidh in rí: 'Tab*ar*th*ar* f*r*omadh in lean*n*a duin*n*.' Dochós i tech na ndabhach, ⁊ ni fríth aen dheoch don rí isin cháega dabhach, ⁊ ni frith slio*cht* in leanna i náon dhabh*ach*, ná for urlár, na for leastor istigh; ⁊ ro hin*n*isedh don rí inní sin. *Ocus* ro fhíarf*aigh* in ri cia dosf*ár*aill, ⁊ ro raidheast*air* coimh*edaigh*e an lean*n*a n*ach* feidir, '*acht* tainic áon foghluin*n*tigh cco gcéolan ⁊ go mbhachuill cugui*nn* isin teach, ⁊ ro chuin*n*igh digh i nain*m* in Choimdhedh, ⁊ ni tug*adh* dó, ⁊ ro imthig fó bhrón.'

(27) Ro raidh in rí: 'Isé sin ro mhill in fhleadh. Gabhth*ar* na heich, ⁊ tíagh*ar* go luath ina deaghaidh, gibe baile i mbherth*ar* f*air*; ⁊ ná tabh*air*thear éigion f*air*, a*cht* aitchither ainm in Coimdhe fris, ⁊ tiu'c'fa ina f*r*ithing'; ⁊ dorónadh amhl*aidh*, ⁊ tainic B*erach* ina f*r*ithing, ⁊ ro shlecht in rí do B*erach*, ⁊ dorad a oighréir do; ⁊ dochúaidh
f. 75[b] B*erach* go tech na fleidhe, ⁊ | ro bean*naigh* na dabhcha, ⁊ dorad *airr*dhe na c*r*oiche don chlog ⁊ don bhachuill d*ar*na dabhcha, ⁊ robt*ar* lána foc*ét*óir do lion*n* shaine*mh*uil. Ro mor*adh* ainm Dé ⁊ naoimh Be*araigh* trésin fe*art* sin, ⁊ t*r*esan míorbh*uil*.

(28) Is an*n*sin ro eadhb*air* in ri in baile cona chrích ⁊ gona f*e*ran*n* don Coimdhe ⁊ do Bhe*ar*ach. C*on*idhe si*n* Disea*rt* Be*araigh* i mB*r*eghaibh; ⁊ tug a err*edh* fein [1], ⁊ erredh gach rígh Er*enn* ina díaigh go brath 'gacha treas bl*iadhna*' [2], ⁊ screpall g*acha* cathrach o chloin*n* Colmain gacha tres bl*iadhna* osin amach go brath.

xi. (29) Doluidh [3] iarsin Berach i lLaighnibh go Glen*n* da lacha, ⁊ docuaidh isin tegh naoidhedh, ⁊ dorónadh a ósaic an*n*. Isin aimsir sin ro ba m*ar*bh an coicc ro báoi ag Caoimhghin. Ro ba toirs*ech* da*no* Caoi*mh*gi*n* donní sin, ar ni fhidir cia b*adh* cóir i llos proin*n*e na man*ach*. *Co n*eb*er*t an taingel fris, a tab*airt* i llaimh na naoidhedh gach noidhce dia hurlamhucch*adh*, no go ttárda Día neach b*us* iomcub*aidh* fria. *Ocus* doron*adh* amhlaidh sin ag Caoimhghin, ⁊ ruccadh an oidhce si*n* go Berach, ⁊ ro roin*n* Berach ar dó an proin*n*, ⁊ ro erlamhaigh a leth in oidhce sin, ⁊ ro ba ferr go mór dona mancaibh in oidhce si*n* ina gach oidhce isin mbl*iadhain*.

(30) Ruccadh da*no* in oidhce ro ba nesa p*r*oin*n* na manach go Berach dia herlamhucc*adh*. Is an*n*sin ro raidh Bear*ach* frisan timthirigh: 'Atá sun*n* leth na proin*n*e aréir urlamh do*na* mancaibh, ⁊ beir let inní sin.' *Ocus* doróine amhlaidh. *Ocus* gér bó maith an chéd-aghaidh, ro ba ferr go mór in oidhce deighenach.

f. 76[a] (31) *Ar*namarach dano rucc*adh* naémh Berach go Caoimhgin. Ferais Caeimhgin failte fri Berach, ⁊ fiarfaighis de in bó lon*n* leis beith a llos proinne na manach. *Ocus* ro raidh Berach go ndiongn*edh* gach ní no fhurailf*edh* Caeimgin fair. *Ocus* ro ghabh do laimh beith

[1] Here the former hand resumes. [2] Added above the line by rather later hand. [3] Cf. R § 7.

a llos proin*ne* na man*ach*. *Ocus* ro mhór-molastair Caeimghin an Coimdhe t*r*ésan sobh*ar*than dorad for proin*n* na manach tre rath mBeraigh. Gonadh dó sin ro raidh Caoimhghin :—

As ferr *gach* proin*n* mesrucc*adh*
In úair tig go long*adh* ;
As ferr áradhu immat
Atcota bith-bron*n*adh.

xii. (32) Isan aimsir si*n* t*r*a ro batar léigióin imdha na ndemhan i nGlion*n* da lacha ag cathucc*adh* fri Caoimgin ⁊ fria mhanchaibh ; ⁊ dobeirdís c*r*ith ⁊ omha*n* imna daoinibh fan*na*, ⁊ dognídis urcoid doibh, ⁊ dobheirdis tedhman*na* ⁊ galair iom*dha* isin nglion*n*, ⁊ ni ro cuimgedh a ndíochur 'go tainicc Berach'.[1] Is an*n*sin tainic Berach timcell na cathrach, ⁊ ro bhen a clocc, ⁊ ro chan psalma easccaine forna demhnaibh, ⁊ ros díochuir asan nglean*n*. *Con*idh de sin ro chan an fili :

Cluiccín Beraigh, buan an séud,
Doní deabh*aidh* fri claoin-céd ;
Atclos go Fearn*na* na ccéud,
Tafon*n* demhna asa náomh-tséud.

Ocus as dósi*n* dob*erar* Clocc Beraigh gach dia timcheall Glinne da lacha, ⁊ ní bía nert demhan, na teidm, na díghail innte, airet bías Clocc Ber*aigh* in*n*te. Ro móradh ain*m* De ⁊ Beraigh tresin f*er*t sin.

xiii. (33) Dalta ro báoi ag Caoimhgin .i. Fáolan m*a*c Colmai*n* mac righ Laig*en* ; | ⁊ ro bói an m*a*caomh ag cáoi for[2]san ccleir*ech*, .i. for f. 76[b] Caeimhgi*n* ag iarr*aidh* lemhlachta ; ⁊ ro ba doi*ligh* le Caeimhghin inní sin. *Ocus* amhail ro baoi aga radha, sénais Berach an sliabh, ⁊ atbert : 'Is ced don eilit cona láegh fil isin tsleibh toide*cht* gonicce so' ; ⁊ tainicc an eilitt focéttóir *con*a laégh ina diaigh ; ⁊ así sin ro blighthea gach dia d'Faolan.

(34) Tainic[3] im*morro* an cú all*aidh* i naroile ló, ⁊ ro m*ar*bh láegh na heilte, ⁊ aduaidh ; ⁊ ni tharatt an eilit a loim a neccmais a láeigh. Ba toirs*ech* da*no* Caeimhgin do*n*ní sin. Sénuis da*no* Berach an sliabh, ⁊ adub*ert* : 'As ced don anman*na* dorin*ne* anumhaloid, ce dogné umhalóitt.' Tainic iarsin an mac tire, ⁊ deisidh for a chon-righthibh hi fiadhn*use* na heillte, ⁊ ro ligh an eilit an mac tire, ⁊ dorad a loim *fair* ; ⁊ no thiccedh an mac tire gacha tratha go mbligti an eilit fair.

xiv. (35) I naraile[4] aims*er* ro cí Fáolán isin fhuigleach ag iarr*aidh* samhaidh ar Chaoimghin. Ro ba doil*igh* le Caeimhghin inní sin, ⁊ doroine a comhradh fri Berach. Sénais Berach an charracc atá a ccomhfhocc*us* na cathr*ach* fil i mull*uch* an tsleiphe, ⁊ ro fás samhadh

[1] These three words are on the margin by a rather later hand. [2] MS. for for. [3] Cf. R § 8. [4] = R § 9[b].

im*dha* tr*e*ithe, ⁊ dorádadh d'Fáolan; ⁊ fogabh*ar* sam*adh* fos gacha fuighligh[1] a mull*uch* na cairrge, ⁊ fogebhthar go ttí an bráth, a ccomh*ar*ta na mor-mírb*uile* sin.

xv. (36) I naraile[2] aims*er* tainic Berach ⁊ Fáolan seach sailigh nalain*n* fil i nGlion*n* da lacha. *Ocus* cíis Fáolan ag iarr*aidh* ubhall do

f. 77[a] th*air*birt | don soiligh dó. 'As tualaing Día cidh edh on,' ol Berach; ⁊ senuis Berach an sailigh, go raibhe fo lán-tor*adh* d'ubhlaibh, ⁊ doradadh ní dona hubhlaibh sin d'Faolán. *Ocus* gach tan bíos tor*adh* ar g*ach* crand tortach, bídh a lan-tor*adh* uirre si bhéos, ⁊ biaidh no go ttí an bráth, a ccomh*ar*ta na mór-míorbhuiie sin.

xvi. (37) O'tchuala[3] im*morro* Caineach, les-math*air* Fáolain, gurbo mac sainemhail Faolán, ro ghabh tnuth ⁊ f*or*mat issi fris; ar rob eccail le, anní ro bói de iarttain .i. an flaitheas do breith d'Faolan ona cloin*n* féin. Doluidh c*ona* ban*n*tr*acht* cu*m*achta go Glenn da lacha, d'imirt draoidhe*chta*, ⁊ tuaichle, ⁊ gein*n*tlechta, ⁊ ealadhan diab*ail* foran m*a*caomh, dia aidhmill*iudh*.

(38) *Ocus* ro fhoillsigh aingel inní sin do Caeimhgin, ⁊ ro raidh Caeimhgin fri Berach dol do thoirmescc na ccumh*acht* ndemn*idhe* sin; ⁊ docuaidh Berach frisanní sin. *Ocus* at*con*nairc Caineach uás mull*uch* in tsléiphe ag adhradh díabail, ⁊ acc dénamh draidhe*chta*. *Ocus* doroine Ber*ach* slechtana ⁊ ern*aigh*the, ⁊ ro raidh fri Cáinech ⁊ fri a ban*ntracht*: 'As ced dáibh dol fon talmai*n*.' Sluiccis an talamh go hopand Caineoch guna ban*n*tr*a*cht. *Con*adh aire sin ain*m*night*er* Laithrech Caineoch a nGlind da lacha. *Con*idh ina cenn chacait coin na cath*rach* osin amach go brath.

(39) Tainic iarsi*n* Berach co hait irraibhe Caeimhgin. Iarf*aigh*is Caoimhgin caidhe a iomth*us* ⁊ Caineoch. Is an*n*sin ro raidh Berach fri Caeimhghin:

Docuirisi Caineoch,
A cleirigh áin, irsigh,
Cona banntr*acht* baindsigh
Síos fo*n* talm*ain* *tr*illsigh.

f. 77[b] Conadh amlaidh sin ro saoradh Fáolán, ⁊ ro traothadh Coineoch tre rath De, ⁊ Beraigh, ⁊ Caoimgin.

xvii. (40) I naraile oidhce ro batt*ar* na man*aigh* isin p*r*oin*n*tign ag *iarraidh* uiscce the. Cuiris Berach cloich gacha manaigh foran teine do denamh in uiscce. *Ocus* cuiris da cloich d'iom*arcraidh*. Fiarfaighis Caeimhgin fochan*n* na ccloch. Do raidh Berach: 'Días manach fuilit gose um chomhairemh proin*ne* sun*n*, ⁊ ricfit a les an dá cloich sin, do thég*adh* uiscce doibh.' *Ocus* dorónadh an tuiscce te, ⁊ doradad cloch gacha manaigh 'san viscce.

[1] The words 'gacha fuighligh' are written in a smaller hand on a space originally left vacant in the MS. [2] = R § 9[a]. [3] = R § 10.

(41) *Ocus* ro bhatt*ar* an da cloich sin isin tene dá losc*cadh*. Do raidh Caoimhgin: 'Tab*hair*ther aníos na clocha', 7 ni tharatt Berach. Do raidh Caeimhgin doridhisi na clocha do tabhairt asin teine. *Ocus* ni th*ar*ad Berach. *Ocus* do raidh Caoi*mhgin* an *cet*na an tres fea*cht*. Is an*n*sin tainic da mhanach a tíribh cíana d'ion*n*saighe tes*da* Caeimhgin; 7 dorónadh ósaic doibh, 7 tucc*adh* chuca an tuiscce te, 7 tucc*adh* an dá cloich doibh inn. *Ocus* ro adhamh*raigh* 'Caoimhgin' go mor 'Berach t*r*it' sin.[1]

xviii. (42) As lía[2] tra tuiremh 7 faisneis ina nderna Berach d'fertaibh 7 do míorbhuilibh i nGlin*n* da lacha. Secht mb*liadhn*a dó oc umhalóitt do Chaoimhgin. Doluidh Caoimghin la Berach go esp*oc* Etcen. *Ocus* dorad esp*oc* Etcen g*r*adha for Berach, 7 doronsat áent*aidh* 7 codach andsin .i. esp*oc* Etcen 7 Berach.

(43) Dolot*ar* iarsin Caoimhgin 7 Berach go Glenn da lacha. *Ocus* gach 'tan' no thriall*adh* Berach tichtai*n* | dia tír do comhall breithre f. 78[c]
Pat*r*aic, nó fhast*adh* Caeimhgin *con*a manchaibh é. Co tarfaidh aingel do Caeimhghin i naroile oidhche, *co nebert*: 'As mith*ig* do Berach dol dia tír, do comhall breithre Pat*r*aicc.' *Ocus* ro cedaigh Caeimhgin do Berach dul dia tír, 7 doronsat iarsin a mór-aent*aídh*, Berach 7 Caeimhgin. *Ocus* is an*n*sin ro raidh Caoimhgin an rann:

Manaigh Beraigh, is iatt mochen,
  It*er* a nócc is a sean;
Cia nom tiosat, fir, mnaoi, meic,
  Ni ragh *ar* nemh, co ndiccset.

(44) Ro faccaibh Berach airmberta maithe i nGlinn da lacha. Forrofhaccaibh 'búaidh foghlama 7 cráb*aidh* in*n*te; forfágaibh gan teidhm gan dioghail in*n*te, céin no beith a chlocc féin in*n*te, '7 ro fagaibh ein*ech* fir sheisrighe ag fior tighe in*n*te' *acht* co nionnla a lamha asin Casan. Con*idh* desi*n* ro raidh an file:

Forfáccaibh Berach béil-bhin*n*
  I nglean*n* manach gan créidhim
Eineach fír-seghuinn[3] séire
  Ag fir tégtha isin náoim-glionn;

Cidh goill, cidh druith, cidh crosain,
  Co tí an brath brúite bresain,
Ní bía gan einech niom*dha*,
  Acht go nion*n*la asin Casan.

(45) Is an*n*sin dorad Caoimghin a c*ar*pat fo leabhraibh Beraich, 7 ro sén an sliabh 7 dorad an damh allaidh as d'iomch*ar* an charpuit.

[1] The scribe at first wrote: ro adhamraigh Criost go mor inni sin. [2] = R § 11.
[3] The scribe seems to have written at first: sedhuim.

Ocus ro raidh 'Caoimgin', gibe baile a laighfedh an damh fon cc*arp*at, gomadh an*n* no cumdaigedh Berach a cathr*aigh*. *Ocus* ro raidh, gach neiccen no tiucf*adh*, go mbiadh somh immaille fri Bear*ach* aga fulang. *Ocus* dorad mór-ben*n*achtain dó.

xix. (46) Doluidh[1] Berach iaramh dochum a tire, 7 Maolmoltach immaille fris do ghiolla; do Chian*n*achta dóis*idh*e *iar* ccinel. *Ocus*
f. 78[b] an | damh allaidh fon cc*arpat* ag iomchar na leabhar. *Ocus* ní ro luidh[2] in *da*mh fo*n* *carpat* co rócht an tion*adh* ro thircan Patraicc. *Ocus* luighis an damh ain*n*sein. *Ocus* ro raidh Berach re Máolmothlach: 'As annso ro cinnedh duin*n* anadh. Eirigh, 7 sir an clúain.' Docuaidh dano Maolmothlach risanní sin, 7 ro shir an cluana[3].

(47) Isin ló sin forcaemnacc*air* ár mór in*n*te .i. da rídhamhna ro fersat cath in*n*te in lá sin .i. Don*n*ch*adh* a Temhraigh, 7 Tíopraitte m*a*c Taidhg a Cruachain; 7 dorochrat*ar* a ndís ar lár an lis fil in*n*; 7 ár mór umpa. Ro m*ar*b*adh* do raith Tiop*r*aite; 7 ro bai ainim i nDon*n*ch*adh*, 7 ni ro féd eirge asin ármhach. O't*connair*c da*no* Maolmothl*ach* in ár, ros gab omhan mór é. *Ocus* ro siacht go tin*n*easn*ach* co háit a raibhe Berach. I*ar*faighis Berach: 'Cionn*us* cluain an clúain si?' 'Nocha soirbh-clúain im*morro*', *ar* Maolmothlach, 'acht cluain coirp[th]i uile.' 'Bidh edh a hain*m* ó so amach', ol Berach. 'i. Cluain Coirpthi.' *Ocus* ro in*n*is sgela na cluana ósin amach; dobher*edh* Cluain m*ac* Lilcon im*morro* a hain*m* conuicce sin.

(48) Doluidh da*no* Berach g*u*san ármach, 7 ro thaithbeoaigh uile do neoch ro m*ar*badh isi*n* cath. *Ocus* ro shlanaigh Donnc*hadh*; conidh desin ro raidh an fili:

Don*n*chadh *ocus* Tiopraite,
Guna tt*r*omsluagh dis,
Rotuitset [i]na nall-c*r*ó
Ar cert-lár an lis.
Ce*ch* brat toll, ce*ch* lene ndeircc,
Ce*ch* aladh *iar* nguin,
Acht luir*ech* na nepisle
No bíodh for amuin.
Ro slechta slogh ngléisi nglan
Ce*n* on[4] . . .
Acht luirech na neipisle
No bíodh for a muin.

f. 79[a] xx. (49) Is an*n*sin[5] dorad Tiopraitte mainchine | a bí 7 a mairbh, 7 manchine a shil 7 a shemen do Berach go b*r*ath, 7 ro athain a chorp 7 a anam *ara* com*air*ce, 7 dorad i naimsir braith, 7 iar mbrath. *Ocus*

[1] = R § 12[a]. [2] = luigh. [3] *sic* MS.; *lege* cluain. [4] Evidently this line is defective, but there is no lacuna in the MS. [5] = R § 12[b].

ro in*n*is do Bherach an mór-pían at*con*airc i nif*urn*, 7 ro atlaigh do Dhia a saor*adh* féin eiste; 7 ro raidh na táin*ic* i nErin*n* tareis Pat*r*aicc nech b*údh* amhra nó b*údh* umhla ina Berach; 7 ro raidh: '' Antí dobeir anman*na*',[1] 7 dosbeir isna corpuibh doridhisi dochum beth*adh*, as mairce do tuillf*edh* a fhercc, ar gét*ar* nem 7 talamh air, 7 ara shiol 7 ara shém*en* go brath, 7 i*ar* mbrath, *ach* muna dherna aith*r*ighe ndiochra.' *Ocus* ro mhor-molsat*ar* in Coimdhe an*n*sin .i. Berach *con*a cleircibh, 7 Don*n*ch*adh* 7 Tiop*r*aite, *con*a mórshl*uaghaibh*. Ocus ro dheilighsett an*n*sin Don*n*ch*adh* 7 Tiop*r*aite, 7 doluidh cach dibh dochum a thire; 7 gér bo san*n*tach a ccomrac, rob ao*n*tad*ach* a scc*aradh* tre cumachtaibh an Choimdedh, 7 t*r*e miorbuilibh Beraigh.

xxi. (50) I*ar*si*n* dorocht Cruimter Fraoch 7 Daigh m*a*c Cairill go Berach, 7 ro choisreccatt*ar* an ccathr*aigh*, 7 ro chumhdaighset hí. *Ocus* ro ráidset gibé no inghreimfedh nech dibh, go mbeittis a ttriur 'na naimhdibh dó, 7 go mbiadh an Choimdhe 7 muint*er* nimhe. Is an*n*sin ra raidh C*r*uimt*er* Fraoch: 'Bidh í so i*ar*thar cluana, 7 bidh i mo cheall sa a hoirthir.' *Ocus* ro fáccbat*ar* na senor*aigh* naemtha sin benn*acht*uin ag Berach, 7 doluidh cách dibh dia cill féin.

xxii. (51) Is an*n*sin doluidh Berach go hairm irraibhe Dobhtha i sentattaidh sainemhail. Doróine da*no* procept dó, 7 día cloin*n*, 7 día chinedh aile, 7 ro baistestair Dobhtha *con*a chloinn, 7 *con*a i*ar*taige, eter fhiru 7 mná. *Ocus* is an*n*sin ro co*mh*ailledh | an faistine ro thircan Pat*r*aicc do Dobhtha. Doluidh da*no* Berach dia catraigh. f. 79ᵇ

xxiii. (52) Isin aimsir sin[2] da*no* ro aittrebh Di*ar*ma*i*t eicces 7 a moirsheis*er* brath*ar* i rRathund .i. Di*ar*ma*i*t, Tromra, Belech[3], Colu*m* d*e*rg, Cruin*n*icen, Brandub 7 Dubhan .i. an cleirech; do Ci*ar*raigibh Luachra[4] doibh iar ccinél. Fer sochr*aidh*· da*no* Diarm*ai*t, 7 primh-eicces 7 ard-maigist*ir* druidechta Aodha[5] m*e*ic Each*ach* Tírmcarna ro ba rí *Con*nacht an tan si*n*. Ocus isé dorad Rathon*n* do Di*ar*ma*i*t i ffiachaibh molta doroine dó.

(53) *Ocus* do raidh Berach fri Diarm*ai*t an feran*n* ro thiomna Pat*r*aicc do d'faccbáil. *Ocus* ni ro fáccaibh Diarm*ai*t an feron*n*. Mor t*r*a d'imnedh fu*air* Berach ag cosnumh an fhearain*n* sin do mhuin*n*tir an Choimde, 7 dona m*a*caibh eccailsi no bheittis tara eís ina cathraigh ag fogn*um* do Dhia. Dolott*ar* da*no* Berach 7 Diarm*ai*t go ri *Connacht* .i. Aedh m*a*c Each*ach*, do den*amh* breithe doibh. *Ocus* ro raidh Di*ar*ma*i*t fri hAedh, damadh do Bhearach dobher*edh* an feran*n*, *co n*dingnedh a áoradh, *co n*eirsitis tri bulcca fora dreich, 7 co mbeith on 7 ainimh 7 aithis fuirre. Ní derna da*no* Aedh breth doibh, *ar* rob

[1] The words 'Antí . . . anman*na*' are written over the words 'risna hanman*n*aibh dober*edh*', which have been deleted. [2] = R §§ 13-16, 19-23. [3] He is called Belach below. [4] *no Con*nacht, interlined. [5] A marginal note here: Aedh do éc, marbadh (the latter is correct historically).

eccail leis 'Di*armait* dia ghlamadh, ⁊ rob eccail leis'[1] Berach da*no* ar imat a fhert ⁊ a míorbal.

(54) *Ocus* ro shir Berach ⁊ Di*armait* Éire 'fo trí', ⁊ ni fu*arattar* i nEr*inn* nech doneth breth doibh, *ar*na fáthaibh *cét*na. 'Tiagham i nAlbai*n*,' ar Diarm*ait*. 'Tiagam', *ar* Berach. Dolot*ar* da*no* i nAlbai*n*, go hAedan m*ac* Gabr*ain*, go rígh Alban, do den*amh* breithe doibh.

(55) Dorala móir-fledh an tan sin ag Aedhan ⁊ ag maithib Alban, ⁊ ro báoi m*acraidh* mór ag cluiche for faithche an dúna[i]dh. Di*armait* f. 80[a] im*morro* ro báoi | cu*m*d*ach* mor d'édach uime, ⁊ ro bói delb deg-duine leis. Berach im*morro* ro baoi sidhe ag cumd*ach* a anmha, ⁊ ni raibhe ag cumd*ach* a cu*ir*p, ⁊ ro báoi go deróil. *Ocus* ro imthigh Di*armait* go hopan*n* résan cleir*ech*, ⁊ ro raidh frisan m*a*craidh: 'Chuccaibh an breccaire; geibidh otrach ⁊ maidedha ⁊ clocha dó.' *Ocus* ro gabsat an m*a*craidh do laimh i*nn*í si*n*, ⁊ ruccs*at* ruath*ar* dochum an clei*righ*. Dercais an cleir*ech* forra. 'As cett daoibh', ar an cleir*ech*, 'gion go ffedtáoi anní t*r*ialltaoi.' Ro lensat a ccosa don talamh, ⁊ ro lensat a lamha dona ceppaiph[2] ⁊ d*ona* cran*n*aibh ro bat*ar* inntibh. *Ocus* ro sói cruth ⁊ dealbh doibh, ⁊ ro fhast Dia fon samhla sin iatt.

(56) *Ocus* dochuaidh Berach ⁊ Diarm*ait* iarsi*n* go dor*us* an dún*aidh*, ⁊ ros gabh fuacht mor isi*n* dor*us*. *Ocus* ro bat*ar* da charn nó dá mhul mora don s'n'*echta* i ndor*us* an dún*adh*. Ro raidh Di*armait*: 'A b*r*eccaire, dia mbat 'fír'-chleir*ech*, do dhénta tene do*n* da mhul snechta ud, go ndernmáis *ar* ngor*adh* fris.' 'As ced doibh', ar Berach, 'teine do dénamh dhibh. Eircc si ⁊ séitt íatt.' Dochuaidh Di*armait*, ⁊ ro seit an dá mhul shnechta, ⁊ ro lasatt*ar* amhail crion*n*, ⁊ doróine Di*armait* ⁊ Berach a ngor*adh* fríu.

(57) Ro hin*n*isedh da*no* do Aedhan na ferta sin ⁊ na miorbuile; ⁊ doráidh Aedhan fría druidhibh: 'Fion*n*ta libh cia doroine na ferta sa ⁊ na miorbuile.' *Ocus* dochúat*ar* na draoithe ara ccliathaith cáerthain*n*, ⁊ tucc*adh* dano nua corma doibh. Cethr*ar* da*no* líon na nd*r*uadh, ⁊ ro raidh an cétna fer dibh:

Berach go mbith-buadaibh,
Bruth óir a hoireanac[h],
Er*iu* ina rig-rathaib
Ina roim ráin[3] brathaibh
Ina roimh [ráin].

Ro raidh andara fer dibh:

Ní fhuil náemh *nár* ett*r*ocht,
Na naemh-ogh adhamra,

[1] 'Di*armait* . . . leis' added on margin. [2] MS ce*ph*aiph. [3] The words 'Bruth . . . ráin' are interlined. All these verses are very corrupt; text and translation are alike uncertain.

Rosoisedh co*imh*fherta
Fri | Berach mbith mbuadhach f. 80[b]
Ón Badhgna báin.

Ro raidh da*no* an tres drái:

Berach m*ac* Nemhnaill,
M*eic* Nem*ar*gen nert-niadaigh,
Ní mar cin talm*ain*,
T*r*om, t*r*én, tairpt*ech*, tabh*art*ach,
Fris tibhre a fhercc.

Ro raidh an chethramhadh d*r*áoi:

A luaithe faillsighther,
A thrici tintoth*ach* uilc,
Mac Oeng*us*sa, m*eic* Erca deircc.

(58) *Ocus* do raidhsett na draoithe fri hÁedán: 'Berach naom úasal airmittn*ech* dodeach*aidh* a hiath*aibh* Er*enn* .i. on Badhgna a criochaibh *Con*nach*t*. *Ocus* fer dana immaille fris dot ion*n*saigh*idh* si do dén*amh* réire ferain*n* doibh. Ise doroine na ferta sa 7 na miorbuile, 7 atad i ndor*us* an dún*aidh*.' *Ocus* doradadh isin dún fo chettóir; 7 dorad Aedhan a oigh-reir do Berach, 7 doroine sléchtain dó. *Ocus* ro slán*aigh* Berach an macr*aidh*.

(59) *Ocus* ro edhbair Aodhan an dun do Bherach. *Con*adh hí sin Eperpuill .i. cathair atá ag Berach i nAlb*ain*. *Ocus* ro edbair an rí a rígh-err*edh* féin, 7 o gach rí ina diaigh dó, 7 mór-cuairt Alban, 7 día shamhadh ina dhíaigh. *Ocus* ro edhb*air*set an mhacr*aidh* a mancine fein, 7 maincine a síl 7 a seim*en* go bráth *con*a c*r*ich 7 *con*a ferann do Bherach. *Ocus* do raidh Aedhán gomadh é, Aodh m*ac* Brénain*n*, ri Tethba, 7 Aodh dubh, mac Fercena, rí Breifne, do dénad breth doibh i nEirin*n*.

(60) *Ocus* dolottar dochum nEr*enn* doridhisi .i. Berach 7 Díarm*ait*. Is an*n*sin tarlat*ar* co hÁedh ndubh m*ac* Suibhne .i. ri Ul*adh*. Arroétt da*no* Aedh dubh co failte móir inní naemh Bherach; 7 dorad onóir móir dóibh. *Ocus* ro edhbair an dún irraibhe do Bhear*ach*. *Con*adh ísin Clúain na Cran*n*cha i nUlltaibh, 7 ataid manaigh im*dha* in*n*te[1]. *Ocus* fa lia rea faisnéis ina sin i ndénan*n* Berach d'fertaiph 7 do mhiorbhuilibh in*n*te.

(61) *Ocus* dodechat*ar* iar*s*in co hÁedh ndubh mac F*e*rg[n]a, | 7 go hAedh m*ac* Brénain*n*, do dénamh rere doib. *Ocus* dorons*a*t comdáil do ló cin*n*ti. *Ocus* is an*n* doronsat in comdáil si*n* oc Lios Ard Abhla a Muigh Tethba. Doluidh Berach 7 Diarm*ait* cách dibh dia níath feissin in oidhce resin comhdáil. *Ocus* doronsat frithcomhdail arnamharach aga*n* sgíaich ata iT*ir*[2] Tromra a Rathan*n*; 7 ni dhechaidh f. 81[a]

[1] 'innte' on margin, for 'friu' deleted in the text. [2] MS. et*ir*; the scribe misread *i tir* as *itir* = etir; cf. § 68 for Tromra.

Berach isin *fr*ithcomhdáil acht doluidh focettoir *gus*in ccomhdáil go Lios Ard Abhla.

(62) Ro báoi da*no* socr*aidh*e mór isin comhdáil sin .i. ro báoi Aodh dubh m*ac* Ferccna, ⁊ sluagh Breifne maraen ris. Ro báoi Áedh m*ac* Brénain*n*, ⁊ sl*uagh* Tethbha maráen ris. Ro batar soch*aidh*e do naemaibh isin dáil sin. Ro bai Daigh m*ac* Cairill, ⁊ Cruimter Fráoc[h], Mancán, ⁊ Ciaran, mael ⁊ Aelitir, Failbe find, ⁊ Dhacúa, Samhtan*n* ⁊ Arnáin; ⁊ ro battar náeimh im*dha* ele asin ccomhdáil sin.

(63) Doroine da*no* Bear*ach* mór do fhertaibh ⁊ míorbuilibh isin comhdáil sin, ⁊ rainic Di*arma*it *iar*sin isin cco*mh*dáil, ⁊ doróine éccn*ach* Beraigh. *Ocus* do raidh inní so: 'A bhreccaire, ní scé fan dernsam comdáil i Rathun*n*.' In an*n*sin do raid Ber*ach*: 'As tualaing Dia a tab*airt con*icce so.' *Ocus* tu*ar*ccaibh an chumhachta diada an scíaich i naírde isin áer, ⁊ nell impe, ⁊ ros fucc iarsin go raibhe uas in comdáil. *Ocus* ro raid Berach fri Di*arma*it: 'Féch i náirde'; ⁊ ro fech Di*arma*it, ⁊ at*con*n*air*c an scíaich, ⁊ ro an da égnach. I*ar*sin ro leigeadh an scíach go foill docu*m* talm*an*, con*us* tarla foran clad araibhe Aodh m*ac* Brenain*n* ına suidhe, ⁊ is amlaidh ro báoi an sccé forsan cladh, amhail as an*n* no fasf*adh* tre talmai*n*.

(64) *Ocus* dodheach*aidh* imdherccadh mór an*n*sin d'Aedh m*ac*
f. 81b Brenain*n*. | *Ocus* ro aghsatt na sluaigh inní sin, ⁊ ro mhor-molsat an
Coimdhe ⁊ Berach; conadh dósin ro ráidh an file:

Toccb*ais* Berach leis an sciaich
Don muigh ara mbittis na sl*úaigh*;
For érim *gus*in cladh caemh,
Fora mbiodh Aedh m*ac* Brenain*n* buain.

Ticc a ruidhedh Aodha aird
Risin firt maerdha gan meircc;
Gnuis rígh Tethbha, druim d*ar* úir,
Conus tarla 'na dlúim ndeircc.

(65) Iarsin tainic álgh*us* codalta d'Aedh dubh m*ac* Fergna, do rí Breifne. 'A· Shamhtan*n*, mo chen*n* it ucht, a chaill*ech*, go ndernar codl*adh*.' Do raidh Samthan*n* fri hAedh ndubh mac Ferccna: 'Eirigh go Berach, ⁊ cuin*n*igh f*air* do dhath do chlaochlódh.' Doluidh da*no* Aedh go Berach, ⁊ ro raídh fris go | ndingnedh a oigh-réir, dia cáemhcloidhedh a dath. 'As tualaing Dia', *ar* Berach. 'T*a*rr, ⁊ tucc do chenn fam chocaill, ⁊ codail.' Doratt Aedh a chenn fo cochall Ber*aigh*, ⁊ ro chodail; ⁊ ro fer cioth flech*uid* focettóir. *Ocus* tu*ar*gaibh Aodh a chenn on cochall amach, ⁊ ise laoch ro ba fin*n*e do laochaibh dom*ain* é. Is an*n*sin ro raidh aoin-fer da muin*n*tir fein fris: 'Dar lim as Aodh fion*n* anosa antí rop Aodh dubh o chían*aibh*.' Ro raidh Berach: 'Bidh Aodh finn a ain*m*, ⁊ ain*m* a shíl ⁊ a shem*en* óso amach go ttí an brath.' *Con*adh desin ain*m*nigt*er* slio*cht* Aodha finn

o ttad riogr*adh* oirthir[1] *Connacht*. *Ocus* ro edbair Aodh fin*n* a righerr*edh* ⁊ righ-err*edh* gach rígh ina diaigh go brath, ⁊ screpall gacha cathrach óa síol ⁊ oa seim*en* go brath do Bheruch.

(66) Dochuatt*ar* iarsin na sluaigh a muinighin na Trinoide, go ruccadh an fír-Dhía breth fírén et*er* Bherach ⁊ Di*arma*t. Is an*n*sin ro raidh | an taingeal uasna sluagaibh: 'La Berach a dúth*aigh* oniu co tí an b*r*ath.' Is an*n*sin ro raidh Aodh m*ac* Brenain*n*: 'Atchluinti go rucc an taing*eal* an mbreith .i. a tír la Berach go tí an brath.' Ro ferccaighedh Di*arma*it donní si*n* fri hAedh m*ac* Brénain*n*. '*Ocus* dar lem atátaoi si aga radha ina diaigh.' *Ocus* ro fhoslaic Di*arma*it a bél do den*amh* gláimhe dígin*n* d'Aedh m*ac* Brenain*n*. Ro raidh Aodh m*ac* Brénainn fri Berach: 'Ar do chumairce damhsa, a cleirigh, riasan ffer ndana.' Eírgis Berach go Diarm*ai*t, ⁊ dob*er*t a bhois fria bél, ⁊ ro raidh: 'Ní thí áoir na mol*adh* tar an mbel san tre bhithbe, ⁊ foclaim bad comhain*m* an láoi so a ccion*n* mbl*iadhn*a th'oidhidh'; ⁊ ní ro fétt áoir na mol*adh* do den*amh* osin amach. *Ocus* ro sáeradh Aedh m*ac* Brénain*n* andsin tre rath mBeraigh. f. 82[a]

(67) *Ocus* ro edhbair Aedh a righ-err*edh* fein, ⁊ righ-er*redh* gach righ ina diaigh, ⁊ screpall gacha cathrach ó airther Tethba, ⁊ oa shíol fein, ⁊ óa seim*en* do Berach go brath. Is an*n*si*n* ro raidh Berach: 'As ced don scíaich dol go a hion*adh* fein doridhisi.' *Ocus* ro thóccaibh cumh*achta* Dé an sgiach goa hion*adh* fein doridhisi i rRathon*n*. *Ocus* ro sccaoil*edh* an comhdail fon ion*nus* si*n*.

(68) Doluidh da*no* Ber*ach* dia cathraigh. Doluid Di*arma*it go Rathon*n*, ⁊ e tuirs*ech*. *Ar*namárach dano doluidh Berach go hait irraibhe Di*arma*it, ⁊ ro raidh fris an feran*n* d'fagbáil. Forofáccaibh Di*arma*it an *fer*on*n* do Bherach; ⁊ forrofaccaibh Cruinicéin, ⁊ forfaguibh Dubá*n* a*n* cleir*ech*. Doluidh Berach go háit irraibhe Tromra, ⁊ ro raidh fris an *fer*on*n* d'fágbail. *Ocus* ro raidh Tromra nach fáicfedh go brath. | Ro raidh Berach fri Tromra: 'As ced duit dol fon talm*ain*.' Sluicis an talamh fochettóir Tromra. Doluidh Berach go Belach, ⁊ ro ráidh fri san feran*n* d'fagbáil. Ro raidh Belach, nach fúicf*edh* go b*r*ath. 'Is cett duit si', ar Berach, 'dol fon talm*ain* fód comh*air*.' Sluiccis an talamh go hopan*n* Bélach. Doluidh Berach go Colum nd*er*g, ⁊ ro raidh f*r*is an feron*n* d'fágb*ail*. *Ocus* ni ro fhaccaibh. Ro chuir Berach Colum fon talm*ain*. Doluidh roimhe Berach go Brandubh. *Ocus* do ráidh f*r*is an feran*n* d'fáccb*ail*, ⁊ ní ro fhaccaibh. Ro chuir*edh* da*no* Brandubh fo*n* talm*ain*. f. 82[b]

(69) Doluidh da*no* Di*arma*it *ar* chomai*r*ce espuic Soichill go Baislic. Anais an*n*sin co cend mbl*iadhn*a. An lá a cciond bliadhna ro gabh Di*arma*it for éccnach Ber*aigh*. *Ocus* ro raidh: 'Is aníu ro gheall an, bréccaire bás damh sa.' Increchais epscop Soichill inni Di*arma*it:

[1] The scribe at first wrote: iarthair.

'An doigh lat sa na fil co hoidhce fedh frisa ttios*adh* bás duit? Eirigh si isin ecclais, ⁊ dúin fort hí.' Doluidh da*no* Di*arma*it isin ecclais, ⁊ dúnais fair hí.

(70) Tarf*aidh* im*morro* damh all*aidh* do lucht iarthair an fherain*n*, ⁊ dolott*ar* ina degh*aid*, et*er* cois ⁊ each, et*er* choin ⁊ duine. Doluidh an fiadh i mBaslec, ⁊ anaiss allanoir don ecclais fo comh*air* na fenist*r*each. Ro báoi mór *gair* ag cách im*m*on fiadh. At*r*acht Di*arma*it co hopan*n* dia fhios cidh ro búi an*n* ; ⁊ tainic gusan seinistir, ⁊ ro báoi ag fég*adh* t*r*ithe amach. *Ocus* ro teilcc fer don lu*cht* ro bhat*ar* i ndegh*aid* an fhiadha urchar do ghae sealcca frisan ffiadh. *Conus* tarla tresin f. 83a seinistir do Di*arma*it ina braghaitt, co torchair *ar* lár na hecclaisi, | co fuair bás ⁊ oidedh la breithir mBeraigh isin ló a ccionn bliadhna iarsan ccomhdail. Terna im*morro* an fiadh, ⁊ hé slán.

(71) O'tchuala im*morro* Cúallaidh m*a*c Di*arm*ata sin, ⁊ doluidh do féghadh[1] Rathon*n*, ⁊ da mallachadh ná fásadh arbh*ar* tre talm*ain* an*n*, ⁊ na beith blio*cht* ag boin, ⁊ na beith mes for cran*n*aibh ina coilltibh, do fheghadh a suil. Naenbar da*no* diberccach dó.

(72) Is an*n* dorala Berach i nDún Imgáin i Maigh na fFert, ⁊ Conchennán ina fharr*adh*. Ro foillsighedh do Bherach Cúallaidh do dhol frisan toiscc sin. *Ocus* ro fáidh Berach Coincen*nán* ina dhegh*aid*. *Ocus* ro ráidh Berach fris: 'Fúaccair si iad sin ar t*ús*.' Doluidh da*no* Coincen*nán* a ndegh*aid* na ndíberccach, ⁊ rucc forra a slighid an ch*ar*pait; ⁊ ni ro fúac*air* forra an*n*sin, *acht*[2] ro theilcc forra inní ro búi ina laimh. Co ro iompo Cúallaidh a agh*aid*, co ttarla do a ttul a édain, co ndeachaidh trena chend, co torc*air* et*er*a mhuin*n*tir. *Co nebert*: 'Tóccb*aidh* mé go luath go mull*ach* an tsleiphe, go ffaicer uaim ferann[3] Ber*aigh*, co ro mallach*ar* é go luath do mull*ach* an tsleibhe.' *Ocus* ro toccbatt*ar* é *gus*an máoil-sliab, ⁊ ro ba m*ar*bh Cúall*aidh* an*n*sin; ⁊ ni fac*adh* ní acht daire ndímain, ⁊ as éttorthach sei*n* dogrés; ⁊ ro theichsett a mhuin*n*ter uadh.

(73) *Ocus* doruacht Conchen*nán* chuicce, ⁊ ro ben a trilis de, ⁊ rucc leis do chomhartha; ⁊ rob eccail lais da*no* an cleirech, ar ni eb*ert* fris duine do mh*arb*adh. Ro bhen slait, ⁊ ro chor*aigh* an trilis fuirre f. 83b arin ach*ad* '*ar* ndol asin ccoill. *Con*idh |[4] desin ainmnighther Ach*ad* Cuileb*arr*. Doluidh dan*o* Coinchend*án* go háit iraibhe B*erach*; ⁊ ro foillsigheadh do Berach an gniomh dorin*ne* *Con*ceand*án*, ⁊ ro bá ro-olc la B*erach* duini do mh*arb*hadh; ⁊ doroine *Con*cend*án* aithrighe. Docuatt*ar* im*morro* muin*n*t*er* Conalltadh *ar* seachrán, *conus* t*ar*latt*ar* go háit iraibe B*erach*, ⁊ ro slechtsattar do B*erach*, ⁊ doronsat aithrighe, ⁊ doradsat a maincine do B*erach*; ⁊ is íad sin muint*er* Cille Lallóg, ⁊ isé B*erach* ro faguibh inte iad.

xxiv. (74) I naroile ló da*no* doluidh seisr*ech* B*eraigh* ar dhasacht

[1] MS. fáegadh. [2] 'ni' added below the line, wrongly. [3] MS. ferainn.
[4] Here the inferior hand resumes.

asinn[1] cathraigh a'c' Rathand; 7 dolotar á Cluain C*air*pthi, 7 dolot*ar* t*air* Sionaind a Cluai*n* Deoinsi, 7 a Chluain Inchais, 7 a Chlúain Dártha, 7 eiste sidhe gonuighe Ath na nDham. Sois Cí*ar*an maol fora annsin; 7 desin ainmnighther Ath na nDamh; 7 dolott*ar* ina frithing i Túaim Us*ci*, 7 t*ar* Sionain*n* siar; go rabatt*ar* tuirsigh (.i. na man*aigh*) co mor desin. *Ocus* do raidh B*erach*, cidh mór no sirdís na daimh, co ndingnittís a llaa ríana[2] óiche.

(75) Dolot*ar* im*morro* na daimh fon dithrebh i nE*ar*ed Lara, 7 go Ed*ar*gabhail, 7 go Raith Fe*ar*chon, 7 co Cluain in Buicc fin*n*, co Caill na nGlasán, 7 co Lios Dúnabhra, 7 co Fan na mBhachall, 7 co Cl*ar* Lis m*ic* Cíaráin i Maigh Ái, 7 co Cluain Ingreac, 7 co Clúain Cái 7 go Léna Ghlúin áin, 7 isin sliabh, 7 i Dubhcaill, 7 a Rin*n* Daire Abréni, 7 a Tuaim Achad, 7 a Rathon*n* doridhisi, 7 doronsat a lá ria[3] naidhche. *Ocus* ro bháoi a crandach forra, 7 an i*ar*on*n* na ndheaghaigh in comhfhad sin uile, 7 ro dhe*ar*gs*a*t isna hionaduibh sin uile; 7 is lá B*erach* g*ach* ion*adh* in ro dheargs*a*t, 7 is ón sgat t*ár*faidh dona damhuibh in la si*n* ainmnighther | Sgathoch i Rathon*n*. f. 84[a]

xxv. (76) I n*ar*aile aims*er* doluidh Coluim Cille m*a*c Feidhlim*idh*, i*ar* mbhris*edh* chatha Chúile Dreimne, go B*erach*, *ar* ni fh*uair* fáilte ag náomh aga t*ar*aill conige sin. Teagmuing da*no* g*ur* bo adh*aigh* domn*aigh* an adhaigh sin. *Ocus* ro bean in taistire moch-trath in clog i cCluain Coirpthe. Is an*n*sin doluidh Col*uim* Cilli dar Magh Ráthoin*n*, 7 suidis i ccin*n* desc*er*tach in tóch*air*; 7 ata cros 7 an*n*oit an*n*sin. Ro foillsigheadh do B*erach* anní sin, 7 doluidh a ccomdhail Col*uim* Chille, 7 bean*n*achais do. Beann*ach*uis Coluim Cille dó san, 7 ro fear Be*arach* mór-fhailti fri Coluim Chille, 7 ro ráidh fris 'Tíagham fodechta don chathraigh'. 'Nocha ragh sa dom chasaibh anno*cht* dhi', *ar* Coluim Cille, 'ar tainic an agh*aigh* domhnaigh.' 'Berat sa liom tú', *ar* Bea*r*ach, '*ar* mo mhui*n*.' 'Ni bher*air*', *ar* Colui*m* Cille, 'an agh*aidh* si reamhom ano*cht* di.' 'Bérat sa', ar Be*r*a*ch*, 'tú, 7 do chúl reamhat.' Ro iomch*uir* dan*o* Be*ar*ach Col*uim* *Cille* ar a mhuin, 7 cúl cáich dibh fr*í*a cheile, go rochta*tar* in pr*ain*nteach, 7 ro léig ar l*ár* annsin.

(77) *Ocus* ro m*ar*bh*adh* in tseisr*ech*[4] an aidhchi sin dó, 7 doronsat aont*aidh* 7 cotach, B*erach* 7 Col*uim* C*ille*; 7 forfhagaibh C*oluim* C*ille* fagbhala maithe imdha i cCluain Coirpthe; forofhagaibh neam dia sagart, 7 dia hab*aidh*, a*cht* go ndea*r*na ern*aigh*the fo trí ag crois Coluim Chille co coibhérta; ro fagaib co tibhértha *cum*maidh fr*is* féi*n* *ar* neam dá gach manac Be*araigh* nó rachadh día ailithre chuca. Ro fhagaibh in soisg*él* ro scriobh día láim feisin, a ccom*ar*ta a áenta 7 Be*araich*; 7 farofhagaibh moir-bhean*nacht*ain ag B*erach*, 7 ro luidh fora shétt.

[1] Altered from 'os cinn'. [2] The scribe at first wrote: rianda. [3] The scribe at first wrote: ríaan. [4] 'damh' is added above the line, unnecessarily.

xxvi. (78) I naraile aims*er* dodeach*aidh* dochma mór i nÉrin*n*. Is
f. 84[b] an*n*sin ro boi | Laeghachan ar Loch Laeghacan ina inis fein, ⁊ ni raibhe biadh aicce. Doluidh da*no* d'iarr*aidh* bidh *con*a ceithirn, ⁊ ro fhaccaibh a séit*chi* isin inis, ⁊ si torr*ach*, ⁊ oen ben ina farr*adh*; ⁊ ro raidh ria, dia mbeiredh lenamh dara a aeisi, a mh*arb*adh, ar ni raibhe aca acfaing a lesaighthe.[1] *Ocus* rucc an ben mac dar a éisi, ⁊ ro fiarf*aigh* an ben ro báoi ina farr*adh*, cr*et* do b*adh* indénta frisan m*ac*; ⁊ ro raidh si: 'A mh*ar*badh.' Ro raidh an ben ele: 'As cora a breith go cleir*ech* na cille si thi*ar* dia bhaisttedh. *Ocus* tabh*ar* a mhancine dó ar a beth*ugh*adh.'

(79) Deisidh dano leo an comhairle sin, ⁊ tucc*adh* go Berach; ⁊ ro bhaistt Berach an m*ac*, ⁊ asé ain*m* tucc*adh* air, Ineirge, ⁊ ro hedhbradh mancine a bhí ⁊ a mhairbh, ⁊ mancine a síl ⁊ a seim*en* co bráth do Berach, ara leasucch*adh*. *Ocus* ro raidh Berach: 'Berar an mac dochum a mhath*ar*, ⁊ ticf*adh* cob*air* coda ⁊ máine dóibh.' Ruccadh an macan docum a mhath*ar* la breithir an cleirigh.

(80) M*ar* ro bhatt*ar* na mna an*n* co ccúalat*ar* in fuaim isin osn*adh*. Doluidh an bhen dia fechain, ⁊ ní facagt*air* nach ní an*n*. An cualatar da*no* an tres fea*cht*[2] in fúaim, ⁊ docuaidh an ben an tres fecht dia dechai*n*, ⁊ ro báoi brádan mor an*n*, ⁊ dobhrán aga tharraing i ttír. *Ocus* docuaidh an bhen, ⁊ ro tarraing an bradán for tír, ⁊ nír cu*mh*aing a iomch*ar* ara m*et*, ⁊ ro gair an mnáoi ele, ⁊ rucc*sat* ina ndis *ar*
f. 85[a] eiccin leo an bradan, ⁊ ro urlamhaighsett, | ⁊ ro tocaithsett*ar* a ndáethain, ⁊ ro lionsat*ar* focettoir cíche math*ar* an meic do loim, ⁊ ro saoradh an m*ac* amlaidh sin.

(81) Laeghachan immorro doluidh i cciana, ⁊ dorala baile dó, ⁊ a dhaoine uile 'ar nécc, ⁊ a bhae ⁊ a bhuár uile[3] an*n*, ⁊ dorochtattar leis dochum a thíre, ⁊ cuiris nech reimhe dia fhios an rucc a bhen lenamh, ⁊ má ruc, in[4] ro mh*arb*h*adh*; ⁊ fu*air* an m*ac*, ⁊ é béo, ⁊ docuaidh go hair*m* irraibhe Laeghachan, ⁊ ro i*n*nis dó. *Ocus* ro ba faoil*idh* Laeghacan don sccel sin, ⁊ doluidh dia inis; ⁊ ro fhi*arfaigh* fochan*n* beth*ad* an meic, ⁊ ro in*n*is a mathair gurab é Berach ro bheth*aigh* é; ⁊ go ro hedbradh a mhanchine dó. *Ocus* doluidh Laegach[an] go Berach *con*a oigh-réir dó, ⁊ ros cind manchine an meic go brath do Bherach.

xxvii. (82) Araile aims*er* dochuatt*ar* hÍ Briuin na Sion*n*a ⁊ Cucathfaidh a ri do dol d'orccain ina focland ro bhatt*ar* ar com*air*ce Ber*aigh*. *Ocus* dolott*ar* do denamh na hoirccne. Is an*n* ro baoi Berach i cCluain Coirpthe, ⁊ ro foillsicc*edh* dó inní sin; ⁊ doluidh a frithsétt don tsluagh. *Ocus* imacomhraic doibh ⁊ do*n* tsl*uagh*[5] ag Bun Sruthra. Is aml*aidh* ro baoi Berach, ⁊ an glasan ina laimh, ⁊ ro

[1] 'leo' added above the line, needlessly. [2] The second occasion has been accidentally omitted; probably through homoiotel. [3] MS. uile uile. [4] MS. ni. [5] Added above the line by a later hand, unnecessarily.

raidh re *Con*cathfadh 7 risan sluagh anadh occa. *Ocus* ni ro ansat, *acht* dochuatar seocha dia sharucc*adh*, co rochtatar[1] na cathae co ra batt*ar* ar in mónaidh[2] allandes do Bhun Sruthra. Feghais Berach uadha íatt. Benais a clocc forra. Sluicis an mhóin íatt focettoir *con*a righ, 7 doróine loch don mon*aidh gan* fu*irech*; | 7 docíther la tascc righ an sluagh sin, 7 a ngai fria nais. f. 85[b]

(83) Dolott*ar* da*no* Dicholla 7 Toranach uatha a ndegh*aidh* an tsluaigh, co t*ar*la Ber*ach* doibh. 'An accam', *ar* Berach fri Dícholla. 'Anfad', ar Diocholla; 7 ro raidh fri Toranach anadh aige, 7 ro an. Is an*n*sin ro cualat*ar* mor-gháir an tsluaigh aga slucc*udh* do*n* món*aidh*, 7 loch ar tte*cht* t*ar*sa. *Ocus* ro fhiarf*aigh*set cidh dosfaraill. *Ocus* docuaidh Berach doibh anní dosfaraill. *Ocus* dodhechaidh omhan mór doibh focéttoir, 7 ro shlechtsat do Bherach, 7 ro raid Ber*ach* fri Dicolla: 'An flaithi*ns* irraibhe Cucathb*aidh*, biaidh occ*ut* sa 7 'gutt síol go dheiredh an dom*ain*.' *Ocus* dorad benn*acht*ain do Dhícholla 7 do Thoranach 7 dona húaitibh ro battar immaille fríu.

xxviii. (84) Is an*n*sin tainic oen scolocc terno on tslog chuca. *Ocus* do 'raidh' fri Berach: 'Ar do choma*irce* damh, a chleir*igh*.' Dechais Berach co hopan*n* he, 7 t*r*iall*aidh* an cloc do bein air, dia cor fo*n* talm*ain*, 7 ro aitchestair[3] Dicholla 7 Toranach ain*m* De fri Ber*ach*, na ro mhalartnaighedh an scolóc; 7 ro raidhset: 'Is uathadh duin*n* anosa, 7 reccmait a les hé.' *Ocus* ní ro mill Berach he. Doroine 'an fer sin'[4] aith*righe*, 7 dorad a ogh-réir do Bherach. Ro fhaccaibh Berach do gan dol t*ar* nonb*har*, 7 fer leapta righ uathaibh, acht go mbeittis da réir. Is an*n*sin targaidh Díocholla 7 Toranach a mancine do Bherach, 7 ni ro gabh inní sin. Ro cin*n*sett an*n*sin righ-err*edh* a rígh, 7 screpall gacha cathrach | 7 gacha gar-m*eic*, 7 gach meic sethar, 7 ce*ch* dalta dobéradh gacha tres bliad*hna*; 7 ro saerait am*laidh* sin. f. 86[a]

xxix. (85) Araile[5] aims*er* do Berach a cCluain Coirpthi, fáidhis man*ach* fri humhalloitt uadh i Rathond, Sillen a ain*m*. *Conus* tarlatt*ar* dó naenb*ar* diberccach, tangat*ar* a hairther Tethba do dhenamh fogla i cCon*nachta*, 7 ro marbhsat an manach, 7 tangattar iter a cend 7 a cholan*n*. Ro foillsighed do Berach inní sin, 7 doluidh co hopan*n* dia nion*n*saig*idh*. *Ocus* tarraidh iatt os cind *an* m*air*bh. O't*conn*cat*ar immorro* na diberccaigh inní Berach, docúaidh do ráith léo a mh*ar*badh, 7 ros gabsat a ngaei dia m*ar*b*adh*. Ro lensat a la*mh*a dia ngaoibh, 7 ro lensat a ngai don charraicc bói a ccomhfochraibh doibh, 7 méraitt slechta a nurlan*n* in*n*te go brath.

(86) Doron*sat* aith*righe*, 7 ro raidhsett fri Berach: 'Na gad nem forain*n*, 7 h'og-réir duit, a cleirigh.' Ros anaic Berach an*n*sin iad.

[1] MS. rocht. [2] MS. móna. [3] aitchiotar m. pr. [4] Added man. sec. above the line. [5] = R § 24.

Ocus ro raidh fríu : 'Coraighidh an cenn frisin meidhe'; ⁊ doronsat amlaidh. *Ocus* ro gabh Berach simhin luachra asi*n* p*or*t-lin*n* luachra ro bói a ccomhfocc*us* ; ⁊ doroine ern*aigth*e ind, ⁊ ro coraigh im bragaitt in m*air*bh, ⁊ atracht focéttoir ; *conidh* desin atad sibhne Beraich [1] go brath. *Ocus* forfaccaibh Berach mór-rath forra; forfaccaibh da*no* dona diberccaibh gan a siol do dhol t*ar* naenbh*ar* go brath,
f. 86[b] ⁊ forfaccaibh fer umhaloitte uadhaibh i cCluain Coirpti ; ⁊ | gach tan no biadh, gú na biadh *acht* aoinfer a ndegh*aid* a ceile dibh. *Ocus* is*edh* on comaillter fós, ⁊ comhaillfider go brath. *Ocus* doluidh fer umhaloitte la Berach, ⁊ ro deilighset amhl*aidh* sin.

xxx. (87) Araile [2] aimser ro cin*n* Colman caol Cluana hIngrech dol do Roimh ; dalta da*no* do Ber*ach* eis*ide*. *Ocus* ise Berach ro ordaigh e i cCluain Ingrech. Taraill aga oide ⁊ aga maigistir .i. ag Berach. Fuabrais Berach a fhostt*adh*, ⁊ ní ro fett. Imthigis Colmán caol, ⁊ doluidh Berach leis sealat 'san slighidh. Comraicit [3] doib ⁊ do Chiarán maol i cind na faitce. *Ocus* fuabraid ⁊ Cíar*an* maol Colmán cáol d'fosttadh doridhisi. Ocus ro raid Colmán cáol, na hanfadh no co ffaicedh dia suilibh in Roimh. Sénais Berach an táer, ⁊ dobert air*r*de na croiche d*ar* roscc Cholmáin caoil, ⁊ at*con*ncat*ar* a ttríur, Berach, ⁊ Colman cáol, ⁊ Cíar*an* máol, inní Roimh, ⁊ ro molsa*tar* an Coimde an*n*sin, ⁊ doronsatar cros ⁊ an*n*oid an*n*sin do Bherach, ⁊ do Chiaran máol, ⁊ do Colman cáol. *Ocus* doronadh cros ele do Pol ⁊ do Pettar ; ⁊ as ionan*n* do neoch ion*n*saigidh na ccros sin ⁊ do imeochadh a coi*m*hmeit do shligidh na Romha. *Ocus* ro fosd Colman caol annsi*n*.

(88) *Acht* ata ní chena ; no go nairemhter gainemh m*ara*, ⁊ rettlan*n*a nimhe, ⁊ an fér ⁊ na huile luibhe fhás*us* tre talmain, ⁊ an drucht fás*us no* an*us* forsan fér ⁊ forna luibibh, ni hairemhthar uile ferta
f. 87[c] naomh Beraigh. Fear firen *tra* an fer sa. | Aon-gloine aicnid, am*ail* uasal-at*hair*. Fir-ailithir (.i. o cr*idh*i ⁊ o anmui*n*), am*ail* Abram ; cennais, dilgadach, am*ail* Maoisi. Salmcetl*aidh* molbtach, amail D*auid*. Escca [4] egna [5] ⁊ eolais, am*ail* Sholmai*n*. Least*ar* toccaid*h*e fri fuaccra firinne, am*ail* Pol napst*al*. Fer lán do rath ⁊ do deolaigecht an Spir*ai*t Naeim, am*ail* Eoin m*a*can. Lubh-gort cain co cland*aibh* súalach, gescca finemhna co tort*aigh*e. Tene thaidlech go ng*r*is ghoir*tigh*e ⁊ tesaigte na m*a*c mbeth*ad* im andadh ⁊ im ellscoth deirce. Leo tria nert ⁊ cumh*ach*ta; colum ar cennsa ⁊ diuite, nathair ar treabhaire ⁊ tuaicle fri maith ; cennais, umhal, áilgen, inísiol, fri m*a*caibh beth*ad* ; fordorca eiccennais fri m*a*ccu báis ; mogh sáeth*air* ⁊ foghnama do Criost. Ri ar ordan ⁊ cumhachta fri cuimreach ⁊ fuaslaccadh, fri saor*adh* ⁊ daeradh, fri marb*adh* ⁊ beoucc*adh*.

[1] MS. Berach. [2] = R §§ 25, 26. [3] *no* dorala inserted above the line.
[4] *no* estad inserted above the line, which is probably the true reading.
[5] This word is very uncertain.

(89) I*ar*sna mor-miorbuilibh si *tra*, iar todusc*cadh* m*ar*b, iar níoc clam 7 dall 7 bac*ach*, 7 gach tedma *ar*cena, 7 i*ar* noirdnedh esp*oc* 7 sacc*ar*t 7 deochan, 7 áesa gacha graidh isin ecclais *ar*cena, i*ar* f*or*cetal soch*aidh*e 7 iarna mbaistedh, iar fothucc*adh* cell 7 mainistrech, iar ttraethadh ealadhan iodhal, 7 druidechta, ro comfoiccsigh laithe a etsechta antí naemh Beraigh, 7 a techta dochum nimhe; 7 ro art*r*aigh aingeal dó ria ndol dochum nime, 7 ra raidh ris, co raibhe mór deithite in Choimdhe ime, 7 imo mhancaibh, 7 imo cathraigh; 7 ro raidh cidh cia *con*aitcedh aitche fíren foirbhte aire, co tibertai dó, 7 ro foillsigh do laithe a thechta dochum nimhe.

(90) Ro thocaith im*morro* Berach a bheth*aid* i naoinibh 7 i nur- f. 87b n*aigh*te 7 i nalms*an*aib, hi fiadhnaisi an Coimdedh. Arroet immorro 'Berach'[1] comain '7 sac*ar*faic o Thalmach'[1] [7 ro athain] a foirb 7 cennacht a cathrach[2] 7 a mhac neccailsi dó. Ro fáid a sp*ir*at dochum nime, 7 ro hadna*cht* a chorp an*n*sa tigh dorcha co nonóir móir, 7 co nairmittin, co f*er*taibh 7 co miorbuilibh abh*us*. Bidh mo go mó*r* a ndail brátha an tan thaitnifes am*ai*l grein i nnimh i náont*aidh* apstol 7 deisciop*al* Iosa, i naont*aidh* daon*nacht*a 7 diadachta m*ei*c Dé, i naent*aidh* na naemh-T*r*inoide uaisle, Ath*air*, Mac, 7 Spir*at* Naemh. Ailim *trocaire* m*ei*c De uile-cum*acht*aigh tre imp*idh*e naemh Beraigh dá ffuil líth 7 foraithmet i neccailsibh úaisle im*dha* isin laithe si, corisam, co ro airiltnighem, 7 co ro aitreab*am* in riced, *in secula seculorum*.[3] Amen. *Finis*.

Sl*ich*t droich-leab*hair* shenda meambrui*m* le cloin*n* Briain oig Úi Máol*conair*e in*n*sin. A cconueint na mbrath*ar* ag D*r*obhaois 6 Februarii, 1629. An b*rathair* b*ocht* Míc*el* o Clei*righ* ro sgriobh.

[1] Added above the line man. sec. [2] The words in brackets are conjectural; the words 'a foirb . . cathrach' have been deleted, but are still legible, and are necessary to the sense. [3] MS. scecula sceculorum.

f. 224[a] # Betha Brenainn Clúana Ferta.

i. BEATUS [1] UIR QUI TIMET [2] DOMINUM; IN MANDATIS EIUS UOLET NIMIS.

(1) Is fechtnach firenta, ⁊ is find-b[e]athach foirbhthe, an fer forsmbí eccla ⁊ imuamhan an Coimdhedh cumhachtaigh, ⁊ occobhrus go dermair timna ⁊ foircetal Dé do chomalladh, amhail luaidtir hi canoin pett*ar*laici ⁊ nua-fhiadhnaisi. Soch*aidh*e t*r*a do uasal-athrachaibh, ⁊ do fhadhibh ⁊ do apstalaibh an Coimdedh na ndula f*r*issi ndebrath i fet*ar*laic ⁊ i n*n*úa-fhiadhn*aise* ind aitescc sa, a mbeith fechtnach, firían, foirfi *ar* accobh*ar* ⁊ ar ailcc*ius* na tiomna ⁊ i*nd* foircetail diadha do chomhalln*adh*, ⁊ run eccla in Coimdedh co' foirfi ina ccridibh, ⁊ ina m*en*mannaibh, ci*n* scrutai*n* aile *acht* madh sin nama.

(2) Oen [3] iaramh di*n* lucht sai*n* in*n*a hua [4] bfin*n*-bfegtach bfechtn*ach* sin i *n*nua-fiadhnaise, inti dia ttá lith ⁊ foraithmet i ndecmaing 'na ree si .i. a seised *dec* do mi Iuin [5] .i. Brenain*n* m*a*c Findloga. Cend creidme ⁊ crab*aidh* urmóir in domain inti noemh Brenain*n* amail Ab*r*am nirisech; salm-cetl*aidh* primh-fathachdai am*ail* D*aui*d m*a*c Iase; eccnaidh dersccaighthi amhail Solamh m*a*c D*aui*d; rechtaidh cedach amhail Moysi m*a*c Am*r*a; tindtadach tidhlaictech amhail Cirine; indtlecht*ach* amhra amhail Aug*us*tin; mór-leignidh primh-coitchen*n* amhail Origon; og é amhail Eoin bruin*ne*-dalta an Coi*m*dedh; súisscél*aidh*e é amhail Mathae; forcettl*aidh* é amhail Pol; p*r*imh-apstal cendais dilgadhach é amail Pettor; ditrebach é amhail Eoin mbaubtaist;
f. 224[b] | tractaire e amhail G*r*igoir Roma; tect*air*e trebh*ar* am*r*a m*a*ra ⁊ tire he amhail Nóe isind airc, [uair amail ro thoccaib Noe inn airc,][6] uas tondgh*ar* na dílen*n* i nairde, is amhl*aidh* sin toicceb*us* Brenain*n* m*a*c Findlogha a manaigh ⁊ a muin*n*ter i nairde os tene brátha, *co n*a ria céo, no *cr*ithir, na dé iatt tre cu*machta*ibh ⁊ cáen-c*r*ab*udh* Brenain*n* m*ei*c Fi*n*dlogha.

(3) I naimsir [7] Oeng*us*a m*ei*c Natfráich, righ Mum*an*, is an*n* ro gen*air* inti naemh Brenain*n*. Do Chiarr*aigh*e Luachra dó .i. do Allt*r*aighibh Caille do shundr*adh*, don fior shoer shoicenel*ach* c*r*aibhdech irisech, do ath*air* ind fir si*n* .i. Findlogh. Is aml*aidh* do bat*ar* an lanamhain sin hi smacht ⁊ hi cobligh*e* dligtigh do [8] riaghail esp*oicc* Eirc. At*con*nair*c* da*no* math*air* Brenain*n* aislingthi riasiu ro gen*air* Brenain*n*

[1] = L 3304. [2] MS. timmet. [3] = LS 3315. [4] *om.* L (*recte*). [5] It should be Maii, or else xuii Kl. Iuin. [6] From L. [7] = L 3331; R § 1; S[1] § 1[a]; S[2] § 1; M c. 1; Capg. i. 136, 30. [8] fo L (*recte*).

.i. lan a hochta d'ór glan do beith aici, ⁊ a ciche do taitnemh amhail tsnechta. I*ar* nindisin na haislingthi si*n* do esp*ucc* Eirc atrubairt co ngeinf*edh* gein amhra uaithe, búd lán do rath an Spiortu Noeimh .i. Brenain*n*.

ii. (4) Araile [1] fer mor-saidbir occa mboi a ait*r*eabh co fatta o thigh Findlogha .i. Airdi m*ac* Fidhaigh. Tainic p*r*iom-faidh na hEr*enn* co tech ind Airdhi sin m*eic* Fidaig .i. Becc m*ac* De eissidhe. Iarsin ro imchomhairc Airdhi: 'Cidni as nesa duin*n* anosa?' Atrubhairt Becc m*ac* De fris: 'Geinf*idh* do rí díles diongmála fein ano*cht* etratt ⁊ bochna [2]; ⁊ bidh soch*aid*e do rioghaibh ⁊ do ruirechaibh aidhéor*us* de [3], | ⁊ ber*us* leis dochum nimhe.' f. 225a

(5) Isin oidhche sin geine Brenain*n*, ruccatt*ar tricha* ferbu (.i. bo [4]) tricha láegh do Airdhi m*ac* Fidhaig; ⁊ boi occ iarr*aidh* an tighe ina rucc*adh* in naoidhe becc; ⁊ fu*air* [tech Findlogha, ⁊ in naidhiu ann, ⁊ ro shlecht co duthrachtach] [5] 'na fiadnaisi, ⁊ ro edhbair an *trich*ait loiligh *con*a triochait laegh dó. *Ocus* ba hí sin ced-almsa Brenain*n*. Iarsin *tra* ro gabh an b*r*ucc*aidh* an m*ac* ina laimh, ⁊ atb*ert*: 'Bidh dalta damhsa so', *ar* sé, 't*r*ia bithe.'

(6) In oidche [6] im*morro* geine Brenain*n* at*con*nairc esp*occ* Eirc Alltraige Caille fo óen-lasair dermair, amhail na hacas riamh roimhe; ⁊ timthirect na nain*gel* i néttaighibh glé-ghelaibh im*m*on tir imma ccuairt. I*ar*sin ro eir*igh* co moch '*ar*nam*ar*ach esp*occ* Eirc, ⁊ tainic co tech Fi*n*dlogha, ⁊ ro gabh in *mac*camh ina ucht; *co n*deb*ert* fris: 'A dhuine Dé, ⁊ a dhuine foighen*us* do Dia, gabh meisi cuccat amhail manach ndiles; ⁊ cidh so*chaidh*e as forbailidh rétt gheinemhai*n*, is forbhfailtighe mo chroidhe si ⁊ m'anam', ol esp*occ* Eirc he.

(7) *Ocus* Mobí a chéd-ainm *ar* t*ús* ó thuistigibh. Is an*n*sin ro fher*us*tair braen find f*air* .i. dona nemhdaibh, co ro líon an fheoran*n* [7] é. *Con*idh desin ba Braen-find .i. B*r*enain*n* a ain*m* osin amach. Fi*n*d im*morro* do radh fris, ar ba fi*n*d ó ch*ur*p ⁊ ó anam uile é.

(8) I*ar*sin [8] ro lingestair tri muilt asin tiop*r*ait in ro baistedh, *con*idh iatt sin feich baist*edh*a Brenain*n*.

iii. (9) Iarsin [9] ron uccsat a muin*n*ter leo hé, co mbói | bliadai*n* occa aga altrom. A ccin*n* bliadhna *iar*si*n* rucc eps*cop* Eirc he for amm*us* a *m*uimi féin .i. co hIte; ⁊ boi bliadhain [10] occ Ite. Tucc an chaill*ech* gradh derm*air* dó, u*air* atchídh timtirecht na naingel uasa, ⁊ rath an f. 225b

[1] = L 3341; R § 2; S² § 2; M c. 2; Capg. i. 136, 35. [2] muir L. [3] he L. [4] Interlined. [5] From L. [6] = L 3354; R § 3a; S² § 3a; M c. 3a; Capg. i. 137, 7. From this point to § 42 infra inclusive, the division and numbering of the chapters have been altered in the MS., in some cases more than once. I have restored the original divisions and numbers, as the only way of obtaining a consistent series. [7] in Fhianann L (i.e. Fenit). [8] This section only in L 3374. [9] = L 3380; R § 3b; S² § 3b; M c. 3b. [10] coic bliadne L (*recte*); cf. § 11 infra.

Spiorta Naoi*mh* f*air* co foll*us*. *Ocus* no bidh Brenain*n* oc sír-gáire frisin chaill*igh* cech u*air* atchíd hí.

iv. (10) Araile[1] la im*morro* ro fi*ar*facht Íta dó: 'Cidh dogní failte duit a náidhe noebhdhai?' or si. At*bert* somh iarsin: 'Tu sa', or se, 'atchim occ labhra f*r*im coidhche, ⁊ ogha im*dha* díairmhe aile amhail tu sa, ⁊ iatt ocu*m* altrom as ce*ch* laimh diaraile.' Anggil im*morro* i ndelbaibh na nogh batt*ar* annsin.

v. (11) Iarsin[2] ro legh Brenain*n* occ esp*ucc* Eirc a ccion*n* a chuicc mbliad*ne*; ⁊ ba fada le hItae a beith ina feccmais. 'Arsin im*morro* ro legh a salma; ⁊ ni raibhe loim no blechtach oc esp*ucc* Eirc an tan sin, u*air* ní ghabadh almsana o nech acht o bheccan do dháoinibh riaghalta. Tarla do Brenain*n* laithe náen a beith occ iarr*aidh* lom*ma* fora oide. 'Is tualai*ng* Dia sin', ol esp*occ* Eirc. Iarsin no ticcedh agh all*aidh* gach lái do tSleibh Luachra *con*a laegh lé, co mblighthea do samh hí; ⁊ no theiccedh a hoen*ar gus*in sl*eibh* ce*t*na iarttai*n*.

vi. (12) Is[3] an*n*sin bai Bríg i*ngen* Findlogha ina fharradh, deirbhsiur dó, ⁊ ba dermair med a g*r*adha fuirre, ar ba foll*us* dó timthirecht na naingeal uaisti. *Ocus* ro fegh gnuis a hoide ⁊ at*connairc* amail ruithin gréine samhrata é.[4]

f. 226[a] vii. (13) Araile[5] la do esp*ucc* Eirc ag dol do p*ro*cept | breithre Dé. Luidhis Brenain*n* lais isin *car*p*ut*. Is an*n*sin ropt*ar* slana a dheich mbliadhna do Bhrenain*n*. Faccab*ar* a aen*ar* Brenaind isin *car*p*u*t iar ndol do*n* cleir*ech* don p*ro*cept. Suidhis Brenain*n* isin *car*pat, ⁊ hé occ gabhail na salm a oen*ar*. 'Arsin t*ra* ticc inghen occ do chenel ríogh*dha gus*in ccarp*at*. Sillis fair siu*m*h, ⁊ feg*aidh* a ghnuis ro-álain*n*. Fobrais leim cuicce isin *car*pat fochettoir, ⁊ a cluiche do denamh f*r*is. Is an*n*sin at*bert* somh: 'Imtigh dot tigh', ar se, '⁊ cidh rot tucc ille?' *Ocus* gabaidh ialla an ch*ar*pait ina laimh, ⁊ gabhaiss fora sraigledh, co raibhe occ caoi co riacht co hairm irraibhe a hathair ⁊ a math*air* .i.[6] an ri ⁊ an rioghan.

(14) Impaidhis iarsi*n* esp*occ* Eirc, ⁊ gab*aidh* for inchrechad a dhalta co mór, ⁊ fora cairiucchad go ger im bual*adh* na hoighe neimh-eill-nighthe. 'Dogensa aitricche isin ngniomh sin', *ar* Brenain*n*, '⁊ ab*air* si f*r*im hí.' 'Tair isin úam*aidh* so co mattain', ol esp*occ* Eirc, '⁊ bí att oen*ar* in*n*te ceín co tora sa cucc*a*t am*arach*.' I*ar*sin suidhis Brenaind isin uam*aidh*, ⁊ bói oc gabhail a psalm ⁊ a iom*mann* molta don Choimdhe in*n*te. Airisis t*ra* esp*occ* Eirc hi ffarr*adh* na huam*adh* ag eistect fri Brenain*n* gan fios do Bhrenain*n*.

(15) Ro closs[7] t*ra* foghar gotha Brenain*n* ag gabhail a psalm mile

[1] = L 3384; R § 3[c]; M c. 3[c]. [2] = L 3393; R § 4[a]; S[2] § 3[c]; M c. 4[a]; Capg. i. 137, 14. [3] = L 3400; R § 4[b]; M c. 4[b]. [4] Here O'Clery has written the date: 8 M*ar*ta, 1629. [5] = L 3403; R § 5; S[2] § 4; M c. 5; Capg. i. 137, 18. [6] MS. ⁊. [7] 'Ro closs . . . leth,' not in Latin Lives.

ceimend for ce*ch* leth. '*Ar*sin im*morro* at*connairc* an cleirech, esp*occ* Eirc, buidhne aingel suas co nemh 7 anuas co talm*ain* *ar*in uam*aidh* co matai*n*. On lo sin amach ni ro fhett | nech gnuis Brenainn d'faicsi*n* f. 226b
riamh ar métt a ratha díadha, acht Fionan cam a aenor, *ar* ba lan do rath an Spiortu Naoi*m*h eissidein. *Ocus* assedh fodera a fhaicsin siumh seoch cach.

viii. (16) Araile la [1] batt*ar* occ imtecht forsan slicc*idh* .i. Brenain*n* 7 easp*occ* Eirc. Teccaimh oen occlach ina cuidechta forsa*n* slicc*idh*. Teccmaid im*morro* na naimhdi bat*ar* occa sidhe doibh .i. morfeisiur laech. Gabhais eccla co mor rempu he, 7 atb*ert*: 'M*air*bfitt sutt meisi anosa,' ar se. 'Eircc for sccath an choirthe cloiche útt', ol Brenaind, '7 sin tú fcra sccath.' Dogní siumh amhlaidh sin, 7 toccbaidh [2] Brenain*n* a laimh fri Día d'ern*aigh*the co ro saertha an tocclach.

(17) I*ar*sin teccait na naimhde *gusin* coirthe, 7 benaitt an coirte ina tháebh, 7 faccbaitt in cloich i*ar*na dichend*adh*, 7 beiritt an cion*n* leo a riocht cin*n* a nam*a*t; 7 m*araidh* fós an cloch si isin lucc *cet*na. *Con*idh aml*aid* sin dorin*n*e Brenain*n* dui*n*e do*n* chloich, 7 cloch do*n* duine. 'Dénaidh ait*r*icche', ol esp*occ* Eirc f*r*iu, 'u*air* cend na cloiche fil accuibh, 7 do imthigh bh*ar* namha féin imlan uaibh.' Dogniat i*ar*sin aitricche nderm*air* fo ríagh*ail* esp*oicc* Eirc ósin amach.

(18) Iar ffoglaim [3] im*morro* na canoine fett*ar*laice 7 nua-fhiadhnaisi do Bhrenain*n*, dob ail leis riaghail naomh Er*enn* do scc*r*iob*adh* 7 d'foglaim. Cettaighis t*r*a esp*occ* Eirc do somh dol d'foghlaim na riaghla sin, ar ro fhittir *gu*rab ó Dhia ro boi an chomhairle sin do somh. | *Ocus* f. 227a
atb*er*t esp*occ* Eirc f*r*is: 'Tair arís cucc*am* sa, 7 na riaghla si*n* lat, co ngabha tu gradha uaim si.'

(19) Iar ndola [4] do somh do accall*aimh* a muim*m*i .i. Itea, iss*edh* atbert si an céttna friss .i. riaghail noe*m*h E*renn* d'foghlaim. *Ocus* atb*er*t f*r*is: 'Na dena foghlaim ag mnaibh na acc oghaibh; 7 na [5] dern*tar* hécnach fríu. Imtigh si', ol si, '7 teiccem*aidh* laech suait*nidh* soicenelach duit foran slicch*id*.' Ecmaing da*no* ba he Mac Lenin in laech sin.

ix. (20) I*ar* nimtecht [6] im*morro* do Bhrénain*n* [7] teccm*aidh* Mac Lenin dó. 'Déni at*r*icche', or Brenain*n* fris, 'u*air* ata Dia agat tog*airm*, 7 bid mac diles dó oso amach tú.' Impoidhis iar*am* Colman m*a*c Lenin dochum an Choimdhedh iarsin; 7 cumdaigther ecclas lais i*aramh* fochéttóir.

(21) Iarsin [8] ro siacht Brenain*n* crioch *Connacht* fo clú *ar*aile fhir c*r*aibhdigh boi in*n*te .i. Iarlaithe m*a*c Loga, m*ei*c Treoin, m*ei*c Féicc

[1] = L 3435; R § 6; S[2] § 5[a]; M c. 6; Capg. i. 137, 26. [2] 7 toccbaidh *bis* m. pr. [3] = L 3449; R § 8[a]; S[2] § 6[a]; M c. 8[a]; Capg. i. 138, 1. [4] = L 3453; R § 8[b]; M c. 8[b]. [5] cu nach L. [6] = L 3458; R § 8[c]; M c. 8[c]. [7] do m*a*c Lenin, m. pr. [8] = L 3484; R § 9; S[2] § 6[b]; M c. 9; Capg. i. 138, 4.

m*eic* Mochta ; ⁊ ro foghlainn ina huile riaghlu aicce. Is an*n*sin atb*ert* Brenain*n* fri hIarlaithe: 'Ni han*n*so bhias t' eserge itt*er*,' or se. Is ann atb*ert* Iarlaithe : 'A mheic naemtha, cidh ara bfoilge foirn rath in Spiortu Náeimh fil in*n*ut co foll*us*, ⁊ cu*m*achta díairmidhe De, ⁊ in Choimdhedh, ica cleith it menmai*n* neimh-eillni*ghthe*. Tu ssa t*r*a tainic d'foglaim cuc*am* sa, ⁊ meisi bhías occ*at* sa o sun*n* amach', *ar* Iarlaithe. 'Geibh da*no* meisi it mhanchuine tre bithe', or Iarlaithe ; 'acht chena ab*air* frim, cait ina mbia m'eseirghe.'

(22) Atb*ert* Brenain*n* friss : 'Dentor carpott núa lat', or sé, 'uair is
f. 227[b] senoir tú ; | ⁊ eirigh in*n* foran slicc*hid*, ⁊ cibe ionad a meabhaidh da *fer*tais an charpaitt, as an*n* bhías h'esérghe, ⁊ soch*aid*e ele im*m*aille *f*rit.' I*ar*sin t*r*a téid an senóir isin cc*ar*patt ; ⁊ ní fada dochuaidh, an tan ro mheabh*aigh*set feirtsi in ch*ar*paitt edh natgairitt ett*urr*a ; occ*us* ise is ain*m* don ionad sin, Tuam da [Gh]ualan*n*.

x. (23) I*ar* ffaccbháil[1] Iarlaithe an*n*sin, gabhais Brenain*n* roimhe fo Magh nÁi. Teccm*aidh* im*morro* aingiol dó forsan slicc*idh*, ⁊ is*edh* atb*ert* friss : 'Scriobh', *ar* se, 'bria*thr*a in chrab*aidh* uaim si.' Scriobais Brenain*n* a gion an aingil ina huile ríacchla na noemh-eccalsa, ⁊ m*araid* fós na riaghla sin huile.

(24) In ta*n*[2] *tra* batt*ar* oc imtecht Maighe Ái, at*conn*cat*ar* in fúatt, ⁊ duine m*ar*bh ind ; ⁊ a charaitt occa cháoinedh. 'Tairisnighidh isin Coimde', ol Brenain*n*, '⁊ bidh beo an duine fil accaib.' I*ar* nden*amh* im*morro* ern*aighth*i dosomh, eirgis an tocclach, ⁊ beraitt a muin*nter*, leo hé co ffóilti nderm*áir*. I*ar*sin *tra* gabaitt cách occ fégadh Brénain*n* co mór, ⁊ beraitt leo he co dú i mbói ri an moighe sin ; ⁊ tairccis an ri feran*n* dó in bhail i nbadh ail lais ; ⁊ nír gabh Brenain*n* sin uadha, ú*air* nirb áil leis beith isin maighin sin.

xi. (25) I*ar* sccriben*n*[3] *tra* riaghla na náemh *con*a mbesaibh, ⁊ *con*a ccrabhadh do Brenain*n*, impois co hesp*occ* Eirc doridhisi, ⁊ gabhais gradha uadha.

(26) Is an*nsin*[4] ro chuala somh isin tsoisccel : '*Qui relinquit*[5] *patrem et matrem aut sororem, centuplum*[6] *in presenti*[7] *accipiet*[8], *et uitam eternam possidebit.*'[9]

f. 228[a] xii. (27) Is iarsin[10] *tra* ro fhás gradh derm*air* don Choimdhi ina chridhe siu*m*h, ⁊ ba hail lais a thír ⁊ a thalamh, ⁊ a thuist*idh*e ⁊ a athar*dha* d'fagbáil. Ro thothlaigh go du*thr*achtach forin cCoimdhe co tt*ar*dadh talamh ndeirrit ned*ar*scc*ar*ta ó dhaoinibh dó.

(28) *Ocus*[11] is an*n* t*ar*la do Bhrenain*n* a bheith in uair sin isind ion*adh*

[1] = L 3542 ; R § 10 ; S[1] § 1[b] ; S[2] §§ 6[c], 7[a] ; M c. 10 ; Capg. i. 138, 12. [2] = L 3546 ; R § 11 ; S[1] § 2 ; S[2] § 7[b] ; M c. 11 ; Capg. i. 138, 16. [3] = L 3554 ; S[1] § 3 ; S[2] § 7[c] ; Capg. i. 138, 20. [4] = L 3556 ; S[1] § 4[a] ; S[2] § 8[a]. [5] MS. relingguit. [6] MS. centtublum. [7] MS precenti. [8] MS. accipiat. [9] MS. possidebat. [10] = Capg. i. 138, 22. [11] = M p. 85 *ad calcem* ; R § 13[a] ; Capg. i. 138, 27.

d*ar*b ain*m* Leim na Subhalt*aigh*e, 7 tainic nech naemhta d*ar*bh ain*m* Barri*ntus*,[1] mac meic Neill rígh, dá ion*n*saigh*ed*. *Ocus* 'ar bfi*ar*faicc*edh* moráin sccel do Brenain*n* do*n* neoch si*n*, do leicc dochum lair é maille le tuirsi 7 le d*é*raibh. Do toccaibh Brenainn do l*ar* hé, 7 adub*airt* fris acc tabh*air*t póicci dó: 'Dob oirchisi duit si subhaltaighe do den*amh* ina t*ur*si. *Ocus ar* son páisi Dé frit, in*n*is duin*n* ní do bria*thr*aibh Dé; 7 sás *ar* nanman*na*.'

(29) *Ocus* 'ar radh na ccomráitedh sin doibh, do tion*n*sgai*n* an toccلach sccela oiléin d'áir*ithe* do in*n*isin do. *Ocus* assedh adub*airt*. 'Do bi mac accamsa dárb ain*m* Mernócc, 7 do theich uaim, ion*nus* narb ail leis beith i naen ionad f*r*im. *Ocus* fú*air* oilén a bfocc*us* do shliabh air*ith*e díar bho comhain*m* Sliabh na Cloiche. *Ocus* aims*er* fada ina diaigh sin, i*nd* uair do foillsicc*edh* dam sa go mbiadh móran do mhancaibh aicce, 7 co foillseochtaoi miorbaile iom*dha* t*r*id, dochuadh*us*a ar cu*airt* cuicce, 7 m*ar* do badh*us* uidhe trí la dom slicc*idh* 'na gh*ar*, tainicc *con*a b*r*aithribh im choin*n*e, u*air* do fhoillsigh Día dó mo rochtain cuicce.

(30) '*Ocus* 'ar ndol dochum an oilein duin*n*, tangatt*ar* na braithre chuccain*n* asa selladhaibh amach, am*ail* saithe bech; 7 ger sccáilte | ind aittrebh si*n*, do ba nemh-sccaoilte a cconuersaid, 7 a ccoccús, 7 a ngradh. *Ocus* ni raibhe do bheth*aid* aca *acht* ubhla, 7 cna, 7 fremha ce*ch*a cenéoil luibhe da bfaghdais. *Ocus* no theiccdis na b*r*aitre dochum a selladh féin ó chompleitt go gairm an choil*igh*. f. 228[b]

(31) '*Ocus*[2] do badh*us*a 7 mo mhac *ar* fad an oilein, 7 t*ar*eis cuart*aigh*the a*n* oiléi*n* dúin*n*, rucc leis me dochum na t*r*agha m*ar* a raibhe an long; 7 adub*air*t riom: "A ath*air* ion'mhain', eirigh isin luing", *ar* se, "co ndeacham*m* d'fechain an oilein da ngoirter Talamh na Na*om*h, neoch atá Dia do gheall*adh* dona dáoinibh tiucf*us* in*ar* ndiaigh." *Ocus* 'ar ndol isin luing duin*n* t*ar*la céo duin*n*, ion*nus* gurab *ar* eiccin dochon*n*cam*ar* corr thos*aigh* ar luinge.

(32) '*Ocus* '*ar* mbeith duin*n* m*ar*sin re hedh uaire don ló do chaithemh, t*ar*la sol*us* ro-mór *chu*gain*n*, 7 at*con*ncam*ar* an toilen ro-bregh*dha* rothaithnem*ach*, 7 sé lán d'ubhlaibh cumhra, 7 do blath; 7 ní raibhe en luibh na *cr*and aca gan a lan do thor*adh* air. *Ocus* dochuirem*ar* an long fo tír isin oilén i*ar*sin. *Ocus* do bam*ur* re hedh cuicc lá ndécc occa imtecht; 7 nír fétsam an c*r*ioch d'fáccbáil. *Ocus* is íad do ba clocha dó .i. lecca loghm*ara*. *Ocus* a ccion*n* an choicc*idh* lai décc fu*ar*am*ar* sruth tre *lar* an oilein; 7 ní raibhe a fhios aguin*n* créd dodhénmais[3] fa dhul t*ar*an sruth. *Ocus* do anam*ar* le com*air*le n-Dé.

(33) '*Ocus*[4] m*ar* do bham*ar* ag tea*cht* 'arsin, dochon*n*cam*ar* cuccain*n* fer dealraighth*ech* dess, 7 dochuir failtedha romhain*n* in*ar*

[1] Later marginal note: Vide an sit B*air*rfion*n* m*a*c mic Muiredh*aigh*, mic Each*ach*, mic Co*n*uill Gulban, mic Neill N. [2] = M p. 87; R § 13[b]; Capg. i. 138, 41. [3] ghenmais m. sec. [4] = M p. 87; R § 13[c]; Capg. i. 139, 12.

f. 229[a] nanmann*n*aib dilsiph fein, 7 adub*air*t: "Do fhoillsigh | Dia an talam sa daoibhsi, a bhraithre gradacha. *Ocus* isé so leth an oiléin; 7 ni ced daoibhsi dul thairis so, 7 fill*idh* 'san ait asa ttangab*air*." *Ocus* m*ar* adub*air*t seision sin, do fhi*ar*faighemair ne dhe ca hionad asa ttainic, no ca hain*m* é fein.

(34) 'Asbert an toccl*ach*: "Crét dobeir *dom* fhi*ar*faighidh si sibh, u*air* do ba córa daibh in toilen sa 7 a sccela d'i*arraidh*, ina mo sccela sa; u*air* dochí sibh anossa é gan teirce tor*aidh* na blátha; 7 is m*ar*sin o t*ús* dom*ain* ata sé. *Ocus* ni reccann[1] sibh a leass biadh no deoch do chaithemh, u*air* ata sibh bliad*ain* isin talamh so, 7 nir chaitheabh*air* biadh nó deoch risan ccomfad sin; 7 fós ní ra*n*gabhair a les súan no codl*adh*, 7 ní fhacabh*air* agh*aid* no dorcatt*us* ele risan aimsir sin. Mass*edh* beraidh[2] an lá gan dorchad*us* an*n*so tre bithe, gan chrích, gan foircen*n*, u*air* isé ar tTig*er*nai ne Iosa *Criost* is solas 7 is delradh dó. *Ocus* muna bhristis na dáoi*n*e aithnedha a tTiccerna, do mh*air*fittis isin aoibhnes so co suthai*n* siorr*aid*he."

(35) '*Ocus* m*ar* dochualam*air* ne sin, dorin*n*em*ar* toirrsi mór, 7 ait*hr*icche diochrae. *Ocus* i*ar* sccur duin*n* d'*ar* ttoirsi, do thion*n*-sccnam*ur* fill*edh* docu*m* *ar* luinge. *Ocus* tainic in nech naemhta sin lin*n* go hor na t*r*agha, 7 'ar ndol dúin*n*e inar luing, doruccad somh as*ar* bfiadhnaisi, *co n*ach fettam*ur* ca hionadh in*ar* gabh sé úainn.

(36) '*Ocus*[3] *iar* ndol uain*n* amhlaidh sin, tangamair ne t*r*esan ceo cédna si*n* ro raidhem*ar* romhain*n*. *Ocus* ni dhernam*ur* foss nó comh-n*uidh*e, nó go rangam*ar* go hor na hin*n*si as*ar* t*r*iallamar róimhe sin. *Ocus* m*ar* dochon*n*catt*ar* na braithre sin*n*, do gabh luathghaire 7 g*air*-

f. 229[b] deach*us* doimhesta iatt remhain*n* t*r*e n*ar* ttoidhecht *chucu*; | 7[4] do gabhatt*ar* occ fi*ar*f*aigh*e sccel dín*n* re fedh *ar* natheccmaissi, 7 iss*edh* adeirdis: "A aithrecha noemh, cr*éd* f*ar* treiccebh*air* b*ar* ccáoir*igh*? 7 síad gan buachaill aca, *acht* iatt ar seachran isin oilen sa. *Ocus* as meinic docuaidh ar nabb*adh* ne ar cu*air*t mís, no coictigisi, no sea*cht*-muine, no ní as lugha ina sin."

(37) '*Ocus* do thion*n*sccn*aidh* sé beith ag comhfhurtacht na mbrat*har*. *Ocus* adub*ar*t sa riu i*ar*sin', ol B*ar*in*n*t*us*, '"Na brethnaighidh si ní acht ni maith gan con*n*tab*air*t, óir as maith b*har* cconuersaid, 7 is a ndor*us* p*ar*rtais ata bh*ar* naittreabh; 7 as foccus daoibh an toilen da ngoirter Talamh aithgellta na Naemh. *Ocus* is an*n* nach bion*n* agh*aid* go brath, 7 nach criochnaigher lá. *Ocus* téid Mernócc .i. an tap, co minic in*n*te; 7 atát aingil Dé occ iomcoimhett na hin*n*si sin. Inné nach*ar* athain sibhsi *ar* degh-bholadh ar nédaigh gurab hi p*ar*rt*us* do bham*ar*?" Adub*r*att*ar* na braithre: "A ath*air* ionmain", or siatt, "do aithnigem*ar* gur*ap* hi p*ar*rt*us* De do bí sibh, *ar* feab*us* bolta-

[1] *no* ni riccenn (interlined). [2] Probably for: méraidh. [3] = M p. 88; R § 13[d]; Capg. i. 139, 25. [4] 7 iss*edh* m. pr.

n*aighthe* bhar nettaighedh ; *uair* is meinic roimhe so dochúaid *ar* nab féin and, 7 gomadh sasadh duinne co cenn da fichet lá boltanug*adh* a e*daigh*." *Ocus* a Bhrenain*n*', ol Barin*ntus* 'do an*us*a co cenn coictighisi isin maighin sin a bfochair mo mheic gan biadh, gan digh ; 7 a ccion*n* da fichet lá do impáides dochum mo brait*rech* 7 mo shella fein arísi.'

(38) Iarna cluinsin[1] do Brenain*n cona* bhrait*hr*ibh, do cromatt*ar* a ccin*n* dochum talman, 7 do mholatt*ar* Dia go mór, 7 adubhratt*ar*: '*Benedictus Deus in donis suis.* | i. as ben*n*aighthi Dia ina thiodhlaictibh fein, 7 as naemhta ina oibrighthibh uile e; óir do foillsigh an lán miorbuil*edh* sin dia muin*n*tir, 7 d*ono* do sás sin*ne* fein aniu do shás*adh* sp*ir*atalta.' *Ocus* iar radh na ccomhraitedh sin doibh dibhlinaibh, do raidh Brenain*n* fria a muin*n*tir toidhecht lais dochum shas*aidh* comhsp*ir*atalta[2] f*r*is si*n*, 7 docum na hathnuadhaighe. 'Ar ndol na hoidhce tarsa, 7 iar ngabhail benn*acht*an Brenain*n* do Bharrin*n*tus, do fhill roimhe da ionad comn*uidh*e fodéin. f. 230[a]

(39) *Ocus*[3] iar nimtecht do, do thionoil Brenain*n* ceithre braithre decc[4] asa choimhtionol féin chuicce, 7 docuaidh i nionadh foiadhadh[5] leo; 7 is orra si*n* do bí neach occ tocc*aidh*e ro-sho*lus* i ndegh-oibrightibh, 7 hé occ moladh De o tús a aoisi goa deiredh. *Ocus* gibe lénab áil fios a ghniomh*ar*tadh do beith aicce, lecch*ad* a m*ac*-gniom*ar*thai; 7 asse an neach sin adubram*ar* .i. Macutes. Do labhair Brénain*n* frisna braithribh, 7 iss*edh* adubhairt: 'A comhcath*ar*dhai g*r*adhacha', ol sé 'atu sa occ iarraidh com*air*le 7 comhfurt*acht*a oruibh; úair ata mo croidhe 7 mo smuaintighthe '*ar*na ccomhsadhadh i noen toil amáin, mas hi toil Dé i .i. an talamh do labh*air* Bairrin*n*tus rin*n* dol da iarr*aidh* .i. an talamh do gheall Día d*ona* daoinibh thiucf*us* inar ndiaigh. *Ocus* cret hí an comh*air*le dobhértaoi si damh sa uime sin?'

(40) '*Ar* naithne toile Brenain*n* dona braitribh, adubrat*ar* o aen ghuth uile: 'A athair ionmai*n*', ar siatt, 'an comhairle as toil let sa, is hí as toil 7 as co*mhair*le | duin*ne*. *Ocus* inné nach*ar* threiccem*air* ne ar naithre dilsi fortsa? 7 inné fós nar treiccem*ar* ar noighrecht fort fadhéin? *Ocus* nach*ar* tha*ir*bhir sin*n* ar ccuirp it lamhaibh? *Ocus* as *ar*na hadhb*ar*aibh sin atámaid ullamh dochum báis no beth*ad* d'fagáil immaille friot sa. *Acht* oen ní amhain chena. Iárrmaitt toil ind Ath*ar* noemhtha d'fogbhail 7 do coimhlionadh duinn.' Do c*r*iochn*aigh* im*morro* Brenain*n cona* muin*n*tir an*n*sin trosccadh da fhicet lá *cona* noidhcibh do dhenamh frisin cCoimd*edh* fa shoirbheachadh doibh, 7 fa eolas gacha *con*aire no cingfitis do chur go crích doibh. f. 230[b]

(41) Codlais[6] Brenain*n* iarsi*n*; 7 atchuala guth ind aingil do nimh,

[1] = M p. 89; R § 13[e]; Capg. i. 139, 30. [2] Read: corporda, = corporis. [3] = M p. 89; R § 14[a]; Capg. i. 139, 33–140, 4. [4] Marginal note: 14 socii S. Brendani. [5] *sic* MS.; read foiatta. [6] = L 3562; R § 12[b]; S[1] § 4[b]; S[2] § 8[b]; Capg. i. 138, 25–26.

7 iss*edh* at*bert*: 'Eirigh, a Brenain*n*', or se, '7 inní ro athchuinghis doghebh*air* ó Día e .i. Tir Tairngire do thadhall fodheoigh.'

xiii. (42) Éirgis[1] Brenain*n* iarsin, 7 ba maith lais a mhenma don aithescc sin ro raidh an taingel. *Ocus* téitt i nionad fo leith a oen*ar*, 7 feghaidh an taiccen uadha for ce*ch* leith. *Ocus* at*connairc* inis álain*n* adhamhra forin occían co timtirecht aingel impi. I*ar*sin anais Brenain*n* isin ionadh sin ath*aid* fada .i. isin inis at*connairc*, 7 codlais becc in*n*te doridhisi. Ticc aingel Dé dia accallaimh afrithisi; 7 atb*ert* fris: 'Bett sa', or se, 'o sun*n* amach maráen frit sa tre bithe sír; 7 múinfett deitt u*air* eiccin in inis nálain*n* at*connar*cais, 7 as mian let d'fogh-
f. 231[a] bháil.' Ciis iaramh Brenain*n* go dermh*áir* ar fhóilte fri | haithescc an aingil; 7 dogni altucc*adh* buidhe fri Día.

xiv. (43) Éirghis[2] Brenain*n* *con*a muin*n*tir *iar*sin, 7 faccbaitt ben*nacht* ag p*r*epoist na mainist*r*each adubhram*ar* romhain*n* .i. neoch do báoi i nionad Brenain*n* ag na braitribh da éis. *Ocus* dochuaidh Brenain*n* iarsin isin ran*n* siar, 7 ceithre braithre *dec* maille f*r*is, co riacht oilén ind ath*ar* naemhta di*ar* bo hain*m* Enda Airne; 7 doroine comn*uidh*e tri lá 7 teora noidhce isin oilen hisein. *Ocus* do' fhág'-bhatt*ar* benn*acht* occ Enda noebh.

xv. (44) *Ocus*[3] annsin docuaidh Brenain*n* *con*a muin*n*tir 'san cuid dob foide úadh d'feran*n* a ath*ar*. *Ocus* nir bho hail lais a athair no a mháth*air* do thaobhadh, ná a dhul a cco*m*fhocc*us* doibh, *acht* doch*úaid*[4] ar mullach aird-sleibhe do báoi a bfog*us* do*n* fair*r*cce, m*ar* a raibe an long do bháoi oca. *Ocus* ise fa hain*m* don ionad sin osin amach, Suidhe Brenain*n*. Adubhratt*ar* gur mith*ig* doibh an toilen sin d'faccbáil; 7 dochúatt*ar* d'ion*nsaigh*e a luinge dá daingniucc*adh* le hi*ar*an*n* 7 le seichedhaibh damh; 7 dochuirett*ar* daethain da long aile da gach cinél ullm*aigh*thi *ar*chena i lluing Brenain*n* in u*air* sin. Do chuimlett*ar* da ccenglaibh amuigh 7 astigh mirr 7 bidomain, pic 7 róisi*n*.

(45) *Ocus* an uair dob ullamh í, adubhairt[5] Brenain*n* fria muin*n*tir dul in*n*te i nainm in Ath*ar* an Mheic 7 an Spior*ai*t Naeimh. Do an fein in*n*a oen*ar* arin traigh da néisi, 7 do bhenn*aigh* an port da gach taobh de. *Ocus* ina dhiaigh sin dochon*n*airc Brenain*n* t*r*iar manach
f. 231[b] da muin*n*tir fein chuicce; 7 doleiccett*ar* a ngluine | fri lar ina fiadhnaisi, 7 asedh adubrat*ar*: 'A ath*air* noemhta', or íett, 'leicc sinne lat m*ar* a tteighe féin ar gradh Dé, no rachmáitt ne do ghorta bíd 7 dighe; úair tuccsamar moid im beith occ dénamh *ar* noilithre it fochair si *ar* fedh ar naimsire.'

(46) An u*air* docon*n*airc a*n* tath*air* .i. Brénainn, an airc do bói orra

[1] = L 3564; R § 12[c]; S[1] § 4[c]; S[2] § 8[c]. [2] = M p. 90; R § 14[b]. [3] = M p. 90; R § 15. [4] = Capg. i. 140, 4. [5] = S[1] § 5[b], which here passes to the text of the Nauigatio.

san, adub*air*t ríu : 'Teighidh 'san luing, ó ata a fhios occum sa cion*nus* tainic sibh. Ata oibrighthi maithe agin fhior so díbh, 7 do ullmaigh Dia ionad maith dó ; 7 do ullm*aigh* do*no* méducc*ad* peine daoibh si.' Dochuaidh im*morro* Brenain*n* dochum a luinge iarsna comraitibh si*n* ; 7 docuatt*ar* a mhuin*n*ter isin da luing aile batt*ar* aca. Is aml*aidh*[1] im*morro* batt*ar* na longa sin Bhrenain*n*, 7 tri sretha do ramaibh for gach luing dibhsein, 7 a seolta do croicnibh bethad*ach* nallta 7 ríatta ; 7 do batt*ar* fiche fer i ngach luing aca.

(47) Is an*n*sin[2] *immorro* tainic crosan go Brenain*n*, 7 slechtais ina fhiadhnaisi, 7 is*edh* ro raidh ris : 'A Brenain*n*', or se, 'gabh meisi cucc*at* ar Dhia, 7 airchis dom t*r*oicche *co n*diccsiur lat.' Beiris Brenain*n* lais é ar Dhia ; 7 téitt sescca fer lais ina longaibh, amhail asberatt na sccribhen*na* :

Sescca fer doibh isin coblach,
Níbtar saothr*aigh* in domnach ;
A menmanna 'san Duilem dil
Occ mol*adh* rig an rictigh.

xvi. (48) I*ar*sin[3] t*ra* tiaccaitt *ar* muinchin*n* m*ar*a 7 mór-f*air*rge, 7 do thoccbatar a seolta osna longaibh co ros iomluaidh gaeth iatt | go port Áron*n* doridhisi. Doriacht Pupa, 7 Énda Áron*n*, 7 Ronad do fheghadh an choblaigh.[4] f. 232a

xvii. SCCEL OILEIN NA LOCHADH SIOSANA COLLÉICC.

(49) Ceileabrais[5] Brénain*n* do náomhaibh Áronn, 7 fáccbais bennachtai*n* aca ; 7 seolaitt rompa do thaisteal an mh*ara* si*ar* gach ndirech, *co* facat*ar* iar*amh* oilén ard aoibhin oiregh*dha* úatha. *Ocus* do sheols*at* a longa dá ion*n*saicchidh, no go rancatt*ar* co hor an .oilein. *Ocus* at*con*ncattar an t*r*aigh aga lionadh do lochaibh fion*n*fadhachaibh fiorgrán*na* mar cattaibh[6] com*mora*. Fiarf*aigh*itt na braithre Brenain*n* : 'Cidh áilit na lochaidh utt ?' ar siatt. 'Ar nithi ne, 7 ar slucc*adh* dob áil léo sutt', ol Brenain*n*.

(50) Is iarsin ro foillsicc*edh* do Bhrenain*n* u*air* eitsechta an crossain boi occai isin luing. *Con*idh an*n*sin ro raidh Brénain*n* fris : 'Eirigh', ol se, '7 caith corp *Crist* 7 a fhuil, 7 eircc docum na bethad suthaine, uair atchluinim si claiscettal aingel 'gud gair*m* ara nam*mus*.' Ba maith da*no* lásin crossan a mhenma do b*r*igh an scceoil sin ; 7 is*edh* atb*er*t : 'A thiccerna', *ar* se, 'ca maith doronasa an t*r*ath domb*er*ar dochum nimhe a phraipi sin ?' Ros freccart B*r*enain*n*, 7 is*edh* ro raidh, gur bo cub*aidh* dó somh toil Dé do choimhlíon*adh*.

(51) I*ar* ccaitemh im*morro* chuirp *Crist* 7 a fhola dó, lingis a spior*at* anma ass, 7 ber*ar* hí focettóir co ffóilti nderm*air* dochum nimhe, uail

[1] = L 3574. [2] = L 3736 ; R § 71[b]. [3] = L 3741 ; R § 71[c]. [4] Here the scribe adds : ceilebrais, &c. ; i.e. he began to write the beginning of the next chapter in continuation of this. [5] = L 3743 ; R § 72. [6] MS. cathaibh.

ittá Iosa *Críost* co *noi* ngradaibh nimhe immaille friss. Focert*ar* trá a chorp forsin traigh, *co nduattar* na loch*aid* é, *co nar* faccaibset *acht*
f. 232[b] a cnamha loma aran traigh. Adnaicitt | muinnter Brenainn a chnamhredhaigh iarsin; ⁊ sccriobht*ar* a ainm a mmart*ar*laicc, uair ba mairtir amhra eissiumh. As follus indsin coinircle in Coimdedh tresan pect*hach* tainic fadeoigh dochum na luinge, do thogha dó dochum nimhe for tus.

xviii. (52) Asahaithle[1] sin tra do thóccbhat*ar* muinnter Bhrenainn na seolta a nairde, ⁊ dob aimser shamraidh ann an ionb*aidh* sin. *Ocus* fuaratt*ar* gaeth go dess degh-tap*aidh* leo gach ndírghe, ionnus nach rangatt*ar* a les iomramh do dhenamh, *acht* na seolta do chongmhail a náirde. Iar ccaithemh *deich* la doibh m*ar* sin, do thoirinn an ghaeth a gredhan ⁊ a g*ar*bh-ghlór uatha; ⁊ 'ar ttairccsin a brighe, dob éiccen doibh siumh iomramh do dhenamh.

(53) Do labhair Brenainn fríu, ⁊ asedh adub*airt*: 'Na bíodh eccla oruibh', ol se, 'u*air* ata ar nDía féin 'na threoraighteoir ⁊ 'na furtachtaighteoir aguinn. *Ocus* tairrngidh bh*ar* rámha astech; ⁊ na dénaidh ob*air* na saethar; ⁊ treorochaidh Día a long ⁊ a muinnter fein m*ar* as áil leis.' Is ann doghnidh Brenainn *cona* muinntir a suiper gacha heasp*ar*tan. *Ocus* fu*ar*att*ar* go di*rech* in gháeth[2]; ⁊ ní raibhe a fhios aca bheos cait g*us*a rucc an gháeth iatt.

xix. SCCEL OILEIN NA SRIAN.

(54) Iar ccaithemh[3] da fhichet la dhoibh fon ionnus sin, ⁊ 'ar ttairccsin a lóin, do*chon*ncatt*ar* oilen ard uatha, ⁊ sé clochach gainmhighe. *Ocus* 'ar ndrud doibh risin oilen, is amhlaidh ro bhaoi, ⁊ bruach[a] ur*ar*da aicce, ⁊ srotha gorma glan-uiscce ag snighe dona
f. 233[a] bruachaibh sin amach isin bfairrge, ⁊ ni fhuaratt*ar* | port hi rachdáis fo tír 'san oilen. *Ocus* do bhatt*ar* na braithre 'arna mbuaidhredh ⁊ '*ar*na meirtniucc*adh* d'easbhaidh bidh ⁊ dighe. *Ocus* do shanntaighettar na braithre uisccedha na srothann sin do gabhail ina soidhtighibh féin, ⁊ a mbreith leo. Atb*ert* Brenainn friu an u*air* sin: 'Na dénaidh cabocc ar uiscce an oilein, uair foillseoch*aidh* Dia duinn a ccionn trí la port ina bfuighbhem sásadh d'*ar* ccorpaibh anbhannaibh ettréorachaibh.'

(55) Iar ttimcheall*ad* an oilein hisin doibh fri hedh trí lá, fuaratt*ar* port ina rach*ad* aon long i ttír ann. Do eirigh Brenainn, ⁊ do bhenn*aigh* an port re ndol i ttír doibh. *Ocus* do bhatt*ar* na cairrge ina múraibh árdaibh 'ar' gach taoibh dhe. *Ocus* 'ar ndol i ttír doibh, adubhairt Brenainn lena muinntir: 'Na beiridh a bhecc da bhar nettaighibh libh asin luing.'

[1] = M p. 91; R § 16; S[1] § 6; Capg. i. 140, 21. [2] 'in gaeth' added on margin, but probably by same hand. [3] = M p. 92; R § 17; S[1] § 7; Capg. i. 140, 30.

(56) Oc imtecht[1] an oiiein doibh iarsin, at*con*ncattar gadh*ar* becc ina ccoin*ne*, ⁊ dorin*ne* umhla fo chosaibh Brenain*n*. Adubhairt Brénain*n* léna braithribh: 'Inné nach maith an techtaire so dochuir Día chuccaibh? ⁊ lenaidh é, no co mbeire sé docum baile sibh.' *Ocus* ro lenatt*ar* na braithre é am*ail* ro raidh B*r*enain*n*. [Ocus ro raidh Brenainn][2] fríu: 'Faichlidh co maith nach meallfa an tainspiorat sibh. *Ocus* dochím féin an taidberseoir aga furail aran trí*ur*[3] brat*ar* do len on mainistir sin*n*, gadaighecht do dhenamh. *Ocus* guidhidh si co duthrachtach ar anmain an tres bráth*ar* dibh, uair ata a chorp ar cum*us* an diabhail.' Is amhl*aidh* do bí an tech sin irrabhatt*ar* dothu*arus*ccbhála ara fhad ⁊ ara fhairsinge, co niom*at* soidt*ech* cumhdaighthi, ⁊ sríant*aibh co n*ór an*n*.

(57) *Ocus*[4] issedh adubhairt Brenain*n* an*n*sin frissin ccleirech | no gnathaighedh bheith acc tabairt a ccodha doibh: 'Frithái1 dúin*n* an chuid docuir Dia chuccain*n*.' *Ocus* 'ar neircche go luath do*n* cleir*ech*, is aml*aidh* fu*air* na buird 'arna bfolach d'ilradh gacha datha, ⁊ arán co ngile nemh-gnath*aigh* orra, maille le hiomatt eiscc eccsamhail. Is an*n*sin do `bheann*aigh'* Brenain*n* an bord, ⁊ adubhairt risna braithribh: 'Den*aidh* onoir ⁊ reuerens do Dhía na nuile cumhacht, dobheir sasadh bídh ⁊ dighe dona huilibh cretuiribh.' Do shuidhett*ar* dochum an buird an*n*sin, ⁊ do molatt*ar* Dia go mór, ⁊ do bhennaighset an deoch ⁊ an biadh, ⁊ docaithett*ar* an méid ba lór leo de. f. 233[b]

(58) *Ocus* iar ccaithemh a suipeir doibh, atbert Brenain*n* fríu: 'A braithre', or se, 'den*aidh* cottiadh ⁊ cíun*us*, úair átathaoi tuir*sigh* a ndiaigh b*ar* siubhail ⁊ bh*ar* loingseorachta.' *Ocus a'r* ccodl*adh* doibh, at*con*nairc Brenain*n* an tanspioratt 'na crétuir bhecc gran*na*, ⁊ srian or*dha* ina laimh, ⁊ teilccis i nucht an bhrathar. Do mhosccail an brathair asa codladh, ⁊ do bháoi ag guidhe Dé no co ttainic an la arnam*ar*ach; ⁊ iar ttecht an lai cuca, adub*air*t Brenain*n* fria mhuin*n*tir: 'Denam dochum ar noibre .i. ar tt*r*ath'; ⁊ tiacchait iar*amh*. *Ocus* 'ar ccriochnucc*adh* a ttrath doibh, adub*air*t Brenain*n* fríu: 'Dénam dochum ar luinge anoss.' *'Ar* néirghe da niomdhadhaibh doibh, fuaratt*ar* na buird cedna suidhighthi m*ar* b*udh* gnath leo. *Ocus* do bhatt*ar* san aran orducc*adh* sin co cenn trí lá ⁊ teora noidhce.

(59) Ina dhiaigh sin[5] do gabh Brenain*n cona* muin*n*tir lamh ar imthecht; ⁊ adub*air*t siumh lena braithribh: 'Fecaidh libh, a chairde gradacha, n*ar* thoccaibh nech uaibh áon réd do chuid | an oilein so ina ffuilmit.' Adubhratt*ar* san uile: 'Nar léicce Muire duin*ne*, a athair gradaigh, go mbiadh gadaighecht ar *ar* siubhal.' .Adub*air*t Brenain*n*: 'Ata srian órtha fo oxail an bhrath*ar* adub*ar*t sa ribh araeir, tucc an diabhul i ngadaighea*cht* dó.' 'Arna cluinsi*n* sin don f. 234[a]

[1] = M p. 92; R § 18; S[1] § 8; Capg. i. 140, 40. [2] Conjectural emendation. [3] *sic* MS.; read: 'ar aon don triur'. [4] = M p. 93; R § 19; S[1] § 9; Capg. i. 141, 8. [5] = M p. 94; R § 20; S[1] § 10; Capg. i. 141, 15.

brathair, do theilcc an srían uadha, 7 doléicc ina luighe hi fiadnaisi Brénainn é, 7 assedh adubairt: 'A athair ionmain, do pecaigh meisi gan conntabairt, 7 dena sa trocaire oram, 7 guidh for mh'anmain, ionnus nach daiméontar m'anam na mo corp.'

(60) Iarna cluinsin sin dona braithribh, doleiccettar fora ngluinibh iatt, 7 do guidhettar ar anmain an bhrathar. *Ocus* acc eircce óna nurnaighthe doibh doconncattar an fer gorm becc doidelbdha acc tuitim a focras an bhrathar, 7 hé acc comarcaibh go hard; 7 isedh atbeiredh: 'Crétt far ionnarbais me, a chleirigh, asin oighrecht 7 asin aittreibh ina bfuilim re seacht mbliadhnaibh im comhnuidhe?' Do freccair Brénainn hé, 7 issedh adubhairt: 'Cuirim mar aithne ort i nainm in Ticcerna, Iosa *Crist*, gan aon duine do ghortuccadh, nó do bhuaidredh go lá an bhreithemhnais.' Luidh as an diabhal iarsin.

(61) Adubairt Brénainn fós frisan mbrathair: 'Caith corp 7 fuil do Thiccernae .i. Iosa *Crist*, 7 bidh anos sccérfus do spiorat red chorp, 7 is annsa lucc so ata ionad th'adhnaicthe; 7 an brathair táinic let asin mainistir, is i niffrionn bhías a eiséirghe iar nathgairitt.' Dochuaid iaramh a spirat anma asin mbrathair hisin, iar ccaithemh na sacramainte dó; 7 tangattar aingil ina chomhaircis, 7 ruccattar leo hé dochum nimhe. *Ocus* do hadhnaicedh a chorp iarsin go honorach ag Brenainn cona muinntir.

f. 234[b] (62) *Ocus*[1] iarsin tangatar | fein gusin traigh, mar a raibhe a long; 7 acc dol do Brenainn ina luing, tarla nech ócc dó, 7 soidtheach lán d'arán aicce, 7 soidhtheach ele lan d'uiscce; 7 atbert friu: 'Gabhaidh in asccaidh so as lamhaibh bhar nócclaich fein, oir atá slighidh fhada romhaibh. *Ocus* gidh edh, ni bia esbaidh aráin no uiscce oruibh co caiscc.' Iar cceilebradh da cheile daibh dochóttar ina longaibh; 7 do bhattar acc loingseoracht for fairrge athaid fhada iarsin.

xx. (63) La eiccin[2] da rabhattar acc siubhal na fairrge, atconncatar oilén uatha edh imchian. *Ocus* do sheolattar a long chuicce, 7 dochúattar fo tír ann. *Ocus* iar ttimchealladh an oilein dóibh, fúarattar srotha examla ann, 7 iatt lan d'iasccach. Adubairt Brenainn lena bhraithribh: 'Denmáitt obair dhiadha annso, 7 coisreccam úan nemh-urchóidech do Dhia ann; uair isé aníu senaid an Ticcerna .i. Iosa *Crist*.' *Ocus* do bhattar marsin go satharn cáscc, 7 fúarattar iolar tred do chaorchaibh móra aen-gealae ann, ionnus nach ffacattar acht madh becc don talmain tairsibh o iomat na ccaorach. Adubairt Brénainn: 'Beiridh libh, a bhraithre, an mheitt recctáoi a les dona tréttaibh útt dochum na cascc.' Dogabhattar na braithre caora dona cáorchaibh in uair sin. *Ocus* mar do cenglatar hi, do lensat na cáoirigh osin amach iatt.

[1] = M p. 94; R § 21; S[1] § 11; Capg. i. 141, 36. [2] = M p. 95; R § 22; S[1] § 12; Capg. i. 141, 40.

(64) *Ocus*[1] do bhatt*ar* ag ulmucc*adh* dochum an láoi oirmittn*igh* sin na cascc ce*ch* ní rangatt*ar* a les aca. At*conn*catt*ar* an *uair* sin aoin nech chuca, ⁊ soidht*ech* lán d'árán aicce, ⁊ gach ní ele dá rangatt*ar* a les do caithemh immaille fris. Dochuir sion hi ffiadhnaisi Brenain*n* he, ⁊ doléicc he fein | dochum láir an uair si*n*, ⁊ dorin*ne* ait*r*icche go f. 235[a]
dioc*r*a, ⁊ adub*airt*: 'A athair, gion g*u*rab diongmála meisi dochum tu sa do sásadh d'ob*air* mo lámh, gabh sásadh an*n*sna laithibh naemhtha sa uaim.'

(65) *Ocus* do thoccaibh Brenain*n* do lar hé, ⁊ tucc póicc dó, ⁊ do fhiarf*aigh* de: 'Cáit in*ar* ordaigh ar tTiccerna .i. Iosa *Criost* dhuin*n* an chaiscc do ceileabhr*adh*?' Do freccair an nech naemhtha é, ⁊ iss*edh* atb*er*t friss: 'Is an*n* so eistfes sibh an satharn ⁊ an uiccil so, ⁊ is arin oilen ud, atchi sibh uaibh anossa, cheilebhr*us* sibh na hoif*r*in*n* ⁊ in chaiscc.' *Ocus* 'arna radh si*n*, do thion*n*sccain seirbís do denamh do Brenain*n* ⁊ do*n*a b*r*aithribh archena. *Ocus* do bhatt*ar* iarsi*n* ag líon*adh* a long da gach ni rangatt*ar* a les. *Ocus* adub*air*t an tócclach an*n*sin, fri Brenain*n*: 'Ni fhéttan*n* sibh ni as mó ina so d'iomch*ar* i nbh*ar* longaibh; ⁊ cuirfett sa a ccion*n* ocht lá chuccaibh gach ní riccfes sibh a les do bhiadh ⁊ do digh co cingcigis.'

(66) Adub*air*t Brenain*n* fris siumh: 'An bfuil a fhios acc*at* sa, ca hion*adh* ina mbia sin*ne* a ccion*n* ocht la?' Isbert in nech naemhta: 'Biaidh sibh ano*cht* isin oilen útt atchí sibh, ⁊ go medhon-láe amarach; ⁊ rach*aid* sibh ain*n*sein *gus*in oilen d'a ngoirther Parrth*us* na nén, ⁊ biaidh sibh ain*n*sein co hochtáib na cingtighisi.' Asbert Brenain*n*: 'Cr*éd* dobheir na caoir*igh* útt a comhmór so? ⁊ siad 'san oilen so'; uair bá mó gach caora dibh ina da*m*h bíata. Adub*air*t an nech naomhtha: 'Isé fodera inni si*n*; nach tionoilt*er* bain*ne* uatha, ⁊ nach bent*ar* a ffion*n*a dibh, ⁊ nach cuirenn gemr*adh* no dorchatt*us* orra tria bithe. *Ocus* is arna hadhb*ar*aibh sin ata an mheid im*ar*c*r*adhach útt forra, *ar*a mbeith amuigh ar fér dogrés. *Ocus* is uime sin as mó an*n* so iad ina i ngach talamh ele | isin doman.' f. 235[b]

xxi. (67) Cuiris Brénain*n* a long o thír an ú*air* sin, ⁊ imriss fein *co*na muin*ntir* hí, no co rangatt*ar* Parrt*us* na nén. *Ocus* o rangatt*ar* an toilen sin, dochuat*ar* fo thir an*n*.[2] *Ocus* dob eccsamail lena fhécc*adh* he, uair do bhatt*ar* tortha iom*dha* eccsamhla an*n*, ⁊ enlaith iongantach ag lab*air*t go luathgairech do bharraibh a c*r*and, ⁊ beich bhecca acc tionol ⁊ acc tiomsucc*adh* a ttac*air* ⁊ a ttigedhais da naitr*e*bhaibh dilsi; ⁊ srotha aille iongantacha ag tep*er*sain an*n* lán do clochaibh uaisle adham*r*a gacha datha; ⁊ eccalsa iom*dha* an*n*, ⁊ mainist*ir* i llár in

[1] = M p. 96; R § 23; S[1] § 13; Capg. i. 142, 6. [2] Here there is a marginal note: Hic pretermissa sunt errore librarii que in Latina uita narrantur ab introitu S. Brandani in Paradisum auium usque ingressum insulae familiae S. Albei.

oiléin lán d'iolradh 7 d'examl*acht* gacha datha; 7 ord *ar*saidh eladhanta cun*n*ail craibht*ech* in*n*te.

(68) *Ocus*[1] is aml*aidh* ro báoi an mhainistir hisin, 7 a sol*us* féin for adhn*adh* in*n*te .i. ceithre soillse hi ffiadnaisi na haltora moire, 7 tri solais hi fiadhn*ais*e na haltora medhonaighe. *Ocus*[2] as do chriostal doronadh na coilche aifrin*n* do bí aca. *Ocus* fós do búi ceithre suidheócca *dec* ar comh*air* a cheile 'san coraidh, 7 ionad an abbadh ettorra ar medhón; 7 an u*air* do thion*n*scnadh an tabb fersa do radh, do freccradh an chora go humhal hé; 7 ní lamhadh nech aca en fersa do gabhail *acht* an tabb fein, 7 ni labradh nech aca gan cett, *acht* an tan do bídis ag mol*adh* an Ticcerna, mu*na* ccettaigedh an tabb doibh; 7 ni labhradais an*n* sin fein o bhreithir, *acht* o chomh*ar*tha resunta d'foillseach*ad* le suil, no le bel, no le laimh, do thab*airt* forsann*i* b*údh* mian léo do radha. *Ocus* do scriobh*adh* an tabb hi cclar le steil gach freccra dobheiredh orrae.

(69) *Ocus* adub*airt* an tabb le Brenain*n* iarsi*n*: 'Do badh mithidh dúin*n* dol dochum an chodail-tighe fil occain*n*.' *Ocus* 'na díaigh si*n* |
f. 236[a] dochuatt*ar* dochum na compléitte. *Ocus* iar ccantain na compléitte doibh, dochuatt*ar* na braithre da sealladhaibh fein, 7 ruccattar muint*ir* Brenain*n* leo .i. fer le gach brathair aca.

(70) *Ocus*[3] do an Brénain*n* 7 an tabb isi*n* mainistir. Ocus m*ar* do bhatt*ar* an*n*, do fiafr*aigh* Brenain*n* don abb, cion*nus* do fhedatt*ar* an silens no an ciunas sin do chongmail hi ccolain*n* dáenda. Do freccair an tabb é maille le humhla, 7 adubhairt: 'Admhaim i ffiadnaisi Criost, go fuilit ceithre fichit bl*iadhan*[4] ó thangam*ar* 'san ionad so, 7 nachar labhair nech accain*n* fein fri araile do guth dáen*n*aighe, *acht* an uair bhímitt acc mol*adh* Dé; 7 as tre comh*ar*tha méoir nó súl foillsighter guth ettrain*n*. *Ocus* fos, ni fhuil esláinte c*uir*p no anma no spioraitte ar nech accain*n* risan ré si*n*.'

(71) '*Ar*na cluinsin sin do Bhrenain*n* do labhair maille le deraibh, 7 issedh adub*air*t: 'An ced dúin*n*e anmhain an*n*so am bliadhna?' Adubhairt an tabb: 'As ced chena. *Ocus* inné nach ffuil a fhios accatt sa cret do hordaighedh duit fein do dhenamh ria ttecht an*n*so duit? Uair as éiccen duit fill*edh* dochum th'ion*aidh* féin maille led ceithre braithribh *dec*; 7 an días oile ata at foch*air* 'na diaigh sin, rach*aid* nech aca dia oilitre an*n*san oilen da ngoirt*er* Antorii[5], 7 an nech ele dibh droch-bás, uair daiméont*ar* co hifrion*n* he.' Ocus do fior*adh* sin uile.

(72) Do fiarf*aigh*[6] Brenaind: 'Cia mhuchas na soillsi útt acc tocht na maidne?' Adub*air*t an tabb: 'Fech fein, a Bhrenain*n*, gach aon ní

[1] = M p. 105; R § 32[b]; S[1] § 15. [2] = Capg. i. 145, 18. [3] = M p. 106; R § 33; S[1] § 16. [4] Marginal note: 80 anni ibi erant. [5] *sic* MS.; *lege* Antonii; insula anacoritalis M, anachoritarum R, &c. [6] = M p. 107; R § 34[b]; S § 17[b].

dibh sin do réir th'eolais ⁊ th'aithne fein. *Ocus*[1] inné nach ffaicend tú na soillsi an*n*sna lainderaibh, ⁊ gan énní da loscc*adh* aca, ⁊ ga*n* | iad fein acc t*r*aoth*ad*? *Ocus* beid marsin co madain; ⁊ ni fhaicfe f. 236b
nech i*ar*sma dibh o tosach laoi no co tti siatt ina soightibh tein*ntidh*e tresan ffuin*n*eoicc útt, ara tteccaitt go gnáth*ach*.' Adub*air*t Brenain*n*: 'Cion*nus* fhet*us* cretuir nemh-chorp*ardha* sol*us* corp*ar*da do dhenamh?' Do fhreccair an tab é, ⁊ is*edh* adub*airt*: 'Inné nach cual*aidh* tú, ⁊ inné n*ar* leghais, an mui*ne* do bháoi for lasadh *ar* sliabh Sínai fri ré na hoidhce, ⁊ nach raibhe dighb*áil* no uireasb*aidh ar*nabh*ar*ach air?'

(73) *Ocus*[2] do bhat*ar* san co mattai*n* m*ar*sin. *Ocus* do iarr Brenain*n* ced imthechta an*n*sin; ⁊ ni fu*air* é on naemh, *acht* adub*airt*: 'Dligidh tu fuir*ech* maille rin*ne*, no go neiste sin*n* an nodlaic ata in*ar* ngoire, ⁊ no go nderna sibh comhsolas lin*ne* co hoctaif na hEipifanie.' Do an Brenain*n* maille lena braitribh risan aimsir si*n* an*n*san oile*n* da ngoirter Albei. Iar ccoimlion*adh* na haimsire si*n* do Brenain*n*, do cheilebhair don abb ⁊ dona brait*hr*ibh battor occa, ⁊ dochuaidh dochum a long, ⁊ do batt*ar* acc siubhal na f*air*rge co tús an chorghais baoi ar cind.

xxii. Scel oilein in uiscce mesccta siosana.

(74) La eiccin[3] da rabhatt*ar* occ imtecht na haibhéisi eoch*ar*ghuirme, at*con*ncatt*ar* oilen uatha edh imcian, ⁊ do thion*n*sccnat*ar* dol da ion*n*saicc*edh* go luathgairech, uair ní fhacatt*ar* oilen le fada d'aimsir *con*uicce sin; ⁊ do thráoth*adh* a lón teora laithe roimhe sin. *Ocus* dochuatt*ar* fo tir 'san oilén, ⁊ fu*ar*attar top*ur* solas-ghlan an*n*, ⁊ il*ar* gacha luibhe olchena, ⁊ cenéla iom*dha* d'iasccach occ siubhal ⁊ occ imtheacht an tsrotha | do bí acc tep*ersai*n assi*n* top*ur* hisin dochum na f. 237a
f*air*rge. Adub*air*t Brenain*n*: 'Co deimhin', or sé, 'tucc Dia sólas daoibh taréis bh*ar* saothair; ⁊ gab*aidh* an mheid recctái a les don iascc, ⁊ tionoilidh luibhe iom*dha* an mhéid as ail libh.' Do ghabhat*ar* na braithre ag ol uiscce na haban*n* m*ar* a nditcell, ⁊ acc tionol luiben*n* m*ar* adubhairt a maighistir riu.

(75) Iss*edh* as*bert* Brenain*n* friu: 'Gabaidh occaibh, a braithre, nach ibhe sibh móran don uiscce, ar eccla go mbuaidhéradh se sibh ní as mó ina m*ar* atathai.' *Ocus* nir anat*ar* na braithre acc aithne a nath*ar*, *acht* do ibhett*ar* go lór, oir do ibh fer dibh da dhigh, ⁊ do ibh *ar*aile tri deocha, ⁊ do ibh an tres ran*n* deoch. *Ocus* is ami*aidh* do reidhigett*ar* frisan ól sin; do thuit drong aca hi suan ⁊ i ttromluighe tri la ⁊ teora 'n'aidhce, ⁊ suan dá lá ⁊ da oidce *ar* druing ele dibh; suan ⁊ trom-luighe lái *co n*oidhce aran tres ran*n*. Is an*n*sin ro bái Brenain*n* ag guidhe a Thiccerna fána dithceall ar son a muin*n*tire, óir is a nainffios tarla an p*er*iacail sin doibh.

[1] = Capg. i. 145, 32. [2] = M p. 107; R § 35; S[1] § 18. [3] = M p. 107; R § 36; S[1] § 19; Capg. i. 145, 35.

(76) *Ocus*[1] '*ar* ndol na hai*m*sire sin tairsibh, atbert Brenain*n* lena muin*n*tir: 'Uair tucc Dia sásadh dúin*n*, ⁊ dochuirebhair si d'esb*aidh* orain*n* é, triallaidh dúin*n* anosa asan oilen so, ⁊ beiridh libh an mheid as ail libh don iascc ⁊ don uiscce go fedh tri lá ⁊ tri noidchi.' *Ocus* dorin*n*ett*ar* am*ail* adub*air*t Brenain*n* friu, ⁊ do lionat*ar* an long dona neitibh adub*air*t an tathair ríu. *Ocus* i*ar*sin doghluaisett*ar* *ar*an muincin*n* muiridhe, ⁊ docuired doinen*n* dermair doibh. A ccion*n* *tr*i lá ⁊ teora noidhche i*ar* ffaccbhail an oilein adubhram*ar* doibh, do sccuir an tanf*adh* ⁊ an doaims*er*, ⁊ do bi an muir 'arna cen*n*succadh
f. 237[b] doibh, | ⁊ adub*air*t Brenain*n* fríu: 'Leicc*idh* bh*ar* ffoirend isin luing isteach, no co seola Dia sin*n* 'san ionadh i nba hail leis fein.' *Ocus* do bhatt*ar* m*ar*sin co cenn fichet la ⁊ fichet oidche[2].

xxiii. Teccasc an procuttora do Bhrenain*n* an*n*so, ⁊ faghbhail P*ar*rthais na nen andara fecht.

(77) Is an*n*sin[3] at*coun*cat*ar* oilen a bfad uatha, ⁊ do fhi*ar*f*aigh* Brenain*n* da mhuin*n*tir: 'An aithnighen*n* sibh an toilen utt atciamaid anosa?' *ar* sé. 'Ni aithnighem amh', or iatt san. 'Ni he si*n* damhsa', bh*ar* Brenaind, 'ise sud an toilén ina rabham*ur* lá senaid in Ticcerna anur*aidh*; ⁊ is an*n* ata an procuttoir i bfail a rabham*ur*.' M*ar* docualat*ar* na braithre an comhradh sin, do bhatt*ar* occ iomramh co das*acht*ach.

(78) *Ocus* adubairt Brenain*n* friu: 'Na buaidhr*idh* ⁊ na bris*idh* bhar mboill; ⁊ inné nach é Dia as mairnelach ⁊ as mar*aidh*e duin*n*, ⁊ an tionadh i nba hail leis féin, cuiredh an*n* sin*n*.' *Ocus* dorin*n*ett*ar* san am*ail* adubhairt Brenain*n* ríu; u*air* doleiccett*ar* an long *ar*a cum*us* fein, ⁊ do seol Dhia dochum an oilein sin an phrocatóra iad. *Ocus* 'ar ndol fa thír doibh an*n*, tainic an procattoir maille le hiol-ghairdhech*us* mór chuca; ⁊ do phócc cosa Brenain*n* ⁊ na mbrath*ar* archena, ⁊ do gabh ag moladh an Ticcerna co mór. *Ocus* '*ar* sccur don moladh sin, do ullm*aigh* fot*hr*accadh go luath doibh, uair is hí an tsenaid do bai aca in uair sin. *Ocus* dochuir ett*aigh*e nua impae uile, ⁊ do cheilebhrat*ar* pais an Ticcerna an*n*sin co sath*ar*n cascc.

(79) *Ocus*[4] 'ar radha na seirbísi doibh dia sathairn, adub*air*t an procutóir le Brenain*n*: 'Eirigh it luing, ⁊ eist an chaiscc m*ar* do eistis anur*aidh*. *Ocus* ó chaiscc amach eirgidh go P*ar*rt*us* na néun, ⁊
f. 238[a] b*e*ridh bh*ar* | riach*t*an*us* libh do bhiadh ⁊ do dhigh. *Ocus* doghen sa cu*air*t accaibh and*ar*a domnach thiucf*us* da bh*ar* saicc*edh*.' Dochuatt*ar* na braithre leisan aithescc si*n* dochum an oilein a ndernatt*ar* in chaiscc in bliadhai*n* roimhe.

xxiv. (80) *Ocus*[5] dochuatt*ar* assin go P*ar*rth*us* na nén, ⁊ dorinett*ar*

[1] = M p. 108; R § 37; S¹ § 20. [2] MS. oidche oidhce. [3] = M p. 109; R § 38; S¹ § 21; Capg. i. 145, 43. [4] = M p. 109; R § 39; S¹ § 22; Capg. i. 146, 4. [5] = M p. 110; R § 40; S¹ § 23; Capg. i. 146, 5.

comn*uidh*e an*n* go hoctaif na cingcichtisi. *Ocus* tainic an procatóir cuca am*ail* ro gheall; 7 tucc leis gach ní do bhái 'na chás orra; 7 dorin*n*ett*ar* forbailtech*us* mór re 'roile, am*ail* b*údh* gnath leo.

(81) *Ocus*[1] m*ar* dochuatt*ar* dochum an bhuird, tainic én an uair sin *ar* cuirr thos*aigh* na luinge, 7 dorin*n*e ceol sír-bhin*n* amhail organ da scciathanaibh, aga mbual*adh* ar taobhaibh na luinge. *Ocus* do aithin Brén*ainn gur*ab ag in*n*isin sccel do bí sé; 7 adub*air*t an tén: 'Do ordaigh*edh* ceit*hr*e haimse*ra* dhaibh re fedh bh*ar* tturais .i. sénáid an Ticcerna hi ff*arradh* an procutóra, 7 an caiscc ar druim an mhíl móir, 7 o chaiscc go cingtigis occain*n*e, 7 in nodlaic i ninis Albei no co tí féil Muire na ccoin*n*ell. *Ocus* a ccion*n* an sechtm*adh* bl*iadhna* bérth*ar* dochum an talman atathai d'i*arraidh* sibh, 7 biaidh sibh da fichet la an*n*; 7 'na diaigh sin dobért*ar* dochum bhar ttalman fein sibh.' 'Arna clúinsin sin do Bhrenain*n*, do cro*m* 'chum lair, 7 dorin*n*e toir*r*si 7 aithr*icch*e, 7 tucc mol*adh* 7 buid*echus* do Dhia, 7 do Cruthaighteóir caich uile. Do fhill an tén an u*air* sin dochum a ionaid féin, 'ar ccriochnucc*adh* gach en neithe dibh sin doibh.

(82) Adub*air*t[2] an procuttóir: 'Rachatt sa uaibh anosa, 7 tiucfat chuccaibh arís maille risna neithibh ricefes sibh a les, amail tainic an Procutóir naomtha dochum na naps*tal* roimhe.' Do imtigh an procuttoir an u*air* sin, iar bfaccbhail ben*nacht*an ag Brenain*n*, 7 ag cach arcena; 7 do an Brén*ainn* | isin lucc sin *ar* fedh na haimsire ro f. 238b
hordaig*edh* dó. *Ocus* 'ar ccriochnucc*adh* na ree sin, do gabh Brenain*n* lamh *ar* imtecht, 7 dochuir a long o thír, 7 dochon*n*airc an procutoir chuicce, 7 long lán do bhiadh leis, 7 tucc sin do Bhrénain*n*; 7 do fhill féin 'na diaigh sin isi*n conair* asa tainic. *Ocus* do bí Brenain*n mar*sin *ar* f*air*rgi co cenn da fhicet lá, 7 da fichet oidhche.

XXV. Ceilebhradh na cascc for dromaim*m* an mhíl mhóir.

(83) In tan[3] im*morro* ba comfhocraibh don chaiscc, batt*ar* a muin*n*t*er* occa rádha fri Brenain*n* dol for tir do cheilebhradh na cascc. 'Is tualaing Dia', ol Br*enainn*, 'talamh d'fagbhail duin*n* i ngach dú b*ús* ail dó.' I*ar* ttichtai*n tr*a na cásccae, toccbais bleidhmíl mór muiridhe a fhormna a nairde uas trethan na tton*n*, gur uo talam tirim. *Ocus* tiaghait iarsi*n* forsin talamh, 7 ceilebhraitt an chaiscc an*n* iarsin. *Ocus* batt*ar* isin maighin sin aen lá 7 da oidhci. Iar ndol doibh siumh ina longaibh, sceindis in bleidhmil fon muir fochettoir. Cidh *tra acht* is amh*laidh* si*n* do cheilebrattais in chaiscc go cenn secht mbl*iadan* for druim an bleidhmil muiridhe; úair an tan ba comhfhocraibh don chaiscc gacha bliadhna, no tocc*badh* a dhruim uasin muir, co mba talamh techtaige tirim.

[1] = M p. 110; R § 41; S[1] § 24; Capg. I. 146, 11. [2] = M p. 111; R § 42; S[1] § 25. [3] = L 3601.

xxvi. FUABAIRT BÁITI LOINGSI BRENAINN DONA SAOBH-COIREDAIBH INDSO.

(84) Araile *tra* aims*er*[1] dia mbatt*ar* forin aiccén niongant*ach* neoch*ur*gor*m co* facatt*ar* na srotha doimhne dilenda 7 na saobh-choiredha dubha dermora. *Ocus* is an*n* ba mesta na longa dia mbát*adh* fri
f. 239[a] métt | na hanfine. Gabhais cach dibh an*n*sin for fecch*ad* ind acch*aid* Brenain*n*, uair ba dermair métt in gháb*aidh* irrabhatt*ar*. Toccbais Brén*ainn* a ghuth go hard, 7 atbert: 'As lor, a muir mhór sa, meisi im aen*ar* do bhádadh; 7 leicc úait an lucht so.' Is an*n*sin *tra* féthn*aigh*is an muir fochéttóir, 7 toirnidh fiuch*adh* na saobh-coired; 7 osin amach ni ro ercoidighestair do nach aile.

xxvii. CUAIRT AN DIAB*AIL* FOR CUIRR LUINGE BRÉNAIN*N* DIA RO FOILLSIGH DÓ PIANA IFFRIND.

(85) Araile lá[2] batt*ar* foran muir, tainic an diab*al* i ndeilbh senta aduathm*air*, *co n*deisidh forin seol hi ffiadn*ais*e Brenain*n*; 7 ní facaidh neach díbh sa*n* é, *acht* Brenain*n* a aen*ar*. Fi*arfaigh*is Br*enainn iar*sin do*n* diabhal, cidh ima ttainic riana aimsir chóir .i. ria naimsir na héirghe móire, lái an bhrátha. Atb*er*t diab*al* focettoir: 'Is aire tanacc', or se, 'd'iarr*aidh* mo piantae i fudomhnaibh in m*ar*a duibh dorcha sa.' Fi*ar*f*aigh*is Brenain*n* deisiumh iarsi*n*: 'Cidh do*no*, cait ina fuil in locc if*er*naighe sin?' 'Truagh sin', or diabhal, 'ni cumhaing nech a nin*n*isin[3], 7 e béo i*ar*sin.' Cidh *tra* acht foillsighis diabhal dor*us* iff*ir*n do Brenain*n*, *co n*aca a phiana 7 a dhocamhal.

(86) Is an*n*sin[4] fi*arfaigh*it a mhuin*nter* don mhan*ach* naemhtha: 'Cuich aiccille?' or siatt. In*n*isis Brenain*n* a nat*connairc*, 7 i*n*nisidh beccán dona pianaibh at*con*nairc, amh*ail* adubhram*ar*, 7 amhail fofrith hi scribhen*n*aibh na fett*ar*laice. Is an*n*sin atb*er*t fer día mhuin*n*tir fri Brenain*n*: 'Leicc damhsa *co nacar* ní dona pianaib sin.' Iar ccettucc*adh* dó il-pían if*irn* d'faicsi*n*, fa marbh focettoir, 7 is*edh* asb*er*t occ écc: 'Mairce, mairce', or se, 'tainic 7 ticfa[5] 7 ticc isi*n* *carcair* si.' Iarsin dogní Brenain*n* ern*aigh*the, 7 ro aithbeoaigh an fer si*n* boi m*ar*bh día mhuinntir.

f. 239[b] xxviii. SCEL NA MNA M*AIRB*HE AN*N*SO B*U*DESTA.

(87) Ni fada[6] dochuatt*ar* assin, an tan fu*ar*at*ar* inghen min m*acc*dacta mong-bhuidhe, gilither snech*t*a no úan tuin*n*e hí, 7 sí m*ar*bh i*ar* ttab*air*t buille do ghae dhi tréna formna, *co n*dech*aid* et*er* a da cích. Ba dermair im*morro* me*t* na hi*ngin*e sin; ced t*r*aig*idh* ina hairde, 7 *noi* tt*r*oigthi et*er* a dá cích, ceit*hre* t*r*oighthi i ffod a srona, 7 secht t*r*oighti hí ffod a méoir medhoin. I*arsin tra* tathbeoaighis Brenain*n* hí, 7 baistt*idh* foce*t*oir. I*arfaig*e*dh* im*morro* a cen*él* di. Atb*er*t si: 'D'ai-

[1] = L 3617. [2] L 3625; R § 67[a]. [3] a faicsin L (*recte*). [4] = L 3669; R § 67[b] [5] 7 ticfa *bis* m. pr. [6] = L 3678; R § 68.

ttrebhtach*aib* in m*ar*a damh sa', ol sí '.i. don lucht oilit ⁊ ernaigit eserghe doibh.' Iarfaighis Brenain*n* dissidhein, cidh ba hail di .i. 'an dochum nimhe raghae focetto*ir*, no docu*m* th'ath*ardha*?' Do fhreccair si iar*amh* tre berla na ro thuicc neach ele *acht* madh Brenain*n*. ⁊ is*edh* asb*er*t: 'Dochum nimhe im*morro*', or sí, 'óir atcluinim gothae na naingeal ac co*mmol*adh in Coimdedh cumh*acht*aigh.' Iar ccaithemh im*morro* cuirp *Criost* ⁊ a fhola dhi atbail an*n* cen nach snímh, ⁊ adhnaict*er* co honor*ach* hi la Brenaind.

xxix. Faghail in chlair ciarta ina mbói in sccribhenn innso.

(88) Araile[1] la da*no* batt*ar* forin muir, ⁊ síatt occ iomramh co sóinmech, *co n*acat*ar* araile inis náiainn, ⁊ sí ard; *acht* chena ni fu*aratar* port reidh aice da hion*n*saicc*edh*. Atb*er*tat*ar* a mhuin*n*ter fri Brenain*n* anadh co cend sea*cht*maine 'na timcell. Ro ans*at*, ⁊ ni ro fhéts*at* dol in*n*te f*r*isin re si*n*. Atchualat*ar* im*morro* gotha daoi*ne* in*n*te occ mol*adh* a*n* Choimd*edh*, ⁊ at*conn*catt*ar* ecclas álain*n* oiregh*dha* inte. I*ar* ccloiste*cht* doibh siumh fogh*ar* gotha lochta na hin*n*si, cotlais Brenain*n cona* mhuin*n*tir ina suan spir*a*talta.

(89) Uair na ro leiccitt siu*mh* t*ra* docu*m* na hin*n*se, cuirther cl*ar* ci*ar*tai doibh anúas, ⁊ sé sccriobhtha; ⁊ is*edh* bói an*n*: 'Na dén*aidh* saoth*ar* frisan inis so do thecht in*n*te, *ar* ni tiucf*aid*he dogrés. | Acht f. 240a
an inis iarrtái, fogebhtai; ⁊ ni hí so hí. Erigh dod tír féin, a Bhrenain*n*, u*air* atád soch*aid*e occut i*arraidh* an*n*, ris b*udh* áil t'faixin. *Ocus* túr na sccrioptuire noibhe, *quibus dictum est: "mansiones Dei multe sunt*." Amhail b*udh* edh atber*edh*: "Is iom*dha* ait ⁊ adba occon cCoimdhe i ffecmais in oilein[2] so."' Iarsin t*ra* iompoid siumh on inis si*n*; ⁊ beraitt leo an tabhall ciartha ud a ccomh*ar*ta fóilti ⁊ deititin lochta[3] in oilein tucc doibh; ⁊ no herleghta aca som hí gach día, am*ail* bidh ó Dhia dobértha doibh í.

xxx. Tairccsin mheallta muinntire Brenainn don diabhal hi lloss ítan indso.

(90) Araile lá[4] batt*ar* forin ffairrge occ iom*r*amh in m*ar*a, gabhais íota dermh*air* íatt, gur uo comhfochraibh bás doibh. Is an*n*sin at*conn*cat*ar* na s*r*otha aille uisccidhe acc tep*ersai*n ⁊ acc snighe asna c*air*rgibh. I*ar*faighitt na braithre: 'In níbham ní don uiscce uccat?' or siatt. 'Bennachaidh for th*us* he', or Brénain*n*, 'dia fhioss cr*éd* he.' Iarna bhennach*adh* im*morro* an uiscce, ⁊ i*ar* ccantai*n* all*el*úia úasa, t*r*aigitt iarsi*n* focettoir na srotha sin; ⁊ is an*n*sin att*conn*catt*ar* diab*a*l acc sceinm uadh, ⁊ no muirfed an lucht no iobhtáis hé. Sóerth*ar* t*ra* tre chumh*acht*aibh Brenain*n* a muin*n*ter, ⁊ irchradhais a niota focéttoir.

[1] = L 3691; R § 69; S² § 9. [2] *no* inis, interlined. [3] lochta *bis* MS.
[4] = L 3707; R § 70.

Foriadthar in loc sin f*or* diab*al*, *co n*a dernad olc fri duine riamh osin amach.

xxxi. Iompodh Brenain*n* da chett-loinges co hEirind indso.

(91) Iar mbeith[1] im*morro* do Brénain*n* coicc[2] bliadhna forin loinges si*n*, io*m*poidhis dorísi cóa tír 7 coa thalamh fein, amhail[3] ro for*con*gradh fair isin inis adubram*ur*. Is an*n*sin *tr*a do dechatt*ar* lucht a f. 240[b] thire | 7 a thuaithe fein ina aighidh ; 7 batt*ar* occa fhi*ar*faighe de, cidh poi*n*d bói dó dia longaibh[4] ; 7 tuccatt*ar* maoine 7 aisccedha dó, amhail dobérdais do Dhia. I*ar* ffaccbáil im*morro* do ilibh díbh an tsáog*ail*, lenaitt i*ar*si*n* Criost. *Ocus* doghnidh somh im*morro* ferta 7 miorbhailedha iomdha an*n*sin, 7 nó shlánaighedh aes galair 7 cuimrigh, 7 no ion*nar*badh demhnu 7 dúailche. Aiccillis i*ar*sin esp*occ* Eirc .i. a oide.

(92) Tainicc i*ar*sin co du a mbói a buime .i. Ita, 7 fiarf*aigh*is di cidh dodhenadh fria loinges. Ferais Ita failte fris, am*ail* do chanadh[5] fri *Criost con*a apstalaibh, 7 is*edh* atbert fris : 'A mheic ionmhai*n*, cidh immo ndechadhais for loinges cen comhairle f*r*im sa ? u*air* an talamh 'ca taoi d'i*arraidh* for Dhia, nochan faghbaidh é i*ar*na[6] croicnibh m*ar*bdai moglaidhibh sin, oír talamh noemh coiserctha é, 7 nir doirt*edh* fuil dui*n*e an*n*si*n* riamh. Acht chena dent*ar* longa cranda lat. Is doigh is amhl*aidh* si*n* fogebha an tir si*n*.' I*ar*sin luidh Brenain*n* hi ccrich *Connacht*, 7 dogníter long d*e*rscc*aigh*t*ech* derm*air* lais ; 7 teitt innte *con*a muin*n*tir, 7 *con*a phop*ul* ; 7 ber*ar* luibhe 7 síl[a] examhla leo, dia chur in*n*te, 7 sáeir 7 gaibhne iar natach Brénain*n* ima leccadh maraón fris.

xxxii. Andara loinges budhesta.

(93) Iarsin *tr*a luidh Brenain*n con*a mhuin*n*tir for muinci*n*n *m*a*r*a 7 mor-fairrge ina frithing dorísi. Nír bo cian[7] doibh *o*c*on* iom*r*amh sin, an tan tainic gal*ar* oban*n* dochum an ghabhan*n* boi occo, co mbo comfocc*us* bás dó. At*bert Brenainn* friu : 'Cidh machtnaighti[8] ?' *ar* sé ; 'Eircc dochum na flatha nemh*dha* amail ro thuiris deit fein *gus*aníu ; no, madh ail deit beith isin saegal béos dogen sa ern*aigh*the f. 241[a] ort fri Día, 7 bidh e b*ar* slainte.' At*bert* a*n* gabha : | 'Atchluinim guth in Choimdedh occum ghairm.'

(94) I*ar* ccaitem im*morro* cuirp *Criost* 7 a fhola 7 a fheola teid dochum nimhe. Bói *tr*a ceist mhór et*er* na braithribh cáit i ndingéntai an corp d'adhlac*adh*, úair ni raibhe feoran*n* no talamh hi ccomhfocc*us* doibh. Is an*n*sin atb*ert* Brenain*n* f*r*iu a adhnacal i tton*n*aibh in mh*ar*a, 'uair anti doroine nemh 7 talamh 7 na dúile archena, as

[1] = L 3717 ; R § 71[a] ; S^2 § 10 ; M c. 12. [2] secht L. [3] amhail *bis* m. pr. [4] loingius L. [5] no feradh L. [6] ? arna. [7] = L 3760 ; R § 73. [8] fris : Cidh machtnuighi L (*recte*).

tualaing he ton*na* in m*a*r*a* d'fostadh cuirp ion*n*ta go nemh-cumhscaighti.' Cidh *tra acht* adhnaict*er* an gaba et*er* ton*n*aibh an *mara* ce*n* roctain co talm*ain*, 7 gan roctai*n* ar uacht*ar* an tsáile, cen cumhsccuc*cadh* inon*n* in*n*a ille, am*ail* no beith i ttalamh; *ut dixit*:

Adhnaicit siumh, gerb aiccméil,
In gobain*n* isin aiccen;
Et*er* ton*n*aibh mara mir,
Gan roctain dó fo ton*n*gair.

xxxiii. SCEL OILEIN NA NABAC INDSO.

(95) Iar ffaccbáil[1] im*morro* doibhsiumh an ionaid sin at*conn*cat*ar* talamh' becc d*er*oil i ccomhfocc*us* doibh. Iar ngabhail im*morro* doibhsiumh an ionaid sin, liontar an port forra do demhnaibh i ndelbhaibh abhac, 7 luchurpá*n*, 7 a ngnuisi comhdubha fri gual. Is an*n*sin atbert Brén*ainn*: 'Cuiridh ind angcaire amach, uair ní fhett nech dula isi*n* tír si act nech cuirfes cath dáen*n*a fri demhnaibh, 7 doirtfes fola toraibh.' Batt*ar* an*n*sin co cenn secht lá 7 secht noidhche; 7 nír fétsat a nangcaire do tarraing aníos, 7 fáccbhaitt an*n*si*n* é et*er* na cairrgibh i llenm*ain*, 7 imthigit iarsi*n* asin cua*n*.

(96) Batt*ar* somh *tra* i ndocam*h*ol mor d'esb*aidh* a nangcaire, 7 do dith an ghaban*n* doghneth doibh é. Is an*n*sin atb*ert* Brenain*n* fri sacc*ar*t dia mhuin*n*tir: 'Déini si', ar se, 'gniomh an gabhan*n* go | cenn mís duin*ne*.' Bennachais *tra* Brenainn lama an tsacc*airt*, u*air* f. 241[b]
ni ro foglainn goibhne*cht* riamh. Is an*n*si*n* im*morro* dorin*n*e an saccart angc*air*e derscaighth*ech*, 7 ni frith riamh roimhe ina inadecch*aid* a chosmailes *ar* feabhas a dhenma.

xxxiv. SCCEL AN BHRATHAR DO FUADAIGHEDH O BRÉNAIND ANDSO.

(97) La ele[2] do Bhrenain*n* occ siubhal na bochna, *co* facae sliabh mor ifernda; 7 is amlaidh do bháoi; lán do nellaibh 7 do detaigh fana mull*ach*. *Ocus* do fhuadaigh in ghaeth iatt maille le rith foirreiccn*ech* go traigh in oilein ara raibhe in sliabh, ion*nus* co ndech*aid* an long a ccomfhocc*us* do thir. *Ocus* is amlaidh do bí bruach an oilein si*n*, 7 airde aidbs*ech* an*n*, ion*nus* g*u*rab *ar* eiccin do fhetatt*ar* a faicsi*n* uatha. *Ocus* is amhl*aidh* do bi se, lan do aithin*n*ibh 7 d'aoibhlibh d*er*cca, 7 do ba coimhdir*ech* le múr he.

(98) *Ocus* doch*úaid* nech don *triar* brat*ar* do len Brenain*n* asin mainistir, amach asi*n* luing, 7 dochuaidh se go himel an brúaich, 7 ní fada do bói ann an u*air* do eigh co h*ar*d 7 co truagh, 7 adub*airt*: 'Is truagh damsa, a ath*air*, u*air* atáth*ar* 'com breith uaibh, 7 ni fhuil cumh*achta* impoidh cuccaibhsi occam.' Occ*us* '*ar*na fhaixin sin dona

[1] = L 3774; R § 74. [2] = M p. 121; R § 59; S[1] § 42; Capg. i. 148, 43.

braithribh, do gabh eccla mor iatt, 7 dochuirettar in long amach, 7 doghoirettar comairc arin Ticcerna nemhdha, 7 isedh adubhratar: '*Miserere nobis Domine, miserere nobis Domine*' .i. A Ticcerna dena trocaire orainn, dena trocaire oruinn.

(99) Do fech immorro Brénainn air, 7 atconnairc iomat demon ina thimceall, 7 he aga losccadh ettorra; 7 adubairt: 'As truag duit, a bhoicht nemh-conaich, in chrioch doghabhais ort fein, 7 ar do f. 242ª bethaid,' 7c. | Ocus inadiaigh sin do fhuadaigh in gaeth uadha iatt, 7 do gabhattar isin aird thes. Ocus do fechatar inandiaigh aran oilen, 7 is amlaidh atconncattar he, le lassadh, 7 acc leiccen a lasrach dochum inn aióir, 7 ag gabhail lasrach aris chuicce, ionnus co raibhe in sliabh ina ubhall-mheall teindtidhe uile.

XXXV. SCCEL IUDAIS BUDHEASTA, 7 ROIMHE TICC SCCEL FUASLAICCTHI AODH GUAIRE.[1]

(100) Laithe náen [2] do Bhrenainn acc siubal in mara, tareis in oilein sin inar fuattaigedh in bratair uadha d'fágbail. Atconnairc in taidbsi a ffad uadha arin bfairrge; 7 'ar ndol a bfoccus di doibh, adubhrattar cuid dona braithribh andar leo gomadh duine do bái ann ar carraicc; 7 adubairt cuid ele dibh narbh edh, 7 gurab en do bói ann. Adubairt Brénainn: 'Sccaraidh re bhar ccoinntinn, 7 druididh in long i ngar di, ionnus go raibhe a fhios accainn cret ata ann.' 'Ar ndol 'na gar dóibh atconncatar gne duine 'na suidhe for cloich ann, 7 cosmailes bhruit no édaigh ele i náirde ar dá gabhail íarainn ina fiadhnaisi; 7 is amhlaidh do bói occa pianadh eter na tonnaibh, 7 an brot ag buain fona suilibh dó; 7 uair ele acca theilccen don charraic, 7 andara feacht aga teilccen uirre dorísi.

(101) Do fhiarfaigh Brénainn de: 'Créd fár cuiredh na piana sin ort? nó cía tú féin?' Atbert san ris: 'As meisi an droch-cendaighe', or se, '.i. Iudás, 7 is me do thairbhir an Ticcerna, Iosa *Criost*, fo lamhaibh na nIodhal; 7 ní ar luaighidhecht ata an tionad sa accam, acht ar trocaire an Ticcerna, 7 i nonóir na heiséirghe atá an sochar sa accam; 7 ni f. 242ᵇ fhuil furtacht damh de | go laithe an bratha, acht beith marso. Ocus as ionann liom 7 do bheinn i bParrtus beith marso, a bfarradh mar bhím 'na féccmais, 7 mar iméorthar anocht oram arin sliabh teintidhe atconncabhair si, mara bfuil Leuitan 7 a chompanaigh, marar fúadaighedh an brathair uaibh.

(102) 'Ticcther cuccamsa ann, 7 leghtar mé amhail luaidhe hi croccán chríadh, 7 do bhadhus immaille fríu an tan dochúaid an brathair chuca, 7 do ghairettar co mór aga fhaixin tre luathgaire Ocus is marsin doníad an trath téid anam miotrocairech chuca. Ocus

[1] See the heading of c. lxii *infra*. [2] = M p. 122; S[1] §§ 43-5; Capg. i. 149, 12; cf. p. 100 *infra*; R § 97; M c. 25.

go raibhe fis trocaire Dé accaibhsi, 7 in*n*isim si daibh anoss, co ffuil soch*ar* mór accam gacha domhn*aigh* .i. o esp*ar*ta dia sathairn co hesp*ar*ta oidhce luain, 7 ó nodlaic co hEpifain, 7 o chaiscc go cingtigis, 7 an*n*sna feiltibh Muire uile. *Ocus gach* uile lá ele osi*n* amach crocht*ar* 7 piant*ar* me maille le Piláitt, 7 le Caipas, 7 le hAnas i nif*urn*; 7 guidhim sibhsi fa guidhe ar mo shon fa mo leiccen m*ar*so go héirge greine am*ar*ach.'

(103) Adub*air*t Br*enainn*: 'Ni bérth*ar* assin go mattain tú.' Ocus do fhi*arfaigh* Brén*ainn* arís de: 'Cr*éd* an tédach sin atath*ar* do bhual*adh* fád tsúilibh?' 'Edach tuccusa do dhuine bhocht do chuid mo Tig*er*na antan do badhas im sheomrattoir aicce; 7 ó n*ar* lem féin é, is a ndioghbáil damh téid anosa, 7 ni a soch*ar*. *Ocus* in cloch so ara bfaicti si im shuidhe mé, cloch dochuiresa for slicc*idh* choitchin*n* hí, an tan do badh*us ar*an tsáog*ul*, suil do bí mé im dheiscip*ul* agi*n* Tig*er*na.'

(104) M*ar* thanicc t*r*ath esp*ar*tan chuca, at*conn*cat*ar* sl*úagh* adhbhalmór do demhnaibh dia soig*edh*, 7 adub*r*attar: 'Fácc sin anois, a óccl*aigh* Dé, 7 tuicc nach fétmaitt ne dol docum *ar* ccompan*aigh* an fad beithí si ina cho*m*hgh*ar*; 7 ni fhuil *ar* cumm*us* duin*n ar* tticc*er*na d'faix*in*, no co tt*u*cam | a charaitt fein dó. *Ocus* tabh*air* si ar ngreim fein ano*cht* duin*n*, 7 na ben dín*n* ni b*ús* mo he.' Is*edh* atb*er*t Brén*ainn*: 'Ni meisi choimhétt*us* ano*cht* he. *Acht ar* tTiccerna, Íosa *Criost*, do chedaigh dó a bheith ano*cht* m*ar* atá.' Adub*air*t an demon ba foirfe aca: 'Cret fa ngoiren*n* tu ain*m* an Ticcernae *ar* son an fhir útt? 7 g*ur*ab é do thoirbir an Ticcerna fri c*r*oich 7 césadh.' f. 243[a]

(105) Adub*air*t Brenain*n*: 'Cuirim m*ar* aithne a hu*cht* Críst oruibh, gan pian na dochar d'imirt ano*cht fair*.' Do imghett*ar* na demhai*n* uadh leissin; 7 '*ar* ttecht an lai chuca, 7 acc imthecht do Brenain*n*, do foscl*adh* dorsi ifi*rn*, 7 tangatt*ar* slu*aigh* dírimhe do demnaibh amach as, 7 do labhratt*ar* do ghothaibh arda adhuathm*ara*, 7 iss*edh* adubhratt*ar*: 'A óccl*aigh* De, as mallaighthi do thoiscc chuccai*n*, úair do eassonoraigh *ar* ttigerna fein inn, do chin*n* nach*ar* thaispe*n*am*ar* a occlach diles féin do gose.' Adub*air*t Br*enainn*: 'Rach*aid* b*ar* mall*acht* a mbenn*acht*ain diamhsa; u*air* cibe mallaighes sibhsi, budh ben*n*aighthe hé, 7 gibe benn*aigh*es sibh, bidh mall*aigh*thi é.'

(106) Adubratt*ar* na demna: 'Pianfamaid ne co dúbalta isin tsechtmain si hé do chin*n* a ndech*ad* lais araeir.' Adub*air*t Brénain*n*: 'Ni fuil chum*acht*a aguibh féin, nó aga bh*ar* tticcerna air, *acht* ag Dia na nuile cumhacht. *Ocus* cuirim si mar aithne a hu*cht* De oruibh, 7 *ar* bh*ar* tticcerna, gan pian anois do thab*air*t do, *acht* m*ar* do thuccabhair riamh roimhe.' Adubh*air*t an demhon oirbhertach bói aca: 'An t*us*a ticc*er*na cáich uile?' 'As me', ol Brénain*n*, 'ócclach Ticcerna na nuile cumh*acht*, 7 inní aitheon*us* mé asa ucht, dogént*ar* inni si*n* fom thoil.' *Ocus* '*ar* radh na mb*r*iat*har* sin doibh, do tóccbhatt*ar* i nairde

isin áer é maille le gairfedhaigh ro-moir. *Ocus* gidh edh, dob eiccen doibh aithne Brenainn do choimhlionadh. |

f. 243[b] XXXVI. SCCEL OILEIN PÓIL DITREABAIG INNSO.

(107) Laithe náen[1] dia raibhe Brénainn cona muinntir ag siubal na haibhéisi, co facatar oilen a ffatt uatha; 7 amhail doconncatar na braithre he, do sheolattar a long go luathgairech chucce. *Ocus* adubairt Brenainn ríu: 'Na cuiridh tar modh a saethar sibh, uair atád secht mbliadhna ó do fáccbamur ar ttalamh féin gusin ccaiscc si a bfuilti; 7 dochife sibh go hathgoiritt anosa ditreabach annsan oilen so darab ainm Pol, 7 gan sásadh corpardha bídh no dighe aicce fri re tri fichit bliadan, acht betha fhichet bliadan do gabail dó ó pheist airithe.'

(108) Mar docuattar a bfóccus don traigh, nir fhetattar dol isin oilén ara airde; 7 dob anshocair ard a bhrúaich, 7 do ba becc cruinn an toilen féin osin amach; 7 ni raibhe talamh for a mhullach, acht carracc lom cloiche; 7 dob ionann tomhus ar airde 7 ar leithett dhi. *Ocus* 'ar ttimcelladh an oilein doibh, fuarattar slighe cumhang 'san mbruach, ionnus gurab ar eiccin fuair corr thosaigh na luinge ionadh ind. *Ocus* ba decra ina sin dol súas innte. *Ocus* atbert Brenainn risna braitribh: 'Dénaidh comnuidhe annso, nó co teccar sa chugaibh, úair ní ced daoibh dol isin oilen so gan cettuccadh do mogh díles Dé ata ann.'

(109) *Ocus* mar tainic Brenainn ar mullach an oiléin, dochonnairc an da uaimh ar comhair a cheile; 7 dochonnairc topair becca ag snighe asin charraicc ar aghaid na huamadh. *Ocus* mar dochoidh Brénainn for dorus na huama, atconnairc nech arsaidh ag toidhecht asin uamadh ele amach chuicce; 7 adubairt: '*Ecce quam bonum et iocundum habitare fratres* [*in unum*]' .i. is follus gurab maith na braithre do rochtain i náen ionad. *Ocus* 'arna radha sin dó, atbert fri Brénainn na braitre do ghairm asin luingg. |

f. 244[a] (110) Mar[2] dórinne Brenainn sin, do phócc óclach De íad uile, 7 dochuir failte ina nanmannaib dilsibh rempu. *Ocus* do gabh ionngantus mor na braitre fo aibítt in fhir naemhta; uair ni raibhe d'erredh uime acht grúag a chinn 7 a fhésócc, 7 fionna a chuirp uile osin amach *Ocus* is amhlaidh do bái an fionna sin; nir gile sneachta ina sé tre arsaigheacht ind fhir naemhta. Adubairt im*morro* Brenainn ag tuirsi 7 ag cnettaigh: 'As truagh damhsa', or se, 'beith i mpecthach, 7 aibítt mhanaigh imum, 7 morán ele do mhanchaibh fariom isin aibitt céttna, 7 occlach sdaide ainglidhi ina shuidhe hi ccolainn lom-nochta, 7 hé nemh-ghortaighthi o chairthibh na colla.'

(111) Adubairt occlach Dé .i. Pól, fri Brenainn: 'A athair onoraigh,

[1] = M p. 125; R § 60; S[1] § 46; Capg. i. 150, 34. [2] = M p. 126; R § 61; S[1] § 47; Capg. i. 151, 1.

as diairmhe im*m*att na miorbuil*edh* do foillsicc*edh* duitsi, nach*ar* foillsiccedh d'ath*air* náemhta da ttainic rom*at*; 7 adeir tusa an*n* do croidhe, *co n*ach diongmála tú féin dochum aibítte man*aigh* d'iomch*ar*; uair adeirim si rit, a ath*air*, *gur*ab mo tusa na man*ach* oilter 7 bethaigther do shaeth*ar* a lamh féin. Do oil 7 do ettaigh Dia tusa 7 na manaigh fri ré secht mb*liadan* da sheicréitt fein.'

(112) Do fi*arfaigh*[1] Brenain*n* do Phol, cion*n*us tainicc 'san oilen nó 'san ionad sin, no ca haittrebh irraibhe roimhe, no ca fad do fhulaing an betha sin he. Do fhreccair Pól e, 7 attb*ert*: 'A athair, do hoiledh meisi i mainistir Patt*r*aicc fri re *deich* mb*liadan* 7 da fhichet, ac coimhett reilcce na mbrath*ar*. *Ocus* do *iarrus ar* mo deccanach ionad adhnaicthi do co*mhar*tucadh do neoch do bhadh*us* d'adhnacal. *Ocus* iarna comh*ar*tachadh sin da*m*h, tainic nech *ar*saidh anaithn*idh* dom ion*n*saigh*edh*, 7 iss*edh* asb*ert* frim: | "Na dena do tochailt an*n*sin, a f. 244b
bhrath*air*, uair as uaigh fhir ele fil an*n*." Adub*art* sa fris: "Cia tusa, a athair?" "Crétt nach aithnicchenn tusa mé? 7 *gur*ab me as abb duit." Adub*art* sa rision: "Ni heth, *acht* Pat*r*aicc as abb damhsa." "As meisi sin", or se, "7 inné dochuadh*us* on tsaoghal sa. *Ocus* isé so as ion*adh* adhnaicthi damh."

(113) '*Ocus iar*na radha si*n*, do chomh*ar*taigh ionad ele damh in u*air* sin, 7 atb*ert*: "Adhnaic do brathair an*n*so, 7 na hin*n*is do neoch ele anní adub*art* sa f*r*iot. *Ocus* eirigh am*ar*ach *gus*an f*air*rgi, 7 dogebhair long an*n* bhér*us* tú i nionad ina fuireochair go la do bháis." '*Ar* ttoide*cht* na maidne *iar*nabh*ar*ach, do t*r*iall*us*a dochum na fairrgi doréir aithne an ath*ar*; 7 fu*arus* mar do geall*adh* damh an*n*; 7 '*ar* ndol 'san luing damh, doron*us* loingseor*acht* tri lá 7 tri noidhche, 7 do sccuires an*n*sin, 7 doleicces don luing dol m*ara* seolfadh an gháoth dhi toidhe*cht* fo tír. Ocus isi*n* sechtm*adh* lá iarsi*n* fu*arus* an characc sa, 7 doch*uaid* in long fo tir innte. *Ocus iar* ffaccbáil na lui*n*ge damh, do iompo go lúath reimpe doridhisi dia tir féin; 7 do an*us*a an*n*so on laithe si*n gus*aníu.

(114) '*Ocus* an cétt lá tanacc an*n*so, tainic an peist danab ainm luath dom ionsaicc*edh*, 7 tucc iascc chuccam, 7 gainemh do thell*ach* do dhenamh tein*edh* et*er* a da cois tos*aigh*, 7 i occ imtecht for a cosaibh deiridh; 7 m*ar* dochuir si*n* im fhiadhn*aise*, do iompo reimpe da hion*adh* féin. *Ocus iar* niompodh dhi, do ben*usa* teine, 7 doron*us* a fadodh leisan ngainemh do fáccb*adh* occam, 7 do ullmaiges an tiascc, 7 dochaithes he, m*ar* b*údh* lór liom. *Ocus* do ticc*edh* an tea*cht*aire *cet*na sin chuccam gacha tres la leisan bproin*n* sin. *Ocus* do bhadh*us* go cenn t*r*iochat bl*iadan* m*ar*sin | gan esbaidh bídh no dighe. f. 245a
Ocus do shiledh sruth uiscce asin carraicc chuccam gacha domhnaigh, asan ion*n*lain*n* mo lamha, 7 asa nibhin*n* digh do choscc mo th*ar*ta.

[1] = M p. 126; R § 62; S[1] § 48; Capg. i. 151, 16.

(115) '*Ocus* inadiaigh sin fu*arus* an da uaimh so, ⁊ na topair, ⁊ is-iatt as betha damh gan substaint bídh ele ri ré *tri* fichet bliad*an*, ⁊ is nonagenari*us* me *ar*in oilen sa .i. *tricha* bl*iadan* for sasadh in eiscc, ⁊ *sesca* bl*iadan ar* sásadh an top*air*, ⁊ cáecca bl*iadan* do badh*us* im tha-lamh féin; ⁊ is íad mo bliadhna uile, edhón dá fichet ⁊ ced bliad*an* g*us*aniu; ⁊ atáim ag fuir*ech* gose hi ccolain*n* daen*n*a re lá mo bhreitemhnais.'

(116) Inadhiaigh sin [1] atb*ert* an senóir naemhtha: 'Gabh, a Bré-nain*n*, lámh *ar* imthecht; ⁊ beiridh ní d'uisscce an top*air* libh i nbh*ar* soidhtighibh, uair ata slighi fhada remhaiph .i. uidhe da fhichet lá co sath*arn* cáscca. *Ocus* dogéna sibh an caiscc si mara ndernabh*air* hí leisna secht mbliadnaibh ele si; ⁊ rach*aid* sibh inadiaigh si*n* go talamh as ro-naemhtha ina gach uile tala*m*, ⁊ biaidh sibh an*n*sin go cenn da fichet la ele. *Ocus* inadiaigh sin bér*idh* Dia slan sibh go talamh b*ar* ngeinemhna.'

xxxvii. (117) I*arsin* [2] *tra* ceilebrais Brenain*n* d'ócclach Dé a haithle na hiomagallma si*n*; ⁊ fagbait benn*acht*ain occa, ⁊ do imghettar maille le siothcáin, ⁊ do sheolat*ar* a long i nacch*aid* na des-airde, ⁊ do bhattar m*ár*sin *ar* fedh a*n* chorguis. *Ocus* dob*er*thi an long anon*n* ⁊ anall ar fud an aigéin; ⁊ ní *raibh*e do bhíadh acasan *acht* an tuiscce ruccsat léo ó oilén óccl*aigh* Dé. *Ocus* do bhatt*ar* go sub*ach* gan iotai*n* gan oc*arus* ar fedh tri lá, no go rangat*ar* go hoilen an phrocuttóra sath*arn* cascca i*ar*ttain.

(118) *Ocus* m*ar* doco*n*n*air*c an procuttoir iadsomh, tainicc ina f. 245[b] nairrcis maille le lúathgáire ⁊ le hiol-gháirdeach*us* | mór dochum an puirt. *Ocus* do gabh lamh gach fir aca ina laimh féin ag dol asin luing. *Ocus* 'ar ccriochnucc*adh* oiffici an tsath*air*n doibh, tucc an procutóir a suipér chuca; ⁊ m*ar* doricc an oidhche orra, dochuat*ar* 'san luing *cet*na, ⁊ an procuttoir maille friu. *Ocus* fu*ar*att*ar* an miol mór isin ion*adh* ina cclect*adh* beith, ⁊ dochanatt*ar* san mol*adh* Dé in oidhche sin, ⁊ adub*r*att*ar* na haif*r*in*n* isin maidin.

(119) *Ocus 'ar* ccriochnucch*ad* na naiffrion*n* doibh, dochúaidh an bethad*ach* mór lena ghnouighibh fein, ⁊ iadsan uile fora drui*m* 'na sesamh. M*ar* dochon*n*catt*ar* na braithre si*n*, doghoirett*ar* uile com*air*c, ⁊ is*edh* adeirdis: '*Exaudi nos Deus salutaris noster*' .i. eist linn a Dhe *ar* slanaightéoir na subhalt*aighe*. Do baoi im*morro* Brenain*n* aga ccomhfurt*acht* fa gan eccla do beith orra. Tainic an mil mór remhe co di*rech*, co ráinic co t*r*aigh an oilein di*ar* bo hain*m* Inis na nEn; ⁊ dochuir dhe an*n*sin uile iatt gan diogbhail. *Ocus* doronsa*t* comn*uidh*e isi*n* ionad si*n* co hoctaibh na cingtigisi.

(120) *Ocus* [3] *iar* ndol saoire na cingtighisi tairsibh, adub*air*t an procuttoir le Brén*ainn*: 'Eirghidh i nbh*ar* luing anosa, ⁊ lionaidh b*ar*

[1] This section is not in Capg. [2] = M p. 128; R § 63; S[1] § 49. [3] = M p. 129; R § 65[a]; S[1] § 50[a].

mbuidéil as*in* top*ar*; 7 bett sa féin libh occ denamh eo*lus*a duibh, u*air* ni fédtai an talam atáthai d'*iarraidh* d'fágail, muna rabhar sa occaibh.'

XXXVIII. SCCEL NA CCOLAMHAN, 7 FAGHBHÁIL AN CHOI*LIGH* AIFFRIND ANDSO.

(121) Lá éiccin[1] dia raibhe Brenain*n* *tar*eis aif*r*in*n* do radha ina luing, co ffaca féin *cona* muin*n*tir columai*n* mór uatha an*n*san ffairrge. D*ar* léo féin a ccomhfoc*cus* doibh, acht aon ní dob uidhe trí lá 'na thaibh é. M*ar* dochuatt*ar* i ccomhfhoc*cus* dó, docon*ncus* | doibh a oirett shin ele f. 246[a]
d'airde do beith an*n*, ion*nus* co raibhe a bh*ar*r a bfoc*cus* don fhirma*maint*, 7 he uile ar dath an chriostail ó mull*ach* go lár, 7 do bái cosmailes babhdúin uime da c*ech* leith fo dath airccitt no gloine. *Ocus* do báoi an uirett sin do sheimighea*cht* an*n*, go ffaicedh 'cach' c*ech* enní t*r*it amuigh 7 astigh, 7 do ba cruaidhe hé ina an gloine; 7 he la*n* do doirrsibh mora, ionn*us* go rach*adh* bád no lo*n*g bhecc for gach ndor*us* dibh. *Ocus* adub*air*t Brénain*n* réna muin*n*tir, an cran*n* 7 an séol do leccadh, 7 a rámha do tharraing, 7 a long do sheol*adh* tar dor*us* dibhsin istech. *Ocus* doronadh amhl*aidh* sin.

(122) *Ocus* do bí cosmailes míle d'fairrge on bhadbdhun si*n* da gach leith go soiche in columa*n*. Dochuatt*ar* fana bhún, 7 do bhatt*ar* fedh an lái occ imtecht re cois en cethramhan de. *Ocus* 'arna thimcell*adh* m*ar*sin uile, fú*ar*at*ar* *ar*in cet*hr*am*adh* lá coilech aiffrin*n* i fform*aid* i ttaobh an colamai*n*. Do ghlac Brén*ainn* an aisccidh sin dó mar comh*ar*ta; 7 adub*air*t Brén*ainn* risna manchaibh mo*ladh* an Dúilemhai*n* do dhénamh, óir nír chuir dith bídh no dighe orra, ona méd do sholás fú*ar*att*ar* an*n*sa cholaman. *Ocus* aran coic*cedh* la do imghett*ar* t*ar*in dor*us* c*et*na amach, 7 do thoccbatt*ar* a seolta ósa ccran*n*aibh, 7 doghluaisett*ar* rompu iarsin.

XXXIX. SCEL OILEIN NA GAIBHNECHTA DEMN*AIDHE*.

(123) Lá ele[2] do Bhrénain*n* acc siub*al* na fairrge, *co* fac*aidh* oilén hi ccomhfhoc*cus* dó, 7 é grán*n*a, dorcha, sleibhtemhail, cairrgech, cen*n*garbh, gan croin*n*, gan luibhe an*n*; *acht* lan do thigibh amhail cherdcadaiph. 'Arna faicsi*n* sin don ath*air* naemhta .i. do Brenain*n*, atbert lena bhraithribh 'mun amh si*n*: 'A braithre ionmaine', ar se, 'as eccal |
lem in toilen sa daibh, óir ní fhuil mo thoil lem fa dhol an*n*, dá f. 246[b]
ffétamais a shechna, oir atá an ghaeth go dir*ech* agár séol*adh* chuicce.'

(124) *Ocus* ní mó na fedh urch*air* cloiche bicce do bhatt*ar* uadha an ta*n* si*n*, an u*air* dochúalatt*ar* torann*n*-glés na mbolcc acca seidedh, 7 comthu*ar*ccain na nord ag bual*adh* na nindéon. Do ghabh eccla mór iad, 7 do thógaibh an tath*air* naomhtha a laimh, 7 dochuir comh-

[1] = M p. 118; R § 56; S[1] § 39; Capg. i. 148, 4. [2] = M p. 120; R § 57; S[1] § 40; Capg. i. 148, 16.

artha na croiche naoi*mh* fona ceithre h*air*dibh ina timceall, 7 adub*air*t: 'A Thiccerna, a Iosa *Criost*, sáer sin*n* *ar* muin*n*tir an oilein si.' Asahaithle si*n* iaramh do*con*ncat*ar* dias dubh-gran*n*a *ar* dath an ghuail gaibhn*idhe* ag tea*cht* amach asna cerdchadhaibh amhail do beittis ag dol do dhenamh saeth*air* éiccin.

(125) *Ocus* m*ar* do*con*ncatt*ar* muin*n*t*er* Dé, do fillett*ar* astech irís 'sna cerdcaibh, 7 tuccatt*ar*[1] léo da cáeir d'*iaran*n aithlegtha, 7 iad *ar* dercc-las*adh*, i ndá thench*air* ina lamhaibh; 7 doghluaisett*ar* go díoghair dochum na t*r*agha, 7 do theilccett*ar* iatt forsan luing; 7 ní derna sin, m*ar* n*ar*b áil le Día, erchóid doibh, óir dochúatt*ar* ósa ccion*n* t*ar*an luing sealat fada. Inadhiaigh sin do seol Dia in gháeth inandiaigh do muin*ntir* Bren*ainn* do lettaoibh an oilein. *Ocus* do éirgett*ar* amach asna cerdchaibh c*e*tna d*r*ong gr*ánn*a díáirmidhe diabhl*aidh*i, 7 caora tein*ntidh*e i ttenc*air*ibh leo da tteilccen orrasan. *Ocus* an tionadh i mbendáis na caora sin an*n*san bf*air*rge, do biodh fiuch*ad* mór ard uasa, m*ar* do beith as coire no a haighen fo mbeith teine adhbal-mhór.

(126) *Ocus* m*ar* n*ar* fedatt*ar* urchóid do den*amh* doibh, do fhillett*ar* dochum na ccerdchadh; 7 dochuirett*ar* go léir le dercc-lasadh íatt,
f. 247[a] 7 do ghabhatt*ar* ag telgen na ccaer | ndercc si*n* fora cheile. *Ocus* docluinti ní as foide na fedh radhairc uatha na gáirthe 7 na nuall-gubha dognítis. *Ocus* is m*ar*si*n* do sáer Día a mhuin*n*ter fein *ar* mhuin*n*tir an diabhail, u*air* as foll*us* g*ur*ab do muin*n*tir if*irn* uile iattséin. *Ocus* adub*air*t Bren*ainn* rena muin*n*tir menma maith do beith aca, 7 creidemh daingen, 7 buidhech*us* do thab*air*t do Día, 7 da ainglibh; 7 dorin*n*ett*ar* amail adub*air*t an tath*air* naemhtha riu .i. Brenaind.

xl. COMHRAC NA DA BÍASD MUIRIDHE TAR CEND BRENAINN *CON*A MUIN*N*TIR.

(127) Laithe náen[2] da raibhe Brenain*n* *con*a muin*n*tir ag siub*al* in m*ara*, *co* facatt*ar* an tiascc adhbal-mhór adhuathm*ar* da nion*n*saicc*edh*, 7 hé ag tealccan na tton*n* da gach taobh de, re deithbhir dochum na luinge da slucc*adh*. M*ar* do*con*ncatt*ar* na braithre si*n*, dogoirett*ar* comairc arin Tigerna nemh*dha*, 7 is*edh* adub*r*att*ar*: 'A Thiccerna do chum an dui*ne* 7 na dúile, sáer sin*n*.' *Ocus* do gabhat*ar* ag comh*ar*caibh ar Brenain*n* m*ar* an ccedna. Adub*air*t Bren*ainn*: 'A Thiccerna do chum an dui*ne* 7 na dúile, sáer sin*n*, 7 sáer do muin*n*t*er* féin on péist adhuathm*air* útt.' *Ocus* adub*airt* fós: 'A bhraithre, na biodh eccla oruibh; 7 as becc bh*ar* ccoccúas, óir anté 'do' sáer ó gach uile gabhadh in*n*, 7 an fer doní *ar* ndion do ghnath, sáerf*aidh* in*n* o bhél na péiste uccat.'

(128) *Ocus*[3] tainic an peist roimh an luing, 7 docuaidh *ar* airde ósa

[1] = M p. 121; R § 58; S[1] § 41; Capg. i. 148, 25. [2] = M p. 111; R § 43; S[1] § 26; Capg. i. 146, 14. [3] = M p. 112; R § 44; S[1] § 27; Capg. i. 146, 21.

ccionn. 'Arna fhaiccsin sin do Brénainn, táinic i ttús na luinge, 7 do thoccaibh a lamha dochum nimhe, 7 atbert na briathra sa: '*Domine libera nos*', 7c .i. 'A thiccerna, sáer do mhuinnter, amhail do sáerais Dauid o lamhaibh Golías, 7 Ionás | a broind an mhíl móir.' *Ocus* 'ar ccriochnuccadh na guidhe sin dó, dochonncatar a hionnshamhail sin do bhéist ele asin rann aníar, ag teacht a ccoinde na céd-píasta. *Ocus* 'ar ttecht do lathair dhi, do léicc cáor theinidhe asa braghait. *Ocus* do suidhigedh cath lé i nacchaid na píasta tosanaidhe. f. 247[b]

(129) 'Arna fhaixin sin do Bhrénainn, asbert frisna braithribh: 'An ffaicend sibh, a mhancha gradhacha, miorbhuile an Ticcerna, 7 an umhla dobheir an crétuir don chruthaigtéoir?' *Ocus* 'arna radh sin doibh, dochonncatar in peist do len Brenainn acc éirge 'na tri chuid for uachtar in mara; 7 do iompo in peist dorinne na gniomha sin dochum an ionaidh asa tainic, iar mbuaidh cosgair.

xli. Fagbail in mhil móir ina fheolmac do Brenainn cona muinntir indso.

(130) La eiccin[1] ele do Bhrenainn cona muintir ag siubal an lera adhuathmhair co ffacattar oilén ro-álainn ro-examhail, lan [do] premaibh 7 do luibhibh degh-bhalaidh; 7 'ar ndol i ttír doibh, atconncatar leth deiridh an mhíl móir arin traigh ina bfiadnaisi. *Ocus* adubairt Brenainn: 'A braithre ionmhaine', or sé, 'agsin antí ler obair bhar mbasuccadh 7 bar sluccadh; 7 sluiccidh si eision anois, 7 ithidh[2] bar saith dia fheoil. *Ocus* biaidh sibh a bfad aran oilén so, 7 tairrngidh bar long i ttír, 7 faghaid ionad iomcubaidh dhi.' *Ocus* 'arna dhenamh sin doibh, adubairt Brenainn ríu: 'Tuccaidh ní don míl mór libh, fhoigenus daoibh go cenn míosa; uair sluiccfidher an chuid ele dhe le piastaibh an aigéoin anocht féin.'

(131) Tuccattar na braithre an fheoil léo, amhail adubairt Brenainn friu. *Ocus* do raidhset arís fri Brénainn: 'A ticcerna, 7 a athair naemhta, cionnus fhédfamait uiscce d'faghail 'san oilén so?' | Do raidh Brenainn: 'Ni husa le Dia sásadh bídh do thabairt dúinn ina uiscce. Massedh', ar Brénainn, 'ticcidh i medhón in oiléin istech, 7 dogebhtái topur ann, 7 é degh-datha, 7 ilar gacha cenéoil luibhe arcena ina thimcheall. *Ocus* tuccaidh bhar lor-dáethain eter luibh 7 uiscce libh de.' Do imghettar na braithre, 7 fuarattar an topur, amail do innis Brenainn doibh. f. 248[a]

(132) *Ocus*[3] do bái Brénainn 7 a bhraithre trí míosa 'san oilén sin, uair do bói ainbhtine mór aran oiccen, 7 gaeth ro-laidir ann. Doronsat na braithre amhail adubairt Brenainn friu .i. dol ar cenn na feola arin traigh. *Ocus* is amlaidh fúarattar an fheoil 'arna hithe uile dona piastaibh aiccenta. *Ocus* tangattar fein mara raibhe Brenainn, 7 do

[1] = M p. 112; R § 45; S[1] § 28; Capg. i. 146, 28, 29. [2] MS. itidh.
[3] = M p. 113; R § 46; S[1] § 29.

in*n*sett*ar* sccela dó, *co n*ach raibhe a bhecc don fheoil 'ar m*ar*thai*n* an*n*, 7 *gur* fíoradh amail adub*air*t an tath*air* naemhta ríu. 'Ata a fhios accamsa, go ndechabhair da fhechain an firin*ne* adub*ar*t ribh; 7 adeirim fuill*edh* ele libh .i. co tiocfamaid maraon am*ar*ach arin t*r*aigh, 7 go bfuighbhem cuid d'iascc anmhor an*n*'; 7 do fíor*adh* sin amhail adubairt Bren*ainn*.

(133) Tuccattar leo an méid do fhetatt*ar* don iascc. Adubhairt Bren*ainn*: 'Taisccther an tiascc libh, 7 cuiridh fo shalan*n* é, u*air* dogheba sibh gáeth mór 7 soinen*n* maith inadhiaigh so, le ffaicfe sibh an toilén so.' Do aithin Brénain*n* da mhuin*n*tir an long do t*r*omucc*adh* do premhach 7 do luibhen*n*aibh 7 d'iasccach, 7 adub*air*t riu arís uiscce do bhreith leo, uair nir chaith féin ó dogabh cuing sacc*ar*t*acht*a chuicce ní ina raibhe spiorat no anam. *Ocus* 'ar ttromucc*adh* a luinge doibh, dochuirett*ar* amach í; 7 do bhatt*ar* acc loingseor*acht* isin *air*d atuaidh gach ndirech.

xlii. SCCEL OILEIN NA TT*R*I POP*U*L, ÁIT IN RO FHACCAIBH BREN*AINN* B*R*ATH*AIR* DIA MUIN*N*TIR.

f. 248*b* (134) La eiccin[1] da raibhe Bren*ainn co*na coimhtionol acc taisteal na mara mór-aidhble *co* facattar oilen a ffad uatha. *Ocus* atb*er*t Br*enainn* friu: 'An bfaicen*n* sibhsi an toilen úd adchím si?' 'Dochiamaid', bh*ar* íadsan. 'Atád tri pop*uil* an*n*sud', bh*ar* Brén*ainn* '.i. pop*ul* macámh, 7 pop*ul* do dhaoinibh ócca, 7 pop*ul* do dhaoinibh sendai. *Ocus* rach*aid* neach diar mb*r*aithribh ne an*n*súd dia oilithre.' *Ocus* do fhi*ar*faighett*ar* san, cia aca; 7 níbh áil laissiumh a in*n*isin doibh. *Ocus* m*ar* dochon*n*airc iattsan go dobrónach, do in*n*is doibh é; 7 issé do bí acc dol an*n*sin, neach don tríur brath*ar* tainic asin mainistir léo.

(135) *Ocus* dogluaisett*ar* rompa dochum an oiléin, ion*nus* go ndechatt*ar* arin traigh. *Ocus* is aml*aidh* do bói an toilen si*n* ina clár comht*r*om coimhreidh; 7 he '*ar*na fhol*ach* do líttis ghil. *Ocus* do bhatt*ar* tri pop*uil* an*n*sin; 7 bói urc*ar* duine do cloich ettorra. *Ocus* do théigdís síar 7 aníar ar fud an oilei*n* ag cantai*n* urn*aig*the, 7 asedh adeirdis: i. '*Ibunt sancti de uirtute in uirtutem*' .i. rachait na naoimh o shubhalt*aigh*e go subhalt*aigh*e.

(136) *Ocus*[2] 'ar ccriochnucc*adh* na hurn*aigh*thi sin doibh, tainic dias don pop*ul* m*a*caomh chuca, 7 tuccatt*ar* da cliabh do scaltaibh purp*air* léo; 7 dochuirettar sin 'na luing dochum Brén*ainn*; 7 adubratt*ar* fríu: 'Caithidh ni do thor*udh* oilein na bfer laidir: 7 tucc*aidh* ar mb*r*atair féin duin*ne*. *Ocus* imtiagaidh remhaibh maille le siothcái*n*.' Is an*n*sin doghoir Bren*ainn* an brathair sin chuicce, 7 adub*air*t fris:

[1] = M p. 114; R § 47; S[1] § 30; Capg. i. 146, 29. [2] = M p. 115 *ad calcem*; R § 50; S[1] § 33; Capg. i. 147, 19.

'Tab*air* póicc dona braithribh, 7 eirigh leisan muin*n*tir útt, ata 'gutt *iar*raidh. *Ocus* adeirim si riot, a bhrath*air*, *gur*ab maith an úair inar ghabh do mhathair i mbroin*n* tú, in u*air* do thuill tú a dhol isin ccoimhtionól útt.'

(137) *Ocus* *iar* ttab*air*t paxa dona braithribh | 7 do Brenain*n* dó, adub*air*t Brenain*n* fris: 'A mheic, cuimhnigh na benefisi tucc Día dhuit isi*n* tsaoghal so, 7 guidh oruin*n*.' *Ocus* *iar* bfáccb*áil* bhenn*acht*an acc Brenain*n* dó, dochúaid leissin dís do dháoinibh ócca adubhram*ar*, dochum na sccol naemhtha si*n*. *Ocus* m*ar* doco*n*ncatt*ar* na naoimh chuca é, do chanatt*ar* in fersa so .i. '*Ecce quam bonum*', 7c̃ .[i.] is maith 7 is luathgair*ech* na braithre do rochtai*n* i naen ionad. *Ocus* dochanattar ind im*m*on .i. *Te Deum laudamus*[1] 7c̃., maille le gáirdeach*us* mór. *Ocus* tuccatt*ar* uile pócca dó. f. 249[a]

(138) *Ocus*[2] do imthigh Brenain*n* 7 a muin*n*t*er* tara éisi. *Ocus* m*ur* tainic trath proinn*igh*thi doibh, do fhurail Brenain*n* ní dona sccailtibh do thab*air*t chuicce; 7 tucc*adh* aon scailt aca chuicce; 7 adub*air*t ríu: 'Ni cumai*n* lem gur légh*us* no go bfacadh*us* riamh a comhmór so do sccailt.' *Ocus* is aml*aidh* do bái comhcomhtrom comchruin*n* *ar* cuma liathroide. *Ocus* do gherr sa*n* in dá chuid decc hí, 7 do ben un*n*sa do súgh ar laimh *gach* brath*ar* aca eiste. *Ocus* *ar* fedh da lá *déc* m*ar*sin do shasadh se na braithre, 7 blas meala i mbél gacha fir dibh.

(139) *Ocus*[3] 'ar nden*amh* troiscc thi tri lá doibh, amhail do aithin Brenain*n* díobh, doco*n*ncatt*ar* én ro-dealraight*ech* da nion*n*saigh*ed*, 7 do thoirling i ccuirr thosaigh na luinge. *Ocus* do bi craobh ro-álain*n* ina bheola do chrandaibh ná ro aithnigett*ar* somh, 7 cáera co*m*hmora do thor*udh* ro-alain*n* fora b*arr*; 7 doleicc *ar* l*ar* hi fiadhn*ais*e Brenain*n* hí, 7 do fhill féin ina frithing da éisi. *Ocus* doghoir Brénain*n* na braithre chuicce, 7 atb*ert* fríu: 'Caithidh an bíadh so tucc Dia dáoibh'; 7 do bátt*ar* na cáera sin amhail ubhlaibh fiadhai*n* ar mhéd. *Ocus* do roin*n* Brenain*n* *ar*na braitribh an tor*adh* sin; 7 do bí sásadh dá lá *déc* doibh an*n*. | *Ocus* do raidh Bren*ain*n ríu trosccadh teora la 7 teora noidhce do dhenamh m*ar*an ccedna; 7 doronsat iar*amh* *ar* co*mair*le Brenain*n* an trosccadh sin. f. 249[b]

xliii. SCCEL OILEIN NA CRANN TTOR*THACH*.

(140) La eile[4] do Brenain*n* *con*a fhoirin*n* ag siub*al* an m*ar*a co facatt*ar* oilen uathaibh, 7 is amhlaidh do bí sé, lán do chran*n*aib ro-ardaibh. *Ocus* is amhl*aidh* do bhatt*ar* na croin*n* sin d'áen cenél uile, 7 íatt lán do thor*udh* *ar* aon dath 7 ar áen cuma. *Ocus* ní raibhe aon chran*n* aimritt nó éttorthach dibhsin uile. *Ocus* 'ar ttecht fo tír

[1] MS. laudamas. [2] = M p. 116; R § 51; S[1] § 34; Capg. i. 147, 27. [3] = M p. 116; R § 52; S[1] § 35; Capg. i. 147, 33. [4] = M p. 116; R § 53; S[1] § 36; Capg. i, 147, 37.

doibh, do thimchill an neoch naomtha .i. Brénain*n*, an toilen. *Ocus* do bí sásadh doibh i mboltan*ad* an oilein sin, gio*n* go mbeith d'urghairdiucc*adh* ele aca *acht* é.

(141) *Ocus* fu*air* Brenain*n* toipre roglana an*n*, 7 moran do fremhaibh 7 do luibhibh in*n*tibh. *Ocus* do fhill iarsin m*ara* raibhe a muin*nter*; 7 tucc ní do*na* torthaibh sin leis dochum na mbrat*har*, 7 is*edh* asbe*rt* friu: 'Beiridh ni do*n* tor*udh* sa libh occ imthecht daoibh, 7 sásaidh bh*ar* ccuirp do*n* tor*udh* tucc Día dhuibh.' *Ocus* dorin*n*ett*ar* amhl*aidh* sin. *Ocus* do anatt*ar* isi*n* oilen 'nadiaigh si*n* co cend da fhicet lá, 7 da fhichet oidhche; 7 inadiaigh si*n* dochuatt*ar* ina luing, 7 ní don tor*udh* léo.

xliv. Sc*el* na gribhe hingn*ighe*.

(142) La[1] da raibhe Bren*ainn* c*on*a brait*hr*ibh ag siub*al* an cuai*n*, co facat*ar* an tén adhuathm*ar* osa ccion*n* .i. griobh ingn*ech*; 7 bá meidigt*her* co mór le mul no ré damh. *Ocus* m*ar* dochon*n*catt*ar* na b*r*aithre hí, do ghabh eccla mór 7 urghrain adhbal íatt, 7 adubhratt*ar*: 'A f. 250a athair, tabh*air* furtacht go luath duin*n*e, u*air* as docum | ar sluiccthi tainicc an peist aduathm*ar* útt.' Adub*air*t Brenain*n*: 'Na biodh eccla oruibh, uair antí do shaor as gach *conn*tab*air*t sibh gonuicce so, is é sháerias on ghabhadh sa sin*n*.' *Ocus* 'ar sinedh a gribhe di dochum na mbrath*ar*, tainicc an ten tucc an ghécc chuca da nionnsaicc*edh*, 7 do chomraic risan ngribh, 7 do claidhedh[2] leis hí. *Ocus* '*ar*na claoi dó, do bhen a súile eiste, 7 do thuit a corp i ffiadhnaisi na mb*r*at*har* 'san bfairrge. *Ocus* 'arna fhaicsi*n* si*n* dona braitribh do mholatt*ar* Dia go mór. *Ocus* do fhill an tén re*m*hraitte go hinis Albei iarsin.

xlv. Scel na piast muiridhe.

(143) La ele[3] do Bhrénain*n* occ ceilebhr*adh* feile Peatt*air* ina lui*n*g, go ffacatt*ar* in fairrce ro-glan ro-shol*us*, ro-siothóilti *ina* tti*m*ceall, ion*nus* go ffacatt*ar* 'na raibhe d'iasccach 7 d'il-piastaibh isi*n* occia*n* uile; 7 is aml*aidh* do bhatt*ar*[4] amhail no beittis ioma*t* trét for muighibh reidhi, ro-fhairsionga, ion*nus* co mbatt*ar* ina muraibh i ttimceall na luinge. *Ocus* m*ar* dochon*n*catt*ar* na b*r*aitre iad, doguidhettar Brenain*n* fo aif*r*ion*n* do radha go hisel, ion*nus* nach cluinfetais na piasta an guth do dhenadh. Do frecc*air* im*morro* Brenain*n* iad, 7 is*edh* do búi, occ gáiribh futha ara mét*t* d'iongant*us* leis, eccla do beith orra, 7 a mhionca do sháer Dia ar ghábh*adh* b*údh* mó ina sin iatt.

(144) *Ocus* at*ber*t Brenain*n* ríu: 'Crét dobheir oruibh in eccla[5] sin, a bhraithre? 7 *ar* nDia 7 *ar* tTiccerna fein .i. Iosa Criost, 7 ante

[1] M p. 117; R § 54; S[1] § 37; Capg. i. 147, 42. [2] This word has been tampered with, and the reading is uncertain. [3] = M p. 118; R § 55; S[1] § 38; Capg. i. 148, 3, 4. [4] 'ina muraibh' wrongly inserted here m. pr. [5] eccla *bis* MS.

fhét*us* na huile anmann*a* do chen*n*succ*adh*, ceinnseoch*aidh* sé na piasta utt duin*ne*.' *Ocus* '*ar*na radh si*n* dó, adub*air*t an taif*r*ion*n* ní as airde na m*ar* adub*air*t roime riamh. | *Ocus* do bi aire na mb*r*ath*ar* f. 250[b]
arna piastaibh f*r*isan re si*n*. *Ocus* m*ar* dochualat*ar* na piasta guth an fhir naemhta, do teichett*ar* on luing amach, ion*nus* nach ffacatt*ar* fana bhecc dibh osin súas. *Ocus* is ar eiccin do fhetatt*ar* muin*n*ter Brenain*n* an mhuir gríanda glan-shol*us* do cheimniucc*adh* re fedh secht lá i*ar*sin, ⁊ an long fo lán-sheoladh aca.

xlvi. Sccel oilein an da fher décc Eirenn*ach* ⁊ an chait muiridhe annso.

(145) Imraiset[1] iarsi*n* ind oiccen seal siar, ⁊ fogabhait inis mbicc náoibhin*n* *co n*iomat eisc airegda in*n*te. Amhail bat*ar* ima ccu*air*t, *co n*accatt*ar* ecclas bhecc clochdha in*n*te, ⁊ senoir etlaidhe bán oc ern*aigh*e in*n*te. *Ocus* is aml*aidh* boi an senoir sin, gan fuil, gan feoil, *acht* leth*ar* tana truagh forsna cnamhaibh cruadh-buidhe bátt*ar* occa. Is an*n*si*n* atb*ert* an senoir ucc*at*: 'Teich, a Brénain*n*, go luath', or se. 'Fil iar*amh* mur-chat mor sun*n* amhail ócc-damh no each tre-bliadn*idhe* i*ar*na fhorb*air*t do iascc in m*ara* ⁊ na hin*n*si so; ⁊ ingga[i]bh sa he t*r*ath.'

(146) Gabhait siu*m*h t*r*a ina luing, ⁊ imrit ind oiccen go derm*air*. Amail bat*ar* an*n*, *co* facat*ar* in mbiast-chat muiridhe ic snamh 'nandiaigh, méidighther coire cecht*ar* a dhi ruscca, fiacla torc*dha* lais, gu*aire* aithrind f*air*, cróes on*con* occo, go niort leom*an*, go cconfaidh condai. Is an*n*sin gabhais cach dibh for ern*aigh*te fri Dia fri méit na heccla rodus gabh. Is an*n*sin atb*ert* Brenain*n*: 'A Dé uile-cum*acht*aigh', ol se, 'toirmisc do phiasta din*n*, ionn*us* nach tiosat cugain*n*.'

(147) Eirgis i*ar*sin bleidhmil mor muiride ett*ar*ra ⁊ an cait-bhéist mór sin, ⁊ gabhais cach dibh for com*m*badhadh | a ceile i fudomain in m*ar*a; ⁊ ni facas nech dibh riamh osi*n* amach. Dogniatt t*r*a an*n*sin Brenain*n* ⁊ a muin*n*ter atlucc*adh* buidhe f*r*i Dia; ⁊ iompáit rempu doridhisi go du i mboi in senoir. *Ocus* ciis an*n*sin an senoir fri métt na luthgaire rod*us* gabh, ⁊ is*edh* asb*ert*: 'Do fheraibh Er*enn* im*morro* damhsa', or se, '⁊ da fher décc do decham*ar* diar noilithre, ⁊ dorattsam an mur-chat bíast*aidh*e út lin*n*, ⁊ ba hionmai*n* lin*n* hé; ⁊ ro fhorb*air* i*ar*sin co mór, ⁊ nír erchóid*igh* duin*ne* riamh. *Ocus* is m*ar*bh áen fer décc don fhoirin*n* sin ro bham*ar* o t*ús* an*n*; ⁊ atusa am aen*ar* sund occut ernaidhe si, co t*ar*d*air* corp *Crist* ⁊ a fhuil damh, ⁊ go ndech*ar* lasodhain dochum nimhe.' f. 251[a]

(148) Faillsighis iar*amh* in senóir doibhsiumh an talamh mbiucc dia mbatt*ar* iarr*aidh* .i. tir thairrngire. I*ar* ccaitem t*r*a cuirp *Crist* ⁊ a fhola dó, luidh in senoir docu*m* nimhe. Adhnaicter an*n*sin he

[1] = L 3787; R § 75.

maráen rena brait*hr*ibh go nonoír móir, 7 go psalmaibh, 7 *co n*iomnaibh i nain*m* in Ath*ar* 7 an M*e*ic, 7 an Spior*ai*tt Naoi*m*h.

xlvii. FAGHBAIL TIRE TAIRRNGIRE DO BRÉNAINN ANNSO.

(149) Laithe náen[1] do Brenain*n* *con*a muin*n*tir ag siub*al* 7 acc iarr*aidh* in mhara no co tarla cossin talamh mbicc ro bhatt*ar* d'iarr*aidh* fri ré secht mbliadan iatt .i. tír tairrngire, am*ail* ata *in prouerbio*: '*Qui querit, inuenit.*' Iar rochtai*n* im*morro* doibhsiumh i ccomfocraibh in tíre si*n*, 7 ba hail leo port do gabhail an*n*, atchualattar guth araile senorach ag lab*air*t ríu, 7 iss*edh* atbeir*edh*: 'A dháoi*ne* lán-shaethracha, a ailithrecha naemhtha, a lucht ernaiget na loighe naemhdha[2], a betha bith-scith ic saeth*ar* ic ern*aidh*e in tíre so, ernaighidh beccán da bh*ar* saeth*ar* goléicc.'

f. 251[b] (150) I*ar* mbeith im*morro* doibhsiumh | an*n*sin selatt ina ttost, atb*ert* in senoir *fri*u: 'A braithre io*n*mai*ne*', or se, 'a Cr*íst*, cidh na aicci siu in talamh *n*a*iregdha* nalain*n* so, *arnar* doirt*edh* fuil daoine riamh, 7 nach iomcub*aidh* adnacal peac*thach* na droch-dháoine in*n*te? Faccbaidh uile iar*amh* i nbh*ar* luing gach ní fil occaibh ce*n*motá becc nett*aigh* iomaibh namá; 7 ticcidh anios.' I*ar* ro*cht*ain im*morro* doibhsiumh for tír, póccais cach a cheile dibh, 7 ciidh an senoir go mór fri mét a fáoilte. 'Siridh occ*us* feghaidh', or sé, 'imle 7 bruighi P*ar*rtais, air*m* hi ffuighbithir slainte cen gal*ar*, aoibhnes cen imresai*n*, aenta gan tachor, flaithes ce*n* scaoiledh, timthirecht aing*el*, fledhucch*ad* cen airdhibhadh, moighe mil[s]itir boludh m*ar* blath mín ben*n*achda. Ma ngenar t*ra* gair*me*bh*us* Brenai*n*n m*a*c Fi*n*dlogha i náentaidh i lleth sin', ar in senóir cettna, 'do bhith-aitrebh na hin*n*si i ttám tre bithe na bethad.'

(151) I*ar* bfaicsi*n* im*morro* doibhsiumh in Ph*ar*rthais et*er* ton*n*aibh in m*ar*a, machtnaighit 7 iongant*aigh*it go mór míorbuile Dé 7 a chumha*cht*a, i*ar* bfaicsi*n* na míorbhuil*edh* sin. Is am*laidh* im*morro* boi an senoir hishein, cen étt*ach* ndáen*n*a et*er*, *acht* ba lán a chorp do clumhach gheal am*ail* cholum no fhaoili*nn*, 7 ba hurlabhra aingil leis *acht* madh becc. Ceilebh[ar]t*ar* an teirt leo iar mbéin an cluicc *co n*altucc*adh* buidhe do Dhia, 7 a menman*n*a tuidhmhidi i nDía. Ni ro lams*a*t im*morro* ní do fhi*ar*f*aigh*e.[3]

(152) Is an*n*si*n*[4] atb*ert* in senóir: 'Denadh gach aon uaibh ern*aigh*the fo clith ce*n* imaccallaimh neich fri 'raile uaibh, uair talamh naemhta ainglecdha in talamh sa; 7 di*no* as gnath peactha do labharthaibh, |
f. 252[a] uair as meinic isna faiblibh *ar*santaibh toirrsi no failte dio*m*haoi*n*.' 'As maith lin*ne* eimh sin', ar in pop*ul*. I*ar* mbeith doibh sealat am*laidh* sin, ticc an senoir, 7 is*edh* atb*ert*: 'Ceilebh*ar*th*ar* an medhón-

[1] = L 3843; R § 76[a]; S[2] § 11[a]. [2] nemdha L (*recte*). [3] At this point L passes to the Fis Adamnain; and the following note occurs here in our MS.: Iste fabule sunt plux ad [*lege* plus ab] alio libro. [4] = R § 76[b]; S[2] § 11[b].

lai linn', *ar* sé. I*ar* tairccsi*n* im*morro* in medhoin-lái do cheilebhr*adh* doibh, fi*arfaigh*is Brén*ainn* don tsenoir ucc*at*: 'In tol damsa', *ar* se, 'anadh sun*n* go dia br*atha*?'

(153) Is hi im*morro* freccra doratt an senoir fairsiumh: 'Inti iarrf*us* a thoil fein, ticc i nacch*aid* toile De. *Ocus sesca* bl*iadan*', or se, 'o tanacc sa *con*icce so, ⁊ aingil[1] rom sásast*air* frisan re si*n*. *Ocus* as becc na ro ercran mo chorp a sendacht. Ni sun*na* ro arsaighes, *acht* i náes a ttanacc in*n*te, ⁊ atú aml*aidh* bhéos. Is amhl*aidh* atb*ert* Criost frim, beith sun*n* *tricha* bl*iadan* on t*r*iochait útt occut ern*aidh*i si. *Ocus* aníu as mith*ig* damhsa dol dochum nimhe, u*air* do ria*cht*aisi cucc*am*. Iar cceilebr*adh* na nona libh, dén*aidh* imtecht da bh*ar* ttír féin, ⁊ dén*aidh* foircetal fer[2] nEr*enn*, u*air* teccaisccfidher cuil ⁊ pec*aidh* tremhot. *Ocus* atb*ert* *Criost* frimsa, is in u*air* si na nóna co toiristea sa *con*icce in feran*n* so, ⁊ do mhui*nnt*er ⁊ do manaigh, ⁊ do mhaincesa lat ria noebhaibh Er*enn* sea*cht* mbliadhna re mbrath, ⁊ an tangcaire miorbhall*da* úd dorin*ne* an sacc*art* lat.'

(154) I*ar* cceilebr*adh* na nóna, tainic an tén nó ghnathaighedh timthirecht a bproin*ne* doibh roimhe si*n*, ⁊ leth-páin cruithnechta, ⁊ órda eiscc leis da tab*airt* dá gach ao*n* dibhsin. I*ar* ccaithemh im*morro* a bproin*ne* doibhsiumh, doghniatt altucc*adh* buidhe do Dia. I*ar* ccaithemh im*morro* chuirp *Crist* ⁊ a fhola ⁊ a feola do*n* tsenóir, laaidh la sodhai*n* a spir*at* dochum nimhe, ⁊ adhnaic*it* siu*m*h iarsi*n* a chorp *co n*onóir moir, ⁊ go nairmittin nadhbail.

(155) A haithle na ccom*hraitedh* sin[3] do denamh doibh leth *ar* leth, doghlúais Br*enaind* | *con*a manchaibh docu*m* a luinge. *Ocus* do im- f. 252[b] ghett*ar* t*ar*in muir mó*r*-thond*ach*, ⁊ ni haithrister iongant*us* ina nimthechtaibh, no go rangut*ar* go h*Ár*ain*n* noirrtheraigh, iar mbeith doibh dí bliadai*n* foran loinges sin, ⁊ a cuicc forin loinges remhtecht-*ach*; *conidh* sea*cht* mbl*iadna* sin uile forin dá loinges acc iarr*aidh* tire tairngire; amail asb*ert* *ar*aile éolach:

Secht mbliadna battar uile
For loinges—caemh in cuire—
Ag iarr*aidh* an tire t*r*eall
T*air*ngire tredaigh tren-seng

Conus fu*ar*att*ar* fadeoigh
I niathaibh arda an aiccéoin,
Inis saidbhir suthai*n*, gan roin*n*,
Maigrigh, ccrut*haigh*, ccao*m*h-áloinn.

(156) Iar ro*cht*ain im*morro* doibh go hArai*nn* ni*arth*araigh[4] fogabatt[5] fáilte nderm*air* an*n*, am*ail* fogebadh *Criost* *con*a apstaluibh; ⁊ in*n*isit

[1] We should probably read 'biadh aingel', = angelorum pabulis utens R.
[2] MS. ufer. [3] = R § 77[a]; S[2] § 12. [4] *sic* MS.; *lege* 'oirrtheraigh' as above. [5] MS. fogabatttt.

a sccéla 7 a nechtra o tús go deiredh do phopul Árann. Iar ccluinsin na sccél sin d'Enda 7 do Pupa cona séitchibh, cíit go dermair tre mét na faoilte rodus gabh. Bói dano an popul ag astadh Brenainn occaibh, 7 forfoemhsat cennach dó do chinn anadh occa. Atbert Brenainn friu: 'Ni sunn bhías m'éiséirge', ar se, 7 ni ro dhaimh airisemh ann. Battar fri ré mís annsin íar scís iomramha.

xlviii. (157) A ccionn[1] na réé sin[2] 7 na haimsire faccbus[3] Brenainn cona muinntir i nÁrainn in long cona hangcaire[4], 7 gabhait féin rempo dochum[5] nEirionn, go ros gabhsat[6] port ag Inis da Dhroma for muir Luimnigh. Fossaighit iarsin i nInis da Dhroma, 7 bátar ceithre lá 7 ceithre hoidche innte gan sásadh bídh nó dighe aca. Ocus bá marbh immorro cethrur don chuire naemh sin tre fhód an
f. 253[a] tredhain tarla dóibh; 7 ro hadhnaicit annsin iatt | co nonoir 7 go nairmittin móir.

xlix. (158) A ccionn trill[7] 'nadhiaigh sin, faidhis Brénainn a dheiscip lu go habhainn Fhorcca[is] isna Deisibh Muman do cuinghidh eiscc for iasccairibh na habhann. Diultait immorro na hiasccairedha muinnter Brénainn. Diultais immorro Brenainn in abhann tria bithe ósin amach gan iascc do bheith fuirre. Cáecca sruth immorro ro esccáin Brénainn i nEirinn trena díultadh d'iasccairibh na srothann sin fa iascc do thabairt dó. Cáocca sruth[8] ele ro bhennaigh Brenainn ind Éire, ar ro riarsat a niasccairedha é; ut dixit:

Cáecca sruth re ro-iarraidh[9]
Ro bhennaigh Brénainn go ffinne;
Caecca sruth go soimhiadhach,
Or bhen sé iascc a linne.

l. (159) Araile la do Brenainn cona mhancaibh oc imtecht i tiribh Cliach. Dochúattar go port Eile d'iarraidh éiscc. Ferait immorro na hiasccairedha failte fri Brenainn. Bennachais Brenainn an sruth iarsin, gerbo haimritt connicce sin; 7 ba lán d'iolar gacha maithesa osin amach an sruth.

li. (160) Do riacht[10] Brenainn iarsin go hInbher Ais i ttiribh Cliach, 7 boi ann in oidhche sin. Atbertattar aittrebhtaigh an tire sin fris: 'Fil', or síatt, 'amhgar mór isin tír so .i. tuile cuiledh, co nach lia gainemh mara ináitte.' Is annsin atbert[11]: 'A Thiccerna', ol sé,[12] 'sóertar sunn tréd connirclidhe si don plaig si in lucht so it anmaim si.' On oidhce sin amach ni raibhe aon chuil riamh isin talamh sin. Bi

[1] = R § 77[b]. [2] 'immorro' added and then deleted. [3] '-bus' added above the line; it should be '-bais'. [4] 'cona hang.' interlined. [5] do chuir m. pr. [6] = M c. 12[b]; S² § 13[a]. [7] = R § 78. [8] = M c. 12[c]. [9] Perhaps read: ro-riaradh. [10] = R § 79; M c. 13; Capg. i. 152, 19. [11] Wrongly altered to 'atbertatar'. [12] This is probably the original reading; the MS. now reads 'siett'.

Roiss[1] hi ttiribh Cliach, cáecca caislen ro fásaighthi in*n*te tre breithir mBrenain*n*; *ut dixit*:

Caecca caislen comhramhach
Ro baidh Brenain*n* go mbaine;
Tre díu*mus* rígh ro-ghlon*n*ach
Beitt t*re* bithe gan áines.

lii. (161) Araile aims*er*[2] fáccbais Brenain*n* a luing hi ttraigh In*n*si f. 253[b]
da D*r*oma; ⁊ psalm-chettl*aidh* dia muin*ntir* oca coimhétt, ⁊ he occ gabháil a psalm a aen*ar* in*n*te. I*ar* ttichtai*n* *immorro* ainbhtine in mh*ara*, go ros t*ar*raing in luing dia purt, atb*er*t brath*air* an tsailmchetl*adha* fri Brenain*n*: 'Ro baidhedh mo brath*air* féin isin luing', ol se, '⁊ ro bris*edh* an long go deimi*n*, ⁊ ni fuighter a chorp í*ar*na bhathadh.' Is an*n*sin atb*er*t B*renainn* co ff*eir*cc moir fris: 'Mása mó as áil duitsi airchisecht de, eircc fein ina ionadh, ⁊ dena a fheidhm sion.' I*ar* ndol im*morro* dosomh i ndiaigh a bhrath*ar*, báitter focettóir isi*n* muir; ⁊ bai in brath*air* ócc et*er* tondaibh m*ara* amhail múra dá gach leth de, amhail ro baoi do Moysi m*ac* Am*r*a ag dol *con*a pop*ul* tre Muir Ruaidh.

liii. Sccel Dobhorcon.[3]

(162) Gluaisis Brenain*n* roimhe inadiaigh si*n* co rainic go Dubh D*air*e i tTuadh-mum*ain*, ⁊ dorin*n*e comn*uid*e ⁊ tecc*ar* ath*aid* fhada and occ foghnamh don Choimdidh, ⁊ acc ed*ar*ghuidhe in Duilem*an*, ⁊ ag dén*amh* ticche aoidhedh i nonóir da Thiccerna fein an*n*. Ise im*morro* ro ba comh*ar*sa dó forsin túaith .i. Dobh*ar*-chú o bfuilit h*Úi* Dobhar-*chon* i tTuadh-mum*ain* beos. Boi di*no* clúain féoir ag Dob*ar*choi*n* a bfocc*us* do[4] Loch Lir. Tíacc*ait* im*morro* doimh Brénain*n* isin cclúan*aidh*; m*ar*bhth*ar* na doimh le Dobh*ar*-coin. In*n*is*ter* do Brenain*n* na doimh do marb*adh*. 'Madh ced le Día', ol Brénain*n*, 'go nd*er*nt*ar* dobhrán do Dhobh*ar*-choin[5].'

(163) Teid da*no* Dobh*ar*-chu ⁊ a bhen, Créda a hain*m*, d'fios na clúana c*et*na a ccion*n* bliadhna i*ar*ttai*n*. Lingidh in éiccne fír-éiscc[6] | in u*air* sin isin loch ina ffiadhnaisi. Dogní im*morro* Dobhar-chu f. 254[a]
dubhánacht, ⁊ geibhidh brec, ⁊ doghni tene raitte, ⁊ imfhuin*idh* an brec, ⁊ caithidh i*ar*sin é do bhir. Téid iaramh d'ól uiscce docum an locha, ⁊ tuitidh isin loch; ⁊ dogníther dobhrán de ar fud an locha tre breithir Bhrénain*n*. Ticc im*morro* m*ac* do Dhobhor-choin .i. Cúcúa*n* a ainm sidhe, ⁊ Creda d'fios na cluana c*et*na. Lingidh eiccne már oile ina ffiadhnaisi[7] isin loch. Ticc Cúcúan do dubhanacht f*air*. Ticc

[1] = R § 80; read: Bri Oiss. [2] = R § 81; M c. 14. [3] This story occurs separately in the Book of Lismore, f. 45[c], whence it was printed by O'Grady in Mélusine, iv, col. 298 (cited as Lism.). [4] i taca fria, Lism. [5] co nderna doborchú desim Lism. [6] lingidh breac Lism. [7] lingidh breac aile Lism.

im*morro* an dobhran dia thoirmescc sin uime, ⁊ atb*er*t fris gan iascc an locha do bhreith uadha, ⁊ gan teine do dénamh do raitt, ⁊ gan bradán do caithemh bo bhior it*er*.

(164) *Ocus* do in*n*is sccela do go leir, ⁊ atbert:

A Chúcúan,
  Testa t'athair ní cían uadh;
Ata fan loch ina pheist,
  Na t*ar*r do b*r*eith a eiscc uadh.

A Cúcúan,
  Na dein tene do raitt ruaidh[1];
Na hith, gemadh mor do gi*n*,
  An tíascc do bhir go mbi fu*ar*.

Fuar mo leaba ar leic luim,
  Is mo d*r*uim le g*r*ian do gnáth;
Súighim uiscce Locha Lir,
  No*con* roich dom tigh go bráth.

Íascc adúadh*us* prap rom loiscc,
  Iss*edh* sin rom beir *gan* céill;
Olc mo thoiscc is tur*us* t*r*úagh,[2]
  Erigh is Creid, a Cúcúan.[3]

Da ttecma *ar* fulacht nó *ar* fect,
  Na caith do b*r*eac go *m*ba fúar
Gidh tacha con*n*aidh ticc duit,
  Na loiscc an raitt, a Cúcúan.

Dob*ar*-chú m'ain*m* si budéin,
  Atú gan ceill as cían úadh;
Becc nach cosmail an da ainm,
  Na t*ar*r fo*m* g*air*m, a Cúcuan.

Bid hÚi Dobhor-chon mo shiol,
  Bidh é a fhíor go brath mbuan,
f. 254[b] Gibe tan beither 'ga ngai*r*m
  Bidh edh a nain*m*, a Cúcúan.

Gach uair dochifir mo sccath
  Oniu amach go brath mbua*n*,
Biaidh easb*aidh* ortsa go derbh,
  Ma becc do sealbh, a Chúcuan[4].

A Chucuan.

[1] Ná rub tene dhuit in dris, | Na rab bir duit in rait ruadh Lism. [2] Lism. transposes lines 2 and 3 of this stanza. [3] Eirg as a Creid 's a Chuchuan, Lism., which ends here. [4] MS. a Cú chú cú an.

Ro boi di*no* Dobh*ar*-chu amhl*aidh* sin sechnon in locha t*re* breithir mBrenain*n*, go ffu*air* bás ; *et reliqua.*

liv. (165) Hi ccin*n* ree[1] imcéine smuainis Brenain*n* ina menm*ain*, 7 gabhaiss eccla in Choimdhedh go mor hé tre batadh an bhrát*ar* dochúaidh d'fios an tsailm-chetl*adha* gu*s*in luing i nInis da Droma tre fheircc 7 tre fhochan*n* Brén*ainn* búdéin. Luidh Br*enainn* go naemha Er*enn* do breith breithe f*air* im*m*on cúis si*n* ; 7 siris na scriopture diadha uile maraon ríu. *Ocus* téitt gu*s*in maighin a mbói a m*uimm*e .i. Ita ; 7 boi occa in*n*isin di bathad an brath*ar.*[2] Atb*ert* Ita fri*s*siu*m*h dol t*ar* muir. 'Talamh ect*r*and', ol sí, 'fil occut i*arraidh*, go ndern*air* anman*n*a daoine d'follamhnucc*adh* 7 d'foircetal an*n* ; 7 imthigh', ol si.

lv. Triall Brenain*n* go criochaibh Bretan an*n*so, tre bháth*ad* a bhrathar.

(166) Teid[3] B*r*enain*n* i*ar*sin go tíribh Bretan tre for*congra* a m*uimm*e, go dú a mbáoi Gillas Bretnach, co t*r*i feraibh decc im*m*e ; amhail atb*ert* Mocua m*a*c Dolcáin 'san rand :

Impóis Brenain*n* ar deisiol
Go ttri feraibh decc, foda uidhe ;
Ro be ard a dul . . .[4]
Co ros baist fir Alban uile.

Iar ro*cht*ain im*morro* dosomh tire Bretan go saet*ar* iom*r*amha ro-móir, 7 iar naister tire accgairbhe, iongant*aigh*e, borb-aighmeile Breton, atb*ert* Gillas Bretnach fria phop*ul*, fledh mor do den*am* aca : 'Donficfa', ar se, 'pop*ul* naemh saetrach sunda fócétt*oir*, cend creitt-me 7 cráb*aidh*, Pol aps*tal* iar n-athnuaducc*ad* dáen*n*achta, 7 athair lan-shaot*rach* mara 7 tire .i. Broenfi*n*d m*a*c Fi*n*dlogha.' f. 255[a]

(167) I naimsir geimh*reidh* im*morro* doriacht Brenain*n* tír Bretan, i*ar* mbeith tri bliadhna for sligidh dó. Atb*ert* Gillas secht nglais iarain*n* do chur *ar* doirrsibh na cathr*ach*, do dherb*adh* naomtachta 7 irsi na naoidhedh. I*ar*sin teid Brenaind go cat*hr*aigh Gillais do accallaimh Gillais budéin ; 7 ferais snechta mor doibh in oidhce dochúatt*ar* docum na cat*hr*ach, gur lion an talamh uile, go riacht ferna fer. *Acht* cena ní riacht cucasan *acht* go heittirchian uatha for gach leth.

(168) Is an*n*si*n* atb*ert* an doirrséoir do mhúr na cat*hr*ach riu : 'Ticcidh', ol se, '7 oslaiccet bh*ar* ccáoin-ghníomha féin remhaibh.' Is an*n*sin atb*ert* B*renainn* fria thimthirigh .i. fri Talmach : 'Eircc', ol se, '7 oslaicc an dor*us* remhai*nd*.' Sinis Talmach a lamh gu*s*in dor*us*, 7 meab*aid* focettóir na secht nglais a naoinfecht. Oslaiccis

[1] = R § 82 ; S[2] § 13[b] ; M c. 15[a]. [2] MS. brath*air*. [3] = R § 83 : S[2] § 14[a] ; M c. 15[b]. [4] MS. a ard dul ; the line is defective.

rempu a aenor in cathr*aigh* nád bái i mbaegal co secht nglassaibh i*arnaidh*e *air* a aen*ar* nó foslaicc*edh*. *Ocus* ní frith riamh i*arsin* na glais.

(169) Tangattar[1] iarsin g*us*in temp*ul*, ⁊ batt*ar* tri glais fair d'iaran*n* aithleghtha. Sinis Brenain*n* a laimh i*arsin* dona dibh comladhaibh, ⁊ is*edh* asb*ert*: 'Osslaicc remhain*n*, a mathair *Crist* .i. a ecclas.' Is
f. 255[b] an*n*si*n* meabhsatt*ar* | na tri glais *co* *n*ach frith iad riamh. Is an*n*sin atb*ert* timtír*idh* an tempaill fri Brénain*n* tre briatraibh Gillais: 'Déna oifrion*n* a Bhrenain*n*', or sé. Is aml*aidh* iar*amh* bói in altoir *co* *n*aidmibh fuirri, is íad urlamha o t*r*ibh[2] litribh g*re*ccdaib fuirri. Oslaiccis Bren*ainn* an leabhar, ⁊ is*edh* ro raidh: 'Oslaicc ⁊ foillsigh damh do litre, a De uile-chumhachtaigh.' Airdleghais Bren*ainn* i*ar*si*n* focétoir an leab*ar* ngr*e*ccda.

(170) Téit iar*amh* Gillas *con*a muin*n*tir do churp *Crist* an*n*sin do laimh Brenain*n*. Is an*n*sin at*con*nairc Gillas duine forin teiscc, ⁊ a fhuil isin coilech. Gabhais eccla mor Gillas[3] ó ro aimsigh roimhe Bren*ainn* go minic: 'Cidh dogen sa, a Bren*ainn*?' *ar* se. 'Is irlamh dighal form *ar* th' inchrech*ad* sa damh.' Is an*n*sin atb*er*t Brén*ainn*: 'Dítnebhat sa tú on diogail sin, u*air* ge ro derbhais na haoidhedha, is aims*er* loghtha anosa .i. aimser techta do chorp Crist.' I*ar*si*n* bennachais Brenain*n* doridhisi an altoir, ⁊ ba corp *Crist* bói forsan teiscc, ⁊ ba fíon an tuiscce ro baoi isin coilech. Iar ndol im*morro* do chorp *Crist* do phop*ul* Gilláis do laimh Brenain*n*, baoi Brén*ainn* *con*a muin*n*tir go cend tri lá ⁊ téora noidhce an*n*sin.

(171) *Ocus*[4] ro in*n*is a thoiscc do Ghillas. Atb*er*t im*morro* Gillas: 'Ni bér sa im*morro* breth fort', or sé; '*acht* aonni eimh, ata glean*n* gaibt*ech* i ndithreibh na ca*thr*ach sa, ⁊ atá da leomhan an*n* .i. fer-léo ⁊ bain-leo; ⁊ is iad fhásaighes an tír si i ttád. *Ocus* eir*igh* si gonicce íatt i nanmai*m* an Coimdhedh, ⁊ diochuir don thuaith si íatt. Ocus beir*edh* an Coimde breth fort an*n*.' Teitt im*morro* Brenain*n* go
f. 256[a] forbfáoil*idh* | focéttoir, ⁊ Talmach a dheiscip*ul* féin leis.

(172) Is an*n*sin bói in ban-léom*an* ina codl*adh* a medhon-lai. Atb*ert* Br*enainn* fri Talmach: 'Dúisigh an ban-léom*ain* go luath.' Téitt chucca isin nglin*n*, ⁊ buailis dia laimh í. Éirghis fochettóir in bain-léo, ⁊ dobheir a gláoidh moir osaird, gur omhnaigset na tuatha ⁊ na c*r*iocha ba coi*m*hnesa doibh. Is an*n*sin tainic in fer-léo fon nglaoidh si*n* go hathlamh agg*ar*bh. Atb*er*t Brénainn an*n*sin ríu a ndís: 'Éirgidh', or sé, '⁊ tabr*aidh* libh na huile leom*na* filet isin nglion*n* so, ⁊ coimhéttaigh cethra na tuaithe so ó sun*n* amach go brath.' I*ar* ccloistecht im*morro* dona léomhnaibh gotha Brenain*n*, eirgitt amhail mhancha irisechaibh fochettoir, ⁊ doberaitt a ccuilein léo.

[1] = R § 84; S[2] § 14[b]; M c. 15[c]. [2] *sic* MS.; perhaps we should read: urlamha, ⁊ leabhar litribh ⁊c. [3] Brenainn, m. pr. [4] = R § 85; S[2] § 14[c]; M c. 16[a].

(173) Ba mór *tra* an míorbuile doronadh an*n*sin .i. na leom*ain* lon*na*, léittm*ech*a, led*ar*tacha, láidiri, do cennsucc*adh* amail chona muin*n*-terdha, go mbitt[1] ag ionghairi cethra an tire am*ail* brod-chona buachalla. In tan im*morro* ba doigh la cách go muirfitis na leom*ain* Brenain*n* 7 Talmach, is an*n* att*con*ncatt*ar* íatt[2] ogh-slán chuca, 7 na léomhai*n* inandiaigh; amhail ócc-láogha a ndiaigh a maithr*ech*. I*ar* faix*in* im*morro* na leomhan do cach i ndiaigh Brén*ainn*, gabhais eccla derm*air* íatt, 7 tiaghaitt ara neachaibh focettóir, 7 teichit fo fhedaibh 7 fo chailltibh in tíre. Impáit arísi i*ar* mor-gabhadh ce*n* nach frith-*ar*dadh ona leomhnaibh.

(174) Gabhais eccla mor Gillas, 7 edhbrais é féin do Bhrenain*n* amhail manach ndileas tria bithe na beth*ad*. Is an*n*sin atb*er*t Gillas fris: 'Día', or sé, 'bher*us* breth fort, uair mac díles dingmála do Dhía tú. | Acht namá dobher sa com*air*le duit .i. airisem isin tír, 7 ma*n*chine f. 256[b]
na tuath sa duit tre bithe, 7 cum*us* an tire 7 a*n* talm*an* d*uit*'; *ut dixit*:

'Raghaidh duit an tuath gan ces
Amhail ata *con*a les,
Feraibh, m*a*caibh, mnaibh, gan col,
Go brath beitt 'gutt ríaruccha*d*.'

Is an*n*sin asb*er*t Brenain*n*: 'Dobheirim mo chub*us* fo righ na ran*n*', ar se, 'nach mó lemsa duille[3] in tsáog*ail* inas gainemh m*ar*a no duille fedha'; *ut dixit*:

'Dobheirim mo chubhas ann,
A Ghilláis, fo rígh na r[e]an*n*,
Nach mó lim in saegal seng
Innás uiscce na habhan*n*.'

Iar mbaist*edh* im*morro*, 7 iar mben*n*ach*ad* dósom cat*hr*ach Gilláis, 7 na ttuath ba comhfochraibh dhi, fáccbáis benn*acht*ain occu, 7 imthigis i*ar*sin. Ciit iar*amh* in popu*l* 7 na tuatha go mór inadiaigh; u*air* ro c*ar*s*a*t amhail b*udh* athair doibh é.

lvi. (175) Tainic[4] doridhisi go Bretnaib, 7 cumhdaight*er* ecclas laiss an*n* i ninis Ailec. Araile la[5] boi Brén*ainn* for c*ar*raic *air*d isi*n* inis si*n*; *co* faca na dá bleidhmil muiridhe ag tichtain a fúdomhai*n* in m*ara*, occ*us* siatt occ cathucc*adh* re 'roile go cruaidh; 7 cách dibh ag comhbádadh a chéle. Is an*nsin* fúabrais and*ara* péist dibh teichemh; 7 lenaidh in pheist ele hí. Atb*er*t im*morro* an péist bói occ·teichemh do guth dáonn*aidhe*: 'Nod guidim si im*morro* tú i nanmaim*m* naomh

[1] *no* rabhatt*ar*, interlined. [2] iatt *bis* MS. [3] *sic* MS.; ? dúi*l*e (pl. of *dúil* element), 'quid mihi et mundo?' S[2], R; but possibly some entirely different word has been displaced by a wrong anticipation of 'duille' in the next line. [4] = R § 86; S[2] § 15[a]; M cc. 16[b], 17. [5] A different version of this story is in Rawl. B. 512, f. 36[a], 10; cf. L. H.[2] i. 108, 118 note.

Brighte, go rom léicce úait.' Fáccbhais focedóir an peist hí; 7 téid hi fudom*ain* in m*ara*.

(176) Ba machtn*adh* mór t*ra* la Brénain*n*, inní sin, 7 tainic góa mhuin*n*tir, 7 is*edh* atb*ert* friu: 'Éirghidh go luath', *ar* se, 'dochum nE*renn*, go naiccillem naemh Brigitt.' Is an*n*sin doroine siu*m*h ind
f. 257[a] ioman*n* erd*air*c | .i. Brighitt be bithmaith 7c̄. Iar rochtai*n* t*ra* dósomh go dú i mbói Brighit, in*n*isis di imaccallaimh an da bleidhmil; 7 fi*ar*-*faigh*is: 'Cidh do maith', ol sé, 'doghní si do Dia seochamsa, an tan rod guidhet in bleidhmil tú, 7 t*usa* ecn*air*c, 7 meisi frecn*air*c, 7 rom fáccaibh ce*n* atach.' Atb*ert* Brig*it* fri Brénain*n*: 'Tab*air* do chubhais.' 'Atb*er*im', or sé, 'nach dechadh*us* t*ar* secht niom*mair*e riamh, ga*n* mo mhenmai*n* i nDia. Tab*air* si do chubas', *ar* Brenainn. 'Dobheirim', or Brigitt, 'ó doratt*us* mo mhenmai*n* i nDia, nach t*ar*das ass, 7 nach tibher go brath. T*usa* im*morro*', or sí, 'atá dia mheince fogheibe gáb*adh* mor m*ara* 7 tire, ní fhétta gana thab*air*t dot úidh; 7 ni haire go ndermaittea do Dhia beith do mhenma gacha tres io*mair*e ann.

(177) *De quibus hoc carmen*[1]:

Secht mbliadhna do Brenain*n* binn
Gan tadhall i ttuaith no i ccill;
For muin an mhil móir go mbladh[2]
Isin muir, ba lór d'iongnadh.

Aitchidh an míl mor mbin*n* mbras
Risin bpeist 'ma leiccen ass;
Atbert an peist: 'gibe de,
'Nocha ragha ass aire.'

Ros gabh for atach Brighde,
De eccla lais a aidhmillte;
Rois cobhair Brighitt buadach,
'*Ar*sin nir bo himuaimhn*ach*.

'Am sccith', ar Brenain*n* gan brath,
'Riccubh ait i ttá in caillech;
'Cen co ffes*ar* cidh diatá
'A guidhe si sechamsa.'

Doroich in cleirech istech,
Gerb eimech, nir bo n*air*ech;
Slechtais don chailligh gan col,
Slechtais an caillech do somh.

lvii. (178) Luidh[3] i*ar*sin Brenain*n* hi ccrich Bretan doridhisi, 7 cumdaigter lais in chathair dianid ain*m* Bleit i ccrich Letha. Doroine

[1] These Latin words are on the margin in paler ink. [2] MS. bloidh.
[3] = R § 87; S[2] § 15[b]; M c. 16[c].

tra Brénainn mór do fhertaibh 7 do mhiorbhuilibh isin cathraigh sin, *acht* ni cumhangar a riomh sunn. |

Araile oidhce atconnairc Brenainn fís isin maighin sin, 7 ba mór a turse aire; 7 nír innis do neoch riamh ní dhe *acht* beccan .i. eris mór an creittme d'éircche acc Bretnaib ria mbrath. *Ocus* ba himeccal laissiumh aittreabh ettorra airesin. f. 257[b]

lviii. (179) Iar ffacbáil immorro tíre Bretan do Brenainn, luidh docum nErenn doridhisi, 7 espocc Máenu immaille fris. Is annsin tainic Mocaemóc .i. Senan a ainm *prius*, go Brenainn; 7 faccbais a athair, 7 lenais Brénainn do légadh occa.

lix. (180) Luidh[1] iarsin Brenainn hi ccrich Connacht, co hInis meic hUa Cuinn for Loch Oirbsen. Is annsin no bittis da each charpait rígh Connacht co minic occa lesucchadh. Iar náitiuccadh Locha Oirpsen do Brénainn, 7 iar míorbhuilibh dó ann, tucc mac righ Echtghe do é; 7 dogheall *co nach* diongnadh námha no cara dith nó urchoid dó cen no bíadh ann.

lx. (181) La ele[2] do Brénainn ar magh hi ffochair[3] in oiléin sin; tarla duine bocht dó, 7 bennachais do Bhrenainn, [7] issedh ro raidh: 'A athair naemhtha', or se, 'dena trocaire oram, 7 foir mé ón dairse ina bfuilim agan rí; uair do much sind féin, 7 mo clann.' Tucc iaramh cridh-airchisecht patruin na pian .i. Brenainn, iar ngabhail compáisi dó rissin duine mbocht, 7 'ar ngabhail dóchusa ro-truim as Athair na trocaire; 7 saidhis in bhachall bói ina laimh i nanmaim De isin fótt fa coimhnesa dó, 7 dogheibh punt d'ór aithleghtha ann.

(182) *Ocus* do ráidh risan mbocht: 'Tabhair sin don righ, 7 sáerfaidh tú on dáersi ina bfuil tu aicce; 7 na hinnis dó cia tucc hé.' Gabhais an bocht an tór, 7 beiris leis dochum an righ é; 7 innisis dó amhail fuair hé. *Ocus* adubairt an ri, mar docualaidh sé sin | .i. gurab amhlaidh sin frith an tor: 'Ór Chriost sin', or se, '*Ocus* ní meisi dlighes é, *acht* serbhfogantaidhe Dé féin. *Ocus* dobheirim sáersi duitsi 7 dot chloinn i nonóir do Dhia 7 do Brenainn.' f. 258[a]

lxi. (183) I naraile aimsir[4] 'nadhíaigh sin, adubairt Brénainn fria a braithribh: 'Dlighmitt dol i nÚibh Maine, oir ata obair 7 coimétt an tire sin d'fiachaibh oruinn, uair is ann bhias ar neiséirghe; 7 dochúala me aingel im ainm féin ag cathuccadh ara sccath. Masedh i nainm ante do chennaigh sinne, doberam furtacht anois di.' *Ocus* do imghettar rompa iarsin go riachtattar du ittá Cluain Ferta. Is ísin uair 7 aimsir dorala cath aga thabairt eter Diarmait mac Cerbaill 7 riograidh an taoibhe thúaid d'Eirinn im Choluim Cille .i. cenel Conaill meic Neill 7 Eoghain meic Neill .i. cath Chúile Dreimhne. *Ocus* do mheabaidh an chath for Diarmait fadhéoigh.

[1] = R § 88; S[2] § 15[c]; M c. 18. [2] = R § 90; S[2] § 15[d]; M c. 20. [3] *no* Ái, interlined; i.e. the plain meant is Magh Ái. [4] = S[2] § 16[a].

(184) O ro siacht[1] *tra* Brenain*n gus*in maigi*n* si*n*, cumhdaighter mainistir leis an*n* .i. Cluain Ferta; 7 as in*n*te do thogh a eiseirghe, *et dixit: 'Hic requies mea in seculum seculi.'* Ocus is an*n*sa mainistir sin tainicc Mocaemocc .i. Senan a ain*m prius* go Brenain*n* ona ath*air* 7 ona math*air* do denamh leighin*n* dó. *Ocus* fu*air* bas hi fail Brenain*n* isin mainistir si*n*. *Ocus* doluidh cumha mór 7 toirrsi adhbal for Brénain*n* tre bás a dhalta; 7 dochúaidh d'ed*ar*guidhe an Duilemhan fana aithbeouccadh dó; 7 fu*air* aisecc a anma fadhéoigh on Coimde na ndula.

O gabhais m*ac* hÚi Alta,
B*r*enain*n*, go lin a etla,
Nocha mesaitte go se
Osin alle Cluain Ferta.

lxii. FUASCCL*ADH* AEDH GU*AIRE* O DHI*AR*M*AI*T MAC CERBHAILL LE BRENAIN*N* INDSO; 7 ISE ION*ADH* INA TICC SÉ .I. ROIMH SCEL IUDÁIS.[2]

f. 258[b] (185) Cidh *tra acht* iar s*a*rucc*adh* Ruadain Lot*hr*a do Di*ar*m*ai*t m*ac* C*er*bhaill fa Aedh nGuaíre, do mh*ar*bh giolla brait*aigh*e Diarm*a*ta .i. Aed Baclamh, fan pailis ndeircc-iubhair do boi fóna tech do bhris*edh* dó, do tab*air*t gae an righ t*ar*sna astech leis. *Ocus* nír lor leis sin, ga*n* an tech fein do bris*edh*. *Ocus 'ar* ttuitim dó a ccionaidh an migniomha si*n*, 7 *'ar* sárucc*adh* Ruadhain do Dhi*ar*m*ai*t fon mbragaitt, do c*r*uin*n*ighettar *ar*d-náeimh Er*enn* dochum Di*ar*m*a*ta .i. Colum Cille, 7 Cí*aran* Cluana, 7 Molaisi, 7 Dabeog, 7 Finden, 7 Ruadhan Lothra, 7 *ar*d-naoimh Erenn. *Ocus 'ar* mbeith doibh fri re mbl*iadn*a ag c*o*mht*r*oscc*adh* le Di*ar*m*ai*t, gach miorbuile doghnitis uile *air*, dognídh Día a leithéitt dósamh orrasa*n*.

(186) *Ocus 'ar* ccaithemh na bliadhna si*n* doibh amhl*aidh* si*n*, do thairccset na naoi*m*h fuascl*adh* do Di*ar*m*ai*t asi*n* mb*r*ágh*ai*t. Ro raidh Di*ar*m*ai*t, a ndoigh nach ffuighthi lena tab*air*t do, go ngéb*adh* cáecca ech súl-ghorm uatha. *Ocus 'ar* mbeith do Bhrén*ainn* ag siub*al* in m*ar*a, do fhoillsigh aingeal Dé dó, naeimh Er*enn* do beith isin moir-eiccin sin acc Di*ar*m*ai*t, fa ní nach*ar*b éidir d'faghail, dá sírthi an dom*an* uile, muna ffaghthái tre g*r*asaibh De hé. *Ocus 'ar*na thuiccsi*n* sin do Bhrenain*n*, táini*c* t*ar*a ais i nE*r*i*nn*, 7 tainic fo thír i nEss Dara, hi ccrích *Connacht*; 7 tucc cáecca rón do rón*aibh* na fairrge leis, 7 dorin*n*e cáecca ech soinemhail dibh, 7 rucc leis go Temr*aigh* iatt, go hair*m* hirrabhatt*ar* naoi*m*h Erenn im Rúad*an*. *Ocus* do fhailtigett*ar* na náeimh go hiom*ar*cach ria mBrenain*n 'ar* ttoidhe*cht* 'na ccean*n* do.

(187) Do in*n*is doibh go ttucc na heich sin leis dia ttab*air*t do Di*ar*-
f. 259[a] m*ai*t, am*ail* ro raidhsiom*ar* romhaind. | *Ocus 'ar*na chluinsi*n* sin dona

[1] = R § 91; S[2] § 16[b]; Capg. i. 152, 24. [2] Cf. the heading to c. xxxv *supra*.

naemhaibh, dochuirett*ar* fiss co Diarm*ai*t dia radh ris teacht do ghabhail ind fuaslaicthi si*n* uatha. *Ocus* '*ar* ttocht do Dhiarm*ai*t m*ur*a rabhat*ar* na naeimh, tucc*adh* na heich chuicce, 7 docuiredh m*ar*caighe*cht* orra. *Ocus* nir gabhat*ar* in ronach eachlasga ináid spuir muintire Di*ar*mata chuca; 7 ruccatt*ar* muin*n*ter in righ dia nai*m*déoin isi*n* mBoind, *co n*dernadh ronach díbh hi fiadhn*ais*e ffer nEr*enn*; *gur* baithett*ar* cuid do muin*n*tir Di*ar*m*a*ta, 7 gurab ar eiccin tangat*ar* an chuid ele i ttír díbh.

(188) *Ocus* fa móide fercc Di*ar*m*a*ta [de]sin; 7 adub*air*t nach géb*adh* gan éraic d'fagáil 'san ceilcc sin dorón*adh* cuicce, 7 a mill*edh* a muintire. *Ocus* fa hoidhce caithme bidh dona naemhaibh in oidhce sin. *Ocus* do fhurail B*r*enain*n* *ar*na naemhaibh, celcc do den*amh* dochum righ Er*enn* .i. an t*r*ath do tiucf*adh* a ccuid chuca, gach greimh da ngerrfadaois 'ga chur docum a mbél, a leiccen et*er* coilér a sccapail 7 an n*ocht*-bhruinne, 7 a mbeith occ fás-chognamh a mbeol; 7 gach deoch do ticf*adh* chuca do dhort*adh* m*ar*an ccédna ettorra 7 a sccapail, ion*nus* go saoilfettáis muin*n*ter Di*ar*m*a*ta go ccaithf*edh* na naeimh biadh, 7 go tt*u*cdáois ar Di*ar*m*ai*t bíadh do chaithemh.

(189) *Ocus* doronsat na naeimh am*ail* adub*air*t Brénain*n* ríu, iond*us* *gur* caith Di*ar*m*ai*t biadh, 7 *co n*deachaid neimh an t*r*oiscthi for Di*ar*m*ai*t. *Ocus* i*ar* ccodl*adh* don righ i*ar*si*n*, do*con*nairc in rígan .i. Mumhain ingen C*on*rach m*ei*c Duach d'Eogan*acht* Chaisil .i. ben righ Er*enn*, aisslingthi iongn*adh* .i. and*ar* lé bile buadha d'fás ós Temhraigh na Righ, 7 a ghéga 7 a bharr do lethadh t*ar* Eirin*n* uile, 7 do*con*nairc i*ar*sin enlaith Er*enn* do luighe *ar*in mbile si*n*. | *Ocus* d*ar* lé féin da f. 259[b]
sháer décc do thecht do bhuain an bile sin, 7 da thuaigh *déc* leo; 7 gach slis da mbendais dhe, a dhul *ar*in mbile fein doridhisi. *Ocus* d*ar* lé dochon*nairc* sí aén tsáer occ tea*cht* don fhairrgi aniar, 7 an cédbhuille tucc se don bile, *gur* bhen sé a chend de.

(190) *Ocus* doling si taran iomd*adh* amach le huathbás na haislincce, gu ro fhi*ar*f*aigh* an rí dhi, crét an tolc do*chonnair*c; 7 do in*n*is an rioghan an aislincc dó. 'Truagh si*n*', *ar* in rí. 'Meisi a*n* bile si*n*', or sé, '7 is íatt an enlaith ag luighe air .i. rioghr*adh* Er*enn* ata umhal damhsa le ré fichet mbl*iadan*; 7 is íatt an dá sáer décc dochon*n*cadhais do thocht do gherr*adh* an bhile .i. da ard-naemh décc na hEr*enn* atád ina tt*r*osc*adh* re b*liadna* oramsa, 7 meisi ag trosc*cadh* orrasan m*ar*an ccéttna; 7 nírb úaisle le Día a tt*r*osc*adh* san inás mo throsc*cadh* sa. *Ocus* isé an sáer deighen*ach* do*connairc* tú do bhen a chend d'áen béim don bhile .i. Brenain*n* m*ac* Findlogha, tain*ic* don fh*air*rgi aní*ar*. *Ocus* tucc forsna naemhaibh celcc do chuma cug*am*sa, ion*nus* gur chaithesa biadh, 7 na cleir*igh* 'na tt*r*osc*adh*; 7 do marbh B*r*enain*n* meisi. Ocus tuccth*ar* na naeimh cucc*am*, go ndernain*n* sith ría.'

(191) Teccait na náeimh i ccend in righ; 7 dorin*ne* sith ríu, 7 do

aisicc a mbraighde doibh *iar*sin. *Ocus* do troid Ruadhan fri D*iarmait*t, go ro esccain se hé, ⁊ go ro ghuidh sé Día fa gan rígh do shuidhe i tTemhr*aigh* go brath arís, ⁊ do esccáin se Temhair iarsin. *Ocus* fos doguidh se gomadh loscc*adh*, ⁊ badhadh, ⁊ m*arbadh* bas Di*arm*ata. *Ocus* doguidh Di*arm*a*i*t Dia fa Rúadhan d'esccai*ne*, ion*nus* go mben-
f. 260[a] táoi a leth-cos, ⁊ a leth-lamh, ⁊ a leth-suil de. | *Ocus* ro fír*adh* an ghuidhe sin Di*arm*a*t*a. Con*idh* trídsin táinic oided Di*arm*a*t*a *iar*tai*n*.

lxiii. (192) Araile la[1] di*no* boi Brenain*n* *con*a muin*n*tir i n*ar*oile feran*n* álain*n* oiregh*dha*. Atbertatt*ar* a mhuin*n*t*er* f*r*is: 'Ni fhuil', ar siad, 'isin domhan duine no thréiccfedh an feran*n* so *ar* g*r*adh Dé.' Atb*er*t Brenain*n*: 'Fil', or sé '.i. occlach fil hi cCorc mo druadh *iar* C*arn*. *Ocus* batt*ar* di*no* dí shéittigh dhersccaight*ech*a lais. *Ocus* ba lain-shercach i ndanaibh, ⁊ dhechmadhaibh, ⁊ almsanaibh do*n* Coi*m*d*idh* é. Atbertatt*ar* a dhi sheitigh f*r*is i n*ar*oile ló: "Cia fott", ol siatt, "bemáoid acc*at* amhl*aidh* so?" "Cein co tochra etraibh fein", or eissiumh; "u*air* ion*narb*th*ar* Dia tre essáent*aidh*, ⁊ tochuirther demoin."

(193) 'I*ar* naimsir móir íarsin tachair et*er* na mnaibh. Luidh siumh *iar*sin gan fis dona mnaibh día ailithre t*ar* muir; ⁊ fu*air* luing nerlaimh occ Ath Laighen. Téitt in*n*te for fúdhomain in m*ara*, *conus* fu*air* oilen noemh. *Ocus* gabhais[2] an*n* fochettoir; ⁊ ticc an long a haen*ar* uadh go dú assa ruccadh. *Ocus* anais siumh a aen*ar* isi*n* oilen sin. *Con*idh é féin ro in*n*is duin*n* na sccela si*n* *iar* ccein máir iarsin. *Ocus* ba heidighthe a chorp uile do clumhaibh gle-ghealaibh amhail choluim nó fháoilin*n*. Cidh *tra acht*', *ar* Brén*ainn*, 'gibé fhuicfes a thir ⁊ a thalamh, amhail ro fhaccaibh an fer so, bidh fechtn*ach*, foirbhthi, firéon he, amhail in fer so.'

lxiv. (194) Araile la[3] baoi Brén*ainn* acc imtecht i nditreibh na Gaillia. Tainicc gaeth derm*air* dofhulachta doibh. Is an*n*sin atbert aen dia muin*n*tir fri Brénain*n*: 'Dofáethsat na croinn si foirn, ⁊ ron muirfet.' Is an*n*sin atb*er*t Brenain*n*: 'A bhraithre ionmaine', *ar*
f. 260[b] sé, | 'eistt*idh* f*r*imsa beccán. Araile aims*er* oidhche bam*ar* forin muir. Codlais an popul uile *acht* meisi am aen*ar*. Is an*n*sin at*con*n*ar*c sa inis i medhó*n* in mh*ara*, ⁊ is aml*aidh* bói an inis, ⁊ secht 'ccosa' fúa*ra* fuithe; ⁊ nó theighdís na longa mora fo sheol fuithe et*er* a cosaibh. *Ocus* battar na huile gotha ⁊ fog*ar* in*n*te. *Ocus* da*no* batt*ar* tri longa cengailte fuithe ind oidhce sin. Intí iar*amh*', ol Brén*ainn*, '*con*icc in oilén secht-chosach sin do congb*ail* for l*ar* in m*ara*, ⁊ ina huile gáetha aga comhthu*ar*ccai*n* da gach aird, *con*icc antísin *ar* sáeradh ne for gúas*acht* na ccran*n* so filet occ tomhaithemh forain*n* anúas; ⁊ isé antísin rí nimhe ⁊ talman.'

[1] = R § 98; Capg. i. 152, 31. [2] MS. gabhass. [3] = R § 99; M c. 26.

lxv. TABAIRT COLMAIN MANAIGH O DHEMHNAIBH TRE RATH ERNAIGHTHE NAEMH BRENAINN.

(195) Araile la[1] bátar días do mhuinntir Brenainn occ comradh, ⁊ Brenainn occ eistecht fríu; ⁊ isedh ro raidhsett: 'In cumaing', or síatt, 'ainim an peacthaigh a thabairt a hifurn ó ernaighthe ⁊ almsain na ccarat mbéo bitti occa dara néisi?' Is annsin atbert Brenainn friu: 'Eistidh rimsa', ar se. 'Araile lá bamar inar ccodladh forin muir; óen laech occuinn cen codladh. Atchonairc sidhe néll dubh, dorcha, aggarbh, adheittigh, adhuathmar, dia shaighidh a himel an mhara móir. Tainic chuccamsa focettóir an tathlaech', ol Brénainn, '⁊ asedh atbert: "Rom gabh eccla go mór", or sé; ⁊ ro raidh frim: "Eirigh go luath conuicce in néll mór sa diar nionnsaiccedh; ⁊ an ccluine an guth adhuathmur ann?"

(196) 'Iar néirghe immorro damhsa, atconnarc in néll nadhéittigh co ndeilbh nduine ndubh ndorcha ann, amhail aibheal 'arna bhadhadh, no fhiach mara; | ⁊ is amlaidh bói an dealbh truagh sin occ síor-ghul f. 261[a] ⁊ occ sior-cháoi fri métt a peine; ⁊ is ann atbert frimsa: "Nott aitchim", ar sé, "ar Íosa Criost, ar Mhac Rígh nimhe ⁊ talman, gur guidhe in Coimde form frissna trí lá so, uair ní fuil nech as mo pían inú fri mét mo pheacadh"; ⁊ ro sceind uainn lasin nguth sin. Iarsin tra ro éirghemar uile fochéttóir, gur guidhsem an Coimdhe fairsiumh. Doriacht iar ttribh laithibh 'arsin, ⁊ a chorp dubh-ghlas uile. Ocus ba lugha a thoirrsi, ⁊ isedh ro raidh doridhisi, in Coimdhe do ghuidhe leis fri ré tri la ele; ⁊ ro imtigh lasin nguth sin.

(197) 'Hi cind sechtmaine doriacht iterum, ⁊ néll bán uime, ⁊ a chorp lán-taitnemach amhail gréin samhrata. Ocus is amhlaidh bói in néll bán sin, ⁊ secht cciuil ána examhla ina medhon; ⁊ ba bindighther il-ceola in domain uile íad. Is annsin dogni altuccadh buidhe do Dhia, ⁊ atbert: "Anosa", ar se, "fil Slanicidh in cinedha dáenna agum gairm docum a richedh budéin." Is annsin asbert sa', ol Brenainn: '"Cuich tú, nó caidhe th' ainm?" "Meisi Colman, manach", ol se, "inas messa bái dona huilibh manchaibh." Iar ffáccbáil trá bhennachtan dosan agna braithribh, luidh lasodhain dochum nimhe la timthirecht[2] aingeal.

(198) 'Is annsin', ol Brenainn, 'rom guidhset mo mhanaigh meisi im ernaighthe do denamh doibh, uair atconncattar a tarbha don manach út. Acht chena ni fríth uaimsi sin do denam, co nam tainic Michél archaingel iarsin, ⁊ isedh ro raidh frium: "Atcuala Día th'edarghuidhe", ol sé; "sir ⁊ taistil na scriopture diadha, ⁊ dena ernaighthe coimhtionóiltech eistibh, go mbe | acc saeradh ⁊ acc dítten fer ndomain ar f. 261[b] ifrionn cona il-phíanuibh".'

(199) Doroine tra Brenainn annsin an ernaighthe noirderc, ⁊ sé ina

[1] = R § 100; Capg. i. 153, 4. [2] MS. timthiribh.

luing. Bennachais *tra* Michel *ár*chaing*el* an ern*aigh*the si*n* Brenain*n*, 7 issedh ro raidh; a gabail fa dó décc a náen ló for anmain gach pec*thaigh*, 7 dá slechtai*n dec* for ce*ch* cantai*n* dibh, 7 Pat*er* i forbhu cech dula. *Ocus* ni fhuil do mét a pheac*aidh*, cidh béo cidh m*ar*bh, fogheba dilg*adh*, *acht co n*dernt*ar* aml*aidh* si*n* dó. Deithbhir dino ciamadh hé, Míchél *ar*chaingel, adéradh fris ind ern*aigh*te sin do dena*mh* sech ce*ch* naingeal ele. Ni*nsa*; *ar* 'bá' hé Míc*el* aingel Brenain*n*. '*Con*idh foll*us* assin', ol Brenain*n*, 'go tt*ar*bnaigen*n* do*na* m*ar*bhaibh, a caraitt bíí d*ara* neísi do ghabháil anécnairce.'

lxvi. (200) Cidh *tra acht iar* ttaistel tire Gallía do Brenain*n*, 7 *iar* ff*er*taibh 7 miorbhuilibh moraibh do denamh dó isna ran*n*aibh thoir, doriacht *iarsin* dochum nEr*enn*; 7 téid *iar* sccís m*ara* 7 mór-tire go Clúain Ferta Brenain*n*, 7 dorin*n*e comn*uidh*e in*n*te f*r*i haimsir imcein inadhiaigh sin.

lxvii. (201) Feacht*us*[1] do Bhrenain*n* m*a*c Fi*n*dlogha hi cClúain F*er*ta dia cáscc *vii°*. *anno* ria a eitsecht. Ceilebh*ar*thir isind ecclais; p*r*itcaidhther, oifrit*er* léo. O tainic iar*amh* in medhon-lái tiaghait na man*aigh* dochum proin*n*tighe. Faccaibther Brenain*n* a aen*ar* isind ecclais. Gabhait cach for ord in proin*n*tighe.[2] M*a*c-cleir*ech* occa dino, 7 *cr*uit becc ina láimh. Gaibhidh fora nairpeit*edh*, go ttards*a*t a mbenn*acht*ain dó. 'Ro badh amhra limsa anosa', or in m*a*c-cleir*ech*,
f. 262a 'dia nom léiccedh Brenain*n* for lár na heccailsi, *cor* ro sephnain*n* | tri hadhbainn dó.' 'Nochat leiccfe cuicce', or in m*a*c cler*ech*[3]; 'secht mbl*iadna* do*no* do Brénain*n* ríasin ni ro tibh e, 7 ni chúala ceol do ceolaibh an betha; *acht* da nubhall chi*ara*[4] 7 snaithe etorra no bíttis for a bhelaibh forsan liubhar. In tan im*morro* no chluin*edh* céol, dobheiredh na hubla ina óaibh.' 'Rachat sa', or in m*a*ccler*ech*, 'do shein*m* cruite dó[5].'

(202) Téitt di*no* as, 7 a cruit glesta ina laimh. 'Oslaic', ol in m*a*ccler*ech*. 'Cia so?' ol Brén*ainn*. 'M*a*c-cler*ech* do shein*m* cruite duitsi', or eisiumh. 'Sein*n* amuigh', ol Brenain*n*. 'Menbadh doiligh latsa, ropadh buidhe lem mo leccadh for lar na heccailsi deitsi[6].' 'Maith', ol se, 'ossailc riamh.' Dobheir in m*a*c-cler*ech* a crota et*er* a da chois[7] for lar. Dobeir B*r*enain*n* a dha nubhall ci*ar*u ina dá nó. 'Ni maith limsa', or in m*a*c-cleirech, 'th'airpheit*edh* amhlaidh, mani ghatta in ceir *est*ibh.' 'Dogént*ar* d*ano*', or sé. Dobheir *iaramh* forsan liub*ar* ina fiadhn*aise*. Seindidh iar*am* trí hadhbain*n* dó. 'Benn*acht* fo*r*t a m*a*c-cler*igh*', ol Brénain*n*, 'la céol nimhe deit d*ara* éisi.'

[1] This story occurs separately in B. Lism., f. 43c (v. LS p. xiii); Rawl. B. 512, f. 142a (cited as Rl.); cf. Mart. Don. May 16. [2] 7 gabaid na manaig for *for*báiltechus ina p*r*oin*n*tig Rl. [3] *sic* MS.; *lege* or na manaigh. [4] da uball ciarach Rl. [5] *dó* added on margin. [6] do sein*m* t*r*i nadhbun*n add.* Rl. [7] a cruit it*er* a di lai*m* Rl.

(203) Dobheir *iar*si*n* na hubla ina chlúasaibh, ar nír bó háil lais eisteacht fri ceol do cheolaibh in chennt*air*. 'Cidh na coisti fri céol?' *ar* in m*ac*-cler*ech*. 'In *ar*a olc*us* lat?' 'Maith, a m*ac*-chler*igh*', ol se, 'ni haire .i. i nbása isind ecclais so seacht mbl*iad*na gusaníu, iar noif*renn* 7 *iar* prochept sunn, dochott*ar* na m*ac*-cléirigh don proin*n*tigh; fómraccbhad sa sun*n* 'm áenor. Rom gabh imtholta illeith mo Thiccerna *iar* ndol do churp Criost. A mbá hisuidhiu[1] rom gabh crith 7 omhan, co naca én forsan seinistir, *co n*deisidh forsind altóir. Forféimdhi*us* sa sealladh f*air* lásna ruithniu g*rian*d*a* batt*ar* uim*me*. "Benn*ach* duin*n*, a clerigh", ol sé. "Rott bennacha Dia", ol B*r*enain*n*.[2] | "Cia fil an*n*?" ol B*r*enain*n*.[3] "Michel aingel", ol sé, "dot accall*aim*." f. 262[b]
"Atloch*ar* do Día omh", ol Brenain*n*, "cidh dia tudhchaidh?" "Dot sénadh sa, 7 dot airpeittedh ód Ticcerna." "Is fochen duit limsa", ol Brenainn. Attaigh a ghulbai*n* i*ar* clíath*an* a eite. Ro bhadh*us*a oc coistecht f*r*is on t*r*ath go 'raile, 7 ro cheiliubhair damh i*ar*sin.'

(204) Dobheir B*r*enain*n* i*ar*si*n* in astail[4] d*ar*san mbraghait: 'In bin*n* letso, a m*ac*-cler*igh*? Dobhiur sa mo chubh*us* do Dhia', ol Brenain*n*, 'nach bin*n*iu lemsa ceol do cheolaibh in dom*ain* i nd'iaigh' in cheoil sin 'inas'[5] in astoil si[6]. *Ocus* beir si benn*acht*ain, 7 bidhit neimed*ach* ar m' *air*fittedh.' *Con*idh í si*n* an dithrubhacht Brenain*n* i cCluain Ferta.

lxviii. (205) I naraile aims*ir*[7] di*no* lott*ar* fir Mum*an* do toghail *Con*nacht. Luidh Brenain*n* dia tairmescc, 7 do chuingidh *cair*de forra; acht chena ni tuccadh dó; 7 dhomhaidhsett an sluaigedh do den*amh*. Is*edh* im*morro* doroine Dia, go mbatt*ar* ima ccu*airt* i noen lucc; 7 gach áon ticcedh an*n* doridisi, go mbatt*ar* amhl*aidh* sin fri re cian tre cumachtaibh in Coimdedh, 7 tre ern*aigh*the naemh Brenain*n*. *Ocus* ro sáerta *Con*n*acht*a amhl*aidh* sin. I*ar* ndol im*morro* do Brenain*n* assin, ecmhaing *ar*aile m*ac* náemh balbh dó ó ro gen*air*. I*ar* mbennach*adh* im*morro* do Brénain*n* do, labhrais focettoir.

lxix. (206) Luidh Brenain*n* iarsin do accallaimh a sheth*ar* .i. Bríghe, co dún Aedha m*eic* Each*aid*, dianidh ain*m* Enach nDúin indíu. Cidh t*r*a *acht* i*ar* ttaisteal m*ar*u 7 tire, i*ar* ttaithbeoucc*adh* m*ar*bh, i*ar* níc clamh 7 dall 7 bodh*ar* 7 bacach, 7 áesa gacha tedma archena, i*ar* fothucc*adh* | cell 7 mainist*r*each 7 ecclas noimdha, i*ar* f. 263[a]
norducc*adh* abb 7 maighist*r*each, iar mbennach*ad* ess 7 inbher, i*ar* ccoisercc*adh* crích 7 túath, i*ar* ndíbadh col 7 peac*adh*, i*ar* mór-ghaibhtibh m*ar*a 7 tíri, i*ar* nionn*ar*b*adh* demon 7 dúalach, i*ar* mbuaidh ailithre 7 crabaidh, i*ar* ccomlánucc*adh* firt 7 mírbhuil*edd* nad caemhnac*ar* do fhaisneis, ro chomhfhoiccsighestair laithe eitsechta intí naemh Brenain*n*.

[1] am*ail* rom gab aride 7, Rl. [2] rott benn. . . . Brenainn, *om*. Rl. [3] ol me Rl. [4] inda stoil Rl. [5] The scribe at first wrote 'ina in ceol sin'. [6] f*or*sin mbragait *add*. Rl. [7] = R § 101; M c. 27; Capg. i. 153, 23.

(207) Is an*n*sin atb*ert* Brénainn frisna braithribh *iar* noifrend in domhnaigh, ⁊ *iar* ccaithemh chuirp *Crist* ⁊ a fhola: 'Ata Dia', ol se, 'agum g*air*m si dochum na flatha suthaine; ⁊ mo chorp do bhreith co Cluain Ferta, u*air* bíaidh torro*m*ha aingel in*nt*e, ⁊ is in*n*te bias mh'eis-erge si. Dent*ar* iar*amh* c*ar*patt becc libh, ⁊ tóet áen uaibh lais do iodhnacal mo chuirp si, d*us* nach faicet na tuatha in fén mor, ⁊ soch*aid*e lais, daigh na d*er*nsat essaent*aidh* iarsin immon ccorp. Teccemhaidh iar*amh* oen ócc-laech leth-ruisc clí doshainridh donti bher*us* mo chorp sa lais .i. Cuirrine m*ac* Séttna essidhe. *Ocus* iss*edh* atbéra f*r*isan mbrathair aga mbia in corp: "Inné corp ind náoimh so occ*at*?" ol sé do guth g*r*uam*dha*; "occuin*n* féin bías a eiséirghe", ol sé; "⁊ leicc úait in corp." Tabh*radh* di*no*', ol Brenain*n*, 'an brathair maiss nóir asi*n* talm*ain* do Chuirrine ar imthecht dó uadha. Atbéra in láech, ni leicc*fedh* aire. "Gebha fein righe, ⁊ do shiol itdiaigh", ol in brath*air* f*r*is. "Leicc 'damh' dola ass. *Ocus* acc so com*art*ha duit aire .i. ro bhása occa iomradh indíu, cion*nus* no ghebhtha ricche." "Ac", ol sé. "Not fuigbe nemh ⁊ talamh", ol in brath*air*. Léiccfidh siumh', ol Brenainn, '*iar*sin *ar*in treide sin .i. ar ór, ar righe, ⁊ ar
f. 263ᵇ nemh. *Ocus* bennech*aid* an brath*air* | eissiumh iarsin, ⁊ imthigidh uile.'

(208) In tan[1] tra tairnic dosomh a radh sin uile, bennachais dona braithribh, ⁊ da shi*air* .i. do Bhrighe; ⁊ an tan ro siacht for tairsech na heccailsi, isedh atbert: '*In manus tuas, Domine, commendo spiritum meum; redemisti me, Domine, Deus ueritatis.*' Ro fháidh a sp*irat* *iar* ccomhlanucchadh tri mb*liadan* nochat; amhail asbert in fáidh:

Saoghal Bhrenain*n* gan bine,
Ba saoi, ba faidh, ba file;
Tri bliadhna nochat co cert
Ro chaith sé go ro-ghuasacht.

Aen bliad*ain* ar ochtmogha *ar* chuicc *cét* ó inchollucc*adh* Criost m*eic* De bí go heitsecht mBrenain*n* m*eic* Fi*n*dlogha[2]; *ut dixit*:

O ghein mheic Muire, as derbh lin*n*,
Go heitsecht beth*ad* Brenain*n*,
Bl*iadain ar* ochtmogha án
Ar chúicc cédaibh go comlán.

Isin seisedh la décc ceilebh*arthar* a fheil siumh a mí Ianuarii[3] do-shunnr*adh*.

lxx. (209) Ro cuir*edh*[4] isin c*ar*patt i*ar*nabh*ár*ach corp Brenain*n*,

[1] = R § 103; S² § 17; M c. 29. [2] A marginal note points out that according to this Brendan was born 488 A.D. [3] *sic* MS.; probably a misreading of 'Iuin' which occurs § 2 *supra*; but it should be 'Maii'. [4] = R § 105; S² § 18; M c. 29.

amail adub*air*t Brenain*n* féin, ⁊ luidh an táen brath*air* lais. Doecmai*ng* inti Cuirrine m*a*c Sétna dó; *co* neb*ert* fris amhail ro remhraidh intí náemh Brénain*n*. Rucc*adh* *tra* *iar*sin corp Brenain*n* go Cluain Fertai, co ros adhnacht an*n*sin *co* *n*onóir moir, ⁊ *co* n*air*mittin, co psalmaibh, co niomnaibh, ⁊ co cantaiccibh sp*ira*talta i nonóir Ath*a*r ⁊ M*e*ic ⁊ Spir*ai*t Naeimh. Ailim t*r*oc*ai*re Dé uile-cum*achta*igh tre impidhe naemh Brenain*n* roísam uile ind aént*aidh* na nao*m*h T*r*inoide, ro airiltnighem, ro aittrebham *in secula seculorum*. *Amen*.

FINIS.

(210) I cconueint na mbrat*har* ag D*r*obaois ro aitscc*r*iobh*us* an bhetha so B*r*enain*n* asan cc*airt* ro scc*r*iobh*us* roimhe asan leab*ur* do scc*r*iobh Siogh*raidh* úa Maolcon*aire* do Roisi i*ngin* Aoda Duibh m*eic* Aodha r*úaid* i Domhn*aill*, ben Neill óicc, m*eic* A*ir*t, m*eic* Cuin*n* i Neill, i mbaile an*n* tSen-caislein do lettaoibh Sleibhe T*r*uim. Aois *Crist* an tan sin, am*ail* dherb*us* an sc*r*ibneoir .i. 1536. *Ocus* aois *Crist* an tan sa 27 M*ar*ta, 1629. Meisi an b*r*ath*air* boc*ht*, Michel ua Cle*righ*.

f. 70[b]

Da apstol decc na hErenn.[1]

(1) Bator da apstol[2] decc na hE*renn* hi cCl*uain* Iraird ica foghlaim oc Fi*n*dian. *Co n*derna Fi*n*dian fleidh dona hapstolaibh ⁊ do naemh*aib*[3] Eren*n ar*chena. Amhail rob áiniu doibh ic[4] comhól na fleidhe, *conus* aicet in scoith ndífhreccra ndímhóir chuca di*nd* comh*ar*tha[5] tíre tairng*ire*. Is an*n* di*no* ro fhás bruth ⁊ comh*air*le aca im dhol d'iar*raidh* tíre na scoithi. Noch*ar* gabh nech do laimh sech a chele dibh dul an*n*; *co n*dern*adh* cran*n*chor etorra .i. it*er* ce*ch* ndís dibh[6]; co tarla iarsin don da Brenain*n* dol an*n*. Cuirit di*no* an dá Bhrénain*n*[7] cran*n*chor etorra fodhéin, cipé dibh dia roisedh dul d'iarr*aidh* tíre t*airngire*[8]. Rosoich di*no* do Brenain*n* Birrae dol an*n*.

(2) Is an*n*sin di*no* ro chuir náemha[9] Eren*n* uile hi socht, ⁊ i nimsniomh, ara dhoilge leo a rochtain don tsenóir .i. do sin*nser* naemh Er*enn* ⁊ do súi na faitsine dol i craes[10] mara ⁊ mór-fhairrgi. *Con*idh an*n*sin atbert Brenain*n* m*ac* Fi*n*dlogha: 'Meisi an sósar, is mé ragh*us* arin fairrge.' *Con*idh dó ro chan in láidh si[11]:

(3) Bat*or* ic foghlaim tréin t*r*eall,
Cansat co léir a leighen*n*,
Acc Fi*n*den co fichtibh ceall
Da aps*tol décc* na hE*renn*.[12]

*Co n*acaiset[13] chuca in scoith
In comun*n* féta fir-maith,
Óta tír t*air*ng*ir*e ndaith[14]
Ó righ na righ, on rígh-flaith.

Ro raidhset uile malle,
Ba dia ccom*air*libh maithe[15],
Co rochtai*n* dail diam*hair* de,
D'íarr*aidh* tire na scoithe.

[1] Eir Brenuinn Birre ata so F; no title in Eg.[1], Eg.[2] [2] espoc Eg.[2] [3] dona espoccaibh Eg.[2] [4] do (ro) batar (ann F) a[c] Eg.[1], F. [5] dionn comurtaibh Eg.[2] [6] aturru .i. ca diis dibh dia roiseadh dul ann F. [7] an dis sin F. [8] cia daibh dorachadh ann F. [9] ro cuiredh naimh, Eg.[2] [10] cruas F. [11] co nebert rann Eg.[1]; conadh annsin adbert na briathra so ann F; Eg.[2] omits the verses altogether. [12] In Br.[2] this line is the second in the verse. [13] con fhacatar Eg.[1]; cu facadur F. [14] fhotha tire t. na ndath Eg.[1]; o tir t. ndaid (?) F. [15] comairle mailhe Eg.[1]

Sc*ar*thais [1] Día dá ce*ch* dis daibh
F*or*la [2] saeth*air* na sen-náeimh [3],
Do reir *cr*an*n*ch*air* amhra uill
Co *tár*la do*n* dá B*r*énain*n*.

Co ros ben*n*ach [4] Dia datha
*Con*a lest*r*aibh li*nd*·bracha,
Brenain*n* Birrae, buaidh flatha,
Is B*r*enain*n* m*ac* Fi*nd*lacha.

Cor c*uir*siot c*r*andchor [5] caem ngla*n*
I fiadhn*ais*e na napst*ol*;
Brenain*n* Birrae c*us*in mbladh,
As dó dorala in astor [6].

In*n*sa re náes cumtha cóir [7]
Co cornaibh fi*n*da fl*ed*h-óil,
A dal ar lúi m*ar*a moir,
A súi slán is a [8] seanoir.

'Daigh im só sa sun*n* cose',
Ar Brenain*n* 'oc' i nairde [9],
'Badh as [10] damh inní bias de,
Meisi ragh*us* *ar* [11] *f*airge.'

(4) Is an*n*si*n* di*no* doron*adh* digrais caur*aidh* la Brenain*n* .i. *ar* mhed 7 luchtmaire .i. coicciur *ar* cethrachat 7 tri *sechtmog*at, is é lín dochóid isi*n* curach [12].

(5) Seolais [13] iarsin Brenain*n* m*ac* Fi*nd*logha *for* to*n*ngh*ar* in mhara mong-ruaidh, 7 *for* trethan na tto*n*n ttaobh-úaine 7 for cichanaigh [14] in tsaile shith-guirm, 7 i mbéolu [15] in aiccéin iongant*aigh* il-phiastaigh .i. *air*m [16] i fu*ar*at*ar* il*ar* mbleidhmíl [17] muiridhi. Is an*n*sin di*no* fogebhdís ailéna áille i*n*gant*acha* [18], 7 ni thairistis in*n*tibhsin bheos.

(6) Bat*or* di*no* co cen*n* mb*liadhna* *ar*in iom*r*amh si*n*. Is an*n*sin [19] ba comhfochraibh don cháiscc; bat*ar* a mhuin*n*ter aca radha fri [20] Brenain*n* dula for tír do chelebr*adh* na cáscc. 'Is tualai*n*g Dia', ol B*r*enain*n*, 'talamh do thab*air*t duin*n* in ce*ch* ionad b*ús* ail dó [21].' Iar tichtain [22] na cáscc t*r*a, is an*n* toccbais [23] in míl mór a *for*mna i nairde osin muir súas, cor bó talamh com*ard*, cobhsaidh, coraighthi, coimlethan, coimhreidh,

[1] scartur F. [2] forba Eg.[1]; furba F. [3] sechtmain Eg.[1] [4] cuiris bennacht Eg.[1] [5] bennacht Eg.[1] [6] in crannchur Eg.[1] [7] Indsa dán os cumtha cóir Eg.[1] [8] a saigh salma in Eg.[1] [9] ocan fairge Eg.[1]; ar B. mac Ffinnlaighi F. [10] gidh bas Eg.[1], F. [11] tar Eg.[1]; for F. [12] a lín cum an curaigh Eg.[1], Eg.[2], F. [13] = LS 3589. [14] fich Eg.[1] [15] a mbhél Eg.[2] [16] bail Eg.[1]; mur F. [17] fuaradar fiadhmila F. [18] muredhi, 7 an oilén alainn ingantach Eg.[1] [19] = LS 3601. [20] oc iaraidh ar Eg.[1] [21] duin in gach tan Eg.[1]; ail leis fein Eg.[2] [22] toighecht Eg.[1] [23] do thog Eg.[1], Eg.[2], F.

comhalain*n*[1]. Tiacchaitt iarsin forin talumh sin, 7 celebhraitt[2] in chaiscc an*n*sin. Óen lá 7 dá oidhche doibh isin inad sin, go t*ar*naca[*i*]*r*[3] léo ord na cáscc do dhénaınh[4]. Tiacchait i*ar*si*n* ina curach. Sceinnidh in míl mór i*ar*sin fon muir[5]. Ce*ch* u*air* ba comhfochraibh in chaiscc ce*ch*a bliadhna no tóccb*adh*[6] in míl mór a d*r*uim[7] ósan muir, co*ma* talamh tirim techtaidhe.

(7) Fecht*us*[8] di*no* bat*or* f*or*in aiccen, *con*acat*ar* na srotha[9] dear-
f. 71[a] máire[10]. | Dosreng ait[11] di*no* an tanfad d*ar*a naimhdhéoin co bord na saebh-coire. Is an*n*sin ros gabh imeccla mór íat f*ri* méd [n]a ainbhtine[12]. Gabhais cách dibh[13] acc fecchadh i naghaidh Brenain*n*, u*air* ro ba d*er*m*áir* in g*ábudh* irabhat*or*. Tóccbais i*ar*sin Brenain*n* a guth co h*ar*d, *con*idh an*n* asb*ert*: 'Is lór dhuit, a mhuir mor sa', ol sé, 'meisi m'óen*ar* do bhadhadh, 7 léicc uait in lucht sa[14].' Is an*n*si*n* di*no* fethnaighis in mhuir focédoir, 7 toirnit feicheda[15] na saebh-choire o shin amach riamh, 7 nir irchoitigset do neoch eile[16].

(8) A mbat*ar*[17] an*n* la naile f*or*an muir co tainic diabhul chuca i ndeilb sentu adhuathmaire inglaine[18] ifern*aidh*e, *co n*deisidh for seol in chu*r*aigh i fiadhnaisi Brenain*n* a aenur. Ní fhacaid di*no* nech dibhsiumh é acht Brenain*n* a áen*ar*. Iarfaighis Brenain*n* do dhiabal, cidh 'ma tanic a hifern riana aimsir chóir .i. ria naimsir na heiseirghe móire. 'Is aire im*morro* tanac', or díaba*l*, 'd'iarr*aidh* mo phianta i cl*ú*salaibh[19] doimhnibh in mhara duibh dhorcha sa.' Iarfaighis Brenain*n* doso*mh*: 'Cidh on, cáit[20] ina fuil[21] in loc ifern*aidh*e sin?' 'Truagh sin', *ar* diabhal, 'ní chumaing[22] nech a fhaicsin[23], 7 se béo iarsin.'

(9) Is an*n*sin foillsighis diabhal dor*us* if*ir*n do Brenain*n*; 7 feghais[24] Brenain*n* i*ar*sin in c*ar*cair ngairbh nguirın sin, lán do bhréntaidh[25], lán do las*air*, lán do mhos*air*, lán do longpu*r*taibh na ndemhnu neimhn*ech*; lán do ghol[26] 7 do eighim 7 do erchóid; 7 gaire[27] t*r*uagha 7 nuall-ghuba móra, golfadhach[28] 7 basgaire na tuath[29] peacthach, 7 bethu dubach brón*ach* hi cride[30] péne, i c*ar*craibh[31] tein*n*tighibh, i sruamhaib na

[1] 7 co mpa hinadh fleghedh 7 foistine doibhsin he *add.* Eg.[1]; 7 gur ba hionadh cain sochraidh fledhaighthe 7 foisdine doibhsin é Eg.[2] [2] doníd Eg.[1] [3] tairrnig Eg.[1]; tarnaic Eg.[2] [4] leo cur ord na casc Eg.[1] [5] iarsin a cend isin fairge Eg.[1] [6] ro thogadh Eg.[1], F. [7] cend Eg.[1] [8] = LS 3617. [9] diana, dileanda, *add.* F, Eg.[2]; in muir ina dubh-srothaibh dilennta dia ninnsaighi Eg.[1] [10] 7 síad ag dubh-dortadh da nionnsaighi *add.* Eg.[2] [11] dosr[e]ang Eg.[1] (*recte*); dosragairt F; dosgart Eg.[2] [12] fri hainmfine na mara, 7 in anfaidh ro gab in taigen Eg.[1]; re hainbini an anfaidh do gob an taigen F. [13] oc fegadh a cheli 7 *add.* Eg.[1] [14] slan cin forguin *add.* Eg.[1], Eg.[2]; s. gan frithorcuin F. [15] fethe Eg.[1]; fethedha F: toirnidh anfadh Eg.[2] [16] doibh tria bithu (sír) Eg.[1], Eg.[2], F. [17] = LS 3625. [18] *om.* Br.[1] [19] cusalaibh Eg.[1], F. [20] iter *add.* Br.[2], Eg.[2] [21] cinnus ata Eg.[1] [22] tualaing Eg.[1] [23] cen bas d'fagbail, 7 ni fetfedh nech beth beo a haithle na pian reamraite sin d'fecsin Eg.[1]; ni comaigh neach beo a haithle 7c. F. [24] fiarfaighus (!) Eg.[2] [25] brentus Eg.[1], F. [26] do chogad 7 do golaibh Eg.[1]; do golgaire Eg.[2] [27] gartha Eg.[1], Eg.[2], F. [28] golgaire Eg.[1], Eg.[2], F. [29] tuadh F; truagh Eg.[1] [30] craiduibh F. [31] carcuibh F.

sreth sir-theinedh, i cailiuch bith-bróin 7 báis cen crích cen foircen*n*, i lathachaibh dorchaibh, i cathairibh[1] trom-lasar[2]; i nimat b*r*óin[3] 7 báis, 7 riagh, 7 cuimreach, 7 t*r*om-t*r*eas[4] ndichumai*n*g, co mbloedhghail[5] adhuathm*air* na ndemhna neimhn*ech*, i naidhchi bith-dhorca[6], bith-u*air*, bith-bréin, bith-shalaigh, bith-ciamair, bith-ghairbh, bith-fhoda, bith-muichnigh, marbhthaigh, mal*ar*taigh[7], mucna[8] mong-thein*n*tigh[e] io*chtair* imu*air*[9] adheitig iff*ir*n; hi slesaibh sliabh sír-theinedh, cen anadh, cen airisemh, *acht* sluaigh[10] demhnu ac t*ar*raing na pectach i cc*ar*c*r*aibh[11] troma, ten*na*, tee[12], ten*n*tighi, dorcha, doimhne[13], diamhra, dímaine, dáera, dubha, déinmecha, salcha, seda[13], senta, sir-bréna, sir-debhtach[a], sir-trodach[a], sír-scith[a], sir-m*ar*bh[a][14] sir-bhéo[15].

(10) Gol[16] ger, g*ar*cc, goethach[17], golf*ar*tach grechda[18], geranach, gothach, goirt, ger-g*air*mnech, gubhudach. Cruma[19] croma, cruaidhe, calma, cend-mhóra[20]. Piasta buidhe[21], bana[22], bel-mora. Leomhai*n* lon*na*, lán-luatha[22], leidmecha. Seabhaic roda, ruadha, ro-*ar*da[22]. Drecai*n* d*er*cca[23], dubha, d*r*on*n*-móra, dein*mnech*a (`*no* deinmecha') [24]. Ticcri[25] trena, tuath-bertaigh; scoirpi gorma gimacha[26]; griba g*ar*ba, goib-ghéra[27]; cuile goirte, guilbn*ech*a; creabhair chroma, cruadh-ghobacha. Farchadha trena[28], t*r*om-iarn*aidh*e; s*ú*sta[29] senta, sen-gh*ar*ba; claidhbe gera; gai ruadha; demhna[30] dubha; tein*n*te bréna; | srotha[31] neime; eassa bréna[32]. f. 71[b]

(11) Cait ic sc*r*ibadh, coin ac led*radh*, gadh*air* tafai*n*d[33]; demhna ag glaedhgail[34]; locha brena, lathacha mora, cuithe[35] dorcha, glen*na* doimhne, slebhte *ár*da, creca[36] cruaidhe. Sluaigh demhna, longp*or*t salach, pían cen anadh; saithe san*n*tach, tochur[37] meinic, troid cen fhuirech; demhna acc pían*adh*, imatt riagha, betha bronach.

(12) Airm i filet srotha secdha[38], serbha, senta, sir-bréna, lobhta[39], legtha, loisctecha, loma, luatha, lan-tei, lethna; cumga c*r*uaidhe, *cair*rgecha, foda, fu*ar*a, fodomna, beca mora feichtecha[40], sir-the, sínte, suáiti, so-thoirsecha; moighi loma, loiscthecha. Tulcha corra,

[1] cairibh F. [2] -lasracha tendtidi Eg.[1], Eg.[2], F. [3] *om.* Eg.[1]; F abbreviates. [4] ndirecra *add.* Eg.[1]; diocra Eg.[2] [5] mbaogul Eg.[1] [6] bith-dorcha . . . iffirn *om.* Eg.[2]. [7] na nanmand neggraibeach *add.* F, omitting 'mucna . . . iffirn'. [8] muca Eg.[1] [9] innfhuair Eg.[1] [10] sluagh Br.[1] [11] caircib F; cumga *add.* Eg.[1], F. [12] tromma . . . tee *om.* F; tee *om.* Eg.[1] [13] *om.* Eg.[1] [14] -marbthacha Eg.[1] [15] dorcha . . . sir-bhéo *om.* F. [16] gola 7c. (in plural throughout) Eg.[1], F; golgaire Eg.[2] [17] gera, goirte, gaibhtecha F, Eg[1].; F omits the remaining epithets. [18] grechach Eg.[2]; sgrechda Eg.[1] [19] cromma crumacha Eg.[1] [20] ceann-reamra F. [21] *om.* Eg.[1] [22] *om.* F. [23] daola *add.* F. [24] This is the reading of Eg[2]; F omits. [25] tigernnidhi Eg.[1]; F omits 'ticcri . . . goib-ghéra'. [26] *om.* Eg.[1]; gniomacha Eg.[2] [27] daola duba dronn-mora *add.* Eg.[1], Eg.[2] [28] *om.* Eg.[1], Eg.[2], F. [29] suistedha Eg.[1]; F omits the clause. [30] daera *add.* F. [31] duba tenntidhi, 7 bren-srotha Eg.[1] [32] essa b. *om.* F. [33] ac tafann Eg.[1], Eg.[2], F. [34] blaodhaigh Eg.[1], Eg.[2]; blaeghaidh F. [35] cuirti F. [36] creacha F, Eg.[2]; cretha Eg.[1] [37] Doubtful in Eg.[1]; F omits the clause. [38] F omits 'secdha . . . senta'. [39] F omits 'lobhta . . . crumhacha'; Eg.[2] omits 'lobhta . . . so-thoirsecha'. [40] ? leca mora 7 fethacha Eg.[1]

gímacha; glenda croma crumhacha; móinti g*ar*bha, deilccnecha[1]; coilltí dubha tein*ntighi*. Slighti[2] salcha, biastaighi. M*ara*[3] techta, tul-bhrena; clóithi[4] aidble, iarn*aidhe*. Us*ci* dubha doimillsi[5]. Aiddi[6] imda examhla. Samudh[7] salach, sir-lobtha; gaetha[8] goirti geimhreta. Snechta[9] secda, sir-silte; lan*na* d*er*cca, tein*ntighe*; gn*us*e dáera, dubha[10]; demna luatha, leidm*ech*a; piana aidble eccsamhla.

(13) Iar faicsin na pian sin do Bhrenain*n*, co ccual*aidh* in nuall-gubha nderm*air* ndofulachta[11] nettualaing[11], 7 an chúi[12] ciam*air*, attruagh, 7[13] in golgaire dichumhaing[14] i fudomhain iocht*air* ifrind. Is an*n*sin ro gabh imeccla an[15] clerech fri hadhuath na t*r*oighi sin[16]. *Con*idh an*n*sin at*con*nairc Brenain*n* in carraicc ndermair; is fuirre sidhe ro búi a natcualaidh[17]; 7 ticcedh an muir ifernaidhe da ce*ch* aird d*ar*sin[18] c*ar*raicc n*der*m*air*[19] .i. tonn teinedh dubh-ruaidhe an*air* thairsi, 7 ton*n* u*ar*, eighreta, aní*ar* ce*ch* re fecht.

(14) Is an*n*sin[20] búi oen duine t*r*uagh ina shesamh forsin c*ar*raic. Iarfaighis Brenain*n* de, cuich é. 'Iudas Scarioth meisi', ol se; '7 as me do rec mo thiccerna do chin*n* airccit 7[21] ion*n*mais dímiccn*igh*[22], díomaoin in tsaogh*ail* .i. Ísu C*rist* m*a*c De bí. *Ocus* as d*ermair*', ol sé, 'méd mo phian nexam*ail*; 7 bett amhail atchi siu[23] oníu co tí an brath.' Is an*n*sin ro chúi Brenain*n* fri méd na tróighi i facaidh Iudas do beith. *Con*idh an*n* dorighne Iudas[24] na runna becca sa oc taithmet[25] do Breanain*n*:

(15) Iudas Scarioth me indiu
F*or* ton*n*aibh na t*r*en-f*air*rcciu;
T*r*uag mo betha gaibt*ech* gor*m*,
Oc*om*[26] pían*adh* i niforn.

O thuin*n* tein*edh* f*or*[27] tuin*n* u*air*,
O tuin*n* u*air* f*or* ce*ch* tuin*n* t*r*ein,
Mé 'c*om* pían*adh* as ce*ch* *air*m[28],
T*r*uagh in g*air*m mo bh*eth* hi péin.

M*air*cc da*m*hsa tréc*ced* mo righ,
Olc in gni*m*h fa t*ucc*us laimh;

[1] móinti g. d. *om.* Eg.[2] [2] sligh Br.[1] [3] tiugha *add.* Eg.[2] [4] cloíthi . . . sirlobtha *om.* F; clóithi a. i. *om.* Eg.[2] [5] domblasta Eg.[1] [6] aidche Eg.[1]: aitedha Eg.[2] [7] sámuccadh Eg.[2] [8] gartha Eg.[1] [9] snechta . . . leidmecha *om.* F. [10] dubacha Br.[2], Eg.[2] [11] *om.* F. [12] in cith Eg.[1] [13] 7 in golg. dich. *om.* F. [14] -mhain Br.[1] [15] naem *add.* Eg.[1], Eg.[2], F. [16] sin *om.* Br.[1]; fri hadhuathmuracht na penidh ro cualaidh F. [17] ro bi an troigi ro-mor ro cualaidh F, Eg.[1] [18] don F. [19] sin Eg.[1]; *om.* F. [20] is annsin . . . carraic *om.* F, Eg.[1] [21] 7 ionnmais . . . in tsaoghail *om.* F. [22] *om.* Eg.[2] [23] docichi si Eg.[1]; docí si Eg.[2]; docidh siu F. [24] *om.* Br.[2] [25] ag taithmeach na péini F; ac innisin met a peine Eg.[1] [26] mé dom Eg.[2] [27] co F. [28] aird F.

Beithir[1] de t*r*e bithi[2] sír
Ce*n* sídh is ce*n* an*n*sa shaim[3].

Hicht*ar*[4] if*ir*n ce*ch* re nu*air*,
T*r*uagh an g*r*ifing[5] bís fo*m* taobh;
Dea*m*na dubha bít im dháil,
Uch, a lágh[6], ni *cuma* cae*m*h.

(16) M*air*cc[7] dorighne, m*air*cc dogni,
M*air*cc a tur*us* *for* bith cé[8];
Antí dogni[9] saint t*ar* ró,
M*air*cc fa dó, ⁊ m*air*cc a Dé.

M*air*cc da*m*hsa mo sai*n*t ro*m* baidh,
Demhna *gar*cca atcim *'ar* nu*air*;
M*air*cc mo thur*us* a Dé dáibh,
M*air*cc do r*ái*dh mo *cu*bh*us* cr*úaidh*.

Uch, a B*r*enain*n*, fég*aidh* mé;
Ce*ch* a nde*n*aim[10] damh as mo[11],
If*er*n dona, daer, dubh, dall,
Uch, as an*n* atú sa béo.

Uchan[12], uch luach braith mo righ,
Co sír sír doghébh a olc[13],
Tricha circull[14] airccit bhai*n*,
Isé si*n* do c*r*áidh mo ch*or*p.

Ar ion*n*m*us*[15] *tuccus* mo righ,
Uch, as trid as olc mo dhil;
Ní mh*air* in tion*n*m*us* do*m* réir[16],
Mairim si i péin[17] t*r*ia bith sír[18].

(17) Uch, nach m*ar*bh me, a M*ei*c mo Dhe,
Uch, as g*ar*b dogheibhim gleo;
Uch, me *ar* las*adh* goma *cét*,
Ní fhagaim écc, *acht* me[19] béo.

C*r*uma c*r*oma bit[20] fom thaebh,
Dubha, don*n*a, t*r*uag in baig[21];

[1] beitir Br.[1] [2] bithiu Br.[2]; bithu F. [3] gan sith is gan ceann 'ga saimh F; cin sigh 's cin acht cend 'sa saim Eg.[1]; gan sith 's gan ceann 'sa saim Eg.[2] [4] ochtar Eg.[2] [5] grifuing F; grafuing Eg.[1]; grafuinn Eg.[2] [6] a lá F; uch a lai ghin crumha caemh Eg.[2] [7] Eg.[2] transposes this verse and the next. [8] ar beith ceidh F. [9] doni Eg.[1], Eg.[2], Br.[2] [10] denann Eg.[1] [11] ro F, Eg.[1], Eg.[2] [12] In Eg.[1] this verse comes immediately before the verse beginning: 'Cruma croma', &c. [13] do gebhadh olc F; do geb olc Eg.[1], Eg.[2] [14] tallann Eg.[1] [15] In Eg.[1], Eg.[2], F, this verse immediately precedes the last verse. F is very obscure at this point. [16] dom areir Eg.[2] [17] misi a pein Eg.[1] [18] tri bithu sir Eg.[1], F. [19] beith F. [20] bis Eg.[1] [21] baigh Br.[2]; biadh F; a mbaidh Eg.[2]

Gair tafaind ann cech re núa[ı]r
Truag in grafaing bít im dáil [1].

Uch, a airccit, mairc dogni,
Uch, do airccis mé fam De;
Uch, a ionnmais, bhréccaidh bháin,
Uch, is plaigh ro imres fein.

Maille re demhnaibh atú;
Uch, rom medhraigh [2] olc mo ghné [3],
Doclos tre dhiumus mo gnaoi [4];
Is Iúdus Scarioth me.

IUDAS SCARIOTH.

[1] grabaing (grafainn Eg.[1]; -foinn Eg.[2]) an am gaid (gaidc Eg.[1]) F, Eg.[1], Eg.[2]
[2] ro meadraicch Eg.[2] [3] gneith F. [4] gnaidh F; gnai Eg.[1]; gnái Eg.[2]

Betha Sein-Chiarai*n* Saoigre. p. 222

i. (1) Baoi[1] fer amhra a nOsraighibh .i. do Dhal mBirn, Lughna a ain*m*. Luigh sidhe for cu*aird* do*n* taoibh budhes d'Eirin*n*, ⁊ tug a dhiongmala do mhnáoi an*n* .i. a gCorca laighe go hairithe, Liadhai*n* ain*m* na mna sin. Adcon*n*airc an ingen si*n* aislingte. Andar le go ttainic realta do ni*m*, go ndechaid ana béola, go ro shoillsigh fir Eiren*n* uile. Adracht arnamharach, ⁊ ro innis gach ní adcon*n*airc; gu*r*ab í breth rugadh furte .i. go mberadh gei*n* bhuadha, dia*m*ad lan iart*ar* do*m*ain a bfertaibh ⁊ a miorbuilibh.

(2) Ba fíor so*n*; ro gei*n*edh an m*a*c .i. Ciaran, ⁊ a gCleire rodnalt. *Ocus* ba follas rath Dé fair a miorbuilibh ⁊ a bfertaibh iomdha, go raibhi triochad bliadhan isi*n* io*n*ad si*n*, maille re duthracht leighin*n* ⁊ urnaighte, cía ro bhaoi gi*n* bhaisdedh, gi*n* bhen*n*achadh, a*cht* a bhfuair o neamh dhiobh. Nior bo machtnadh on, *air* ni bháoi baisde na creidemh f*r*isan ré sin isin in*n*si so; go ro t*r*iall Cí*ar*an *im*teacht aisde go Roi*m* Letha; *ar* ro taisbenadh do ni*m* dó, gomadh an*n* no legfadh a salma, ⁊ doghebhadh gradha easbuidh, ar ba hi cen*n* an chreidi*m* hi.

ii. (3) O rai*n*ic[2] | do Roi*m*, ro baisdedh he iar ria*cht*ain; ⁊ ro leigh p. 223
an sgriobtuir ⁊ an chanoin coi*m*dheta ag ab Romha, go mbui t*r*iocha bliaghan agan fhoghlai*m* sin, go ndubhradh f*r*is toighe*cht* dia tír, *ar* ba han*n* báoi a gcin*n*edh dó oirisemh do dhenamh, ⁊ gomadh oird*r*aic fon uile dho*m*an a fiorta ⁊ a urnaighthe.

(4) Luigh Cíaran aside go hEdail, gonadh an*n* dorala Pat*r*aic dó fora chon*air*, go ro failtighsit f*r*ia *ar*oile. *Ocus* adbert Pat*r*aic f*r*is, tia*chtain* dia thír, go ro chumdaighed cathair a medhon na hin*n*si si*n*, ⁊ go bfhuighbedh úaran an*n*. '*Ocus* oiris emh aga, ⁊ teigemhad sa f*r*iut iar ttriochad bliadhan.' 'Nis a*m* eolach sa f*air*', *ar* Ciaran, '*air* ní fheda*r* cisi húa*r*an sech *ar*oile díobh, aga noirisfin*n*.' 'Bera mo chlog sa', ol sé, '⁊ biodh amhlabh*ar* no go riacht an túa*r*an; ⁊ benfaidh iar rochtain, ⁊ budh é an bardan Ciarai*n* a ain*m* go brach, ⁊ do dent*ur* fiorta ⁊ miorbuile libh io*m*aleith, ⁊ biodh Saoighir ain*m* an io*n*aidh.'

(5) Ceileabhra[i]s cach día chéile diobh .i. Pat*r*aic ⁊ Cía*r*an, ⁊ doroi*n*e Ciaran amhail adubhradh f*r*is, no go rai*n*ic gusan úaran oirdraic
fil an Eilibh | Mu*m*an, go ro ben a chlodh an*n*, amhail ro gealladh. p. 224
Ocus ro thorain*n* a reigleis iarsin.

[1] = M §§ 1, 3^a. [2] = M §§ 3^b, 4.

iii. (6) Doroi*ne*[1] Día fiorta iomdha sun*n* for Chiaran. O ro ghabh for claoidhe na reilge, ⁊ se a aon*ur*, go bfaca an torc nallta ana dochu*m*, go ro ghabh for ledradh ⁊ tochladh, go ro ben an fiodh uile do*n* tochailt si*n*, ⁊ go ro claoi an talamh, g*ur* bo réigh. Dogní i*ar*sin teghais, a noirisfiodh an gcei*n* no bhiadh f*r*isan mor-obair nugad, ⁊ an tain*m*idhe egcen*n*sa út og bein ⁊ ag tarrang an fhedhaigh dó, g*ur* bó herlamh. Dorad Día tuille man*ach* docu*m* Cíarai*n*, co nfaca cuca an faolcú go mbroc, ⁊ go sion*n*ach lais, go ro ansat maille f*r*is ag dena*m* f*r*iochna*ma* ⁊ fritheolma fair.

iv. (7) Bad*ur*[2] sa*m*luigh f*r*i ré cían agan bf*r*iochna*m* sin, no go ttarla do*n* tsion*n*ach a dhuchas fei*n* do eirge fora mhenmuin, go ro goid a bhroga ó Chi*ar*an, go ndechaidh for teithed ana uai*m*-thigh. O ro airigh trá Cí*ar*an an esbuidh umale, adub*airt* risna mancaibh oile .i. f*r*isan gcoin allaigh, ⁊ f*r*is an mb*r*oc: 'Ní maith an cerd manaigh',
p. 225 ol se, 'oirgne na slada do dhena*m*, ⁊ eirg', ol se, f*r*isan mbroc, '⁊ tug lat ar áis no *ar* éigin é, go ro c*ur*saigh*ter* in*n*.'

(8) Luigh iaramh an b*r*oc, go ndorala an sion*n*ach f*r*is, go ro chuibhrigh ó chluais go laoi, go ttug ar éigin lais é. Adbert Cí*ar*an f*r*is: 'Dena ai*n*ti ⁊ aithrighe', ol sé, 'air ni cerd mhanaigh mibhésa, ⁊ oíris for céill, ⁊ diamadh miana no bheith fort, dob*er*a Día duit amhail shirfe.' Fóghní siu*m*, amhail asbert Cíara*n*, ⁊ ro oiris isin mai*n*ci*ne* cedna, go no mor*a*d ain*m* Dé ⁊ Ci*ar*ai*n* desi*n*.

v. (9) Asa haithle[3] si*n* tra ó 'dclos clú ⁊ oirdhercas Chi*ar*ai*n*, ro tio*mairg* a choibhnesa chuige do gach leth; ⁊ tai*n*ic a mathair, dá ion*n*saighe, go nógaibh io*m*dha lé f*r*ia foghna*m* Dé ⁊ Cíarai*n*. *Ocus* ro thogaibh reigleis riogha ⁊ tempoll toghaidhe do Día, ⁊ dogniodh foircedail io*m*da *ar* briathraibh Dé dona criochaibh co*m*fhoigsi, ⁊ dia ath*ar*da feisi*n* .i. do Osraighibh, ⁊ ro chreidsiot il-io*m*ad do dhaoi*n*ibh Día tré foircedal Ci*ar*ai*n*.

p. 226 vi. (10) Is an*n*sin[4] dorala do Pat*r*aic teacht do shioladh creidme d'*fer*aibh | Eiren*n*, ⁊ dia mbaisdedh, iarna fularamh ó Iosa fair a sleibh Sio*n*a, día ttugadh an bachall Iosa dó, gono ao*n*toigh, ⁊ go ro cengail gach ní cingeladh Pat*r*aic isin in*n*si so. Oir ní bháoi do choi*m*éd irsi ⁊ creidme a nEirin*n* roi*m* Patraic, acht madh Ciaran, ⁊ Oilbe, ⁊ Déglan, ⁊ esbudh Iub*air*. Ro c*r*iochnaighedh la Pat*r*aic gach ni, amhail ro io*m*raidh f*r*ia hIosa, go ro ben fiora Eiren*n* a lamhaibh demhan, ⁊ a hadradh iodhal.

vii. (11) Báoi[5] trá dalta dil og Liadhai*n* .i. mathair Ci*ar*ai*n*, ⁊ ni bháoi for bith ben budh ferr cruth ⁊ bésa; ⁊ ingen rí do rioghaibh Mu*m*an hí, ⁊ Bruinech a hain*m*; ⁊ ro chin*n* a hoighe do Dhía, ⁊ luigh

[1] = M § 5. [2] = M § 6. [3] = M § 7a. [4] = M § 7b. [5] = M § 8.

go Ciaran maille re Líadhai*n*. Lá nan*n* luigh rí cei*n*eil Fiachchach[1] go Cíaran, Dioma a ain*m*, go naca an ingen niolcrothach, ⁊ ro med*r*adh oca faicsin, go rug lais día hai*m*dheoi*n* gi*n* fhios do Chi*ar*an, ⁊ go ro eignidh an inghen iarsin.

(12) Ba gal*ar* tr*ó*m la Ciaran anní sin, ⁊ luigh for iarraidh na hingi*n*e go tech Dio*m*a, go ndebhairt Dio*m*a f*r*is: 'Nis b*er*a an ingen', ol sé, 'go nabra do | thigerna friu*m*.' 'Is túalaing Día on', ol Cí*ar*a*n*. p. 227
Nior bó cian badur an*n*, go néb*air*t an guth uasa; 'Leigh uait an ingen', ol sé. Ro léig an ingen la Cíaran i*ar*si*n*, ⁊ ba torrach hi. Ro cuir Ci*ar*an iaramh sighin na c*r*oiche coi*m*dheta tairsi, go ndechaidh ar nei*m*fni e gan airiughadh focedoir.

viii. (13) Ag cion*n*[2] ai*m*sire iarsi*n* tarla *ar* mhenmuin Dioma techt d'iarraidh na hingi*n*e dorighisi, *air* nior fhulaing beith 'na fegmais. O'dcon*n*airc an inge*n* an righ dá hionnsaighe, air bá derbh le is día breith lais d'áis no d'eigen tai*n*ic, adbath fochedóir. O'dconn*air*c Dio*m*a ég na hi*n*gi*n*e, ro c*r*iothnaighsiod a bhaoill, ⁊ ro buaighredh a aignedh, ⁊ adbert f*r*ia Cí*ar*an i*ar*sin: 'Ro marbhais mo cheile', ol sé, '⁊ diogholt*ar* fort é; ⁊ sg*r*iosfaighther asan áit attaoi tú, ⁊ ni bía fos fort.' 'Ni cu*m*achtach túsa ui*m*esi*n*', ol Cíaran, '⁊ Dia ni*m*e ed*r*ain*n*, ⁊ ni fhuil mo maith si ná m'olc ar do cu*m*as.'

(14) Asa haithle sin t*r*a fu*air* aon-m*a*c an righ bás lasan aitheasg si*n*; go ttai*n*ic buime an mhic a bfiadhnaisi Ci*ar*ai*n* ag basgaire t*r*uaigh, ⁊ adbert | an ben: 'Dobheiri*m* si an m*a*c úd, ⁊ me féin a mai*n*chine p. 228
duit', ol sí, 'dia gcabhra an uair so fair, oir is tú rod marbh.' Iarsin t*r*a dusfáinic soighnen tinntighe do ni*m* for brugh an righ, go ro loisgedh idir dui*n*e ⁊ airneis, g*ur* loisgedh and*ar*a m*a*c baoi lásan righ .i. Duncadh m*a*c Dio*m*a eiside.

(15) O'dclos do*n* righ anní sin, luigh go Ci*ar*a*n*, ⁊ doroi*n*e c*r*os-fhighill de fei*n* ana fiaghnaisi, maille re haithrighe mhóir, ⁊ re tóirsi thrui*m*, ⁊ ro ghuidh é fa fortacht ⁊ fa mhaithfechas dó. Dorad Ci*ar*an dosu*m* anní sin ⁊ ro dhuisigh a dhá m*a*c i*ar* mbás ⁊ losgadh dó, g*ur* bhó slán. O'dchon*n*air*c* Ci*ar*an an ingen do eg, ro dhuisigh o bhás m*ar*an gcedna. Ar bá derbh lais nach beradh an righ uadha t*ar* sarughad ní budh mó. Ro mor*a*d ain*m* Dé ⁊ Ciarai*n* tresna mor-miorbuilib si*n*.

ix. (16) F*echt*[3] an*n* dusfai*n*ic a choig go Cíaran ⁊ adbert f*r*is: 'Ní filid muca lin*n*, ⁊ do riocfaidhe a les íad f*r*ia biathadh ar manach.' 'Is tualai*n*g Día u*m*pasi*n*', ol Cíaran. Nior bhó cian dóibh go bfacad*ur* an dá mhuic dég dá nionnsaighe. Ansad ocaibh | go ro p. 229
shiolsad tréda io*m*dha díobh.

[1] On this there is the following marginal note in a later hand: D'*ar* ndoich mor bho é sin cinel Fhiacha m*eic* Neill. [2] = M § 9. [3] = M § 10.

x. (17) Feacht[1] oile luigh an coig cedna go Ciaran, 7 adbeir fris: 'Regar a les cáorigh linn', ol sé, 'ar is eigen a gcennach mona fagabhar.' 'Ní husa lá Día na muca', ol Ciaran, 7 budh fior sin. Adcíad an tréd do chaorcaibh geala isin muigh. Is ar eigin ma ro fhedsad fritheolamh fora sioladh.

xi. (18) Fechtus[2] dia ndechaidh fer oirmhidnech báoi a gcomfhogas dó go Ciaran, Fionntan a ainm, 7 a mhac marbh lais dia thodhusgadh dó, Laoghaire a ainm side. Ro guidh Ciaran Día umma fhortacht. 7 doróine cros-fhidhill 7 ernaighthe diochra go Día fair. Adracht an mac o bhás lá breithir Chiarain; go ro moradh ainm Dé 7 Ciarain desin. Go ttug sumh a uile ionnmasa 7 saidhbhresa do Dhía 7 do Ciaran, 7 dorad fós an baile forsa mbaoi fein gona fherann a mbithdilsi do Día 7 do Ciaran .i. Raith Fhera a ainm.

xii. (19) Is[3] a naimsir sin trá ro siacht Patraic go Caisel a gcenn rí Muman .i. Aongus mac Nadfraoich, 7 tainic Ciaran 'na gcomdhail ann,
p. 230 7 teid Aonghus 7 maithe Muman | fó baithis Patraic. Báoi fer do Iobh Duach Osraidhe isin comdhail sin, Erc a ainm, go ro ghoid an teach forsa mbaoi Pátraic.

(20) Ro cuibhrighedh an fer so gusan righ; 7 luigh Ciaran dia cuinge forsan righ. Ni fui[gh]bhithe uada gin maoine dia chionn. Dorad Ciaran tomas óir tara cenn, óir ro bhaoi a bhaigh risan Osraidhech. Doradadh dosam an cimidh. Ro leigh an tór iaram, 7 teid for neifní. Ro fergaidhedh an rí desin, 7 adbert: 'Ciodh umma tucais t'ór aislingte damhsa', ol sé, '7 is meabhal fodera duit a denamh', 7 doroine bagar mor fair. 'Ni bí don bith uile acht madh aislingte, 7 dul for neifní', ol Ciaran; 7 ro lonnaighedh frisan rígh iaramh, 7 ro triall esgoine 7 dioghail fair, go ro dalladh an righ; gur bheg nach dechaidh a mbás.

(21) Go ndechaidh Mocuda do ghuidhe Chiara[i]n fa toirmesg do cur aran dioghail sin, 7 go mbiadh an rí dia réir. Ro fhortachtaigh sium an righ iaram, amhail biodh ó bhás do éireochaidh. Or ro silesdar
p. 231 cách, gonadh bás do | fuair. *Ocus* dorad maoine díairme do Chiaran, 7 luigh feisin fana thoil do dhenamh; 7 do moradh ainm Dé 7 Ciarain trid an mhiorbhuil sin.

xiii. (22) A mbai[4] righ Muman .i. Aongus, fora chuaird righe sechnoin na Muman, badur aos cíuil 7 oirfidigh lais. Luighsit uaidhibh for cúaird a Musgraidhe Tíre. Atreithsid biodhbhaidh fríu fria hedail forta, go ro marbhadh an táos cíuil, 7 ro cuiredh a bfholach fó loch báoi a bfhogas doibh. Baoi crann fon loch, go ro cengladh fon gcrann gona gcruitibh léo, iarna nochtadh fein, oir nior bhó hail léo a fhios forta.

[1] = M § 11. [2] = M § 12. [3] = M § 13. [4] = M § 14.

(23) Foda lásan righ ro bad*ur* a áos ciuil. Ro chuir teachta for a niaraidh, go nar f*r*ith béo na marbh díobh. Luigh an righ go Cíaran día fhios cred tarla día áos ciuil, ar bá derbh lais, bá faidh a ni*m* ⁊ a ttalamh. *Ocus* ro fhoillsigh Cíaran dó *gach* ní ro fhiarfaidh de ; ⁊ luigh Ciaran roi*m*an righ gusan loch nugad, ⁊ dogni c*r*ois-fhighill ⁊ urnaighthe ndiocr*a* go Día, go ro traigh an loch, g*ur* bó follas do cách, amhail | batar a ccoi*m*cengal do*n* cran*n*, amhail adub*r*am*air* p. 232 ro*m*ain*n*.

(24) Adbert Cí*ar*an fríu eirge on loch ; ⁊ adra*cht*sad iaramh, amhail biodh asa ccolladh, gona gcruitibh léo, iarna mbeith mí fo*n* loch. Gonadh Loch na gCruitirigh a ain*m* beos. Go ro moradh ain*m* Dé ⁊ Ci*ar*ai*n* t*r*iasa*n* bfhiort si*n*.

xiv. (25) Fe*cht*[1] oile do*n* righ foran gcu*air*d cedna. Luigh taoisech dia muin*n*ter go ndorala for mucaibh Ci*ar*ai*n*. M*ar*bhsad muc dhiobh. Ro gáiredh m*ar* namhaid forta, ⁊ ro m*ar*bhadh fer for a deich diobh u*m*an taoisech. Luigh an righ ⁊ Mochuda go Ciaran, ⁊ adbertsad fris *air* go tteiseadh léo for cen*n* na míledh ughad ro m*ar*bhadh, día mbreith go Ciaran feisi*n* día nadhnacal.

(26) Tiaghaid día nion*n*saighe, ⁊ ní bháoi léo lion an io*m*cair. Asbert Ciaran : 'Eirgidh', ol sé, 'a gcoi*m*ideacht bur righ, a nain*m* Dé.' Adra*cht*sad fócheadoir o marbhaibh lá b*r*eithir Chi*ar*ai*n* gusan muic iona bethaidh léo, ⁊ doradsat a mai*n*chine dó iaramh, cei*n* robdar béo ; ⁊ ro moradh ain*m* Dé ⁊ Ci*ar*ai*n* do*n* miorbuil si*n*. |

xv. (27) Luigh[2] Ci*ar*an lá nan*n* fo choill bá co*m*fhogas dó, go p. 233 bfacaidh muine ard go smeraibh fair. Dorad dlaoi do bog-si*m*in foran ttor, go mairedh i ngach ai*m*sir, giodh be huair do i*arfa*d íad. Is an*n*sin dorala rí Mu*m*an for cu*air*d go tech Conchraidh m*e*ic Duach, ri Osraidhe ; ⁊ dorad an rioghan serc dó .i. Eithne Uathach ; *ar* ní baoi nech budh cruithidhe anas an Co*n*craidh sin ; ⁊ ro cogair Eithne f*r*is a menma uime.

(28) Ní ro aontoigh Concraidh anní si*n*, óir níorb ail dó gomadh cio*n*tach f*r*isan rioghai*n* é. Gonadh edh doroi*n*e Eithne, serg ⁊ galar bréige do ghabhail fuirte, o nach baoi cu*mus* imteachta lé. Ro hin*n*isedh do Concraidh anní sin ; ⁊ téid go h-Eithne dia fhios cred do foidhenadh di. Asbert sí, ní biadh maith di a nao*n* ní, mona fhaghbhadh sméra, *ar* is doibh dorad a mian*n*, ⁊ as íad budh leighes ⁊ budh luibhi íce dá heslai*n*te.

(29) Luigh Conchraidh go Cí*ar*an, ⁊ ro in*n*is amhail adbert Eithni f*r*is. Luighsid a ndis *gus*na smeraibh | adubhra*m*air ro*m*ain*n*, ⁊ rug- p. 234 sat go hEithne íad, ⁊ ro caith ni diobh ; ⁊ ba boladh fiona ⁊ blas meala baoi forta. *Ocus* ba slán o *gach* serc ⁊ o *gach* galar baoi fuirte ; ⁊ mion-caisg an*n* an tan si*n*.

[1] = M § 15. [2] = M § 16.

(30) Luigh Eithne i*ar*a*m* go Cí*ar*an, 7 doroi*ne* altughadh buidhe do Dhía 7 do Cí*ar*an *ar* so*n* a saorta on an*n*toil sin ron gabh; 7 dorad a coibhsena dó, 7 ro guidh é fana sáorad *ar* gach nguais nó biadh fuirte. Asbert Ci*ar*a*n*: 'Ni fhedai*m* si do saoradh sa *ar* bhás fil ad cion*n*; oir cuirfither cath idir Mui*m*nechaibh 7 Laigin, 7 tuitfir si, 7 t'ingean, 7 righ Mu*m*an an*n*; 7 doghebhair flathas ni*m*e iaramh.' *Ocus* ro fioradh uile a ndubh*air*t Ci*ar*an; oir dorochair Aong*us* m*a*c Nadf*r*aoich a gcath Ceall Osnadh la Laighin, amhail ro th*ar*ngai*r* Cí*ar*an.

xvi. (31) Feacht[1] oile báoi co*m*dhail Mu*m*an 7 Laighen a ndáil
Pat*r*aic do thoige*cht* f*r*ia baisdedh 7 foirchedal b*r*eithre Dé dóibh
a gco*m*fogus do Ci*ar*an. Ni báoi co*m*as biadhta léo an aghaidh si*n*
p. 235 i*ar*sin bproigept, go ro fhosd Cí*ar*an fría sásadh doibh | a nain*m* Dé
7 Pat*r*aic.

(32) Asbert Ci*ar*an f*r*isan gcoig f*r*itheolamh dóibh. Asbert an coig nar bo héidir dóibh f*r*itheolam d'faghbhail; 'ar is fogas an aghaidh, 7 ni fhilid a*cht* sea*cht* nda*m*a[2] lio*m*; 7 ni fhil furta*cht* an cedmadh fer diobh an*n*.' 'Berbhtar libh', ol Ciaran, 'na sea*cht* nda*m*a, *ar* nior bo husa la hIosa na coig mhile do shasadh lasna choig aranaibh 7 leisan dá iasg, ina sin*ne* lásna seacht nda*m*aibh ugad.' Bidh fior són; ro sásda laisiu*m* am búi an*n*, gur bhad lór lá *gach* fer a pruin*n* fodheisin. *Ocus* ro ben*n*aigh an tobar iaramh, *gur* bó blas meala no fiona la gach naon no ibhedh, *gur* bho mesga na slogha iarná sásadh. Go ro moradh ain*m* Dé 7 Ciarai*n* t*r*iasa*n* bfiort sin.

xvii. (33) Aroile[3] ai*m*sior dorala ri Temhrach for sluaghadh isin
Mu*main*; go ro thionoilsit fir Mu*m*an fris, go ra bhad*ur* u*cht* f*r*ia hu*cht*
a nÉilibh tuaisgirt. Ro ghuidh siu*m* Dia ioma f*ur*ta*cht* go ro éirigh
p. 236 fiodh | adhbhal etorta, 7 aban*n* ard-tuile, Brosnach a hain*m*; 7 mairigh
an*n* bhéos.

(34) Go ro sgarsad na catha fría *ar*oile. Tiaghaid fir Themhrach dia ttighibh; 7 ro ansad Muimnigh isin ionad sin d'aghaidh io*m* Oilill rí Caisil. Ro chuir Ciaran m*ar*t 7 muc chugtha, 7 ro ben*n*aigh, *gur* bhó lór do shásadh dona sloghaibh; 7 gona fhuigheall la *gach* fer aramh*ar*ach diobh. Go ro moradh ain*m* Dé 7 Cí*ar*ai*n* desi*n*.

xviii. (35) Báoi gnathughadh og Ci*ar*an fora mhancaibh gusan fairci bai léo, no thigdis gach laithe nollac moire docu*m* cu*m*aoi*n*each do lai*m* Cíarai*n*. Báoi[4] bui*m*e laisi*m*, Cuinche a hain*m*, 7 a Ros Ben*n*-cuir no bhiodh a ndeisgert Laighen. Feadhbh craibhtech isidhe. No teighedh Ci*ar*an día hionnsaighe, iar naifrean*n* na geine dó

[1] = M § 17. [2] MS. daima. [3] = M § 18. [4] = M § 22. The first sentence of the chapter is not represented in the Latin lives.

a Saighir, go Ros Bennchair, go ro gabhadh sí cu*m*ai*n*e día lai*m* si*m* *ar*amh*ár*ach, 7 nó bhiodh ag aif*r*io*m* a Saoighir isi*n* ló cedna, ger bhó cían etartha.

xix. (36) *Ocus*[1] no teighedh do ernaighthe *ar*ao*n* ré Coinci for
carraic io*m*thuile baoi forsan muir a medhon ton*n* o Ros Ben*ncair*
budhes ; | gonadh carraic Chuinchi a hain*m* osin bhéos. *Ocus* no p. 237
thigedh go Saoighir isan laithe chedna ; 7 ni fes cion*n*as doghniodh,
acht mon budh fosgadh ai*n*glechdha on T*r*ionoid aga togluasacht.

xx. (37) Baoi[2] t*r*a ben oirbhidnech a bfhogus do Ciaran, Eichill a hain*m*. Ro thuit an ben so f*r*ia carraic, go ná raibhi cna*m* f*r*ia aroili dhí. Ro hacai*n*edh f*r*ia Cí*ar*an anní sin. Téid día hion*n*saighe, 7 adbert fria : 'Eirig', 'ol' sé, 'a nain*m* na T*r*ion*n*oide.' Ro éirig an ben focedóir ó bhás la b*r*eithir Chíarai*n*, 7 tug altughadh buidhe do Dhía 7 do Chiaran ; 7 t*u*c feran*n* dó .i. Leim Eichille.

xxi. (38) Luigh[3] aroile gaduide t*ar* Bladhma síar ; go ro ghad boin o Ciaran. Adra*cht* céo 7 dorchada diairme f*air* ; 7 s*r*uth trén-tuile, go ro baithedh, 7 ro ion*n*to an bui*n* go Ci*ar*an doridhisi.

xxii. (39) Bad*ur*[4] t*r*a maoir o righ Eiren*n* og tobhach a chána a ngach
áit. T*ar*la do fhior acu g*ur* mharbh sé cara do Chíaran gin chio*n*aidh,
a*cht* madh ain*n*t*r*eisi a thig*er*na. Crónan ain*m* an oglaigh. Rai*n*ic an
sgel si*n* go Ciaran ; 7 luigh for iarraidh an oglaigh, go bfu*air* a gcionn
secht | laithe iarna bhás. Go ro dhuisigh fochedoir lá guidhe Dé fair. p. 238
Ocus adbert Cíaran fria ri Éile 'Iorghabh an bith-beanach ughad ;
7 loisg iara*m* issi*n*[5] olc doroi*n*e gi*n* adhb*ur*.' *Ocus* doroi*n*e
samhluigh.

xxiii. (40) Fergaighthear[6] righ Eiren*n* iaramh .i. Oilill Molt, fria Ciaran fa bhás a oglaigh ; go ro aithisigh o b*r*iathraibh é. Dorad Día ta*cht*adh fora iorlabhra so*m* in*n*, go mbúi seacht laithe gin labhra. Luigh an rí go Cí*ar*an iara*m*, 7 doroi*n*e c*r*os-fhighill iona fiaghnaisi, 7 dorad a oig-*r*eir dó. Dorad Cí*ar*an sigi*n* na c*r*oisi for a ghion, go ro labh*air* *iar*amh amhail báoi ria*m* ; 7 ro sgarsad *iar*si*n* fo sith 7 caoi*n*-co*m*rac .i. an rí 7 Ci*ar*an.

xxiv. (41) Luigh[7] Gearman easbudh o Pat*r*oic for ceilidhe go Ciaran. Tiaghaid im*m*aleith isi*n* s*r*uth, do dhena*m* a nernaighthe, amhail bá bés la Ciaran. Ní ro fhuling German an tuisge *ar*a oighritacht. Ro moithigh Ci*ar*an ani si*n* fair ; 7 ro chuir c*r*os dia bhachaill foran sruth, g*ur* bó te la G*er*man é *iar*si*n*.

(42) Asbert Ci*ar*an *iar*amh : 'Tiocfa m*a*c rí Caisil *iar*amh .i. Carr-
tach, amárach di*ar* nion*n*soighe, | 7 m*a*c dhalta tairisi damhsa hé. p. 239

[1] = M § 23. [2] = M § 26. [3] = M § 20. [4] = M § 27. [5] MS. iosi*n*. [6] = M § 28. [7] = M § 29.

Ocus gab sa', ol sé, 'an tiasg fil ag imteacht sechad.' Doroi*n*e G*er*ma*n* amail asbert Cíaran f*r*is, go mboi iasg lais fo co*m*air Carrtoigh arnamhárach. Tai*n*ic Carrtach amhail ro geall Cíaran, ⁊ dorad a coibhsena dó; ⁊ ro gab a an*m*chairdes, ⁊ ro imthigh iara*m* iar ndhena*m* a cu*ar*da, ⁊ iar gco*m*all a péi*n*e maille ré ben*n*achtain.

xxv. (43) Báoi[1] aroile rí etroc*air*ech a gco*m*ghar do Cluain m*ic* Nóis. Dorad a uile ion*n*masa do Ciaran Chluana dia thaisge. Ro sgaoil Ciaran ar bochtaibh Dé, ⁊ ar egalsaibh nao*m* íara*m*. Docúas on righ día iarraidh, ⁊ nior f*r*ith lais. Cairigidh siumh Ciaran desi*n*, ⁊ ro cuibhrigh; ⁊ adbert nach gébadh gan seasga bó fhion*n* ó-dhearg día chion*n*. 'Is tualaing Día', ol Ciaran, 'anni sin; ⁊ sgoiligh mo cuibhrighe go ndechain*n* fora niarraidh.' Ro benadh a cuibhrech de; ⁊ luigh side go Ciaran Saighri.

(44) Baoi Brenain*n* fora cion*n* an*n*sin. Ro gabh lúth ⁊ forbfailt*echus*
p. 240 mor iad roi*m* Ci*ar*an Chluana. Ro fiarfuigh | Ciaran Saighre dia choig, cía proin*n* nó bhiadh lais dona hard-nao*m*aibh ugad. 'Ni fhuil', ar an coig, 'a*cht* saill namá, ⁊ is alarda.' 'Coraig*ur* go luaith', ol Ciaran, '⁊ tabhart*ur* isin pruin*n*tigh.' Doronadh samhluigh. Ben*n*aiges Ci*ar*an go ro fherasd*ar* mil, ⁊ fíon, ⁊ ola, ⁊ braise*ch* doibh iaramh. *Ocus* adbert manach dhiobh, nách caithfedh ni dhiobh, air is do*n* | tshaill ro fhasadar. Ro freg*air* Ciarán: 'Fuicfe t'aibíd', ol sé, '⁊ ios*air* féoil chorghais, ⁊ do dhenair gach nolc, ⁊ ní bia nemh lat fadhéoigh.'

xxvi. (45) Ro caithsit[2] a bp*r*oin*n*, ⁊ altaighid iaramh, ⁊ adbert Ciaran Cluana: 'Biaidh iomad saidhbhresa ⁊ conaigh isin áit so go brath.' 'Biaidh rath egna ⁊ crábhaigh ar th'ionad sa do gnath', *ar* Ciaran Saighre. Ro innis Ciaran Cluana a thosga. 'Tiagha*m* ne for a niarraigh', ol Ci*ar*an Saighre, ⁊ ol Bre*n*ai*n*.

(46) Tiaghaid, ⁊ nior bo cian doibh ag siubhal, go ro tiodhnaic Día dhóibh. *Ocus* ro toirbir Ci*ar*an Cluana do*n* righ tar cen*n* a ion*n*mhais.
p. 241 *Ocus* iarná ttabh*air*t don righ ro leaghsad uile, | ⁊ dochodar for neifni. O'dcon*n*airc an rí anní sin, slea*cht*ais do Chiaran, ⁊ ro ghuidh Día fa mhaithemh na coire si*n* dó; ⁊ ro maith a uile ion*n*mas do Chíaran, ⁊ ro bad*ur* siodhach iara*m*.

xxvii. (47) Báoi[3] fer saidhbhir a gCluai*n* mheic Nois, ⁊ ba heolach a móran d'olcaibh, Trichemh a ain*m*. Luigh side go Ciaran Saighre. Baoi tei*n*e casga la Ci*ar*an gan diobhadh on caisg go aroile. Baidhis Trichemh an tei*n*e. 'Olc tarla dhuit, a dhiabhail', ol Ci*ar*an, 'diobhadh na tei*n*edh; ⁊ ní bía tei*n*e lin*n* go caisg iar gcion*n*, mona tí do ni*m*. *Ocus* doghebhair bás do lath*air*; ⁊ is faolchona iosas do chorp', ol Ciaran; ⁊ do fioradh sin.

[1] = M § 30. [2] = M § 31. [3] = M § 32.

(48) Do foillsighedh do Ciaran Chluana anní si*n*, 7 tai*n*ig go Saighir. Failtighes Ciaran roi*me* 7 o'dcon*nair*c gan tine lais f*r*ia hollmachadh bidh dona sruithibh si*n*, ro thogaibh a lamha docu*m* ni*me*, 7 ro guidh an Cui*m*dhe go ttísadh tei*ne* dó. Doroc*air* caor tei*ne*gh 'na fiaghnaisi, 7 is lé ro bruitheadh a bpruin*n* dóibh; 7 docuired ana bfiadhnaisi a bpruin*n*.

(49) Adbert Ciaran Cluana: 'Ni caithea*m* sa biadh', ol se, 'go ttugthar mac muin*n*tire dam.' 'Do fhedam*air* asíad do tosga', ol C*iaran* Saighre, '7 is toil da*m*sa, masa toil lá Dia, an f*er* sin do tea*cht* cugadsa a nio*m*laine.' Tai*n*ig *iar*si*n* la b*r*eithir | Ciarai*n*, 7 ro chaith p. 242
amaille fríu, 7 téid assidhe le Ci*ar*an go Cluai*n*, 7 ro treig an demhnaidhe*cht* baoi lais *iar*amh.

xxviii. (50) Feacht[1] ann luigh Ruadhan Lothra for cuaird go Ciaran. Tainic an demhan go ro baidh tei*ne* Chiarai*n*. O'dcon*n*airc C*iaran* sin, ro ben*n*aig chloch nadbhail mhóir, g*ur* bhen a caisre tei*ne*adh aisde, go rug for lasadh iona laimh a bfiadhnaisi Ruadhai*n* día ghoradh f*r*ia.

(51) Iarsi*n* tra tug an fearrthighis soithech lemhna*cht*a gusna cleircibh. Tig an demhan go ro dhoirt an bain*ne*, 7 gur b*r*is an soi*thech*. Bertar an soitheach go *Ciaran*, 7 docuir sighin na c*r*oiche t*air*is, 7 ro budh slán iara*m* gona lán leamnachta an*n*.

xxix. (52) O tai*n*ic[2] gusna deighioncha do Chiaran, ro fhidir fei*n* ai*m*ser a bháis, 7 ro shir téora itche go Día riana bhás. Tig an taingel cuige, 7 adbert fris, go bfhuighbhedh gach ní ro sir. 'Gach nech', ol sé, 'adhlaicfithir am reigleis, gan doras iofrain*n* do iadhadh fair'; 7 gach nech dobheradh onoir no airmhidin día fhéil, buaidh ratha 7 saidhbhresa f*air* isi*n* saoghal a bfhos; 7 flathas nei*me* táll. *Ocus* buaidh gcatha for Osraighibh, 7 gan a ndichur día ndiles do sior. Oir ro budh diobh dósu*m* fei*n* iar mbunadh.

xxx. (53) Dorala[3] tra for menmuin Fhin*n*ei*n* Chluana hIraird laithe deighencha Ci*arai*n ag toigheacht; Luigh Fin*n*en dia | fhios, ar ba p. 243
hoide dó é; oír is oga ro leigh a salma, 7 gach ci*ne*l foircedail báoi lais; 7 ro sia*chta*d*ur* urmhor nao*m* Eiren*n* da ion*n*saighe ar ba hoide foircedail dá nurmhór é.

xxxi. (54) Bad*ur*[4] triocha easbudh imaille f*r*is, do neoch ro foglai*m* lais, 7 da ttug gradha saghairt for gach naon acu. *Ocus* luigh Ciaran ria gcach isin reigleis an úair a bháis; 7 ro ghabh cu*maoi*n 7 sacarbaidh; 7 tangad*ur* io*m*ad aingel a gco*m*dail an an*ma* sin Ciarai*n*, 7 rugsad léo docu*m* ni*me* a spiorad iar mbuaidh aoi*ne* 7 aithrighe, 7 iar mb*r*eith buadha ar demhan 7 ar do*man*, a bfailte mui*n*tire ni*me*;

[1] = M §§ 33, 34. [2] = M § 35. [3] = M § 36. [4] = M § 39.

7 ro hadhna*cht* isin gcoigedh laithe do mí Mharta iona reigleis feisin a Saighir go nanoir 7 oirmhidin moir la Día 7 daoi*n*ibh ; 7 giódh mor a anoir isin lo sin a bháis, biodh mó a ndail bratha a naontoigh náoi ngradh ni*me*, a naoɴtoigh absdal 7 deisgiobal Dé, a naontoigh na nao*m* Trion*n*oide, Athair, 7 Mac, 7 Spiorad Nao*m*. Ailim troc*air*e Dé tre impidhe naoi*m* Chiarai*n* go riseam uile an aontoigh sin. *In secula seculorum. Amen.*

FINIS.

Betha Ciarain Saighre annso. f. 144[a]

i. (1) Tareis [1] *an* scriptuir diadha do legadh do Ciaran isin Roimh, ⁊ d'eis epscop do denamh dhe, tarla Pat*r*aicc dó isin Ettail, ⁊ issedh adub*air*t Pat*r*aicc: 'Eirigh romham dochum nEr*enn*, ⁊ cóirigh ionadh duit i medhón na hin*n*si sin; ⁊ is an*n* bhías th'onóir ⁊ th'eiseirghe féin.' Freccrais Ciaran sin, ⁊ as*edh* adub*air*t: 'Ni haitn*idh* damh an tionadh sin, ⁊ ni hurasa a faghbáil.' Adub*air*t Pat*r*aicc: 'An tion*adh* a mbenfa an clocc sin acc*at*, dena comn*uidh*e an*n*.' Tainic Ci*ar*án iarsi*n* i nEr*inn*, ⁊ ní do thaisibh na naemh leis .i. taisi Poil ⁊ Pettair, ⁊ in clocc balbh co rainic se srath Saighre, ⁊ is an*n*sin ro labhair in clocc .i. an bardan Ciarain doroine German gabha do g*r*asaibh Dé.

(2) Anais [2] Ciarán 'san ionad sin, ⁊ suidhis fo cran*n* an*n*; ⁊ fu*air* torc all*aidh* fo sgaile an croind. Teichis an torc sin roimh Ciarán *ar tús*, ⁊ tainic go mín arís cuicce; ⁊ isé an torc sin c*et*-manach Ciarain, ⁊ ise do ben slata ⁊ adbar na hecclaisi lena fhiaclaibh. Iarsin tangatt*ar* man*aigh* ele co Ciaran, edhon sion*n*ach, ⁊ broc, ⁊ faolcú, ⁊ do batt*ar* co humhal dó.

(3) *Ocus* [3] tárla lá an*n* an manach re nab*ar* sion*d*ach g*ur* goid leis seabaic in abbadh .i. náeim Ci*ar*ain, ina aittreibh; g*ur* chuir anti naemh Ci*ar*án an manach darbh ain*m* in broc d'iarr*aidh* an tsiond*aigh*, ⁊ na seabhac; ⁊ fuair iat. *Ocus iar*na fagbail ro bhen a dá cluais ⁊ a erball do*n* tsiondach maille le moran da fhion*nfadh*.

(4) Is an*n*sin tainic an siondach ⁊ in broc, ⁊ na seabaic slan leo a ccionn an naoi*mh*-fhir [4]. | Adub*air*t Ciaran risan sion*n*ach: 'Cr*éd* fa ndernais an tolc so?' ar sé, 'u*air* mas feoil rob ail let d'ithe, do fhéd*fadh* Día féoil do dhenamh do chroicnuibh na ccrand duit, ⁊ do b*udh* milis ar nuiscce léna ol.' Doroine a*n* siond*ach* aitricche an*n*sin .i. tredhan téora lá. f. 144[b]

ii. (5) *Ocus* [5] *iar* ttea*cht* do Patraicc i nEr*inn* do mh*étaigh* an creidemh ⁊ an crab*adh*, ⁊ do iomdhaighett*ar* na daoine naomhtha; ⁊ as dibh sen Brenain*n* Birra; ⁊ as g*ar* a ionad do Chiaran; ⁊ do bí aon bó ag Brenain*n*, ⁊ do ghoid Coirp*r*e Crom an mboin sin .i. fer fedhma rígh Laighen; ⁊ m*ar* tainic Sliabh Sinore tainic duibh-nell dorcha ina

[1] § 1 = Ir.[1] §§ 2–5; M §§ 3, 4; S § 3; Capg. 320, 33 – 321, 9. [2] § 2 = Ir.[1] § 6; M § 5; Capg. 321, 9–11. [3] §§ 3, 4 = Ir.[1] § 7, 8; M § 6; Capg. 321, 11–19. [4] This is a conjecture. The MS. is contracted here and has been tampered with so as to be illegible. [5] § 5 = Ir.[1] § 10; M §§ 7, 20; Capg. 321, 19–28.

timceall, ionnus co tarla i sruth é, 7 co fuair bás ann; 7 ro impó an bó go Ciarán.

(6) Dob[1] ail le naemh Ciaran annsin an bo do chur uadha go Brenainn, 7 nirbh ail le Brenainn an mboin. *Ocus* adubairt nach biadh bó aicce go brath. Is annsin do bi Ciaran ina aittreibh féin, 7 adubairt go raibe tinnes becc air, 7 go raibe mian bainne air. *Ocus* do fhuráil Brenainn soidhtech becc cumang umha do lionadh d'uisci, 7 do bennaigh é, 7 doroine bainne núa de. *Ocus* tuccadh co tech naidhedh co Ciarán é, 7 do bendaigh Ciarán an bainne, 7 doroine uiscce de. Gabhais Brenainn iarsin an mboin chuicce, 7 beiris Ciaran a buidhechus le Brenainn an mboin do gabhail chuicce aris.

(7) Adubairt[2] Ciaran iaramh le Brenainn: 'Bidh hí an bó roindfes oighrecht ettrainn araon go brath .i. an fedh rachus an bó ar ingeilt
f. 145ª annsa ló so, bidh hé an tionadh | ina bfanfa sí bús coicrioch ettraind.' *Ocus* dochuaid an bó ar ingheilt in lá sin go hAchad Bó, 7 ise sin as tórann eter Ciaran 7 Brenainn.

iii. (8) Do bí[3] náemh Ciarán Cluana in la sin i llaimh ag righ Forfigi[4] tre choire in rígh do tiodlaic Ciarán do bochtaibh Dé; 7 issedh adubairt an rí le Ciarán: 'Madh áil duit do leiccen amach, iarr *secht* láigh slemhna dercca, 7 cinn gheala orra.' Tainic iarsin Ciaran Cluana go Saighir mura raibhe Ciaran Saighre, da fhiarfaighe dhe an bfuighbedh sé indsamail an fhúaslaicthe do hiarradh air .i. seacht láigh slemhnu dercca, 7 cinn gheala orra. *Ocus* fuair Ciaran Clúana annsin an da Brenáinn i ttigh na naoidedh ara chionn i Saighir .i. Brenainn Birra, 7 Brenainn mac Findlogha.

(9) *Ocus* ba forbhailidh le Ciaran Saighre an buidhen sin d'faicsin; 7 adubairt lena coicc: 'Créd ata accat dobermais dona haidedhaib so?' 'Ata ann slinnen muice', ar in coic, 'gidh edh smuainim gurab aoine ann.' 'Tabair dona haoidedhaibh gidh edh', ar Ciarán; 7 tuccadh, 7 is amhlaidh frith ina iascc, 7 ina mil, 7 ina ola he tre breithir Ciarain; 7 do móradh ainm Dé 7 Ciaráin desin.

(10) *Ocus* do bi tuata annsin .i. mac in coicc, 7 ni derna sé a shuipér farúsan, mar doconnairc se slinnén na muice agin coicc, 7 narb áil leis feoil isin aoine. Adubairt Ciarán Saighre ris: 'Íosair feoil daimh, 7 si dercc, an aóine roimh chaiscc, 7 muirfidher ann 'san uair sin tú let naimdibh, 7 ni fhuigbhe tú flaithes nimhe.' *Ocus* do coimhlionadh sin amail adubairt Ciaran.

(11) *Ocus* 'ar ttaircsin na haidhighechta sin leisna naemhaibh, do-
f. 145ᵇ chuaidh sein-Ciarán Saighre | le Cíaran Cluana isin sligidh do comradh fris. *Ocus* asedh adubairt Ciaran Clúana lé Ciaran Saighre: 'Biaidh saidbhres bidh, 7 sonus at ionad go brath.' Adubairt Ciaran Saighre

[1] § 6 = Capg. 321, 28-37 only. [2] § 7 seems to be peculiar to Ir.[2]
[3] §§ 8-12 = Ir.[1] §§ 43-46; M §§ 30, 31; S §§ 16-18; Capg. 321, 38—322, 19.
[4] Furbytheus M; = Furbaide, LS p. 127.

le Ci*ar*an Cluana: 'Biaidh saidbhres eccna 7 ola coisrecctha[1] it ionad sa go brath.'

(12) *Ocus* inadiaigh sin tangatt*ar* an da Cí*ar*an co hAch*ad* Salc*ur*[2] ar bruach na haban*n*, 7 fuaratt*ar* na sea*cht* laigh le raibhe Ciaran Cluana i ngioll an*n*sin, 7 iad slemai*n* dercc, 7 cin*n* gheala orra. *Ocus* m*ar* dochuaidh Cíaran Cluana sáer on rígh, ni frith greim *ar*na secht laegaibh sin. *Ocus* ro mor*adh* ain*m* Dé 7 Cí*arain* desin.

iv. (13) Fect ele[3] tainic m*ac*camh d*ar*bh ain*m* Crichid Cluana go Saighir, 7 'ar mbeith sealat do laithibh an*n*sin dó, do múch se lá air*ith*e a*n* tene ar furáilemh an diabhail .i. an tene coisreccta bói agna mancaibh. *Ocus* adub*air*t Ciaran risna mancaibh: 'An faiccenn sibh an teine chois*re*cctha do bi accuibh 'arna much*ad* don m*ac*camh diabhlaighi? 7 ni bhiadh teine 'san ionad so go brath, nó go tti tene o Dia an*n*.' *Ocus* an m*ac*camh do mhuch an teine dochuaidh asan mbaile amach iarnamarach, 7 ro m*ar*bs*at* na m*ei*c tíre hé. *Ocus* do mor*adh* ainm Dé 7 Ciaráin desin.

(14) *Ocus* m*ar* dochúal*aidh* Mac an tsáeir bás an m*ac*caimh sin, tainic sé da iarraidh; 7 do gabhadh maille le honóir hé; 7 ni raibhe teine i ccathair Saighre ara chind. Is annsin do eirigh Ciaran Saighre, 7 do ataigh Dia, 7 tainic teine do nimh ina ucht, 7 rucc leis hí go tegh na naoidhedh. *Ocus* 'arna ngoradh dona haoidedhaibh, 7 'ar ccur | a f. 146[a]
suipeir ina fiadhnaisi, adub*air*t Ciaran Cluana nach caithfed biadh, no go tisadh an m*ac*caomh; 7 do eirigh an m*ac*camh m*ar* as luaithe adubr*adh* sin, 7 docaith biadh. *Ocus* do moradh ain*m* De 7 Cíarain t*r*idsin.

v. (15) A ccionn trill[4] iarsin do much clei*rech* darbh ain*m* Bartan*us* do mhanch*aib* an tighe sin teine na mainistrech, 7 tainic Ruadhan Lothra an la sin go Saighir; 7 ni raibhe tene le ndingéntais a ngoradh 'san tigh. *Ocus* do benn*aigh* Ciaran cloch, 7 ro las an cloch, 7 rucc Ciaran leis an tene ara lamhaibh don tegh i rraibhe Ruadhan Lothra; 7 nir goill ara lamaibh; 7 ro mor*adh* ain*m* Dé 7 Ci*ar*ain desi*n*.

(16) Aims*er* ele[5] inadiaigh sin do dhoirt an B*ar*dan*us* cédna coire lan do bhain*ne*; 7 do benn*aigh* Ciaran an coire gur bó lán asa haithle.

vi. (17) Liadhain[6] .i. mathair Ciarain, 7 a ccomfocc*us* do Chi*ar*án do bí maille lena hoghaibh. *Ocus* do bí dalta deigh-dhelbh*dha* aice d*ar*bh ain*m* Bruitnech, inghen rígh Mumhan; 7 dochual*aidh* Daimhene. i. rí do chinedh Fiachna tuar*us*ccbail crotha na mna sin; 7 tainic chuice, 7 rucc leis hí, 7 do bi aicce m*ar* ceile seal do laitibh.

(18) *Ocus* 'na diaigh sin dochuaidh Ciaran d'iarraidh na hi*ngin*e aran

[1] MS. coisecra. [2] Ath Sallchair, M; probably rightly. [3] §§ 13, 14 = Ir.[1] §§ 47-49; M § 32; Capg. 322, 19-29. [4] § 15 = Ir.[1] § 50; M § 33; Capg. 322, 29-32. [5] § 16 Ir.[1] § 51; M § 34; not in Capg [6] §§ 17-22 = Ir.[1] §§ 11-15; M §§ 8, 9; S §§ 5-7; Capg. 322, 32—323, 16.

righ; 7 nirbh ail leis a tab*airt* dó. *Ocus* adub*airt* le Ci*arán* nach leiccfedh uadh í, nó go mosccl*adh* guth na cuaiche. Iarnamh*ár*ach do fher snecta mor ann, 7 do fol*aigh* an talamh; 7 ní tainic sé a ngoire
f. 146[b] do Chiaran, ná da muinntir; | 7 do bad geimhredh an*n* an tan sin. A mucha do ló i*ar*nam*arach* doclos guth na cuaiche, 7 do ei*righ* an ri, 7 ro slecht do Chíaran, 7 tucc a dhalta dó.

(19) *Ocus* m*ar* do*con*nairc Ciarán a dalta chuicce, 7 a brú mór o thoirrches, dochuir sighin na croiche naoi*m*h fuirre, 7 do laghd*adh* a brú, 7 nír tai'dh'bhred toirrches ina broin*n*; 7 tucc leis hi 'chum an ion*aidh cet*na; 7 do moradh ain*m* Dé 7 Ci*ar*ain desin.

vii. (20) Aroile la iar*amh* tainic an ri fri Cíaran maille le feircc, 7 adub*airt*: 'Cred far marbh tú mo bhen?' ar se; '7 ni bheir 'san ionad so ní 'sa mo, *acht* scriosfatt as tú.' Adub*airt* Ciaran: 'Ní t*us*a Día; 7 bett sa im ionad féin.'

(21) Ro imtig an ri go ferc*cach* maille le dasacht mór go Dun Croibhtine .i. co a *árus* féin; 7 is aml*aidh* fuair he ar lasadh. *Ocus* do theich an rioghan, 7 do dherm*ai*t a mac gradhach istigh. Adub*airt* an riog*án* co tuir*sech*: 'Cuirim mo mhac ar comairce Ciaráin Saighre'; 7 doronadh firt amhra an*n*sin .i. loscc*adh* an tighe, 7 an mac do bheith slan.

(22) Tainic iar*amh* rex Dairine 7 epscop Aodh co Ciaran Saighre, 7 dorin*n*e an ri toil Ciarain, 7 tucc a da m*a*c dó .i. Dúnch*ad* ro saor*adh* on tene, 7 a mac ele, maille lena siol do Chiarán. Mar do imtigh an rí o Chiaran, ro aithbeoaigh se Bruitnech, 7 ro báoi slán; 7 ro mor*adh* ain*m* Dé 7 Ci*aráin* t*r*esna míorbhuilibh si*n*.

viii. (23) Rí Mum*an*[1] .i. Aeng*us* m*a*c Nadf*r*aich, ro bhat*ar* moirsheis*er*
f. 147[a] cruitiredh | aicce, tainicc ona tticcerna fein asin nGallia; 7 ro m*ar*bh*adh* i M*us*cc*raigh*e iatt, 7 ro foilgedh a ccuirp gan fhios do neoch; 7 do ba toirrsech Aeng*us* tre gan fios a chruitiredh aicce.

(24) *Ocus* tainic go Ciaran Saighre d'faghail furt*acht*a; 7 adub*airt* Ciaran fris: 'Atád do chruitir*idh*e 'arna mbath*ad* i lloch uiscce, 7 atád a ccruite i nairde i ccrand don thaoibh tuas os cind an locha.' 'Áilim tú', ar in rí fri Ciaran, 'tarra lim dá niarr*aidh*'; 7 ro éirigh Ciaran, 7 drong da muin*n*tir '.i. nuimir secht fichit', maille fris docum an locha; 7 an*us* an*n* teora laithe, 7 teora aidhce acc urn*aigh*thi 7 ag t*r*osccadh.

(25) *Ocus* '*ar* ccomlion*adh* na tteora la sin dó, t*r*aighis in loch, 7 frith na cuirp aran traigh; 7 aithbeoaighis Ciaran iatt iarna mbeith mí fon loch. *Ocus* gabhait a ccruiten*n*a chuca, 7 sein*n*it iatt, 7 gabhait a ndán, ionn*us gur* chodail an ri *con*a sluaghaibh léisan cceol si*n*. *Ocus* atá an loch osin alle gan uiscce, 7 asé as ain*m* dó, Loch na cCruitenn; 7 ro mor*adh* ain*m* Dé 7 Ciarain desi*n*.

[1] §§ 23-25 = Ir.[1] §§ 22-24; M § 14; Capg. 323, 16-26.

ix. (26) Fecht náen[1] dia raibhe ócclach rígh Mum*an* ag siub*a*l i ccoiccrich M*u*scc*r*a*igh*e, 7 fuair mu[i]c duine naomhta .i. Cáin a ainm, 7 do m*ar*bh an tocclach an muic, 7 rucc leis go coill hí, 7 dochuir ar teine hí. *Ocus* m*ar* do bí an*n* aga bruith, tangat*ar* ceitern chuicce, 7 do mh*ar*bhatt*ar* é, 7 fiche dá muin*n*tir maráen ris *ar* brú na Brosnaige ('.i. abhann'); 7 tiagait féin do*n* lathair, | 7 ni fhacatt*ar* an muic ro baoi f. 147[b] aran teine.

(27) Ro foillsighedh sin do Chiarán, 7 doch*uaid* m*a*r*a* raibe a dalta .i. Carrthach, m*a*c Aeng*u*sa, m*ei*c Natf*r*aich, do toccbháil na ccorp, ar nach íostais na m*ei*c tíre íad, 7 da mb*r*eith leis da ionadh féin; 7 m*ar* doco*n*nairc na cuirp iom*dha*, 7 gan cul*aidh* a nio*m*chair aicce, adub*air*t Ciaran: 'I nain*m* Iosa *Crist* éirgidh *ar* bh*ar* ccosaibh fein, 7 tegaidh lem d'ion*n*saig*h*e mo reicclesa'; 7 do eirgettar go luath .i. in p*r*efect*us*[2] maille lena muin*n*tir beo-slán, 7 do aithbeoaigh an muic, 7 tainic ar siubhal dochum a ticcerna féin.

(28) Tangatt*ar* an bhuidhen úasal sin le Ciaran; 7 ise Foda m*a*c Forax maille lena shiol do bí an*n*, 7 do aontaigett*ar* iad fein maille lena síol do Chiarán, 7 tuccatt*ar* iad féin dó ó thús, 7 do hadhlaicedh iad aicce.

(29) A ccion*n* trill[3] iar*amh* do m*ar*b*ad* cend sluaigh Aeng*u*sa m*ei*c Natf*r*aoich, d*ar*bh ain*m* M*a*c Ceisi; 7 doguidh Ciarán tara cend, 7 do haithbeoaicch*ed* he, 7 do imthigh slan; 7 ro mo*radh* ain*m* Dé 7 Ciaráin desi*n*.

x. (30) Duine úasal[4], darbh ainm M*a*c Eirce, dá shíol Ó nDuach[5] do m*ar*bh each carp*ai*t Patraicc, 7 do gabadh le hAeng*us*, 7 do cengl*adh* an fer sin. *Ocus* tainic Ciaran dá fhuascl*adh*, 7 tucc moran oir '7' *ar*gait ass; 7 m*ar* ruc leis M*a*c Eirce, ni frith an tór nó an t*air*get ass. Ferccaigis Aeng*us*, 7 tainic go Ciaran, 7 adub*air*t: 'Tabh*air* mo chuid oir 7 argaitt damh, oir as diomhain gach ni | da ttuccais damh; óir ni f. 148[a] fhuil *acht* sgáile ann.' *Ocus* adub*air*t briath*ra* g*ar*ba le Ciarán.

(31) *Ocus* adub*air*t Ciaran: 'Ni fuighir *ar* son do choda óir 7 *argait acht* mall*acht*.' *Ocus* ag radh na breithre sin do Ciarán, do eirigh dorcad*us* a ttimcell an rígh, 7 fu*air* bás. M*ar* doco*n*nairc Carrthach a athair[6] do thuitim, do bi tuir*sech*, 7 doguidh Ciaran 'ma thathbeoughadh. Ocus doguidh Ciaran f*air*, 7 ro baoi slán, 7 dorin*n*e Aeng*us* ait*r*icche an*n*sin, 7 tucc é féin *co*na shíol do Chiarán: 7 ro moradh ain*m* De 7 Cíaráin desin.

xi. (32) Fea*cht* naen[7] do Chiaran ag siub*al* i naimsir fogh*m*a*ir*, 7 do

[1] §§ 26, 27 = Ir.[1] §§ 25, 26; M § 15: R[2] f. 201[b]; (not in S); Capg. 323, 26-32. [2] imperfectus MS. [3] § 29 = Capg. 323, 32-4 *only*. [4] §§ 30, 31 = Ir.[1] §§ 19-21; M § 13; S § 8; Capg. 323, 34—324, 4. [5] The MS. has 'siol don neoch', which is hardly grammatical; the correction is suggested by a comparison with M; and in *sound* there would be little difference between the two readings. [6] The scribe at first wrote 'sen-athair'; see the general note on § 27. [7] §§ 32-36 = Ir.[1] §§ 27-30; M § 16; S § 10; Capg. 324, 4-24.

shin a lámh dochum drisi ara rabat*ar* smera dubha. *Ocus* fu*air* a fhios o Dhía go riccfedh a les t*r*ath ele iatt, 7 doleicc doibh.

(33) *Ocus* inadiaigh si*n* i naimsir earr*aigh*, iar ccaiscc, tainic Aeng*us* m*ac* Nattf*r*oicch ar cuiredh [1] go tech *Con*c*r*ach m*eic* Danach [2] hi ccrich Os*raighe*, 7 do bái a bhen i ffarr*adh* Aeng*us*a .i. Eithne; 7 tucc sí g*r*adh do Chonc*r*ach, 7 dob ail lé a beith 'na mnai aicce; oir rob arsaigh Aeng*us* an tan si*n*. *Ocus* do diult *Con*crach sin an fedh do beith Aeng*us* ina bethaigh.

(34) *Ocus* m*ar* doco*n*nairc Eithne an diult*adh* tucc *Con*c*r*ach fuirre, do thoccaibh cen*n*airrce et*er* an dá rígh sin .i. Aeng*us* 7 *Con*c*r*ach. *Ocus* ar deiredh na fleidhe sin doleicc si gal*ar* chuice; 7 do fhíarfaighett*ar* cách di c*réd* do fhoirf*edh* í. *Ocus* adubairt sisi: 'Ní hurusa mo leiges d'faghail isin aimsir so .i. sméra dubha do fhoirfh*edh* mé.' |
f. 148[b] *Ocus* do bi an rí 7 a mhuinnter go brónach desin, do bhrigh n*ar* thúalaing iad sin d'faghbail di.

(35) *Ocus* do ghabh eccla *Con*crach go nanfadh Eithne aicce d'éis Áeng*us*a d'imtheacht, d'fagháil a toile uadha. *Ocus* tainic *Con*c*r*ach go luath m*ar*a raibhe Cíaran, d'in*n*isin anmiana sin tucc*adh* don mnaoi .i. smera dubha 'sna hí*ar*ccasccaibh; 7 dochuir Ciaran *Con*c*r*ach *con*uicce an dris arar fhagaibh na smera i naimsir in fhoghmair roimhesin; 7 frith na sméra mar do fhaccaibh Cíaran iatt, 7 do thionoil hi soidht*each* umhaidhe iad, 7 docuiredh édach geal ósa ccean*n*, 7 dochaith an ríog*an* íatt, 7 do bí slán; 7 do ithett*ar* na riogha ele iatt, 7 do bi blas meala orra, 7 meiscci fíona.

(36) *Ocus* do shiodaigh Ciaran et*er* na rioghaibh sin .i. Aeng*us* 7 *Con*c*r*ach, 7 doleicc Eithne ara gluinibh do Chiaran hí, 7 rucc a bhuidhe fris m*ar* do shlán*uigh* se hí, 7 t*u*c *Con*c*r*ach e fein *con*a shíol do Ciaran, 7 móradh ain*m* Dé 7 Ci*arain* desin.

xii. (37) Feact náen [3] tainic Laeghaire m*ac* Neill [4] *con*a shlúagh i nagh*aid* na Muimhn*ech*, 7 docuaidh Oilill ri Caisil ina coin*ne*; 7 dob áil le Cí*aran* sídh do denamh ettorra, 7 ni thuccatt*ar* na riogha diomsacha onoir do Ciaran. *Ocus* is an*n*sin doghuidh Ciaran Día, 7 anní nach fu*air* ona riogaibh díomsacha, fuair ó Dhía hé; óir an uair dob ail leisna cathaibh dol a ccenn a cheile, an choill do bi le hag*aidh* na
f. 149[a] Muimn*ech* do luigh go lar, 7 an sruth do bi re hucht na nUllt*ach* | do eirigh go hard, ion*nus* go ttangatt*ar* Muimnigh tara nais g*an* cath, 7 go ndeach*aid* Laeghaire maran ccédna. *Ocus* tucc Ciarán an*n*sin a saith bídh d'feraibh Mumhan le hén mart, 7 le slin*n*en m*air*t ele; 7 ro mor*adh* ain*m* Dé 7 Ciaráin desin.

xiii. (38) Fecht [5] da ttangatt*ar* ceithern do clannaibh Fiac*r*ach d'iar-

[1] *sic* MS; ? cuaird, and so Ir.[1] [2] *sic* MS.; we should probably read 'Duach', as Ir.[1]. [3] § 37 = Ir.[1] §§ 33, 34; M § 18; S §§ 11, 12; Capg. 324, 25–33. [4] MS. Neilli. [5] § 38 = M § 19; S § 13; Capg. 324, 33–41.

raidh muc léna ngoid a criochaibh Mumhan, 7 do fhoilget*tur* iad féin i ccoill. *Ocus* fu*air* Lonan m*ac* Nat*f*raich .i. derbrath*air* Áeng*us*a, fios ara mbeith annsin; 7 dochúaid ina ccend. *Ocus* doguidhett*ar* san Ciaran fá fhurt*acht* d'fagail doibh. *Ocus* m*ar* doguidett*ar* do las an choill fochédoir. *Ocus* m*ar* doco*n*nairc Lonan sin do iompo tara ais; 7 tangatt*ar* an mhuinnter ele go Ciaran, 7 do bhatt*ar* ina mancaibh aige go laithibh a mbais; 7 ro moradh ain*m* Dé 7 Ciarain desin.

xiv. (39) Feacht náen [1] tainic Pat*r*aicc go Saighir, 7 *deich* riogha do rioghaibh Mum*an* maraén ris; 7 as doibhsin tucc Ciaran fledh tri lá 7 tri noidche do sheacht mbuaibh do bí aicce. *Ocus* do benn*uigh* top*ur*, 7 dorin*n*e fín de, ion*nus* go ra batt*ur* subhach saitheach forbfáil*idh*; 7 ro mor*adh* ain*m* Dé 7 Cíarain desin.

xv. (40) Fecht náen [2] an*n* adub*air*t a cheallóir le Ci*ar*án: 'Ni fuilit muca aguin*n*, 7 as éiccen a ccenn*ach*.' *Ocus* adub*air*t Ciarán: 'Ní dhingnem', ar se, 'acht an rí dobeir bíadh 7 édach duin*n*, dobera se muca duin*n*.' A mucha na maidne iarnam*ar*ach, fúarat*ar* cráin 7 da bhanbh decc *ar* | lár an bhaile, ion*nus* go ndernat*ar* go lór do mhucaibh dib; 7 ro moradh ainm Dé 7 Ciaráin desin. f. 149[b]

xvi. (41) Fea*cht* ele [3] adub*air*t a chelloir le Cíaran: 'Ní fhuilit caoirigh aguin*n*'; 7 adub*air*t Ciaran: 'Ante tucc muca dúinn, dobhéra se cáoirigh duin*n*.' Iarnamh*ar*ach ar madain fu*air* an cellóir trí naoi cáoirigh geala i ndor*us* in bhaile; 7 ro mor*adh* ain*m* Dé 7 Ciarain desin.

xvii. (42) Fea*cht* ele [4] do aithbeoaigh Ciarán Laegaire m*ac* Fintai*n*, 7 do mh*air* móran do bhliadnaibh ina beth*aid* i ccurp daen*n*a, 7 inadhiaigh sin tucc feran*n* i noffrail do Dhía 7 do Ciarán.

xviii. (43) F*echt* ele [5] no teighdis daimh Cíarain go muir siar go seipel Cochae .i. buime Ci*ar*áin, do t*r*eabhadh dhi: 7 m*ar* do thairsedh leo an treabh*adh* dothiccdis arís go Saighir gan duine da ttreorucch*ad*.

xix. (44) Fe*cht* ele [6] doch*uaid* Ciaran oidhce nodlac t*ar*éis seirbísi go sepel Cochae .i. go Drui*m* Benncair, 7 tainic isin maidin arís tara ais go Saighir.

(45) Carracc cloiche [7] ata 'san muir thi*ar* mara mbiodh Cochae .i. buime Ciarain ag den*am* a hurn*aigh*e ina haen*ar* et*er* ton*n*aibh mara; 7 dotheigedh Ciaran gan luing gan eathar mara mbiodh Cochae *ar*in ccarraicc, 7 do thiccedh eisti arís.

(46) Aon do laithibh [8] tainic Ciarán go seipél Cochae, 7 moran | do f. 150[a]

[1] § 39 = Ir.[1] §§ 31, 32; M § 17; Capg. 324, 41–325, 2. [2] § 40 = Ir.[1] § 16; M § 10 (not in S or Capg.). [3] § 41 = Ir.[1] § 17; M § 11; not in S or Capg. [4] § 42 = Ir[1] § 18; M § 12; Capg. 325, 2–4. [5] § 43 = M § 21 only. [6] § 44 = Ir.[1] § 35; M § 22; Capg. 325, 4–8. [7] § 45 = Ir.[1] § 36; M § 23; Capg. 325, 8–11. [8] § 46 = Capg. 325, 11–16 only.

daoinibh maraon ris; ⁊ tuccadh aoidhigecht dó an*n* .i. slin*n*en muice; ⁊ ro benn*aigh* Ciarán an slinnén, ⁊ dorin*n*e cruitnecht, ⁊ mil, ⁊ iascc dhe, ⁊ biadha uaisle ele; ⁊ do benn*aigh* topar uiscce do bí 'san ion*adh* sin, ⁊ dorin*ne* fin de; ⁊ is é lion do sásadh leissin .i. da fichet ⁊ ocht céd; ⁊ ro móradh ain*m* Dé ⁊ Ciaráin desin.

xx. (47) Fe*cht* ele[1] tainic Ciaran go Raith Tamnach, ⁊ ro shuidh annsin maille le móran do dáoinibh a ccom*air*le. *Ocus* do bí an*n*sin rex Cobran*us* .i. nech aga raibhe suile millteacha; ⁊ do*connair*c se m*ac* m*eic* Aeng*us*a m*eic* Natf*r*aich 'ar tte*cht* chuca; ⁊ do fhech dona suilibh neimhnecha hé, ⁊ ba m*ar*bh an mac accédoir.

(48) M*ar* do*con*nairc Ci*ar*an sin, fergaighis i nacchaid in righ, ⁊ dallais accedoir an rí. Sle*cht*ais an rí do Chiaran, ⁊ tucc a radharc dó, ⁊ tucc he féin *cona* shíol dó. *Ocus* aithbheoaighis an m*a*ccamh fu*air* bás le neimh sula an righ rei*m*hesin; ⁊ ro moradh ain*m* De ⁊ Ciarain desin.

xxi. (49) Fea*cht* ele[2] do bi dalta mna ag math*air* Ci*ar*ain .i. ag Liven, ⁊ do bi dalta fir ag Ciarán .i. Carr*thach* mac m*eic* Aeng*us*a m*eic* Nad-f*r*aich, ⁊ t*u*catt*ar* grad coll*aidh*i da cheile; ⁊ dorin*n*et*ar* ionad coin*n*e re 'roile do dhenamh a ttoile féin; ⁊ m*ar* do*con*ncatt*ar* aighthe a chéle, do las an choill ettorra, ⁊ do theichet*ar* ó chele; ⁊ on lá si*n* ní fac*aidh* an bhen sin áen r*ét* riamh, ⁊ docuiredh Carr*thach ar* ion*nar*badh *ar* muir re shecht mb*liadan*, ⁊ do légh an sccrioptuir diadha iar nai-
f. 150b t*r*icche; ⁊ ro moradh ainm Dé ⁊ Ciarain desin.

xxii. (50) Fea*cht* ele[3] do bi lín ar tiormug*adh* ar f*r*aighidh an tighe ag Liven .i. ag math*air* Ciarain, ⁊ do ghlac tene he, ⁊ do las an tegh desin. *Ocus* dochon*n*airc Cíaran sin, ⁊ sé a bfad uadha, ⁊ do thogaibh a laimh, ⁊ do bhenn*aigh* an tegh, ⁊ do mhuch an tene, ⁊ do fóir*edh* an tegh ona loscc*udh*; ⁊ ro mor*adh* ain*m* De ⁊ Ci*ar*ain desin.

xxiii. (51) Fe*cht* ele[4] do gab*adh* maighden lena naimdibh, ⁊ do bhe-natt*ar* a cend di; ⁊ m*ar* dochon*n*airc Ciarán sin, doghuidh t*ar*a cend, ⁊ do aithbeoaigh í, ⁊ ro moradh ain*m* De ⁊ Cíarain desin.

xxiv. (52) Fe*cht* ele[5] do bí sacc*ar*t Liven .i. Cerpan*us* ag siubhal na *conair*e, ⁊ fuair bás; ⁊ do ghuidh Cíar*an* ara son; ⁊ do haithbéoaigedh é; ⁊ ro moradh ain*m* Dé ⁊ Cíarain desin.

xxv. (53) Fe*cht* ele[6] tainic math*air* Brénain*n* Birrae (Man*n*sena a hain*m*) go Saighir, ⁊ rob ail lé dol ar ion*nar*badh go hOilén Doimle. *Ocus* adub*air*t Ciaran: 'Na héirigh', *ar* sé, 'óir ni hannsin bhías th'eisérghe, acht a Tamlachtain doghéba tú bás; ⁊ is an*n* eiréoch*us*

[1] §§ 47, 48 = Capg. 325, 16-26 only. [2] § 49 = M § 24; S § 15; Capg. 325, 26-34. [3] § 50 = Capg. 325, 34-38 only. [4] § 51 = Capg. 325, 38-39 only. This section is written twice over in the MS., the second entry being erased. [5] § 52 = Capg. 325, 40-42 only. [6] § 53 is peculiar to Ir.[2]

tú 7 do m*ac* .i. Brenain*n*; 7 an trath dob*er*th*ar* a chorp asan ion*adh* sin goa chathair féin, bíaidh soillsi derm*air* et*er* an da ionad sin | in oidche sin.' *Ocus* do fíradh sin do Bhrenain*n* 7 dá mhathair. f. 151[a]

xxvi. (54) Tuill*edh* dia míorbhuilibh [1] .i. dias brath*ar* do Ch*iaran* a Muscr*aigh*e o Leitrechaibh .i. Odhran*us* 7 Midran*us* a nanman*n*a, 7 dob áil leo dul i nOsr*aighe* *ar* ion*n*arbadh; 7 m*ar* tangatt*ar* go Saighir dob áil le Medhran*us* anadh an*n*sin a bfarr*adh* Ciarain. Adub*air*t Odhran*us* ris gan anmhai*n*, 7 adub*air*t le Cíaran gan a fost*adh*; 7 isedh adub*air*t Ci*ar*an: 'Beiredh Dia breth ett*r*aind, an accamsa anfas sé, nó an letsa raghas. Gabadh lochrand gan ola gan tene ina laimh, 7 da lasa in lochrand o anáil do chur fáoi, as accamsa anfus.'

(55) *Ocus* dorin*n*ed m*ar*sin; 7 do las an lochrand, 7 do an Miodran*us* co bás hi farr*adh* Ciaráin. *Ocus* adub*air*t Ciarán le hOdhran*us*: 'Cibe *ar* bith slighe a ngeba tú, tiocf*air* slán go M*u*scr*aigh*e fo deiredh, 7 an trath 'do'bértar Colum m*ac* Criomtain i*ar*na folach hi ccruithnecht dia adhlacad letsa 7 le Mochaimhe Tire da Ghlas, tiocfai si, a Odhrain, dod chath*r*aicch féin, 7 as in*n*te bhías th'eiséirghe.'

xxvii. (56) Ben uasal [2] darb ain*m* Achaill do thuit asa c*ar*p*u*t, 7 fu*air* bás; 7 ro aithbeouigh Cíaran hí a ccion*n* an tres láe; 7 tucc sí an feran*n*, darab ain*m* Léim Achaill, do Dhía, 7 do Chiarán; 7 ro mor*adh* 7 *reliqua*.

xxviii. (57) Aims*er* ele [3] *iaramh* tainic Fergus Cindfa*e*lad [4] .i. tais*ech* teccl*aigh* righ Mum*an*, 7 do thacht se feirthighis Ciarain .i. Cronan a ain*m*, 7 ro aithbhéoaigh Ciaran an feirtighis hi ccind seacht lá, 7 asedh adub*air*t | Ciaran: 'M*ar* do tachtad Cronan, tactf*aidh*er f. 151[b] Ferccus, 7 loiscc*fi*dher a chorp i rRáith Lochmuighi la hEilechaib.'

(58) Inadiaigh sin [5] tainic Ailill ri Mum*an* d'iarr*aidh* a óccl*aigh* ar Chíarán, 7 m*ar* dochuala Ciaran sin, do bhen a urlabra de co cend seacht la; 7 a ccion*n* an sechtmaid láe tainic in ri m*ara* raibhe Cíaran, 7 do slecht dó. *Ocus* m*ar* do*connair*c Ciaran sin, tucc a urlabhra don righ; 7 do mor*adh* ain*m* Dé 7 Ci*arain* desin.

xxix. (59) Fea*cht* ele [6] manach tuata do bí ag Ciaran, Gobran*us* a ainm, 7 dob eccail leis bás do rinn d'faghail; 7 doguid hCiaran gan an bás sin d'faghail dó. *Ocus* atrubhairt Ciaran: 'Dogeibim si ('*no* ni faghaim si' [7]) ó Dhia gan an bás sin d'fag*áil* duit, 7 dogheibim inní as ferr, gan dul i nif*r*ion*n* duit.' *Ocus* dorin*n*edh samlaidh.

xxx. (60) Do bi [8] Cain*n*each 7 Brigitt ag comhradh a nionadh úai-

[1] §§ 54, 55 = M § 25; Capg. 325, 42–326, 7. [2] § 56 = Ir.[1] § 37; M § 26; Capg. 326, 7–10. [3] § 57 = Ir.[1] § 39; M § 27; Capg. 326, 10–15. [4] MS. Cindfadl. [5] § 58 = Ir.[1] § 40; M § 28; S § 9; Capg. 326, 15–17. [6] § 59 = Capg. 326, 18–22 only. [7] This alternative reading is shown to be correct both by the context and by Capgrave. [8] § 60 is peculiar to Ir.[2]

gnech, ⁊ adub*air*t Cain*n*ech le B*r*igit: ‘As mor an tiodlac*adh* tucc Dia do Chíaran Saighre .i. an man*ach* do dóirt fuil, go ffu*air* se a anam si*n* a hif*ur*n; ⁊ adubairt, go mbeith se fein i nion*adh* an mhan*aigh* sin i nif*ur*n, muna saortaoi dó é; ⁊ do sáor*adh*’; ⁊ ro mór*adh* ain*m* De ⁊ Ci*ar*ain desin.

xxxi. (61) Laithe naen[1] tainic a airgeach go Ci*ar*an, ⁊ atb*er*t f*r*is: ‘Docuaidh damh dár ndamhaibh uain*n*’ .i. m*ac* bó do bí ag B*r*enain*n*[2], ⁊ dath dercc do bí aran damh, ⁊ cos gheal aicce. Is*edh* adub*air*t Ciaran: ‘Erigh go Glenn Damháin, ⁊ doghebhair an*n*sin hé, ⁊ ellach f. 152a ele nach iarran*n* tú maille ris.’ *Ocus* dochúaidh an | tocclach don glen*n*; ⁊ fu*air* m*ar* adub*air*t Ciaran an damh; ⁊ is amlaid fuair hé, ⁊ secht fichit bó ina fharr*adh*; ⁊ ro móradh ain*m* Dé ⁊ Ci*aráin* desi*n*.

xxxii. (62) Aroile oidche[3] iarsin doch*uaid* Ciaran i ndab*aigh* fhúaruiscce, ⁊ oilit*r*ech im*m*aille fris, darb ain*m* German*us*. Cuiris an fuacht go mor ar Ghe*r*man*us*. Benn*aighus* Ciaran an tuiscce, ⁊ doní te é.

(63) Adub*air*t Ciaran le German*us*: ‘An faicenn tú Carrthach ’ar tteacht chugain*n* dont slighidh anoct? ⁊ iair at fochair ní dobermais dó.’ *Ocus* do shin a lamha uadha, ⁊ isé ni fu*air*, iascc mór; ⁊ do theilcc uadha ar talamh é.

(64) *Ocus*[4] docuaidh Ciaran iarsin go cath*air* Martain, ⁊ tucc leis taisi Martan maille le forffailt*ech*us.

(65) Tri tiodhlaice[5] tucc Dia do Chiaran .i. gibe do hadhlaicf*idh*e ina mur, gan if*er*n d’iadhadh f*air*. Andara tiodlac*adh*: an duine chuin*n*ebh*us* a lá go húasal, gan a beith daidhbhir go brath. An tres tiodlacadh .i. an fedh do anf*adh* a man*ach* ina ionad fein, gan nert nam*at* do beith air go brath.

xxxiii. (66) Inadiaigh sin[6] do iarr Ci*ar*an *ar* Día top*ur*; ⁊ do mhuin an taingeal sin dó, ⁊ do shlánaiged se gach uile gal*ar* ’arna nighe ass.

(67) Fa híad sobésa Ciarain[7] re fedh a beth*ad* .i. nir gabh se edach olla uime, *acht* croicne m*ac* tire ⁊ bethadhach neccíall*aigh*i; ⁊ do sheachnadh se na biadha saoghalta, ⁊ na deocha i mbiodh meiscce; ⁊ as bec do codl*adh* doníodh. *Ocus* do biodh bith-timpirecht na naingel maille f. 152b ris. *Ocus* as dóairim a med d’escobaibh | ⁊ do saccartaibh dochuir se fo g*r*adaibh. Ceithre *cet* b*liadan* ro báoi se béo gan galar amuigh no attigh, gan easb*aidh* fiacal, gan c*r*onucc*adh* anála, gan lagducc*adh* ara radh*ar*c, gan uiresb*aidh* *ar*a eistecht, ga*n* doille ara chroide, na *ar*a cedfadhaibh; *acht* ge doní námha an chinedha daen*n*a na cedfadha do dhall*adh*, ni fu*air* se an t*ar*ach sin ar Ciaran.

[1] § 61 is peculiar to Ir.[2] [2] The scribe at first wrote ‘ag Ciaran’; cf. § 6 supra. [3] §§ 62, 63 = Ir.[1] §§ 41, 42; M § 29; S § 15b; Capg. 326, 22–25 (omitting § 63). [4] § 64 is peculiar to Ir.[2] [5] § 65 = Ir.[1] § 52; M § 35. [6] § 66 = M § 38 only. [7] §§ 67–70 = M § 37; Capg. 326, 25—327, 2.

(68) *Ocus* fos, gach droch-ní dognithi fair, as ní maith dogniodh san ara shon; oir dobeiredh se maithemh *ar*na droch-neithibh; 7 dogniodh se saeth*ar* lena lamaib *ar* g*r*adh Dé, d'faghail a ria*cht*anais a les dona bochtaibh; 7 as m*ar*sin docaith se a shaogal abhus, ion*nus* go ffagadh sé coróin na beth*ad* suthaine thall. Cía an neoch do fhe*d*f*adh* aran sáog*al* so in*n*sham*ail* beth*ad* Ciarain do chongb*áil* a churp daen*n*a i naointibh, 7 a ttroiscctibh, a ffuacht 7 a ffuireachr*us*, a ngemnaigheacht 7 a ttegh naidedh?

(69) *Ocus* as m*ar*sin rucc sé a bhetha as ona naoidhentacht goa écc .i. a nguidhe gach aon lá, 7 ag légadh 7 ag senmoir, 7 ag breith breithe, et*er* b*eth* a tocht 7 ag labhra. *Ocus* do bí sé caén-uarach, glic, cobhsaidh, tr*ocair*ech, sobésach, umhal do Dhia 7 da chom*ar*sai*n*, 7 ag munadh a mhanach doréir breithre an apstail .i. Póil, 7 isiad briath*r*a Poil .i. 'denaidh mh'aithrissi', *ar* Pól, 'm*ar* dorin*n*e meisi aithris *ar* Chriost, ar onóir d'faghail ó Dhía 7 ó dhaoinibh [1], 7 na hiarr*aidh* ní *ar* ghloir saoghalta, *acht* ar Dhía.'

(70) *Ocus* nír léicc se ní thairis d'aithentaibh Dé .i. biadh don ocarach, deoch [don] iotadach, 7 beith faoilidh | re haoidedaibh, 7 f. 153[a] daoine galair d'fiosruccadh, 7 deirc dona bochtaibh, 7 edach dona nochtaibh. *Ocus* ise adb*ar* fa ndén*adh* se so .i. d'fagail a coda don bheth*aid* suthain, 7 d'eccla achmusain De hi fiadnaisi na breithe. *Ocus* do aithin Ciaran da mhancaibh na haithenta sin do chongmail .i. g*r*ad do beith aca fein da céile.

xxxiv. (71) *Ocus* [2] dorin*n*e Ciaran d'faistine go ttiucf*adh* moirsheiser t*ar*a éis féin, do dhénadh 7 do chuinneoch*adh* an riaghail so, 7 'nadiaigh sin gach duine do thiocfadh nach coimhlíonf*adh* an riaghail so, nach fuighdís a ccuid do flaithes Dé.

(72) *Ocus* [3] m*ar* tainic aims*er* ecca Ci*ar*áin do gallraighed uile é, 7 do g*air*medh a muin*n*ter uile ina thimcell i nen ionadh; 7 issedh adubairt fríu: 'An*n*san aimsir so atá mo Thigerna fein agom ghairm si chuicce, 7 as líach lemsa, mo tréd d'fagbáil; 7 aithnighim do Dhía 7 do Charrtach maille le bhenn*acht*ain sibh. *Ocus* attaim aga bh*ar* tteccascc imon ionad so d'follamnuccadh maille le besaibh maite; 7 na biodh an mac mallachta*n* ettraibh go fada; uair gerrfaidher bh*ar* laithe da raibh.

(73) '*Ocus* tiucfa aims*er* ann ina mbeitt plagha imdha adhuathm*ara* sc*r*iosf*us* na heccalsa, 7 beitt ina ffásach; 7 impóidhfidher an fhírinne a mbreicc, 7 ní bhía a dhath féin aran mbaistedh; 7 isé ní fa mbeid ag coin*n*tin*n* .i. imon e*cht*ran*n*ach, 7 ni fá ní fein. A braithre ionmaine, guididh lemsa ar Día na rab am áen*ar* rach*us* me chuicce, *acht* daoine eile do breith lem, 7 na rab slighe dorcha mo slighe dochum | an rígh, f. 153[b] 7 go mba fáilidh romham é.'

[1] The sense seems to require '7 *ní* ó dhaoinibh'. [2] § 71 seems peculiar to Ir.[2] [3] §§ 72–75 = Ir.[1] § 54; M § 39; S § 20; Capg. 327, 2–21.

(74) *Ocus* doch*uaidh* iar*amh* docum na haltora le hoff*r*ail, 7 dochaith corp *Crist*, 7 adubhairt le triar diongmala da mhuinntir a chorp do coimhett; 7 adubairt riu: 'Osclaidh tri bann-lamha don talamh, 7 adhlaicidh meisi maille risna naemhaibh ele, 7 la Martain; 7 na biodh fios an ionaid seicreidigh sin ag duine.' Is an*n*sin do scc*ar* a ana*m* rea corp dó a medhón-oidhce. *Ocus* inadiaigh sin rucc*adh* an tanam si*n* maille le soillsi móir, 7 le dealr*adh* aingel hi flaithes nimhe, 7 *tricha* esp*oc* i naoinfe*cht* fris.

(75) *Ocus* do bhattur na man*aigh* a ttimcheall cuirp Ciaráin maille le hioman*n*aibh 7 le canticibh 7 le mol*adh* eie; 7 le huin*n*imintibh mar ata *ar*roma*nta*[1] 7 a cosmaile; 7 maille le soillsi derm*air* secht laithe *con*a naidcibh doibh m*ar*sin. *Ocus* do cengl*adh* inadiaigh sin he le morán d'édaig*ibh* geala lin, 7 do hadlaicedh é maille lisna hedoighibh sin .i. dochum a éirge maille le soillsi na breithe; 7 ata ar nimh maille le Pat*r*aic 7 le M*ar*tain, 7 le moran do naemhaibh ele, 'da n'dilligther cadh*us* 7 onoir *per infinita in secula seculorum*. *Amen*.

FINIS.

(76) I cCoill an Iubh*air* hi cconueint b*r*ath*ar* Atha Luain do scriobh*us* betha Ciarain an ceid-fhecht as leabh*ar* Aodha Óig Úi Dálacháin ó Lios Cluaine hi Midhe; 7 do aiths*cr*iobh*us* anosá ag Drobaois. 18 Feb. 1629.

[1] The word 'aromata' is written over this in ordinary letters.

Betha Caoimhgin. f. 274[a]

i. (1) Ro boi tra a bfioghair 7 a ffaistine go ttíucf*adh ar*d-náomh uasal airmittn*ech* i lLaighnibh .i. i nGlion*n* da locha dosunnradh, dia ndiochur 7 dia nion*nar*badh ó gein*n*tlide*cht* re senmoir breithre Dé, fri híc clamh, 7 dall, 7 bodh*ar*, 7 bacach, 7 áesa gacha tedhma *ar*chena, 7 do 'tho'dhusccadh m*ar*bh, 7 do thurna*mh* na trén, 7 do thoccbáil na ttruagh, 7 fri hion*nar*badh plagh 7 duinebath, do choscc meirl*ech* 7 mighniomh, 7 il-piast nanaithn*idh*, 7 fri foircetal áosa gacha claoine no beittis i nacch*aidh* thoile Dé.

(2) Ro thairngir[1] tra Pat*ra*icc m*a*c Calpuirn ard-apst*al* na hEr*enn* anti Caoimhgin triocha b*liadhan* riana geinem*ain*, 7 go ndingnedh priomh-cath*air* do chumdach isin nglion*n* remhráite fri bíath*ad* dám 7 déor*aidh*, 7 aoidhedh 7 oilithr*ech* ; 7 go thiubhr*adh*[2] ni d'úir 7 do thaisibh na napst*al* 7 na fírén filet isin Roimh leis go Glend da lacha.

(3) *Ocus* ata sccriobhtha isin mbeth*aid* si gurab ionan*n* do neoch d'ion*n*saighidh na Romha d'faghail diolgadha ó Dhia ina peachtaibh, 7 taisi 7 leapta Chaoimhgin maille le haith*r*ighe 7 le humhaloitt, 7 le hinísle cr*idh*e, amhail gnathaighter.

ii. (4) Ro thairngir[3] Fiond m*a*c Cumhaill m*a*ran cedna, gomadh é Caoi*mh*gi*n* no claoi*n*fedh an ul-piast uathm*ar* ro boi acc aidhmill*edh* caich i lLoch lagha 'san nglend c*et*na, 7 go ndiongn*adh* a díochur isind*ara* loch. Tiagait tra daoine 7 cethra 7 aós gacha tedhma dia nic 7 dia leighes fo uiscce Locha laga a nonóir Dé 7 Caoi*mh*gin.

iii. (5) An tan[4] tra do fíor*adh* gach faistine dibhsi*n*, 7 tainic an *tair*ng*er*t*ach* .i. Caoimhgin m*a*c Caomhlogha, m*ei*c Caim*et*, m*ei*c Rimeda, m*ei*c Cuirb, | m*ei*c Ferg*us*a laimh-d*ei*rg, m*ei*c Meissi*n*corb, m*ei*c Concorb. f. 274[b]

(6) *Ocus* fa halacht a mathair .i. Caoimell i*ngen* Cei*n*d-fhi*n*dain, m*ei*c Cisi m*ei*c Luighd*ech* : 7 fa hi san Cáoimell sin math*air* Caomhain, Sanctlethain, 7 Nadchaoimi[5] Tíre dá glas ; 7 Caoimeille[6] o Chill Caoimeille ; Mionchloth[7] deirbhsiur math*ar* do Caoimhgin, is uaithe ro gen*air* Colaim m*a*c C*r*iomtai*n*.

iv. (7) I nionb*aid*[8] tuism*edha*[9] Caoimhghin ní thangatt*ar* bresa brighi,

[1] = Ir.[2] c. 1, ll. 21–24. [2] Cf. Ir.[2] c. 10, ll. 33–40. [3] = Ir.[2] c. 1, ll. 19, 20. [4] = M § 1[a]. [5] MS. Cholaim ; corrected from LL 372[a]. The mistake is patent, as Colum of Tír da Glas, and Colum mac Crimthain mentioned below are the same person. [6] LL u.s. calls her Coemóc. [7] Inserted from LL u.s. MS. omits. [8] §§ 7, 8 = M § 1[b] ; S § 1[b] ; Ir.[2] c. 2 ; c. 3, ll. 17–20 ; Ir.[3] § 3[a]. [9] 'do' inserted after 'tuismedha', but deleted.

no alla iodhan día math*air*, amhail ticc dona mnaibh ele, oir ba hendac, feidhil, firén an gein rucc*ustair*. *Ocus* ro fáid aird-ri na fírin*ne* .i. ri nimhe, da aingel déc go lochran*n*aibh órda léo dia baisttedh. *Ocus* doradsatt*ar* na haingle Caoimhgin fair .i. gein álain*n*, taitnemhach.

(8) *Ocus* asb*er*tsat na haingil frisna mnáibh, an mac do breith leo dia baistt*edh* g*u*san érlamh núasal noirdn*idh*e .i. C*r*onán, a fFortuathaibh Laighen ; ⁊ ro baist sein *iar*ttain é ; ⁊ ro edhb*air* e b*u*dein do Chaoimhgin iṇa muinter*us*, *ar* gomadh moide no c*r*eidfedh cach dó. *Ocus* ro thairngir go ccreidf*i*tis riogha ⁊ tig*ernaidh*e dó, ⁊ go ndingn*edh* ferta ⁊ míorbhuile móra.

v. (9) Tucc*adh*[1] an m*a*c *iar*si*n* g*u*sin raith hi rucc*adh* é. *Ocus* dorin*ne* Día fiorta ⁊ miorbhuile móra i nonóir Dé ⁊ Caoimhgin forsan raith sin, óir ge mór an sioc ⁊ an snecta do beith ar gach taobh di, ní teitt in*n*te dogrés ; ⁊ dogheibhit cethra ⁊ indile ind aimsir fuachta ⁊ snechta fér innte dognáth.

vi. (10) Tainic[2] tra bo glé-gheal dochum na naoidhen dia shasadh, ⁊ ní fes cia búaile no inis asa ttainicc, nó g*u*sa tteichedh. I naimsir[3] áoine ⁊ troiscсthe ní ibhedh an lenab ciche a math*ar* *acht* aoinf*echt*.
f. 275[a] Ro e*ar*b an taingel for Cáoimhgin dol i nord manach día foghlai*m*, | ⁊ docoidh fo gradhaibh, gur bho sacc*ar*t tocc*aidh*e.

vii. (11) Asbert[4] an taingel iar*amh* fris dol isin nglend ffásaigh ro tairngir*edh* dó .i. go fán na loch. Ba mor a mhenma iar*amh* im scc*aradh* fri gloir ⁊ aoibhnes an bhethadh f*r*ecnairc, ⁊ beith 'na áenar acc eistt*echt* fri himaccall*amh* an aingil aga thimtirecht. No luighedh isin oidhce for lecaibh loma for bord an locha, croicne fiadh-miol ba hétach dó.

(12) No ticcedh[5] im*morro* t*r*esan loch gan *artr*ach gosein sgeillic do rádh aifrin*n* gach lái, no biodh gan omhan gan eccla os cend an locha.

viii. (13) Ro bói[6] péist uathm*ar* iongantach isin loch, ⁊ ro chuir si ár con ⁊ dáoine for fhíanaibh Er*enn* go minic. Ro ghabh Caoimhgin a psalma, ⁊ ro guidh an Coimdhe, ⁊ ro iond*ar*b uadha an péist isindara loch, .i. Loch lagha, in loch ina raibhe in phéist, is an*n* dogníther anosa foirithin gach aingcisi et*ar* dáoinibh ⁊ cethraibh ; ⁊ fáccbaitt uile a ngallra an*n*, ⁊ tiaghait a ngallra ⁊ a neslainte isin loch ele dochum na péiste ; *co n*ach déin urcóid do chách. *Ocus* in tráth iompoidhes an peist and*ara* taobh dhi a nairde, eirghidh an loch comh*ar*d fri bennaibh an tsleiphe, ⁊ ní roichean*n* a nóm*aidh*e antí atchi hi. Seacht[7] mbl*iadh*na ro báoi Caoimhghin gan biadh acht nen*n*tocc

[1] = Ir.[2] c. 3, ll. 27-36 ; Ir.[3] § 3 [2] = M § 2 ; S § 1[c] ; Ir.[2] c. 3, ll. 37-40. [3] = Ir.[2] c. 3, ll. 41-56 ; Ir.[3] §§ 3[b], 4. [4] = M § 6 ; S § 5 ; Ir.[2] c. 3, ll. 57-88 ; Ir.[3] § 5. [5] = Ir.[2] c. 3, ll. 89-100. [6] = M § 18 ; S § 7 ; Ir.[2] c. 3[b], 4, ll. 1-12. [7] = Ir.[2] c. 4, ll. 17-24, c. 5, ll. 1-8 ; Ir.[3] § 6 ; in the MS. c. ix was originally made to begin at this point.

7 samhadh. Do bi Caoimhghin fada do bl*iadh*naibh nach faca sé aon nduine ; 7 do bíodh goa crios isi*n* loch ag radh a trath.

ix. (14) Fe*cht*[1] náon dia raibhe Cáoimhgin ag gabail a trath ro thuit a psaltair uadh isin loch. Ro gabh sniomh 7 toirrsi mor-adbal é. *Ocus* do raidh an taing*el* f*r*is : ' n*ár* bhad brónach ', ar sé. Tainic an dobhrán iar*amh* go Caoimhgin, 7 tucc a*n* | tsaltair leis as iocht*ar* an locha gan báth*ad* líne no litre.

(15) Asb*ert* [2] an taing*el* fri Caoimhgin dul do proicept 7 do shenmóir | breithre Dé dona poiplibh, 7 gan a bheith aga cleith ní búdh sía. f. 275[b]
Ro baoi brucc*aidh* hi crich Laighen d*ar* bho comhain*m* Dioma m*a*c Fergna ; as dósidhe ro bói a ndán Caoimhgin d'faghbháil. Ro urmais bó do buaibh an brucch*aidh* foran erlamh, 7 ro ligh a chosa, 7 rob adbal a lacht seach na buaibh ele.

(16) O'tcuala [3] Diom*ma* sin, fáidhis an buachail dia fhios, cionn*us* dorala an bliocht dírim*he* do beith agan mboin sin. Fu*air* an buac*hail* Caoimhgin i ccuas ua*mh*a, 7 an bó acc lighe a chos. *Ocus* ro chuin*n*ig Caoimhgin f*air* a dícleith. ' Na tó ', ol in buachail, ' oír as éiccen damh scc*e*la fíre do thab*air*t do Dhioma.' *Ocus* benais Dioma sccela ar éiccin don mbuac*hail*, ú*air* do thaircc Caoimhgin nemh dó ara dícleith.

(17) Luidh [4] *iar*amh Diom*ma* 7 a chlan*n* *gus*in ccúas irraibhe Caoimhghin, 7 doronsat cr*ó*char dó ar airmittin, 7 *ar* onóir. *Ocus* ro ba dluith an choill, 7 ro luigh for talm*ain*, gur léicc ráon ro-fhairsing don croch*ar* go tteighedh trithe ; ro eir*igh* arís tre fhiortaibh an aingil. Dogheall Caoimhgin iff*er*n 7 saoghal gerr da gach nech do loisccfedh úrach nó crionach na cailledh sin go brath.

(18) A[o]n mac [5] do Dhio*m*a ro bói acc dénamh sealcca ; 7 nach táinic d'iomchar an érlaimh ; ro m*ar*bhsat a choin féin hé, 7 adúad*ar* fadhéoigh. Ro thaithbheoaigh Caoimhgin an m*a*c sin ; 7 adub*ert* f*r*ia ath*air* 7 fri a braithribh bith-mhuin*n*ter*us* do dhénamh la Caoi*mh*ghein, 7 a niodhbairt dó, et*er* dháoinibh 7 cethraibh. *Ocus* ba deor*aidh* iatt a crich Midhe.

(19) Ro bhennach [6] Caoimhgin iat a haithle a ffeircce ima tabairt asan ccúas *ar* eiccin, am*ail* ro bói i tt*air*ngire doibh. Doróine Caoimhghein oircin*n*each ina chill | dognath do cloinn 7 do slio*cht* f. 276[a]
Díoma, gér bó déor*aidh* iatt asin [7] Midhe. Is an*n*sin ro áitigh Caoimhgin priomh-cath*air* isi*n* nglend.

x. (20) Docóidh [8] Caoimhgin isin chorg*us* i ccró cáol*aidh* for leic luim ina shesamh caigtighis ar mís, 7 é a ccrois-fighill *ar* Dhia. Ro ling lon i nglaic in érlaimh, 7 dorin*n*e nead, gur léicc na héoin amach.

[1] = Ir.[2] c. 5, ll. 9–24 ; Ir.[3] § 7. [2] = M § 7[a] ; S § 6 ; Ir.[2] c. 6, ll. 1–16 ; Ir.[3] § 8, 9. [3] = M § 7[b] ; Ir.[2] c. 6, ll. 17–52 ; Ir.[3] §§ 10–13. [4] = M § 25[a] ; Ir.[2] c. 7, ll. 1–28 ; Ir.[3] § 14. [5] = M § 25[b] ; Ir.[2] c. 7, ll. 29–52 ; Ir.[3] §§ 15, 16[a]. [6] = M § 25[c] ; Ir.[2] c. 8 ; Ir.[3] § 16[b]. [7] MS. isin. [8] = Ir.[2] c. 9, ll. 1–24 ; Ir.[3] §§ 17, 18.

Atb*ert* an taingel fri Caoimhgin an cró sin d'fagbail. Atb*er*t Caoimhgin: 'Ní ró damh pían da méd d'fulang *ar* so*n* righ nimhe, ro fhulaing gach pían tar cend síl nAdhaimh isin croich cesta.'

(21) 'Tarr[1] asin cró', ol in taing*el*. 'Ni ragh', ol sé, 'no go ffagh*ar* ó Dhía saor*adh* mo chomh*ar*bhadh ⁊ mo manach, ⁊ lochta mo chíosa, ⁊ lesaighes mh'ecclas immedhón ⁊ anecht*air*.' Doratt an taingel se*cht* lán an ghlenda dó i lló brátha; ⁊ goithne dercc-óir i llaimh Caoimgi*n*. As mire ⁊ as míchíall da gach duine atcluin míorbuile Caoimhgi*n*, gan beith fo cíos dó, u*air* dorad Día nemh do gach aon do hadláicf*idh*e i núir Caoimhgin; ⁊ tucc Dia naenb*ar* gacha sath*air*n dó día mbreith o péin if*ir*n, madh i*ar* nairilliudh atfeg*ar*. Gach aon im*morro* dogheibh bás áoine, ⁊ a adhlacadh dia sath*air*n fo úir Caoimhgin, dogeibh díolghadh dia anmai*n*.

xi. (22) Is iom*dha*[2] rí ⁊ ticcerna do riogr*aidh* Erenn, ⁊ do riogr*aidh* Bretan, do thogh a adhlac*adh* i nGlend da lacha *ar*an adb*ar* sin *ar* grádh Dé ⁊ Caoimhgin. Atad taisi na napstal laimh le cró Caoimhgin do dhol leis ar ionchaibh an Choimdhedh go breithemn*us* mbratha.

(23) Ní fuair[3] aon naomh i n*Erinn* iom*arcraidh* Cáoimhgin ó Día, acht Patt*r*aicc namá, úair dorad Caoimhgin úir na Romha leis am*ail* do ráidhes. Isé im*morro* Glen da lacha in cethram*adh* Roimh adhlaicthe as ferr i nEr*inn*. |

f. 276b xii. (24) Lá[4] dá ffaca Caomgin ócclach 'na rith chuicce, ⁊ fá cléirech eiséin. Ro athain fora ghuth ⁊ fora dheilbh go ndérna d*r*och-gníomh ⁊ fionghal. Rucc Caoimhgin lais tara ais é, ⁊ fúair an tocclach m*ar*b amhail adub*ur*t reimhe. *Ocus* ro athbeoaigh é, go nderna manach dhe.

(25) Na neithe[5] im*morro* da ttabhratais lucht aingcisi ⁊ easláinte miana ⁊ áilghesa, dobeir*edh* Caoimhgin doibh .i. sméra 'sna fuighlechaibh, ⁊ ubhla for cran*n*aibh sailech, ⁊ buinnein tsamhaidh d'fagail dognath for c*air*rgibh 'sa*n* ngemhr*aidh*.

xiii. (26) Docótt*ar*[6] lucht seallcca fon nglend ⁊ doleiccsat a ccoin do cullach allta, ⁊ ro lingestair for com*air*ce Caoimhgin, ⁊ ro lensat cosa na ccon don talamh, *co nar* fetsat a mbiodbha bun*aidh* do lenmai*n* for com*air*ce an érlaimh.

xiv. (27) Ro boi[7] trá Colmán m*ac* Coirpre, m*eic* Corpm*aic*, m*eic* Aill*ell*a, m*eic* Dunlaing, m*eic* Énda Niadh, i rrighe Úa Muiredh*aigh*, ó mbeirdís siabhra a cland uadha tre d*r*aidheacht. Rucc*adh* mac dó iar*amh*. Ro chuir siumh an mac da bhaistt*edh* go Caoimhgin; ⁊ cuiris

[1] = Ir.[2] c. 9, ll. 25–64, c. 10, ll. 1–12; Ir.[3] § 19. [2] §§ 22, 23 = Ir.[2] c. 10, ll. 13–32. [3] Cf. § 2 supra; Ir.[2] c. 10, ll. 33–40; Ir.[3] § 20. [4] = Ir.[2] c. 20; Ir.[3] §§ 36–38; cf. M § 38. [5] = Ir.[2] c. 21; Ir.[3] § 39; cf. M § 34. [6] = M § 19; Ir.[2] c. 22; Ir.[3] §§ 40, 41. [7] §§ 27, 28 = M § 31; Ir.[2] c. 18; Ir.[3] §§ 32–34.

ar faosamh an érlaimh é. *Ocus* do gradh*aigh* Caoimhgin an náoidhe, 7 gabhais ina dhalta i*aramh* é.

(28) Ro bói easb*aidh* bain*ne* i nGlend da locha an tan si*n*. At*con*-*nairc* Caoimhghin eilit 7 a laogh, 7 ro erb fuirre leth a lachta 7 a bainne do thab*air*t día dhalta .i. Faolan m*ac* Colmáin, o ffuilit clann Tuathail, i. hÍ Faoláin. Tainic im*morro* faolcú g*u*san eilitt, 7 m*ar*bais a laogh. Dorin*ne* Caomgin míorb*uil*e móra an tan sin. Ro erb aran faolchoin allta beith i nionad a laoigh agan aigh nallaidh. Isin cloich thuill atá uas D*r*oicet na heillte, no faccbadh an agh díol an leinib dia loim | 7 día f. 277[a] lacht gach lái, gurab amhl*aidh* sin ro hoil*edh* Faolan d'fertaibh Dé 7 Caoimgin.

(29) Atb*er*t[1] a oide fri Caoimhgin: 'ni bhíam i naoin ionad, óir atá a ttairngire duit, fiorta mó*r*a do dhenamh.' Iarsin im*morro* táinic for a shéd.

xv. (30) Laithe naon[2] dia ndeachaidh Caoimhgin do coimhétt cáorach ria óccbhataigh, tangatt*ar* buidhen do dhaoinibh bochta ocaracha cuicce, do chuingidh bídh fair i nonóir Dé. Ro m*ar*bh ocht muilt doibh ar sgáth a einigh 7 a náire; 7 nír lughaitte co*mair*emh an tréda.

xvi. (31) Ro bói[3] Caoimhgin i ccill Iffín *ar* fedh an corgais. Dobheiredh an dobhrán brádán gach laoi leis docu*m* a*n* coimhthionoil dia sásadh. Ro smúain Ceall*ach* go ndingentai sging úasal onórach do chroicend an dobhráin. Ro thuicc an dobh*r*án an smuainedh gér bho bethad*ach* brúidemhail. *Ocus* ni derna an timtirecht *cet*na oshin dona manchaibh. O't*conair*c Ceall*ach* si*n*, ro in*n*is an smuain*edh* do Caoimhgin. Ro fháid Caoimhghin eisidei*n* go Cill Cheallaigh.

(32) Ro shaor[4] Dia náire Caoimghin a*n* ta*n* sin. An síol dochuir*edh* i ccill Iffín *ar* maidin, no biadh abbaigh ria ffescor. Conidh amhl*aidh* sin ro shasadh a mhanchu.

xvii. (33) Tangattar aos cíuil go Caoimhgin do chuinge bídh f*air*, 7 ni r*aibh*e agan érlamh biadh an tan si*n*. *Ocus* atb*er*t fríu anadh fris. Ni ro ansat. *Ocus* ro gabhsat acc imdherccadh an cléirigh. Dorónadh iaramh clocha dona cran*n*aibh ciuil i néraic imdherccha an naoimh; 7 m*air*id a ffioghracha fós isin tochar allathoir don baile.

xviii. (34) Do bad*ar*[5] dias ban ag siubhal i ttermann Caoimhgin. Dorala meirlecha doibh, 7 ro m*ar*bhsat na mna a bfionghail, | 7 ro f. 277[b] bensat na cind dibh. Dorala Caoimhgi*n* doibh, 7 ro tathbeoaigh íatt iar*amh*, 7 doroine caillecha dubha dibh ina cill féin.

(35) Do thairrngir[6] Caoimhgin go ndingentai fell 7 fiongal ina cill;

[1] This section is clearly imperfect; it corresponds with the latter part of Ir.[2] c. 14; Ir.[3] § 25; cf. M § 5; S § 4. [2] = M § 3; S § 2; Ir.[2] c. 15; Ir.[3] § 26. [3] = Ir.[2] c. 16; Ir.[3] §§ 27, 28. [4] §§ 32, 33 = Ir.[2] c. 17; Ir.[3] §§ 29–31. [5] = M § 11; Ir.[2] c. 19; Ir.[3] § 35. [6] = Ir.[2] c. 11, ll. 53–60, c. 12, ll. 53–56, c. 12[b], ll. 1–4, c. 13; Ir.[3] §§ 23, 24.

⁊ do thairrngir crechadh na cille ⁊ an tsamhaid. Ro gheall*us*tair Caoimhgin gach ní dibsi*n* do dhíogail .i. saoghal gerr, ⁊ iff*er*n fadeoigh. Ceithre gal*air* ro thoghastair do denamh in*n*ighthe for chorp gach duine do shaireoch*adh* a chill, ⁊ a chom*ar*badha, ⁊ a shámhadh .i. aillse, ⁊ easbadha, fiolún fion*n*, ⁊ cuthach, ni fétait legh náid fisecc*dha* na gal*air* sin d'foirithin, *acht* an Sláinící*dh* Iosa *Criost*.

(36) Dlighidh[1] comh*ar*ba Caoimhgin a scol ⁊ lucht a mion*n* d'iomch*ar* ⁊ do coimhett, ⁊ a cioscáin fa a ccumhang da gach neoch do Laighneachaibh, et*er* úasal ⁊ íseal. Is aml*aidh* so ro fhaccaibh Caoimhgin coimhétt a áona*igh* ⁊ a mhuin*n*tire, it*er* úasal ⁊ íseal, et*er* caraitt ⁊ namhaitt; slána, ⁊ dísle, ⁊ com*air*ce doibh uile, ag t*echt*, ⁊ acc imt*echt*, gan dáil, gan ceist, gan caingin, gan breithemhn*us*, gan accra fiach do neoch fora ceile *etcetera*.

---

(37) As leabh*ar* an tsacc*air*t Roibnéd Puirsel ro sc*r*iobadh an blodh becc so do beth*aidh* Caoimhghin i cCloich Uateir laimh le Leithglen*n*, i ccuicc*edh* Laighen, an céidfeacht, 16 do Septemb*er* 1629; ⁊ ro scc*r*iobh an sc*r*ibneoir ce*t*na, an b*r*ath*air* bo*cht* Micheul o Cler*igh* and*ar*a hu*air* 'san ccairt so i cconueint na mbrath*ar* ag D*r*obaois 5 Decemb*er* 1629.

[1] = Ir.[2] c. 11, ll. 1–52; Ir.[3] §§ 21, 22.

Betha Caoi*mh*ghin f. 278a

doreir *mar* do sccr*í*bh manach fá deisciopal dó féin, dár*b* ainm Solamh.

i. Do sir Caoimhgin móran d'Eirin*n*,
Ocus an taingeal le choir,
D'faghail áite i ndingnedh crabhad;
Ní dherna samhadh go bfu*air*.
Docuaidh Caoimgin t*ar*na bennaibh
Leisan aingeal—ba lór lúas—
Doróin cath*air* it*er* glennaibh,
Do bhenn*aigh* an tAthair nemh*dha* anúas.[1]
M*ar* a ndérna Caoimghin crabh*adh*,
Gaoidhil do fhremhaigh re thaobh;
Oshoin do ainit íad ar gabhadh
Go meinic i nadhba naomh.
Glend gan iothlain*n*, gan cruaich *ar*bh*air*,
Acht cairrge g*ar*bha osa chend;
Glend nach érth*ar* nech fa coin*n*medh,
Atá rath in Coimdhedh an*n*.
Glend aigméil, il-piastach, uathm*ar*,
Glend an dá loch do bí u*air*
Do thairnngir[2] Fion*n* na ccéd ccur*adh*
Go mbiadh fo deiredh 'na ruai*m*h.
Do th*air*ngir[3] Pat*r*aicc m*ac* Calpuirn
G*ur* thaitin leis glend na nall;
'Léna thaobh, gibe t*áir*fes,
'Naomh do déna áras an*n*.'
Do sir.

ii. Deich[4] mb*liadna* fichet go tend
D'éis a thairngire on tailghen*n*,
Rob í sin aims*er* do ghin
An náomh d*ar* comhain*m* Caoimhgin.
Nír airigh mathair an meic
Doigh na tiach*air* 'na coimp*eirt*;

[1] This line is too long; read perhaps: Do bhennaigh an tAthair 'núas.
[2] = Ir.[1] § 4. [3] = Ir.[1] § 2. [4] = M § 1^b; S § 1^b; Ir.[1] §§ 7, 8; Ir.[3] § 2.

Tiaghait mna gan ceist, gan cradh
 Leis da bhaistedh go Crónan.
Dochuir Día aingeal do nimh,
 Suil do baistedh in naoidhin;
Gur aslaigh tre menmai*n* ngloi*n*,
 Gomadh é a ainm siu*m*h, Caoi*m*hghein.
Tarla an taingel dona mnaibh,
 Do ráidh ríu gan iom*ar*bhaidh:
'Is ormsa do aslaigh Dia dil
 'Tea*ch*t do bhaistedh na naoidhen.
'Riomsa as mó dobheir Dia taobh
 'D*on* naoidhin, bhías 'na *ar*d-naomh,
'As me an taingeal b*r*ioghm*ar* nach lag,
 'Bías gan c*r*ich 'ga co*m*haitt*acht*.
'Toccbaid suas, a mná, in naoidhe,
 'Os mé atá 'ga urn*aighth*e;
'Baistfet gan bardal gan moide
 'In árd-ain*m* na Trinóide.'
Da aingeal décc,[1] m*ar* búdh cóir,
 Dochuir Dia ani*ar* 'na onóir; |
f. 278[b] Is tap*ar* óir go las*air* gloin
 Do boi i llaimh gach aingil.
Rab e sin a fhrestal ó nimh,
 Cein bói baistedh 'ga deinimh;
Ise do chengail a dhail go chert,
 A aingeal féin coimhitteacht.
Ise[2] an tain*m* do dhealbh Dia ar nimh,
 Bías ag lenmai*n* do*n* naoidhin,
Smuainidh, a mhná an frestail gloi*n*,
 G*u*rab é a ain*m* baisti, Caoi*m*hgin.

Do.

iii. Do raid an taing*el* risna mnáibh:
 'Na treigidh caingen Cronai*n*,
''S taisbenaid dó in naoidhe,
 'In*n*esaidh daibh fírinne.'
'Créd 'ma ttuccabh*air*, a mná,
 'Cucca*m*sa bhar naidhenán?
'Uaisle anté do bhaist na mise,
 'Ar aisde na dingin*n* se.

[1] ll. 25-28 are cited Ir.[3] § 2 thus:
 Dha aingeal deag, mar badh cóir,
 Do ch*ur* Dia anuas 'na onoir
 As tapar go lasair a gloin [a lasair nglan A]
 Do bhi a laimh gach aon aingil.

[2] ll. 33-36 are cited Ir.[3] § 2 without material difference of reading.

'An baisttedh do ord*aigh* Día do nimh,
  'É dorin*n*edh *ar*an naoidin;
''Ga aingeal féin atá fios,
  'Isé bias 'ga ríar go díles.'
Doroine Cronan faistine
  Is failte risan naoidhin;
Is atbert: 'beid na tírthe
  'Co dichra fo cís Caoimhgin.
'Dáilim[1] a hu*cht* righ nimhe
  'Mé féin deitsi d'áiridhe,
'Gomadh ferr do mhes ag cách,
  'Ó bh*us* mé do chéd-óglach.'
Tucc an*n*sin a aingel féin
  Da aithle sin toiscc go ccéill;
Ba cosmail le grein ngloin,
  M*ar* theine trén-lasamhai*n*.
M*ar* t*ar*naic caingen na naoidhen,
  Da aingel ionmai*n* tuccadh;
Tiaghait[2] na mna bin*n*e blaithe
  Leis g*us*in raith hirruccad.
Naomtha in raith irruccad Caoimgin,
  Ise rath na naoidhen dobheir;
Nir fhol*aigh* snechta na reodh
  Fós riamh an fód *arar* gein.
Sne*cht*a an gheimr*idh* trath ticc sen
  Bacaidh ingheilt do buaibh cáich;
T*re* rath Dé 'sa raith gan folach
  Dogheibh eall*ach* biadh a saith.
Tuccadh[3] fos da bhethucc*udh*
  Bó glé-gheal 'chum na naidhen;
Bó nach fes cáit as tainicc,
  Na ca táin gósa teighedh. |
Go trath[4] coda gacha haoine f. 279^a
  'S gach la troiscti go saoire
Cíche a mathar—naemhdha in smacht—
  Nochan ibhedh *acht* aoinfheacht.
Dotigedh fós d'á aithigid
  A aingel fein co haoibhind;
Do biodh dognath dá mothucc*adh*
  Gur t*r*ath a chu[i]r le leighend.
Do sg*ar* o chairdibh—feirde a chaingen—
  A aingel féin 'ga stíur*adh*,

[1] ll. 17–20 = Ir.^{1} § 8^b. [2] ll. 27–36 = Ir.^{1} § 9; Ir.^{3} § 3. [3] ll. 37–40 = M § 2; S § 1^c; Ir.^{1} § 10^a. [4] ll. 41–56 = Ir.^{1} § 10^b; Ir.^{3} §§ 3^b, 4.

Seacht mbl*iadhn*a rob ceird balach,
  Bói i nord mhanach 'ga múnadh.
Do len a ord, ger borb a riaghail,
  Do an go diamh*air* 'ga fhoghlaim ;
Téid fo gradhaibh sáora saccairt,
  Fu*air* gach ab*airt* da foghnan*n*.
Radh[1] a aingil fris go fosaid ;
  'Ort ni bía an*n*so foistine ;
'Na han m*ar*so i nglend fásaigh
  'Da ndérna Fion*n* faistine.'
Do fíoradh faistine Find,
  Ocus Pat*r*aicc me*i*c Calpuirn*n*,
Tainic fán na loch '*ar*tain,
  M*ar* do bí a ndán do Caoimhgi*n*.
'Anois as gairit lem cridhe,
  'Asbeirim a bhuidhe do Dhía,
'Mo theacht go glen*n* as maith daingen,
  ''S nac bía *acht* m'aingeal 'gu*m* ri*ar*.'
Do bi ag teichemh riasan saoghal,
  Uamhan réa bhaoghal do ghabh ;
Dob ferr leis, o nár eccóir,
  As dol accédoir ar nemh.
Da éis nir chodail ar peall,
  Acht cercaill c*r*uaidh cloiche fa chend ;
M*ar* do bheith gach geilt gan crúas,
  Do bai da ceilt i ccúas c*r*uaidh[2].
Do bi Caoimhghin it*er* clochaibh
  Ar bord locha *ar* leab*aidh* luim,
Ocus a thaobh seng lé cloich
  'Sa glend gan boith osa cion*n*.
Ro pa c*r*uaidh a leaba *ar* leic
  Go madain sínte gan sgiamh ;
Nír i*arr* ar bith ní budh socra,
  Gemadh docra, is in*n*te do bhiadh.
'San nglend uathmar 'na' ccrann gég*ach*,
  [Ní rob][3] aobh*dha* éd*ach* an *naoimh* ;
Croicne na nanman*n* ffiata
  Uime, it*er* sliabhtaibh do biodh.
Dotheighedh[4] Caoimgin ar lind letain
  Gan luing gan et[h]*ar* *gach* l*áe*,[5] |

[1] ll. 57-88 = M § 6 ; S § 5 ; Ir.[1] § 11 ; Ir.[3] § 5. [2] *sic* MS. ; read : i ccruaidh-chúas. [3] Blank in MS. [4] ll. 89-100 = Ir.[1] § 12. [5] Here there is a scribal note : Gabh g*us*andara lethenn itdiaigh, i.e. Go on to the second page following (i.e. to f. 280^a instead of to the next page, f. 279^b).

Do dhenamh aifrin*n* 'sa sgeillic, f. 280[a]
Ionad do thaitin le Día.
Do biodh gan duine 'na fharr*adh*
'Na aon*ar* fo bh*ar*raibh craobh,
Rob íad a cleirigh na haingil,
Glé-bin*n* léo caingen in naoi*mh*.
Do biodh gan uamhan, gan eccla,
'San uaim ag freccra do Dhía,
Is loch fuithe m*ar* fhairrge
Ag sgothadh na c*air*rge laimh ría.

iii *b.*[1] Aiccmeil[2] hí péist locha luicc
Re denamh uilc *ocus* áir;
Meinic tucc maidm *ar*an bféin,
'S *ar* Fhion*n* féin go nioma*t* aigh.
Do gabh Caoimhgin loch na baidbe
Go moch, m*ar* dob áil le Dia,
'S dochuir an pheist i lLoch lágha,
Ag eists*echt* na t*r*ath ní bía.
Do ghabadh Caoimhghein go ndithcell
A psailm 'na timcell go moch,
Dochuir an degh-naomh gan déisten
Déir-neimh na péiste asi*n* loch.
Rob he an dubh-loch urbhadhach,
Irraibhe an il-péist fraochdha;
Aníu as nao*mh*-loch miorbuileach,
Doní gach saoth do t*r*aoth*adh*.
Dochuir plagha do bhuaibh Gaoidhel
Caoimhgin—do ba nao*mhdha* in gas—
'S a ccur t*r*íd an loch da nglan*adh*,
Nach beiritt leo a ngal*ar* as.
Sg*ar*aidh fríu an loch rathm*ar*
Gal*ar* go nioma*t* goimhe,
Teid 'sa sruth d'fios na peistte
Uisge ga*n* deistin roi*m*he.

Aigm*eïl*

iv. Laidir in snaidm dochuir Caoimhgin,
Tucc maidhm *ar* phéist locha gloi*n*;
Do chengail go docht is go daingen
A corp 'sa maindir a bfuil.

[1] This section is not numbered in the MS., but the repetition of the first word 'aiccmeil' after l. 24 shows that it forms a separate poem. I have therefore numbered it c. iii[b] in order not to disturb the numbering of the following chapters which I have already referred to in V.S.H. [2] c. iii[b], c. iv, ll. 1–12 = M § 18; S § 7; Ir.[1] § 13[a].

'*Ar* nion*n*tadh on taobh go 'roile
Gacha bliadhna an peist fil and,
Eirgidh an loch cró-dhercc os áirde
Comh*ard* na cairrge osa cion*n*.
D' iongantaibh Locha lagha,
Mór an gabhad donté atchí,
Aon lá na oidhche da aithle
Da éis 'na bheth*aid* ní bí.
Gidh iom*dha* [1] na fagbála
Do fhácc Caoimhgin 'na ghlendaibh
Se féin *ar* tí a th*ár*thála,
Ar gach áon nach*ar* chennaigh.[2] |
f. 279^b A seacht [3] fo diamhraibh dluithe
Do bliadhnaibh go mblaithe,
Duit re taobh do thuaithe
Gan biadh *acht* Cáol Fáithe.
Caoimhgin a bfad do bliadhnaibh
It*er* dhiamhraibh i ccoilltibh,
Ocus ní faca duine
'S ní fhaca duine in*n*tibh.

Láidir.

v. Fada ó chairdibh do bí Caoimhgin
It*er* na *cairr*gibh co dron,
Ion*n*raic do*connair*c ord 'na aon*ar*
Rucc*adh ar* bord Locha gloin.
'San oidhce do éirghedh gan gabhadh
Do dhénamh cráb*aidh* 'na lios;
An*n* doniodh go moch a t*r*atha
'San loch go gnáth*ach* goa chrios.
Deir*edh* [4] oidhce *ar* l*ár* snechta
Do éirghedh, m*ar* do cleacht, go moch;
D'aithle a psalm go mbúaidh do cantai*n*,
Do thuit a psalt*air* 'sa*n* loch.
Do thuit a psalt*air* re fánaidh
Ó Cháoimhghin an crábaidh c*r*uaidh,
Nír mheistte lit*er* na leighen*n*,
Uiscce na creidhim da bfúair.

[1] ll. 13–16 recur in a better text *infra*, c. 12, ll. 1–4. They are probably out of place here. [2] Here there is a scribal note: Gabh t*ar* th'ais anonn, i.e. Go back now (viz. to f. 279^b). [3] ll. 17–24, c. 5, ll. 1–8 = Ir.[1] § 13^b; Ir.[3] § 6; ll. 17–20 are cited Ir.[3] § 6; ll. 19, 20 run thus:
Dó re taobh a thuaithe
Gan biadh aCáol Faithe.
[4] ll 9–24 = Ir.[1] § 14; Ir.[3] § 7.

Tainic an taingeal da chomhrádh
  Le Cáoimhgin lomh-lan do rath;
Do an aicce, go ttucc dobhrán
  Chuicce a leabhrán asin loch.
Raidhis ris an taingeal nao*mh*tha:
  ''San nglend it áon*ar* ní bía,
'Os dán duit dáoine dot faicsin,
  'Ná bí dot chealt*air* ní as sia.'

Fada.

vi. Do bái[1] brucch*aid* bó-cédach
  Ar criochaibh Laighen lerda,
Rob é an cur*adh* cédfadach,
  D*ár*b ain*m* Díoma m*ac* Fergna.
Dósamh do bí a bfáistine
  Urmas *ar* Chaoimhghin 'san nglend,
Ni fada da aithle sin
  Go ffrith leis an térlamh an*n*.
Gur urmais bó do bhuaibh Dio*ma*
  Ar Caoimhgi*n* i ccúas in croin*n*,
Go ro shin aingeal da díden,
  M*ar* dochuir le dáoinibh d*r*uim.
Nír an ar ingheilt in fhásaigh,
  Acht ag lighe cos an naoi*m*h;
Dobheiredh ní sa mó do bhain*ne*
  Na leth bó in bhaile i mbíodh.
Le Dioma[2] fa mór an tiongnadh,
  An ingheilt doníodh an bó;[3] |
Do raidh le a buacail a lenmai*n*, f. 280^b
  'S fios a hadhb*air* d'faghail do.
Do raidh Dioma re lucht tegl*aigh*
  An bó do lenmai*n* go moch;
Ní fhu*ar*att*ar* a lorcc rempu
  *Ar*in leircc ós Glion*n* da loch.
Da ttangatt*ar* ba Dhioma
  Go diochra d'ingeilt 'san nglend,
T*ár*la da mbuacail c*r*and tor*aidh*,
  Fu*air* Caoimhghin go soraidh an*n*.
Tairccther le Caoimhgin don buachaill
  Luach isa cheilt *ar* chách,

[1] ll. 1–16 = M § 7^a; S § 6; Ir.[1] § 15; Ir.[3] §§ 8, 9. [2] ll. 17–52 = M § 7^b; Ir.[1] § 16; Ir.[3] §§ 10–13. [3] Here is the scribal note: Gabh do*n* taobh amuigh don duilleóicc as foiccse dhuit, ⁊ anall an*n*so aris, i.e. Go on to the other (lit. outer) side of the leaf next to you (viz. to f. 280^b), and from there on again.

Targaidh nemh—is *air* ba tualaing—
'S gan tea*cht* fa thu*air*im[1] go brath.
'Teccaidh[2] bó Dioma', *ar* an buacail,
'Ag teacht úait 'sad dáil 'sa*n* nglen*n*,
'Beith dot ceilt ni fuil *ar* cum*us*,
'*Ar* nád tfaicsin[3] go foll*us* an*n*.'
Taosga fu*air* an bho na an buachail
Caoimghin 'san úr-choill 'na raibh,
Sí maráon la coidhce[4]
'S ag t*r*iall 'san oidhce da toigh.
Ní dá dhéoin da adaimh an buacaill
Do Díoma luagaill na bó,
'Na lios gur cengail go ro tend,
G*ur* in*n*is a fochan*n* dó.
Do ráid Díoma lena degh-cloind
Dul 'san glenn a bfrith an bó,
Go ffaghtaoi leo in náomh go ngloine,
'S go gcreidtí léo uile dó.
Le Dioma ba mór an lúthgair
Se d'fagháil 'sa chuas re a ló,
Do ráidh lena cloin*n* go nósm*ar*:
'Denam go grin*n* cróch*ar* dó.'

Do bi.

vii. 'Fír[5] anois faistine Fin*n*,
'*Ocus* Pat*r*aicc m*eic* Calpuirn*n*',
Do raidh Dioma ríu faseach;
'Os sin*n* fú*air* an *tair*ngertach.
'A Chaoimghin báoi dúin*n* a ndán,
'Tú do thab*air*t a cúasán;
'Tríallam ní as sía 'san nglend
''Na mbeir ga*n* chrích ga*n* foircend.'
Ag dol dó 'na rúaig fán ccran*n*aigh,
Do raidh Díoma an chaingi*n* búidh,
N*ar* léiccthe an croch*ar* dha milledh
T*r*esan ccoillidh ndaingin dluith.
Slechtait ain*n*séin croin*n* an doire
Don chraoibh oinigh—diadha a*n* fís—

[1] *sic* MS.; ? tuairín. [2] ll. 33–36 are cited Ir.[3] § 12 (T) as follows:

'Tar eis bhó Dhioma', ar an buachuill,
'Ag techt uait 'sad dail 'san ghlend,
'Do cheilt ni fhuil ar mo chumas,
'As tú ar th' faicsin go follus leam.'

A writes the passage as prose; and in l. 34 reads 'ag dol chugag is uait'.
[3] *sic* MS.; ? 'Ar tfaicsin. [4] *sic* MS.; ? Si coidhce maraon la Caoimhgin.
[5] c. vii. ll. 1–28 = M § 25[a]; Ir.[1] § 17; Ir.[3] § 14.

Do luigh tre fhertaibh an erlaimh
  An fiodh, 's do éirigh arís. |
Tainic go Caoimgin da oigh-ri*ar* f. 281[a]
  An taingeal fial, m*ar* do cleacht,
Do congaibh[1] an úr-coill 'na luighe,
  Co fu*air* thairsi slighe cert.
Ifrionn *ocus* gairde saoghail
  Faccbaiss Caoimhgin ag gach nech
Go brath do loisccfedh a húrach,
  Na a críonach osin amach.
Toccbait Caoimgin i ccroch*ar*
  Clan*n* mór Dioma an ruath*air* buirb,
No go rainic lár an glenda,
  M*ara* nderna grema a uird.
Doní[2] an naomh miorbuil accedóir
  Ar cloin*n* Díoma *ár*d-mhoir-mhir,
An nech docuaidh *tar* a uaigh-réir,
  A churp a cc*r*úaid-céim dochuir.
A selcc nír tréicc *ar*an erlamh
  Dioma m*ac* Dioma gan céill,
Ó n*ar* chreid dó—nír sén soraid—
  Sé fa cuid dá chonaibh féin.
An ccualabh*air* Ceallach m*ac* Díoma,
  M*ar* fu*air* bás a ccrois ga*n* sccís?
Dochuir Caoimhgin g*us*na rathaibh
  Da thigh 'na bheth*aidh* arís.
Ge fu*air* an croch*ar* da milledh,
  Nír moillitte a rúaig 'na réim;
Ise Caoimhgin do fhóir, ge fu*air* bás,
  Nír léicc uaidh re tlás a feid*m*.
'Ar néirghe don mhac a heccaibh
  Céd-guth do ráidh se le cách:
'Anté tucc meisi as gach eiccen,
  'Ni t*r*eiceabh é go ttí an brath.'
An comh*air*le tucc da cáirdibh,
  Ba maith le Caoimhgin a rád;
Tangatt*ar* go mín da guidhe,
  'S do líon a cr*idh*e d'a ngradh.
Fír.

viii. 'A Dhioma,[3] os duit do bai i ndán,
  'Meisi do breith om chuasán,

[1] MS. congaimh. [2] ll. 29–52 = M § 25[b]; Ir.[1] § 18; Ir.[3] §§ 15, 16[a].
[3] c. viii = M § 25[c]; Ir.[1] § 19; Ir.[3] § 16[b].

‘Na tréicc me *tre* ceist eile,
‘Oír nach brécc an fhaistine.
‘Gidh dom aimhdeoin tuccabair
‘Meisi om cúasan croind,
‘Gidh edh do dhén trócaire
‘Duit féin is dot chloind.
‘Da nderntái mo comh*air*le,
‘Budh libh cobhair fós,
‘Mo chill is mo chomh*ar*bacht
‘Ag Laighnibh fá nós.’
Do raidh Dioma, deoraidhe
Anall a criochaibh Midhe : |
f. 281[b] ‘Acc súd sind d*ar* ndeonucc*ad*
‘Duit, a thailgin*n* righ nimhe!
‘A ffuil againd do[1] cotuccadh
‘Aran saoghal gan taithlech;
‘Acc súd sind da tothlug*adh*
‘Duit *ar* dena*m*h do chathrach.’
Moran ceist re cloin*n* Dioma
Doróni Caoimgi*n* ríu ’san cúas,
Do tea*cht* ríu is rena nath*air*
Gan beith ’san cath*air* fa núas.
Docluin Caoimhghin ceist na cloin*ne*
’Sa cúis tre bfaghdais a cion;
Do maith Caoimhgin do m*ac* [F]ergna
Go diocra a nd*ern*s*at* do chion.
Agsin m*ar* do daingnighsiot
Clan*n*a Dioma re Caoimhgin;
Tucc doibh gach ní do áilghett*ar*
Go so deiredh an tsaoghail.
‘An u*air* sin fa terc daoine
‘Arin taoibh si don domhan,
‘Dia do dheonaigh’, *ar* Caoimhgin,
‘Déor*aidh* do thea*cht* dom chobh*air*.’
Doghní Caoimhghin oircin*n*igh
Do shiol na riogh go ffin*ne*,
Noch*ar* tréicc iatt, ger dhiolmuin,
Fa híad fíor-bhun a chille.
‘Meisi Caoimhgin doibh b*ús* dion,
‘Da siol tangatar na fiṙ.’
Do Dhíoma, os focc*us* an gáol,
Tucc da mháor inní do shir.

A Dío*ma*.

[1] *sic* MS.; ? dot.

ix. Doghníadh[1] Caoimghin aisde cráb*aidh*,
Na*r* gnath*aig* naomh roimhe ria*m*h;
Dotheighedh a ccró gach corg*us*,
Breth da bfu*air* soirbhes ó Dhía.
Doníodh sesamh *ar* leic garbh luim,
Fua*cht* *ar*a chosaibh ge ro ghoill;
Ro pa ceol aingeal 'na timceall,
Dó 'san ccró daingen ba p*r*oin*n*.
Caeictigis *ar* mís do gan biadh,
No ní as sía, gér mór a nert,
G*ur* leim lon go prap do c*r*aoibh,
Go nderna i nglaic in naoimh ned.
Do fuirigh Caoimhgin 'san ccró
'Na áona*r*, ger mór an phían,
Ocus ned luin *ar*a bois,
No go ttuccadh as a eoin.
Dochuir Día an taingeal da radha
Le Caoimhgin an crábaidh c*r*uaidh,
Teacht asa cró caol gan obadh
A ccoccadh an tsaoghail t*r*uaigh. | f. 282a
'Farír![2] as pian as mo cumaoi*n*
'Mo lamh m*ar* loman fan lon,
'Fuil a glac, 'sa taoibh, 'sa troigidh,
'Do doirt rí nimhe *ar* mo shon.'
Do raidh[3] an taingeal go fiadhnach:
'Na bi dod pían*adh* ní as sía,
'Aisdrigh gan cairde as do chengal,
'Urlamh do caingen ag Dia.'
Do ráidh Caoimhgin risan aingeal:
'As mo broid ni rach rém ré;
'Go ffaghar do lu*cht* mo chíosa
'Saoirsi o Ísa mac Dé.'
'Doghebhair sin', *ar* an taingeal,
'T*r*iall as do ceng*al* gan sgath;
'Seacht láin do ghlend gach aoin leth
'Duit fein *ar* do breith 'sa*n* b*r*ath.'
Budh ésin tu*arus*tal Caoimhgin,
M*ar* cluinfitt Gaoidhil rea ló;
Dogebha a ló bratha gan anadh
Gach ni *tr*a d*ar* gealladh dó.
Gach caingen do faomh Día do Chaoimhghin,
'S do i*arr* a aingel *ar* nimh,

[1] c. ix, ll. 1-24 = Ir.[1] § 19; Ir.[3] §§ 17, 18. [2] ll. 21-24 are cited Ir.[3] § 18 without material difference of reading. [3] ll. 25-64, c. x, ll. 1-12 = Ir.[1] § 21; Ir.[3] § 19.

Dobheir aníu dó gan dímes
Go díles gach ní do shir.
Tucc[1] Dia cum*acht* do Caoimhgin,
M*ar*[2] tucc da gach nao*m*h *ar* bith,
B*udh* tenn é ara dhalaibh,
M*ar* bheitt clan*n* Adhaimh ar crith.
An u*air* tiucf*us* brath brethach,
Ar cach b*udh* ecclach an sp*r*aic;
Ni beid lu*cht* an glenda i ngleo-broid,
Acht m*ar* cheo fa bh*ar*raibh slat.
Ber*idh* Caoimgin leis i p*ar*rth*us*
A fhír-muin*n*tear féin gan cáin;
D'eis breithe in righ ro-moir,
Ocus ga derg-óir 'na laimh.
Ise sin aird-meirge Caoimhgin,
B*udh* feir[3] de gach aon 'ga mbia
'Na laimh la bratha go huasal,
An dáil b*udh* nósm*ar* ag Día.
Gibe docluin cum*acht* Caoimgin,
*Ar*an saoghal cein bías béo,
Muna raibh fa cios don erlamh,
Ní dherna báosradh b*ud*h mó.

Do.

x. Tucc Dia dó gach ni do sir,
Go soich deiredh an tsáog*ail*;
Tucc nemh d'anmai*n* gach cu*ir*p cai*n*,
Da mbeith fa glan-úir Caoi*m*gi*n*.
Naonbh*ar* gacha saor-shath*a*[*i*]*r*n
D'anman*n*aibh locht[a] a chiosa,|
f. 282[b] Tiag*at* si go ccaomh-chaingnibh
Et*er* naomh-ainglibh Iosa.
A nadhlaicther dia sath*air*n
Fa múr na flatha fíre,
Saor *ar* ifren*n* gan breccuibh
Iad 'sa néccaibh dia haoine.
Do thogsat[4] riogr*adh* Eiren*n*
Ocus a rioghna dognath

[1] ll. 45–48 are cited Ir.[3] § 19 as follows:
Tug Dia cum*acht*a do Caoi*mh*ghin,
Mar tug [do thug A] do *gach* naomh *ar* bhioth
'San b*r*ath beith tenn ar dhaluibh
['San brath a bheith tenn air A]
Mur a beid clann [*Mur* mbéidh siol A]
Adhuim ar crioth.

[2] *sic* MS.; ? nar. [3] *sic* MS.; ? ferr. [4] ll. 13–32 = Ir.[1] §§ 22, 23.

A ccur 'san cill uasail,
'Ga bfuilit buadha go bráth.
An*n* ataid taisi na nepscop
Fa úir go la bratha brais,
Laimh le cró Caoimhghin an crab*aidh*
Go dol isna dálaibh lais.
Dul leis a ló na breithe
Dob é a ccroidhe go ndut*r*acht,
'S beit re Caoimhgin a ccaingen,
Óir beid aingil 'gá dús*acht*.
Do lendais é na haingil
'Na chaingin fa bh*ar*raibh dos,
Rob é an fhior-tob*ar* ga*n* lag*at*,
A mhíorbuile as fada atclos.
Fada atclos miorbuile Caoimhgin
Ar fud Er*enn* ti*ar* is toir;
Ní dherna Dia *ar* aon naomh oile
Ní as lia dibh uile na air [1].
Teid [2] Caoimhgin go cuirt na Romha,
As úr na buadha tug lais;
Is fu*air* gan ceilt on papa
Oilitre is cáta mór-maith.
Os mór [3] í oilithre Cáoimhghin,
Da nderndais daoine go cóir;
Ionan*n* teacht fo sheacht i naonach
Ocus dol áoinfea*cht* don Roi*m*h.

Tucc.

xi. Así [4] do chill chédach,
A Chaoimgin cais cladhaigh,
Roimh Letha gan lathaigh
I ní*ar*thar betha bothaigh.
Le ceithre hairdibh na hEr*enn*
Do badh mia*n* léo tea*cht* 'na cóir
Ar toiscc go hoilithre Caoimhgin,
A ndáil a náon*ach* doróin.
Tucc Caoimhgein leis úir na Romha
Da cur 'na reilgibh go mbuaidh,

[1] MS. air. [2] ll. 33–40 = Ir.[3] § 20; cf. Ir.[1] §§ 2, 23. [3] ll. 37–40 are cited Ir.[3] § 20 as follows:

As mór í oilithre Caoi*mh*ghin
Da ndena*mh* d'aois daoine e go coir;
Ionann tea*cht* fa seacht 'na naonach,
7 dul [an *add* A] aoinfecht do*n* Roimh.

[4] c. xi, ll. 1–52 = Ir.[1] § 36; = Ir.[3] §§ 21, 22.

'S dogní don glenn caom *gan* ceiltin
Ceall naomh, da ccreidit na sl*úaigh*.
Cethram*adh* port glanta anman*n*
As ferr *tar fair*rge anoir,
Pat*r*aicc is Fion*n* do th*ar*ngir,
Caoimhgin dá chairdibh do shir. |
f. 283a Glend da loch b*udh* lán d'ainglibh,
Glend an chatha chrúadh-chaing*nigh*,
Glenn *ar* na tucc Día dimes,
Glenn as díles don Coimdhidh.
Ard ós gach cill cathair Caoimgin,
C*air*des Laig*en* go Leth Cuinn;
Baile buadhach, reilcceach, ro-g*ar*cc,
Cuanach, coilltech, comh*ard*, c*r*uin*n*.
Mór tu*ar*usccbail cille Caoimhgin,
T*r*uagh an sgel Gáoid*il* 'ga cnamh;
Roim rathm*ar*, cath*air* na naingel,
Ro-coir do bhend*aigh* a lamh.
An*n* doróin tosach a cráb*aidh*
Suil do lamh[1] í naomh *ar* bith,
'S doróin do ghlend na bfian bfaob*rach*
Ceall i mbiadh áon*ach nar* mion.
Cadhas Laighen aonach Caoimhgin,
Aithes Gáoidel, as caomh gne;
Ge siredh nech an bith braonach,
Máoithnech gach aonach *acht* é.
Gibe dáilfes ní *ar* m'áonach
Ar g*r*adh Caoimhgin, m*ar* as dúal;
Saoghal, *ocus* séun, *is* soraid,
Is nemh fo deiredh a luagh.
Do fág 'ga sgoil manach béil-bin*n*,
Ocus ag cleircibh a mhion*n*
A cíos do thionól gan daoirsi,
Ó thucc Dia sáoirsi da chion*n*.
Ni lamht*ar*[2] troid *ar*an aonach,
Na fogra coire na[3] cert;

[1] MS. dol amh. [2] ll. 45–52 are cited Ir.[3] § 22 as follows:

Ni l*amh*thair troid a haenach [t. no fuadach A]
Na eag*r*a [teagra A] córach na ceart;
Na fal*adh*, goid na fuadach,
Acht dul slán uatha 7 tea*cht*.
Gidh be do mhillfedh an taonach,
D'faguibh Caoimhghin—nar thlath brígh—
Ifrend 7 girre saoghuil,
As [a *add* A] bheith a mbaoghal rena bhith.

[3] The scribe seems to have written *ma* at first.

Na fala, na goid, na fuadach,
  Acht dol slán uada is teacht.
Gibe do mhillfedh an taonach,
  Do fág Caoimhgin—n*ar* tlaith b*r*igh—
If*ern*n as giorra saogail,
  Go brath gan baoghal ni bi.
Na tri buadha[1] fu*air* Caoimhghin
  Do sluagh a aon*aigh* moir-mhir,
Nemh, is saoghal, is slainte,
  Is fáilte ó Dhia m*ar* do shir.
Mian le Cáoimghein beith *ar* fásach
  Re sásadh an aingil gil,
Gur an fo chairrgibh na sgeillicc,
  Mor d'áirdibh ele do shir.
Agsi*n* ní d'imt*echt*aib Caoimhghin,
  Ní diomdach díbh Dia do nimh;
Ocus na haingil 'ga sttíur*adh*,
  Is 'gá munad m*ar* do shir.
Is me Solamh, dalta Caoimgi*n*,
  Do bí im baoghal 'sa*n* tir thoir, |
M*ar* tainic m'oide dom cab*air*; f. 283^b
  As mor do*n* dom*un* ro shir.

Tucc.[2]

xii. Gidh iomdha[3] na fáccbala
  Do fhácc Caoimgin 'na glennaibh,
Se fein *ar* tí a ttárthála
  Da gach aoin nech d*ar* cen*n*aigh.
Ni fhuil senc*us* sen ndaoine
  Nó 'na feal-daoinibh occa,
Nochan fuil toirt an*n* festa,
  Acht gurub seng gas*ta* a roba.
Ni crabhadh na ceileabr*adh*
  Doniad cleirigh 'na ccillibh,
Bíd *ar* olcas a ccéille
  Ar tí a cheile do mhilledh.
Ro lia 'na chill comhaightigh
  Nád airchind*igh* duthaigh;
Dochúad*ar* a fíor-bunadh
  'S a mhíorbuile *ar* múchadh.

[1] ll. 53–60, c. 12, ll. 53–56, c. 12^b, ll. 1–4, c. 13, ll. 13–36, correspond to Ir.[1] § 35; Ir.[3] § 23; c. 11, ll. 61–68, c. 12, ll. 1–52, c. 12^b, ll. 5–32, seem to have nothing corresponding to them in the other lives. [2] The scribe has here repeated by mistake the catchword of the preceding poem, c. 11; it should be *As i.* [3] See p. 136, note 1.

Agsúd buadha is míorbuile
Chaoimghin gan fios a ndiola,
Ó nach m*ar*aitt irisigh
Re hin*n*isin a mbriogha.
Acht muna ffagth*ar* sccriophtha
A ccairt i ttiribh oile,
Deimhin a ndol *ar* dermad
I ttermann Caoimhghin glin*ne*.
Meic cleirigh gach naoimh-cille
Ag dol le mion*n*aibh dognath;
Ní m*ar* Caoimgin an glin*ne*
'S a mion*na* *ar* gluighe go brath.
Ar fáccaibh féin isin saogal
Da miorb*uil*uíb—naomhtha in fath—
Atád na mion*na* 'ga ttaisgidh,
A ffaghail i naisccidh ni gnath.
Tabh*air* ofrail don m*a*c cleir*ech*,
'Ga ffuilit mion*na* *ar*a breith,
Ar gradh in naoimh móir gan meabail,
'S dogebh*air* admáil it c*r*eich.
Sud diol *ar* mion*n*aibh Caoimgin,
M*air*cc téid da luighe *gan* sgath,
Fágbaid go síor, dá *m*adh éit*ir*,
A sliocht go leittm*ech* *ar* chach.
Mairce thuilles go hésc*caidh*[1]
Esccai*ne* ó mhion*n*aibh Caoimhgi*n*,
Muna bfuil tru lena feirde
Dol gan c*air*de do*n* tsaoghal.
Gibe nech *ar*a mbenfaid
Méoir mo mhan*ach* mo mion*na*,
Gidh flaith Fail go folla,[2]
Gidh fer g*r*aidh, gidh giolla; |
f. 284b Damadh esccaine direch,
Sgarfaidh sí croinn le clochradh,
Da raibe seal na bhioth-cruth,
B*udh* methach nach bia a ro-chruth.
Mo ceall sa da saraighther,
Do rioghaibh b*us* baoghal,
A bpian thall is airite,
Is diombuaine da saoghal.

Gidh iom*dha*.

[1] This line is defective; ? Mairce, ro mairce thuilles, &c. [2] This line is defective in syllables and rhyme; I cannot mend it, nor translate the latter part.

xii^b.] 'Gibe[1] eccóir dorin*n*edh,
'Donither, nó dodént*ar*,
'A dioghail tuitid go cert
'*Ar*a nert asa ndent*ar*.'
Caoimgin dorin*ne* an rand sa,
Ní mar fhallsacht dorin*ne*,
D'fagail saoirsi dá bhochtaibh
Ar olcaibh gacha linde.
Cádhas do fhácc[sat] Gaoidil
Do Chaoimhgin gan cain, gan cíos;
Ata an chill da ttuccsat saoirsi[2]
'Ga cur fa daoirsi arís.
'Tiocfa u*air* do dheiredh dom*ain*,
Gidh damhsa b*us* fodhail tin*n*,
'Na n*air*ccfither mo chill g*r*adach,
Is fúicfidher fo a lán fill.
Rachat sa a ndiaigh na h*air*ccne,
Me Caoi*m*hgin go mét m*air*ccne,[3]
A rígh ni m*air*fid abus,
Is digeolat a tturas.
Muirfer *iar*sin gan c*áir*de
Iad isin mbeind i n*áir*de,
Maircc do tuill re ndol anon*n*
Giorra shaoghail is if*ern*n.
Gach rí bhrises *ar* ccuman*n*,
'S n*ár* chomhaill damh m*ar* do gheall,
Bíaidh 'ga th*ar*raing it*er* diabhlaibh,
'Sa anam 'ga pianadh tall.
Gach ri rach*us* d'écc fam réir,
Bed sa fein thall *ara* cion*n*,
Is dodén failte rea anmai*n*
T*re* cháirdes da naince an ceall.'

Gibe.

xiii. Do togh[4] Caoimhgin ceithre gal*air*,
Nocha da c*ar*ait doroin,
Do chengal lucht[a] airrcthe a cille,
Da milledh uile da dhéoin.
Aillsi, is easbadha braghat,
Fíolún fion*n* go niom*at* lot,
Cuthach, dobheir saoth *ar* slúaghaibh,
Tre buadhaibh mion*n* *ocus* clocc.

[1] ll. 1–4 are cited Ir [3] § 23, without material difference of reading. [2] This line is too long; ? *om.* 'ata'. [3] *sic* MS., repeated from preceding line; ? m'fheircce. [4] c. 13, ll. 1–12 = Ir.[3] § 24.

Agsin na gal*air* gharcca,
Ag nach faghait cerrb*adh* fóss ; |
f. 284[b] Gibe *ar*a ttabhratt sin cnedha,
Ni fhoirfitt legha na los.
Spreidh loiscces croin*n* is clocha,
'S coisges muirn gach lon*n*-srotha ;
Fercc Caoimhgin le gach gille,
Bíos ag *ar*gain a *air*d-cille.
Cuirfidh comhartha cille
Ar ghein*n*tibh Glinde Giadhail,
A mbeoil si*ar* ara cculaiph,
Ni chél *ar* dhúilibh diabhuil.
As láidir fós an cum*acht*,
Tucc Dia Ath*air* do Caoimhgin,
Do chur na ttroch *ar* merbhall,
Nach tug terman*n* da naoi*mh*-cill.
'San luas na ttreigfitt Gaoidil
Cádus Caoimhgin gan tabach ;
Fuicfid íad go díbl*idhe*
Sech gach Gaoideal go dubhach.
Maircc Gaoideal léicces 'na longp*ort*
C*r*each Caoimhghin in *cráb*aidh* cr*uaidh ;
Tráoth*aid* a rath is a conách,
Téid gach maith *ar* dochnach uaidh.
Dobeir gerr saoghal da ccolain*n*,
'S a nanam don diabhal dubh ;
Gal*air* as nach fagh*ar* slainte
A ccom*air* na g*r*aiscce tug.

Do.

xiv. Do fhergaigh[1] a oide re Caoimhgi*n*,
Fada nach d*er*madtha a fhath,
Ó nach tucc teine go daith-g*r*ind
Cuige le haif*r*in*n* do radh.
Soidhtheach i ttiubh*radh* í cuicce
Do i*arr* ara oide, 's ni thucc,
'Muna bfagh*air* ionad eile,
'Tabhair let teine it ucht.'
Dorin*ne ar* rádh a oide
Caoimhgin tre búidhe, *ocus* tucc
Chuicce, o n*ar* sccuir da gríos*adh*,
A lán do ghríos*aigh* 'na ucht.
Ise dochuir tes 'san teine,
Fesda na ceilidh *ar* cách,

[1] c. 14 = Ir.[3] § 25 ; cf. Ir.[1] § 29 ; M § 5 ; S § 4.

An taingel tainic da chosnamh,
'S do ainic *ar* losgadh an snath.
'Riotsa do eist, is ni riomsa,
'As t*us*a as andsa le Día;
'Atáoi lán don Spior*ut* Nao*m*tha
'Meisi re[t] taobh sa ní bía. |
'Derbh go ffuil, mar do shaoiles, f. 285[a]
'Do g*r*ádh go díles ag Día;
'O nach ionan*n* réim d*ar* naomh-dail
'Ni bhem i naon áit ni as siá.'
In*n*raic treorach[1] do Caoimgin
Gurb he a eolach aingel Día
Idir ló *ocus* oidhce,
Da breith 'sa righ-brugh 'na mbía.
Ro b*udh* é tosach a shiubhail,
Caoimhgin, gan pud*ar*, gan céilcc,
Dochuir Dia an taingeal da cobh*air*
'S do ainic e ar fogail 's *ar* feirg.

Do.

xv. E féin[2] la da ndeach*aid*
Caoimhgin lea cháoiribh ar sliabh,
Ticc chuicce buiden do bo*cht*aibh
Ag dol do ghorta gan biadh.
M*ar* tangatt*ar* chuicce, accedóir
Iá*r*raitt déirc *ar* g*r*adh Dia,
Do fhrecc*air* Caoimhgin go háiseach,
Nach raibhe aige ar fásach biadh.
Triallait imtheacht go hoban*n*,
Ocus gan anmhain re fóigh,
Do fhasd re ccuid, diadha in acfaing,
'S tucc biadh go f*air*sing doibh.
Tucc na seacht muilt dona b*ocht*aibh
Caoimhgin, gan locht ara réim;
Nir teirce an tred rea n*air*emh,
'S do thesruicc Dia '*ar*' n*aire* e fei*n*.

xvi. Gach aonla[3] g*us*na mancaibh
Dobhrán becc—mor a shoirbhes—
I cill Ifin[4] gan g*r*oddál
Tucc bradan c*ar* an[5] ch*ar*gais.
Ó 'tchí Ceallach an dobrán,
Is bradán leis don coitcion*n*,

[1] Altered from *eolach*. [2] c. 15 = M § 9; S § 2; Ir.[1] § 30; Ir.[3] § 26. [3] c. 16 = Ir.[1] § 31; Ir.[3] §§ 27, 28. [4] Here there is a marginal note: *forte* Aiffin. [5] *sic* MS.; ? cárna corgais.

Do smuain gur bo maith don chill,
Da nd*er*ntaoi sging do*n*[1] *c*roicion*n*.
Tucc sgáiledh *ar*na naomhaibh
Anní do aont*aigh* Ceallach;
Do threic oshoin an dobhrán,
Nach tucc bradan don manach.
Admhais Ceallach a chionta
Dona sáoithibh sáir-ghlioca,
Da eis si*n*, gidh *c*ruaidh an breth,
Dochuir Caoimgin uaidh Ceallach.

Gach.

xvii. Doroine[2] Caoimgin cur rathm*ar*
Da mhancaibh ara bfeab*us*,
Da saoradh fein ar naire,
Is ar cainedh na namhas. |
f. 285[b] An siol[3] do chuiredh a moch *t*rath
hI cCill Iffín—diadha an rath—
As de go neimh-crion 'san oidhche
Do bhiathad na saoithe faseach.
Mo as aimhglic an lu*cht* senma,
N*ar* an ag Caoimgin re fóigh;
O nach fu*ar*att*ar* biadh urlamh,
Feimdhit anmhain 'na chóir.
Doroine Caoimhgin clocha
Do cran*n*aibh cíuil na nguth *m*bin*n*,
Is tucc brón *ar* lu*cht* a senma,
Dorin*n*i *air* diomdha, nar thuill.
Easbad*ach* do lu*cht* na senma,
N*ar* an go fosaidh rea saith,
Atad a ccroin*n*, ní m*ar* off*r*ail,
'Na cclochrán fo cosaibh cáich.
Nocha thucc doibh fuagra diult*aidh*,
Acht íad féin d'imte*cht* da ndéoin;
Maith do fóir sin Caoimgin *ar* n*aire*,
Is adhb*ar* g*air*e doroi*n*.

Doróin.

xviii. Dochuir[4] go Caoimghin da baistedh
Deigh-rígh O fFaolai*n* a mhac,

[1] *no* da, interlined. [2] c. 17 = Ir.[1] §§ 32, 33; Ir.[3] §§ 29–31. [3] ll. 5–8 are cited Ir.[3] § 31 as follows:

An siol docuiredh amach trath, [d. la Caoimhghin A]
A cCill Eithfinn, [budh *add.* A] dia*dha* rath,
As dé go neimhchrion 'san oidche
Do bhiath*adh* saoithe [biathughadh an soithe A] fasech.

[4] c. 18 = M § 31; Ir.[1] §§ 27, 28; Ir.[3] §§ 32–34.

'S da beith aicce m*ar* dhalta,
Chuicce rob é a mían a thea*cht*.
Ni rabhatt*ar* ba nád buailte
Agan lucht do bí 'san nglend,
Da bfuighdís bain*ne* don dalta,
Do bai gain*ne* lachta an*n*.
Dochon*nair*c Caoimgin an eilitt
Ocus laogh becc lena cois,
Doghuidh Dia do leith a lachta
Do tab*air*t a dhalta ass.
Tainic an eilitt don baile
G*us*an manach, m*ar* n*ar* clecht,
Tucc don laogh blaith is da dhalta
A saith fein lachta go cert.
Do thaladh a loim go hiomlán
Ar cloich thuill, go beith lan de,
Isé ain*m* an ionaid go cin*n*te,
Inis Eillte, osin alle.
La da ttainicc asin cc*ar*raicc,
Gid fada, *gair*itt dochuaidh,
Do marbh an lom-trú con millte
Aon-laogh na heillte, 's aduaigh.
Doronadh le Caoimhgin miorbuil
*Ar*an ccoin, ger gránda a lli,
Dochuir fan eilit dariribh
An mac tíre i náit in laoigh.
Do anadh an eilit go fosaidh,
'Sa manach naomhtha rea taobh,
Is an mac tire *ar*a bhelaibh,
M*ar* do bheith ag tál da laogh. |
Cáoineocc ban-cum*acht*ach sithe f. 286a
Do len mac an righ anall;
Ata 'sa ban*nt*racht 'na cclochaibh
Tall os cion*n* locha na cceall.
An táos sithe rucc a clan*na*
An righ si*n*, *gér* tend an tuir,
An ghein da bhaisttedh go Caoi*m*hghi*n*
T*r*e ceist an tsiodha docuir.

Do.

xix. Cind[1] an dá bhan *ar* a ccolain*n*
Caoimhgin go foll*us* dochuir,
Tucc slán íad ó ég go beth*aid*
Ger lán an tachadh *da* bfuil.

[1] c. 19 = M § 11 ; Ir.[1] § 34 ; Ir.[3] § 35.

'A Caoimhgin, tainic go hescc*aidh*
  'D'*ar* mb*r*eith slán o bás do rin*n*,
'Bem dod reir an seal m*air*fem,
  'Riot nocha sc*arfam* ré 'r lin*n*.'
Rucc Caoimhgin beo do*n* bhaile
  Na mná d*ar* benadh a ccin*n*,
'S doróin dibh caill*echa* dubha
  C*r*aibhtecha, cub*dhe*, 'na chill.
M*ar*sin do fhóir an fhiongail
  Doronsa*t* biodb*ai*d 'na chill;
T*ar*éis a bfu*ar*at*ar* d'olcuibh,
  Do tháith rea ccorpaibh a ccin*n*.

Cind.

xx. Atcí[1] Caoimhgin cubaidh cuimnech
  Cleir*ech* bo*cht*, gerb olc a lí,
Ag tea*cht* 'na rith t*ar*na c*air*rgibh,
  A guth *ar* b*ar*r-c*r*ith do bí.
Do athain Caoimhgin guth an peac*thaigh*
  Gion go ffac*aidh* roimhe riamh;
Tucc aithne dherbh *ar*a dhran*n*tán,
  G*ur* m*ar*bh a co*m*pa*n* 'sa sliabh.
'A cleirigh, nar loc an fhiongal,
  'Ni hiongnadh gidh olc do dealbh,
'Beir eolas d*am*h g*us*an alltán,
  ''N*ar* fhagbhais do compan m*ar*b.'
Muna thís*edh* Caoi*m*hgin fa*n* am soi*n*,
  Do iostais coin allta a chorp;
Anam 'san m*ar*bh m*ur* tánaic,
  As d*er*bh g*ur* slán*aigh* a lot.
Uime fu*air* Caoimhgin a tor*adh*,
  Do fhoir *ar* conaibh, g*er* borb,
Rucc da tigh—rob sén soraidh—
  'S doní dibh man*aigh* i nord.
An chéd u*air* tainic t*ar* sliabh,
  'S do fhan go diamh*air* fá dláoi,
Caoimghin, ba stor gleic 'sa*n* sgeillic,
  Mor d'iongantaibh an*n* atchi.

Atchi.

xxi. Tortha[2] is slainte do dháoinibh
  Do faccaibh Caoi*m*hgin 'na cco*mair*;
Gibe nech g*us*a roichfid,
  Ní cían go fiuighbhe cobh*air*.

[1] c. 20 = Ir.[1] § 24 ; Ir.[3] §§ 36–38 ; cf. M § 38. [2] There are no numbers in the MS. to this and the following poems. c. 21 = Ir.[1] § 25 ; Ir.[3] § 39; cf. M § 34.

Sméra dubha 'sna fuighlibh,
Ubhla craoibhe na soilech,
Ocus buin*n*éin do*n* ch*ar*raic,
Ícas galair gan fuireach.
Ma*r*aid sas—mór an míorbal—
Atá go minic '*ar*na dherb*adh*,
Sméra dubha do bhunadh
Geines ar cairrgibh garbha.[1] |
Ni faghtar iad 'san am soin f. 286[b]
I nairdibh oile an tsaogail,
Buin*n*ein ag fás *ar* clochaibh,
Acht ar b*r*uach locha Caoi*m*hgin.
Tucc Dia gan ceilt do Caoimhgin
D'fás 'na c*ai*rgibh 'sa*n* ngeimhr*iudh* ;
Dar lem as adhbar failte,
Toirthe is slai*n*te do dhaoinibh.

xxii. Ba lór[2] luaithe an tuirc allta
Is coin 'ga glamadh la coidhce;
M*ar* tainic u*air* a bhaoghail,
Dochúaidh *ar* caomhna Caoimhghin.
Doni Caoimhgin go soraidh
*Ar*na conaibh accédoir
Cengal a mbon*n* don talmai*n*,
Siad a lenmai*n* nír e doigh.
M*ar* ticcedh lu*cht* an fiadhaigh
D'iarr*aidh* a cco*n* do ghlendaibh,
Iongnadh leo, 's gan a mbás-ghoin,
Créd na sása lér cengail.
Fa hiongn*adh* mór léo an miorbal,
Dob iongn*adh* mór *ar* dhaoinibh,
Muc allta, *ocus* í i mbaoghal,
Do dhol *ar* caomhna Caoimhgin.
'Sccaoil d'*ár* cconaibh, a Chaoimhgin,
'T*ar*éis *ar* ndiola úaithe,
'Sin accatt fein gan forrach
'An cullach'; fa lór luaithe.

Ba.

xxiii. 'A mhanaigh[3] úd, créd an focan*n*
'Fil accat oruin*n* go dron?

[1] Here there is a marginal note: Atu tuirs*ech*, gio*n* gub iongn*adh*, i.e. I am weary (*or* sad) and no wonder. It happens to make an octosyllabic line, and I thought at first that it was part of the poem. [2] c. 22 = M § 19; Ir.[1] § 26; Ir.[3] §§ 40, 41. [3] There is evidently something wanting here, though there is no lacuna in the MS. This c. 23 contains only the latter part of the story of the deceitful women and the cheeses which is complete in Ir.[3] §§ 42, 43.

'Nocha máothla so, acht oigdhe
  'Ata agai*n*n *arar* muin.'
Ceilter leisna mnáibh na máothla
  *Ar*an naomh, gér báoth in dail,
'S doní Cáoimhghin don bán-g*r*uth
  Clocha, mar taire *ar*na mnáibh.
Fa maith le Caoimhghin si*n* d'faigsi*n*
  Beith da cheilt, nír mhaith in fáth,
Atád 'na cclochaibh na mulcáin
  'San tulcán ar comhair cáich.
Don lu*cht* oibre do mes Ceall*ach*
  A ccenn*ach* *ar* airget glan,
Fa diomdach Caoimhgin da ff*r*ecc*r*a
  'S do diogail taccra na mban.
                    A manaigh.

FINIS.

xxiv. I cCaislen Caoimghin laimh le Glenn da lacha i ccuicc*edh* Laighen i mbaile Fiach*ach* í Tuathail do sc*cr*iobadh na laoithe so da ngoirter Betha Caoi*mgin* asan leab*ar* do sc*cr*iobad d'Fiach*ach* úa Tuathail, 7 as seinleab*ar* *ar*santa ele le Domnall mac Donnchada í Cuilemhain ; 7 as follus do lu*cht* a leghtha go bfuilit go salach, ge n*air* *da*mhsa sin d'admail do taoibh mo coda fein. I cconueint na mbrath*ar* mbocht do sc*cr*iob*ad*h so andara fe*acht* ag D*r*obaois, 6º Dece*mber* 1629 ; an br*athair* Michel ro sgriobh.

Beatha Caoi[mh]ghin Glinne da lach sunn

do reir mar sgriobh manach fa disciobal do féin (dar ainm Solamh). i. 7[1] sg*r*iobhthar anso i maill friomsa, Aodh ó Dal*aigh*, an taon*madh* lá fiothchad do mi Ienar*edh* an*no* Dom. 1725° a *m*Baille Atha Cliath.

i. (1) Earlamh[2] uasal, oireaghdha, cobhsuidh, c*r*aibhtheach, cáomhduthr*acht*ach, iodhan, aoint*ech*, urn*aig*theach, bri*ocht*-ghlan, ben*n*uighthe, dar ain*m* Caoimhghin. Tainig[3] do rio[gh]-fhuil uasuil ord*er*c Dhal *m*Beisenchorb, m*ic* Concorb, m*ic* Mogha Chorb, mic *Con*chubh*air* Abhrad-ruaid, mic Fin*n*-fil*edh*, mic Rosa ruaidh, mic Fearghasa fairrge, m*ic* Nuadh Nea*ch*t, m*ic* S*et*na Sioth-bhaic, m*ic* Luighdhech Leith-fhinn, mheic Breasu[i]l bhric 7c.

(2) Agus[4] asé an Caoimhgin sin do beanuigh[5] a nGlion *da* loch a Laighnibh, a samh-mhuigh Caoimhghin; ag*us* do bhi do naomhth*acht* Caoi*mh*gin n*air* mhoth*aigh* a mhatha[i]r re[6] lin*n* a bhreith[e] doigh na diachair, na tin*n*eas[7] uaidh; 7 iarna bhreith cuirther ınná leis d'fios Cronain naomhtha dia bhaisd*edh*[8]; 7 '*ar m*beith dona mnaibh ag triall léisin leanbh go Cronan, taisbean[a]s aingeal é féin dóibh, 7 dub*air*t ríu a thab*air*t fadera ar Cronan Caoimhghin do thab*air*t d'ain*m air*; 7 már rainig[9] do lathair Chronain, do ghabh an leanbh 'na lamhuibh, 7 baistt*er* leis é, 7 tug Caoimhghin d'ain*m* fair | ar p. 147
fhural*æ*am*h an* aingil; 7 no*cht*as dona mnaibh, *gur*ab é sin fa hain*m* dileas dho do thoil 7 d'ordughadh Dé, amhuil adeir Solamh an manach fa disgiobal do Chaoimhghin, lér sg*r*iobadh an beatha sa[10]:

R*ann*. As é[11] an tain*m* do dhealbh Día ar ni*mh*,
Bhias[12] aig leanm*ain* don naoidhin;
Smuainidh, a mhna f*r*easduil[13] ghloin,
G*ur*ab é ain*m*[14] baisde, Caoi*m*ghin.

Ag*us* adeir an ughdar c*et*na *gur* thaisbeanadair *dha* aingeal deag thainig do nemh[15] íad féin go ttap*ur* loin*nreach*[16] a la*mh* gacha haingil

[1] MS. et. [2] = M § 1^a; S § 1^a. [3] From here to the end of the pedigree is omitted by A. [4] = M § 1^b; S § 1^b; Ir.[1] §§ 7, 8; Ir.[2] c. 2. [5] MS. beanuighe. [6] le A. [7] ar bith *add* A. [8] 'chum a bhaisti A. [9] dorangadar A. [10] A omits *sa*. [11] From Ir.[2] c. 2, ll. 33–36. [12] a bhias A. [13] an frestail Ir.[2] [14] a ainm Ir.[2] [15] thainig do nemh *om*. A. [16] loinerda A.

diobh[1] do Chronan ré lin*n* a[2] bheith aig baisd*edh* Chaoi*mh*ghin do; aigso mar adeir an Solamh c*et*na:

R*ann*. Dha aingeal deag[3], mar badh cóir,
Dochu[i]*r* Día anuas[4] 'na onoir;
As tapar[5] go lasair a gloin[6]
Do bhi a laimh gach aon aingil.

(3) A ndiaigh[7] an bhaisdthe *immurro* beirid na mna Caoimhghin léo gusan raith a rugadh é, 7 as Raith an Tobair ghil *gairmh*th*er* don raith sin, 7 do leasoigh[8] an*n*sin é se*cht* mbliadhna[9]. Gidh *edh* as ionchuirthe a nionguntas[10] '*ar m*beith ar chioch*aibh* a mhath*air* dhó, nach ibheadh gach aoine 7 gach la troisgthe é[11] iad, a*cht* aoinfe*acht* amhain, 7 si*n* u*m* t*r*ath nona. As iongnadh fós an raith úd[12] ina rugadh é n*ach* co*mh*nuighen*n* snea*cht*a uirre *gan* leagadh go hoban*n*[13].

ii. (4) Iar ccaithemh iomorro sea*cht* mbliaghan dó, docuiredh da fhoghluim 7 *da* bheas-munadh a bfochair coimhthionoil manach é, gur chaith ath*aidh*[14] fhada dhá ai*m*sir eattorra; go ttainig a naois a bheith[15] 'na shag*airt*, 7 iar nglacadh gradh neaglais*da* dhó, do smuain |
p. 148 ina meanmuin an saoghal 7 caidreabh[16] na ndaoine do t*r*eigeadh[17]; 7 beatha uaign*ech* dithreabhach do thab*airt* aran[18] aigein fhasaigh, no a nallt*ur* roi-dhiamhair ionnas nach biadh roin*n* risi*n* saoghal ar chor[19] ar bhioth aige.

(5) Ré[20] ttriall do, tainig aingeal *dá* co*mh*forta*cht* ler t*r*eorug*adh* é gusna carg*i*bh ata don leith thiar don da loch ata[21] a nGlion*n* da loch, 7 *gan* do bhiadh aige a*cht* cnuasach na coille 7 luibhena talm*an* 7 fior-uisge mar dhig[22]; ag*us* ní bhiodh do leabuidh aige a*cht* cloch-chearchuill fana che*nd*, 7 leac faoi, 7 leac do gach leith dhe, 7 ní bhiodh boith[23] osa chion*n*; 7 fos as croicne beathadhach nalta fa headach dhó; 7 dotheigheadh go minic don sgeilg[24] agus don uai*mh* dá ngoirth*er* leaba Caoimhghin; 7 é aig guidhe[25] go sior-guidhe Dé go diograiseach.

(6) *Agas*[26] do thilledh assin tarais fan ccoil da ngoirther Caol Faidhe ata don leith thuaidh don loch; 7 do bhiodh sealad fada 'san loch go crios[27], ag rádh a thrathe, seal 'san ló, 7 seal 'san oidhche, 7 do chaith

[1] The words 'go ttapur . . . diobh' are inserted by A after the words 'Caoimhghin do'. [2] *om.* T. [3] From Ir.[2] c. 2, ll. 25–28. [4] aniar Ir.[2] [5] óir *add.* Ir.[2] [6] a lasair nglan A. [7] §§ 3, 4 = Ir.[1] §§ 9, 10^b; Ir.[2] c. 3, ll. 27–36, 41–56. [8] 7 do h[o]ileadh *add.* A. [9] secht mbliadhna *om.* A. [10] ionchuirthe iongantach A. [11] nach i. se aoine no la t. ar bith A. [12] úd *om.* A. [13] tobanta A. [14] sealad A. [15] anios ina bheith A. [16] caidreamh A. [17] threigint A. [18] ar *om.* A. [19] aon-chor A. [20] 7 'ar A; § 5 = M § 6; S § 5; Ir.[1] § 11; Ir.[2] c. 3, ll. 57–88. [21] MS. ata a. [22] aige *add.* A. [23] no arus *add.* A. [24] don sgreig-sgeilg A. [25] This word is very uncertain; A omits 'guidhe go', probably rightly. [26] = Ir.[1] § 13^b; Ir.[2] c. 4, ll. 17–24, c. 5, ll. 1–8. [27] gonuige a chrios A.

sea*cht* mbliaghna aran ordug*udh* sin a nuaigneas o chaidreabh daoine[1], amhuil ad*eir* Sola*mh*[2]:

Rann. A sea*cht*[3] fa diamruibh dluithe[4]
Do bliaghnuibh go mblaithe[5]
Do[6] re taobh a[7] thuaithe
Gan bhiadh a[8] cCáol Faithe.

iii. (7) Agas[9] 'ar *m*beith seal fada 'san rio*cht* sin dó, tarla go ndeach*aidh* deir*edh* oidhche snea*cht*a (amhuil ro cleachtadh) 'san loch, 7 lé cantuin a psalm dhó, tuitios a | psaltair 'san loch, go ndeach*aidh*[10] seal p. 149 ré fana[11], 7 tainig an taingiol d'a cho*mh*forta*cht*. Leissin tainig an dobran, 7 tug a leabhar 'na beol chuige; 7 dub*air*t an taingiol ris, theachd a ccaidreabh na ndaoine, 7 gan bheith aga ceilt fein ortha ni as sia. *Agus* tillis sin an[12] dit*r*eibh anfhasaigh[13], mar a ccleachtad bheith roimhesin, 7 do bhiodh aga diothladh 7 aga disliughadh féin a sgailpibh cairrag[14] 7 a gcuasuibh[15] ath*aidh*[16] fhada marsin.

iv. (8) Tarla[17] fan am soin brugh*aidh* boicheadach[18] a Laingnibh láimh risin ngle*nd* ina raibhe Caoimhghin asan Midhe ar cuairt bhuailltechuis, 7 asé fá hain*m* don bru*ghaidh* sin, Dioma m*ac* Fergna, 7 mar do th*air*ngir Padruig (cían ré mbreith Caoimhgin) go ttiocfadh a shamhuil do náoimh an[n] lé mbean*n*ochthaoi a nGlionn da loch; 7 do dheonuigh Dia, gur é an Dioma c*et*na fu*air* é, 'ar mbeith dó féin aga cheilt ar dhaoinibh, amhuil adubhramar roimhe.

(9) Agas ase modh ar *air*frioth é .i. airghe do bhuaibh Dhioma do bh*eth* ag inghilt aran ccoill ina raibhe Caoimhghin aga cheilt féin; 7 fu*air* bo dona buaibh doigh[19] *ar*an ccuas ina raibhe an naomh, 7 é ghá cho*mh*fort*acht* agan naingeal, agas gabhas an bho ag lidhe a chós feadh an láoi, 7 um thrath nona, 'ar tte*cht* do bhaile maráon risna buaibh oile dhi[20], do c*r*uith*idh*e[21] oir*et* bain*n*e uaithe agus dogheibhthi do la*cht* o leath na hairghe; 7 g*ach*a mhionca dothéidis an airghe fan ccoill sin, do theigh*edh* an bo c*et*na do lidhe chos Caoimhghin; agas iar ttea*cht* don bhaile um noin di, dobh*eredh* samhuil an la*cht*a c*et*na[22].

v. (10) Mar dochon*nair*c[23] Dioma go líon a mhuin*n*tire sin, do ghabh

[1] na nd. A. [2] isan rann *add.* A. [3] From Ir.[2] c. 4, ll. 17–20. [4] go dluith A. [5] go mblaoid A. [6] duit Ir.[2] [7] do Ir.[2] In A the line runs: don leith thuaidh a taob. [8] acht Ir.[2] [9] = Ir.[1] § 14; Ir.[2] c. 5, ll. 9–24; against this section is written in the margin of T: miorbal, 'a miracle'. [10] T writes the words 'psaltair . . . dechaid' twice over, at the bottom of p. 148 and at the top of p. 149. [11] le fanadh A. [12] = on. [13] dithreabadh an fasaighe A. [14] *cair*rgech A. [15] crainn gur chaith *add.* A. [16] sealad A. [17] §§ 8, 9 = M § 7[a]; S § 6; Ir.[1] § 15; Ir.[2] c. 6, ll. 1–16. [18] go raibh duine aithride A; which differs a good deal in its phraseology just here, and omits the 'cuairt bhuailltechuis'. [19] eolus A. [20] dhi *om.* A. [21] do bleagnudh A. [22] uaithe *add.* A. [23] §§ 10–13 = M § 7[b]; Ir.[1] § 16; Ir.[2] c. 6, ll. 17–52.

ma*cht*na meanman, ⁊[1] iongnad adhbhal-mhór é féin ⁊ cach[2]; ⁊ adu-
p. 150 b*air*t re buachuill na mbo coimh*ét* agas | lorguireacht mhaith do dhéna*mh* aran mboin arnamharach, go bhfeasadh cía an leith do*n* choill araibhe an inghillt shochrach, ó bfaghadh an bhó an lacht líonmhar dobheir*edh* uaithe.

(11) Dala an bhuachalla, cuireas na ba arnamharach fan ccoill ina raibhe Caoimhghin, ⁊ leanuis an bhoin sin go réim-dhireach, go rainig an bhó an[3] cúas ina raibhe an náomh Caoimhghin, ⁊ tig an buachuill do lathuir 'na dhiaigh; ⁊ mar dorainig do lathair Caoimhgin, as amhluidh fu*air* e, go hanbhfan*n* eugcruadh, go*n* a[i]rb*r*eith dhó[4] aisdear na imthea*cht* do dhena*mh*, *'ar*[5] *m*beith da bh*r*igh chorparda 'arna breoghadh[6], tre iomad c*r*abh*aidh* ⁊ ciorrbuidh cuirp le troisgodh ⁊ le hurnuighthe, ⁊ le luighe *ar* leacuibh loma, ⁊ gan boith na beal-sgath osa chion*n*.

(12) *Agas* le faicsin an bhuachalla dhó, biodhig*us*, ⁊ iarruis mar athchuingne air, gan a no*cht*ad do neach 'san bhioth, é féin do bheith 'san chuas si*n*. 'Ní eadui*mh* sin', ár an buachuill, 'ó frioth leam thu[7], agas an bhó so Dhioma ag t*eacht* dot fhios[8] gach áon lá chug*at* ag*us* uait, ⁊ go raibhe d'fiachuibh oram féin an mboin do leanmhuin[9], go bhfeasuin*n* cr*et* da ttainig an la*cht* lionmh*ar* dobheir uaithi', amhuil adeir Solamh 'san ran*n ar* taobh thall[10]: |

p. 151 'Tareis[11] bhó[12] Dhioma', ar an buachuill,
'Ag te*cht* uait 'sad dail[13] 'san ghlend
'Do cheilt[14] ni fhuil ar mo[15] chumas,
'As tú ar th' faicsin[16] go follus leam[17].'

vi. (13) A ra*cht*[18] don bhuachuill tarais do lathair Dhioma, do thogair a*n* nao*mh* do cheilt; ⁊ gabh*us* fearg Dioma léissin, ⁊ tug fadera[19] a*n* buachuill do cheangul a ccuibhreach dhocruidheach[20], gur fhaisneis dó mar fúair Caoimhghin[21] a ccuas c*r*oin*n*, ⁊ 'arna chlos sin do Dhioma, gabh*us* luthghair mhór é, ⁊ dab*air*t réna chloin*n* crothar[22] do dheana*mh*, go ndeachdaois a ccuin*ne* an náoimh, ⁊ go ccreidthi léo[23] dhó;

(14) ⁊ gurab é[24] do thairrngir Fionn cían roimheshin, do bean*n*och*adh* 'san ait sin; ⁊ ollmhuighth*er* an croth*ar*[25] léo; ag*us* t*r*ialluid

[1] machtna m. ⁊ *om.* A. [2] tre mheadh an lachta dogheabhadh uaithe *add.* A. [3] agan A. [4] gan air a chumas A. [5] *air* T. [6] ⁊ 'arna claochlodh *add.* A. [7] ó dofuaras thu A. [8] dot fhios *om.* A. [9] aniu *add.* A. [10] A omits the words ''san rann . . . thall' because in that MS. the verse is not 'on the next page'. [11] From Ir.[2] c. 6, ll. 33–36. [12] tec-caidh bó Ir.[2] [13] ag dol chugag is uait A; which prints the quotation as prose. [14] beith dot cheilt Ir.[2] [15] mo *om.* Ir.[2] [16] ar nád tfaicsin Ir.[2] [17] ann Ir.[2] [18] *sic* T; read probably: 'A[r] racht[ain]; acht cheadhna (*sic*) *air* ttea*cht* a bhaile A. [19] ⁊ d'orduigh A. [20] dochrach A. [21] cionnus mur do tharlaidh C. leis A. [22] crochar A. [23] ccreidfidis A. [24] = M § 25[a]; Ir.[1] § 17; Ir.[2] c. 7, ll. 1–28. [25] crothchar A.

rompa, go rangad*ar*[1] tresan ccoill, Dioma 7 a chlan*n*, go ccroth*ar* léo, *gur* th*r*eoraigh a*n* buachuill íad gusan ccuas ina raibhe an naomh; 7 *'ar m*b*eth* don choill ro-aimhreidh dluith[2], iarras Dioma ar Chaoimhghin Día do ghuidhe fa bhealach do reith*lech*[3] 'san choill; 7 do gheruidh Caoi*mh*gin ara ghuidhe go Dia, aga iarruidh *air* bealach do reidhiughadh reampa, le bf*et*fadaois an chlan*n* si*n* Dhioma é fein d'iomchar gusan ngle*nd*, mara raibhe a bhara faoi, eaglais 7 ionaid comhn*aidhe*[4] do dhenamh dhó féin; 7 claon*us* an choill do g*ach* leith, go ndearnadh bealach socar, so-imth*echt*a thrithe; 7 leissin togbhas Dioma 7 a chlan*n* Caoimhgin 'san chrothar léo, | 7 as a*mh*luidh do p. 152
bhaoi an taingiol ag claonadh[5] na coille roimh an cc*r*othar, 7 an choill aig eirghe ina halt féin d'eis an naoimh, go rangad*ur* ar lar an ghlean*n*a, ait a bhfuil teamp*u*ll Caoi*mh*ghin aniugh.

vii. (15) Tarla[6] dhá mhiorbhal fan am suin[7] do dhis do chloin*n* Dioma. Fer dhiobh, dar ainm Dioma og, lér heimdh*edh*[8] dul faoi an ccroth*ar*, oir adub*ar*t nach ttreigf*edh* a sheilg ar iomchar chrothair Chaoimhgin, 7 iar cceileabr*adh* dá athuir 7 da bh*r*ath*r*ibh[9], ní cían dochuaidh an tan do ghobh *con*fadh[10] na coin do bhi aige, 7 lingid[11] air féin, 7 m*ar*bhuid, 7 ithter léo é. Andara miorbhal .i. mac oile do Dhioma, dá ngoirrthe Ceallach, dochuaidh fan ccroth*ar*, 7 do c*r*eid do Chaoimhghin; 7 'ar mbeith ag t*r*iall trésan ccoill fan ccroth*ar* dhó, tuites faoi, 7 linges[12] a ana*m* go hoban*n*[13] as. Biogas Dioma 7 a chlan*n* leissin, 7 gabhas tuirrsi mhor iad.

(16) Mar do*con*nairc im*morro* Caoimhghin anní sin, do gheruidh *ara* ghuide go Dia, 'gha iarr*aidh* air Ceallach dh'aithbheoghadh, 7 eistd*er*[14] lé Dia[15], go ttug*adh* Ceall*ach* ó bhás go beathuidh. *Agas* bron*nus* Ceall*ach* é féin do Chaoimhghin tresan miorbhal sin; ag*us* do i*arr* maran cc*et*na ara athuir, 7 ara bh*r*aith*r*ibh, umhla ag*us* onóir do thab*airt* do Chaoimhghin, feadh a ré, 7 gabhuid sin ortha fein. 'Gloir do Dhia', *ar* Caoimhghin, 'mar dochuir se sibhse (ata ar deor*aidh*-*eacht* asan Midhe) do*m* fhreasdal sa 7 dom fritholamh; 7 dobheirim mo bheaneacht duitsi, 7 dot chloin*n*, a Dhioma', ar se. |

viii. (17) Do ghabh[16] Caoimhghin ré nais tré chruas crab*aidh* gach p. 153
corgh*us* do dhenamh a ccró caolaigh[17], 7 leac ghlas mar leabuidh faoi, 7 as é ceól na nai*n*geal do budh proin*n*[18] dó; 7 do chaith*edh* caoicios[19] ar mhí marsin. Ag*us* corghas da raibhe[20] amhl*aidh* sin, tainig lon on

[1] Phrased rather differently in A. [2] 7 na bfuigheamh siad an crothchar imchar tara aisi *add.* A. [3] reidhte*cht* A. [4] comnaidhthe A. [5] claochlodh A. [6] §§ 15, 16 = M § $25^{b,c}$; Ir.[1] §§ 18, 19; Ir.[2] c. 7, ll. 29-52, c. 8. [7] sin A. [8] diultuidhead A. [9] deirbh-bhrathribh A. [10] 7 mormire A. [11] ionnus gur leimead*ar* A. [12] limus A. [13] tobanta A. [14] MS. eis*der*t. [15] 7 d'eist Dia lena guidhe A. [16] §§ 17, 18 = Ir.[1] § 20; Ir.[2] c. 9, ll. 1-24. [17] a cCaol faidhe A. [18] bhetha *add.* A. [19] caoicios *om.* A. [20] Acht cheana, corghas airidhe da raib se A.

choill don chro, 7 toirlingis ara bhois, 7 é 'na luighe aran lic, 7 a lamh sinte uaidh amach; 7 congmhuis a laimh marsin, go nderna an lon nead in*n*te, 7 go ttug enlaithe amach.

(18) Tig an taingeal da éis sin dfios Caoimhghin, 7 adubhuirt ris tea*cht* asan bpean*n*uid ina raibhe[1], 7 a theacht[2] a ccaidreabh na ndaoine aris. Do raidh Caoimhghin gur bheag an phian do féin a lámh do bheith fan lon, go tab*air*t a líne amach, seach an bpian d'fuling a Thigerna ara shon; do réir m*ur* adeir Solamh 'san ran*n* sa ag faisneis bhriath*ar* Chaoimhgin:

R*ann*. Farior[3]! an[4] phían as mo an[5] chomaoin
Mo lámh m*ur* loman fa*n* lon[6],
Fuil a ghlac, 'sa thaoibh, 'sa t*r*oighe[7],
Do dhoirt rí nimh[8] ar mo shon.

(19) Tairisin[9] tug an taingeal air Chaoimhghin techt asan ccro, 7 nocht*us* do gur geall Dia[10] nar baoghal[11] do guais an bhreitheamhnuis na an b*r*atha[12], gunadh uimesin adeir Solamh an ran*n* so:

R*ann*. Tug[13] Dia cum*acht*a do Caoi*mh*ghin,
M*ar*[14] thug do g*ach* naomh *ar* bhioth
'San b*r*ath beith[15] ten*n* ar[16] dhaluibh
M*ur* a beid[17] cl*ann*[18] Adhuimh ar crioth. |

p. 154 ix. (20) Docuaidh[19] Caoimhghin do dhena*mh*[20] oilit*r*e don Roimh. Fuar cadh*us* 7 onóir on phapa, 7 fos fuar cu*mhacht*a turus oilit*r*each do bheith a *n*Glion*n* dá loch do shíor, ion*nus* gomadh ionan*n* loghadh 7 soch*ar* dontí do dhena*mh* se*acht* tturuis a nGlion*n* dá loch, 7 dontí do dhena*mh* aon turas don Roi*mh*. G*ur*ab uimesin adeir Solamh an ran*n* so:

R*ann*. As mór[21] í oilithre Chaoi*mh*ghin[22],
Da ndena*mh* d'aois daoine e[23] go coir;
Ionan*n* tea*cht* fa seacht 'na naon*ach*
7 dul[24] aoinfecht do*n* Roimh.

(21) An tan[25] im*morro* thainig Caoi*mh*ghin on Roimh, tug cuid don núir teamp*ui*l na Romha léis, gur c*r*oith ina theampall féin, 7 ina

[1] raib se A. [2] T omits '7 a theacht'. [3] From Ir.[2] c. 9, ll. 21–24. [4] as Ir.[2] [5] an *om.* Ir.[2] [6] At the end of this line in T is the letter F with a mark of abbreviation. [7] troigidh Ir.[2]; troith A. [8] nimhe Ir.[2]; neama A. [9] = Ir.[1] § 21; Ir.[2] c. 9, ll. 25–64, c. 10, ll. 1–12. [10] dhó *add.* A. [11] bhaoglach A. [12] an bhais no an bhraith A. [13] From Ir.[2] c. 9, ll. 45–48. [14] do *add.* A; ? nar thug. [15] a bheith A. [16] tenn air A. [17] mar bheitt Ir.[2]; mur mbéid A. [18] siol A. [19] = Ir.[2] c. 10, ll. 33–40; cf. Ir.[1] §§ 2, 23. [20] turais *add.* A. [21] From Ir.[2] c. 10, ll. 37–40. [22] Here again occurs the letter F with mark of abbreviation. [23] da nderndais daoine Ir.[2] [24] an *add.* A. [25] §§ 21, 22 = Ir.[1] § 36; Ir.[2] c. 11, ll. 1–52.

roilgibh hí go ttainig do naomhthe*cht* Chaoimhghin '*ar* [ttabh*air*t tur*u*[*i*]*s* oilithreach go Glean*n* da loch [1]] iom*a*d oilitreach do bheith ag aith*ighe*[2] as gach aon aird d'Eirin*n* dá chill; ion*n*as gurab í an ceat*ram*adh prio*mh*-thur*us* a nEirin*n* oshoin. Mar ata Uaim Phadruig a nUlt*aibh*, Cruach Pa*druig* a Con*nacht*uibh, Inis na mbéo 'san Mumhuin, 7 Glean*n* da loch á Laighnibh, mara bhfuil Cill Chaoimhghin.

(22) Agas ata d'fiach*aibh* air gach áon rach*us* do dhena*mh* tur*u*[*i*]*s* in*n*te *gan* t*r*oid, na eagra[3] córa, na faladh, na goid, na fuad*ach* do dhenamh in*n*te. Amhuil ad*e*[*i*]*r* Sol*amh* 'san ran*n* so:

R*ann*. Ni[4] la*mh*th*air* troid a haenach[5],
Na eag*ra*[6] córach[7], na ceart,
Na fal*adh*[8], goid, na fuadach,
Acht dul slán uatha 7 tea*cht*.

Gidh be brisios iomh*ad* rea*cht* a chille, agso sios do r*eir* Soluimh na dochair thigmheas do thall: |

Gidh be[9] do mhillf*edh* an taonach p. 155
D'faguibh[10] Caoimhghin—nar thlath brígh—
Ifr*end* 7 girre saoghuil
As[11] bheith a mbaoghal re*na* bhith[12].

x. (23) Do fhaguibh[13] fós trí sochair ag antté choimh*etfedh*[14] rea*cht*a a chille, mar atá slainte, saoghal, 7 bás aithrigheach; 7 ní tre sharu*gadh*[15] rea*chta* a chille 'mhain [do thuicfeadh na dochair rimheraithe[16]], a*cht* tre sharugh*adh* rea*cht*a Dé, 7 na heagluisi, 7 ní he anté do dhenamh an mhighnio*mh* amhain dobhearadh díol an*n*, a*cht*[17] an t*r*iath no an tig*er*na ghriosas fer na fillb*er*te[18] ré denamh a*n* uilc, no dobhir caomhna[19] no dion dó, do réir mar ade[i]r Caoi*mg*in féin 'san ran*n* so:

R*ann*. Gidh be[20] eaccoir dorin*edh*
Donithior, no [do]ghent*ar*,
A dioghuil tuitid go cert
Ará nert asa ndent*ar*.

(24) Do fhaguibh Caoimhghin cheathra hainia[r]sma*dha*[21] *aran* and*r*ui*ng*[22] airgeas a chill, mar ata aillsi, easbuidh bh*r*aghad, fiolun, ag*us* cuthach, 7 gan foirighin ag lus, no aig liaighh ortha 7c.

[1] From A. [2] aistriughad A. [3] teagra A. [4] From Ir.[2] c. 11, ll. 45–48. [5] troid aran aonach Ir.[2]; t. no fuadach A. [6] fogra Ir.[2]; teagra A. [7] coire Ir.[2] [8] fala na Ir.[2] [9] From Ir.[2] c. 11, ll. 49–52. [10] do fág Ir.[2] [11] a *add.* A. [12] go brath gan baoghal ni bi Ir.[2] [13] §§ 23, 24 = Ir.[1] § 35; Ir.[2] c. 11, ll. 53–60, c. 12, ll. 53–56, c. 12^{b}, ll. 1–4, c. 13, ll. 1–36. [14] comlionus A. [15] briseadh A. [16] From A. [17] fos ar *add.* A. [18] fer deanta an uilc A. [19] cumnadh A. [20] From Ir.[2] c. 12^{b}, ll. 1-4. [21] sheansmal A. [22] aran druing A.

xi. (25) Lá [1] dá raibhe oide foghloma Chaoimhghin ar tí aif*r*in*n* do rádh, adub*air*t ré Caoi*mh*ghin (*air m*beith 'na mh*a*caomh og dhó) dul d'i[a]rr*aidh* teineadh re lasadh coin*n*le an aifrin*n*. 'Tabhair soightheach *damh* a ttiobhrad an ngrios leam', ar Caoimhghin. Mar dochual*aidh* an toide si*n* do ghabh ferg é, 7 dub*air*t ris an ngríos do thab*air*t a mbin*n* a b*r*ait leís, [7 dorin*n*e Caoimhghin sin; agus [2]] mar do*connairc* a*n* manach an ngris ndeirg 'san bhrot, 7 *gan* aon shnaithe
p. 156 don bh*r*ot ag gabhail loisgthe | chuige: 'As fíor si*n*, a Chaoimhghin', ar an manach, 'ata rath an Spioruid Naoimh ort; 7 ní fiu misi do bheith ag f*r*eas*da*l oram ní bud sia, a*cht* do budh cora dhamhsa bheith aig freas*da*l 7 ag friothala*mh* ortsa.' Tainig don miorbhuil sin *gur* moradh ainm De 7 Caoi*mh*ghin don chur san, 7c.

xii. (26) Lá [3] dhá ndeach*aidh* Caoimhghin d'ionghuire a [4] chaorach fein, t*ar*l*aidh* d*r*ong mhór do bho*cht*uibh cuige, 7 íad do dhith bidh ag dul don gorta [5]. Iarruid deirc aran b[f]hiren ar gh*r*adh Dé. Do f*r*eaguir Caoimhghin go haisioch [6], 7 dub*air*t nach raibhe biadh 'san fhasach aige an tan si*n*, 7 tog*r*aid na boi*cht* leissin ceileabr*adh* [7] dhó; gid *edh* d'fasd*aigh* Caoimhghin íad [8], 7 marbht*ur* leis sea*cht* muilt da thread, 7 biath*adh* leis na boi*cht*, gur ba sathach aig imthea*cht* iad [9]. *Ar*namharach 'ar ndul do Chaoimhghin d'fios a t*r*eada, fuar io*m*lan na molt aran tt*r*ead, gan aón mholt do theasdail díobh [10], ion*n*as gur moradh ain*m* De 7 Caoimhghin treasan miorbhal sin, agas gur saoradh on naire do ghabh é, an tan tangad*ar* boi*cht* De dh'iarr*aidh* foide air, 7 gan ní 'na láimh an tan léa ríarfadh íad, 7c.

xiii. (27) Tarla [11] coimhthionol manach a cCill Ifín *no* [12] Eithfín; 7 dobheiredh an dobhran aighi [13] (ler togbhadh [14] psalt*air* Caoi*mhg*hin asan loch) b*r*adán gach aon lá gusan ccoi*mh*thionol do bhí in*n*te [15];
p. 157 7 lá dhá bhfacuidh | Ceallach mhac Díoma an dobhrán ag tea*cht*, 7 an bradán 'na bhéol aigi, do mheas gomadh tairbhteach dona manchuibh croiceand an dobhr[áin]; 7 do thog*air* dá bhrigh sin an dobhran do mharbhadh. *Agus* leissin teilgios an dobhran an bradán do bhí 'na bhéol uaidh, 7 téid fan abhuin*n*, 7 níor thaisbein é féin oshoin dona manchaibh.

(28) Tainig im*morro* teirce bídh dá toisg sin [16] dona manchuibh, ionn*us gur* [17] eigin dóibh dealughadh ré ceile. *Agus* mar do*chon*n*air*c Caoimhghin sin, do gearuidh ara ghuidhe go Día uma fhoillsiugadh

[1] = Ir.[1] § 29 (imperfect); Ir.[2] c. 14; cf. M § 5; S § 4. [2] From A. [3] = M § 3; S § 2; Ir.[1] § 30; Ir.[2] c. 15. [4] a coimhead a threada A. [5] iad ag dol a ghorta do dith bidh, 7 A. [6] iad A (omitting 'go haisioch'). [7] na bochtain 'arsin cleabhrudh A. [8] nior leig C. na boicht uaidh A. [9] go ttug se a ndochain biadh doibh A. [10] 7 *add.* T. [11] §§ 27, 28 = Ir.[1] § 31; Ir.[2] c. 16. [12] lé T (a misreading of the abbreviation for Lat. *uel* = Ir. *no*). [13] ceadhna A. [14] toigheadh A. [15] coim. manach A. [16] t. im. da cheann sin gan tuin bídh A. [17] gurbh A.

dhó[1], cr*ét* dá ttainig an dobhran do threigeadh an choimthionoil. *Agus* do dheonuigh Día do Cheall*ach* te*cht* go haisioch aithridheach go Cao*mh*ghin, ag admhail go raibhe do rún aige an dobhran do mh*ar*b*adh*, ⁊ gurab ré lin*n* na huaire sin dochuaidh an dobhran fan abhuinn, ⁊ do th*r*éig na manch*u* oshoin. 'Arna chlos sin do Chaoimhghin curis Ceall*ach* uaidh. Tuig, a leaighthóir, gurab t*r*e bhrígh ghuidhe Chaoimhghin dochuir Dia m*ar* d'fiachuibh ar Ceall*ach*, an d*r*och-run do bhí aige do thaobh an dobhrain do mh*ar*b*adh*, do no*cht*ad do Chaoimhghin[2].

xiv. (29) Lá naon[3] da ttangadar lu*cht* seanma gana[4] ccruitibh léo go Cill Eifin, áit ina raibhe | coimhthionol manach ag Caoimhghin, ⁊ p. 158
iarruid foidhe[5] bhidh *ar*na manchuibh. Ní raibhe biadh agan ccoimhthionol; ⁊ do ghabh naire mhór Caoimhgin ⁊ an comhthionol uimesin.

(30) As amhluidh tharla beagan síl d'fuigeall lóin agan ccoimhthionol, ⁊ ní raibhe fuirthinn[6] na ndeoradh ina[7] an chomthionoil an*n*; ⁊ asé ní doconcas do Chaoimhghin (le congna*mh* an choimhthionoil) da saoradh ar ghuth na glaimhe sin, d*r*ong dona manchuibh do chur do romh*ar* ceapcha[8], ina ccuirfidhe an began síl do bhi aca, ⁊ ion*n*us go mbiadh toradh an tsíl sin 'na phroind aig na deoradhuibh um noin, agus Caoimhgin féin [⁊ ag na manaigh uile. *Agus* do bhi Caoimhghin][9] ⁊ an drong oile dona manchuibh ag diul-chaoineas[10] risin naois senma, aga saimh-cealgadh go mich*ar* muin*n*teardha[11]; ⁊ nirbh ferrde dhoibh.

(31) Gabhuid na hoirfidigh go heigneach ag iarr*aidh* bí[dh], ⁊ gan é an*n*; ⁊ ceileabhruid da brigh sin d'aimhdhéoin Caoimhghin; ⁊ tugad*ur* toibhéim[12] aran ccoi*mh*thionol. *Agus*[13] iar ngabhail feirge[14] Caoimhgin tre naire, guidheas[15] na cruite do bhí acasan, do chlaochodh a cclochuibh. *Agus* leissin 'ar mbeith ag triall dóibh tresan sruth ata don taoibh ó dheas don chill, donither clocha da | ccruituibh, ⁊ tuitid p. 159
'san tsruth; ⁊ taid 'san clochrán sin fa chosuibh caich ósoin; ⁊ an síol docuireadh le Caoimhghin *ar* maidin an lae che*t*na a cCill Eithfin*n*, as don torudh thainig um neonuidh[16] dhé do biathadh na manuigh 'san oidhche c*ét*na dá eis sin; amhuil adeir Solamh 'san ran*n* so:

R*ann*. An síol[17] docuiredh amach t*r*ath[18]
A cCill Eithfin*n*[19], dia*dha*[20] rath,
As dé go neimh-chríon 'san oidhche
Do bhiath*adh*[21] saoithe fa seach.

[1] Día fa shoilsiug[adh] A. [2] a lathair ⁊c *add.* A. [3] §§ 29-31 = Ir.[1] §§ 32, 33; Ir.[2] c. 17. [4] ⁊ a A. [5] congnadh A. [6] foirín A. [7] no A. [8] talmhan A. [9] The words in brackets are from A; *om.* T (homoiotel). [10] ag deanamh caoinios A. [11] muin*n*teradha T; riu *add.* A. [12] ⁊ esmuilt *add.* A. [13] MS. et. [14] do *add.* A. [15] sé Dia *add.* A. [16] tra[th] nona A. [17] From Ir.[2] c. 17, ll. 5-8. [18] a moch-trath Ir.[2] (*recte*); le Caoimhghin A. [19] budh *add.* A. [20] an *add.* Ir.[2] [21] na *add.* Ir.[2]; biathughadh an s. A.

xv. (32) Tarla[1] do righ ó bhFaoláin mac rugadh dho do cur da bhaisd*edh* go Caoimhghin, 7 cuireas sgeala cuige an m*a*c do congnmhail aige féin dhá oileamhuin ; 7 as uime dochuir chuige é, do brigh go millthighe leisan aois áin, no leisna siodh-bhruighibh, g*ach* m*a*c dá mbeirrthi roimhesin dó. *Agas* mar thainig an leanbh dá bhaisd*edh* go Caoimhghin, do lean bean chomha*cht*ach shitha, dá ngoirthi Caoineog, maraón ré ban*ntracht* an leanbh ; 7 íad ar ti a millte, amhuil do mill*edh* léo gach m*a*c eile da ráibh ag righ O bFhaolain roimhesin. *Agas* m*a*r do mhothuigh Caoimhghin sin, malluighis na mná, 7 'rin*nedh* a cclaochadh a cclochuibh an tan sin ; go bhfuilid a rea*cht*uibh cloch[2] ar bhruach an locha ata 'san glean*n* ó sin ale. |

p. 160 xvi. (33) Dala Chaoimhgin 7 an leinbh : ní rabhadar ba na buailte 'san ghlion*n* an trath sin 7 tain[i]g desin go raibhe 'na ceisd go mór ar Caoimhghin, ca bfuighe betha no la*cht*a lean oilf*edh* an leanbh ; 7 gabhus imsníomh insin[3] é. Gidh edh sill*edh*[4] dá ttug thairis, 'chí[5] eilit la*cht*mar, 7 laogh beag lena hais ; 7 mar dochon*a*[*i*]rc Caoimhgin sin doguidh e[6] Día go duthra*cht*ach fan eil[i]t dó ceannsughadh ré tea*cht* do thab*air*t la*cht*a don leanbh. *Agas* leissin tig an eilit don bhaile 7 tig go cen*n*sa go Caoimhgin, 7 do thal do lath*ar* ar chloich tholta[7] la*cht* don leanbh 7 dá láogh féin, ion*n*as garab é aini*m* cin*n*te na haite sin ina bhfuil an chloch, Innis Eilte, oshoin alédh. Marsin don eil[i]t aig teacht gach áon lá do thal a la*cht*a *ar*an ccloich tholta[7], go bhfaghbhadh sasughadh an leinbh gach áon lá re haghuidh a oileamhna an*n*.

xvii. (34) Achd chena, lá naon, dá n[d]eacha*idh* an eil[i]t d'ingilt fan ccoill, tainig faolchú as cuas cairrge, 7 marbhthar leis laoigh na heilitte, 7 do ith é. Mar dochon*a*[*i*]rc sin, fograis don mac tíre teacht
p. 161 go cean*n*sa fan eilit a nait a laoigh, | 7 doní an mac tíre sin doghnáth. Leissin do thaladh an eilit a la*cht* aran ccloich le biathadh an leinbh, amhuil do dhenadh aira láogh, agas gan acht mac tire 'na sesamh rena brollach. Marsin dóibh dognath, gur hoiledh an leinbh amhl*aidh* sin, 7 go raibhe 'na dhisgiobal ag Caoimhgin dá eis sin. Go moradh ai*n*m De 7 Caoimhghin 'san mhiorbhal sin.

xviii. (35) Lá náon[8] dá rabhadar dias ban ag te*cht* do dhenamh turais go Cill Chaoimhghin, 7 tarladar meirligh ar bhealach ríu, 7 do bheanadur a neadail[9] diobh, 7 do dhichen*n*adh léo íad. *Agus* mar rainig an sgeal sin go Chaoimhghin, téid go heasg*aidh* d'fios na mban, ag*us* cuirios a ccen*n*a ara ccolnuibh, gur haithbheoadh leis iad. 'A Chaoimh-

[1] The order of the chapters is different in A ; viz. cc. xix–xxii follow here ; then cc. xv–xviii ; then c. xxiii. §§ 32–34 = M § 31 ; Ir.[1] §§ 27, 28 ; Ir.[2] c. 18.
[2] a rucht chlochaibh A. [3] uimesin A. [4] amharc A. [5] dochí A.
[6] MS. guidhe ; guidh sé A. [7] phollta A. [8] = M § 11 ; Ir.[1] § 34 ; Ir.[2] c. 19. [9] a ndéadail A.

ghin', ar na mna, 'do shlanuigh tú sin*n*, 7 bronam [1] sin féin duit an séal mhairfem.' Rug Caoimhgin leis na mna, 7 dorin*ne* cailleacha dubha craibhtheacha diobh; 7 anuid a ccoi*mh*thionol bhan riaghalta do bhi láimh re cill Caoimhgin; 7 tugad*ur* a mbethuidh as go c*r*aibteach [2] hion*n*ruic [3], aointeach, urnuightheach, f*edh* a ré, go ttainig d'aithbheoghadh na *m*ban si*n*, go moradh ain*m* De 7 Caoi*mh*gin an*n* osin alé. |

xix. (36) Lá [4] *dhá* ráibh Caoimhgin craibhtheach lai*mh* rena chill, p. 162 go bfac*aidh* ag tea*cht* cuige 'san slíabh cleireach bo*cht* mighneach [5], 7 é ar baill-crioth t*re* uathbhas feillbheirte anadhbhla [6] dorinnedh. *Agus* mar dochon*air*c Caoimhghin é, adub*air*t nar [7] iongnadh dhó gomadh olc a dhealbh, treisan bfiongal dorine, mar g*ur* marbh a chompan cleirigh ag tea*cht* 'san tslíabh, 7 'a thruaighe [8],' ar Caoimhgin, 'beir eol*us* damhsa gusan ait in*ar* fhagbhuis corp marbh do chompain.'

(37) Leissin triall*us* an cleireach a bfrithing na slighthe tair ais, 7 Caoimhghin maráon ris, go rangad*ar* [9] an corp. A naoin*t*hea*cht* sin, 7 coin allta don leith oile ag tea*cht* do chraos-longadh [10] an chuirp, 7 'ar bfaicsint Chaoimhghin doibh teithid ara cculuibh [11] 7 tig Caoimhghin os cion*n* an*n* chuirp, 7 guidheas Dia go duthra*cht*ach fan marbh dh' aithbheoadh; 7 leissin tig anam 'san chorp, 7 fa slan é ona lot. Mar do*chon*nairc an cleireach dorinne an fhionghal an mhiorbhail mor sin, do gabh aithreachas é tresan mighniomh dorinne [12], 7 tiomn*nus* e féin | do Chaoimhghin, 7 teid ara choimairce. p. 163

(38) Gabhais Caoimhgin ré ais é [13], 7 beireas é féin, 7 an cleireach do aithbheodhaidh, *dá* chill féin, ag tab*air*t a mbeath*adh* as go c*r*abht*each*, caoin-duth*r*a*cht*ach. *Agas* a gcion*n* ath*aidh* [14] dhá éis si*n*, gabhais Caoimhghin a nord man*n*ach íad, gur chaith*etur* a raibhe rompa dhá ré go riaghalta go bas; gor móradh ainm Dé ag*us* Caoimhghin tresan bfiort sin.

xx. (39) As [15] do mhiorbhal Chaoimhgin fos, go mbiodh c*r*eamh, 7 sealgán, 7 luibhe iom*da* oile fhoireas [16] re a nithi, ur-glas f*edh* na bl*iad*na 'san dith*r*eibh ina raibhe air teith*edh* [17] ó chad*r*eabh na ndaoine don leith [18] thíar don sgeilg a nGlion*n* dá loch, mur chui*mh*niughadh go mbiodh féin taobh riu mar bheathadh.

xxi. (40) Lá náon [19] dá raibhad*ar* lu*cht* sealga ag saothrugh*adh* tuirc allta, 7 i*ar* ngluasa*cht* an tuirc do lu*cht* na sealga [20], sgaoilid a ccona 'na

[1] bronnachmuidne A. [2] craibteacha T. [3] ionruigeach A. [4] §§ 36–38 = Ir.[1] § 24; Ir.[2] c. 20; cf. M § 38. [5] mioghniomhach A. [6] anabhladh T; feille anaidhbheil A. [7] narbh A. [8] bocht *add.* A. [9] gus *add.* A. [10] ithe A. [11] pillid tara nais A. [12] trena mioghniomhurtha fein A. [13] C. sin chuige A. [14] sealad A. [15] = Ir.[1] § 25; Ir.[2] c. 21; cf. M § 34. [16] For 'creamh . . . foireas', A reads: 'luibhionna iomdha lionmuir'. [17] teitheamh A. [18] 'san leith a leighamar A. [19] §§ 40, 41 = M § 19; Ir.[1] § 26; Ir.[2] c. 22. [20] MS. lacht a a s.; A *om.* 'do . . . sealga'.

thoruidhea*cht*; ⁊ mar do mhothuigh an torc na cona da fh*ar*rath[1],
triall*us* go fan an ghlean*na* ar coimirce Caoimhghin, ⁊ na cóin dá lean-
p. 164 mhuin. Gabhuis | Caoimhghin coimhirce an tuirc, ⁊ fograis do
conuibh fuireach uaidh; ⁊ leissi*n* leanuid[2] cosa na ccon don talamh,
a ccruth n*ar* fh*et*ad*ur* asd*ur* do dhenamh d'einleith asa*n* laithar.

(41) Go grod[3] dá eis sin tigid lu*cht* na sealga do[4] lathair Caoimhgin, ⁊ 'ar bfaicsin a ccon cenguilte don talamh, ⁊ an torc ar coimirce Caoimhgin, gabhus ma*cht*nadh men*mh*an, ⁊ iongn*adh* adhbhal aigenta íad, tresan miorbhal sin, ⁊ iarruid go humhal[5] aiseach ar Chaoimhghin sgaoil*edh* da cconuibh, ⁊ gealluid dhó gan toiruidheacht an tuirc sin do dhenamh osin amach go brath. *Agas* leissin sgaoileas Caoimhgin an torc fan ccoil; gur moradh ainm Dé ⁊ Caoimhghin trésan fhiort sin.

xxii. (42) Lá naon[6] dar chuir Caoimhghin Ceallach m*ac* Dioma (do bhi 'na mhanach aige) ar bhealach atá don leith thíar-thuaidh don ghlion*n*, a ndoigh go bfuighb*edh* buidhéin[7] eigin ag toighe*acht* lé deirce[8] bidh gusna manchuibh[9], ⁊ iad aig denamh oibre 'san chill.

(43) 'Ar*m*beith *ar*an *m*bealach dhó, tharlad*ur* mna chuige, ⁊ maothla[10]
p. 165 no[11] molchain[12] a mben*n*uibh a mbrat aca. | Fiafroighis an cleireach
dhiobh an maothla[13] do bhi aca. F*r*eag*r*aid na mna ag radh nach*ar*
eadh, a*cht* gurab ugha na[14] ceirtlíne snaith bhaoi aca. *Agas* leissin
tig Caoimhgin do lathar, ⁊ mar do*connairc* ceilt na mban arna maoth-
laibh[15], guidhis Dia uma chlaochlodh na maothladh[16] a cclochuibh[17]
a bhfiaghnuisi chaigh; ⁊ dorin*nedh* Dia 'ma maothla do chlaochlodh
go hoban*n* a cclochuibh[18] ar choma*[i]r* caich; go bhfuilid rea bhfaicsin
ara mbealach c*ed*na aníu. Go ttainig don gníomh sin g*ur* mo*r*adh
ain*m* De ⁊ Caoi*mhgin*.

xxiii. (44) Agas do bhi Caoimhghin f*edh* a bhethadh m*ur*sin, ag dena*mh* miorbhal, go bhfuar bas cian-aosta a ccion*n* a náoi mbliaghan ⁊ sé fichid[19]; ⁊ ase Suibhne Mean*n*[20] m*ac* Fiachna, m*ic* Fearadhuigh, m*ic* Muiread*aigh*, m*ic* Eog*ain*, m*ic* Neill naoi-ghialluigh, fa righ *ar* Eirin*n* an tan sin, ⁊ as a ttus fhlaithis Shuibhne fuar Caoimhghin bas.

Gen*ealoig* Chaoimhghin.

(45) Caoimhghin m*ac* Caoimhlogha, m*ic* Caoimhfeada, mic Cuirb,
mic F*e*rghasa Laoigh-d*eirg*, m*ic* Foth*aidh*, mic Each*ach* Laim-d*eirg*,
p. 166 m*ic* Meisionchorb, m*ic* *Con*chorb, | mhic Mogha Corb, m*ic* Conchabh*uir*

[1] This word is uncertain; da thoruidheacht A. [2] gneamuidhidh A. [3] go goirid A. [4] MS. do do. [5] humhamhal A. [6] §§ 42, 43 = Ir.[2] c. 23, which is imperfect. [7] fuidheamh duine A. [8] teirce T. [9] manduibh T. [10] maothlaighthe A. [11] ⁊ T. [12] mulchain A. [13] maothlaigh A. [14] no A. [15] maogthlaibh A. [16] maoghthlaigh A. [17] MS. clochtuibh. [18] A omits 'a bhfiaghnuisi . . . a cclochuibh' (homoiotel). [19] MS. fidhid. [20] Meanaighe A.

Abhrad-r*uaidh* m*i*c Fin*n*-file*dh*[1], m*i*c Rosa ruaidh, m*i*c *Fer*ghasa fin[*n*], m*i*c Nuadhad Neacht[2], m*i*c S*et*na Sioth-bhaic, m*i*c Luighdech Loith-fhin, mhic Breasuil bhric. 7c.[3]

[1] Fin*n*filidhe A. [2] Neachtuin A. [3] Here in T occurs the following note, which, however, possibly refers to a poem which follows the Life of Coemgen in that MS., but has nothing to do with it: Sosdui*m* a ttigh Phatt*r*ic úi M*ur*ch*adha* aníu an seag*ht* lá 20 do mhi Octob*ur* 1727 laimh re Cúan Bhine-*teir* mhic Seinlaoi, 7 aig Rinn na Céibhe a ccath*ar* Atha Clíath. E. ó Da*laigh*. i.e. I am stopping in the house of Patrick Murphy to-day, the 27th of October, 1727, near Howth and at Ringsend in the city of Dublin.—Hugh O'Daly. The date at the beginning of the Life is Jan. 21, 1725. If the writer really took nearly three years to complete it, he did indeed do it 'leisurely' as he says.

In A the following note occurs at the end of the Life: Bean*n*acht leatsa, a pháipéir, is tab*hair* grádh ger uaimsi forruid mo chairde disle, mo chreach mo dhibir[t] uatha, i.e. Blessing (be) with thee, O paper, and carry my keen love to my special friends. Alas that I am banished from them. Then follows: Bean*nacht ar* anam an sg[r]iobnóir .i. Labhras mac Anall*aigh*, 1765, i.e. a blessing on the soul of the scribe, to wit Lawrence MacCannly, 1765.

Betha Cholmain Eala annso.

i. (1) Colman Eala im*morro*, do sliocht Eiremhoin m*eic* Mhi*lidh* Esp*ain*e doisei*n*, amhail f hoillsighes a gheinealach. *Ocus* ba hiad gnath-lu*cht* lenamhna Colmain Eala .i. Cuiniug*án*, 'sa slio*cht ar*a bfuilit muin*n*ter Cuiniug*áin* an tan sa. Do slio*cht* Briain m*eic* Each*ach* Muighmedhoin doibhsem.

(2) Imth*usa* Colmáin Eala, an trath rainicc sem go Feraibh Ceall, nir bó failidh iadsem roimhe, 7 ni raibe nech ler bo mesa he ina Cuin*n*iugán, 7 do bí cás 'ar neirge[1] 'san tír an tan sin .i. Peist urcoid*ech* do bí i lLoch Eala; oir ni lamhadh duine na ainmide dol a ngaire do*n* loch ara hecla. *Ocus* ba hi so tu*arus*ccbáil na peiste .i. fuad becc biorach bel-sgaeilte i ndeilb mna. *Ocus* adub*er*t Cuin*n*iugán riu an tan sin: 'Do badh ferr dúin*n* an fer naomhtha úd, re nab*ar*thar Colmán Eala, do chur da comhrac frisan bpeist. *Ocus* dob fearr lin*n* nach tigedh ce*chtar* aco ó cheile.'

(3) *Ocus* bha he ba ri *ar* Feraibh Ceall an tan si*n* .i. Dondch*ad* m*a*c Aodha, m*eic* Sath Main*idh*e, do cenel Fiach*ach* m*eic* Neill naoi-ghial-l*aigh*. 'Tabr*aidh* Colman chuccai*nn*', *ar* an ri, 'go ndernadh se senmóir dúin*n*, go ffesmaois cr*ét* an m*et* dochuirf*ed*h sé 'cum creidmhe againn.'

(4) Tuccadh Colmán cuca, 7 dorin*n*e se senmoir doibh. *Ocus* dochu*ir* fios ar a *cair*dibh conganta, 7 fa híad fa cairde do .i. Colaim Cille mac fír-alain*n* Feidhlimidh, 7 do bí a ngaol re 'raile .i. Mór inghen Feidhlim*idh*, m*eic* Ferg*us*a Cend-fada, m*eic* *Con*uill Gulb*an*, m*eic* Neill naói-ghiallaigh, math*air* Cholmai*n*. *Ocus* tainic Mancan Leith *con*a naomhaibh cuicce, óir do ba gar a ngaol. *Ocus* do batt*ar* i naon ionad; 7 adub*air*t Colaim Cille go mbiadh fein i*n*a deochain bachla ag Colmán an la sin. *Ocus* adub*air*t Mancán go ccroithfedh sé féin uiscce *ar*na sluagaibh, da ccur 'chum muin*n*terais do Cholmán.

(5) *Ocus* do tionnsgnadh senmóir agna cléircibh sin; 7 do bhadar leabair lán-áille laidíanda aca an*n*, 7 iatt | ag solas-ghabhail a leighin*n*, 7 acc adhmol*adh* an Duilemhain go das*acht*ach. *Ocus* ba gairdiucc*adh* menm*an* 7 aiccenta leisna sluagaibh, beith oc eisteacht friu. *Ocus* gach nech ag na raibhe a aire roimhesi*n* ar Dia, do bai a aire an tan sin air. *Ocus* as dona céd-daoinib tucc é féin do Dhia 7 do Colmán an la sin .i. Cuiniugán.

f. 219[b]

ii. (6) Do batt*ar* t*riar* mac agan righ sin adubram*ar* .i. Muadh 7 Duin*e*cha 7 Ailléan; 7 ba hé Muadh mac ba sine dibh. *Ocus* adu-

[1] i ttecmáil, interlined, as an alternative reading.

b*air*t an fer 'sin', gur gh*radaigh* se fein Colman; ⁊ damad ced lena athair, gomadh maith leis fein ionad árais ⁊ comn*aidh*e dho thab*air*t dó. 'As briathar damsa', ar Duinech*a*, 'gurab m*ar*sin atáim fein. *Ocus* gibé slighe do ceithre randaibh an bhet[h]a ria racha sé, go lenfatt féin hé; ⁊ go ttiubh*ar* mo siol tarm eís do.' 'Na dein si sin', ar an rí, 'Óir da m*ar*ba sé an pheist, dobher sa an tionadh ina bfuil si dó; ⁊ dobhér mo shíol im diaigh; ⁊ dobhér*ar* mo muin*n*tir conganta bús feirrde é do tab*air*t do.'

(7) *Ocus* ó 'tcual*a* Colmán sin, do ghluais 'cum na peiste g*us*an loch. *Ocus* dob e comhain*m* na peiste sin .i. Lain*n*; ⁊ fa hé a tu*arus*ccb*áil* .i. fuad becc, biorach, bel-sccailte, ⁊ g*ru*ág gherr-ghiomach, gan nighe, gan leasachadh, fana cend. *Ocus* do ghab an peist tir. *Ocus* adub*air*t Colmán: 'Masa ced le Dia, as ced lemsa cuilcc an locha sin dod cengal damh fein, go nd*er*n*ar* 'hoidhigh.' *Ocus* mar adub*air*t Colman sin, do déch súas, ⁊ do freccair an firda é; ⁊ gach ní d*ar* i*ar*r sé air, fuair uadha.

(8) *Ocus* do bái Cuiniuga[n] ina fharr*adh* an tan sin, ⁊ do bái Duineacha. *Ocus* iad 'ar ccreidem dó. *Ocus* ba hiadso na naoimh do bhai ina fharr*adh* an*n* .i. Blaan[1], easp*og* Findcen, ⁊ esp*og* Coirill. *Ocus* secht maca Deiccill, ⁊ easp*og* Eog*a*n, ⁊ Odhran, ⁊ Forgan, ⁊ Mernag, ⁊ Fachtna. |

(9) *Ocus* atb*er*t Colman Eala an tan sin: 'Ion*n*saigedh naomh f. 220a éiccin aguibh an peist; ⁊ benadh a cend di.' 'Ragatt fein', ar Cuin*edh*a 'da dichendadh, ar do g*ra*d sa.' 'Racc*a*t féin da diongb*ail*', ar Duineca, '⁊ ni hail lem ri miadh m'ionaid uaitsi, oir as acc*at* fein dob ail lem m'adhnacal do bheith. *Ocus* o nach ffuil do m*ac*caib ag mh'ath*air* acht mé féin, ⁊ días ele, téid mh'aire si le flaithes d' faghái1. Gid edh cena, as accatsa dob áil lem mo chorp do beith.'

(10) *Ocus* do gluaiseattar an días si*n* .i. Cuinegha ⁊ Duin*e*ca, ⁊ do dichendsatt*ar* an pheist. *Ocus* tuccatt*ar* leo 'cu*m* Colmáin an cend. *Ocus* do benn*aigh* Colmán iatt a ndís. *Ocus* adubairt Colmán an tan si*n* re Cuinedha: 'Beir 'si' ⁊ do shiol go brath acc*am* fein 'bhar maoraibh; ⁊ beitt mo mion*n*a accaibh, ⁊ faicfet olc ag lu*cht* bar laghdaighti.' 'Bed féin im ócclach accat', *ar* Duinecha, 'no go raibe th'aittreab ⁊ do saothar uile ullamh; ⁊ atbert an laidh:

(11) Treisi an ecclas na gach rígh,
Indissim daibh gan dimbrígh;
Sen-focal sin go brath beacht,
Feirrde lem cach da cloiste*acht*.

An ffaicenn sibh si b*udh*déin?
A naomha E*renn* go sceim;

[1] MS. Bloan.

Antí do bí im acch*aid* go tend,
An pheist atcidh *gur* díchenn.

Ba *tar*, dobheirim si duib,
A cleirchi uaisle an domui*n*,
Búdh feirde dáib beit *'con* dail,
La na ceilge 'sa *con*gair.

An u*air* gabh*us* tú do tratha,
Is bías tú i mbroin*n* do math*ar*,
Gabh lat iad go mall do*n* dáil,
Mas áil a ttarba d'fagail.

Gach fersa gabus tú dibh,
Mínigh a texa go min;
Labhair it aignedh co becht,
Ocus saigh ionnta t'in*n*tleacht;
Is dogebhair o righ na ren*n* [1],
Isa coimghi gan *for*cend.

An fersa gabhait na ruaig,
As fada let go tteid sí úait;
Fer na ceilge bís *'con* dail,
Ni feirde dhuit a gabhail. |

f. 220[b] Gabh let go min, milis, mell [2],
Th'urn*aigh*the *ocus* do leighend,
Min*igh* a lLaidin gan ceilcc,
Is cuir do paid*er* i nGaoideilg.

Tadhaill si go moch, as cóir,
Ion*n*saigh go mhinic altóir;
Dena ro-grádh da mbladhaibh,
Cuir senmóir 'sna tuatadhaibh.

(12) In*n*isim duitsi gan len
Úaim aran ecclais uirsccél;
Ní in*n*isfem dhaibh fath ghan ladh,
Acht sgél bhenfus re bun*adh*.

Tri neithe as treisi fan gréin,
In*n*isim si daoibh fa sgeimh,
Ecclas *ocus* tene te,
O*cus* an tres ní an tuiscce.

An teine fhadas tú féin,
Gidh anbfan*n* é ag t*echt* fa gréin,

[1] MS. ran*n*. [2] MS. mall.

As fada atcíter í amach,
Is bidh soilléir a deathach.

An fír-top*ar tr*aighes an*n*,
An u*air* ticc an tart, bidh anffan*n*;
An u*air* lionas tuile gan cleith,
Bídh trén o iomat uiscce.

An ecclas an u*air* bhíos sí an*n*,
Is b*ús* tren uirre rí fan*n*,
T*r*uagh lemsa m*ar* bhías amach,
Bidh anffan*n* guth na ccleir*each*.

Gid edh an *úair* testaid síad,
Rioghr*adh* anffan*n* Atha Líacc,
Bidh maith ag Dia bruign*ech* clan*n*,
Beid an la sin go hanffan*n*.

Ni bía maith acc duine,
Da ttainic ar bith buidhe,
Acht accan aon Día gan cleith
Nech úain*n* orra a ttreisi.

(13) Tan[1] téid t'anam ot corp criadh,
Ge raibh tú re hecclais dían,
Gidh garbh, a dhuine, ría an gáir,
As buidhe lat a faghái1.

An u*air* bes tú it aon-bla lín,
Bíaid tú risan ecclais mín;
Ní bía maith acc*at* a cleith,
Go raibh dúin*n* ort a treisi.

An u*air* deilighfet rit ann
Th'ocht línta[2] fein gan iomrall,
Adhramaitt ne dit go tigh,
Ocus adhraitt na cleirigh.

(14) As uirre do in*n*is me in sgél,
Aran bpéist úd, do bí trén,
O do*conncamair* ne de
Aran péist ut dealbh duine. |
Bermit ne d'ar ttigh te, f. 221[a]
An ecclas ara treisi.

[1] The scribe at first wrote 'an uair'. [2] The words 'th'ocht línta' are written small as if to get them into an insufficient space left vacant for them; but they are apparently by the same scribe.

Bidh uaithe sloin*n*ter, dar lin*n*,
An péist do m*arbadh* 'sa lind;
Bidh limsa an baile gan dail,
Bidh í an laind si laind Cholmai*n*.

As meisi Colmán Eala;
Bidh maith acc áen Día cena
In días do bí im acch*aidh* tra;
Me fein '*ar*na coscc i nen la.

Cuinega dom freaccra go min
On tsenmóir dorinnes don righ;
Ar mo gradh sa féin gan cleith
É do mh*arbadh* na peiste.

On trath do m*arbadh* an phéist
Balbh *ar*an sruth lethan lin*n*-g*ar*b,
Biaidh accamsa, tren gan cleith,
Orra go deimhin treisi.

Treisi.

iii. (15) A haithle na laidhe sin doghluais Colman Eala reimhe co Laind Eala. *Ocus* doroine dún-ár*us* in*n*te, 7 do benn*aigh* an reileacc *con*a naomaibh ro luaidhemar romhain*n*; 7 isí an pheist cét-bethad*ach* ro hadhnaicedh i lLoind Eala; 7 dorónsat ob*air* mór an*n* .i. tochar. *Ocus* ba sé fedh an tochair o Laind Eala co Coill an Cláir. *Ocus* do thiccdis eladha gacha tratha do chantain ciuil doibh, 7 do bhuain a ttoirsi diobh; gurab airesin ader*ar* Loind Eala frisan mbaile si*n*.

(16) *Ocus*[1] fa hé fa hoide do Colman Eala .i. Grigoir Béil-óir. *Ocus* do gheall, an tan doghebadh féin bás, go ffoilseoch*adh* do Cholmán. *Ocus* aon do laithibh da raibhe Colmán ag dénam an tochair arin lícc iarth*ar*aigh; 7 ni raibhe nech ag cur cloiche 'sa tempall, no 'sa caisiol, no 'sa tóchar, nach biodh Duineach*a* ina fharradh, 7 Cuinedha 'ga frestal go fíor-calma; 7 do leicc Colmán a gluine fáoi, 7 t*ar*fás do clocc eitseachta Grigóra Beil-óir do cloistin. *Ocus* do tuit taissi 7 tamhnella móra *ar* Cholmán an tan sin tre tascc a oide do theacht.

(17) *Ocus* do fhi*arfaigh*set a muin*n*ter de: 'cred hi cúis do dobróin,
f. 221b a naoimh-clei*righ*?' 'As mór adb*ar* mo dobroin', | ar se '.i. cluicc eitsechta mh'oide '*ar*na clos accam.' 'A Dé chu*machta*igh', ar na cleirigh, 7 ar an lucht oibre, 'as mór an tiongn*adh* lind, go ccluinfedh nech arin doman cluicc na Romha.' 'Aitchim si Día cu*m*achtach', ar Colmán, 'go ccluine sibhsi, et*er* cler*igh*, 7 giolla, 7 óccl*aigh*, anní atcluinim si. *Ocus* leicc*idh* ar bhar nglunibh sibh.' *Ocus* do leiccset.

[1] Cf. S § 20; M § 15.

Ocus ise líon do battar an*n* .i. deichneabh*ar* 7 ceithre fichitt 7 ceithre c*et*, 7 ceithre mile. *Ocus* ni raibhe acu an tan sin aon nduine nach cual*adh* cluicc na Romha.

(18) *Ocus* at*conn*cat*ar* cuca an tan sin seacht saic *ar* seacht n-assalaibh, 7 a lán d'úir na Ro*m*ha in*n*tibh. 'Acc súd, a naoimh-cléirigh, a Cholmái*n*', ar na gille, 'congn*amh* dochuir th'oide cuccat; 7 croith ar fad 7 ar leithett do reilge, 7 gach nech adnaicf*idh*er in*n*te, ní fhaicfe iff*ern*.' *Ocus* ro croithedh am*al* adfiadar. *Ocus* adub*air*t Colmán an tan si*n*: 'Bidh tús na reilcce accatsa, a Dhuinecha; 7 biodh a medon accatsa, a Chuineda. *Ocus* biodh an reilecc osin amach ag Feraibh Ceall 7 acc feraibh E*renn*.'

iv. (19) Is é fa habb i nDurmaigh an u*air* nach biodh Colaim Cille 'sa*n* mbaile .i. Corbm*a*c ua Liathai*n*. *Ocus* dorin*n*ett*ar* muin*n*ter Durmaighi droch-ni ar Cholmán gan ced do Corbm*a*c; uair isé ní doronsat .i. teacht do ghoid na huire; 7 tangattar co caisiol na reilcce. *Ocus* ní dhernsat *acht* an uir fa nesa doibh don taobh amuigh do[n] chaisiol do bhreith léo. *Ocus* do moth*aigh*edh sin arnabharach. *Ocus* do len Colmán *con*a muinntir lorcc na huire go Durmaigh.

(20) *Ocus* tainicc Col*am* C*ille* don baile an trath sin; 7 isé 'áit' irraibhe se an tan sin, arin suidhecan re nabar suidhea*can* Cholaim Cille an tan sa. *Ocus* do benn*aigh* Colmán Eala dó, 7 do bái drochghen *air* acc bennachadh do, 7 do freccair Col*am* Cille | sin go genamhail. *Ocus* ro fiarf*aigh*: 'cret cúis do choir*ighth*e, a Cholmáin?' 'As mór m'adhbar', ar Colmán, '.i. an toircisecht dochuir ṃ'oide cug*am* d'uir na Romha, do muin*n*ter sa do techt areir da goid. *Ocus*, a ghloir do Dia, ní hí tarla cucu.' f. 222[a]

(21) 'Na hesccain sin*n*, a chleirigh', *ar* Colaim Cille, '7 dogeb*air* gach ní fa mbia do shídh.' 'Ní dingen easccai*ne* fortsa', ar Colmán, 'óir ni ciontach riom tú. Gidh edh doghen esccaine ar Corbm*a*c Ua Liathain. Ocus sirim ar Dia na raibh fer baile no leth-baile ind E*rinn* go brath da chinedh. *Ocus* gurab coin allta íosas a fheoil fo dheiredh.' *Ocus* adub*air*t Col*am* C*ille* an tan si*n*: 'Madh ail letsa, dogentar an uir d'iodhlacadh tara hais.' 'Ni hail', *ar* Colman, '7 guidhim Dia go raibhe bríg úire na Romha duitsi in*n*te o so amach.'

v. (22) 'As coir dúin*n*', *ar* Col*am* C*ille*, 'an cás atá oruin*n* féin d'in*n*isin duitsi.' 'Caidhe an cás sin?' *ar* Colman, 'oir ní fhuil accain*n* neach d*ar*ab córa duin*n* gach cás bías aguin*n* d'fiarf*aigh*e na thusa; oir bí tú tri la gacha seachtmuine *ar* nemh.'

(23) 'Is é cás tarla an*n*', *ar* Colam Cille '.i. Úanach, deirbhsiur do mhathar sa, 7 mo deirbsiur sa fein, 'ar mbreith deisi mac do Mhaolumha m*a*c Baedain m*ei*c Ferg*u*sa, m*ei*c Conaill Ghulba*n*, m*ei*c Neill n*oi* giall*aigh*; 7 do baistesa íad; 7 tucc*us* Ulltan ar mhac dibh, 7 Bái-

thin *ar* mac ele. *Ocus* dob ferr lem nach m*ar*dáis, acht go ffaghain*n* a milled gan n*air*e damh féin; óir as clan*n* a deirbhsiúr ⁊ a derbhratha[*i*]*r*[1] a nathair ⁊ a math*air*. *Ocus* dob áil lem do comhairle si do denamh orra.'

(24) 'Atá mo comh*air*le si ullamh', ar Colman '.i. tab*air* damhsa da naltrom, ⁊ da noilemai*n* iatt. *Ocus* dénam cadach fá ccend; óir átad da cích acc*am*sa, nach raibhe acc naomh romham riamh .i. cioch lemn*acht*a, ⁊ cioch meala; ⁊ dob*ér* doibhsion íatt.' *Ocus* tuccadh do Cholm*an* íatt, ⁊ atb*ert* an laidh and: |

f. 223[a] (25) Dá chích[2] acc Colman Eala,
Cioch lemhnachta, cioch meala;
A chioch des do Bhaoithín ban,
Is a chioch ele d'Ulltan.

An fer 'ga ra batt*ar* sin,
Ara chom*air*ce dom anmain,
'S ar comairce Criost na ccland
Dom chorp *ocus* dom anam.

Fúic me meisi d'Feraibh Ceall,
An u*air* nach freccr*a*it me co ten*n*,
Ocus nach dingnet m'áonach,
As doiph féin b*us* fíor-baoghlach.

Muna raibh *acht* aon ionad ann,
'S a beith tirim im tempall,
Da ttoirsedh *air*d-*rí* Fer cCeall,
Is Duinecha gan dícheall,
Suidhedh Duinecha d*ar* lind,
Ar t*ús* 'san ionad tirim.

Congnamh Í Duibhgin*n* damh[3],
Bidh fada bhias a foghnamh;
Ní mo rach*us* uaim *ar* lár
An congna*m* tucc Ua Braca*in*.

Tuccsatt da c*ét* loilgheach lán
D'ion*n*saighe mo tempuill m*air*,

[1] A marginal note remarks here quite correctly: '*rectius* clanna deisi d*er*brathar'. [2] Here the scribe accidentally skipped a page, and began the poem on f. 223[a] instead of on f. 222[b], so at the top of f. 222[b] he puts the direction: Gabh thall ar t*ús*, i. e. Go on to the other side first; then having filled this page he puts at the bottom the note: Gabh t*ar* th'ais don taoibh si anonn, i. e. Go back to the page on this side (viz. to f. 222[b]); and when he has finished that page he puts at the bottom the final direction: Gabh do*n* taoibh amuigh do*n* duilleóicc as foiccsi duit, i. e. Go on to the outer page of the next folio (viz. to f. 223[b]). [3] This line is a syllable short; ? read 'accam' for 'damh'.

Gurab íad sin do fhogain da*mh*,
Acca*m* na[1] bhiad dom shaoraibh.

Tucc*us* doibhsion da chion*aid*
Ionad i ccor*aidh* mo tempuill,
Gairitt o leab*adh* na righ,
Go derbh deimhin gan imsniomh.

(26) Tur*us* docuadus [s]a sair
Go Cend Tíre i nAlbanchaibh,
Ocus da ruccus [s]a lem
Duineach is Cuined gan dícheall.

An u*air* rangama*r* in rígh
Alban *co n*ioma*t* angniomh,
Do in*n*is ri Alban an cás
Dúinn go deimhi*n*, 'sa tuath-bás:

'Peist nimhe tar c*r*iochaibh cua[i]n
'Asa loch-laind lethain lion*n*-búain[2],
'Ni loiscend tene í 'gon gail,
''S ni gabhan*n* rin*n* na faobh*air*.

'Cúicc duine décc, as derbh lind,
'Atá 'sa mbaile si *ar* do chin*n*,
'Arna m*arb*a*dh* di gan dail;
''S m*araidh* an peist, a Cholmain.'

'Muirfe meisi daoibhsi an peist,'
Adub*air*t Colmán dá éis,
'Is roin*n*idh mo chíos gan ail
'Et*er* Albai*n* is Saxanaib.' |

'Caocca cos fora tarr tra, f. 222[b]
'Is cáocca ingen urghrán*na*,
'Marb*aidh* sl*uagh* gach tíre go mbl*adh*,
'*Acht* co teccaitt *da* hionnsaighe*adh*.

'Ag súd cuccainn í gan dáil
'D'ion*nsaighe* *ar* ttire, a Colmáin,
'Maircc cinel ara bfuil go mbhladh
'D*ar* ndían-mill*edh*, is d*ár* m*ar*badh.'

(27) Ion*n*saighis Colmán an traigh;
Ion*n*saigis Duinecha go mbáidh,
'S da sleigh 'na laimh gan len,
'S a cloidemh fada fír-tren.

[1] na = no. [2] This line is a syllable too long; ? omit 'loch'.

Seallais súas Colmán na cceall
Ar aird-righ nimhe go tend,
Is tucc*adh* doib[1] anúas do nimh
Gach ni do smuai*n* 'na menmai*n*.

Teilgis Duin*e*cha an tsleigh caoimh
A laimh m*eic* an righ[2],
Ocus m*ar*bhth*ar* leis an peist
Uathmar, aingidh, aigméil.

'T*ar* d'ai[*n*]m si cuccam an tsleigh,
'An cran*n* uasal iub*air*,
'*Ocus* lúbthar lem a cend ;
'As di doronas bacha[i]ll.

'An áil letsa, a Duinech*a* feil,
'Anos crand do tsleighe fei*n*,
'*Ocus* í 'na bachaill go beacht,
'A cíos is a maóraigheacht?'
'Gion gub ceird do ro-mhac rig',
Adub*airt* Duinech*a* co fír,
'Dobér mo shíol duit don dail,
'Is bed fod díden, a Cholmáin ;
'Is tabh*air* do bacha[*i*]ll dod mháor féin
'A bfocc*us* a neidircein.'

Na cúicc duine décc go derbh,
Do bí 'san mbaile si*n* m*ar*b,
Tucc*us* dóibh uile a nanmai*n*
Lem guidhe, lém glan-tsalmuibh.

Fu*arus* mainistir on rígh,
Ó áird-rí Alban go fír,
Is do roin*n*es mo cáin go mblaidh
Et*er* E*rinn* is Albain.

(28) Ticcim an*n*sin d'Feraibh Ceall,
Duinecha is Cuinedha go tend,
Ocus mo bachall [bán][3]-oir,
Ós íad sin mo mhuint*er* cóir.

An tegh as nach fagta acam
Mo bhachall 'sa tír si trá,
Ní bía ioth na bliocht is tigh,
'S ni bía 'ga mhac 'na degh*aid*.

[1] *sic* MS. ; ? dó. [2] The metre seems rather irregular hereabouts.
[3] Space left vacant in MS.

Ni bia mac *ar* slio*cht* ath*ar*
Na inghen *ar* sliocht a máth*ar* |
Go brath brath[1] acc Feraibh Ceall, f. 223[b]
Muna raibh cíos na mbachall.

Faccbaim d'Feraib Ceall b*úd*déin,
In u*air* nach dingnet m'áonach fein,
Gurab mera doibh na dhamh,
In u*air* bías sé gan dena*mh*.

Ni thiubhra muir a monadh,
Is ní tiubhra an tal*amh* toradh;
Gorta gach raithe is doigh,
Teirce bídh *ocus* édoigh
Fa crích fFer cCeall amach,
O théid mo bhachall diomd*ach*.

No go náiremthear, a ch*ara*,
Olc ban, is gainemh mara,
Lionm*aire* nád na losa
Na míorbhuile móra sa.

(29) Indis si úai*m* d'Feraibh Ceall,
Ocus d'Éilibh gan dícheall,
In úair nach freccraid mé b*úd*dein
A bfocc*us* a neidircéin,
Aithn*idh* damhsa inní bías de,
Bidh ifrion*n* a ni*ar*traighe.

Gach aon dui*ne* d'Feraib Ceall
Nach bia dom réir si go tend,
Guidhim si an táon Día co fír,
N*ar* faghait la*cht* a adám cích. Da.

Oir is iad a adám cích fein;
An cathair nemh*dha* fa sceimh,
Ni treicceabh sa í gan gó
*Ar*a bfuighe mé d'anró.

Tri meic Don*n*ch*aid* luaidhes dáil
Duin*e*cha, Muadh, is Ailleán,
Na treiccet Í Duibhgin*n* mé
A bfocc*us* na a neidircéin.

Is biodh O Gallgan im laimh
Go brath, is biodh O Braca[i]n;

[1] A third 'brath' added in MS., and deleted.

Í Ghrúccain leamsa gan cleith,
Ticcit [do]cum mo reilge;
I Corraccáin lem gan gó,
Na tréiccet meisi ar anró.

Da cích.

vi. (30) *Ocus* a haithle na láidhe sin do battar na m*a*ccaoimh sin .i. Baoithín 7 Ulltan, acc den*amh* a leighin*n* i lLoind Eala, oir ba he an tres priomh-aonach E*renn* eissem .i. aon*ach* Taillten, 7 aonach Cluana m*ei*c Nois, 7 Lain*n* Eala. *Ocus* do bhád*ar* buadha *ar*na mac-caomhaibh sin .i. gach ní da ccluinedh Ulltan, do biodh sé aicce do
f. 224ª meabh*air*. *Ocus* gach ni da ndentáoi do Bhaoithin, | ní fosdadh aon fhocal. Go ndubhradh an laidh:

(31) Tri haonaighe E*renn* búdhéin,
In*n*isim si daoibh fa scceimh,
Ata a meabhair agam, 's ni gan*n*
A faisnéis, fios a nanman*n*.

Aonach Cluana as uaisle diobh,
Aónach Taillten laithe in riogh,
An tres aonach m'aonach féin
A bfacc*us* a neidircéin.

Fu*arus* ó aird-ri na ran*n*[1]
Gach aon *n*duine da tticc an*n*,
Cumas a leith-sceoil ar nimh,
Luach a faicsiona lá m'áon*aigh*.

Gach aon nduine do aont*aigh* mé
An *n*gach tír *da* ffuil fan gréin,
Faccbaim si doibh da chion*aid*
Nach faicfit a súile if*ern*.

O Callraighibh, nach mill dail
Fam bachaill, go cloin*n* Colma*in*,
Pingin*n* as gach deth*aigh* duit,
Ocus in torad comhruic.

Gach ní adub*art* ó chianaib,
In*n*isim do réir riagla;
Ni chélam *ar* dhuine 'sa crich
Gurab iatt sin duibh a trí.

Tri haon*aigh*e.

(32) A haithle na laidhe sin ro buáil Colmán Eala a dhalta .i. Baoithín; 7 ro imthigh Baoithin reimhe d'éis a bhuailte. *Ocus* ro

[1] = renn.

len Colm*án* é. *Ocus tar*la lobhrán t*r*uagh tarr-lomno*cht* dó occan ulaigh l*eth* amuigh don baile. *Ocus* do bhennaigh do Cholmán. Oc*us* adub*air*t fri Colmá*n*: 'Iomch*air* ar do mhuin mé, a naoimh cléirigh, gó t'altóir fein ar gradh Dé.' 'Inné nach foghnan*n* duit duine ele dot b*r*eith an*n*sin?' ar Colman. 'Ní foghnan*n* idir', *ar* an lobh*ar*, 'óir as ferr le Día tú féin do dénam umhla dó.' 'Más ferr, as meise iomchór*us* tú', ar Colmán. *Ocus* rucc lais conuicce an altóir e.

(33) *Ocus* atb*er*t an truagh fris: 'Cuir mo shrón it bheol, a Cholmain, ar g*r*adh Dé; ⁊ cuir i mbeind do *cu*bail ⁊ cuir *tar*in temp*all* amach a mbia in*n*te.' Doroine Colmán am*al* atb*er*t an t*r*uagh; | ⁊ dochuaidh f. 224[b]
leisan salchar sin na sróna taran temp*all* amach; ⁊ in u*air* tainic amach, issedh fu*air* ina ucht .i. tinde óir, ⁊ sgribend do litreachaib ór*dha* in*n*te tainic on Trinoid. *Ocus* do ghabh iongant*us* Colmán 'mun adhbar sin, ⁊ ro ion*n*to tara ais go luath; ⁊ ní fhacadh an lobh*ar*.

(34) Imth*ú*sa Baoithin; iomraiter aguin*n* do bai ag sechna a leighin*n*, ⁊ docuaidh da fholach fon coill ó Laind Eala súas. *Ocus* dochon*n*airc duine ag cur slaite 'na aen*ar*; ⁊ m*ar* dochuiredh slat, do ticcedh ar cenn slaite ele da cur m*ar* an ccédna. Gidh edh do eir*igh* an tigh lais. *Ocus* dochon*n*airc Baoithin inní sin, is*edh* asb*er*t: 'Da ndernain*n* si mo leigenn marsúd, ⁊ lenmai*n* de, as doigh go mbiadh leigen*n* accam.' *Ocus* ro fer céoth mor-fertana an*n* an tan sin. *Ocus* doch*uaid* Baoithin d'*iarraidh* díona fo dhar*aigh*. Ocus dochon*nair*c braon ag siledh i naon ionad. *Ocus* dorin*ne* Baoithin locc dia sail isi*n* ionad si*n*, ⁊ do líon an bráon an locc an u*air* si*n*; ⁊ adub*air*t Baoithin an tan sin: 'da ndernain*n* si mo leighend m*ar*súd, do biadh leighion*n* agam'; ⁊ adubhairt an laidh:

(35) Do bhain*n*ib líontar lathrach,
Do shlataibh gníter cruin*n*-tech;
An teghdais as ionmai*n* la Día
Bidh lia 'sa lia a muin*n*ter.

Da nadhrain*n* dom leighion*n* féin
A bfocc*us* a neidircéin,
Gidh mion dogénain*n*, d*ar* lind,
Do biadh agam mo saith leighin*n*.

An en tslat bhen*us* an fear,
Ocus cuires ara thegh,
Ata an teach ag eirge go hait,
Gidh min cu*ir*es an en tslait.

An logán dorinne mo shal,
Bidh maith ag Día 's ag Colmán,
As lán gach áon cioth don braon ban,
É an uiscce 'na con*ar*an.

Dobheirim freit*ech*, re mo lind
Nach treiccfet sa mo leigin*n*,
A bfuighe me d'ulc de t*ra*,
Gurab 'ga den*amh* beo sa. |

f. 225[a] Do in*n*is Baoithin b*úd*déin
Do Colmán, da oide fein,
Tucc se do Colmán moid tend,
Nach sechonadh a leighen*n*.

'Dia tucc dod munadh, a mheic,
'Duit an eisiomplair oird*eirc*',
Ar Colman reidh 'ga frecc*ra*,
Lan d'feile is d'fír-eccna.

Do.

vii. (36) Asa haithle sin dogluais Colm*án* Eala roimhe a ccoin*ne* Mochuda. *Ocus* Mochudha 'arna ionnarbadh a Rathain; ⁊ ro ghabh tríd Feraibh Ceall, no go rainic go baile Duin*e*cha m*eic* Don*n*ch*adha* d'iarr*aidh* bídh *ar* Duin*e*cha; ⁊ fuair sé méid éiccin bidh. *Ocus* ba hé líon batt*ar* an*n* .i. tri cáocca ⁊ tri mile. *Ocus* fa hé biadh tucc Duin*e*cha doibh .i. tri m*air*t, ⁊ tri muighe bain*ne*. Adub*air*t Mochuda g*ur* bo becc leis sin. 'Masa becc', ar Duinecha, 'cuir do dhon*us* ara muin', ⁊ atb*er*t Mochuda an laidh:

(37) 'Cluain da crand,
'Imbi Duinecha cruaidh-gand,
'Go raibh Duinecha gan Cluain,
'Go raibh Cluain gan Duin*e*cha ann;
'Ocus co raibh an tres dith
'Uaimh fa thri *ar* Fheraibh Ceall.'

Do bí Colmán Eala féin
Acc eist*echt* ríu fo sgeimh,
Ocus nir bind leis gan cleith,
Fir Ceall aga nesccaine.

'Fagbhaim do Duin*e*cha uai*m*
'Beith g*r*aingcíuil g*r*uam*dha* cruaidh,
'Faccbai*m* si doibh da cin*n* sin,
'Nach ba meisde da ccoin*n*im.

'Fagbaim 'na diaigh d'Feraibh[1]. Cell,
'A m*ar*badh m*ar* mucaibh tall,
'Fáccbaim si doibh da cin*n* sin,
'A bfas m*ar* na raithnechaibh.

[1] The letters 'aibh' are accidentally repeated.

'Fáccbaim [da cinn][1] doibh b*údh*dein
'Do muintir Duinecha reidh,
'Gach duine taobh des[2] . . .
. . . . . .
'B*ía* gairde a saoghal na cách,
'Is goma teirce a conach.
'Fáccbaim si da mnaibh beith d*r*uit,
'*Ocus* fáccbaim dáibh beith báeth,
'Fáccbaim si doibh da chion*n* soi*n*
'Buaidh *con*aich is buaidh cloin*ne*.'[3] |

(38) Ticc chuca Colaim Cille, f. 225^b
Flaith fosaidh na firin*ne*,
Is nír muirneach leis gan cleith 'e',
D'easccaine ara bhraithre.
'Cuir an easccaine útt as',
Adub*air*t Colam co bras,
'No muirfidher th'iomat naem
'A bfocc*us* no a nedarráon.'
'Guidhim si aoin Dia *búd*dein',
Adub*air*t Mochuda féin,
'N*ar* chuire Dia t*ar*a hais,
'Is ni cu*ir*eabh sa 'na eccmais.'

'Os meisi dochí an rí',
Ar Col*am* C*ille* go fír,
'Cuirfet hí t*ar*a hais ana,
'Is cuirfe Colmán Eala.'
Colam Cille *ocus* Colmán,
Mancán, *ocus* caomh Odhrán,
Ocus naoimh Erenn uile,
Do claochlodh na hesccaine.

Becc n*ar*bh aithr*ech* le M'cuda
An d*er*na seision *cu*ca,
An tan do*connair*c se go mbuaidh
Naoi*mh* Érenn ag t*echt* go Cluain.

Cl*uain*.

(39) Gluaisidh Mochuda b*úd*dein
Roimhe 'san oidhche 'na réim,
No go rainic an fer ócc
'San choill irroibhe d*ar*og.

[1] Something is wanting here. [2] More than a line is wanting here; a space is left vacant in the MS. Probably the MS. from which O'Clery was copying was illegible or defective here. [3] This line is wholly inconsistent with what goes before; ? read: Dimbuaidh conaich is cloinne.

Sgrechait a lobrain fair fein,
Sgrechait a mhairtire[1] b*ud*dein,
Ocus fiarf*aigh*it ga ttoigh,
Cáit a ttaiscdís a leabhair.

Cromaidh an d*ar*óg 'na diaigh
G*us*na naomhaibh tareis gliadh,
Is anaitt uimpe na t*r*uaigh
Deis a ndíochuir o Chluai*n*.

Cluai*n*.

viii. (40) Da mhacaomh[2] óga batt*ar* it*er* munt*er* Colmai*n* Eala. Ro fhoirbrett*ar*, gurbhat sccolócca móra. 'Cia chan', *ar* na cleirigh, '*gan* feidhm cráb*aidh* d'orducc*adh* dona sccolóccaibh út, ar tainic aóis chráb*aidh* doibh.' 'Ní ordaigheab', ar Colmán Eala. 'Cidh ón?' ar síatt. 'Is*edh* so', ar Colmán, 'ata leaba fir dibh i nif*ur*n; 7 cidh crab*udh* doneth sé isin aois út, is éccrab*udh* dodéna i ndeir*iudh* a shaogail, gombá i nif*ur*n bías. Ni bhenabh sa a chuid don tsaogal
f. 226a fair, *ar* ní | fochraic fil aicce. Ata leaba an fhir ele i nnimh; 7 gion go nderna sé crab*udh* 'san aóis útt, dodhena fadeoigh, go mbia for nemh; *et reliqua.*

(41) As leabh*ar* Each*raidh*e i Shiagail ó Fheraibh Cheall i Midhe ro scc*r*iobh*us* an beccan fu*arus* an ceidfeacht 'do beth*aid* Colmain', 7 ro aithsc*r*iobus so an tan so *ar* mo lorcc fein i cconueint bhrath*ar* Dúin na nGall ag D*r*obhaois, 19 Nove*m*b*er* an*no* D*om*ini 1629; 7 gan am*arus* aithnim fein go ffuilim ag sg*r*iob*had* morain go fada, eimilt, slim; gidh edh biodh a aithber *ar*na daoinibh do athain diomh lorcc na sein-leab*ar* do lenmai*n*, go ham a sgagtha.

[1] *sic* MS.; ? a mhuintir. [2] = M § 19; S § 26.

Betha Moeog Fearna.

p. 132

(1) Gabhuis[1] rí coigeadh Con*nacht* dar bhó co*main*m Sena, 7 Eithne a bhai*n*-cheile. Nior ginedh gin mhic ná inghine úatha. Luighsit do t*ro*sgadh go Drui*m* Lethan f*ri*a hoighir do fhaghbail; go bfhacaidh an ingen aislingthe .i. ré do dhul a mbél an righ, 7 docon*n*airc an rí maran gcedna realta do dhul a mbéol na rioghna; 7 así b*re*ath rugadh aran aislingthe sin .i. go ngei*n*fidhe gin bhuadha eturtha díamadh lan béoil na ndaoine; 7 amhail do sheol an realta na faighe dochum Iosa, go séolfadh an realta sin an m*ac* sin dochu*m* an Spiorada Naoi*m*. Tarla *gur* bha torrach an inghen an aghaidh sin.

(2) Luigh[2] an ingen so la naon a gcarbad go ttarla draoi dhi. 'Fuai*m* carbaid fo rígh so', ol se. Dochi an dráoi an inghen 'sa charbad ana haon*ur*. 'Fil m*ac* miorbuilech ad broin*n*', ol sé, 'dia mbá lan beoil na ndaoi*n*e a ni*m* 7 a ttalamh.'

(3) Níor bhó cían[3] iarsi*n* go rug an ingen an mac, 7 tughadh Moeóg do ai*n*m fair; 7 ro hoiledh go hanoirech a mBreghmuigh é; 7 an áit for*ar* tuismhedh an m*ac* sin, do an ráon sol*us* | deallraightech o nemh fuirte f*ri*a ré chian. p. 133

(4) Fe*cht* an*n*[4] cuingis Ainmirech .i. rígh Eiren*n*, geill for Con*nacht*a, 7 doberar Moeog a ngiallaidheacht dó. Tig c*ro*idhe 7 in*n*tin*n* an righ for ghnúis 7 deilbh an mhacaoi*m*, oir dob fhollas dó rath an Spiorada Naoi*m* for Moeog. 'Eirg do[t] tigh', ol an rí, 'no an sun*n* gan ghiallaidhea*cht*.' 'Rachad', ar Moeog, 'día léige na geill oile liom.' *Ocus* dobeir an righ ced conaire dóibh maille re ben*nachtain*; 7 t*ri*allaidh gach aon acu dia áit budheisin.

(5) Fea*cht*us[5] do Moeóg arao*n* fría haoghairibh dúin an righ, dia bfacad*ur* ocht bfhaolchoi*n* do amus forsan ttréd baoi og Moeóg, 7 doniad u*m*la iona fhiaghnaisi, 7 ro fech fora tt*ro*ighe. 'Is deoi*n* damhsa', ol sé, 'caora gacha con duib'; 7 beirid léo. Tiaghaid na haodhairedha do egnach for Moeogh do*n* dún; 7 tig bui*m*e Moeog forsan bfaithche. Gabhais uaman Moeog aga faicsi*n*, 7 guides Día u*m*a fhorta*cht* fuirthe; 7 no berar o*cht* gcaoirigh fó dhath 7 ion*n*as na gcaorach ugad, 7 tiaghaid foran ttréd; 7 ní fes cá hair*m* asa ttangad*ur*. | Curtar Móeogh fría leighen*n* na heglaisi naoi*m*i. p. 134

(6) Fea*cht*as[6] do Moeog ag iornaighthe for dia*mair* an fhedha go bfhacaidh damh allta, 7 coi*n* 'na lenmhuin, go ro oiris an damh

[1] M = § 1; S § 1; Ir.[2] §§ 1, 2. Except where otherwise noted, the sections of V are the same as those of M. [2] = M § 2; S § 2; Ir.[2] § 3. [3] = M § 3; S § 2; Ir.[2] § 4. [4] = M § 4; S § 3; Ir.[2] §§ 17–19. [5] = M § 5; S §§ 4, 5; Ir.[2] §§ 20, 21, 23. [6] = M § 7; S § 6; Ir.[2] § 25.

oga. Cuiris Moeog ben*n* a bruit tara ben*n*aibh día dio*n* forna conaibh ; ⁊ '*ar* ttoighea*cht* doibh ni fu*air*sid lorg ná amharc fair, no *gur* imtigh slan iarsi*n* fon bfiodh.

(7) La naon [1] do M*oeog* ⁊ do deisgiobal oile, dar bó hain*m* Lasairianas, og ernaighthe a mbun da bhile, ⁊ tro*m*-sherc a cheile léo. 'A Iosa', ol síad, 'an déoin duit ar neidirdhealugadh, no ar noirisemh ag aroile do shior ?' Tuiteas bile budheas, ⁊ bile budhthuaidh do*n* dá bhile. 'Ro foillsighedh ar nio*m*sgaradh', ol síad, 'tre thuitim na mbiledh.' Gabais Moeogh budhes, ⁊ doghní cathair oirbhidnech a bFerna ; ⁊ gabha[i]s Lassairian*us* budhthuaigh, ⁊ doghni cathair a nDai*m* Inis.

(8) Laithe nao*n* [2] do M*oeog* ag siubhal for Sliabh Betha, go ro thuit an oighche fair ; go ro guidh Día u*m*a sheoladh forsan gconair gcóir.
p. 135 Nior bhó cían go bfhacaidh dá ai*n*gel oga | glacadh fora lamhaibh, go rugsad don rig-les he. *Ocus* ro thogaibh c*r*os oirbhidnech forsa*n* ttulaig sin do fhoillsiughadh na miorbhuile sin.

(9) Laithe [3] do M*oeog* f*r*ia taobh Locha hEirne, co bfacaidh ben ana dhail, ⁊ lamh-co*m*airt mhór fuirthe. 'Mo m*a*c', ol sí, 'do baithedh foran loch so, ⁊ días do lenbaim oile marao*n* f*r*is ; ⁊ atai*m* si ⁊ Eoch*aid* a athair .i. rí an tíre, ag cuartug*u*d nao*m* na tíre, do faghbhail a fhesa uatha, cía hair*m* a bfuighbhemais a chorp ; ⁊ asedh isbertsad f*r*in*n*, a fhios do fhagbhail úaitsi.' Luigh an ingen ⁊ Moeog docu*m*h an phuirt, ⁊ nir fhion*n*sat cía cúil do*n* loch iona rabhsad na curpa. 'A Iosa', ar Moeóg, 'Duisg m*a*c na mná so damh, ⁊ na curpa oile filid maráo*n* fris.' *Ocus* do eirigh an m*a*c lásan mb*r*eithir si*n* a bfiadhnaisi M*oeog* ⁊ na hingi*n*e. Tigh Eochaidh a athair .i. rí an tíre, foran ttulaigh, ⁊ ro iodhbhair an m*a*c do Día ⁊ do Moeog a *m*bith-dilsi.

(10) Luigh [4] M*oeog* a mBreathnaibh go hair*m* a raibhi Daibhiod Chille Mui*n*e, an tesbudh naomtha.

p. 136 (11) Fe*cht*as [5] do Dhaibhiod gona mhanchaibh for cen*n* | chonnaidh, ⁊ ní ro raithigh M*oeog* íad. Báoi leab*ur* ana fhiadhnaisi, og cantai*n* a shalm. Ba di*air*mi doi*n*en*n* an láoi. Baoi nech lás*ar* mhiosgais M*oeog* forsan ttulaidh. 'Eirg', ol se, '⁊ beir an óc-damh [6] ai*m*riata ughad, n*achar* [i]omchair eire ría*m*, lat a ndeghaidh na manach, ⁊ tug oire fortha lat.' Cuires nech le M*oeog*, ⁊ tuadh lais, da fhul*aram* a cen*n* do tesgadh do M*oeog*. Eirghes Moeog, ⁊ fágbhus a leabhar fosgailte fon bfherthai*n* ; ⁊ ro u*m*laighsit na dai*m* dó, ⁊ tiaghaid for dia*m*air an fhedha a gconair ná ro fhuilngsit ria*m* roi*m*e dul an*n* ; ⁊ as soirbh an tshlighe si*n* da gach ao*n* osi*n* aleith.

(12) *Ocus* [7] cuires an nech si*n* adubra*mair* a thuaigh úasa do bualadh

[1] = M § 8 ; S § 7 ; Ir.[2] §§ 26, 27. [2] = M § 9 ; S § 8. [3] = M § 10 ; S § 9 ; Ir.[2] §§ 28, 29. [4] = M § 11 ; S § 10 ; Ir.[2] § 57. [5] = M § 12 ; S § 10 ; Ir.[2] §§ 58–63. [6] We should read : 'na óc-damu . . . nachar iomchuirset' ; cf. 'fortha' and 'na daim' infra. [7] = M § 13 ; S § 10 ; Ir.[2] §§ 64–66.

M*oeog*, 7 ro lensad a dhi lai*m* an tuadh, 7 ni ro fed togbhail ná *turnam*
fuirte. Do foillsighedh si*n* do Daibhiod, 7 téid go hair*m* a rabhsad, 7
tiaghaid do*n* chill, 7 sgaraid lamha moghaidh frisan ttuaigh; 7 dogeibhid
an leab*ur* gan dith gan do*cur ar* ao*n* litir de.

(13) Laithe[1] do M*oeog* ag dul ar cen*n* len*na* dona manchaibh, go ro
bhris | an soitheach, go ndechaidh an lion*n* fo lar. Cuirig siu*m* sighin p. 137
dia bhais úasa, go ros íoc, 7 dobheir an lion*n* dochu*m* na manach.

(14) *Ocus*[2] doberar mac an righ amlabhar ana dhail for ao*n* cois, 7
aon lai*m* 7 áon shuil; 7 ro imtigh slan dia tigh iarsi*n* la g*r*asaib Dé 7
Moeogh.

(15) Fea*cht*[3] do M*oeog* go bfacaidh nech[4] ana dhail, 7 ao*n* chl*ár*
aighthe lais. Cuingis a f*urt*a*cht* for M*oeog ar* dheirc 7 t*r*oighe. 'Siri*m*
si ar Dia forta*cht* fort', ol M*oeog*; 7 tai*n*ic aghaidh 7 dealb fair mar
gach naon oile.

(16) Cuinges[5] Moeog for Daibhiot deonughadh toighe*chta* a nEiri*nn*
doridhisi. *Ocus* iar ttoighe*cht* dó a nÉiri*nn*; 'Cuirigh 'ar gculaibh me
dorighisi', ol sé, 'go hairm a bfuil Daibit, go ro fhoillsighe damh cía
bhus an*m*chara damh'; 7 ni ro fhaomsad lucht na luinge an tiompodh.
Beires Moeog cei*m* asan luing, 7 siubhlaighes o tuin*n* go tuin*n*, go
tt*ar*la aingel De dó. 'Ni rige a les an*m*ch*ara*', ol sé, 'a*cht* Iosa; oir
ní fuil coir fort.' T*r*iallas Moeog *tar*a ais docu*m* na hEiren*n* doridhisi.
Gabh*us* port a nIobh Cin*n*sealaigh, 7 doni eglas | toghaidhe an*n*. p. 138

(17) Do bad*ur*[6] dá bha 7 laogh lais. Tig an cú allaigh for faithce na
cille. 'In do chuinged do p*r*oin*n*e for Dhia tige?' for M*oeog*; 7 dobeir
an laogh dó. 'Ni tiubhraid na ba luim gin laogh', ol an taoghaire.
'Eirg si dia ndiul', ol Moeog, og togbhail a lai*m*e ós a chion*n*, '7
dob*er*aid loi*m* fort amail laogh'; 7 dobheirdis.

(18) Téid[7] sluagh a nUaib Cinnsealaigh la na*on*, 7 an tír *ar* cui*m*irce
Moeog ina t[e]ar*m*an*n*. Cuires M*oeog* tí dia bachaill a tti*m*cheall an
bhuair; 7 anais an sluagh gan dul a ndiaigh an eallaigh, a*cht* aoi*n* fer
namá dia maithibh, 7 fuair bás i*ar* ttea*cht tar*an ttí dó. *Ocus* ro iompó
an sluagh dia g*cr*ich fei*n* agá fhaicsi*n* sin; 7 ro fhan an buar ag
Moeog.

(19) Fea*cht*us[8] do rí Ó gCin*n*sealaigh for creich, go ttarla M*oeog* dó,
7 dorad almsa dó, 7 teid dia thigh. *Ocus* gabha[i]s saoth 7 galar do*cr*aidh
he, g*ur* sgar a spiorad ris, d*ar* lais féin. Do foillsighedh iofran*n* dó, go
ngreis d'an*m*an*n*aibh adhuathm*ura* an*n*; go ttug ana*m* diobh tarrang
día anail forsan righ, gunas rug go|nuige a bhéol é, go bfacaidh an p. 139
bo*cht* ag c*ur* na deirce dorad dó a mbeol na piasda; 7 nior sguir do

[1] = M § 14; Ir.^{2} § 67. [2] = M § 15; S § 11; Ir.^{2} § 68. [3] = M § 16; S § 12; Ir.^{2} § 69. [4] The words 'go bf. nech' written twice in MS.; the former deleted. [5] = M §§ 19, 20; S §§ 15, 16; Ir.^{2} §§ 72, 74, 75. [6] = M § 22; S § 18; Ir.^{2} §§ 77, 78. [7] = M § 24; S § 20; Ir.^{2} §§ 92, 93. [8] = M § 26 (V § 29); S §§ 20–22; Ir.^{2} §§ 95–99.

tarrang an righ, *gur* chuir an bo*cht* a bachall *ar* béol na piasda. Duisgis an righ, 7 ro in*n*is gach ní ro chon*n*airc. 'Tabhair Moeog cugad', ol siad, '7 fogebha fios gach neith uadha.' 'Is córa aisder go hoglach nDé', ol an rí; 7 téid go hair*m* araibhe M*oeog*. 'Agsúd an nech día ttugas [s]a an deirc', ol an rí, '7 ra fhuaslaig a craos na piasda mé.' Dobheir an rí Ferrna a mbith-dilsi dó, 7 dorin*n*e eglas oirbin*n*ech an*n*, 7 m*air*igh bhéos.

(20) Eagai*n*id[1] a haithtreabhtaigh f*r*ia Moeog an baile gan uisge. 'Tochailt*er* libh bun an bhile ughad', ol Moeog, '7 dogebtói tobar an*n*.' Ro ghniad, 7 ro frith. *Ocus* gabhais an s*r*uth for siledh a ttorain*n* ferain*n* báoi ag nech oile fría taobh an dui*n*.

(21) *Ocus* dotigdis ingena an baile f*r*iaa ttaobh do ion*n*ladh 7 d'foth- radhadh *gus*an ttobar do fhoillsigh Moeóg. 'Na hion*n*laidh an*n*so', ar M*oeog*; 'tob*ar* comnaighthe na manach e, 7 ní mna is cnesda
p. 140 *ar*aon fríu.' 'Dodenam', ar | síad; 'lin*n*e a leth a ndiaigh ar bferain*n*.'
Luigh *i*ngea*n* an righ lá ná*on* do*n* tob*ar* día fothradhadh, *gur* ro len gainemh 7 g*r*ian an tob*air* di. Tig a hathair go M*oeog* do cuingidh forta*cht*a di, 7 no bheradh hé fei*n* a mbith-dilsi dó. Doníad samluigh.

(22) Fea*cht*us[2] día ndechaidh Moeog don mainisdir do fhios mha- naigh bo bháoi a tt*r*eabhlaid. 'Filid na manaigh uile a tt*r*eablaid', ol an tab, '7 dent*ar* libhsi a bf*r*esdal an gcei*n* beithi sun*n*.' 'As tualaing Dia a slanughadh', ol M*oeog*; 7 doronadh amlaidh. Teora lá dhoibh oga bf*r*easdal; 7 cuingis an tab for Moeog a bfhagbail isna gallraib cedna; 7 fágb*us*, gér bha doirbh lais.

(23) *Ocus*[3] luigh M*oeog* go Ferrna, dia bfhacaidh seisrech go gce*cht* 7 go niaran*n* narathair a toighea*cht* a gcianaibh cuige; 7 beiris lais hí dia tabh*air*t a nalmsai*n* do ingenaibh Aodha m*ic* C*air*bre, do bí ag cin*n*ed a mbetha do Dhia. Go ttarla bo*cht* dó forsan gco*nair*, 7 ro sir damh for M*oeog*. *Ocus* dob*eir* dó, 7 beiris na daim oile go hair*m*
p. 141 arabsad na | hingena. *Ocus* ni ro fhedsad treabhadh a niongnais
an dai*m* adubhra*m*air. Dochiadh da*m* ag toighe*cht* asan muir chugtha, 7 cuirid an cuing fair; 7 ro t*r*eabhadh amhail gach ndamh; 7 dothigedh a ttús gach aon laithe, 7 doteigedh isin muir gach naghaid. Teora mí dó forsan abairt sin.

(24) Fea*cht*as[4] do Moeog go bfacaidh tea*cht*a Daibhit Cille Muine go h*air*m araibhe. 'Eirg', ol síad, 'go Daibit. Tangad*ur* a tíu-laithe, 7 beir fair ria mbas.' Luig M*oeog* a mB*r*eathnai*m*, 7 dob*eir* co*m*na do Daibiot. 'Do geallas', ol M*oeog*, 'beith a nEirin*n* dorighisi.' 'Eirg si', ol Daibhiot, 'foran ttraigh, 7 gibé an*mann* egcen*n*ais dogebhair an*n*, eirg fair, 7 b*er*aidh go hEirin*n* tú; 7 cuirfed sa t'aos cu*m*tha ad deghaidh'. *Ocus* sgaraid f*r*ia aroile go mb*r*on 7 doghailsi, oir ba derbh

[1] §§ 20, 21 = M § 27 (V § 26); S § 23; Ir.[2] §§ 100-102. [2] = M § 29 (V § 28); S § 25; Ir.[2] §§ 104, 105. [3] = M § 31; S § 26; Ir.[2] § 114. [4] = M § 32; S § 27; Ir.[2] §§ 116, 117.

léo a neidirdhealughadh t*re* bhithe. Teid Moeog forsan purt, 7 dogeibh
ain*m*idhe egcen*n*sa an*n* nachar aithin, 7 teid fair, 7 b*er*es go Ferrna he.

(25) *Ocus*[1] doni t*r*osgadh cethracha la 7 adhaigh an*n*, amhail
dorin*ne* Iosa 7 Elías 7 Maoisi; 7 ni ro chuir fain*ne* na truall*edh*
fair.

(26) Fea*cht*us[2] do M*oeog* for bru Atha Io*m*dhai*n*, 7 bá sen*n*da
an tan sin | hé. Go ro fiarfaidh ara a carbaid de: 'Cia bus p. 142
bus esbudh a bFerrna tar t'eise?' 'In cedna fer gebhus an tath
ugad', ol sé. Dochiad buidhen a gcen*n* an atha go lamhach 7
baos*r*adh léo; 7 ba cleirigh iadso*m*. *Ocus* tig nech baoth diobh ar
ao*m*thus[3] an atha, 7 tig forsan ttulaigh araibhi M*oeog*. 'A naontoigh
riutsa as ail damhsa beith', ol sé. 'Cia h'ain*m* si?' ol Moeog.
'Moling', ol sé. Do ansad arao*n* a bfoch*air* a cheile go bás Moeog; 7
do goiredh easbudh a bFerrna do Muli*ng*.[4]

(27) Doclos[5] do Moeog iarsi*n* go raibhe b*r*ath*air* dó a ngeill ag righ
O Conaill Gabhra. Luigh go dun an righ, 7 ro con*n*magh[6] hé teora
lá 7 aghaidh a mbeol an dunaidh gan biadh gan digh. *Ocus* ro
diultadh an giall do tab*air*t dó, 7 fúair inghen an righ bás an adhaidh
sin. Beiris an rioghan a hinghen lé go hair*m* araibhi Moeog. 'Duisg
so damhsa', ol si, 'oir is tú ro básaigh.' Tai*n*ig cridhe Moeog fuirte,
7 doní edarguidhe for Día, 7 do eirigh an ingen; 7 ni tainic c*r*idhe an
righ for M*oeog*, 7 teid aleith eascai*ne* do dhenamh fair. 'Na hescai*n*
an righ', ol an righan, 'a*cht* cuir th'esgai*ne* foran lic ndimhoir | ugad.' p. 143
'Cuiri*m*', ol Moeog; 7 doní di chuid do*n* lic la breithir an naoi*m*.
Gabhais omhan an righ, 7 sle*cht*aigh do M*oeog*, 7 t*u*c an b*r*aighe dó;
7 dobheir Cluai*n* Claidhmhech a mbith-dilsi, 7 doní Moeog eglas
anor*aich* ann, 7 fagbhus blogh día naomaibh ag cantain oifice Dé
an*n*; 7 sg*ar*ais 7 an ri fria *ar*oile fo sith 7 caoin-cho*m*rac.

(28) Fea*cht*[7] do M*oeog* og t*r*iall do Chaisiol go ro oirisid*er* na heocha
baoi fó a charbad. Ba ma*cht*nughadh leosamh sin, go ccualad*ur* in
guth ai*n*glighe úasaibh: 'Ni do Caisil is déoi*n* do Dhía do dula', ol sé.
'Fil Guaire rí Con*nacht* a treabhlaid a gCill mic Duach. Eirig si go
hair*m* a bfhil sé; oir is duit do dheonaigh Día forta*cht* fair.' *Ocus*
gabh*us* an carbad an rao*n* go Cill mic Duach, 7 ro thior*m*aigh Deirgh-
dherc roi*m*e amhail gach magh. Go ttarla dís dóibh, go ro chuinnigsit
éolas fortha. 'Fedha 7 criathra uaibhsi go Cill mic Duach', ol siad,
'7 mas do muin*n*tir Día sibh, reighedh fei*n* an tslighe daoibh.' 'Is
éidir le Dia si*n*', ol M*oeog*; 7 doní magh reigh do*n* c*r*iathraigh, go
ndechad*ur* go Cill mic Duach. *Ocus* do shlanaigh Moeog Gúaire | la p. 144
grasaibh Dé, 7 do foillsigh dó beith t*r*iocha bliadhan a righe Con*nacht*

[1] = M § 33; S § 28; Ir.[2] § 118. [2] = M § 34; S § 29; Ir.[2] §§ 191–193.
[3] = ar amus. [4] Something erased between 'Mu' and 'ling'; perhaps the
scribe at first wrote 'Mochua', as in the Latin Lives. [5] = M § 35; S § 30;
.[2] §§ 123, 124. [6] = congbadh. [7] = M § 37; S § 32; Ir.[2] §§ 127–129.

go hiomlan, ⁊ téora bliagh*na* diobh a ttreabhlaid ; ⁊ nemh dó iar neag a logh a einigh ⁊ a *tr*ocaire.

(29) La naon[1] do Mhoeog og denamh aicce*cht*a do mac leighin*n*, go bfacaidh d*r*eimire orrdha ag toirnemh f*r*ia a thaobh ; ⁊ gabus M*oeog* an d*r*eimire súas. *Ocus* ['ar] ttoighea*cht* do, ro fhiarfaigh an m*a*c leigin*n* dé, cía conair dochuaidh. 'Colam Cille '*ar* negaibh', ol sé, 'glóir ⁊ oirmhidi*n* muin*n*tire nimhe ana dhail', ol sé, '⁊ dia moradh léo dodhechas [s]a.'

(30) Laithe naon[2] do Moeog, go ndechad*ur* buidhen la ceilg ⁊ amhainsi do cuingidh d*er*ce f*air*. *Ocus* ro fhagaibhsit a neduighe for dia*m*air ⁊ folach ; ⁊ do foillsighedh do M*oeog* sin ; ⁊ cuiris fios forna heduighibh, ⁊ dobheir a nalmsain íad do bo*cht*aibh oile ; ⁊ imthighid sio*m* ó M*oeog* gi*n* ed*ach* gin almsa.

(31) Bran*n*amh[3] m*a*c Echach, ri Laighen do m*ar*b Sáran*us*, do Laighnibh he. 'Doiligh liomsa', ol Moeog, 'cen*n* na mbo*cht*, ⁊ dinighthéoir na bfan*n* ; ⁊ go ttuite an lam sin do bhúail an fior-laith sin.'
p. 145 Luidh Moeog go Ferrna, ⁊ téid for fert B*r*an*n*aim. | 'Eirg suas', ar se, 'a nain*m* Iosa, ⁊ follamhnaigh do righe.' Tig Bran*n*amh asan bfert, ⁊ téid *ar*áon f*r*ia M*oeog*. 'Na beir misi aran saoghal ab*r*iosg', ol sé, 'léig mhé for nemh anosa.' Doni a fhaoisidi*n* f*r*ia Moeog, ⁊ dob*eir* deonughadh dó dul for nemh.

(32) Saranas dona luigh for fert Bran*n*ai*m* go naithrighe nd*er*bhair, ⁊ go ndíughaire truaigh. Tuitis a lámh de, a*m*ail ro chuin*n*ig Moeog roi*m*esin ; ⁊ ba maith eisio*m* iarsi*n* no go bfhuair bás assa haithle.

(33) Fea*cht*us[4] do Moeog ag *cur* tshil éorna, go ttai*n*ic oglach foran ngort. 'Is dealamh damhsa', ol sé, '⁊ atá cíos t*r*om aga*m* tig*er*na oram ; ⁊ is ail damh deirc do fadhbhail.' *Ocus* dobheir an eorna do bí 'na u*cht* dó 'ar ndena*m* óir di. Beirios leis an tór diá tairbert don rí. 'Cía o bfhuarais an tór?' ol an rí. 'Moeog dusrad damh', ol an tóglach. 'Éirghid tfhiacha lat', ol an righ[5], '⁊ beir si an tór go M*oeog*.' Ro chuir Moeog an tór iona eorna, ⁊ ro fhas mar g*ach* neornai*n*.

(34) La náo*n*[6] do Moeog ag denamh egalsa, ⁊ ni bfhuair sáor
p. 146 día crutughadh. Gó ros ben*n*aigh lamh dhuine día muin*n*tir, | diar bhó hain*m* Goban, ⁊ togbhus an eaglas go ndealbhadhaibh iongantachaibh, ⁊ go ng*r*esaibh bregha, n*ách* raibhi samhail di, ⁊ ni rugadh buaidh saoirse*cht*a on Goban sin fria rei*m*eas.

(35) Fea*cht*us[7] do M*oeog* og ion*n*mad a habain*n*, go ttainic aon f*r*ia dhruim, go ro chuir a dhi lái*m* f*r*is, go ro fhagaibh an*n*sa lin*n* dia

[1] = M § 39 ; S § 34 ; Ir.[2] § 171. [2] = M § 42 ; S § 37 ; Ir.[2] § 138. [3] §§ 31, 32 = M § 43 ; S §§ 38, 39 ; Ir.[2] §§ 142–144. [4] = M § 45 (V § 44) ; S § 41 ; Ir.[2] §§ 146, 147. [5] The scribe at first wrote 'an toglach'. [6] = M § 46 (V § 45) ; S § 42 ; Ir.[2] § 148. [7] = M § 47 (V § 46) ; S § 43 ; Ir.[2] §§ 161, 162.

bhathadh. Luigh M*oeog* a ttír iarsin gan taisi for fholt na erradh dó. ‘Log m’aincridhe damh, a cleirigh’, ol sé. ‘Is déoin damhsa Día da maithio*m*’, ol Moeog, ‘7 muna ab*ar*tha sin, do suighfedh an talamh tú. Dena aithrighe, oir doghebhair bás an cethramhadh la oníu an*n*sa ghnio*m* dorónais.’ *Ocus* do fioradh son.

(36) Laithe náon[1] di*ar* ghoid mheirlech caora do t*r*éd Moeog, luigh an meirlech ros ith an chaora don eglais do tab*air*t mion*n* in*n*te; og glacadh na mion*n* dotigedh cluasa na caorach tara beola amach.

(37) Dia mbaoi[2] nech uasal a Roi*m* Letha a bpairithlis, 7 ni ro
fhedsad náoi*m* naid legha forta*cht* fair; 7 tainig a nÉirin*n* do iarr*aid*
Moeog, iar gcloiste*cht* a miorbuile dó; 7 fu*air* M*oeog* bas roi*me*, 7 téid
sio*m* an*n*sa neilit*r*um ionar hiom|curadh Moeog, 7 dogheibh for- p. 147
ta*cht* fócedoir do grásaibh De 7 M*oeog*.

(38) Do bui[3] nech a ttreablait a Laighnibh t*r*iocha bliadhan, dia bfhacaidh fís .i. carbad do toighea*cht* do nim; cleireach aosda in*n*, 7 ban-óg. ‘Can daoibh?’ ol an toglach. ‘Misi Moeog’, ol an cléirech, ‘7 Brighid sun*n*. Amarach mo laithe si, 7 a noirt*ur* laithe Brigidi aníu[4]; 7 tangam*air* anúas do moradh gloire Iosa ion*ur* laithibh fein. *Ocus* bi sí ollamh’, ol se, ‘doghebhair bás an tres lá, 7 dogebhair an riogha*cht* nemhda dot an*main*.’ Luigh an fer nao*m*tha si*n*, Fion*n*tan a ain*m*, go Cill D*ara*[5] a Magh Life .i. reigles[6] la Brighid; 7 ro in*n*is don phobal an aisling adcon*n*airc, 7 fu*air* fein bás an treas lá, amhail ro fhoillsigh Moeog dó, 7 dochoidh dochu*m* ni*me*.

(39) Ro hoirnedh[7] Moling ana easbudh a bFerrna tareis M*oeog*,
7 ní teigeadh nech ar bith do shuan a nio*m*daigh M*oeog*. ‘Tiocfaidh
dio*m*sa súan do dhenamh in*n*te’, ol Moling. Teid ’san io*m*daigh, 7 ro
buaidhredh 7 ro gallraidhedh hé, 7 ni ro fhed súan in*n*te, no gur guidh
Moeog go diochra um forta*cht* fair; 7 do | fhuair fócedoir tre guidhe p. 148
Moeog dó. Fagbas Moling an iomdhaigh, 7 asbert nachar diongmhala
do duine da mair dul in*n*te.

(40) *Ocus*[8] gé docuaidh Moeog for ni*m*, nir sguir dia mhiorbuilibh a talamh. Óir donithi lá uir, 7 la a earradh, 7 lá thaisibh slanughadh dall, 7 bodhar, 7 bacach, 7 na nuile eslai*n*te arcena. *Ocus* ge do in*n*sio*m*air *ar*áill do miorbuilibh Moeog, ní hé a nio*m*lai*n*e do in*n*siom*air*. And*ara* lá do mi Febriairi docoidh Moeog a naontaigh aingel 7 arcaingel, a naontoigh na nao*m* T*r*ionoide .i. Athair, 7 Mac, 7 Spiorad Nao*m*. Amen.

FINIT.

[1] = M § 50 (V § 49); S § 46; Ir.[2] § 166. [2] = M § 56 (V § 55); S § 52; Ir.[2] §§ 251, 252. [3] = M § 57 (V § 56); S § 53; Ir.[2] §§ 253–255. [4] = oniu. [5] MS. Cill Chlara. [6] MS. reigler. [7] = M § 58 (V § 57); S § 54; Ir.[2] §§ 256–258. [8] = M § 59 (V § 57[b]); S § 55; Ir.[2] §§ 248–250.

f. 168a

Betha Máedócc Ferna.

i. (1) Do boi[1] duine uasal saidbir hi cCon*nacht*uibh darb ain*m* Sédna m*a*c Eirc, m*ei*c Feradhaigh, m*ei*c Fiacrach, m*ei*c Amalgaidh, m*ei*c Muiredh*aigh*, m*ei*c C*ar*taigh, m*ei*c Eirc, m*ei*c Each*ach* m*ei*c Colla Uais, m*ei*c Each*ach* Doimhlein, m*ei*c Cairpre Lifecair, m*ei*c Corpm*ai*c, m*ei*c Airt, m*ei*c Cuin*n* C*et*-cataigh. Boi ben aicce dar bo hain*m* Eithne; 7 do shiol Amhalgadha m*ei*c Fiacr*ach* m*ei*c Each*ach* Muigmedhoin disein. Ni raibhe oighre meic nó ingheine aca. Doguidhet*ar* Dia go diochra duthr*acht*ach fá mhac diongmala d'fág*hail*, dogébh*ed* a nionad dia neisi. Doronadh dércae díáirme, 7 troisgthi, 7 tredenais leo fan adb*ar* sin. *Ocus* doguidett*ar* naoimh 7 fireoi*n* léo, go ffaghdais a nath-cuinghe on aóin Dia.

(2) Batt*ar* a ffochair a ceile i*ar*sin .i. Setna 7 Eithne; 7 do*con*nairc Eithne aisling .i. m*ar* do thuitf*ed* rélta anúas do nimh ina bel; 7 do*con*n*air*c Setna féin an aisling c*et*na .i. relta do nimh do thuitim i mbel a mħa. Iar neirge doibh do in*n*setar da cheile a ffacat*ar*. *Ocus* do in*n*set*ar* an aisling do daoinibh glioca géir-eolchá. Asedh im*morro* adubratar sein ríu. 'Rélta', ar síad, 'do theoraigh na riogha dochum Criost da adhradh, an tan ruccadh 'san mBethil é. *Ocus* trésan ccom*ar*rdha ccedna sin do foillsighedh daoibhse, geinfider mac uasal onorach uaibh, 7 bidh lán do rath 7 do grasaibh an Spior*ait* Naoimh é.' As an*n*san oidhce c*et*na si*n* do gein*edh* an nech naomhtha nert-cum*acht*ach i mbroin*n* a mhath*ar* .i. Maodhocc, 7 as *ar*an adb*ar* sin ader*ar* mac na reltain*n*e ris.

ii. (3) Docoidh[2] Eithne ina c*ar*p*at* do dul le toiscc la eiccin asa haithle si*n*, 7 hi torrach ar Mhaodhócc. Tarla draoi fir-eolach di arin slig*edh*. *Ocus* o 'tchual*aidh* so toran*n* 7 foghar an charpait cuicce, adubhairt: 'As fo righ reithes an c*ar*p*a*t so cuccain*n*; no fo grasaibh an
f. 168b Spior*ai*t Naoimh.' | Dochuaid nech aca da fechain cia ro bai an*n*. *Ocus* do*con*n*air*c nac r*aibh*e aoinnech ele an*n*, acht Eithne 'na haon*ar*. Atb*er*t an draoi ria iarsin: 'Berai si mac maiseach mor-chum*acht*ach', *ar* se, 'b*us* lan do rath 7 do ro-grásaibh an Spior*ait* Naoimh.'

iii. (4) Rucc*adh*[3] *tr*a an mac sin i nInis Brechmaighe for Magh Slecht go sunradach. Ro ba foll*us* im*morro* comartha 7 *air*rdhe[4] naomthachta aran naoidhin nemh-urcoidigh sin iarna breith *tr*e ghra*saibh* an Coimdedh; óir an tionad ina rucc*adh* e, ni raibe easbhaidh soillse do lo no d'oidhce le haimsir fada and.

[1] §§ 1, 2 = M § 1; S § 1; Ir.[1] § 1. (Except where noted the sections of V are the same as those of M.) [2] = M § 2; S § 2; Ir.[1] § 2. [3] = M § 3; S § 2.
[4] comardhion A, H.

(5) Ceidfert[1] Maodhocc iarna breith .i. an lec fora ruccadh da baistedh he, no bidis cach asteach 7 amach aga niomluadh uirre amhail gach nartrach eile.

iv. (6) Fiort ele d'fiortaibh Moedocc .i. bacan na bainfighidh baoi hi llaimh Eithne ag breith[2] an leinimh do maidhe cruaidh coimhfeodhaige cuill do beith fo dhuille 7 fo dhegh-blath ina dhecch*aid*, go ffuil an coll sin ina cran*n* nuaidhe nem-*arsaidh* a ccomh*ar*ta an fherta sin i nInis Brechmaighe fós. Aderatt eol*aigh* na criche frisan ccoll sin, an tan cuirter a úir et*er* braigdib et a niaran*n*[3] *iar*na cur fo naoi naifren*n*aibh, go nélait gan fuir*ech* asa haithle.

(7) *Con*idh do cuimniucc*adh*[4] na ffert si*n* doronadh an laidh si:

[A] ceidfert Maedocc na mion*n*
Da eis go follus fuicfiom;
A nairemh as diom dlegar,
Dligidh fili foillsiugadh.

Leac *ar*ar baisttedh Aodh ócc,
An naomh miorbuileach Maodhocc,
On purt go 'roile ag rochtain
Si 'na hethar iomlochtaigh[5].

Fiort ele da fiortaibh sin,
Magh Slecht le h'ath*aidh* d'aimsir
Do ló 's d'oidhce, ceim coimsi,
Se uile fa en shoillsi.

Cran*n* mna fighi frith istigh,
I llaimh Eithne re niodhnaibh; | f. 169[a]
'Na mhaide coimhféoidhe cuill,
Beith[6] fo duille úr-álain*n*.

Ata an coll sin 'na choll úr,
As biaidh coidhce gan chlaochludh,
Go ndech crioch aran ccruinne,
I nInis blaith Brechmaighe.

Do buadaibh chuill Maedhoicc moir,
A uir 'na urchascc[7] eloidh
Biaidh ag eirge go brath mbecht,
Tuill*edh* a ccen*n* a céidfert.

Cétfert.

v. (8) Ro baistt*edh* tr*a* an noidhe naomhtha nós-oird*er*c sin le cruim*t*er craibht*ech* caoimh-genmn*aidh*, 7 le haingeal a fhoircoimhetta iarsin.

[1] §§ 5–16 peculiar to Ir.[2] [2] iodnúghadh H. [3] a niarainn A. [4] 7 do choimh-thaitmhioch *add.* H. [5] iomluchtaidhe H. [6] a bheith H. [7] urchóid H.

Tuccádh da oilemhain 7 da altrom d'O Dubhtaigh[1] e, .i. Dubhtach[2] mac Duibhdacrioch meic Brenainn, meic Fergna[3], meic Fergusa; óir asé, Dubhtach, an seisedh mac boi ag Dubhdacrioch, mar derbhas an fili:

Se meic Duibhdacrioch ro clos,
Dubtach, Doghran drech-solas,
Maolbennachtaidh[4], Murchad mas,
Guaire, *ocus* Fannan folt-cas.

(9) Ro hoiledh go diochra duthrachtach le hua nDubhtaigh, 7 leisan ccuid ele don lucht oilemhna an lenamh ni ba friochnamaighe ria[5] aoinnech ele, 7 dorinnedh a coimhett o gach uile ni neim-dligtech, ar lasadh 7 *ar* soillsiucchadh an Spiorta Naoimh go hiomarcach ann[6]. Tuccsat a lucht oilemhna .i. a bhuime 7 a bhan-coimedaidhe tre seirc 7 tre gradh[7] tormach 7 meduccadh anma go follus fair, amhail as bés do buimeadhaibh búidhe 7 buan-gradha .i. mo Aodh óg, aga gairm dognath aca de. *Con*idh airesin ro len Maodhócc d'forainm fair seach na hanmannaib ele.

vi. (10) Ro ba follus *tra* rath an Coimdedh cumhachtaigh forsan mac sin .i. for Maodhócc, tar macaibh ele a aimsire. 'Cían ámh ro bai aga tairngire', oir do tairngir an faidh fire .i. Fionn mac Cumhaill, cenn fesa 7 faistine na hErenn, an tailgenn toccaidhe .i. Maodog mórdha miorbuilech, mac Setna, seal fada 7 aimsir imcian riana geinemain .i. aimsir fichet righ do rioghaibh Erenn .i. o aimsir Airt meic Cuinn Ced-cathaigh, go aimsir Ainmire meic Setna, meic Fergusa
f. 169[b] Cenn-fada, meic *Con*uill Gulban, | meic Neill *Noi*-giallaigh, 'sa aimsir a ruccadh Maodocc; oir do bái an fad sin eter Fhionn 7 eissiumh an tan ro tairngir a theacht, an tan ro marbh Goll mac Morna Ferna mac Cairill, mac rígh na nDeisi Muman; 7 oglach gradha d'Fionn eisem.

(11) *Ocus* aga adhlacadh fo talmain[8] tucc Fionn a ordog fona déd fis, gur foillsicchedh fios fírinneach dó ina decchaid, 7 gur ceiledh ainffios fair. 'Dar mo breithir', ar se, 'a Fherna meic Cairill, as moghenar dhuit ro hadhlaicedh 'san ionad sin ara mhed do cheolanaibh coimbinne 7 d'finn-leabhraibh eolcha, 7 d'iodbartaibh cuirp an Coimdedh bías os do cionn go deiredh domain.'

(12) *Ocus* bói acc tairngire Maodocc, *con*dubairt an laid:

Ath Ferna,
Áit a mbia Maodocc feabda;
Aniu cidh[9] iomdha a cuana,
Bidh iomdha a nualla nemhda.

[1] do Dubhthach H. [2] Dubh Br. [3] meic Fergna, on margin. [4] Máol bhennacht is H. [5] ní is dithniosuidhe 7 níos degh-friochnamhuidhe no H. [6] cf. M § 3; S § 2. [7] trom-annsacht A, H. [8] fo fhochlaidibh na talmun A; fo fhochladha na t. H. [9] ciadh id H.

Ath Ferna na feorain*ne*,
Bidh feabhda an fer 'ga mbia;
Doroiset an*n* an*mcar*ait;
Bidh ait ionmain le Dia.

Doria Maodhócc muinterach,
Maisi greine tre ciotha[1];
Doria mac na reltain*ne*,
Relta buadach tre bithi.

(13) Doria Maodhócc muint*er*ach
Tar Áth Fionnglaisi Fiaa;
Bidh tailgion*n* ros toirgeba;
Bidh sroibh-gion*n* duine Diaa.

Bidh e an tionadh aingli*dhe*,[2]
A mbia fian ban i foluc[h]t;
Doria Maodhócc muinterach;
Mochion rígh d*ar*ab ro-lucht.

Bidh é an torc tren turc*r*ut[h]ach,
Bidh e an las*air* bhorr-brátha;
Doria Maodhocc muinterach;
Bidh ton*n* t*ar* iol*ar* atha.

A.

vii. (14) Ro tairngir t*r*a athair baitsi 7 buan-creidmhe ffer nEr*enn* .i. nao*mh* Pat*r*aicc, an naoimh-erlamh c*et*na .i. Maodhocc milis-briathrach mor-cumachtach, an tan bói ag siub*al* droibel 7 ditreab O mB*r*iuin; go ccualadh claiscetal coimmbind, comhcub*aid* na naingeal | ina foccus, 7 ceola iomdha iolarda, 7 airpeit*edh* ailghen aingl*idh*e, f. 170a 7 nualla nemhda 'ga labhra 7 'ga luath-cantai*n*. Ro fhiarf*aigh*ett*ar* na tri caocca naoimh-cleir*igh* batt*ar* i ffa*r*r*adh* Pat*r*aicc; 'Cidh *ar* nach anmaid 'san ion*adh* ina ffuil nuall 7 ceol na naingel, 7 aittreabh 7 com*naidh*e do denamh 'san druim si ata leth re han .i. leith re huiscce.'

(15) 'Bidh é sin a ain*m* go brath', ar Pat*r*aicc .i. Drui*m* Lethan. *Acht* ata ní cena; ní duin*ne* ata a ndeonucch*adh* anadh an*n*, *acht* d'Aodh m*ac* Setna .i. Maedócc Ferna, naom miorbuil*ech* mór-cum*acht*ach, cend 7 codhnach naomh Leit[h]e Cuinn a ccoitcin*ne*, 7 d'Oirghiallaibh .i. do clan*n*aibh na cColla a chinel, 7 don Breifne foighenus, oir as in*n*te geinfider é, amhail atá a ttuicsi 7 a ttairngire, a ccion*n* *trichat* bl*iadan* oníu i nInis Brechmaighe i Muigh Slecht Con*n*acht. *Ocus* as dó atá a ndan an tionad so d'aitreab*adh* 7 d'aitiucchad. *Ocus* cidh aidbhseach libhsi an lion cran*n* ata isin drui*m* attaidh .i. Drui*m* Lethan, ní lía íadsein ina órtha 7 ioman*n*, psalm 7 slechtai*n*, almsa 7 aifriond

[1] cithe A, H. [2] oirdnide A; ornnuighe H.

dogent*ar* an*n* re lind an erlaim uasail ainglich, 7 an fireoin fhoirbthi il-cum*acht*aigh, 7 an tailgin*n* miodhchuir mór-chraibhthigh .i. Maodhog m*ac* Setna, 7 fos ina decchaid go deiredh domhain'.

(16) Ro bhaistt 7 ro bhend*aigh* Pat*r*aicc an baile re Maodhócc an*n*sin. Ro fáccaibh rath 7 ro-chonach, sobharthan 7 sonus, soicheall 7 saidhbres, buaidh fosaici 7 fritholma fair, 7 a onoir os cach; go ndub*air*t an rosc :

Foillsigim fios firinnech
Daoibh, a cleirchi creidmecha,
Ó Dhia dúinn do deimhnigedh,
Ni damhsa ro deonaighed
Anmain isin ionad sa,
D*r*uim Lethan, nach laimheochur ;

Acht don tailgion*n* tocc*aidh*e,
Do Mhaodhóg fial aingli*dhe*,
Cend naomh *ocus* naomh-erlamh
Leithe Cuinn[1] rea comhairemh ;
Do shiol Cholla chath-buadhaigh
Airemh a glun ngenel*aigh*. |

f. 170[b] A ccionn *trichat* tren-bl*iadan*,
Ar Magh Slecht go sunnradhach,
Geinfidher an glan-mac si*n*,
Mac rathmar na reltainne.

Go brath bidh hé a fhorain*m* siumh ;
Bennaigi*m* si an baile si,
A mbia an firen foirgli*dhe*,
Suil tí Maodhócc moir-fertach
Da cao*m*hna[2], da chomfurtacht,
Da coimett, da coisrecc*adh*.

Biaidh onoir na háiti si
Ó Mhaodhocc acc médachadh,
Go ttí laithe an luan-brat[h]a ;
Daoibhsi festa foillsighim.

Foillsighim.

viii. (17) 'Ar mbeith[3] do Maodhocc ina mh*ac*caomh occ anarsa*idh* i*ar*si*n*, tainic Ainmire m*ac* Setna, m*eic* Ferg*us*a Cend-fada, m*eic* *Con*uill Gulban, m*eic* Neill *Noi*-giall*aigh* .i. rí E*renn*, i nUibh Briuin d'faghail giall 7 braighdẹdh uatha, m*ar* fa gnaith-bes agna rioghaibh 7 agna tigernaibh an tan sin. Tucc*adh* Maodhócc do a mbraighden*us*

[1] H, in zeal for the honour of the Saint but to the ruin of the metre, inserts '7 Laighionn'. [2] no *add.* H. [3] §§ 17–19 = M § 4 ; S § 3 ; Ir.[1] § 4.

ona ath*air* .i. ó Shetna m*a*c Eirc, a ccu*m*a caich, óir fa fer laidir lán-conaigh an Sédna si*n*.

(18) Acc imt*echt* im*morro* d'Ainmire ara ais, batt*ar* a braighde roimhe 'san slicched. Do foillsicc*hed* grasa an Sp*iorai*t Naoimh do ri Er*enn* for Maodhócc t*ar*na m*a*cc*aibh* ele. Do raidh an rí 'arna faicsin sin : 'As foll*us* foirbhthe fír-grásamhail an m*ac* sa .i. Maodhocc', ar se ; '7 bidh eiccen dó beith im fharr*adh* sa foran ccu*airt* righ fora ffuilim ; no, madh ferr lais a leiccen amach, 7 dol dó tara ais, doghebha a rogha dibh.'

(19) Do raid Maodhóc aga clois*techt* sin : 'Masa meisi as ail let do leiccen sáor uait, guidhim tú a nonóir na naomh T*r*inoide go leicce na m*a*ccaoimh si ele saór uait on mbraigden*us* ina bfuilet.' 'Do-geb*air* si an athcuinghe si*n*', ar an ri. Do leiccedh doibh uile tion*n*tudh dia ttigibh i*ar*sin. Do athain Ainmire e féin do Maedócc a nan*m*-c*air*des, oir da tuicc sé gomadh colaman comhdaingen isi*n* ecclais catoilice é iarsin, amhail ro comhaill*edh*. Conid hí céd-onoir | Maedócc f. 171a
*con*a m*a*ccaomhaibh an*n*sin,[1] grasaibh an Choimdedh ina coimlen-main.[2]

ix. (20) La [3] da raibe Máedhocc ag cluiche maille f*r*i buachaillibh *ar* fud an fherain*n*, 7 sé ag coimhétt caorach a bhuime, tangat*ar* o*cht* ccoin allta a naoi*n*fe*cht* cuicce go mín muinterdha, 7 síad bocht, anfan*n*, oc*a*rach. Ro fhech san orra, 7 adubairt riu : 'Tocc*baid* libh', ol sé, 'ocht muilt don tred, 7 ithigh iad.' Dorinnett*ar* na coin amhail do ordaigh Maodhocc doibh, 7 dochuat*ar* fon ccoill ; 7 do ba le buime Maedócc na muilt si*n*. Dochuat*ar* na buachaill*edh*a don baile go luath i*ar*sin, 7 do in*n*isett*ar* do buime Maedocc an gniomh sin.

(21) Do eir*igh* an buime maille le feircc moir go Maedócc. Gabais éccla mór Maodócc aga *faic*sin ; 7 adub*airt* : 'A Dé na nuile cum*acht*, 7 a Tig*er*na, a Iosa *Criost*, foir 7 fort*aigh* oram, oir as at onoir doratt*us*a biad dona bo*cht*aibh ocaracha.' Do bar foll*us* an uair sin ocht muilt dob ionan*n* dath 7 mét 7 cuma risna ced-caorcaibh et*er* Maedhócc 7 a bhuime. Tangattar go min muinterdha m*ar* na caorcha ele d'ion*n*-saighe an treda. Ní fidir neach fo nimh osin alle cait asa ttangattar don toiscc sin ; *gur* hoird*er*caigedh ainm De 7 Maedócc tresna mior-builibh si*n*.

(22) *Con*idh da derbadh sin dorin*n*e an tughdar an laidh sin :

La do Máedhócc, fa mor rath,
Da bhuime ag coimhétt caorach,
Go ffaca lea taobh acc tea*cht*
Na ho*cht* ccoin allta a naoinfecht.

[1] tre *add.* H. [2] cona dó sin do chan an file an sgéul sa *add.* H, i. e. so that it was with reference to this that the poet sang the following tale ; but no poem follows. In A a space is left. [3] §§ 20–23 = M § 5 ; S §§ 4, 5 ; Ir.[1] § 5.

Dona conaibh, cenn[1] a ccend,
Gabhais trocaire an tailgend;
Seach na hainmin*n*tibh ele
Siad bocht, deroil, díblidhe.

'Óm buime, ettraibh as ecc,
'Beir*idh* o*cht* muilt don mhór-tred
'Ar son Dé', diochra an toinech,
Do raidh Maodhócc miorbuil*ech*.

Dith a caorach o'tcual*aid*
Buime an erlaimh iol-buadaigh,
Ferc adbal uirre *ara* son,
Rer lion uamhan an terlamh.

Aodh m*a*c Séttna, *ar* nar lér lo*cht*,
Ar Dhia do iarr a furtacht |
f. 171b Ar fheircc a bhuime gan mes.
'Na hacch*aid* nir iarr aighnes.

Do luach einigh Aodha óicc
Fu*air* tiodlacad on Trínoid;
Ocht caoir*igh* oile ar áon dath
Ar cuma na cced-caorach.

Saorthar le cerd na cruinne
Aod ócc ar feircc a buime;
Mac Sétna fa treisi atá
Ag Dia Atha[i]r gach en la.

La.

(23) Antan t*ra* atcon*n*airc ath*air* 7 math*air* Maedócc méd na ng*ra*s do tiodlaic Dia dó, dochuir dochum leigin*n* é, go ndechaid clú a c*ra*b*aidh*, 7 oird*er*cas a foghlama, a eccna 7 a aird-leighin*n* co comhcoitchenn fo cach.

x. (24) La[2] da raibe drong naomthach nemh-pect*ach* ag guide Dé go dutr*acht*ach fa foillsiugh*ad* doibh ionad a neiseirge, óir dob ail leo seirbis do den*am*h go duth*racht*ach do Dia an*n*, tainic an taingel da nion*n*saigh*ed*, 7 do raidh riu dol m*a*r*a* raibe Maodocc, 7 go ffoilseochad sé doib inad a neiseirge. Dochuatt*ar* san cuicce le breithir an aingil. Ro fhíarf*aigh* Maodhócc dibh: 'An ccualab*air* guth cluicc ag toidhe*cht* an*n*so daoibh?' *ar* se. Adubhratt*ar* san, nach ccualatt*ar*. 'Teccaidh limsa, masedh,' *ar* sé, 'go ffoillsigher ionad bar neiseirge daoibh.' Docuat*ar* lais, 7 do thecaiscc doibh m*ara* mbiadh a neiseirgi, *gur* mairett*ar* an*n* go haimsir a mbais i mbeth*aid* mio[r]builigh mór*con*aigh.

[1] cethna H. [2] §§ 24, 30 = M § 6.

xi. (25) La ele[1] do Maedócc i nionad seicréittiuch ag legad a psalm. Tainic fiadh curthe[2] comhtuirsech cuice, 7 gadhair go tinnesnach aga tafann, 7 dorinne comhnaidhe hi ffiadhnaisi Maodhóg. Do thuicc Maodhócc gurab ag iarraid comairce do dénamh dó do bí sé. Cuiris Maodocc a paidrín fo codnaibh[3] an fhiadha. Do lenattar na gadair an fiadh, 7 is amlaidh do foillsiged doibh, a bheith i ndeilb duine. *Ocus* nir lenattar na gadhair an fiadh; gur imthig gan urcoid do denamh dó, | iar ccur an f. 172a
paidrin de. Gur moradh ainm Dé 7 Maedocc tresna miorbuilibh sin.

xii. (26) Do ba[4] companach da ceile Maodocc 7 Molaisi Daiminsi. Tarla doibh beith a bfocair a cele fo bhun da crand aon do laitibh ar Magh Slecht a mBreifne Connacht. Battar ag guidhe Dé go duthrachtach ima fhoillsiuccadh doibh 'n a ffochair a ceile no bheittis, no an budh eiccin doibh dealacadh le ceile. Ro tuittsetar na croinn fo bhun arabattar an tan sin .i. crann budhthuaid, 7 crand oile buddhes. An crann immorro fo bun araibe Molaisi, ase do thuit fo tuaid; 7 an crann fo bun araibhe Maodhócc, asé do tuit budhdeas.

(27) Adhubhrattar san ainnsein: 'Ata comhartha ar ndeilighthe annso', ar siat, ''arna thabhairt duinn o Dhia.' '*Ocus* as amlaidh dleghmaitt ne imtecht o ceile, doréir mar do tuitettar na croinn don chur 'sa', ar Maodhócc, '.i. tusa budtuaidh, a Molaissi, 7 misi buddes.' Celeabrais cach da ceile dibh 'nadecchaid sin; 7 tuccattar pócca go mín muinterdha da ceile. Teid Molaisi go Loch Eirne budtuaidh, 7 cumdaighis ecclas álainn oireghda ann .i. Daimhinis. Téid Móedhocc buddes, 7 cumdaighis ecclas alainn, 7 cathair onorach ele andsein .i. Ferna Mór Maodhócc a lár Laighen.

xiii. (28) Fechtus ele[5] dar baithed Daimhin mac Cairpri, an Damhargaitt, annsein .i.[6] meic Eachach meic Criomhtainn meic Feicc meic Deghad Duirn, meic Rochadha, meic Colla Focrich, meic Eachach Doimlen .i. fer calma cumachtach do Chonnachtuibh, 7 dias lenamh ele ina fochair for Loch Eirne, ni frit *immorro* a chorp re a toccbail. Ro shiubhail *tra* mathair Daimhin ar morán do naomhaibh Erenn aga iarraidh orra cuirp na lenab d'fagbail léna nadhlacadh. *Ocus* ní fuair an athcuinghe sin o áon aca. Adubairt Molaisi Daimhinsi ria: 'An isin ionadh sin', ar sé, 'no go ttí Maodócc cuccat, oir atá a fhios agam go ffuighe se na cuirp útt lea ttoccbail; 7 go ndingne a naithbeouccadh tre grasaiph an Spioraít Naoimh.'

(29) As gerr inadecchaid sin an trath tainic Maedhocc | da nionn- f. 172b
saicched. Ro innis an bhen dó gach ní da ndubhramar, 7 do bái ag

[1] §§ 25, 31 = M § 7; S § 6; Ir.[1] § 6. [2] corrtha coimhchreachtnaigthe A; corrtha coimhcheachtach H. [3] fa chomhladhaibh A; fana braghaid no fá chomluidhibh H (omitting 'an fhiadha'). [4] §§ 26, 27, 32 = M § 8; S § 7; Ir.[1] § 7. [5] §§ 28, 29, 33 = M § 10; S § 9; Ir.[1] § 9. [6] The words 'annsein .i.' are enclosed within a line; probably they should be omitted.

cáoi, 7 acc toirrsi go hiom*ar*cach ina fhiadhnaisi. Gabhais truaighe 7 trocaire Maodhócc fadeoigh dhi. Docuaidh Maodhócc 'chum an locha, 7 dorin*ne* urn*aigth*e deithnesach go Dia, *gur* eirgett*ar* na leinibh béo o bás go beth*aid* chuicce, 7 do fhoccair da maithribh iatt asa haithle. Mar do*connair*c C*air*p*re* mac Each*ach* a mhac do dhuscc*adh*[1] a bás, tucc*ustair* é fei*n* 7 a mhac a mbith-dilsi do Dia 7 do Maodhócc go brath, 7 a shiol ; 7 sc*r*eapall gacha tighe for naoi *tr*ichait *cêt* Oirgiall. Ro mor*adh* ain*m* Dé 7 Móedhocc tríttsin.

(30) *Conidh* da dherb*adh* sin adub*air*t an file :

Sccél ele *ar* Aodh d'airidhe,
Mor rea sccaoiledh a sccela;
Dob é an faidh re faistine,
Oighre[2] saor-clan*n*da Setna.

D'feraibh naomhta neimh-treithe
Ticc drong chuicce tre[3] c*air*des,
Fios ionaid an eiseirge
Do bí orra 'na ainffios.[4]

Tucc a menma *ar* meducch*ad*
An drong deisccreid*ech* deor*adh*,
Fód a mbáis gan breccnacadh
Fu*ar*att*ar* uadha a eolas.

Re ceile do caithett*ar*
A re uile 'san ait sin,
Gan iad uaithe d'aitherrach,
A mbethadh cennsa craibhtigh.

(31) An fiadh cuirthe comthuirsech
Dochí cuicce 'sa conair,
An firén rán ro-cuimsech[5]
Dorin*ne* a chaomhna ar conaibh.

(32) Crábh*udh* an da criost*aide*,
Ca cráb*udh* b*ud* mó maise ?
Dob é an cadach criochnaighe[6]
Cadach Maodhocc le Molaisi.

Tucc Dia an doigh a ndealaighthi
Na[7] da ccroidhe '*ar* cc*ur* ceille,
Do comh*ar*ta cedaighthe
Tuitim na ccran*n* o cele.

[1] dhusacht H. [2] mac A, H. [3] le A ; re H. [4] aincheas A ; ainchios H. [5] rámh ro-tuigseach A, H. [6] criochnuighthe H. [7] ina H.

An trath sin do tuiccett*ar*
A ccur *ar*aon o'roile,
Druim coidhche docuirettar
Le céle, *acht* a dá ccroidhe.

Ticc Molaissi ócc eccn*aidh*e
Go Daimh-inis, dún daingen, |
Teid Maedocc[1] fial fec[h]tn*aidh*e f. 173[a]
Go Ferna lan-moir Laighen.

Ata fris[2] gach naon adb*ar*,[3]
Gibhe do biadh 'ga[4] nguidhe
O Righ nimhe as naomh-talman
A naonta i nen ait uile.

Molaisi[5] do mhuin moir-creidim
Ar Sliabh Betha, bert[6] cabhra,
Fuair on aingel d'foirighin
Soillsi 'sa duibh-re dorcha.

(33) Mac Cairpre dein, deigh-ceill*igh*,
Daimhin, n*ar* treth[7] a ttach*ar*,
Báitior hi sruth sein-Eirne,
As dias ele 'na f*ar*r*adh*.

Naoimh Banba do bhinn-fhocl*aibh*
Guidter lea mathair meir-gil
An u*air* si*n*, gerb iom*ar*cach,
Fa aisecc anma a hén mic.

Go ranaicc Aodh oirdn*idh*e,
O naomh ní fhuair a hiarr*aidh*,
An firen fial foirccl*idhe*,
Do coimeitt riamh a riagail.

An rioghan fhíal fír-lainneach,
'Ar ttaistel iuil is ariuil,[8]
Ar Mhaodócc mór miorbuil*ech*
Guilis go tuirs*ech* taidhíur.

Gabais t*r*uaighe an terlamh sin
Fa mnaoi na tuirse truime;
Doghuidh asan nger-gul sin
Maodhócc fa furt*acht* uirre.

[1] The scribe first wrote Molaise. [2] fá A, H. [3] adh*buidh* (?) A; adhbhall H. [4] aga A; aiga H. [5] Maodhóg A, H. [6] as bert A; is beart H. [7] threithi A; thré H. [8] *sic* MS.; ainiuil A, H, probably rightly.

Mac Cairpre caoimh cath-tréoraigh,
Daimhin, fa crodha i ccathaib,
An trath si do thathbeoaigh,
'Ar mbeith báite le hath*aid*.

Daimhin an t*r*iath t*r*om-gonach,
'Ar neirge o bás go beth*aid*,
Tucc clan*n* Colla comramach
Fa chíos Máedocc gan mebhail.[1]

Screpall gacha hen tige
Do naiscc *ar* uaislibh Oirgiall
Do Mhaodócc saor sheimhidhe
'Sa beith coidhce 'ga coimriar.

Tucc diultadh don droch [2]-einech,
Nach tucc ennech ria roi*me*;
Ar Mhaodócc fíal foighittn*ech*
Iom*da* sc*r*iobhtha sgel ele.

xiv. (34) 'Ar bfás [3] im*morro* do clu 7 do caomh-naomht*acht* Mhaodhócc uile amhl*aid* sin, tangatt*ar* daoine iomdha as gach aird d'Eirin*n* do beith fona smacht 7 fona riaghail. San*n*taighis Maedhócc a
f. 173[b] thalamh 7 a thír | fein d'faccbail, 7 dul for teiched ass, óir nírb ail leis beith fan onoir, 7 fan airmittin irraibe.

(35) *Ocus* [4] smuainis dol dia oilithre do*n* Roimh, 7 d'foghlaim fhesa 7 eolais an scrioptura diadha go deithitnech,[5] m*ar* donidis na herlaimh 7 na craibtigh ele 'san aimsir si*n*. Is iadso an lu*cht* cumain*n* 7 coimhitt*ech*ta aithrister do dhul le Moedocc forsa*n* mó*r*-tur*us* sin .i. Caillin craibt*ech* caoimh-genmn*aidh* o Fhiodhnach Maighe Réin, a oide foghlama 7 foircetail fein; 7 Molaisi diadha deigh-eolach o Dhaim-inis; 7 Ulltan aobhda eccn*aidh*e o *Ar*d [6] Breacain, óir fa lu*cht* aonta 7 aon-chadaigh i nnim 7 i ttalmai*n* da cele an cethr*ar* sin.[7]

(36) *Ocus* fos [8] an cethr*ar* cobhsaidh céill*ech* coccúsach ele, do ba lu*cht* ruin 7 ro-thairise aicce tar gach náon .i. Cele, 7 Aodan o Ferna móir Maodhócc, Faircel*lach* o Druim Lethai*n*, 7 Ferg*us* o Ros Inbir.[9] Is iadsin an cethr*ar* da ttug Maodhocc taiscc*edh* 7 coimhétt a mhórmaithesa, 7 a mór-*con*aigh, an fedh ro boi ina beth*aid*; 7 da ttucc

[1] mheadhadlı H. [2] trom- A, H. [3] = M § 11; S § 10. [4] §§ 35–56 are an interpolation of Ir.[2]; the true continuation of § 34 according to the M text is c. 21 (§ 57) below. [5] deithnesnach H. [6] bioth-oirdheircc *add.* A. [7] re chach 7 iar ccách *add.* A. [8] For the passage 'Ocus fos .... Ros Inbir', H reads: '7 fós an cethrar eile do, do bhi 'na ccomarb*aibh* aige .i. Ó Feirchiall*aigh* .i. a ced-chomorb*adh* Maodhoige, 7 as follus sin, da brigh gu rab*adh* é comhorb*adh* Druime ré han é, 7 ó Fhernaidh lán-mhór Laighion; 7 Ó Ferg*us*a ó Ros Inbhir na nAing*eal*; 7 Ó Dubhthaighe*dh* (?), 7 Ó Duibhgionán.' [9] na nAingeal *add.* A.

cenn*us* ⁊ comarb*us* a cheall ⁊ a caoimh-ecclas, tob*ach* a chiosa ⁊ a chana i noigre*cht* dia eis, gurab iattsi*n* leth ar leth fa lu*cht* ruin ⁊ ro-coccair, ⁊ fa lucht cur*aigh*[1] ⁊ caom-*ar*traigh don erlamh óghdha urnaigt*ech* acc fáccbáil na hEr*enn* dó.

xv. (37) O rangatt*ar* an buiden craibt*ech* caomh-naomh sin go Roimh, dorin*ne* Dia fiort firin*n*each foll*us* da foillsiucc*adh* do cach .i. cluicc an baile do búain uatha féin gan cuidiucc*adh* o dhaoinibh *acht* an taoin Dia uile-cum*acht*ach aga dénamh. Tainic iongant*us* mór, ⁊ machtnucch*ad* menman, ⁊ criothnucch*ad* croidhe do cach go coitcend isin ccathraigh dona hairrdenaibh naomhtha sin doclos doibh, go ffuaratt*ar* fiossccel fadheoigh, m*ar* do dherb fer ionaid Pett*air* ⁊ Poil crabhadh ⁊ creidemh na druinge deg-naomh sin tainic a hEr*ind*.

(38) Ro hoirdnedh leis tri*ar* dibh ina nescopaibh urdalta '*ar*na nderb*adh* o dhaoinibh, ⁊ '*ar*na ttogha on Trínoid, ⁊ '*ar*na ceducch*ad* | on Coimdhe caidh cum*acht*ach .i. Máedócc miorbuil*ech*, milis-b*r*iatra*ch*, ⁊ Molaisi moir-fertach, macánta, ⁊ Caillin craibtech, credal.[2] As don tur*us* sin fúair Maodhócc moir-fertach da thiodhlacadh tocc*aidh*e on Trinoid, '*ar*na faccbáil ina fiadhnaisi for altóir Pett*air* hi Roimh, '*ar*na ttoirb*eirt* do nimh trena naomhtacht, amhail fuair Maodhócc andsin .i. an brec Maedhócc, an se*acht*madh mion*n* da mhion*n*aibh, ⁊ an bhachall Branduibh; am*ail* asb*er*t an fili: f. 174a

Brec Máodhócc do maigh nimhe
Fuair an terlamh oirdn*idh*e,
'S do fu*air* an mbachaill mBrandaibh
An[3] stuaigh ra-chaim reltand*aigh*.

xvi. (39) Bliadai*n* comhlan dona cleircibh don cur sin isin Roimh maraon ag foghlaim eccna ⁊ eolais an scrioptura diadha do neoch rangat*ar* a les, ⁊ acc faghái1 onóra, ⁊ oirmittne cadais, ⁊ cum*acht* on bpapa, *con*a cleir, ⁊ *con*a cardionalaibh. Ceileabrait da ceile *ar* ccengal a ccu*main*n ⁊ a ccomaonta go hiomcub*aid* re 'roile, i*ar*na ndaingniucc*adh* i ndinite[4] ⁊ i nonóir móir ⁊ i ndegh-ordaibh o fhior ionaid De for talamh go rangatt*ar* fo clú creidmhe ⁊ crab*aidh* ⁊ cumh*acht* tara nais go hEr*inn*, da nionaduibh féin leth *ar* leth.

xvii. (40) Dochúalaidh Aodh dubh m*ac* Fergna m*ei*c Ferg*usa* .i. ri O mBríuin na ferta iolardha sin aga nden*am* ag Maedhóg ⁊ an onúir ⁊ an airmittin adhbal fuair isin Roimh, ⁊ an da tiodhlac*adh* ána oirderca fu*air* in*n*te .i. an brec ⁊ an bachall. Tainicc cuige go coimhdiochra, ⁊ troisccis go ro-umhal ris im aitherrach deilbhe ⁊ dénma[5] d' fágail o Día do, oír fa[6] doidhealbhdha eisiumh gusa*n* u*air* sin.

[1] curaim H. [2] an credal Br. [3] = on. [4] a ndignitibh A; a ndiongnidibh H; omitting the two other substantives. [5] denmhusa A; dionghmhasa H. [6] fer doithir (dothair A) *add.* A, H.

Tucc*us*tair Maedócc cend Aodha fona cochall don cur sin. Ro codail im*morro* Aod fo cochall Maodócc isin ionad sin, ⁊ isi dealbh tug fair .i. dealbh Aódhain m*ic* Eign*igh* an taoinnech fa haille d'feraibh Er*enn* ria aimsir.

(41) Ro baistedh iarsin hé a cCoill na cCros ag Ath Airm ; ⁊ as on
f. 174b crosadh ⁊ on coimhsigniucc*adh* dorin*n*e aran righ ainmnight*er* | an
tionad sin .i. Coill na cCros, ⁊ Ath Airm, o arm ⁊ o earr*adh* an righ an fedh do bái 'ga bhaistt*edh* ⁊ 'ga bhennach*ad* do ben*adh* de, a mbith dílsi do Dia ⁊ do Mhaedhócc. Tucc*adh* im*morro* Aodh fin*n* d'ain*m* f*air*. Tucc san screapall gacha tighe [1] do Maodhócc fana cum*acht*uibh do luach a baiste, ⁊ tucc é féin go brath a mbith-dílsi do Dhia ⁊ do Mhaedócc ; ⁊ gan athgabhail tuaithe no cin*idh* [2] donté do shiol Aodha fin*n* dobheradh a mainchine na a mór-thogha o Mhaodóg go brath. Óir gach plaigh, ⁊ gach cocc*adh*, ⁊ gach dith daoine da ttainic, ⁊ da ttiucfa, for Úibh Briuin, ⁊ for Breifneachaibh, as tre easccai*n*e ⁊ tre fír-diomdha Maodóg 'mó mhainchine ⁊ 'mo mor-togha do chur uadha, ⁊ tre chur a cioscan*a* for ccula tainic.

xviii. (42) Ise so *immorro* luach baiste Aodha fin*n* do Maodhóg ó Ibh Bríuin .i. screpall as gach tigh do Mhaodog [3] gacha bliadna ; each ⁊ earr*adh* gach righ, ⁊ gach banrioghna ; err*adh* ⁊ tlacht gacha taoisigh ⁊ gacha mná táoisigh, bó adhastair as gach creich o gach Breifneach o Drui*m* Cliabh go Cenan*nus* ; ainmidhe as gach seilbh do comh*ar*ba Maodhócc ; serrach as gach groigh ; muc as gach crú ; caora as gach tret ; m*ar*t gacha feile Maodhócc ; cáor iarai*n*n ó gach gobha don tempall mór ; cu*airt* cáscc ⁊ nodlacc do mhanchaibh ⁊ do mhaoraibh Maodhócc ; tús suidhighthe i tigh nola ; t*ús* cocc*air* ⁊ co*mair*le ; ⁊ an céd-chorn i nam ola [4] an *n*gach tigh i mbia duine do muinntir Maodhócc ; ⁊ gan sith do dhenamh i nUibh Briuin gan com*ar*ba Maodócc aga denamh, ⁊ aga heachtucch*ad*, ⁊ diombuaidh siodha orra munab amhl*aidh* dogént*ar*.

(43) Dalta ó com*ar*ba Maodhócc i ndalt*us* [5] do righ Breifne, ⁊ an dalta sin do frestal do biadh, ⁊ d'edach, ⁊ d'eccna, i nonoir Maodhócc, goma heolach a leighen*n* ⁊ a lain-eccna é ; oír ní dlighend mac righ
f. 175a no taoisigh, brucchadh | no biataigh, o gabh*us* forba no feran*n* chuicce,
gan dalta o Maodhócc do beith aicce ; ⁊ fos dlicch*id* rí Ó mBriuin inghen comh*ar*ba Maodócc do tab*air*t d'fior, ⁊ crodh ⁊ tion*n*sgra do tab*air*t lé. Failte do chur re comarba Máedog da mhionca da ffaicfi é ; ⁊ tu*arus*tal amhail gach mbrucc*aidh* o ríoghraidh Breifne do cumd*ach* ecclaisi [6] ⁊ tempuill Maedhóig i ngach áit i mbia.

(44) Each ⁊ earr*adh* righ Breifne an lá rioghf*aidh*er é do thab*air*t do muinntir Maodhog, no deich m*ar*cc, no fiche bó. An bhrec Maodócc

[1] ó Droichiod Atha go Cnoc Láoghain, ⁊ ó Eirne go Seanoinn A, H. [2] cinéil A, H. [3] don bhr(e)ic A, H. [4] ⁊ tus cuirn ⁊ comhola A, H. [5] daltachus H. [6] reilge H.

do chur timcell an righ, 7 a *cur* a slanaibh fair im chert do dhénamh eter gach naon, d'anffan*n* 7 do trén. A cur fós a tt*ús* gacha catha 7 gacha comlain*n* ria mBreifneacaibh, 7 tea*cht* deisiol ina ttimceall, 7 tillfid slán. Falach sroil 7[1] nobla óir don bhric fós dia cumhd*ach* an tan ricfes a les, o riogaibh 7 o m*a*ccaibh riogh 7 taois*ech*. An ri féin do tea*cht* an lá *ar*namarach d'eís a ríoghtha go Druim Lethan, no go Cuillín na fFer[2] le hoffrail, 7 ni heccail leisan rígh teidm na gal*ar* gus*a*n teidm ndeigenach. Dogheib fod saoghail abh*us*, 7 flaithes Dé tall fadeoigh do chion*n* comhaill gach neithe da ndubhram*ar*. *Ocus* fós as aran righ féin ata tabhach cíosa 7 cána Maodhóg o bhecc go mór[3] ar fedh a thire 7 a ticcernais.

(45) Sccéla 7 miorbuile Maedocc d'in*n*isin, 7 d'foillsiucc*adh* da gach aon dona húaislibh ó mhuin*n*tir Maodhog. Muna ffagbaid *immorro* an cíos sin tri troiscte do denamh for Ibh Briuin. An céd-troscc*adh* i nDruim Lethan isin recles mór; and*ara* trosccadh for Leic na Nemand[4] m*ara* ngnathaicch*ed* Maodocc feisin sle*cht*ain 7 figill do denamh maille le sior-urn*aighth*e ; an tres *tr*oscc*adh* i Cuillin na bFer,[5] .i. Ros Inbhir, uair as an*n* as mó eistes Dia 7 Maodhocc guidhe gach aoin dia muin*n*tir ; 7 an bhrec d'impod tuaithbel orra asa haithle. Giorra saoghail gan tsechna, 7 ifrion*n* da gach 'áon' tuilles an esccaine. *Ocus* an diombuaidh c*ét*na for muin*n*ter Maodócc muna ni*ar*raitt an cíos si*n* gacha bl*iadna*. | Da ndernt*ar* comh*ar*badha 7 aircin*n*igh f. 175
Maodhócc doreir le Breifneacaibh, 7 gan an esccaine do thuill*edh*, da rabhait naoimh Er*enn* da nesccaine, ní heccal doibh íatt.

xix. (46) Is aml*aidh* so riogth*ar* ri Breifne .i. da com*ar*ba decc Maodhócc do te*cht* 'na thimcell, 7 prosesium do den*am* doibh .i. O F*air*ceall*aigh* 7 O Fergus*a* O Seal*baigh* 7 O Con*n*achtaigh 7 Magechrain Ó Dubhtaigh 7 O Duibhgennain 7 O Caiside[6]; com*ar*ba Caillin, 7 com*ar*ba Crui*mtir* Fraoch, 7 comharba espuicc Fion*n*con.[7] *Ocus* íadsein[8] do thecht ina thimcell. Tabr*adh* an sámhadh sin a naoinfecht onóir d' Ó Dubhtaigh 7 d'fior a ionaid dia éis .i. oide Maodócc eisein ; 7 tabr*adh* O Duphtaigh slat do righ Breifne a nonoir Maodócc. An tslat sin do buain do choll Maodócc a Seisccin*n* U*air*beoil i lLaignibh .i. Dísert Maodócc ain*m* an ionaid.

(47) Tabrad an rí a each 7 a earr*adh* do muin*n*tir Maodhócc, no anní adub*r*am*ar* gottrasta *a*ra son. Trian na culaigheach[9] sin d'Úa nDubt*aigh* a nonoir a oilemhna 7 a alt*r*oma ar Maodog, 7 d'fior a ionaid, 7 an da ttrian ele don tsamadh c*et*na adubram*ar*. Ní rí im*morro*, 7 ní taois*ech* antí nach oirdnighter aml*aidh* sin.

[1] no A, H. [2] naluinn *add.* A, H. [3] ciosa 7 canachais o pighinn go céd pighinn A ; canachus o p. gach pighinn H. [4] na ndeamhan H. [5] naluinn *add.* A, H. [6] 7 Giolla Modubhda (Maghuda H) o Cáiside dochuir an fine si ré healadain .i. muinntir Duibhgennain (Duibh*eth*an ? H) *add.* A, H. [7] Fionnuis H. [8] na collamhain sin A, H. [9] an tiomthaigh A, H.

(48) *Conidh* do cuimningh*ad* ⁊ do derb*adh* gach neithe da ndubramar doronadh an laidh sin:

Cios Moadhócc gan meracadh
'Na diaidh *ar* aicme Fergna
Go brath *ara* mbennach*ad*
Naisccis Aodh Dubh go derbhtha.

Cuingis Aodh Dubh doidhealbhda
Ar Maodhocc, fa mór tuiccsi,
Da dítten ar doimenma,
Buaidh ndeilbhe t*ar* gach nduine.

Tucc dó Maodocc muinterach
A rogha deilbhe *ar* domhan,
Nír bí an aisc*idh* airbernach,
As nemh fadeoigh gan doch*ar*[1].

Así roccha rucc*us*tair
Aodh, t*ar* eccosc gach en fir
Dealbh an fhir caoimh cruthamail,
Dárbh ainm Aodhán mac Eignigh.

Tucc Aodh ócc gan anumla
Suan aran rígh go ro-trom, |
f. 176 Ni frith dealbh b*ud* dathamla
'Ar néirghe d'Aodh on cochall.

An uair sin do hain*m*nigedh
Le Maedocc gan locht labra,
Ar Aodh dubh gur daingnigedh
Aodh fion*n* d'aithearr*uch* anma.

(49) Baister Aodh fion*n* fíor-sochr*aidh*
Ag Ath Airm le hAodh ele,
Mac Fergna moir mion-cobhsaidh
Nír bhaist aon nao*mh* riamh roimhe.

Luach a bhaiste on Breifn*ech* sin,
Do ba luach é gan ion*n*sa,
Sgrepall ar gach aon ndeth*aigh*
Fuair Maodócc on Aodh fhion*n* sa,

O Chenann*us* comhsochr*aidh*[2],
'S ó Droichet Atha d'aon laimh,
Go Drobaois ngil gorm-sroth*aigh*,
'S co Cnoc lan-oirderc *Laoghain*[3].

[1] deacar H. [2] comhshocrach A. [3] So A; Laodhain H; Br. has

(50) Earr*adh* gach righ ro-crodha,
'S gach taoisigh go ttren-feidm,
Tosach gach cuirn comola,
Is ainmidhe as gach ein tseilb,

Dlegar daibh a daingnechad;
Mart as gach creich da creachaibh,
Mart ele le hainmneach*ad*
Im feil Maedócc gan meabhail.

Ofrail gacha hen-gobhan*n*
I ccrich Breifne na mbocc-magh,
Cáor iarain*n* gan eccomt*r*om,
Cuairt cascc *ocus* cu*air*t nodlacc.

O Mhaodócc sheimh síor-aointeach
Dliget clan*n* Fergna dan*air*,
Et*er* righ is righ-taois*ech*,
Dalta dognáth do gabhail.

Dlighid dib an dalta so
Biadh is édach is eccna;
Maodhócc, asé an dalta son,
Foirfes[1] orra i nam[2] decra.

Clan*n* ingen Í Faircellaigh,
Is hÍ Ferg*us*a fhechtnaigh,
D'onóir dona haird-cellaibh,
Dligitt a nurnaidm d'feraibh.

(51) Da fer decc do deig-feraibh,
Is a ccongnamh le ceile,
Do duthc*us* na ndeig-fer soi*n*
Tea*cht* do riogadh righ Breifne.

Ó Ferg*us*a, O Fairceallaigh,
O Duibhgennán, O Dubtaigh,
O Sealbhaigh an sailm-cettl*aidh*,
Is Ó Con*n*acht*aigh* cundail,
Ó Caiside cairdemhail,
Cleir*ech* an leighin*n* Luchair. |

only *l*. After this, H inserts another 'leth-rann':
Ó Éirne thréin trom-thonnaigh
Go Sionainn sreabh-ghloin shair-lain;
So A, except that it reads 'sreabh-glais'. [1] foirfedh A.
[2] a ccás A, H.

f. 176[b] O Rodachain ro-bladach,
O Treabair nar tuill[1] tendal[2],
Mac Eth*igen*[3] comramach,
Maguibhne *ocus* Magechran.

Neach go brath do Breifneacaibh
Ni rí tre*n*, is ní taois*ech*,
Go mbe an cuire cleireach si*n*
'Ga noirdnedh uile a naoinfe*cht*.

(52) Dligid d'eís a noirdnigh si*n*
Síol Fergna na slegh slim-teand
An bhrec fhertach oirdeirc sin
Do chur fo tri 'na ttimcell.

Don bric sin do hainmnigedh
A cur a ccor go hemech,
Gan eccóir, gan aindligedh
Do denamh doibh ar einneach.

Buaidh nagha rea innisin
Ar rioghr*aidh*[4] aicme Fhergna,
Do buadaibh na brice sin
A cur a ttús gach tennta.

D'fuil Fhergna as dal dioghbala
Fa gan Maodócc do min-réir[5],
Gan comall a cíoscana
'S gan dul fa úir an fhiréin.

Gach olc, is gach ainicin[6]
Da ttainic, is da ttiocfa[7]
Do cloin*n* Fergna d'airidhe,
Diomdha Maodhócc fodera.

Siol Fergna gan moir-chreidhim[8]
Dligitt dognath a géir-ioc;
Do Maodocc an moir-leighin*n*
Atad uile fa ein cíos.

Cíos.

xx. (53) 'Ar ccengal 7 'ar ccomdaingniucc*adh* a ciosa 7 a chomhonóra do Máodhóg for Aodh ffion*n* m*ac* Fergna, *con*a cinedh 7 *con*a clan*n*maicne 'na dhegh*aid*, *ar*a bhaistedh 7 ara bhuan-choiserccadh ag Ath Airm, m*ar* do raidhem*ar* romhain*n*, luidh roimhe go Druim

[1] thill A. [2] tendail A, H. [3] O Cethan A, H. [4] rioghaibh A. [5] mhíréir H. [6] ainsgine H. [7] ttí feasda A, H. [8] thréidhim H.

Lethain ar aslach 7 ar impide an aird-riogh .i. Aodha finn, 7 fós ar comhairle 7 ar comhfurailemh righ 7 righ-thaois*ech* Ó mBríuin, 7 caich a ccoitchinde, et*er* íseal 7 uasal, et*er* laoch 7 cleireach.

(54) Fothaigis 7 fír-bennaighis an tionad sin asa haithle, amhail do bái a ffioguir 7 a ffaistine ó aimsir Patt*r*aicc p*r*iom-apstail, '*gár*[1] thairngir sem Maodócc móir-fertach triocha bliadhain riana ghein, 7 riana gnath-coi*mper*t; gur baist Pat*r*aicc, 7 gur bhenn*aigh* an baile
sin re ttea*cht* do*n* érlamh | da ion*n*saicched, 'arna faccbail don ard- f. 177[a]
apstol ina oircill gan áitiucc*adh*. G*ur*ab é Pat*r*aicc prim-eccn*aidh* tucc Druim Letan d'ain*m ar*an ait si*n*, *ar*a beith leth fri han .i. fri huiscce, oir fa D*r*uim Leith a ain*m* o tús.

(55) Tainic tra Maedhócc ar lorcc tairngire an tailgin*n* go D*r*uim Letan, m*ar* do luaidem*ar* romhain*n*, 'ar foirbtiucch*ad* a áoisi, 7 a aimsire, '*ar* metucch*ad* a fhert 7 a ard-míorbuil*edh*, '*ar* noirdhercucc*adh* a crab*aidh* 7 a caoim-bés, a eccna 7 a iol-cumacht, a derce 7 a degh-oibre, bennaigis 7 bith-cumhdaighis an baile sin, cóirghis a cluidh 7 a caoimh-reilge, toimhsis 7 tóirnis a temp*ull* 7 a caoimh-eccalsa, cumais 7 caomh-fuaighis benda 7 bodhainge[2] a ben*n*-cob*ar*[3], et*er* cloich 7 claraib, 7 comhaidme[4], aithighis a tighe 7 a thecchdaisi; ordaighis a sruithe 7 a sámaidh, oirdnis 7 onóraighis a áos uird 7 oiffrin*n*, oibre 7 umhaloitte, 7 aird-leigin*n* 7 eccna, fri sioladh creidmhe 7 crab*aidh*, fri cantain psalm 7 psaltrach, fri ceileabr*adh* na cánóine coimdeta, 7 fri biath*ad* aoidedh 7 adhailccn*ech*, dámh 7 deor*adh*, anbfann 7 en*ert*[5], 7 fri gach ele rangus a les i ttuaith 7 i necclais i naoinfe*cht*.

(56) Faccbais rath cleire 7 com*ar*badh, rath sónais 7 soichill, rath failti 7 fiadaighthe go brath foran mbaile, amhail ata isi*n* sen-focal .i. failte Er*enn* Drui*m* Letan. *Ocus* bói ath*aid* i nDrui*m* Lethan amhlaidh si*n* 'ga frecur 7 'ga foghnamh, go ttainic fora menm*ain* imteacht a hEr*inn* os íseal, do sechna 7 d'iomghabail na honora 7 an ard-cadais bói ag cach 'na comhair.

xxi. (57) Dochualaidh[6] *tr*a Aodh fion*n* m*ac* Fergna .i. ri Breifne, Maodhócc do beith ag imt*echt* a hIbh Bríuin; 7 o'tcual*aid*, bói aga toirmescc uime, óir nir miadh 7 nir maisi lais a athair baiste 7 bennaigthi, 7 tucc rogha dealbha 7 démna[7] go foll*us* fair, do scc*aradh* fris, daigh nír maith leis nach ina tír, na ina talamh féin do biadh a com-
n*aidh*e 7 a comhaitreab. Do raidh Maodog riss | iarsin: 'Leicc f. 177[b]
damhsa imtecht gan anadh, gan í*ar*mhór*acht* uait', ar se, '7 fogheba caidreabh 7 cumhsanadh i tigh nimhe ón Choimd*edh*', ar se, 'do chom*aidh* dia chion*n*.' Nír faomh im*morro* Aodh fion*n* imtecht do leiccen dó da déoin. Gidh edh do treor*aigh* an Trinoid tara ced san

[1] gur H. [2] boghainne A; bothuine H. [3] benncobhal A, H. [4] caomh-aidhme A; caomh-aimhithe H. [5] antrén H. [6] = M § 11; S § 10; Ir.[1] § 10; see note on § 35 above. [7] deanamhusa H.

⁊ tara cum*acht*uibh Maodog go crich Laigen go lán-folaight*ech*, ⁊ assein i mBretain[1], d'ionns*aighe* easp*oic* naomhtha boi innte .i. Dáuidh Cille Muine; ⁊ boi aims*ir* imcian ina fharr*adh* and.

xxii. (58) Laithe naon[2] dia raibhe Maodhocc ag radh a leigin*n* laimh risan mainistir amuigh, tanaicc procadóir mhainist*r*each Dauit 'na dhochum maille le feircc móir, ⁊ do raidh ris: 'Eircc, a droch-duine', ar se, 'a ndiaigh na mbrath*ar* isin coill*idh*'; *ar* cenn *con*naigh dochuat*ar* na braithre deiredh na hoidhche an la sin. Ni raibe da*no* a fhios si*n* ag Maodhóg, ⁊ da mbeith, dorach*ad* ina ndiaigh gan furáilemh. Bói im*morro* fuath mor agan bprocadoir *ar* Maodhócc, gan adbar, gan fochan*n*. Faccbais im*morro* Maodog a leabh*ar* oslaicthi an u*air* sin le hanbuain imteachta a ndiaigh caich.

(59) Tucc an tocclach dá dhamh dhás*acht*acha dhocennsaighthi da ion*nsaighe*, ⁊ do raidh ris a ccur fon cc*art*a*idh*[3], ⁊ dol fon ccoill *ar* cend con*n*aigh. Ar ulca re Maedocc dorinne an procadoir gach ní dibhsi*n*. *Ocus* comhluath do ghlac Maodhócc na doimh, do bhatt*ar* min móircen*n*sa ó fhurailemh an *ar*d-naoimh orra; dochuir fon cc*art*a*idh* íatt asa haithle. Do len Maodhocc na braithre iarsi*n*, ⁊ gan acht aon lenamh immaille fris.

(60) Bói da*no* móin[4] mór, maoth, ro-bocc, ro-aimhreidh, 'san athgoirit roimhe aran slicchidh, ⁊ timcheall mor aice. Adub*air*t Maodhocc rísan lenamh[5]: 'Do ba mor an athgoiritt dúin*n*, da roichmís t*ar*san mónaigh, óir as gerr go roichfemís na braithre.' Do raidh Maodocc risan lenamh i*ar*sin: 'Dena do roscc ⁊ do croidhe do chomh*ar*tucch*ad* on Sp*irut* Naomh, ⁊ o fioghuir na croiche césta, ⁊
f. 178a dochife tú cumh*acht*a | Criost go hathlamh it fiadhnaisi.' Ro impo Maodog na doimh ⁊ an chairt an tan sin dochum na mona. Doroine Dia slighe sochair shior-blaith, ⁊ conair cobsaidh coimhreidh tresan mon*aidh* maoith mong-bhuig do Máedog ⁊ da damhaibh. Maraidh an tslige sin fós, do cuimniug*adh* na mór-miorbhal sin Maodhog, go ttéid a ttarbha ⁊ a móir-les do dhaoinib ⁊ do damhaibh osin anuas. Rangatt*ar* i*arsin* mara rabatt*ar* na braithre, '*ar* ttab*airt* gloire ⁊ buidhechais do Dia.[6]

(61) Gach ní im*morro* da nderna an procatoir do d*r*och-méin ar Maodóg, do fhoillsigh Día do Dhauit eisem, ⁊ do foillsigh Dia do Dauit m*ar* tucc an procattoir ar Maodhog a leabh*ar* d'fagbáil oslaicthe amuigh agan múr. Tainic doinenn ⁊ falc fertana an uair sin ann; ⁊ do*connair*c Dauit leab*ar* Maodhog oslaiccthi, ⁊ ge do*connair*c, do léicc dó amhail do bí. Gidh ed do chuimnigh arís an leabh*ar* do beith oslaicthi, ⁊ docuaidh da fhoiridin, ⁊ fu*air* tirim trén-cumhdaighthe

[1] móir *add.* H. [2] §§ 58–63, 79; = M § 12; S § 10; Ir.[1] § 11. [3] cartaidh H. [4] morí A. [5] It should be: 'adubairt an lenamh fri Maodhocc' [6] ⁊ do Maodhoig *add.* A, H.

*iar*sin é, gan dith litre no líne, 7 gan braon d'uiscce no d'fertain an aieoir do buain ris.

(62) M*ar* do*con*nairc Dauit a*n* miorbal 'mó*r*' sin, do léicc don leabh*ar* m*ar* do bái, 7 doch*uaid* féin m*ara* rabhatt*ar* na deiscip*uil*, go traigh an m*ara*, doigh as laimh risan muir atá Ceall Muine. Dochuaidh go hairm irraibhe Maodhocc, 7 adub*air*t ris: 'Cidh'már faccbais do leabh*ar* oslaicthe', *ar* sé, 'ag imtecht duit lesna damhaibh *ar* madai*n* a ccoin*ne* caich fon ccoill le hagh*aid* na baistighe 7 na doinin*ne*?' M*ar* do*connair*c Maodhócc sin, do léicc a ghlúine re lár go humhal urra*m*ach d'aithméula a leabh*air* d'fáccbáil oslaiccthe; 7 do raidh gurab[1] deithbhir dola 'na diaigh siumh ar cenn con*n*aigh tucc air a fhácc-bháil[2].

(63) Ní dhubairt da*no* Dauith lé Maodhócc eirge do dhenamh, *acht* doch*uaid* i ndiaigh na mbrath*ar*. Tiagait isteach leth ar leth .i. Dauit 7 na braithre. Ro indis an lenamh doibh 'na degh*aidh* gach ní t*ar*la doibh *iar* nimthea*cht* don coill, 7 m*ar* fu*ar*utt*ar* an tslighe reidh ro-tirim isi*n* mon*aidh* | tre miorbuilibh Máedhócc. Fiarf*aigh*is Dauit f. 178[b]
cait irraibhe Maedhóg. Adubratt*ar* cach go coitcenn nach facat*ar* é, ó doluigh aran traigh a bfiadnaisi Dauit, 'ar ffaghail sccel a leab*air* dó. Docuiredh d*r*ong do mhaithibh na ccleir*ech ar* cenn Mhaodhog go traigh an m*ara*, 7 tuccatt*ar* leo é ón traigh. Tainic an lán mór-adbal m*ara* 'na múraibh 7 'na mór-tolcaiph[3] gach taoibh ina thimcell, *acht* an ait ina raibhe féin, 7 nir urcoidigh aon ní dó. Ro in*n*is im*morro* esp*oc* Dauit gach miorbaile da ndérna Dia tré Maodhócc; tuc Dauit spre-ccadh 7 *cur*sachadh go minic aran bprocadoir tréna míbésuibh *ar* Maodhog. Ro mor*adh* ain*m* Dé 7 Maodog tresna miorbuilibh sin.

xxiii. (64) Do bretnaigh[4] an fer c*et*na .i. an procadóir, Maodhocc do m*ar*b*adh* lá eile tré thnuth 7 tre fhormat. Dochuir se fon ccoill é 7 mog*aidh* on tuaith[5] leis do buain chonn*aigh*. Do furáil an procadóir *ar*an occl*ach* Maodhócc do m*ar*bhadh, 7 do gheall cennach dó da chion*n* sin. *Ocus 'ar* ndol fon ccoill doibh, do chrom Maodhog ar mhaide da togbháil. Do toccaibh an tocclach a lamha frisan tuaigh do bualadh Mhaodóg. Tainic do chumachtuibh an Choimdedh gur lenatt*ar* lamha an óccl*aigh* don tuaigh, *co nar fét* a ngluas*acht* na a ngnath-luam*airecht*[6]. Ro adaimh an tocclach a choir go hullamh an*n*sin, 7 tainic d'iarr*aidh* maithemhnais ar serbhont*aidh*e Dé go diocra ina decchaid sin .i. ar Mhaodócc.

(65) 'Arna faicsin si*n* do Maodhóg, cuiris a urn*aigth*e go Dia go dio-grais*ech*. Tainic t*r*a don urn*aighth*e si*n* gur fuaslaiccedh lamha an óccl*aigh* on cuibhr*iuch* 7 on crapall arabhatt*ar*. Teid an fer sin go luath don bhaile, 7 do in*n*is anní sin da gach duine da ttarla dó. 'Ar

[1] dermud 7 *add.* A, H. [2] osluigthe *add.* H. [3] -tulchaibh H; -thon-naibh A. [4] §§ 64–66, 80 = M § 13; S § 10; Ir.[1] § 12. [5] 7 tuata A, H. [6] grinn-luthmairecht H; lán-lumhthaireacht A.

ffoillsiucch*ad* an sceoil sin do Dauit, ro eir*igh* ar colbha a leaptha, 7 docuir leth-brócc air, 7 dochuaidh go luath d'ion*n*saigh*ed* na coill*ed*h a ccoin*ne* Maodhog. M*ar* docon*n*catt*ar* na braithre é acc imtecht
f. 179[a] cos-lomnacht, do lenatt*ar* | go hullamh a maighistir. Tainic Maodocc 'na coin*ne* go sruth do bí a ngar don baile. Adub*air*t Dauit lena deiscioplaibh acca faicsi*n*: 'Tiacchaidh uaim fós [1]', ar se; oir do*con*nairc Dauit sl*uagh* aingel i nuirtimcheall Maedhócc isin aít sin.

(66) M*ar* doco*n*nairc Maodog Dauit ag fuir*ech* fris, do reth go roluath m*ara* raibhe 7 do uml*aigh* dó. Ata cros isin ionad sin do com*arrtha* a ccattaigh 7 a ccomhaonta le ceile. Tuccat*ar* grasa 7 gerguidhe do Dia na ndul dibhlinibh, 7 dochuatt*ar* don baile leth ar leth. Imderccais Dauit an procattóir go hadbal a ffiadhnaisi caich don cur sin. Adub*air*t Maodhócc: 'A maighistir ionmui*n*, na bí aga chertucc*adh*, óir ceirteoch*aid* Dia é, m*ar* as lór, uair dogeba bás bith-oban*n*, 7 oid*edh* eccosmail, 7 ni bia fios a adhnacail ag aoinnech *ar* talmai*n*, *acht* acc Dia na ndul.' Tarla don occlach m*ar* do tairrngir Maodóg, bás oban*n* eccub*aidh*, 7 gan fios a écca ina a adhnacail ag aon duine. *Ocus* ro mor*adh* ain*m* De 7 Máodhócc desin.

xxiv. (67) La ele [2] cuir*edh* Maodhócc ar cen*n* soidhtigh lenda dia tab*air*t leis don mainistir; 7 acc gabháil dó laimh le glen*n* grainemhail gnath-dhom*an* do bái aran slighidh roimhe, do thuit an chairt ina raibhe an soidht*ech*, 7 do thuitett*ar* na doimh fon cc*artaidh* fri hall uathmar-gran*na*.[3] C*uir*is Maodóg comh*ar*tha na croiche cesta etorra 7 an tall. '*Ar* togb*áil* a laimhe a nairde don erlamh, nír urchoidigh aoin ní dona da*m*aibh, 7 nir bris*edh* an chairt; 7 nir doirt*edh* braon don lion*n*; 7 ro moradh ain*m* De 7 Maodocc tritsin.

xxv. (68) Do bi [4] mac ag righ Bretan, 7 se dall, bodhar, bacach. O 'tcualatt*ar* a chairde 7 a lu*cht* oilemhna Maodhócc do denamh na
f. 179[b] míorbal | mór sin, dochuirett*ar* an mac dia ion*n*saigh*ed*; 7 doguidett*ar* é ima shlánucch*ad*. Doguidhedh im*morro* ona maigistir go mór é .i. o Dáuit. Dorin*ne* da*no* Maodog urn*aighthe* go diochra dochum nDé, gur slánaicch*ed* go hullamh an tócc-mac ona ainmib da éis si*n*. Tuccattar cairde an leinimh budech*us* mór do Día 7 do Maodhóg desin; gur mór*adh* ain*m* De 7 Maodhóg tresna miorbuilibh si*n* doronadh ar mac righ Bretan.

xxvi. (69) Do bi [5] neach ele i mBretnaibh 'gá raibhe a acch*aid* 'na háon clár [6] uile, gan súil, gan sróin, 7 do bí m*ar*si*n* aga breith. Ruccadh go Maodhócc é da leicches. '*Ar* nguidhe De do Mhaodóg ara son do slanaighed é focettoir, go tangatt*ar* a suile 7 a srón ina nionadhaibh iomchuibhde fein fadeoigh; 7 ro móradh ain*m* De 7 Maodog desin.

[1] imidh uaim go foill A, H. [2] §§ 67, 81 = M § 14; Ir.[1] § 13. [3] frisan naill mhara H. [4] §§ 68, 82 = M § 15; S § 11; Ir.[1] § 14. [5] §§ 69, 83 = M § 16; S § 12; Ir.[1] § 15. [6] chomthrom *add.* H.

xxvii. (70) Tangattar[1] Saxanaigh uair elc i mBretnaibh, sluagh mór doáirme. Do cruinnigettar Brethnaigh ara ccionn, 7 docuirettar teachta go Dauit da rádha ris, Maodog do chur cuca do bennuccadh a sluaigh, 7 do coisreccadh a ccatha. Docuaidh Maodhog ar furailemh Dauit mara rabattar Bretnaigh, 7 iatt féin 7 Saxanaigh ar acchaid a ceile. Ni rabattar Bretnaigh lion catha i nacchaid na Saxanach. Doguidh tra Maodóg ar son na mBretnach, gur teichettar Saxanaigh iarsin, 7 do lenattar Bretnaigh iatt, go rabattar seacht laithe na seachtmuine aga marbadh 7 acca muccnechad[2]; 7 nir tuit aon duine do Brethnaibh lé Saxancaibh ar fedh na haimsire sin tre grasaibh Dé, 7 tre miorbuilibh Maodhócc. Co nach tainic aoinnech do Saxancaibh don Bretain an fedh do bi Maodhóg innte iar bfoillsiuccadh na miorbal sin. Ocus ro moradh ainm Dé 7 Maodóg desin. |

xxviii. (71) Do bi[3] nech ele i mBretnaibh, 7 do tionnscain se Maodhócc do mhealladh, oir do fhuráil ara muinntir a breith cuicce, 7 a radha go raibhe féin dall, bodhar. Do raidh Maodhocc 'ar naithne a cheilcce: 'Do bi do righe 7 do ro-flaithes ar do chumus', ar se, 'no gur brethnaighis na tiodhlaicthi tucc Día duit do ceilt. *Ocus* o doronaisi an mbréicc sin, beir si amhail adubhradais go haimsir do bhais'; 7 ro comhailledh sin.[4] Ro moradh ainm Dé 7 Maodhócc desin. Is iomdha dano miorbuile 7 moir-ferta dorinne Dia a nonóir Mhaodog i mBretnaibh nach airmither annso do sechna an emheltais. *Con*idh airesin ro faccaibh an tughdar iad gan a ninnisin. f. 180a

xxix. (72) A haithle[5] gach a ndcrna Maodhocc do miorbuilibh i mBretain, gabhais ced[6] aga oide .i. Dauit Cille Muine, 7 do tionnsgain techt[7] tara ais go hErinn maillc lea dheiscioplaibh. '*Ar* ndol dó a bfoccus trachta na hErenn doconnairc sladaighthi do lettaobh[8] na slicched, 7 siad ag slad 7 ag marbadh oilitrech 7 áosa eccruaidh, no bíodh acc siubal o ionad go hionad. Adubairt Maodocc lea muinntir: 'Déinem deithnes d'ionnsaighe na noilitrech', ar se. Do bhen a clocc gan fuirech don chur sin, go ccuala tigerna na ngadaighedh e: 'As guth cluicc fir diadha degh-craibhthigh so', ar sé, '7 as uime bhenus a clocc da fhurail orainne gan an gniomh so do dhenamh.' Do sccuirettar dona hoilithrechaibh iarsin.

(73) Is amhlaidh do bhí an fer sin dob ferr aca ina duine saidhbir sár-cumachtach, 7 móran maoine 7 maithesa fora cumus .i. Dioma mac Fionntain, meic Branain[9], meic Cendlachan, meic Armara, meic Naxair[10], meic Fothaid, meic Eachach Laim-deircc, meic Meisincorb[11],

[1] §§ 70, 84 = M § 17; S § 13. [2] muchad H. [3] §§ 71, 85 = M § 18 (V § 18b); S § 14. A omits this chapter as far as 'is iomdha' (homoiotel.). [4] 7 ro chomhall na fagbhala sin ó sin súas H. [5] §§ 72, 73, 86 = M § 19; S § 15. [6] 'ar ngabhail a cheda A, H. [7] secht 7 techt H. [8] leadhrígh H. [9] meic Briain *add.* A. [10] Nax. with mark of abbreviation Br.; Naxair A; Nachuir H. [11] meic Conchorb *add.* A.

m*ei*c *Con*cubh*air* Abhrat-ruaidh, m*ei*c Fin*n*-filedh, m*ei*c Rosa R*uaia*, m*ei*c Fergu*s*a Fairrge. 'Ar ttec*ht tr*a do Maodhóg a ccomhfoccu*s* f. 180[b] doibh, cuiris Dioma | duine dia muin*n*tir ara cend. Ro iomch*air* an fer si*n* Maodhog *ara* mhui*n* asa luing, 7 rucc lais m*ara* raibhe a ticcerna é. Dorin*n*e aithr*igh*e adbal i*ar*sin, 7 tucc feron*n* i nofrail do Dia 7 do Maedog go brath. Is an*n* ata an feron*n* sin isin ran*n* tes d'Er*inn* ren ab*air*ther h*Úi* Cen*n*seal*aigh*, 7 doroine ecclas an*n* .i. *Ard* Ladhran*n*, 7 tucc an neoch adubhram*ar* .i. Dioma é féin, maille lea chenel, 7 lena caoimh-feran*n* do Dia 7 do Maodhócc.

xxx. (74) La eiccin[1] iarsin da raibhe Maodhócc laimh risan muir, 7 a bhraitr*e* ina fhochair an*n*; 7 adub*air*t friu: 'As aithr*ech* lem gan a fhi*ar*f*aigh*e do mo maigistir .i. do Dauit, cia an tath*air* faoisittne do biadh accam ind Er*inn*.' Do tion*n*sgnatt*ar* a deiscip*uil* long do dheisiucc*adh* dó, 7 imtecht leisan toiscc sin. Gidh edh do bi eccla na m*ara* go mór orra. Téid Maodhócc dochum na m*ara*, 7 dob ail leis dol gan luing i mBretnaibh dochum an mhaigistir aga raibhe.

(75) Tainic an taingel da ion*n*s*aigh*e, 7 adub*air*t ris: 'As borb a nd*er*nais', ar sé. 'Ní ó bhurba dob áil damh a denamh, *acht* tre cu*m*achtaibh Dé', bh*ar* Maodóg. Adub*air*t an taingel: 'Ní heicc*in* duit ath*air* faoisittne ele d'i*arraidh acht* Dia na ndul, óir tuicc*idh* sé rún 7 deirriti*us* gach duine. Gidh edh mad ail duit fiadnaisi d'fág*ail* ar th'faoisittin 7 ar do coccús, biodh Molua m*a*c Oiche d'ath*air* faoisitne accat.' Do iompó Maodócc t*ara* ais, 7 docuaid isin tir ren ab*ar* I Chein*n*sel*aigh*, isin feran*n* le raiter *Ard* Ladr*a*nd; 7 m*ar* do shuidh isin ionad re nab*ar*t*ar* Acchél[2], do cuimnigh se *ar*an cclocc do dermaitt i mBretnaibh. *Ocus* an tan do ba mith*ig* a bhuain dó [do]- f. 181[a] *connair*c Maodhócc laimh ris he. Tuccu*s*tair Maedóg | buidechas mór 7 moladh do Dia trittsin.

xxxi. (76) La[3] da raibhe Maodhocc ar t*r*aigh an m*ara* roin*n*es it*er* Muimhneachaibh 7 Laighneachaibh '.i.' hÚi Cendsealaigh 7 na Deisi, dob ail leis an traigh d'imthecht dochum na nDéisi, 7 do bí se *ar* each maille lena deisciplaiph. Boi gabhal 'mara' rompa aran imghittis longa 7 lan-*ar*traighe.[4] Dob áil lena muin*n*tir tuirling da neachuibh, óir nír saoileatt*ar* go ffé*t*fadais imthe*cht* gan *ar*trach[5] 'san ionad sin. Adub*air*t Maodóg: 'Leiccidh na heich ara nacch*aid* féin ar siubhal', *ar* sé, 'óir féd*edh* Día an muir do tracchadh*adh* 7 do thiormucc*adh* dúin*n*', *ar* sé. Dorin*n*ett*ar* san aml*aidh* sin 'ar ccur an dothc*usa* go daingen i nDía; *co n*dechat*ar* na heich ga*n* a ningne do fhliuch*ad* isin muir mór-thond*ach*, amhail b*udh* talamh tiri*m*, nó ród ro-réidh ele í. *Co n*dechat*ar* 'san athgoirit[6] amhl*aidh* sin isna Déisibh.

[1] §§ 74, 75, 87 = M § 20; S § 16; Ir.[1] § 16. [2] Icheil A; Icel H. [3] §§ 76, 88 = M § 21; S § 17. [4] -arthar*aigh* A; -atharthach H. [5] artharach A; atharach H. [6] athgherra H.

(77) Cumhdaigis[1] Maodhócc ecclas isin ionad sin ren ab*ar*thar Disert nDáirbre, 7 bói aims*ir* fhada an*n*sin maille lea dheiscioplaibh. Bátt*ar* dá bha 7 aon laogh an*n*sin agna braithribh. Bói Maodhóg[2] laithe náon an*n* ina aon*ar* isticch ina sealla. Do*conn*airc na coin all*aidh*[3] da ion*nsaigh*e; batt*ar* go mín muin*n*terda ag *lecht* 'na thimceall. Do thuig Maodhócc gurab acc iarr*aidh* bídh do bhatt*ar*. Taínic a thro*caire* forra; tucc an laogh doibh, 7 do ráidh ría a ithe. An tan *tra* tainic bean do bhleoghan na mbó tráth nóna[4], do shir an laogh do léiccen chuca. Do raidh Maodhócc ria: 'Na bí aga iarr*aidh*, óir tucc*us*a dona *con*aibh allta[5] é.'

(78) Adub*air*t brath*air* dona braithribh: 'Cion*nus* fétfaidher na ba do bleoghan, 7 gan a laogh aca?' Adub*air*t Maodocc risan mbrath*air*: 'D*r*uid cug*um* do chend', ar sé, 'go mbennaigin*n* é; óir an tan dochífitt na ba hé, dobéraitt a mbain*ne* go humhal orramach.' As m*ar*sin im*morro* do bí, an tan atcíttis na ba cend an bhrath*ar*, do bídis 'ga lighe go lán-obann, 7 dobeirdís a mbain*ne* amhlaidh sin. | As minic f. 181b doniodh Maodocc na miorb*aile* sin .i. an tan do muirf*idh*e laogh, cenn antí dorachad do bleoghan[6] na mbó do benducc*adh*, go ttab*r*atais a mbain*ne* m*ar* dochíttis he.

(79) *Con*idh da dherb*adh* atber*t* an fili amlaidh:

Toiscc Maodhócc i ttír mBretan,
Toiscc da lentar lea laoidhedh,
A clú ósin fa shéla,
Dúal na sccela do sccaoiledh.

A mescc na nerlamh uile
Maodhócc fa duine derbhtha,
Don dá dhamh díana, díuide,
Doní doimh ciuine cennsa.

Scáoilte lé báistigh mbraon-móir
Leabh*ar* Maodóg gan bine,
Nocha dherna dó an dile
Easb*aidh* líne no litre.

Gion gur slige ag cach ria*m*h roimhe,
Si ag cách oile 'na hoilbéim,
Trésan món*aidh* ruaidh ro-bhuicc
Dorin*ne con*air coimhréidh.[7]

(80) Dá laimh as tuagh an túata
Do cengladh uadha a náoinfeacht,
Da bhallaibh n*ar* fhét én chor,
Gur fhóir an terlamh aointeach.

[1] §§ 77, 89 = M § 22; S § 18; Ir.[1] § 17. [2] an laodh (!) H. [3] na mic thíre A; mac tire H. [4] laodhlaighe H. [5] dona macuibh tíre A, H. [6] do chrú A; do chrunna H. [7] H transposes the two halves of this stanza.

Bás an phrocadóir pheacthaigh,
M*ar* do chedaigh an cleirech,
D' feircc le Maodocc go minic;
A bhás nír fhidir enneach.

(81) Na dhoimh is cairt na corma
Risan aill[1] ndorcha ndomhain
Do thuitset uile a naoinf*echt*,
M*air*cc d*ar*[2] caoimhthech[3] an chon*air*.
Cuirther leis crois da cCoimhde,
Go nderna an Coimdhe a ccobh*air*.[4]

(82) Mac rígh Bretan gan baoth-glór
Foiris Maodócc na manach;
Tri hainmhe n*ar* féd d'folach,
Do bhí dall, bodh*ar*, bacach.

(83) Neach ainmheach 'sa[n] crich cedna,
Gerr an térma go tterna[5],
Nír chuir *cair*de ara chabhair,
[I]s é 'sa acch*aid* 'na hen clar.

(84) Buidhne Bretan gan míognáoi
Tre guidhe an fhíor-naoi*mh* etail
Cuirit ár i ngach achadh
Ar shluagh Saxan le sechtmain.

(85) Neach do raidh mar cóir ceilecc,
Dó nír fferr de 'mun am soi*n*,
Beith bodh*ar*, dall; ger dhuiligh,
Go brath do fhuirigh amhl*aidh*.

(86) 'Ar ttec*ht* tar ais go hÉirin*n*
Don náomh, fa gér-ghrin*n* guidhe, |
f. 182[a] Bás na noilitr*ech* néccr*uaid*
Do bhac i nen uair uile.

(87) A clocc fadheoigh do dhermaitt
I mBretai*n* bhend-bhuicc[6] blad*aigh*,
M*ar* tainicc trath a búana,
Dochí uadha ara aghaidh.

(88) Tre múr anfaidh go hin*n*ill
Ráon 'na ráon tirim *tar*la
Ar Maodhócc go méd ngáoisi,
Ar lorcc Máoisi m*eic* Amra.

[1] alt A, H. [2] darab A, H. [3] caointech H. [4] A omits these two lines. [5] go ndernadh H. [6] benn-glain A, H.

(89) Cend an bhrathar do bhen*n*aigh
I nam bleoghain don bhan-coicc,
Na ba m*ar* laogh do lighdís,
An trath ticcdís; nir bhan-toisg.

Toiscc.

xxxii. (90) La ele[1] do Maodhócc ag meilt cruithne*cht*a isin muilen*n*. Batt*ar* na braithre uile le tosccaibh ele. Tainic ócclach d' Osraighibh istech, go rucc ní don min *ar* eiccin uadha. Tainic an togl*ach cet*na chuicce 'na diaigh sin, 7 sé '*ar* cclaochlodh datha 7 crotha 'ar níadhadh súl dá suilibh d' en toiscc, gur *iar*r ní a nathchuinghidh ar Maodhócc don min. Fechais Maodocc f*air*, 7 do fhi*ar*f*aigh* de cr*ét* tucc m*ar*sin hé, ge do bí a fhios aicce. *Ocus* adub*airt*: 'Dogebhair si ní don min lea breith let; 7 gidh edh biaidh tú cáoch[2] tr*é* bithe, 7 ni bía do shíol go brath gan nech leth-cáoch dhíobh it dhecc*aid*'; amhail ro comailledh.

(91) Ro cumhdaighedh[3] cealla iomdha 7 mainistrecha le Maodhócc i nUibh Cein*n*seal*aigh* don chur sin, 7 do bí féin i mainistir díbh ren ab*ar*th*ar* Cluain[4] mór Dícholla; 7 is aml*aidh* do bí Dícholla feisin ina abb*aidh* urdhálta fo cúram Maodhóg isin maighin sin. *Con*idh uadha ain*m*nighther an tionadh dia éis.

xxxiii. (92) Do thiomaircc Aodh `.i. rí Er*enn*', m*a*c Ainmir*ech*, sluagh mór d'*ar*gain 7 do chreach*ad* h*Ua* Cein*n*seal*aigh*. Brandubh *immorro* mac Each*ach*, m*ei*c Muireadh*aig*, fa rí *ar* Uibh Ceindseal*aigh*; 7 isé bói ag cathucc*ad* i nacch*aid* righ Er*enn* .i. Aodhae. Tionoilit t*ra* móran do daoinibh an tire si*n* a neide[5] 7 a nindile fo díden Dé 7 *ar* comairce Maodhócc isin ion*adh* irraibhe .i. Cluain mór Dicholla. M*ar* dochual*aigh* an rí an tainioma*t* spreidhe 7 cethra | do thiomsucch*ad* f. 182[b]
i naoin ionad, doch*úaidh* do chreach*ad* an bhaile.

(93) Ro eir*ig* Maodhócc amach a ccoin*ne* an tsl*úaigh*, 7 cuiris comh*arrtha* na croiche naoimh le rin*n* a bachla 'na nacch*aid* an*n*. Adub*air*t neach don tsl*úagh* bói a ttosach cáich do*n* cur si*n*, ag dol taran cc*om*h*artha*: 'Ní fhuil da nao*m*htacht nech do fhétf*edh* mo thoirmescc', *ar* se, 'gan dol taran cc*om*a*rtha*.' *Ocus* '*ar*na radha si*n* dó, do thuit m*ar*bh gan anmain a bfiadhnaisi cáich a ccoitcin*ne*. Gabhais eccla adhbal cách a ccoimhneinfhecht don gniomh sin; 7 do iompott*ar* t*a*ra nais dochum an riogh. Iompoidhis an rí iarsin on ecclais, 7 as*edh* adub*airt*: 'Ní f*et*muid ne catucch*ad* i nacch*aid* na naomh, 7 na Trinoide[6] tré-phersanna*ighe*, 7 Maodhócc *con*a míorbuilibh.' G*ur* mor*adh* ain*m* De 7 Maodóg desi*n*.

[1] §§ 90, 106 = M § 23; S § 19. [2] leth-cáoch A, H. [3] §§ 91–93, 107 = M § 24; S § 20; Ir.[1] § 18. [4] Claodh H. [5] eaduighe H. [6] 7 na noide noitte noide (!) H; i.e. the scribe takes the word 'Trinoide' as 'tri noide', three 'noides'.

xxxiv. (94) Fe*chtus*[1] ele da ttainic Maodhóc don recles re nab*ar*th*ar* Senboth Átha[2] fo bhun an tsleibhe re ráiter Suidhe Laighen, m*ar* do bai an*n* ag siubhal na slicched, tarla sagh m*eic* tíre dó *ar*an slicch*ed* 'na coinde, 7 sí t*r*uagh, anffan*n*, ocarach. Tainic go min muinter*tha* chuicce. Do fi*arfaigh* Maodhócc don ghiolla tárla dó *ar*an slicch*ed*, an raibhe áoi*n* ni aicce, dobher*edh* sé don choin. Adub*air*t an giolla go raibhe ao*n ar*án 7 órda éiscc. Gabhais Maodhóg anní sin uadha, 7 teilccis dochum na con hé. Do dhercc 7 do las an giolla acca faicsi*n* sin; 7 adub*air*t an gioll[a] gur eccail lais a thiccerna, óir nír bó do muin*n*tir Maodócc féin dó, *acht* a theccmáil dó *ar*an sligidh. Adub*air*t Maodhócc: 'Tab*air* let ní do duille na coill*edh* cuccam', *ar* sé; 7 dorin*ne* samhlaidh. Bennaighis Maodhóg an duillebh*ar* 'na dheaghaid sin, gur sóadh i n*ar*án 7 i niascc é. Tucc don gioll[a] é asa haithle. Gur mor*adh* ain*m* Dé 7 Maodócc t*r*esna miorbhuilibh sin.

xxxv. (95) Fe*chtus*[3] ele da raibhe an rí do raidhemar .i. Brandub
f. 183[a] m*ac* Each*ach*, '*ar* ngab*áil* | ricche Laighen dó, 7 crecha móra roimhe '*ar* na mbuai*n*[4] don leith tuaidh d' Éirin*n*, tarla lobh*ar* do muin*n*tir Mhaodhóg dó, 7 do íarr déirc *air* i nonóir Dé 7 Mhaodóg. Tucc an ri m*ar*t maol-odh*ar* i ndeirc dó. 'Na diaig sin tainic an rí da tír féin, 7 gabhais fos-longp*ort* agan abhain*n* darab ain*m* Slaine. Gabhais tin*n*es adhbal-mhór an oidhce si*n* hé, 7 do*con*nairc aisling iongn*adh* .i. m*ar* dobértai i nifrion*n* hé, 7 m*ar* do bheittís piasta ifrin*n* uile, 7 a mbeoil oslaiccthi da ion*n*saicch*ed*. *Ocus* dar lais fós do*connair*c se peist mór i ndor*us*[5] ifrin*n* do ba mó dhíobh uile; 7 asi do ba san*n*t*aigh*e cuicce. *Ocus* d*ar* leis féin do bí ullamh dochum a shluiccthi.

(96) Do th*ar*raing sí an ri lena hanáil da hion*n*saighe, gur becc n*ar* shluicc sí a naoinf*echt* hé; go ttainic cleirech sochraidh soidhealbhda dá ion*nsaigh*e go hathlamh, gur chuir m*ar*t maol-odh*ar* i mbeol na piasta, 7 do ba cosmail risan m*ar*t tucc an rí roimhesin don lobhar hí; gur shaor an rí o bheol bioth-oslaicthi na píasta. Do tharraing an pheist dha hion*nsaigh*e arís hé, 7 dob áil lea shluccadh cuice m*ar*an ccedna. Tainic an cleir*ech* c*et*na arís ó[6] ro*cht*ain, 7 do bhuail an mbachaill i ccend trom-adhbal na péste, 7 do dún a bel go bioth-ullamh, gurab aml*aidh* sin ro saor*adh* an rí o ghuais na piásta 7 ifrind a naoinfe*cht*.

(97) Do iompó spiorat an rígh dochum a chuirp, gur eir*igh* asa haithle, gur indis da muin*n*tir gach ní at*con*nairc. Rucc*adh* an rí im*morro* iarsi*n* don ionad ren ab*ar*thar Inbher Crimth*ainn* isin tin*n*es c*et*na irraibhe. Adubhratt*ar* a charaitt ris: 'Ata nech naomhtha isin talamh so', ar síad, 'd*ar*ab ain*m* Maodócc. Doníther ferta mora 7

[1] §§ 94, 108 = M § 25. [2] atá A, H. [3] §§ 95–99, 109 = M § 26 (V § 29); S §§ 20–22; Ir.[1] § 19. [4] d'Ibh Neil .i. don Midhe 7 *add.* H. [5] a mbrollach H. [6] da A, H (*recte*).

míorbuile do lathair leis. *Ocus* cuir si techta cuicce, do tab*airt* uisge choisercta cuccat uadha.' Adub*airt* an rí: 'Ni ba hamhl*aidh* sin bías', *ar* sé, 'acht rachat sa féin m*ar*a bfuil sé.'

(98) Teid an ri ina c*ar*p*at*, | 7 tainic mara raibhe Maodog. Ó do- f. 183[b]
chualaidh Maodhócc an ri do bheith da ion*n*saighe, doch*uaid* ina coin*ne*. *Acht* cena m*ar* doc*onn*airc an rí Maodhóg úadha, adub*airt*: 'Asé súd an cleir*ech* do shaor meisi o bél na piasta, 7 o phéin ifrin*n* *ar*cena; óir aithnighim a cruth 7 a caoimh-eccoscc uaim.' Slechtais an rí fo chosaibh Maodhócc an tan sin, 7 adub*airt*: 'As aitr*ech* lem mo peac*adh*', *ar* sé, 'oir dorinnes morán uilc 7 eccora riamh go soiche so; 7 gibe ar bith aderai si frim im slainte m'anma, doghén fom dithcell.' Do slanaigedh an ri *iar*sin o gach eslainte da raibe 'na diaigh, '*ar* nguidhe do Maodhóg ara shon. Adub*airt* an rí: 'Do slanaighis mé om eslainte', ar sé, '7 rom scc*ar*ais ó phianaibh ifrin*n*.' *Ocus* ro in*n*is do Maodog an*n*sin gach ní at*con*nairc isin aisling adubhramar.

(99) Adubhairt an ri an*n* sin: 'Dobheirinn si me féin gom cinedh 7 gom clan*n*maicne i mbith-dílsi do Dhia 7 duitsi; 7 adeirim m'adhlacadh maille ré mo shiol 7 rem chlan*n*m*ai*cne[1] go brath it reilicc si .i. Ferna.' Tucc an rí offrail go hiomdha 7 feran*n* fairsing do Mhaodhóg, áit inar cumdaigh ecclas álain*n* onorach .i. Ferna mór Maodóg. Ro ordaigh in rí .i. Brandubh, i ttul*aigh* aonaigh 7 oirechtais Laighen, et*er* cler*ech* 7 túata, aird-espuccoide*cht* chucc*idh* Laighen uile do beith i necclais catoilice Maodog, 7 Maodhog féin 'na aird-esp*oc* in*n*te, '*ar*na oird*nedh* 7 '*ar*na onorucc*adh* i rRóim roimhesin le fer ionaid Dé i ttalm*ain*, amhail do raidhem*ar* romhain*n*, an u*air* fuair an *m*bric Maodóig 7 an mbachaill mBranduibh .i. Brandubh m*ac* Each*ach*, doroine do leiges leisan mbachaill do cum*acht*aibh Dé.

xxxvi. (100) An tan[2] im*morro* bói Maodhóg ag cumdach mainistrech hi fFerna, darónsat a deiscip*uil* eccaoi*ne* ris na raibhe uiscce a bfocc*us* doibh 'san mbaile. Bói cran*n* mor isin mbaile an tan si*n*. Adub*airt*
Maodog lea dheiscioplaiph: | 'Gerr*aidh* an cran*n* ut[3] da bhun', ar se, f. 184[a]
'7 lingf*idh* top*ur* taitnem*ach*, 7 sruth seimide sol*us*-glan d'uiscce each*ar*-gorm uainidhe uadha.' Do gerradh an cran*n* don cur sin, 7 '*ar*na gerradh[4] lingis loch-top*ur* lán-álain*n* ina dhecch*aid* don dal sin, ren ab*ar* Tiopra Maodocc. Do gnathaighdis mna 7 mion-daoine techt do nighe a nedaigh*e*[5] 7 do niamh-glan*adh*[6] a nerr*eidh* dochum an tsrotha do shil asan top*ar*.

xxxvii. (101) Baoi f*er* úas*al*-conaigh isin feran*n*, dar bó comain*m* Becc m*ac* Eog*ain*, 7 bói a bhaile bun*aidh* a bfocc*us* don cill 7 don caoimh-ecclais, óir dothiccedh a feran*n* *con*uicce an sruth sin. *Ocus*

[1] 7 rem feimionn (= seimionn = Lat. semen) *add.* H. [2] §§ 100–102, 110–111 = M § 27 (V § 26); S § 23; Ir.[1] §§ 20, 21. [3] a ccomhdhail don baile *add.* H. [4] gerreamh H. [5] edaigh A. [6] nua-ghlanadh A.

doticcdís mna an bhaile do nighe a nédaigh as, amhail adubhramar cena. Rop olc le Maodhócc anní sin, 7 adubairt ríu: 'Tiagaidh uaim go hullamh, 7 na teccaidh comhgar sin don ecclais na duinne', ar sé. Adubairt ben dona mnaibh nach rachdais [1], 'óir as lind féin an tuiscce, 7 an ferann a naoinfecht,' ar síad.

(102) Iarsin tra bói inghen álainn il-dhealbhach do Bhecc mac Eogain ag nighe édaigh lena cosaibh for[s]na clochaibh. Do lenattar a cosa don édach, 7 an tédach dona clochaibh, 7 na clocha don talamh; 7 do bái sí amhail gach niomhaigh, nó mar gach ndeilbh ndaonna, gan aister, gan gluasacht[2] amlaidh sin, conar lamh corrucchad do thaoibh seach a ceile[3]. 'Arna cloistin sin d'athair na hinghine .i. do Becc mac Eogain, tainic go luath mara raibhe Maodhócc, 7 doghuidh go humhal é fa fhuasgladh don inghin. 'Ar ndenamh urnaighthe do Mhaodóg ara son, do sccáoiledh go luath í on cuibriuch irraibhe. Ocus tucc an fer sin .i. Becc mac Eogain, é féin 7 an baile sin, 7 a sliocht go brath a mbith dílsi do Dhía 7 do Mhaodhocc.

xxxviii. (103) 'Na diaigh sin[4] tainic airgech bói a ccomfoccus do cathraigh Maodhócc cuicce, 7 ro innis dó[5] go raibhe a mathair i neslainte géir; 7 iarrais uiscce coisrecctta chuice. Téid Máodog fein
f. 184[b] mara raibhe an bhen. Do ba taoscca in tairgech ina Maodocc | an tan sin; 7 fuair a mathair marbh, gan anmain ara cionn. Tainic a ccoinne Maodocc tara ais amach, 7 do raidh ris: 'A serbhontaidhe dílis Dé, 7 a mogh an Choimdedh cumachtaigh, na buaidhertar tú, óir atá mo mathair marb isin maighin si.' Adubairt Maodhócc ris: 'Éirigh si', ar se, 'mara bfuil do mathair, 7 abair ria, teacht mara bfuilim si da slanucchad.' Téid an tairgeach tara ais, 7 adubhairt lea mathair: 'Eircc go luath, óir ata Maodóg móir-fhertach 'gut iarraidh.' Ro eirigh an ben iarsin le haithne Maodócc, amhail no bheith ina codladh, go ttainic slán da ionnsaighed ina coinne. Ocus ro móradh ainm Dé 7 Maodhócc desin.

xxxix. (104) Araile[6] aimsir docuaidh Maodócc mara raibhe an tab naomhtha .i. Munna mac Tulcáin, go Tech Munna: 7 do fiadaighedh go honórach ann hé. Adubairt Munna mac Tulcain risan ccoimhtionól do bí ag frithailemh dó: 'Eircc mara bfuil Maodhócc', ar se, '7 abair ris a bfuil do braithribh 7 do daóinibh ele isin mbaile do chur dom aittreibh si 7 dom árus, do chaithem bídh 7 dighe[7] a ccoimhneinfecht 'na onóir féin anocht', ar se. Do raidh Maodhócc go ccaithfitís uile biadh an oidhche sin. Adubairt Munna risan techtaire:

[1] imeochdis A, H. [2] iomluaghail A. [3] conarb feidir leith-luaghail no lán-gluasacht don taob go cheile A; and practically H. [4] §§ 103, 112 = M § 28 (V § 27); S § 24. [5] For ''Na diaigh sin . . . ro innis dó'. A reads: Ina dheaghaidh sin tiomairgios Bec an méid do bhí a ccoimhfegus do c. M. chuige, 7 adubhairt nech aca. [6] §§ 104, 105, 113 = M § 29 (V § 28); S § 25; Ir.[1] § 22. [7] blasa A, H.

'Innis do Maodhóg, nach fétaitt uile biadh do caithemh, oir atá móran easlán díbh'. Adub*air*t Maodhócc 'arna cluinsin si*n*: 'As celgach da i*arr* an tab slainte dona braithribh; gidh edh féd*adh* Día slainte do thab*air*t doibh im onóir si', *ar* sé. *Ocus* '*ar*na radha sin do Maodócc, tainic gach nech da raibhe easlán diobh maille le *gair*dech*us* don proin*n*tigh; 7 ro bátt*ar* drong diobh 7 gurab *ar* eíccin do batt*ar* beo roimhesin; 7 tangatt*ar* sei*n* do chaithemh a suipéir a ccuma cáich don cur si*n*. |

(105) A ccion*n* an tres lái *immorro* ac fáccbail an bhaile do Mhaedócc, f. 185[a]
adub*air*t Mun*na*: 'Ni raghair asan mbaile', ar sé, 'no go ru bhaitt na braithre 'san eslainte cedna, m*ar* do bhatt*ar* roimhe.' Adub*air*t Maodog: 'Do thiodlaic Dia damhsa sláinte lea tab*air*t doibh', ar se. Do raidh Munda: 'Ní hamlaidh sin bías', or sé, 'óir foirbhtighit na subailce[1] 'sna heslanaib.' *Acht* cena 'arna ceducc*adh* do Maodog tre furailemh Munda ro iompótt*ar* na braithre .i. an coimhthionól c*et*na ina neslaintibh fein dorísi. Do imthigh Maodog an*n*sin '*ar* ngabhail cheda, 7 '*ar* cceileabrad do Mhunda; 7 téid da ionad féin '*ar* ffáccbháil benn*achta*, 7 '*ar* ffagháil bhenn*achta*.

(106) Conidh de mhiniucc*adh* gach neithe diobhsin doronadh an laidh si[2]:

Lá do Mhaodhócc 'sa muilenn,
Da rucc tuirend[3] da tréin-bhleith,[4]
Cuicce go ttainic tuata,
Go rucc min uada ar eicin.

Min arís a riocht ele,
Nir gniomh goile na gaisccidh,
D'éis a shúl uadh d'iadadh
Leis do hiarr*adh* a naisccidh

A hucht naomh *ocus* naom-ogh.
'Biaidh', *ar* Maodócc gan man*n*ar,
'Go brath do dhéoin an Duilimh
'Súil dot suilibh gan amh*arc*'.

(107) Ar righ Er*enn* go heiccn*ech*,
Ger mór d'cinnech m*ar* ob*air*,
Crodh Laighen uile d'forccla
Dorin*n*e a ccomhda[5] ar choccadh.

[1] soailce A; saoilche H. [2] Conadh da dhearbadh sin adubhairt an file an fursanadh A; Cona da derbhadh sin dobert an file na furranna so ar ndiaigh go forleathan, filiota, focal-cert, iongantach, cia (? co) firinnech diadha, deghlabharthach. Aniudh an aoine órtha .i an ched-aoine don corghas H. [3] i. cruithnecht Br. (interlined). [4] -mheilt H. [5] coimed A; a ccomhdhochar cog*aidh* H.

(108) An cú ocarach allta
D'eis a cabhra ara casán,[1]
Doní do dhuille an doire
Iascc re 'roile[2] *ocus* arán.

(109) Brandubh m*a*c Eachach ainmín,[3]
Do bí an taird-rí go heslán;
Da leighes ni fu*air* einnech,
Gur fhóir an cleirech cnes-bán.

Rí Laighen, ni cás ceilte,
Foiris mac Eithne árnaigh,[4]
Tucc an rí arís 'na rithing
O pianaibh if*rin*n adhbail.

(110) Uiscce *ar* tosach na tennta
Ni frith a fFerna roimhe, |
f. 185b Gur muigh a bun an bhile
Top*ar* fa gile gloine.

Tiopra Maodhócc go maisi
Ainm na glaisi go gnathach,
Biaidh os gach uiscce iodhan
Sreabh na tiopra gan *tr*agadh.

(111) O bhaile Bheic m*ei*c Eogh*ain*
Ticcdís mná an cheol*aidh* cornaigh,[5]
Do nighe a nédaigh dobair
A sruth an top*air* ton*n*-gloin.

Do thoirmiscc Maodocc málla[6]
An bantra*cht* dána daith-gheal;
Nír gabh ben dibh on deigh-fer,
Doibh fa deir*edh* dob aithreach.

Ticc ingen an fir eolaigh,
Bec m*a*c Eogai*n* gan ainméin,
Gusan tiop*r*ait nguirm ngle-gloin,
Do nighe a héd*aigh* ain*n*séin.

Clocha an tsrotha *arar* saltair,
Don mhnáoi nir ch*arcair* cosmail,
An tedach 's an úir endacc[7]
Do bí a ccengal da cosaibh.

[1] tar acbhfainn H. [2] reir uile H. [3] airmnidh H. [4] árn*aidh* A; fhenaidh H. [5] chaoim*igh* (?) A. [6] mhanla H. [7] enn*aigh* A; eannuidh H.

Sealbh an bhaile caoim-cheo*laigh*
Tucc Bec, m*ac* Eog*ain* fin*n*-gil,
Do Mhaodhóg fa mór-cum*acht*
Uadh *ar* furt*acht* da ingin.

(112) Tucc hí ó bás go beath*aid*,
Dia do cedaigh m*ar* cumhacht,
D' fertaibh an firéoin ailgin,
Mathair an airgidh d' *furtacht*.

(113) An áos eslán gan fuigel,
Orra nír cuiredh cuma,
Gur leighis iatt gan falach,
Coimhtinol manach Mun*na*.

Dénamh air tar gach naoin fer,
Don fhoir aoidhedh nirb antrath,
Ar nech fa ní dan iarfadh,
Le hAodh nír hi*arradh* athla.

Lá.

xl. (114) Fe*cht* ele[1] doch*uaid* Maodhócc *ar* cu*air*t m*ar* rabhatt*ar* ogha nao*m*htha. niamh-ghenmn*aidh*e, batt*ar* d'inghenaibh ag[2] Aodh m*ac* Cairpre, ⁊ rucc leis seisr*igh* dhamh a ndeirc doibh. '*Ar* ngabhail na seisr*igh*e dona h*air*eamhnaibh, tainicc ben bocht, ⁊ sí 'na lobh*ar*, meirbh, móir-easlán, go Maodócc, ⁊ do i*ar*r damh dona damhaibh i ndeirc air. Tucc san sin di. Adubhratt*ar* na hoiremhain: 'Cionn*us* dogenmais ne | treabadh anosa?', ar síad, 'óir testa[3] damh d'uimhir na seis*righ*e uain*n*'. Adub*air*t Maodhócc: 'Anaidh si fós', *ar* sé, '⁊ dobhéra Día damh daoibh ina ion*adh* sútt.' Docon*n*catt*ar* i*ar*sin damh ag tea*cht* don fhairrge da nion*n*saicch*ed*. Tainic dochum na seisr*igh*e, ⁊ dochuir a chend fon ccuing go hullamh isi*n* áit irraibhe an dam ele adubhram*ar*. Bói isin seisrigh amhl*aidh* sin fedh an earr*aigh* acc treab*adh* dona hoghaibh; ⁊ no teighed gach noidhche dochum na fairrge. *Ocus* do léiccedh tri fraissi[4] geimn*igh*e[5] as, ⁊ nó thigedh gacha maidne docum na seisr*igh*e c*et*na, no gur imthigh aims*er* an treabhtha. '*Ar*na cloistin sin do cach a ccoitcinne, ro mór*adh* ain*m* Dé ⁊ Maodhóg. f. 186[a]

xli. (115) Fecht*us*[6] ele do Maodhócc 'san ionad ren ab*ar* Ard Lathran*n*, ⁊ do*connairc* se seisrigh damh ag treabh*adh* laimh le Ferna .i. a chathair féin; ⁊ do bí a ng*ar* do chéd mile et*er* an dá áit sin. Gidh edh do*connairc* Maodhócc íatt tre grásaibh an Spiorait Naoimh. 'Ar niompódh im*morro* don tseisrigh ón iomaire go 'roile, tarla an

[1] §§ 114, 120[a] = M § 31; S § 26; Ir.[1] § 23. [2] altered from 'la'; ag A; aig H. [3] teasduighe H. [4] raisi A; raise H. [5] geimnidh H. [6] §§ 115, 120[b] = M § 30.

toiremh '*ar*na legadh go lár et*er* an soc 7 an colt*ar* don cur sin, 7 an tseisr*ech* fo réim saoth*air* 7 siubhail. Toccbais Maodócc a laimh aga fhaicsin sin, 7 do bhenn*aigh* an toireamh uadha, gér bó fada ettorra, 7 na doimh 'na dhegh*aid*. Do an*ustair* an tseisr*ech* ina sesamh m*ara* raibhe da siubhal; *co nár* urcoidigh do*n* oiremh, go ndech*aid* slán on eiccen sin. G*ur* mor*adh* ain*m* Dé 7 Maodog dona míor*buil*ibh sin.

xlii. (116) Fea[cht]*us* ele[1] docuirest*air* esp*occ* Dáuith .i. a maighistir féin, fios *ar* cen*n* Maodhócc do dhul *ar* cua*irt* cuicce ní sa luaithe, ria doghéb*edh* fein bás. Dochúaidh im*morro* Maodhócc fo fhios a oide go humhal go Bretain an tan sin, 7 do bái aims*ir* fada ina fochair an*n*. Adub*air*t Maodócc lá éiccin lé heaspucc Dáui: 'Do
f. 186[b] gheall*us*, a Thiccerna, 7 a oide ionmu*in*', | ar sé, 'do druing do daoinibh airidhe fám chomgheall 7 fam choccus, go mbein*n* aca i nEirin*n* aníu.' 'Beir si go deimhin i nEirin*n* aníu', *ar* espucc Dáui. Do fhiarfaigh Maodhócc cion*nus* do biadh. 'Rachait do muin*n*ter i lluing it diaigh', *ar* esp*ucc* Dáuit; '7 raghair féin aníu rempu m*ar* ader sa riot .i. ei*righ* dochum an m*hara*, 7 gibe ainmidhe theiccemh*us* duit *ar*an traigh, ei*righ air*, 7 béraidh go hullamh go hEr*inn* tú.'

(117) Doghluais Maodhócc '*ar* cceileabradh d'easp*ucc* Dauit, 7 *ar* ffagáil a bhen*nach*ta, 7 '*ar* ccengal pairte 7 priom-chairdesa fris, 7 eit*ir* an druing do tiocfadh ina ndecch*aid* go brath ina nionadhaibh dia néis. Téid Maodocc go traigh an m*ara iar*sin, 7 fu*air* ainmide adbul ainttrend*da* 'na choin*ne* 7 'na comhaircis and. *Ocus* dochuaid *ar*a mui*n* maille le creidemh daingen doch*us*ach. Rucc an tanmidhe leis hé ass si*n con*uicce an port re raiter Inbher Criomtain. Ro iompo uadha an*n*sin *ar* ngab*ail* ceda aicce doréir a ceille féin; 7 docuaidh Maodhócc da ionad fein, amhail ro gheall da lu*cht* ruin 7 ro-thairisi, 7 tangatt*ar* a mhuint*er* 7 a lu*cht*[2] coimhitechta 'na díaidh, gan brón, gan bás, gan bathadh, tre cum*acht*aibh De 7 Mhaodócc.

xliii. (118) Fe*chtus* ele[3] (doréir eisiomlara Maoisi m*ic* Amra, 7 Elias faith 7 Pat*r*aicc m*ic* Calpuirn, 7 fós doréir eisiomlara ri nimhe 7 naomhtalm*an* .i. Iosa Criost) do bhaoi Maodhocc da fichet lá 7 da fichet oidche an chorgais i ttroscc*adh* 7 a ttreidhen*us* ina cath*raigh* fein, i fFerna, gan digh, gan biadh daonna *ar* domhan do caithem risan re sin. A ndiaigh an troiscothi sin tra d*ar* lena muin*n*tir fein, 7 le gach náon ele, do ba reime, 7 do ba ro-laidire, 7 dob ferr a cruth 7 a caoimhdenamh d'eis a throiscthi 7 a threidenais ina ria*mh* roimhe.

(119) Fu*air* Maodocc ceithre hathcuingedha o Dia '*ar* criochnu-
f. 187[a] *gadh* | a throisccti an tan sin. An céd athchuinge: gibe nech do shiol Brandaibh m*ic* Each*ach*, no do shiol Aodha finn, 'm*ic* Fergna', m*ic* Ferg*usa*, do suidhfedh ina catraigh no ina caoimh-ecclais, 7 dogebhad

[1] §§ 116, 117, 121 = M § 32; S § 27; Ir.[1] §§ 24, 25. [2] coimsi 7 *add.* A; cumuind 7 *add.* H. [3] §§ 118–119, 122 = M § 33; S § 28.

bás in*n*te, gan dol i fflaithes De tre bithe na bethadh. And*ar*a hathcuinge: gibé da mhancaibh nó da muintir do threiccf*edh* nó do theichf*edh* roimhe, ga*n* dol i bflaithes Dé dó m*ar*an ccedna. An tres athchuinghe .i. gan if*r*ion*n* d'iadhadh *ar* en nduine da nadhlaicf*idh*e i nen ecclais dá eccalsaibh go deiredh[1] domhain. An cethram*adh* athcuinghe .i. anam do shiol Aodha Finn, ⁊ do shiol Brandaib m*ic* Each*ach* do tab*air*t a hif*r*ion*n* gach náon la go dei*r*e*dh* an domhain.

(120) *Con*idh da foirgell sin go sunradach do chan an file na briathra sa:[2]

Fert [follus] ele in*n*isfett
Anos, d'eis *ar* áirmem*ar*,
Ar Maodog mor miorbui*lech*[3];
A naireinh ní hur*us*a,
Ferta Maodhocc míorbuiligh.

Damh a ttrath an treabhtachais[4]
Da sheisrigh do shirestair
Ben bocht air m*ar* athcuinghe,
A nonóir Chriost chum*acht*aigh,
Gur bhron*n* di an degh-damh sin.

Tucc Dia 'arna dherlaccadh,
Go ticcedh damh degh-nertm*ar*,
Do dhénamh a degh-oibre,
On fairrge gach aon laithe
I náit an doimh déirce sin.

(120[b]) O Ard Latran*n* lan-fada
Go Férna moir muireraigh,
Gerbh imcia*n* an uidhe sin,
Docí, m*ar* dochualabh*air*,
D'fertaibh Iosa an tamharc si*n*,
Guais adhbal an oiremhan.

An soc is an sioth-cholt*ar*,
T*ar*la an toiremh ettorra,
'Ar siubhal na seisrighe,
An terlamh gur fóirestair
An toiremh ón eiccen sin.

(121) Cuid d'fertaibh an firén*aigh*,
Beith d'*ar*trach[5] *ar* ainmidhe,
Nach*ar* fhidir en nduine,
Ó Chill Muine a móir-Bretnaibh

[1] deiremh H. [2] This poem is written as prose in Br. [3] A omits this line. [4] treabhacais A. [5] a bheith d'artharach A; a bheith a dtatharrach H.

Go t*r*acht Er*enn* iath-glaisi
Le hen lá gan iomach*ar*[1]
An gealladh ro gheall*us*tair
Gur comhaill an cleirech sin.

(122) Ar lorg Iesu aingl*idh*i,
Is Elias fhaidemhail, |
f. 187[b] Is Maoisi m*i*c mo[i]r Amra,
Ocus Pat*r*aicc priomh-apstail,

Do bi Maodocc móir-fhertach
Da fichet lá an lán-corgais
I ttrosc*cadh*, 's a ttreidhen*us*,
Gan biadh *ar* bith buan-adhbal
Do caithemh an ccomhfad sin.

D*ar* léa mbiodh 'ga bith-féchain,
Nír meistte a cruth caomh-alain*n*,
Beith gan biadh, gan bethacadh,
Risan aimsir fada sin.

Itchi fhíren ailgenach[2]
Fo ceth*air* ro cuingest*air*
*Ar*an cCoi*m*de ccu*mhacht*ach
'*Ar* deir*edh* a degh-troisccthe:

Gach nech do siol sáor Brandaiph
Mhic Each*ach* aird iol-buadhaigh,
No Aodha finn fír-sochraidh,
Do anf*adh* ag áiteachadh[3]
Ina cathraigh coisrecta,
'S do racadh d'ég in*n*ti sei*n*,
Ifrion*n* *con*a il-pianaibh
Do beith aicce d'urlatu.[4]

Itche [n]ele fhoillsighim,
Do i*arr* asa haithle sei*n*:
Gibé énnech d'airidhe
Do muin*n*tir an Mhaodócc sin
Do diultfadh e d'andothcas,
Tech nimhe na naomh-aingel
Do beith uadh gan áitechadh.

An tres itche as ionáirme:
Tech ifrin*n* nach iadhf*aidh*er
Ar enneach da nadhnaicther
I necclais da eccalsaibh.

[1] iomorchar A; iomharcuraidhe H. [2] firein ailgenaigh A. [3] 'na aiteachadh H. [4] aicce urdalta A, H.

An cethram*adh* caoimh-itce:
Anam fechtnach firénta
Do shíol Brandaibh boirb-thresaigh,
Is Aodha fin*n* fíor-álain*n*
Do breit[h] leis go lán-ullamh
A hif*rion*n gach nao*n* laithe,
Go deir*edh* an domhain si.
Gach itchi d*ar* i*ar*rust*air*
Fúair an firén foircli*dhe.*

Aingil De '*ar*na deimhniucc*adh*
'Ar ttoide*acht* ar tinden*us*
An u*air* sin da ion*n*saig*edh*
On Trínoid m*ar* techt*aire*
Ar Mhaodócc mín muirerach.[1]
Go tti bruth na buain-breithe,
Bidh follus na ferta sa.

Fert.

xliv. (123) Fe*cht* ele[2] do Maodhóg hi fFérna; isí sin úair do bí drong da chinedh i mbraighden*us* ag Muimhneachuibh i nÚibh *Con*aill Gabhra. Téid Maodhóg da ffuasccladh. *Ocus* 'ar tteacht dó an*n*, nír léicc rí an tire si*n* istech é; ⁊ nírbh áil lais a faicsin, ina a eist*echt*, gur congaibh amuigh é i ndor*us* an dun*aidh*. Troisgis M*aodhóg* aran rígh i*ar*sin. I*ar* ccoimhlionadh a throiscthi dó, fuair inghen ro-g*r*adhach do bí agan righ bás | bioth-oban*n* asa haitle. Do f. 188[a]
bhi a fhios ag mnaoi an righ, gurab do brigh troiscthi an naoimh fu*air* an inghen bás: ⁊ rucc corp na hi*nghin*e lé m*ar*a raibhe Maodhócc, ⁊ doguidh go diochra degh-t*air*is hé ima hi*nghin* d'aithbeoug*adh*. Dori*n*ne Maodocc urn*aighth*e ara son, gur aithbeoaigh í asa haithle. Gidh edh do mhair miorún an righ do Maodhócc gan claochlodh don cur sin; ⁊ do bí sesm*ach* síor-aingid he o briathraibh ro-ferccacha ris.

(124) An tan t*r*a dob áil do Maodhócc a malluc*cadh*, tainicc lenab ócc il-dhealbhach da ion*n*saicc*edh*, ⁊ adub*air*t ris: 'Gurab Día do betha ⁊ do shlainte, a fhir fhoirbthe, fír-naomhtha', *ar* se, '⁊ biodh do mall*acht* ⁊ do mhóir-diomdha *ar*an cc*ar*raic cloiche sin it fiadhnaisi.' 'As ced lemsa an ch*ar*racc so do bheith mallaighthe', *ar* Maodocc. Dorón*adh* da leith certa chudrama dhi fadheoigh. M*ar* do*connair*c an rí an mhíorbal sin dori*nne* aith*righ*e go hiomarcach, ⁊ do leícc na braighde uadha do Maodócc gan fuascc*ladh*[3], ⁊ tucc an feran*n* d*ar*b ainm Cluain Claoidheac[h] dó, do shith ina diultadh o dorus a tighe ⁊ a dunaidh. Cumdaighis Maodócc ecclas isin ionadh sin, ⁊ bhenn*aigh* í ⁊ an rí *ar*aon. Gur moradh ain*m* Dé ⁊ Maodhócc desin.

[1] muinnterrach A; muinnterdha H. [2] §§ 123, 124, 130, 131 = M § 35; S § 30; Ir.[1] § 27. [3] gan iocuidheacht *add.* H.

xlv. (125) Fe*cht* ele[1] do Maodhóg maille le céd *ar* chaoccat do mhanchaibh ag buai*n* arbha 'san foghm*ar*. Tainic an rí .i. Brandabh m*a*c Each*ach*, dochum na búana *ar* cuairt go Maodhócc. O' t*connair*c an rí íadsein umhal orramach da cheile, adub*airt*: 'As iongn*ad* lem a comhmór si*n*, 7 a comhgrád*ach*, 7 a comhumhal, do beith i náon coimthionol.' 'Is iongant*aigh*e ina si*n*', *ar* Maodog, 'go ffuilit uile 'na mancaibh don bheth*aid* naomhtha shuthain, *acht* aon mhanach amhain.' 'Cia he an fer sin? ata 'na manach don bás, o nách manach don beth*aid* naomhtha hé; go ccuirmís docu*m* báis é', *ar* an rí, '*co n*ach
f. 188[b] raibhe et*er* cháorcaibh Dé ní as foide.' Do raidh | esp*ucc* Maodhocc: 'Ní muirfe tusa he; 7 gidh edh biaidh a fhios acc*at* do lathair cia hé; óir an tráth thiocf*us* am ceileabh*ar*tha *ar* ttrath, umhlóchaitt cách uile go talmai*n* iatt féin a naoinf*echt*, *acht* eisiumh 'na aon*ar*.'

(126) An tan t*ra* tainicc trath teirte do ló, do cláon Maodhócc 7 na man*aigh* uile dochum talman, *acht* manach na droch-beth*ad* amháin. Do fhi*arfaigh* Maodhocc de, cidh im n*ar* umhl*aigh* do Dhia m*ar* dorinnett*ar* fein uile. Adub*air*t siumh g*ur*ab ní ele do bí ara aire. Dochuir Maodhócc eisiumh asan ccoimhtionól m*ar* n*ar* chreid; 7 fu*air* bás do rin*n ar*in seachtmadh lá d'éis an uird d'fagbail; 7 as do rin*n* fu*air* a oid*edh*, gur comaill*edh* b*ri*at*ra* Maodóg et*er* na mancaibh isin maighin sin.

xlvi. (127) Fe*chtus* ele[2] do Maodocc, 7 rob áil lais dol don cath*raigh* rioghdha ro-oird*er*c .i. Caisiol Mumhan. Do anatt*ar* eich an charp*ait ar*in cconai*r*, *co n*ár gluaisett*ar* d'aoin leith. Rob iongn*adh* im*morro* le Máodócc anní si*n*. Tainic aingel an Choimdedh da ion*n*saigh*e*, 7 do raidh ris: 'Is*edh* as ail le Día, do duitsi i ttalamh oile', *ar* sé, '7 ni don Mum*ain*, *acht* go c*r*ich *Con*nacht; óir atá Gu*air*e Aidhne rí *Con*nacht i ttin*n*es docamlach isin cathraigh re ráiter Ceall m*ei*c Dúach, 7 as duitsi ata a ndán a leighes a hu*cht* Dé 7 do naomht*achta*.' Adub*airt* Maodhócc: 'Gibe ní adéra tea*chtair*e mo Thigerna riomsa, as ullamh mé da dhénamh.' Do raidh an taing*el*: 'As an*n*súd dob áil le Dia tusa do dhul; 7 gluaisfid h'eich go hullamh da ion*n*saicch*ed*.'

(128) Adub*air*t Maodócc lea ghiolla: 'Léicc uáit na heich', *ar* sé, 'gibe leth rachait féin.' Ro ghluaisett*ar* na heich g*us*in *air*d túaidh an tan sin; 7 '*ar* ttecht doibh go Loch nDeirgd*er*c, docuat*ar* na heich do chosaibh tiormaibh tríd, amhail b*udh* talamh tirim, no con*air* coi*m*hréidh[3], no beith aca isin úair sin. I*ar* ffágbail an locha doibh, t*ár*latt*ar* días d'feraibh doibh ara ccion*n* isin con*air*. Fiarf*aighis*
f. 189[a] Maodhócc eol*us*[4] na slighedh | díorgha diobh go Cill m*ei*c Duach, óir as innte bói Gu*air*e Aidhne i neslai*n*te an u*air* sin. Adub*air*t duine dibh, nach raibhe slighe maith rompa. Adub*air*t and*ara* fer: 'Masa

[1] §§ 125, 126, 132 = M § 36; S § 32. [2] §§ 127–129, 133 = M § 37; S § 32; Ir.[1] § 28. [3] coisidheachta *add.* H. [4] iul A, H.

maithe na clei*righ* sibhsi, doghena Día slighe maith daoibh féin, ⁊ dá bh*ar* nechaibh.' Do bhenn*aigh* Maodócc an tslighe, ⁊ do raidh m*ar*so: 'Atá a fhios ag Dia m*ar* atamaid; ⁊ f*etadh* Día slige maith do dhenamh dúin*n* amhail adeiri se.'

(129) I*ar*na radha si*n* dó da*no*, dob foll*us* doibh sligh*e* shoc*air* thirim, ⁊ ród cobhsaidh coimhreidh, tresna sleibhtiph *ár*da anshocra, ⁊ tresna coilltibh craobhacha comhdlúithe, ⁊ t*r*esna móintibh máotha mórbhocca, go rangatt*ar* go Cill m*eic* Duach, m*ara* raibhe Gu*aire* m*ac* Colmái*n* m*eic* Cobh*thaigh* rí *Connacht* i nothras ⁊ i nesláinte. *Acht* ch*ena* do slanaigedh an rí o gach esláinte do raibhe ina lenmai*n*, *'ar* nden*amh* guidhe ⁊ gér-urn*aighth*e do Mhaodhóg *ara* shon. *Ocus* do raidh Maodocc ris *iar*sin: 'Biaidh do righe ⁊ do ro-fhlaithes accat go cenn deich mbliad*an* fichet oníu; ⁊ beir tri bli*ad*na a ndeiredh do beth*ad* i ngal*ar* do bháis, ⁊ doghebh*air* flaithes Dé fadheoigh ar son do dheirce ⁊ do dheigh-einigh.' Do bhenn*aigh* Maodhócc an ri *iar*sin *'ar* nden*am* t*r*oisccthi ⁊ urn*aighth*i *ara* shon, ⁊ 'ar ccengal anmcairdesa ris; ⁊ do cumhdaighedh recles[1] annsin a nonóir Maodhócc, ⁊ do fáccaib an cill sin ag Colman mac Duach; *conidh* uadha ain*m*nighter an cheall .i. Cill m*eic* Duach. *Ocus* do imthigh Maedhócc da áit féin iarsin.

(130) *Conidh* da cuimniugadh sin ro chan an file an laid:

Cuairt Aodha na nard-ecclas,
Da chinedh fa cu*air*t[2] cabhra,
Dia mbai a braithre i mbr*aighden*us
I ccrich O cConaill Gabhra.

D' fuascc*ladh* a ghaoil geineal*aigh*
Téid Maoehócc, an fáidh fíre,
Nech d*ar* córa creidem*ain*,
Go dún ticcerna an tire.

Don érlamh nír umhl*aigh* siumh,
Ri O cConaill na ccaomh-ród,
A ndor*us* a dhun*aidh* siumh
Do congmhadh amuigh Maodhóg. |

Troisccis Maodhocc mor-dálach f. 189b
Aran righ gan cóir coisccthi;
A inghen caomh comgradach
Doch*uaid* d'ecc d'éis an t*r*oisccti.

Ben an righ go rath-ceill*ech*
Guidhis Maodhócc gan mion-dail,
A hinghen gur atheirigh
O bhás go beth*aid* bith-slán.

[1] reilic H. [2] bert A, H.

Miorún an fhir aineolaigh
Mo 'sa mó risan fhíor-faidh,
Maodhócc, ge do aithbeoaigh
A inghen do gan dioghbháil.

(131) Fóbrais Maodhócc malach-dubh
Esccaine an óig-fhir uaibhrigh;
Gerb é a mhian a mhallacadh,
Do thoirmiscc lenamh an u*air* sin.

Glór an leinib lenbaighe:
'Biodh do mhall*acht* núa anoisi,
'A thailgin*n* seimh, seabhc*aidh*e,
'Uait *ar*an ccarraicc ccloiche.'

'Ced lem, a leinib roi-deissi,
'A beith di m*ar* adeire,
'Buain don ch*arr*aicc chloiche si,
''S gan a buain d'einní eile,
'Go nderna di urran*na*.'
Tucc Dia don érlamh d'onóir
Da leith cherta chudroma
Doní don ch*arr*aic comhmoir.

D'éis gach neith d*ar* nochtam*ar*,
Dochuir Maodhócc *air* d'uamhan,
Tucc an ri go ro-ullamh
A braighde uadh gan fhuasgl*adh*.

Tucc tiodhlacadh teccmaisi
Arís do Maodhócc maoineach,
Feran*n* is áit ecclaisi,
Dana comain*m* Clúain Cláideach.

(132) Maodocc, mac na reltain*ne*,
An[1] cáocca *ar* chéd, ni ceileab,
Do foillsigh an ten duine
Do dhamnadh diobh fa deiredh.

(133) Da eachaibh nír anámhuill,
M*ar* ród tre faithche fion*n*-gloin,
Tre Loch nDeirg-d*er*c ndath-álain*n*
Dochuat*ar* chosaibh tiormaibh.

Coillte, móinte, is maoith-sleibhte[2]—
Fu*air* an naomh, ós da neimh-cheilt,

[1] an = on. [2] maigh-sl. A, H.

Raon tre iathaibh aimhreidhe
Go Cill m*ei*c Duach o Loch Deirg-d*erc*.

Ferta Maodhóg muireraigh,
'Ga mboi an creidemh *ar* congmáil,
Do fhurtaigh gan uireasb*aidh*
Gal*ar* Gu*aire* m*ei*c Colmain. |

Do bí ar lorcc an lain-creidimh f. 190[a]
Maodhóg, dáilemh gach deigh-fis,
Fúair o Ghuaire an ghnath-einigh
Cill m*ei*c Duach mar luach leighis.

Fáccbais Mac Dúach deigh-eolach
'Sa chill da éis 'na abb*aidh*,
Nir chengal naomh neimh-treorach
Le ceile, a ccengal cadaigh.

Mac Colmáin féil arm-thana
Ag ri*ar* aoidhedh gach én u*air*;
Maodhócc dob é a an*mcara*
Ag[1] te*cht* cuicce ara céd cu*airt*.

Cu*airt*.

xlvii. (134) Tainic[2] nech naomhtha, d*ar* bó comhain*m* Molua m*a*c Oiche, m*ura* raibhe Maodhócc; ⁊ adub*airt* ris, gurb áil dó dol dia oilithre don Roi*mh*. Adub*airt* Maodhócc fris: 'Ni fes damhsa go ffuighe mo ched féin cuigesin.' 'As cin*n*te go ffuige meisi bás, muna bfaice mé an Roimh', *ar* Molúa. Dochuaidh Maodócc ina c*ar*p*at* don ch*ur* sin, ⁊ rucc Molua leis don Roimh an oidhce sin gan gúais m*ara* na mór-anf*aidh*, séda ina siubhail, na síor-aisttir, tre grasaibh an Sp*iora*it Naoimh, ⁊ tre míorbhuilibh Maodhócc móir-fhertaigh. *Ocus* tangatt*ar ar*namh*arach* go Férna Laighen gan lán-turbhaid.

(135) Do raid Maodhocc ris i*ar*sin: 'An áil lat anois, a Molúa, dol d'oilithre na Romha?' 'Cidh fa budh ail?' *ar* Molua, '⁊ go ra b*adhus* arréir in*n*te, ⁊ go ffuar*us* locch*ad* mo pecc*adh* d'aithle m'aistir, ⁊ m'urn*aigh*thi, ⁊ m'aithrechais. Gidh edh as ná*r* lem a[3] dol c*om*h-luath so dom ionad féin d'eccla an amarais ora*m*.' Teid tra Maodóg leis an*n*sin da iodhlacadh goa mhainistir féin, d'eis a beith 'san Roimh doibh *ar*áon. *Acht* cena as acc Día na ndúl amháin atá a fhios cion*nus* doronadh an siub*a*l sin, ⁊ ní ag daoinibh *ar* domḥan, oir do *fét* Dia aithgiorra slicc*idh* ⁊ nemh-fad *co*naire do chur 'sna ródaibh docra, ⁊ isna conairibh comhaimhreidhe, et*er* mu*ir* ⁊ tír, do*na* naom*h*-aibh nert-*cr*áibh*tech*a sin re hedh en oidhce, amhail no beith aims*er* imchian aca rea himteacht. |

[1] ar A, H. [2] §§ 134, 135, 172 = M § 38; S § 33. [3] *om*. A, H.

f. 190[b] xlviii. (136) Fe*chtus*[1] ele do Máodhócc, 7 tainicc procattoir Mochua Lothra da ion*nsaighe*; 7 adubairt ris: 'Ni fhuil *acht* beccán cruithnechta againn; 7 cia díbh dogénam? a cur san i tír[2], no a tab*air*t dona braithribh?' Adub*air*t Maodog: 'Cuiridh go hiom*dha*, 7 tabr*aidh*[3] go lór dona braithribh.' Do fhi*arfaigh* an te*cht*aire: 'Cion*nus* b*udh* eidir sin do dena*m*?' Adub*air*t Maodhóg: 'Gibe do méd, no do laghat ata agaibh anossa, ní theisdeobha enní uadha, da mhéd cuirfidher no caithfidher é, no go tti an t*arbar* nua don[4] talmai*n*.' *Ocus* do coi*m*hledh si*n* t*re* bréithir Mhaodhóg.

xlix. (137) Fe*cht* ele[5] tainic fedhman*n*ach Mhaodócc fein da ion*nsaighe*, 7 adub*air*t ris: 'Ní fhuil ní *ar* domhan 'san ccisdenaigh againn', *ar* sé, '*acht* en soidtheach dighe, 7 beccan ime, 7 ní fhedam*ar* an dona manchaibh do*ber*am é, no dona haoidedhaibh.' Adub*air*t Maodhócc: 'Tabr*aidh* doibh leth *ar* leth é gan coiccill, m*ar* do beith a lán 'san cisdenaigh do cinel gacha bídh 7 gacha dighe.[6]' 'Na diaigh sin ni raibhe easb*aidh* bídh na dighe *ar* duine isin tigh, *acht* gér-líonm*ar* doibh t*re* cumachtaibh 'Dé', 7 tre miorbuilibh Maodhocc.

l. (138) Fe*cht* ele[7] da ttangatt*ar* daoine celgacha go Maodhócc '*ar* ffágbháil an éd*aigh* féin i ccoill i ffolach do taoibh amuigh don baile, d'iarr*aidh* ed*aigh* ele fair. Adu*bair*t Maodhócc '*ar* ffoillsiugadh a cceilcce dó ó Dhía: 'Anaid fós', *ar* se, 'go ffaght*ar* edach.' *Ocus* cuiris Maodóg go folaigt*ech* duine *ar* cend a nédaigh féin dochum na coill*edh*, 7 do teccaiscc dó m*ara* bfuighedh é. Tucc an tócclach an tédach leis go Maodhóg, 7 tucc Maodhócc doibhsion hé. Gabhais n*air*e adhbalmór íatt '*ar* ffaicsin a ned*aigh* fein, 7 do imghett*ar* asa haithle, 7 do foillsigh Dia m*ar*sin a ccealg 7 a ccluai*n*[8] do Maodog. |

f. 191[a] li. (139) Tainic[9] t*ra* ri Er*enn*[10] i n*ar*oile aims*ir* maille le morsluaighedh mór ina f*arradh* .i. Aodh m*ac* Ainmir*ech*, 7 rí *Con*nacht, 7 an ran*n* tuaidh d'Eirin*n* *con*a nuirrighaibh, 7 *con*a n*ar*d-taoiseachuibh, d'*ar*gain 7 d'ion*n*radh Laighnech a ndioghail Chumasccaigh m*ei*c Aodha, m*ei*c Ainmir*ech*, do m*ar*b*ad* le Laighneachaibh feacht roimhe .i. Cumascc*ach* docuaidh *ar* cu*air*t rioghdamnachta í lLaignib, 7 ni gabadh gibe baile in tteigedh, gan ben an baile do beith fora cum*us* an fedh do biadh 'san mbaile.

(140) Téid go baile B*r*andaibh m*ic* Eachach .i. rí Laighen, 7 nír ghabh gan a bhen sein d'faghail *ara* leab*aidh* lánamhnais m*ar* gach mnáoi. *Gur* m*arbadh* Cum*us*cc*ach* ina ciontaibh la righ Laig*en*, *gur*ab airesin dodeach*ai*d Aodh m*ac* Ainmir*ech* i lLaighnibh da dioghail; *co nar* ghabh comha na cennach uatha, *acht* a ndíth 7 a ndilgen*n*

[1] §§ 136, 173 = M § 40; S § 35. [2] MS. san itir. [3] dona braigh *add.* H. [4] on A, H. [5] §§ 137, 174 = M § 41; S § 36. [6] blasa H. [7] §§ 138, 175 = M § 42; S § 37; Ir.[1] § 30. [8] a neasinnioll A, H. [9] §§ 139-141, 176 = M § 55 (V § 54); S § 51. [10] Temhra A; Teamhrach H.

a naoinfe*cht*. Tainicc ri Laighen an tan si*n* m*ar* araibhe a pat*r*ún 7 a p*r*iomh-an*m*car*a*[1] .i. Maodhóg fertach Ferna, 7 dorin*n*e a eccnach 7 a iomhchosáoid fris. Do raidh Maodhócc: 'As iom*dha* nech naomhtha 7 duine degh-*crab*aidh ag seirbhís go duthr*acht*ach do Dia it duth*aig* si', *ar* sé, '7 ni f*ur*áil daibh guidhe lat. Ocus eirigh si im*morro*', ar Maodhócc, 'maille le himditin*n* laidir docum an catha, a hucht do naomh 7 do naomh-ecclasach[2] fein; 7 bett sa go laindiochra lat.'

(141) Dorin*n*e Maodocc urn*aighth*e adhbal 7 guidhe Dé go duthr*acht*ach t*ar* cenn a thigerna saogalta .i. Brandabh m*a*c Each*ach*. Teid Brandabh *ar*namh*ar*ach maille le dothc*us* daingean a nDía 7 a Maodog d'ionns*aigh*e an chatha i nacch*aid* aird-righ Ér*enn* 7 na leithe tuaidh go ti*n*nesnach. Aithrister im*morro* go raibhe ceit*r*e mile fichet m*ar*cach i neccmais coisighedh 7 caomh-troight*ech* 'san cath. Tucc*adh* t*r*a cath Bheal*aigh* Duinbolcc etorra *iar*sin. Do | bris*edh* an f. 191[b]
cath *iar*si*n* la righ Laighen *ar*an lathair si*n*, 7 do marb*adh* rí Er*enn* an*n* .i. Aodh m*a*c Ainmirech, maille le lion dírimhe d'uaislibh 7 d'*ar*dmaitibh Er*enn* ina fhoc*hair* an*n*, tre g*r*asaibh De, 7 t*r*e míorbhuilibh Maodóg isi*n* u*air* sin.

lii. (142) Baoi[3] occlach i lLaighnibh, dár bo comain*m* S*ar*án Saoibhderc, oircin*n*ech Senbotha Sine, ler m*ar*b*adh* an ri do raidhem*ar* .i. Brandubh mac Each*ach*, rí laoch-armach Laighen. Fu*air* an ri si*n* im*morro* bás gan faoisittin, gan lesucch*ad* na hecclaisi. I*ar*na cluinsin do Maodocc rop olc, 7 rob imsniomhach leis hé, 7 cháoi go toirrs*ech* trom-chumtach, 7 adub*airt*: 'As olc lem an lamh do m*ar*bh 7 do mhugh*aig* didnighteoir na hecclaisi, 7 f*ur*taigteóir na ffan*n*, 7 bíatach na mbo*cht* 7 na mbain-treabt*ach*, 7 didnighteóir na ndaoine neccruaidh nanarsaidh[4], nach tuitenn sí dá gualain*n* go gnath-foll*us*.' Ro fioradh si*n* fadheoigh, amhail in*n*ister romhain*n*.

(143) Docuaidh Maodhog m*ar*a raibhe corp 7 caomh-taisi an aird-riogh *iar*sin, go raibhe b*liadain* bith-lan on callain*n* go cheile, *con*a cleir, 7 *con*a coimhtionol, 'na trosc*cadh* *ar* arán 7 *ar* uiscce, amhail do raidhem*ar* romain*n* a ttús *ar* ttinsgettail, 'ga thaithbeough*ad*, gur slanaigedh é asa haithle, 7 gur eirigh a bfiadhn*us*e caich a ccoitcin*ne*. Do raidh an ri le Maodhócc: 'Guidhim tú, a ath*air* ionmain', *ar* sé, 'ma dogeibhe flaithes Dé damh, mo leigen da ionns*aigh*e go luath, óir as lor lem a fhad 7 a imchéine ataim ag cruin*n*iucc*adh* chaire 7 pheac*adh* isin saogal *gus*an tan sa.' Ro thaitin an comhrádh sin go mór le Maodhócc. I*ar* neist*echt* im*morro* a fhaoisittne dó, 7 'ar nglac*adh* cumaoineach, 7 sac*ramen*te don rígh o Maodhóg, | dochuaidh dochum f. 192[a]
nimhe focéttoir. Do hadhlaicced go honorach é asa haithle i fFerna

[1] a phriomh-charuid priuileidech A; a charaid pribhleideach H. [2] eglaiseach A; egluise H. [3] §§ 142–144, 176 = M § 43; S §§ 38, 39; Ir.[1] §§ 31, 32. [4] anarracht A; anarrachtach H.

móir Maodhócc, m*ar*a nadhlaicther a shíol 7 a sli*ocht* oshin alle, 7 rioghr*adh* Laigen *con*a lain-tional.

(144) Tainic Sarán saoibh-d*er*c .i. an nech útt do raidhem*ar*, ler thuit an rí .i. Brandabh m*ac* Each*ach*, 'ar ngabháil aithrechais dó; 7 '*ar* ffaghail aithr*igh*e docuaidh *ar* uaigh an rígh go Ferna, 7 bói ag cái 7 acc comhtuirsi uirre. Baoi a ttroscc*adh* 7 a ttredenas gacha trat[h]a, 7 as becc fós nár bo nocht ó édach. *Ocus* ni fáccbadh an uagh do ló no d' oidhce. 'Ar mbeith aims*ir* fada aml*aidh* sin dó, adub*airt* an guth fris asan uaigh, m*ar* budh é guth an rígh é: 'A Saráin', *ar* sé, 'as céd le Dia 7 le Maodhócc an lámh dár m*ar*bhais meisi do thuitim for talm*ain* díot, amhail atb*er*t Maodhócc *ar* tosach.' 'Arna radha sin dó, do thuit a lamh asa thaobh, m*ar* do órdaigh Maodhócc roimhe. 'Arna fhaiccsin sin don coi*mt*ion*ól*, ruccatt*ar* Sáran leo on uaigh; 7 rucc a betha as go maith i*arsin*.

liii. (145) Fe*chtus* ele [1] do Maodhócc ac denamh urn*aigh*the, go ccual*aidh* gotha [2] na naingel go hiom*ar*cach ósa chionn isin aér. *Ocus* o 'tchual*aidh*, doguidh Día go dio*cr*a go mberti don dom*un* é go hullamh, óir do ba toir*r*seach do seirbhís an tsaoghail an uair sin eisiumh. Gidh edh dob ferr le Día Maodhócc do mh*ar*thain i ccolain*n* daon*n*a ní bu*dh* sia inasin, ion*nus* go ttiocfattais mórán dona míchreidmechaibh dochum creidme 7 cráb*aidh* asa loss. *Ocus* do ráid an taing*el* isin aér: 'Ni hail le Dia gan do beith si it beth*aid* fós', *ar* sé '7 docu*m* lesa 7 lán-
f. 192^b fhurt*acht*a na ndaoine do denamh, dia tabh*airt* | dochum puirt beth*ad* tre shíoladh 7 tre foillsiucc*adh* na canoine coi*m*dheta.' [3] Adub*airt* Maodocc: 'An fedh b*us* ail letsa, no le Día, no bheith si i mbeth*aid*', *ar* se, 'ní toirrs*ech* liomsa m*ét* mo shaoth*air* 7 mo shior-foganta dosan.'

liv. (146) Fe*cht* ele [4] tainic duine daidhbir go Maodhócc d*ar* dhligh a thiccerna cíos 7 fiacha [5] mora, 7 gan maithemhn*us* aicce da fagháil ion*n*ta, 7 ro [6] éccaoin sin le Maodhócc; 7 i*ar*rais furt*acht* 7 foirithin fair. Do bí Maodhócc an tan sin le hagh*aid* sil éorna do chur, 7 tucc lán a mhaim [7] don ócclach. Adubh*air*t an tocclach le Maodocc: 'Créd dob áil lemsa do denamh deso?' *ar* se. Do raidh Maodhócc: 'Diolfa tú do chios, 7 fiacha tferain*n* uile a naoinfe*cht* rissin', *ar* sé, '7 biaidh cuid acc*at* féin fádheoigh dhe.' Dorin*ne* an mac daidhbir gen gaire 7 subhachais [8] '*ar* cclos an chomhráidh sin uadha. Do claochló an síol eorna ina ór dath-álain*n* tre cum*acht*aibh Dé i nucht an óccl*aigh*, 7 rucc lais m*ar*a raibhe a thiccerna é i*arsin*.

(147) Fi*ar*f*aigh*is an rí de: 'Cáit a bfu*ar*ais an lán óir si acc*at*?' *ar* se.

[1] §§ 145, 177 = M § 44 (V § 34^b); S § 40. [2] 7 seiseilbe *add.* A, H. [3] 7 breithre Dé go degh-thuitmheach *add.* A; 7 br. Dé go deithionach H. [4] §§ 146, 147, 178 = M § 45 (V § 44); S § 41; Ir.[1] § 33. [5] coimhfiacha A, H. [6] altered from *re.* [7] lan a mham don tsiol A; lamhunn don tsiol H. [8] gle-subachais H.

Adub*air*t siu*m*h da*no*, *gur*ab e Maodhócc dorin*ne* do shiol éorna na hithr*ach* é, 7 t*u*c da thiccerna é asa haithle. Do ráidh an ticc*er*na an tan sin: 'Ni hoirces damhsa an tór so do ghabail, *acht* as do Dhía, 7 do Maodhócc féin dleg*ar* a tabh*air*t. *Ocus* dobheirim si sáor tusa do Día 7 do Mhaodhócc go bráth.' Tainic an tócclach sin *ar* ccúla arís go Maodhóg maille fri gáirdech*us* mór, 7 do i*n*nis dó gach ní adub*air*t a thig*er*na ris, 7 m*ar* tucc sáor osin amach go brath é. Tucc an fer si*n* a fherand uile do Maodhócc i*ar*sin. Dorin*ne* Maodocc urn*aighthe* | go Dia ina dhecch*aid* sin, gur claochló an tór ina ghran f. 193[a]
iomcub*aidh* eorna, m*ar* do bi a easb*aidh ar*an ithir 'ga raibhe roimhe. Gur moradh ain*m* De 7 Maodocc desi*n*.

lv. (148) F*echt* ele[1] dob áil lé Maodhócc ecclas do chumdach, 7 ní fhu*air* saor i naon ionad día cumhdach dó. Do bhenn*aigh* iar*amh* lamha an óccl*aigh* dar comhain*m* Gobán, 7 dorin*ne* sáor derscnaight*ech* de. Do saor*adh* dó an eccl*us* si*n*, 7 do hain*m*ighedh uadha hí. Ní raibhe im*morr*o fer a saraighthi[2] no sh*ár*aigti a chilli, 7 ni raibhe sáor a sáraighthe ósin amach do cum*acht*aibh Dé 7 tre míorbhuilibh Maodhócc.

lvi. (149) Boi[3] Maodhócc miorbhuil*ech* móir-fhertach secht mbli*adn*a bioth-lána 'na t*r*oscc*adh* i nDrui*m* Lethan gan bain*ne* gan lion*n*, gan feoil[4] gan an*n*land, *acht* bladh becc d'*ar*án éorna, 7 deoch uiscce ón oidche go céile, 7 deoch becc bhainne gacha tres domhnach, 7 sé ar talamh lom, nó *ar* leic lan-cruaidh, gan earr*adh* gan edach *acht* croicne bethadach nallta neccennais, 7 sé acc síor-ghabáil a psalm 7 a psaltr*ach*, 7 ag guidhe Dé go deithnesach for Leic na 'Némhan*n*[5], óir do ghabh*adh* trí cáoga psalm gach láoi *ar* clochaibh fu*ar*a fíor-taisi, no for lár lom lán-sccúaptha; 7 secht psaltracha 7 caocca psalm re gach psalt*air*, 7 ni diult*adh* re dreich duine *ar* domhan fa bhíadh, no fa digh, no fa édach[6], *acht* go ffaicedh ina uireasb*aidh* é.

(150) Tainic t*r*a an taingel da ion*nsaighe* d' éis a throiscсthi 7 a threidhenais, '*ar* ttuiccsin a chrab*aidh* 7 a choccuis d*on* Coi*m*de, 7 fíarf*aigh*is de: 'Crét hathchuinge forsan aoin Día anossa?' *ar* se. 'Así mh' athcuinghe émh', ol Maodhócc, 'da gach duine tiocf*us* im ionad i nDrui*m* Lethan, *acht* go ndernait mo réir, 7 go nanait im ucht, 7 | gach aon do shiol Aodha fin*n* no do shil ele adhnaicther agam, f. 193[b]
7 thoghas im[7] chill, 7 bhías fám ecclais go honórach, nemh gan am*arus* d'faghail dó, 7 fós gomadh mé fein bús breithem brátha for Breifneachuibh.' Teid an taingel uadha i*ar*sin, 7 ticc cuicce fadheoigh, 7 doraidh ris: 'Rodfia, rodfía .i. doghеb*air* gach ní chuinge foran

[1] §§ 148, 179 = M § 46 (V § 45); S § 42; Ir.[1] § 34. [2] a raraigthi Br.; a saraighthi . . . saor, *om.* H (homoiotel.). [3] §§ 149–160 peculiar to Ir.[2] [4] ionmur H. [5] na nDemhan H. [6] do bhunadh *add.* A; do bhunughadh H. [7] mo A, H.

cCoimdhe ccum*acht*ach, a naoi*m*h érlaimh oirdeirc', *ar* se, 'óir as faoilidh fír-suilbhir f*r*iot an u*air* si hé.'

lvii. (151) Do taidb*redh* fís amhra iongantach i n*ar*oile aims*ir iar*sin do Maodocc i nDruim Lethan .i. craobh-sccáoil*edh* catha Aodha find go huilidhe *ar* aon lathair, a ngéga geineal*aigh*, ⁊ a ccraobha coibhnesa, ⁊ fós ain*m* gach righ, ⁊ gach ro-thiccerna doghéb*adh* flaithes ⁊ forlamh*us* uatha go deir*edh* domhai*n*. Fa hiongn*adh* adbal, ⁊ fa machtnuccadh menman le Maodhócc anní si*n*. Cuiris fios go fíor-aibéil *ar* cend Colaim Cille chuicce d'in*n*isin a aislingthi dó, do bhreith bhreithe fírinnighe fuirre. Téid t*ra* Colaim Cille fon fiss sin; ⁊ téid for nemh d'fios breithe na haislinge si*n*, amhail no teiged dognath gacha d*ar*dáin d'iomaccallaimh fri hainglibh nimhe, am*ail* asb*ert* féin isin rand:

Im eolach *ar* talmain tinn,
Riccim go hadhbaidh iffrin*n*,
Téicchim gach[1] d*ar*dáin for nemh,
Fo g*air*m righ na tt*ri* muin*n*ter.

(152) Ro in*n*is an taingel da*no* fis na haislingthi do Cholam Cille, ⁊ is*edh* ro raidh: 'Gaibhleoch*aid* ⁊ craobh-sccaoilfidh cinedh ⁊ clan*n*-maicne an fhir uaibhrigh *ar*d-chumh*acht*aigh si*n*, Aodha fin*n* m*eic* Fergna, fa ffuilit cealla ⁊ comhaittreabtacha Maodhócc guna mór-muin*n*teraib, iss*edh* fhoillsighes an aisling sin', *ar* se, '⁊ budh naimhde, ⁊ nemh-c*air*de, ⁊ bud luc*ht* cocc*aidh* ⁊ esaonta a cin*edh* ⁊ a coimhi*art*t*r*aighe da cheile, ⁊ ass*edh* a nanman*na* .i. Ruarc ⁊ f. 194a Raghallach. Ruarc im*morro*, *mac* Tig*er*nai*n*, | m*eic* Seallachain, m*eic* Cernachain; ⁊ Raghall*ach*, mac Cathalai*n*, m*eic* Duibh cruin*n*, m*eic* Maolmordha, m*eic* Cernachain; ⁊ bidh soch*aidh*e shiolf*us* uatha araon.

(153) 'Toccaibter ⁊ trén-chumdaighter isin tír ele le Maodhócc', bhar an taingeal, 'ionad onorach ele ina eccmuis Droma Lethai*n* d'fagáil a dhlighidh ⁊ a chiosa go coitcenn ó chach; ⁊ bidh hí an tres tene as búaine bhér*us ar* betach*ad*[2] i nUibh Briuin .i. tene na háite sin, asa ffaca Maodog an aislingti .i. Drui*m* Lethan; ⁊ Cuillín na bFer[3] .i. Ros Inbhir; ⁊ Ceall mór Fheidhlimidh. *Ocus* an Ruárc sin do raidhes', *ar* an taingeal, 'dobhéra Día go tinneasn*ach* teine fhiuch*ach* a fheirge fora shlio*cht*, ⁊ fora i*art*raighe, muna ri*ar*aitt, ⁊ muna mór-onóraigitt Maodhog imo chíos ⁊ imo dlighedh.[4] Raghall*aigh* da*no* dlegait sein soch*ar* Droma Lethain do m*é*tucch*ad*, ⁊ do mór-*cong*máil, seach cách, do brigh deithitte[5] ⁊ duthrachta Mhaodóg doibhsiumh tar gach uile cinedh ina comhgh*ar*.'

[1] MS. *gar.* [2] beathughadh A; bennughadh H. [3] naluinn *add.* A, H. [4] im a mainchios ⁊ ima moir-chíos A; i. m. ⁊ ima mor-thogha chíos H. [5] deithniosa A, H.

lviii. (154) Ticc Colaim Cille go Maodhócc, 7 in*n*isis aithescc aingil o tús go deir*edh* dó, 7 fa foll*us*[1] do Maodocc féin eiséin, oir tainic an taing*eal* lea thea*cht*airecht a ccoimhitte*cht* Colaim Cille go Maodocc, 7 adub*air*t ris te*cht* go luath[2] go Ros Inbhir, 7 aitt*r*eabh[3] 7 aitiucch*ad* do den*am* an*n*, 7 gomadh an*n* nó biadh a adhnacal 7 a eiseirge *ar* cend an Choimd*edh* co*n*a comhaonta, 7 gom*adh* é b*údh* breithemh bratha for Breifneachaibh. Tainic Maodhócc le forchongra 7 le furáilemh an aingil 7 Colaim Cille a ccoimhneinfe*cht* go Port na fFinlec, re ráiter Ros Inbhir an tan sa, co*n*a caoccat naomh-cleirech[4] ina farr*adh*, i néccmais aosa oibre 7 umhalóitte, 7 aosa canta[5], ceileabr*aidh*, 7 caomh-oifficci *ar*cena.

(155) I*ar* torr*acht*ain t*r*a a ccomhfocc*us* don Cuillin[6] cuan*n*a caoin-ett*r*ocht, 7 fiodhb*adh* álainn foithremail, boi a naice an locha lán-adbail, do Maodhócc co*n*a mhuin*n*tir, 7 cona mor-naomhaibh maille ris, atchualatt*ar* an céol coi*m*mbind caomh-cubaidh, | 7 an claiscetal bind-b*r*iatr*ach*, f. 194v
7 fog*ur* mor-gothach muisecdha, 7 nualla nemhd*idh*e na naingeal nálain*n* neccsamhail os cionn an Chuillin 7 a thaige, 7 iomaccallaimh na naingel nett*r*ocht niol-cumachtach gan anadh, gan oirisem, ag céimniucc*adh* osa cenn, *gur* uo lán an taer[7] dia lionmaire, 7 dia láin-iom*a*t, 7 dia mór-gothaibh. Do fecsatt*ar* na naoimh seacha, 7 adub*air*t neach dibh: 'As álain*n* a*n* buidhean d'feraibh ána, athlamha, iomluatha útt, filet ag cantain an chíuil cáidh comhtaidhiúr[8] úasan cCuillín.'

(156) 'Bidh d'anmannaiph oirderca an ion*aidh* si[9] go bráth an tain*m* sin', *ar* Maodhog '.i. Cuillín na fFer nálain*n*'; 7 Ros na nAingel a ain*m* ele, ó thadhall 7 ó thaisteal na naingeal ina uirtimcell; Port na fFin*n*leac ain*m* ele dó da*no*, ona lecaibh fion*n*a fíor-taithnemacha[10] atcithi si foran ccal*adh* ina chomhgaire; Ros Inbhir *immorro* a ain*m* coimhlenamhna ag cach fadeoigh ó inbher an locha lethain lán-móir, 7 na habhan*n* nert-cubr*aidh*e[11] a neinfecht ag ion*n*saigh*edh* a cheile, oir 'ind' ain*m* gach oirir, no gach imil; 7 'bior' ainm da gach uiscce .i. imeal gach uiscce diobhsin acc dul a ccenn a ceile. *Con*idh *air*esin ráiter Ros Inbhir fris.

(157) Coiserccais 7 caomh-bennaighis Maodhócc an tionad si*n* maille le hio*ma*t aingeal 7 *ar*d-naomh ina uirtimceall[12] da sír-bhennuacc*adh*. Cu*m*hdaighis duirrtheach dioghain*n*, degh-daingen, 7 ecclas cao*m*hcu*m*hdaighte[13], cet*ar*uillech, cánonta, a noircill a eiseirghe. Boi im*morro* aims*ir* fhada isin ionad sin ag síol*adh* creidhmhe 7 cráb*aid*, ag den*amh* ein*igh* 7 *ar*d-thiodhluicthe, acc fodhail déirce 7 almsan, ag proicept 7 ag senmoir[14] dona poiplibh, ag denamh eccna 7 fír-leigin*n*

[1] fiaghnaigtheach *add.* A; fiadnuiseach H. [2] go ro-athluadh H. [3] aitriughadh A; aithrighe H, omitting '7 aitiucchad'. [4] naomh 7 naomh-érlamh A. [5] aonta H. [6] coilledh A. [7] eadarbhuasach *add.* A, H. [8] caomh-t. A. [9] in ionnughadh so H. [10] fior-thaisi A, H. [11] -chubrach A; neart-arbhach H. [12] 'g shénadhughadh 7 *add.* H. [13] 7 bennchobal blath-chaomh buan-chumd. A. [14] priomh-s. A.

d'*ar*d-sccolaibh, ag biatadh aoidedh 7 anffann gach aon láithe, go ttabr*adh* a chab*air* díles dhiongmála féin da gach duine do taoibh
f. 195[a] anma | 7 cuirp a ccoimhneinf*echt*, gurob *ar*an inneall sin do chaith an cao*m*h-nao*m*h a betha 7 a bhúan-aims*ir*.

(158) Muiriccen m*a*c Dubain, m*ei*c Murgaile, m*ei*c Duin*n*, m*ei*c Dúng*us*a, m*ei*c Colmai*n*, m*ei*c Conaill, m*ei*c *Concub*a*ir*, m*ei*c Cathb*aidh*, m*ei*c Aong*us*a Músc (*a quo* Muscr*aighe* Faoilin*ne*), m*ei*c Floin*n*, m*ei*c Lonáin .i. fili Múscr*aigh*e, m*ei*c Mogha Ruith, m*ei*c Fir-tlachtga, m*ei*c Ferg*us*a, m*ei*c Rosa, m*ei*c Rugr*aigh*e, bói i ccenn*us* 7 i ccomhflaithes M*uscraigh*e an tan tainic Maodhócc go Ros Inbir, óir fa d'ferann Muscr*aigh*e Faoilinde Ros Inbhir an tan sin .i. o Ghlend Ferna go Loch Meilge, 7 o Sl*éibh* da Chon go Glend Muighe duthaigh[1] Muscr*aigh*e. Boi da*no* siur mhenmnach, mor-cu*macht*ach, ag Muiriccen[2] m*ac* Dubhain, Faoilen*n* a hain*m* séin. Ro chumhd*aigh* sidhe ráith rioghdha, ro-fairsing, 7 cathair cao*m*h-alain*n*, comhdhaingen isin crich sin. Is in*n*te sei*n* do caittí inmhe[3] 7 oirech*us* an ferain*n* sin go hiomlan. Is on Faoilin*n* sin ain*m*nighter Raith Faoilin*ne* 7 M*uscraighe* Faoilin*ne*.

(159) Fa holc t*ra* la Faoilin*n* 7 la Mu*ir*igén Maodhócc d'aittreabadh ina fforba 7 ina fferan*n* fein. Ro dlomsat 7 ro diultsat dó as. Nír gabh Maodócc diultadh uatha, 7 adub*air*t: 'An tionad in*ar* dhéon*aigh* Día damhsa oirisemh, 7 aitiucc*adh* do den*amh* fadhéoigh, ni fuicceabh an tionad si*n*', ar sé, 'óir ise fód mh'eiseirghe 7 m'adhnaicthi an fód so fora ffuilim'; doigh t*ri* fóid[4] nach fétan*n* aon duine do shechna na d'iomgabhail .i. fód a geine, fód a báis, 7 fód a adhnacail; [amail asbert[5]]:

> Trí fódain nac[h] sechainter,
> M*ar* adeiritt amhra focail,
> Fód a gheine, fód a bháis,
> *Ocus* fód a adhnacail.

Nir gabhsat uadha da*no* gan a athchur, 7 gan a ion*nar*badh d'a aimhdéoin d'éis a aithiscc 7 a uradhaill.

f. 195[b] (160) Ferccaigter Maodhocc f*ri* Muirigen 7 fri Faoilin*n* fadeoigh. Impáidis a bachla 7 a bhuain-mion*na* fo t*ri* túaith-[bél][6] | ina ttimceall. Benais a cluicc 7 a ceolána a naoinf*echt* orra .i. an Mac rath, 7 Clocc an deilcc, 7 Clocc na t*r*áth, re ráiter an Fionn-clocc, 7 cluicc na cleire 7 an coimhtionóil, osin amach; 7 esccainis gan fuir*ech*[7] iatt, 7 adub*air*t nach biadh aoinnech da síol no da sliocht i ccend*us* na criche si*n* go bruinne mbratha; 7 fós nach biadh do th*ar*ba a tire na a ttalma*n* aca, *acht* an c*r*ioch 7 an raith ina raibhe d'ain*m*niucc*adh* ó Fhaoilin*n* ina haon*ar* .i. Raith Faoilin*ne*, 7 M*uscraigh*e Faoilin*ne*; 7 gomadh teall*ach* fás,

[1] duithche H. [2] Musgraighe A. [3] inbhe A. [4] fódáin A.
[5] From A; H omits the stanza (homoiotel.). [6] tuaicheal A. [7] fuires H.

folamh, a fforba 7 a fferan*n* dia néis, amhail ro comhaill*edh*; gurab i lLaignibh doch*úaid* Muirigen tre mallach*ad* 7 tre móir-easccai*ne* Maodhóg. *Con*adh an*n* ata a shlio*cht* 7 a shíol osin alle tre mallach*ad* 7 t*re* móir-esccai*ne* Maodhócc. *Con*idh an*n* bias a siol go bráth.[1] Faoilenn im*morro* bói sidhe *gan* m*ac* gan móir-*iartr*aighe maran ccedna.

lix. (161) Fe*cht* ele[2] do Maodhocc ag ionnlat[3] a lámh a habhain*n* bói laimh risan mbaile. Batt*ar* drong do dhaoinibh aga féchai*n*. I*ar*na fhéchai*n* adub*airt* duine díbh: 'Ní fhuil *ar* dom*un* ennech do *fét*f*adh* Maodhóg do chur chum cen*n*airrce no coimhfeirge.'[4] Do bi bathlach borb[5], b*ar*b*ar*dha, bith-ainffesach, *ar*an lath*air* sin aca. *Ocus* adub*airt*: 'Fétfad sa', *ar* sé. Is aml*aidh* im*morro* do bai Maodocc an tan sin, 7 éd*aigh*e do c*r*oicnibh bethadach mbruidemail, 7 ainmin*n*tedh allta uime. Tánaic an tocclach da ion*nsaigh*e, gur theilcc isin abhain*n* hé. Adubhairt Maodhócc go foighittn*ech* fris: 'Cret sin dorin*n*is, a dhuine dhisccir, dobhertach[6]?' *ar* sé.

(162) Dochon*n*airc an tocclach i*ar*sin na croicne do bhátt*ar* fa Maodhócc tirim, tesaighthe, tren-cumhdaighthe, gan ruain*ne* ná fion*na* do fliuch*ad* na do láin-mill*edh* diobh | on uiscce; 7 o 't*connair*c f. 196a dogabh aithrech*us* adbal é; 7 do raidh: 'As aith*r*ech aithmelach lem a ndern*us*', *ar* se, '7 tabhair si maithfidhe damh *ar* son Dé na ndúl.' Adub*air*t Maodhócc: 'As maith do dhál, a dhuine', *ar* sé '.i. do admhais do choir 7 do chionta, 7 fu*ar*ais aith*righ*e ion*n*ta. Gidh edh mu*n*a dherntá aith*righ*e, do shluicc*fedh* an talamh tú it chiontaibh[7]; 7 dogebha nemh anosa, 7 fos doghebhair bás c*r*iost*aidh*e a ccion*n* da fhichet bl*iadhan* oniú.' *Ocus* do coimledh geall*adh* 7 briat*r*a Maodhócc amhl*aidh* sin.

lx. (163) Fe*chtus*[8] da ttainic fedhman*n*ach Molua Lothra d'ion*n*saighe Maodocc, 7 adub*air*t fris: 'Do shaothraighem*air* ne', *ar* sé, 'ecclas do den*am*h, 7 atá an tadhmat benta isin coill*edh* aguind, 7 ni fhuil cul*aidh* aguin*n* do caiplibh ina d'feraibh a tharraing ina a thab*air*t lind.' 'Tiaghaidh si dá bhar ttighibh', *ar* Maodhócc, '7 gibe ni docluin*fidh*e ano*cht*, na féc*edh* aóinneach uaibh é'. Dochualattar san fog*ur* mór ag te*cht* on coill dochum na hecclaisi, 7 nír lamh ennech aca a fhechain tre furailemh an naoi*m*h orra.

(164) Bói bathl*ach* borb, beicc-eolais,[9] istigh an tan si*n*; 7 dochuaidh t*ar* aithne Maodhóg da fechain cr*ét* dorin*ne* an fogh*ar* fír-mór, 7 an torann tin*n*esn*ach*. Do*connair*c uadha tre poll na comh*ladh* no[10] na

[1] ann ata a shíol o sin 7 bhias go b. A. [2] §§ 161, 162, 182 = M § 47 (V § 46); S § 43; Ir.[1] § 35. [3] iondoladh H. [4] no fír-cheannfhairrge A, H. [5] baramhlach A. [6] dobhertaidhe H. [7] id hanachuin A; ann hanachain tú H. [8] §§ 163, 164, 183 = M § 48 (V § 47): S § 44. [9] beig-eolach A. [10] na c. no *om.* A, H.

heochr*ach* moran do mha*n*ch*aib* ócca examhla go ffoltaibh fion*na*
forórda [1] forra ag t*ar*raing 7 ag t*ar*ladh an adhmaid on coill*ed* go
hathlamh [2]. Tainic guth mór amuigh an tan sin, go ndub*air*t:
'Sguir*idh*, a aingle, dá bh*ar* nob*air*, 7 da bhar numhalóitt; óir
muna ffech*ad* an nech útt sibh i nacch*aid* aithne an naoimh, do-
dhénadh sibh féin an eccl*us* uile do cumhd*ach* anocht, cion*nus* nach
biadh uiresb*aidh* uirre.' Ina diaigh sin im*morro* do cumdaigh
Gobbán an ecclas do bhrigh a bhenn*aigh*the do Maodhócc.

lxi. (165) Aims*ir* [3] ele do Maodhócc i ccrich Mum*an* .i. in Íph *Con*aill
Gabhra a cco*m*hfhocc*us* [4] do reicclés Ída; 7 dob áil le Maodhocc dol ar
f. 196b cúairt | m*ara* raibhe a ath*air* faoisttine .i. Molua m*ac* Oiche, go ccual*aidh*
cluig bhaile Ída aga mbuai*n*. Do fhiarf*aigh* Maodhócc cr*et* dob adhb*ar*
do bhuain na cclocc si*n* adchual*aidh*. Adub*air*t an guth isin aer, gur
bí dalta Ída fu*air* bás .i. óg do ba dalta diograis*ech*, 7 dob ionmai*n* le [5]
féin. Dochualaidh Ída Maodhócc do beith a ccomfocc*us* di; 7 ó
'tchual*aid* dochuir nech chuicce da radha ris te*cht* do thaithbeoucc*adh*
na hi*ngin*e a hucht a naomhtachta, 7 a nert-guide. Do raidh Maodhócc
le dui*ne* da dheiscioplaibh dol 'san áit sin, 7 a bhachall do breith leis,
7 a cur *ar* ucht na hi*ngine*. Dóron*adh* amhl*aidh* sin, 7 do éir*igh* go
hullamh a ffiadhnaisi cáich a ccoitcinne, 7 gach nech at*connair*c 7
atcuala na mór-míorbhuile si*n*, tuccat*ar* gloir do Dhía 7 do Maodocc
t*r*éna mór-miorbuilibh.

lxii. (166) Taínicc [6] gadaighe la ele go Maodhócc, 7 do ghoidh da*m*h dia
cet*r*aibh, go nduaigh é asa haithle. Do líedh an gad*aigh*e 'san gniomh
si*n*, 7 an tan dob áil lais mion*na* do tab*air*t do Maodhóg isin damh,
docon*n*cas cluas an doimh asa bhel, 7 gach nech do bí ina thimceall 'ga
faicsin sin do biodh ag fanámat 7 acc focuidm*edh* fáoi. Dorin*ne* an
gad*aighe* aithr*ighe iar*sin, 7 dorinne a fhaoisitte, 7 do imthigh a staid
maith 7 i ndeigh-sligidh fadeoigh, *gur* mor*adh* ainm Dé 7 M*aodhocc*.

lxiii. (167) Aims*ir* [7] ele do Maodhocc i fFérnna go ffac*aidh* d*r*ong do
ridiribh righ Laighen da ion*nsaighe*, 7 nech i nglasaibh léo da bhreith
go righ Laighen ina chiontaibh 7 ina choirthibh, óir do ba fer millte
rea*cht*a 7 riaghla go hiom*ar*cach é. Gabhais troc*air*e go mór Maodócc
dó; 7 do raidh ríu: 'Leiccidh damhsa a nonoir Criost cum*acht*aigh an
f. 197a fer so gan a bhreith da mhill*edh*.' Adubrattar san nach léiccfittís | no go
mbeith *ar* cum*us* an righ. I*ar* ndol da*no* laimh risan ccoill do bí
ccomhfocc*us* dona ridiribh sin, do taidbsicch*ed* doibh ceithern mór
da nai*m*hdibh do bheith i ccealccoibh rompa *ar* gach taobh don
tslicched ina ttimcell, *gur* theichett*ar* san gan fhuir*ech* [8] aga faiccsin

[1] goruige a fformnaibh *add.* A; g. a bforannuibh H. [2] comhathlamh A, H.
[3] §§ 165, 184 = M § 49 (V § 48); S § 45. [4] a ccomharsainn A; a ccomh-
suin H. [5] ris A. [6] §§ 166, 185 = M § 50 (V § 49); S § 46; Ir.[1] § 36.
[7] §§ 167, 186 = M § 51 (V § 50); S § 47. [8] go furachuir fíor-athlamh H.

sin, gur fáccbattar an mbragait mbúan-cuibhrighthi 'na háonar gan imcoimhett isin ionad a mbói. Mar dochualaidh an rí anní sin do fhuráil eisiumh do shaoradh on accra 7 on iarmóracht do bái fair. Gur moradh ainm Dé 7 Maodocc tritt sin.

lxiv. (168) Aimsir[1] ele do Maodhócc 7 do Munna mac Tulcain a bfarradh a céle. Téid Maodhócc i ccúil na hecclaisi i nionad urard. Doconnairc Munna marsin é, 7 do fhiarfaigh: 'Crét sin docí tú, a fhireoin uasail, ionnraic?' ar sé, '7 gibe amharc dochí, innis damhsa é'. Cuiris Maodhócc comhardha[2] na croiche naomhtha go nemhfallsa ar sulibh in abbaidh in uair sin .i. Munda, go ffacaidh gach ní atconnairc Maodhocc .i. an domun mór uile o thurgbáil gréine go fuinedh, amhail is a méd[3] aon staide amáin no beith. Do thuirlingsettar don ionadh arabhattar .i. Munda 7 Maodocc, 7 do indis Munna dona mancaibh an scel sin asa haithle. Gur moradh ainm Dé 7 Maodhocc desin.

lxv. (169) Aimsir[4] ele do Maodocc ag siubhal na sligedh aon do laitib. Tarla Colman mac Fiacrach 'na choinne foran conair. Fuair each d'eochaiph Colmain bás obann an tan sin a ffiadhnaisi Maodhócc. Tucc immorro Maodocc each da eachaibh féin fo carpat Colmain i nait a eich fein; 7 'ar mbeith doibh tamall aithgerr marsin, tainic each Colmáin go min muinnterda o bhás go bethaid go Maodócc, mar dob áil do grasaibh Dé 7 Maodhocc, 7 dochuir fona carpat fein í. Iar niompódh do Cholmán arís isin conair céttna, fuair a each fein béo ara chionn fo charpat Maodhóg, 7 ro iongantaigh sin go mór, 7 tucc moladh[5] do Dia 7 do Maodog. |

lxvi. (170) Aimsir[6] ele do Maodhócc acc planntuccadh crann torthach lá airidhe[7] ina lubhgort fein, 7 an fer do bí acc fritholamh na ccrann dó, tuccustair gecca do crannaibh nemh-thorthacha ele da ionnsaighe .i. beithe 7 fernocc; 7 gach crann da teccmadh do Maodhocc, do phlanntaighhedh iatt go hiomlan a ffochair a cheile don chur sin. Tainicc tra do grasaibh Dé 7 do mírbuilibh Maodócc, na croinn nemhthoirthecha[8] dochuirestair, go ndernadh croinn comhthorthacha dibh fa deiredh, 7 go ttangattar ubhla socaithme sír-mhillsi, 7 cnúas comhabaidh[9] urdhalta inite[10] forra in aimsir cnuais 7 caom-toraidh na crann ele do teacht. f. 197[b]

lxvii. (171) Aimsir ele[11] do Maodhócc 7 do lenamh ócc anfoirbti laimh le crois do bái 'san mbaile i fFerna. Sccriobais Maodhocc psalm don lenab 'na diaigh sin. Doconnairc an lenabh eisiumh[12] súas

[1] §§ 168, 187 = M § 52 (V § 51); S § 48. [2] signum A, H. [3] modh H. [4] §§ 169, 188 = M § 53 (V § 52); S § 49. [5] grasa A, H. [6] §§ 170, 189 = M § 54 (V § 53); S § 50. [7] earraigh A. [8] -torracha H. [9] cnuais abaighe A; cnuasuidhe H. [10] innte A; inithche H. [11] §§ 171, 190 = M § 39; S § 34; Ir.[1] § 29. [12] M. ag dol A.

in dreimire ord*aidh*e an *air*de bói o thalamh go nemh; 7 '*ar* tte*cht* anúas dó 'na dhegh*aid*, nír fh*ét* an lenab fechain 'na acch*aid* le hioma*t* dealr*aidh* 7 re taitnemh na diad*acht*a 'na dreich 'ga dhathadh 7 aga degh-maiseachadh. Adub*air*t Maodócc risan lenap: 'Sechain go brath a innisin do duine *ar* dom*un* crét docon*nair*c tú.' Do raidh an lenamh: 'Da ninnisi[1] tú damhsa cáit an dechadais, ni in*n*eosa*t* sa d'aoinnech anni at*connar*c.' 'Docuadhas', *ar* se, 'fo ghairdech*us* muinntire 'nimhe' *ar* cion*n* anma Choluim Cille dochuaidh cuca, do bí 'na an*mcar*aitt accam fein 'san saoghal.' Do in*n*is an lenamh na briathra sin a ndiaigh báis Maodhócc a ffiadhnaisi caich, '*ar*na beith féin 'na duine fhoirbhthe fir-craibt*ech*.

(172) *Con*idh da derbadh sin adubairt an file[2] an laidh:

Tuilledh *ar* mhíorbhulibh Máodocc,
Mór re a maoidhemh,
Dul da ríomh, as deilm gan diamh*air*,
Nír feidm aoin fir.

Dochuaidh go Roimh d'uidhe en láoi
Aodh go ffeile, |
f. 198ª Gan guais anfaidh m*ar*a moire,
Cara ar ccleire.

Teid[3] 's Molua re lo *co n*oidce,
As iul dana,
Soir, 's anoir *a r*áon-fod[4] Rómha,
Maodhócc mátta'.

(173) 'Sa cruithnecht bhicc do bí ag Maodhóg,
Mór an caomhna,
Do bí cur síl, as biadh bliadna
Co fhial aobhdha.

(174) Sást*ar* do bhiadh becc na cathr*ach*
Cach do threor*aigh*,
Lu*cht* a thighe; cia nach cúal*adh*,
Dia do deon*aigh*.

(175) Dron*g* gan édach dochí cuicce
Tre ceilcc mb*r*eccaigh,
'*Ar*na chur fo diamh*air* didin,
D'iarr*aidh* edaigh.

A nédach féin uile on fiodhb*aidh*
'Arna fhalach
Dobheir chuca *ar* ais gan fuir*ech*,
Tais an tabhach.

[1] innsir A, H. [2] Giolla Modhubhda A; Giolla Maghuda Ó Caisighde H
[3] Br. inserts 'fein'. [4] o raon-fhód A.

(176) Lamh tSárain da thaobh *'ar* ttuitim,
. . . . . .
A níoc Brand[uihb] mói*r* do marbadh,
N*ar* doigh dio*mdach*.[1]

Tucc Brandabh o bhás go bethaid,
Ger bhert gábhaid,
Ar Mhaodhócc ni misde a maoidemh,
Cistte an chráb*aidh*.

(177) Glór aingel osa cionn cluinid,
Céim gan decair,
Gur i*ar*r ar Dia m*ar* sás socair
Bás t*ar* bheth*aid*.

'Ferr le hIosa', *ar* an taingel,
Aithescc aobhda,
'Cur c*r*eidme i ccach le recht riaghla.[2]
'Cert an chaomhna,
'Ina do bhás go méin mórdha,
'A sheimh sháordha.'

(178) Sloin*n*em fert ele da fhertaibh,
Erlamh Eorpa,
Dorin*n*e Maodhoc mór maordha
Ór don eorna.

(179) Gobán sáor, asé do bennaigh,
Benn ar shaoraibh,
Rucc geall ar gach náon daríribh
Saor an tsaogail.

(180) Sea*cht* mbl*iadh*na[3] do bí 'na trosccadh,
Truag an tanshodh[4],
Acht an chuid si t*ar* gach comól,
Uiscce is arán.

Se *ar* leic[5] no ar lár lom gan édach
Re hu*cht* c*ar*crach,
Ag gabháil, ni dalbh go docrach,
Salm is saltrach. |

[1] The words 'Lamh . . . diomdach' are written as a single line in Br. The metre seems to show that the second line of the stanza has been dropped. It was probably a mere cheville. [2] The words 'Ferr . . . riaghla' are also written as a single line in Br. [3] Cf. §§ 149, 150, *supra*. [4] an tanágh A, H. [5] *sic* A, H (*recte*); Br. ar uiscce.

f. 198b 'Na breithemh[1] bratha ar gach mBreifn*ech*
Biaidh go deimhin;
Fuair o Iosa, ní díol doil*igh*,
Díon gach deigh-fir.

(181) Muiriccen[2] féin *ocus* Fáoilend,
Fuicchle fíre,
Do bhen díbh, ní cél re ceile,
Trén an tíre.

Docuir Muirigén m*ac* Dubháin,
Dána an daigh-fer,
Asa thir féin, ba fál fol*aigh*[3],
Go lár Laighen.

Anaid a clan*n* i ccrich Laighen,
Lór do dhiam*air*,
Gan te*cht* 'na tír féin da fegai*n*,
Réim gan riaghail.

Do fháccaibh esccaine Maodhócc,
Meisde a hionad,
Faoilen*n* mór gan m*ac*, gan muirer,
Slat ogh, iodhan.

Nir fhácc[aibh] fós don tír ton*n*-gloin[4]
'Gun[5] mín menmnach,
Acht a hain*m* *ar*an iath[6] d'anmhain,
Ger t*r*iath tegl*ach*.

(182) I*ar*na teilccen *ar* l*ar* lindedh,
Nir léim indill,
Ticc a bhrat *ar*aon on abhain*n*
'S a taobh tirim.

(183) Adhmad ecclaisi do iomc*air*
Goa háit bun*aidh*
Le fedhain[7] aingel gan animh,
Caingen[8] cubaidh.

(184) Ogh do bí ag Ída '*ar*na altrom,
Nirbh óg Éda,
Do fhurt*aigh* í *ar* aithne Ída
D'aithle a hécca.

[1] H omits this stanza. [2] Cf. §§ 158-160 supra. [3] *or* fol*aidh*; fal*aigh* *or* fal*aidh* A, H. [4] tonnmur A, H. [5] *gan* (?) A; go H. [6] áit A. [7] sémhan H. [8] cengal A.

(185) A dhamh lé gad*aighe* gádth*ar*,
Ger ghoid fholaidh,
Cluas an doimh asa bhél ber*air*,
Fa trén tob*aigh*.

(186) Braighe fa rér o rígh Laighen,
Labhra deimhneach,
Tucc leis, mar doclos go cuimn*ech*,
A glas geiml*ech*.[1]

(187) An domhan uile go hiomlan
D'fairrge is d'fionn-magh
Dochon*nair*c tre radh*ar*c ro-ghlan,
Amh*ar*c iongnadh.

(188) Dochuir 'ar nécc eich m*ei*c Fiachrach,
Nír écc fol*aigh*,
A hanam in*n*te '*ar*na hoidedh,
Cin*n*te an cobhair. |

(189) Tucc gach cran*n* aimrid don fiodhb*aid* f. 199[a]
D'Aodhócc umhla;
Fern is beithe túas[2] da tarba
Fa cnúas cumhra[3].

(190) Dréimire óir ag[4] Aodh aga dréim
Ga ferr férach,
Ag dul o thalamh glan[5] grianach
Go nemh néllach.

Fa glóir anma Colaim Cille
Go cúirt nimhe
Docuaidh súas isin rian reimhe[6],
Grían go ngile.

Da slondain*n* míorbaile Maodog,
Mór rea sloind*edh*,
*Ar*a fhertaibh, calma an cin*n*edh,
T*ar*la tuilledh.

Tuill*edh*.

lxviii. (191) Aims*ir*[7] ele do Maodhocc ag siubhal na sligedh go hAth Iomdhai*n*. Adub*air*t a giolla ris: 'Ab*air* riom, a ath*air*', *ar* se, 'cia bhes 'na epscop it ionadh it chathr*aigh* féin, i fFerna.' Do raid Maodócc: 'Gibe neach oiscceol*us* dor*us* an atha úd romhain*n*, asé bias

[1] a glas a geimlibh Br. (*recte*). [2] d'fás A. [3] cumhengra H. [4] *om.* A, H [5] geal A, H. [6] ráon roimhe H. [7] §§ 191–3 = M § 34; S § 29; Ir.[1] § 26.

'na easp*occ* im ionad sa.' Docon*n*catt*ar* da nion*n*saighe buidhen[1] do sccol*air*ibh baotha bioth-udmalla maille le scciataibh, ⁊ le gáibh lenbaighe*cht*a léo, ag den*am* cluiche ⁊ coimhiomána. Tainicc nech díobh, ⁊ do fosccuil dor*us* an átha go hullamh, ⁊ doléicc súas an comhla baoi fris. Adub*air*t an giolla[2]: 'An deimhin *gur*ab é an sccol*aigh*i ócc eccríon*na*[3] útt bús padrún dúin*n* it ionad sa?' *ar* se.

(192) Tainicc t*ra* an sccol*aigh*i go Maodhog i*ar*sin '*ar* nadhnadh ⁊ '*ar* lasad don Sp*iora*t Naom*h* go hiom*ar*cach an*n*, ⁊ do raidh ris: 'A fhir diadha deisccréid*igh*', *ar* se, 'dob aíl liomsa dol lat, ⁊ mo betha do thab*air*t at tír fo cuing do riaghla sa, ⁊ do ro-chrab*aidh*.' Do fhi*ar*f*aigh* Maodóg de, ca tír dó, no ca hain*m* boi f*air*. 'Muimneach meisi', *ar* sé, '⁊ Cronán m'ain*m* .i. Cronán m*ac* Faoilin*n*, m*ei*c Feradh*aig*, m*ei*c Eirc, m*ei*c Fiachrach, m*ei*c Degh*ad*, m*ei*c Eogai*n*, m*ei*c Deghadh, m*ei*c Labhradha, m*ei*c Bresail Bhelaigh, m*ei*c Fiach*ach* Baicedha, m*ei*c Cathaoir móir; ⁊ d'aittreabtach*aib* na Luac*r*a tes damh.' Adub*air*t Maodocc: 'Goirfidher ain*m* ele díot .i. Moling Luac*r*a; ⁊ len meisi oso amach', *ar* sé.

f. 199v (193) Lenais Moling Luac*r*a é asa haithle | go haimsir báis Maodhóig, go ndern*adh* fer naomhta, nós-oirrd*er*c, nao*m*h-craibhthech dhe 'na dhecch*aid*, gur ordaigh Maodhócc *ar* son a mhiorbuil*edh* ⁊ a mornaomht*acht*a a beith 'na espucc urdalta ina ionad féin i fFérna dó a ndiaigh a bháis .i. ina theghdais féin, ⁊ ina chathraigh choisergtha; ⁊ do coimhledh m*ar* do gheall Maodhócc gach ní acasin.

(194) Dligitt[4] muin*n*ter Raghall*aigh* Druim Letha*n* do mh*ét*ucch*ad* ⁊ do mór-onorucc*adh* sech cach, óir do fháccaibh Máodócc d'fágbhálaibh aca, a nedala do techt fora leaptachaibh[5] chuca, ⁊ do aithin díbh gan tadhall na tathaigidh fora feran*n* féin, ⁊ gan uirett a*n* míl muighe[6] no an bric dubháin do bethadhach for bith do marb*adh* for crich a chille no a thermain*n*, ⁊ da ndérn*adh*, giorra sáoghail, ⁊ if*er*n, gorta ⁊ gal*ar* do ciond. Anu*air*[7] do bí deichneabh*ar* ⁊ ceitre cáocca do naomhaibh maille re Maodocc i nDrui*m* Lethan ag guidhe Dé go díochra im díth ⁊ im dílghen*n* for gach náon do dhenadh a sárucc*adh*, no a héiccen, no a haindéonucch*ad*; ⁊ fós im rath ⁊ im shob*ar*than foran lu*cht* do dhenadh réir a sámadh ⁊ a sruithedh dia éis.

(195) Isíatt so na seacht mion*na* batt*ar* 'na n*ar*maibh cathaighthe ag Maodhóg i nacch*aid* eccóra slechta Aodha find, ⁊ cáich a ccoitcin*ne* .i. an Bhrec, ⁊ an Bhachall B*r*anduibh, ⁊ an Bhachall bán, ⁊ an fion*n*clocc .i. Clocc na tt*r*ath, Clocc an deilcc, ⁊ Mac rath, ⁊ an menestir. Dlegaitt da*no* Siol Áodha fin*n* an tan docífitt miond dona mion*n*aibh sin, no iatt uile, éirge rempu, ⁊ slechtain dóibh.

1 dias ogánach A; días sgolairidhe H. 2 árd aga fhaicsin *add.* A. 3 eigciallach A, H. 4 immorro *add.* A, H; §§ 194–245 are peculiar to Ir². 5 lepthaibh A; leaptheacha H. 6 buidhe A. 7 oir A, H.

(196) *Con*idh do deimhniucch*ad* anman*n* na mion*n* sin, doroine an tugdar na roin*n* si:

Ca lion mion*n* ag Maodhócc mór,
Le a nainmniucc*ad* gan ansodh[1]?
An ceist chuirim gan cogar[2],
Eol damh féin a fúaslaccadh.

Na seacht naird-mhion*n*a go mblaidh
Do comhroin*n* *ar*a cheallaibh
Faccbais lea niomradh uile
Go hiomlan an faidh firinne[3]. |

Ben*n*achad cáich acasin f. 200[a]
A hucht Máodhocc móir mion-gloin,
Cuibr*ech* caich iad 'na deghaidh,
Da ttuillter a tt*r*oim-deabhaidh.

(197) Áiremh na mion*n* meabhair lem,
Ler taobh cumdach na ccaomh-ceall
Lena bind[4]-briathraibh gan móid,
Doréir mín-riaghla Máodhóig.

A háon, an Bhrec go mbuadaibh,
Bheires trén *ar* throm-sluaghaibh;
A dó dibh, an mBachaill mbáin,
Do bí i llaimh Aodha iomláin.

An mBachaill mbuadaigh mB*r*anduibh,
An tres díob adubram*air*,
M*ar* doclos uaimsi gan móid,
Uaisle na mionna[5] sa Maodhóig.

An cethram*adh* mion*n* diobh soin,
An mblaith-menistir mbuadh*aig*,
'Na bfuil cuid da aisccidh féin,
'S roin*n* do thaisibh an fhiréin.

An cuiccedh an Mac ratha,
Do bí i llaimh an naomh-flatha,
Céolan urn*aighth*e a chuirp cain,
Ar glún *ar* u*cht* an érlaimh.

An seisedh diobh, Clocc na ttrath,
Do cruin*n*igedh don chill cách,
Do teighdis faa ghuth don cill
Ced is cáocca mac leigin*n*.

[1] gan eugcóir A. [2] chog*adh* A, H. [3] fri hesccaoine A, H [4] min- A, H. [5] ? mionn.

An sea*cht*madh dibh, Mac[1] an deilcc,
Do bí i mbrot an ghil g*r*uaidh-d*eir*cc[2];
As íad sin doréir áirimh,
Sea*cht* mion*n*a an féil fír-failidh[3].

An mín máordha, an m*ac*caomh óg,
Fertach miorbuil*ech* Maodhóg,
A sccéla, as léir-glan liomsa
Érlamh na secht saoir-mionn sa.

(198) Ca líon dlighes eirghe amach
Le cois na ffethal ffertach,
D'faghail ciosa[4] da gach taoibh
Do mion*n*aibh uaisle an *ar*d-naoi*m*h.

Asi as aird-chenn orra soi*n*,
An Bhrec Maodocc go mbuadaibh,
Hi ffuil aisccedha o Chriost féin,
As do sccriobh Colaim cneis-réidh.

An Bachall bán is ní brécc,
Re ndleg*ar* cach do coimhett
Os da náiremh go léir liom,
Así so and*ara* h*air*d-miond.

Teall*ach* Duncadha na mbuadh,
Teallach Eachach, líon a slú*agh*,
Cath Conm*ai*cne, Cul[5] O fFloin*n*,
M*ar* cuid ron*n*a don bachaill. |

f. 200b Fir manach 'sa Breifne anoir,
'S D*art*raighe 'gun[6] mBric mbuadaigh,
As lé a cíosa 'sa cána,
A nonóir, a nofrála.

Leisan menestir mblaith mbinn
Isna hiathaibh si adeirim,
Tobhach a ciosa 'sa cen,
Gan anaoibh is gan éiccen,
O Droichet Atha gan faill[7]
Go Drui*m* Lethan, m*ar* labrai*m*.

Don Bhachaill Brandaib, 's ní brécc,
Cuicc*edh* Laighen na lain-ced,
Di dlighter on[8] cuiccedh caomh
A cios d'faghail do*n* *ar*d-naom*h*.

[1] clog A, H. [2] an ghil-deirg A. [3] fhior-áluinn A. [4] duaisi A, H. [5] cúil A. [6] don A, H. [7] fheall A. [8] don A.

As aml*aidh* dlegaitt na maoir,
An cíos toccbaid da gach taoibh
Comh*ar*ba Maodhócc gloin grin*n*,
Da roin*n* uadha ar gach *air*d-cill.

'Arna n*air*emh liom go leir,
Seacht mion*na* úaisle an firéin,
Beitt uile, 's ní in bhar niongnais,
Ag cur libh lá an ticcernais.

Gilla Mocuda[1], is ni gó,
As edh m'ain*m* si gan annro,
Secht mion*na* Maodhócc gan gáoi,
Lim do h*air*medh *ar* en cháoi.

Ca líon.

lxix. (199) Fe*chtus* da ndeach*aid* Maodhócc go h*air*m i mbói Molaisi Daiminsi, do chengal a ccadaigh 7 a ccomháonta le ceile i nnimh 7 *ar* talmai*n*, amhail dorinnettar roimhe, an tan tucc an Coimdhe com*ar*tha a scc*ar*tana re 'roile doiph '*ar* ttuitim na cc*r*and fo bhun irrabhatt*ar* i ccrich Muighe Slecht go son*n*radhach fe*cht* ele, amhail ro in*n*isem*ar* cena[2]; ro cenglatt*ar* tra cadach 7 comhaonta cuirp 7 anma a naoinfe*cht* an*n*sin .i. gibe do thuillf*edh* éccnach[3] nó oirbhire o dhuine díbh, a mhall*acht* 7 a móir-easccaine a naoinfe*cht* arantí do tuillfed; a mben*nacht* 7 a mbuan-guide ag gach nech do dénadh a rí*ar* 7 a ro-buidhech*us* búdéin, 7 ri*ar* 7 ro·bhuidhech*us* gach duine do lu*cht* a nionaid dia néis. *Ocus* do ordaighett*ar* ettorra féin in u*air* sin t*ús* onóra 7 *air*mittne cáich ga ceile dibh do co*mm*al*air*t imoseach et*er* a sruithibh 7 a sámhaibh[4], .i. tosach guide | 7 gér-ataigh[5] acc Maodhócc a[6] mainches 7 a[6] f. 201[a]
moir-therman*n* Molaisi; 7 tosach ag Molaisi 'na mainces [s]an; u*air* ni dual atach ná iomrádh Máodog gan Molaisi, na Molaisi gan Maodhóg; amhail ata 'san ran*n* so:

Ionan*n* rún, ionan*n* aonta
Don da naomh sa go maisi;
Ni bí Molaisi gan Maodocc,
Ni[7] bí Maodhócc gan Molaisi.

(200) Ro chengail 7 ro comdaingn*igh* Molaisi cíos 7 cánach*us* Máodhocc for Mhanchachaibh don mór-cu*air*t sin .i. cu*air*t casc gacha tres bliad*na*; screpall for gach cathraigh 7 for *gach* 'dún*adh* dia nduintibh, 7 m*ar*cc foran righ an lá ríoghfaither é, 7 brat for gach taois*ech*. Leth-bon*n* *ar* gach en tech do Tuaith Ratha[8] .i. for shliocht

[1] Modubhda A. [2] *supra* §§ 26–28. [3] A omits 'éccnach . . . do tuillfed' here (homoiotel.), and inserts it lower down. [4] = sámthaibh. [5] -athrigthe H. [6] i A. [7] 's ni A. [8] do Rathachaibh A; Rathathaibh H.

Cairpre m*eic* Neill i naoinfe*cht*. Pingin*n* ar gach ndeth*aig* et*er* Manchachuibh uile; tús gach cuirn comhóla, guala gach righ ⁊ gach ro-flatha, tús aithiscc ⁊ uradhaill[1] d'fior a ionaid dia eis; ⁊ fos gan righ na taoisech tuaithe do denamh isin tír gan luach lesa do mhuintir Maodhóg. Tech ⁊ *gar*rda i mbaile Molaisi ag Maodhócc .i. Daimhinis. Eirghe do muin*n*tir Molaisi re muin*n*tir Maodhócc gach u*air* dochifitt; ⁊ m*ar*an ccedna ag muin*n*tir Maodhócc re muin*n*tir Molaisi. Ro faccaibh im*morro* Molaisi lén ⁊ laicce, dio*m*mbúaidh cuimhne ⁊ comh*air*le for Mhancachuibh, *acht* go ccluinit an cíos so aga i*arraidh*; *acht* muna íocait go humhal orramach fri maoraibh Máod*og*.

(201) Ro órd*aigh* Maodhócc feisin do Bhreifneach*aib* re a mbeth*ad* ri*ar* ⁊ ro-bhuidhech*us* muin*n*tire Molaisi m*ar*an ccedna, ⁊ gan a leiccen fo éra. Tucc Molaisi fós leth-cethramha d'ferann gan cion easpuicc na aird-*r*igh uirre do Maodhócc, le cois gach comadh ⁊ *gach* coimhthiodlac*aidh*[2] da tucc dó, d'áit urdhalta fri tobhach ⁊ fri tionól a chiosa ⁊ a chanachais for crich Manchach guna mór-thúathaibh, ⁊ dia breith assein dia aird-cheallaibh b*ud*déin d'éis a tionóil go hen lath*air ar* cion*n*
f. 201[b] a máor ⁊ a mór-comh*ar*badh. | Cumhdaighis Maodhocc ceall caomhett*r*ocht choiserccta[3] isin ionad si*n*, d*ár*ab comhain*m* na Cealla Becca. *Ocus* fáccbais Ó Congaile a ccenn*us* na cille sin, da cumdach ⁊ da cothucchad. Ata lec Maodocc isin maighin sin for*ar* fháccaibh féin do buadhaibh, gibe nech do dhenadh eccóir no ainndlicch*ed* for oirchin*n*eachuibh no for aittreabthachaibh na hecclaisi si*n*, gan a beith a ccion*n* bli*adn*a 'na beth*aid*; ⁊ an lec sin d'iompod fo t*r*i tuaithbhel fair, m*ar* adeirit eol*aigh* an fherain*n* ⁊ na c*r*iche a ccoimhneinf*echt*; m*ar* adeir an senfhocal .i. Sencaidh gach fer forba nó ferain*n*.

(202) *Con*idh do dherb*adh* gach neite díbhsin doronadh an laidh si síos:

Cert Maodhócc ar shluagh Mhancach,
Gasr*adh* riogd*ha* ro-m*ar*btach,
An cert do cengail[4] Molaisi,
Gniomh *ar*a bfuil fiadhnaisi.

Molaisi cenn Manchach uile[5],
Et*er* righ is ro-duine,
Do cengail cadach[6] 'na fód
Eter é féin is Maodhócc.

M*ar*so do cenglat*ar* soi*n*
Na naoi*mh*[7] a ccadach cub*aidh*,
O luach ced m*ar*cc go dealcc bruit,
Is tob*ach air* m*ar* eraic.

[1] urighill A; urghill H. [2] gach tiodhlaicthe A. [3] ⁊ annóid aobhdha oirdnidhe *add.* A, H. [4] cheannas H. [5] *om.* Br. [6] cumdach H. [7] re cheile A, H.

Do naiscc[1] Molaisi m*a*c Natf*r*aich
Fora muinntir féin gan gáoi,
Guidhe Maodhócc mín[2] go mbloid[3]
Ar tús coidhce da ccabh*air*.

Cuairt gacha tres cáscc go rath
Tucc Mlaisi malla miadhach;
Screapall gach catr*ach*[4] 'na fód
Ar tús do mhaoraibh Maodhócc.

Marcc an lá dogent*ar* sin
Rí Eirne an fherain*n*[5] toirthigh
Do cur[6] a ttreisi *ar* gach ród
A nonóir Mlaisi 's Maodócc.

(203) Leth-bon*n* as tigh gach Ráth*aig*h
Molaisi ara thír do thathaigh,
Do cléir Maodhócc fath faoisimh[7],
Ocus brat gach ríog-táoisigh.

Corn *ar* tús do Maodócc mor
Do aont*aigh* Molaisi *ar*a slogh,
Guala gach riogh, reim gan broid,
D'Áodhócc is d'fior a ionaid.

Tuill*edh* ele don chíos cóir
Atá orra da onóir, |
Tús aithiscc an chaomh-fóid[8] chain f. 202[a]
Acc Maodhócc guna muin*n*tir.

Ata tuill*edh* 'sar luaidh sinn,
Ar sluagh Manchach, mar mhaoidhim,
Ac Maodhócc da chíos gan choir,
Pingin*n* dó *ar* gach ndeth*aig*.

Rí ná ttaois*ech*, ni céim cert,
I ccrich Manchach a naoinfeacht
Do dhénamh do sen na d'ócc,
Gan luach lesa do Mhaodocc.

(204) Do gheall Mlaisi, fa mór-tren,
Go mbeittis a laoich fa lén,
Da ttuccdáis dímhes 'na fód
Ar mhainces díles[9] Maodhócc.

[1] dorad A. [2] mein A. [3] blaidh A. [4] ar gach cathraigh A, H. [5] fuinn A, H. [6] da chur A, H. [7] ni fáth fáoisidh A, H. [8] chaomh-fuin A. [9] Go dilios do mhaor A, H.

Mancaidh da ccluinit an cíos,
Is gan iatt uile da íoc,
Biaidh orra 'gun cCoimdhe[1]
Dio*mm*buaidh cuimhne is comh*air*le.

Cli*ar* acc denamh áor[2] uile,
Cli*ar* ele rea nescuine,
Fir Manach, as doilghe daibh,
Mallacht mic Sédna d'fagail.[3]

Tech is *gar*rdha 'na chill caoimh,
Fa mó 'sa mó mar cumaoin[4]
D'Aodhocc m*ar* ionad tathaimh
Tucc Mlaisi et*er* Mancachaibh.

Ni dlighitt muin*n*ter Molaisi
Gan éirghe ar gach én aiste,
Ar gach feran*n*, ar gach fód
Go brath ré muin*n*tir[5] Maodhócc.

Tucc an naomh miadhach Molaisi
Do Maodhócc áit ecclaisi
Da chartún saor m*ar*soin[6]
Gan cion[7] aird-righ nó espuicc.

As aire tucc an chill caomh,
M*ar* brondadh uadh don *ar*d-naomh,
Do thionol a chíosa cain,
Da comhroin*n* ara ceallaibh.

(205) Ata lec ina leic luim,
Mas fír d'eolchaibh an feruin*n*,
Ó Mhaodhócc isin chill cáid,
Da hanacal ar eccóir.

On leic sin go bráth ní bí,
'Sa hiompód tuaithbel fo trí,
Fer a héccora gan ail
A ccion*n* bl*iadna* 'na beth*aid*.

Cúis f*ár* chengail an da naomh
Cadach ettorra d'en-taobh,
D'uaisliuccadh a cceall ccrodha,
'S do meducch*ad*[8] onóra.

[1] go ndhoimhne Dhe A; go ndiomus Dé H. [2] maor A, H. [3] Sédna iomláin A, H. [4] fa mó is cach'na chumaoin A, H. [5] maoraibh H. [6] Da chartun (chartuinne H) cherta 'na ghlaic A, H; which improves both metre and sense. [7] cios H. [8] an *add.* A, H.

Do choscc coccadh *ocus* cath,
Mlaisi do chengail cadach |
Le Maodhócc na mbriathar mbind f. 202b
'Mon ccaomh-fód iath-ghlan *fair*sing.

An t*r*ath tiaghaitt oa ttigh féin
Muint*er* Molaisi do min-réir[1],
Dlighitt Breifnigh t*ar* gach nech
A cleir*ibh*[2] do beith buidheach.

Ni lenfa sin*n* óso amach
Do cadach na naomh neimhneach,
Atá ina ccert le ceile
Gan fheircc is gan aimhreide.

Mé Giolla Moghoda[3] on ród
Do mhuin*n*tir Molaisi is Maodhóg;
Tre guidhe na naomh go nert,
Go mber*ar* mé *ar* nemh naoimh-cert.

Cert.

lxx. (206) Fe*chtus* dia mbói Maodhócc 7 Ulltán Aird Brecain acc Ath na bFer a bfochair *ar*oile, '*ar* ttea*cht* on Mum*ain* do Maodhóg, ro chenglatt*ar* a ccumann 7 a cc*ar*atr*adh* le ceile an*n*sin, ge do chenglatt*ar* roimhe go minic, óir fa lu*cht* baidhe 7 bith-chadaigh do bhun*adh* d'aroile iad féin. Aithnighis Maodócc d'Ulltán an u*air* sin cuma a chiosa 7 a chána for cinedh 7 for chlan*nmai*cne Aodha fin*n*; 7 fós cuma a gég ngeineal*aigh*, 7 a chraobh coibhnesa, tre glosnaithe filedh[4]; óir fa file, 7 fa fíor-naomh, an fer si*n* .i. Ulltan. Ro th*airr*ngirset an da erlamh 7 an dá *á*rd-náomh sin gach rí 7 gach ro-thiccerna da ttiucf*adh* go deir*edh* an dom*ain* do cinedh Aoda finn; gurab airesi*n* ro airim Ulltán ain*m* gach aon rígh 7 gach áon ticcer[na] dibhsein tre glosnaithe ealadhna, tre mhunadh 7 móir-thecc*us*cc Maodhócc, maille le cu*ma* a chiosa 7 a chána forna cinedhaibh.[5] Ceileabhrais cách dibh da céile don cur si*n* go cumhthach, ciamh*air*, comhtuirs*ech*, '*ar*na rádh do Máodhócc nach ffaicfedh cecht*ar* diobh a cheile go brath tre spir*a*t fhesa[6] 7 faistine.

(207) Teid Maodócc siar go Cluain m*eic* Noís do cengal a chumain*n* 7 a cadhaigh le Ciarán *con*a coimhthionól. Téid t*r*a Ulltán soir go h*Ar*d mBrecai*n* goa bhaile féin; gurab an*n* ro cu*m* 7 ro comhfuaigh tre aircetal ughd*ar* 7 ollamhan gluine geineal*aigh* 7 craobha coibhnesa catha Aodha fin*n*, | 7 cioscain Maodhócc[7] amhail ata siosana: f. 203a

Sench*us* Maodhocc meabhr*aigh* lat,
Uair ni dleghar a dhermat,

[1] mhiréir A. [2] a ccleir H. [3] Modubhda A. [4] 7 ollamhan *add.* A. [5] cinedachaibh A. [6] fáighedoracht[a] A, H. [7] re chéile *add.* A.

Eccn*aidh*[1] ó Fherna an[2] glan gle
On Druim 's ó Ros Ainglidhe.

Do aithin eccn*aidh* 'na sen,
'Ar ttichtain go hAth na bFer,
A shench*us* go léir 's go lom;
Ata go heolach agam.

A gabhail gacha samhna;
Da fhurail ar shíol Ferccna,
Na beirdis leo fo diamh*air*
An cháin gan a gnath-iarr*aidh*.

Laibheoratt don canaidh caoimh,
Sloin*n*fet senc*us* an *ar*d-naoimh,
Adér ribh a fhír gan on,
An líon riogh bhías 'ga fhoghnamh.

(208) An cethr*ar* dherbh*us* an rand,
Luaidh 'san senc*us* a nanman*n*,
An drem da ndleg*ar* dia éis
A tabach isa fhaisnéis.

Cuicc bl*iadna* cethraca*t* cain
'*Ar* ttichtain[3] dó tar muir anóir,
Meabr*aidh* me da eis uile
A fherta 's a mhíorbuile.

Maodhócc mór mac sáor Settna,
M*eic* Eirc, le cclaoitti céda,
M*eic* Feradh*aig* fhéil gan ail,
M*eic* Fiachr*ach*, m*eic* Amalgaidh;

Mheic Muiredh*aig*, m*eic* Cárthain*n*,
M*eic* Eirc, m*eic* Each*ach* álai*n*d,
M*eic* Colla Úais, laoch gan len,
M*eic* Eachach déttla Doimhlén;

Mheic C*air*pri a Life, na ceil[4],
M*eic* Corbm*aic*, m*eic* Airt Aoinfir,
M*eic* Cuin*n* c*ét*-cathaig calma,
Ór sioladh gach saor-dhamna.

O Mhaodhócc fa mór-eccna
Go Con*n* fa faoilidh freccra,
Ní cheiseabh[5] *ar*an ccuire,
Da sheiser 's da dhegh[6]-dhuine.

[1] egnach A, and the contraction in Br. might be so extended. [2] *om.* A. [3] ttecht A, H (*recte*). [4] ni chél A; ni cheil H. [5] cheiscamh A; cheisiumh H. [6] en A, H.

(209) Dalta Caillin caoimh credhail
Doníodh léghadh gach leabh*air*,
Oirbhertach an eccna uill,
Toirbhertach bfreccra[1] ó Choluim.

Maodhócc do shíol Colla Úais;
Colaim Cille n*ar* críon duais;
Días do Leth Cuin*n* go ccéd rath,
Dia néis ni thic a ccomhmaith.

Ion*n*raic áilghen, cecht*ar* de
Mór *ar* chách a ccumaoine; |
Ni tiocfa, ciodh daor an dlug, f. 203[b]
Éccnach dia néis 'san saoghal.

(210) Ag Tuilen le taobh an roid,
An*n* do sccaras is Maodhócc,
Eisiumh síair go Cluain gan crád,
Meisi soír go hArd mBrecain.

Is an*n*sin adub*air*t riom,
Aithescc fire nar *gar* liom:
'Cidh cian, cidh *gar*, *ar* dhá ré,
Nochan fhaicfem a ceile.'

Fertach[2] fíre hi fFérna an fer,
Maith da aoidhe[3] i nDruim Letan;
An*n* as géire rea ghuidhe,
Acc Meilghe 'san Ros Aingli*dhe*[4].

Druim caomh ced ionad *ar* gabh
'Ar ttiachtain a crich Mum*an*,
Dár bhaistt Aodh dubh acc Ath Airm,
D*ar* len Aodh fion*n* an fíor-ain*m*.[5]

Bennaighter Aodh leis an*n*soin,
Rath righe d'fior a ionaid,
Acht nach diultadh, réim riaghla,
Cáin Maodhócc gach en bliadhna.

Do fháccaibh buadha go brath
Do clan*n*aibh Ferccna sech cách,
A thír, a fon*n* ina fine,
*Co n*ach treabhdais ainffine.

[1] a negna A; a bfregra H. [2] ferta H. [3] aoidh*idh* A. [4] Aingle H.
[5] forainm H.

Aca do fáccaibh gan on
Eineach is féle, is foghnam,
Aoidhedchaire, as buga[1] breth,
Fulang cocc*adh*, is crúas cath.

(211) Ard-fhlaithes re hath*aid* doibh
O Mhadhócc *gus*an mór-gloir;
Tri*ar* os Bhanbha, foirglim fe*acht*,
Tri trír os cúicc*edh Con*nacht.

Tri cuicc riogha aca i*ar*sin[2]
Gebh*us ar*an[3] mBréifne, na ceil,
No go ttucc thar[4] an *tar* tro*m*,
As meabh*air* liom a nanman*n*.

Tri Fergail, trı Aodh amhra,
Trí Neill, *tri* hUalg*air*cc ferr*dha*,
Ticcernán, Amhlaibh, da *Art*,
Cúicc Concubhair, da Cathal;

Mac an Choscc*raigh*, an Crom-bán
As leissin beirther an tár,
Asé sin lingfes na fir[5],
Ocus millfes na Breifn*igh*[6].

Cian lem gid choimsigh[7] an fer,
T*r*en tucc fa toirrsi m'aign*edh*,
'Ar fuinedh gréine a ló the,
Cath Cin*n* tSl*eibh*i ata *ar* m'aire.

(212) Na riogha gabhus iarsoin
Diobh go deiredh an domhain, |
f. 204a Gibe do sccriobh, ní snaidm sun*n*,
Ain*m* gach riogh diobh aderam.

Amhlaibh, is da Tadg gan tár,
Tri Domhnaill, Lochlain*n*, Aodh bán,
Rúaid*ri*, Art, tuirbhim gach tan,
Muircert*ach*, is da Cathal;

Aodh an dúin[8], Goffr*aidh* ferrdha,
Do shiol Bán-chosaigh Lemhna,
Domhnall, Don*n*ch*ad*, Murch*ad* mend,
Fergal fuilech, Aodh imgerr[9].

[1] buadha A. [2] In Br. the words 'Tri cuicc . . . iarsin' are underlined, and above them is written: '*Forte rectius* Tri ar ceithre cuicc accu i*ar*sin'; while on the margin is the note: 'Sunt potius 23.' [3] an (*for* aran) A, H; ? *recte.* [4] ttabair A, H. [5] an ſhir A. [6] Bretnaigh Br.; but on the margin is the note 'forte Breifnigh'; so A; Breifneacha H. [7] cuimsi A, H. [8] ann*aigh* (?) A; annaighte H. [9] '19 sunt', marginal note.

Aodh imgherr o Léim an Leith
Gebh*us* an Bhreifne fodeigh,
An tan bús diothach [1] an drem,
Flan*n* ciothach [2] bús rí Eren*n*.

Accsin gan bhréicc, gan bhernadh,
Rioghr*adh* Breifne, síol Fergna,
Dligit cain do Maodhócc mas,
Amhail sloin*n*es an senchas.

(213) Agso cáin Maodhócc na mion*n*
O shíol Fergna, is o Aodh fhion*n*,
Ó fheraibh Saidbre [3] na srían,
Is o oirechtaibh Oirghíall.

Each, err*edh* gach righ go rath,
Molt, muc, m*art*, *ocus* dabach,
Gan faill tab*ach* orra soi*n*,
A ttab*air*t uair 'san bliadai*n*.

Bó as gach baile, ni saobh soi*n*,
Is sgreapall as gach death*aig*,
Tosach tairchi [4] is [5] comhóil cai*n*,
Tosach failte is fothracc*aidh*.

Da ndiultait siol Fergna an cain,
Biaidh orra díth is diogbháil,
Ni bía a nert *ar* nech fo nimh,
Oír ticc ríu nert [6] Dé dhuiligh.

Dó dlegar tabac[h] an tréoid,
Gibe as manach do Maodhócc,
An cethr*ar* fíalsa fu*air* sin,
Biaidh gan i*ar*sma 'na degaidh.

Céle is Aodhán o Férna,
As léo leth foirne is fedhma,
'Sa leth ele t*r*a gan tlus [7]
Ag Fairceallach, acc Ferg*us*.

Da léiccit uatha go beacht
An cáin gan túr tre mhainneacht,
Biaidh an ecclas Dhe fó ghron,
Is bíaidh an tír gan toradh.

[1] ditheach A, H. [2] citheach A. [3] Saithne A, H. [4] terrce H. [5] *gach* A. [6] Tiocfadh riu reacht A, H (omitting *óir*). [7] tlas H.

Tri ní mhilles an Bhreifne,
A niomtnúth féin le céile,
Cur re Cruachain[1] aird na nech,
Is main*n*eachtn*aigh*e a cleireach.

(214) An cethr*ar* da tucc a cóir,
As íad boi faris 'san Roimh, |
f. 204[b] Lu*cht* cur*aigh* mheic Settna ar fe*cht*,
Da ttucc iar nécc a oighrecht.

Is*edh* dlighes gach duine[2] diobhsin[3]
Beith *ar* com*m*éitt don muin*n*tir,
Co*m*méitt cadhais[4] íatt aráon,
M*ar* do ordaigh an t*ar*d-naomh.

An u*air* díult*ar* tre debhe
Cáin Maódhocc 's a muin*n*tire,
Biaidh socht *ar* shluagh Lemhna lais,
Biaid clan*n* Ferccna fo athais.

Biaidh a crioch 'na comh*ar*[5] crech,
Beitt fir ag fodail[6] Breifnech,
Riu éirges fercc Dé do nimh,
Traotar a ccert *ar* Crúachai*n*.

Raidim, ni diamh*air* an breth,
Tucc fiadhain[7] o Dhia duileach,
Nochan fuil cobh*air* na ffer
Faa ccomhair acht én magh.[8]

Troisccitt cin*n* na ttuath 's na ttreabh
I rRos Inbhir na nAingeal
Im fhéil Maódhocc, moid gan ces,
Doigh as de ticc a ttrom-les.

Aitchet na naoimh fion*na* anoir
Im thecht cuca da ccabh*air*,
Aitchet re tennta gan geis
An damh dercc a Daiminis.

Ni lamhtar a tír 'na[9] ttres,
Go ttí flaith rea finechas,
A ttír do thadhall go trom,
Nocha lamhon*n* sluagh eachtron*n*.

[1] cruach Br.; cruach*adh* H. [2] fer A, H. [3] The line is too long; perhaps read: 'Sedh dlighes gach duine dibh. [4] comhmór cadhus H. [5] fa chuir A; fa conar H. [6] fogail H. [7] fiadhuin H. [8] en ionadh A, H (*recte*). [9] an A.

As me Ulltán o Ardbile,
M'anam *ar* cor righ nimhe,
Im fili, im faidh, ro fes,
As de shloin*n*im an senchas.

Sench*us*.

lxxi. (215) Is amhl*aidh* 'so' im*morro* ro órdaighsett na naoimh .i. Colaim Cille ⁊ Caillín cíos Maodhog for Úibh Briuin, ⁊ for Laighneachaibh, do comhroin*n* et*er* a ceallaibh ⁊ a chomarbaibh .i. et*er* Druim Lethain, ⁊ Ros Inbhir, ⁊ Férna mór, óir fa dalta dil degh-thairisi do Chaillín Maodhócc, ⁊ fós fa fer cumain*n* ⁊ *car*attr*aidh* dó Colaim Cille m*ar*an ccettna, *gur* órdaighettar *ar*an adhb*ar* sin cíos Maodhócc do roind et*er* a thrí ceallaibh. Trían cíosa Maodhócc go Drui*m* Lethan, an méid dogébth*ar* i nÍbh Bríuin de; ⁊ a dá ttrían go Ros Inbhir ⁊ go Férna. Da ttrían ciosa Laighen[1] go Drui*m* Lethan, ⁊ go Ros Inbhir. Ni dligit mui*n*t*er* Droma Lethain an cíos ab*h*us[2] d'iodhlac*adh* amach go Férna, ⁊ dlighitt | muin*n*ter Férna an cíos d'iodhlacadh uatha go f. 205[a] D*ru*im Lethain; oir do fháccaiph Maodhócc d'fiachaibh *ar* muin*n*tir Céile ⁊ *ar* mhuin*n*tir Aódháin iodhlachadh an chiosa sin go Druim Lethan; dith fine im*morro*, ⁊ sprecc*adh*, ⁊ athais gach aoin orra muna ttuccdáois an tiodhlacadh sin dó.

(216) Até an*n*so áiremh cíosa Laighen Mhaodhócc .i. beirt righ Laighen an lá dogent*ar* rí Laighen de, *acht* a léine sroil, ⁊ a áon ghae; ⁊ lán a bhróicce d'airccett; ⁊ fer ionaid Aodh[a] m*e*ic Setna do theacht fo thrí 'na timceall. *Ocus* ó dobhéra féin, nó fer a ionaid, slat i llaimh in rígh, biaidh buaidh tréine ⁊ treisi fair. Dlicc*edh* an rí an lá si*n* *con*a muin*n*tir[3] offrála móra do dhénamh[4] o bhécc go mór, ⁊ an tres cuid dá ttiubra rí Laighen uadha, dlighitt rioghr*adh* Laighen a thab*air*t uatha, ⁊ an cíos si*n* uile do thab*air*t ar laimh na ccomh*ar*badh, gibe roin*n* thoileochait[5] do thab*air*t fair .i. O Fairceall*aigh* ⁊ O Ferg*us*a, óir ni fhuil cum*acht* ag aoinnech ele f*air*, *acht* amhail oirdeochaitt.

(217) *Con*adh do dherb*adh* ⁊ do dheimniucch*ad* chomhronda an chiosa si*n* et*er* na comharbaibh dorónadh an laidh:

Comhroin*n* Maodhócc, fa mór modh,
Mar do ordaigh an térlamh,
Et*er* a cheallaibh go cóir
Ara chíoscain accédóir.

Atád '*ar*na dherbh*adh* damh
Ag Maodhócc Dhroma Leth*an*,
Trí cealla lána gan locht
I lLaignibh 'sa ccl*ar* *Con*nacht.

[1] ó Fhern*aidh* *add.* H. [2] a bhíos orra A. [3] cona m. *om.* A, H. [4] do fein, ⁊ da chinedh, ⁊ da chomhghaol *add.* A, H. [5] thuigeoraid A; toig- H.

Férna mór Maodóg gan bréicc
I ccrich Laighen go lán-meid[1],
Drui*m* Lethan, as sealbh sochr*aidh*,
As naomh-port do *Con*nachtoib.

Ros Inbhir, Cuillin na bFer,
As úaisle na gach aittreabh,
Port na fFinnlec, tar gach fód,
An*n* do hadhlaicedh Maodhócc.

Maodócc féin dorin*ne* an roin*n*
*Ar*na trí ceallaibh chanaim,
Roin*n* a chiosa 's a cána,
Fa roin*n* díles diongmála.

Colum Cille is Caillín caomh,
Do ordaigh an da ard-naomh
Roin*n* na cíoscána gan col
Do denamh i nDruim Lethan. |

f. 205b Do ordaigh Colaim Cille
D'Aodhócc, fáidh na[2] firinde,
Roin*n* na cíoscána do chum
Ara cheallaibh a ccomhtrom.

(218) Cíos Laighen d' Férna na ffledh
An la rioghtar ri Laighen,
Beirt an choccedhaigh da ched,
Is lán a broicce d' airget.

Do rígh Cruachan dlighther soin,
'Ga rioghadh hi Con*n*achtaibh,
Fer ionaid Maodhócc gan feall
Do thecht fo t*r*i 'na thimceall.

Acc fer ionaidh mheic Séttna
Ata an lúach maith si ader sa,
Err*edh* rígh *Con*n*acht* na ccath,
Acht lene sróil is áon ghae.

Offrála lá dénma an righ
Óna sleachtaibh, ona shiol,
Dlighitt et*er* sen is ócc
D'fior ionaid miadh*ach* Maodhócc.

Cath Aodha find fein malle,
Gibe díbh gebh*us* righe,
Ná siritt slata 'na ndoid,
Acht ó fhior ionaid Maodhóicc.

[1] na lain-ched A, H. [2] *om.* Br.

Ócclach Máodócc ó dobheir
Slat righ i llaimh in righ sin,
Bér*aidh* búaidh i ngach tach*ar*,
Na sluaigh féin da áontachad.

Trén ele a ion*n*samhail sin
Atá ag gach rí do Laighnibh
Ar fedh caomh-fód[1] a chrioch féin,
Ocus Maodhócc do mín-reir.

(219) Trían a chíosa 'sa chána
Do ordaigh Maodocc málla
Do Dhruim lán-oirdheirc Lethan,[2]
A ndeinedh Áodh áitechadh.

Trian ele an chiosa gan chaill
Do Cuillín na fFer nÁlain*n*
Tucc Maodócc m*ar* cóir cairte,[3]
Da Roimh aoibhinn adhlaicthe.

Trian gach cíosa da mbé a bhus,
Dlicc*id* Férna go foll*us*
Do chuid ron*n*a on táoibh túaidh,
'S gan a iodhlacadh[4] en ú*air*.

Da ttrían ciosa Ferna féin
Do theacht *ar* aithne an fhiréin
Go Druim Lethan[2] gan locadh,
Is íadh féin da iodhlacadh.

Cele *ocus* Aodhan gan on
Dó órdaigh da iodhnacal,
Muna iodhlaicit,[5] gan acht
Tuillit ó Maodhócc mallacht. |

Ard-port[6] Maodhócc, asé sin f. 206a
B*udh* cenn uidhe da gach aoidhidh,
Druim Lethan, treabh go ttaintibh,
Re linn Maodhócc mór-fhailtigh.

Dá madh le Maodhócc na ffledh,
M*ar* bú leo[7] Caiseal do sheal,
Ní treiccfett Drui*m* Lethan lór
Ar maith[8] 'san cruin*ne* c*om*hmór.

[1] -fhóid A. [2] Lethain Br. [3] chuarta A; cairrde H. [4] an *add.* A. [5] iodhlaicaidis H. [6] adubairt A. [7] budh leis A, H. [8] áit A, H.

T*ri* dabhcha, as dá dligedh soin,
Is blas meala *ar* gach ndab*aigh*,
D' fior ionaid Aodha i nam óil,
'S do Ros Inbhir m*ar* onóir.[1]

(220) Na trí haird-cealla gan on
Atád ag Aodh m*ar* ionad,
Tucc cenn*us* na cceall ele
Do Ros Inbhir d'áiridhe.

Ros Inbhir nír tréicc Aodh oll
Ar impidhe, na *ar* fhorgall,
Mar tá[2] in*n*te a clí 's a corp,
D' feithemh dhi *ocus* d' furtocht.

Do tiodhlaic Aodhóg go bráth
Cenn*us* is uaisle iomlán,
Smacht is cáin a cheall go cert
Do Ros Inbhir a neinfea*cht*.

Ata 'sa chill si a bfuil sin*n*,
Leabh*ar* *ar*d-náomh na hEr*enn*,
Sgela gach naoimh díbh gan ail,
Is sccela a cceall go cub*aidh*.

Gibe diobh nach leghth*ar* lim,
Do leabhraibh ard-naomh Er*enn*,
Léghaim fa mhaisi gan móid
Leabhar Molaisi is Maodhócc.

Leabhar Maodhócc, fa caomh cruth,
Ar grad cin*n*te is *ar* chadach,
A tregad[3] dím[4] ni dligid,
Leghtar lim go lain-minic.

Giolla Moghoda re a ghairm
Ag eolchaibh, is e m'forain*m*,
Ar ceallaibh Maodhócc gan mhoill
Mé rea chíoscáin do comhroin*n*.

Co*m*roin*n*.

(221) Eittirbhretha Maodhócc an*n*so do réir Ghiolla Mochoda Í Caiside an tsáoi fhesach, fhír-eolach, m*ar* fú*air* lea sccr*io*b*adh* on *ar*d-naomh gan merball, gan merach*ad* .i. a bhretha et*er* a cheallaibh cadhasachaibh co*m*hmóra, 7 cath Aodha Fin*n* *con*a rioghuibh ro-úaisle, *con*a táoiseachaibh tenna, tiodhláictheacha, *con*a mbrughadhaibh, 7 *con*a mbiatachaibh .i. onórucch*ad* a cheall 7 a chl*iar*, a mhion*n*

[1] a ccedóir A, H. [2] atá A. [3] treigen A. [4] dámh H.

7 a mhóir-fethal,[1] a thermann 7 a thrén-cadhas, 7 gan a mhionn no a mháoir | do leiccen go brath fo eiteach ; 7 gan étheach fo mionnaibh Maodog. Gibe dodhéna gach ní dibhsin rucc Maodhócc do breith *air* féin *cona* cléir 7 cona coimhtionol guidhe t*ara* chenn da shaor*adh* o phiantaibh adhuathmara iff*rinn*. *Ocus* gibe rí no tigerna coimheol*us* do Maodog, nach dlegh*ar* a esccaine *acht* fo trí cásaibh .i. sáruch*ad* a cheall[1]. 7 laghducc*adh* onóra a com*ar*badh, 7 cumgachadh a fhuin*n* 7 a fherain*n*. f. 206[b]

(221[b]) *Con*idh da derbh*adh* sin do chum an tughd*ar* .i. Giolla Mochoda, an laidh :

Eittirbretha Maodhócc min,
An áil libh a nairemh dhíbh ?
A shluagh fer mBreifn*ech* go mbloidh,
Gabaidh uadha bh*ar* múnadh.

Isé céd munadh dobheir,
Le Maodhócc erlamh eistigh,
Rí*ar* a cleir*ech* gan cionaidh,
Gan eitheach fana aird-mhion*n*aibh.

M*ar* comh*air*le da chleir fein
Tucc Maodócc an caomh cneis-réidh,
Sior-ghuidhe *ar* cath Aodha Fin*n*,
Da sechna *ar* piantaibh if*rin*n.

Da ccennch*ar*[2] an guidhe glan
O cléir craibt*igh* na coradh,
Acht muna diolait da cion*n*,
Focc*us* doibh ecc is if*rion*n.

Eittirbhretha meic Setna,
Ata accam gan tsena
Gach ní atú do luad go grind,
Et*er* tuaith *ocus* aird-chill.

Gibe baile a bfáicfit sin
Cli*ar* Maodhócc mall*acht* bun*aidh*,
Olc an baile 'sa daoine,
Beith[3] gan rath, gan ro-naoime.

(222) Eittirbhretha Maodóigh móir,
A cath Aodha Fin*n* fíor-cóir,
Éistt*idh* lea léghad go cert,
Ríar*adh* cách íarna neisteacht.

[1] mhor-edáil A. [2] da ccennchair A ; -chur H. [3] béid A, H.

Na bretha *cet*na gan c*air*
Doréir tiomna do órd*aigh*,
Da mbeith *ar* cuimne imosech
Ag uaislibh riogh is taoisech.

Gan dáoirsi do chur 'na cill,
'S mór-cumd*ach* a mac leiginn*n*,
Congbáil a cadhais go cert,
M*ar*sin tuillt*er* a bennacht.

Tuill*edh* ele sloin*n*se sin*n*
D'eittirbreith[1] Maodog béil-bin*n* |
f. 207[a] Ar cách m*ar* do bhaistt go glan,
Ag luadh c*er*t Droma Lethan.[2]

Adb*ar* fan ab*ar*thar sin,
Eittirbretha léa brethaibh,
Siad do bheith[3] eidir da ran*n*,
'S a[n] naomh da mbreith go comt*r*om.

Ar Breifneachaibh, m*ar* do dligh,
Da sechna *ar* fheircc an Dulimh,[4]
A nDruim Lethan[5], 'na naomh-fod féin,
As breithemh Maodocc mín-réid.

Gan esccaine *ar*a rioguibh
Go brath, *acht* fa· trí gniomhaibh,
Do mhol Maodócc 'na cill cain,
'Na naomh-fód, i rRos Inbhir.

(223) M*ar*so tucc Maodócc da mhaor:
Gibe thuilles[6] na tri gniomh,
Beith gan medh*air* 'na righe,
Ma dleg*air* a easccaine.

A haon diobh: da nderna so
Adhb*ar* righ, no rí ullamh,
Cumhgug*adh* a fhuinn na a fhoid
Go brath *ar* muin*n*tir Maodhoig;

Fulang s*ar*aighthe a cille
D'fior tren gan[7] rath firin*n*e,
Isé deiredh bías[8] de,
A gniomh féin da easccaine.

[1] -brethaibh A. [2] Lethain Br. [3] bhreththa H; sia do bhreith A. [4] erlaimh A. [5] Leth Br. [6] thillfios A. [7] go A, H. [8] thiocfus A, H.

Agso on tres gniomh diobh, nach lag,
Fer a ionaid do dermat,
A onóir o nach ffaige,
Breth Maodocc a easccaine.

Tiom*argain* cethra no cruidh,
Goid no meirle nach moth*aig*,
Acht gaodh[1] adhbal a dhaoine,
Ni hadhb*ar* righ d'esccaine.

Agsin na hadb*air* gnátha
Do cros an breithemh bratha
Ar riogr*aidh* catha Aodha fin*n*
Do cluinsin ina aird-chill.

(224) Saoghal fada, rath bun*aidh*,
Fa gach ní da ndubhram*air*,
Tucc mac Séttna, réim go rath,
Do luach a cheall do cumhd*ach*.

Gach mac riogh coimhedf*us* sin,
Biaidh m*ar* gach ri don rioghr*aidh*,
Seachnadh sé fon*n* na coire
Na[2] ceall muna medoighe.[3]

A chlan*n* 's na riogha go rath,
A tháois*igh* tuath[4], 'sa sleachta,
Fa cath Aodha ferr*dha* feil
Mórfaid puirt Máodhocc mín-reidh.

Dénaitt[5] gach maith da chill caoimh,
Da cléircibh d'éis[6] an naoimh, |
Dobhéra Maodhócc da chind f. 207*b*
Iomain*n*, uird, *ocus* aiffrind.

Guidhe ar gach duine im*m*aille
Fu*air*, doréir a chumaoine,
Gach aon ceileabhr*us* 'na fhód,
Doréir breithemhnais Maodhócc.

Agsin bretha m*ei*c Séttna ;
M*airg* Breifn*ech* bes da séna,
Nach diolfa a chíos faseach,
Suil tí lá na neittirbreth.

[1] goid A ; gídh H. [2] ? an. [3] medaighthe A, H. [4] sluagh H.
[5] denam A, H. [6] tareis A, H (*recte*).

Ni hain*m* ele goirter diom
Acht Giolla Mochoda na naomh,
Molaisi is Maodhócc faseach,
Gnath leghann a neittirbreth.

Eitt*irbretha.*

lxxii. (225) Feachtus dia mbaoi Maodocc hi fFérna móir a ndeir*iudh* a aimsire, *gur* fhoillsigh aingeal an Coimdhedh dó crioch a shaoghail, 7 deir*edh* a bhethadh do beith ina fhocc*us* 7 'na fhoiccseradh don dul sin, 7 do raidh ris tocht go hionadh a eiseirge, 7 go háit a adhnacail, 7 a chealla, 7 a an*n*óide úaisle, 7 a thermain*n* togh*aid*e d'fagbáil 'ga nurradhaibh 7 'ga noighredhaibh iomcuibhde dia éis. Doróine Maodhócc amhl*aidh* sin. Faccbais Ferna *con*a feran*n* for cum*us* Cele 7 Aódh*ain*, 7 aga ccinedh 7 aga cclan*nm*a*i*cne, maille re cioscháin Laighen go laithe an bratha do toccbáil 7 do thiomsucch*ad*, da comhroin*n* go comtrom et*er* a cheall*aibh* 7 a com*ar*baibh, amhail do raidhem*ar* romhain*n*.

(226) Tainicc aissein go Drui*m* Lethan, 7 doroine m*ar*an ccédna isin ccill sin. Fáccbais cenn*us* 7 com*ar*b*us* na cille sin ag Urcain m*a*c Oi*lel*la, dárbh ain*m* Fairceallach, gur baist Maodhócc an fer sin .i. Urch*ain*, go ttucc F*air*ceall*ach* d'ain*m* fair; oír asíatt *cét* ócl*aigh* batt*ar* acc Maodhócc .i. Fairceall*ach* 7 Ferg*usa*,[1] da m*a*c Oil*ell*a, m*ei*c Recht*aid*e,[2] m*ei*c Eitin,[3] m*ei*c Felim, m*ei*c Caoil, m*ei*c Aodha, m*ei*c Oi*lel*la, m*ei*c Eirc, m*ei*c Eog*ain*, m*ei*c Neill *Noi*-giallaigh. *Ocus* nochan faghadh Maodhócc, d'ór no d'*air*get, d'ion*n*m*us* no d'erradhaibh, do chíos no do caomh-offrail, enní nach fora lai*m*h dobheiredh go soiche

f. 208[a] a scáoil*edh ar* bhoc*ht*aibh an Coimdhe, 7 *ar* dheibhlénaibh Dé, | 7 ar áos ciuil, 7 oirfitt*idh*, 7 ealadhna, a ndéirc 7 a ndaon*n*acht, *ar* sgath a einigh, 7 a uaisle, 7 a ion*n*rácais.

(227) Doigh isíatt cethr*ar* coimhitteachta batt*ar* maille ris isin Roimh, a ffeccmais an trir ord*eir*c ele do raidhemar .i. Molaisi, 7 Caillin, 7 Ulltan .i. Cele 7 Aodhan Fherna, Faircellach 7 Fergusa[4] o Druim Leathan 7 ó Chuillin na fFer[5], gurab airesin ro fhágaibh siumh a oidhreacht aca i*ar*na eccaibh, 7 acca noighredhaibh ina ndeghaid. Fáccbais t*r*a Maodhócc Fairceallach ina ionad féin i nDrui*m* Leth*an*, 7 tuccastair an baiie *con*a maithes 7 cona mór*con*ach fora cu*m*us, 7 fora cumh*acht*uibh, 7 aga síol, 7 aga shliocht, osin amach go brath. Faccbais fos rath 7 sobh*ar*than fora cinedh 7 fora clan*nmaic*ne, acht go rabhaitt doréir Maodócc. Fáccbais benn*acht* isin mbaile, 7 ceileabhrais dó 'na deagh*aid.*

(228) Téid go Ros Inbhir asa haithle .i. d'ion*nsaigh*e fóid a adhnacail 7 a eiseírge. Beiris lais Ferg*us* m*a*c Oi*lel*la mic Eitin .i. a dhalta díles

[1] *so* H; Fergus A. [2] Reachtadha A. [3] Eithin A. [4] *so* H; Fergus A. [5] nÁluinn *add.* A, H.

degh-thairisi 7 a chele comháoisi 7 comhaittechta. Tucc*ustair* oircin*n*echt 7 aird-cenn*us* an bhaile fora breith, 7 fora bh*arántus*, 7 for cum*us* a fhine 7 a fhior-aicme, go laithe an bratha. Faccbais rath sonais 7 soichill, rath feile 7 fír-einigh, rath neccna 7 nin*n*tleachta, for fher a ionaidh dia éis, 7 foran mbaile do bunadh, *acht* go rabhat fo umhla 7 fo onóir do Maodhócc. Báoi Maodóc im*morro* aims*ir* i rRoss Inbhir amhl*aidh* sin, ag furn*aidh*e a écca 7 a oidhedha, '*ar*na foillsiucchad on aingeal dó, deighenach a bethadh 7 a bhuan-tsaogail do bheith cuicce.

(229) Cuiris te*cht*a go tin*n*esn*ach ar* cenn Dalláin Forgaill go Cill Dalláin dia bheith[1] 'na fiadhnaise aicce fora thoga, 7 fora thiomna, *ar*a mion*n*aibh, 7 *ar*a mó*r*-fethlaibh,[2] 7 for cengal a cíosa 7 a chána for cath Aodha fin*n*, 7 for aicmedhaibh oile *ar*chena; óir ba file, 7 ba faidh, 7 ba fír-naomh, an fer sin .i. Dallán; 7 fós ba fer baide 7 bith-codaigh, cumain*n* 7 c*arattraidh* do Maodhóg é, | da mbeittís gan a ngaol re f. 208b
'roile, oír fa clan*n* deisi derbhrat*ar* Dallán 7 Maodhócc .i. Maodog m*ac* Séttna, m*eic* Eirc, m*eic* Feradh*aig*; 7 Dallán m*ac* Colla, m*eic* Eirc, m*eic* Feradh*aig*. Ticc Dallán *ar*na hadb*ar*aibh si*n* fo toghairm an naoimh nemhd*id*e nert-c*raibhtigh*, 7 an tailgin*n* tocch*aid*e *tró*-cairigh, go Ros Inbhir, go hair*m* a mbói Maodhócc; 7 bói re hath*aid* fada 'na fhochair, go ro fhoillsigh a togha 7 a thiomna, 7 no gur comhroin*n* a chluicc 7 a caomh-bachla, 7 a mhionna maordha móir-fhertacha *ar* eccalsaibh 7 ara aird-cheallaibh; 7 fos no gur foillsigh a chioscain forna cinedhaibh fadhéoigh do Dhallán, amhail dorin*n*e d'Ulltán *Air*de Brecai*n* d'faisnéis 7 d'in*n*isin, no gur chuirest*air* féin glósnaithe filedh fuithe da cuma 7 da cumhd*ach ar* aithne an erlaimh 7 an *ar*d-naoimh, 7 in ógh-espuicc, oír fa faidh, 7 fa fili, an fer si*n* .i. Ulltán.

(230) Iss*edh* andso adb*ar* cíoschána Maodhócc for Ibh Briuin, 7 for Breifneachaiph, *ar* bhaisttedh, 7 *ar* bhennach*ad* Aodha Duibh m*eic* Fergna i nÁth Airm, amhail adubhram*ar* romhain*n*.[3] Gur foillsigh Maodhócc do Dhallán gach *ar* gheall, 7 gach *ar* chengail Aodh fion*n* fora chinedh, 7 fora clan*n*m*aic*ne, amhail do fhoillsigh d' Ulltán roimhe .i. each 7 err*adh* rígh Breifne an la rioghfaider é; screpall *ar* gach n-death*aig*, bó i ngach baile, m*ar*t as gach creich, muc as gach crú, cáora as gach trét; bond baistte gacha bliadhna for gach naon dia aicme; 7 offrail gacha feile Maodhócc; serrach da gach g*r*oigh, tri dabhca *con*a lion*n* go mblas meala foran lion*n* sin do Ros Inbhir gacha bliadna. Tús suidhighte i ttigh nóla ag muin*n*tir Maodhócc, tús fáilte 7 fothracc*aidh*, tús gacha cuirn comhóla; gúala gach righ 7 gach taoisigh acc muin*n*tir Maodocc; eirghe rompa, 7 re gach mion*n* da mion*n*aibh gach uair teccaitt i ccen*n* cháich, | ittigh no amuigh. f. 209a

[1] breth H. [2] -eadalaibh A; -dalaibh H. [3] *supra*, § 41.

(231) An chioscáin c*ét*na so for Oirghiallaibh, 7 Mhancachaibh malle, *ar* thaithbeoucc*ad* Daimin Daimh-arccaitt. 'Iss*edh* an*n*so *tra* mo thiomna for mo mhion*n*aibh', *ar* Maodhóg fri Dallan. 'An chéd thiomna diobh da*no* .i. an Bachall Bhrandaibh', ler thaithbhéoaighe-st*air* Brandabh m*ac* Each*ach*, m*eic* Muir*eth*a*ig*, m*eic* Aong*usa*, aird-ri Laighen, 'fáccbhaim iséi*n* i fF*ér*na Móir Maodhóg, im cathr*aigh* inmhe 7 aird-espuccoid*echt*a, i mescc laochr*aidh*e Laighen.

(232) 'Fáccbaim fos Clocc an deilcc, 7 Clocc na tt*r*ath i nDrui*m* Leth*an*, 7 an mion*n* oird*er*c il-cumh*acht*ach ele .i. mo ministir mais*ech* móir-fhert*ach*, no biodh ar aistter i ngach ionad accam, ina bfuil ní do thaisibh na naomh 7 na nuasal-aithreach .i. taisi Steafain mairtir, 7 Lauri*nt*, 7 Clemi*nt*, 7 ina bfuil mudhorn M*ar*tan, 7 cuid d'folt Maire, maille le morán do thaisibh na naomh 7 na naomh-ogh *ar*chena, '*ar*na comhroin*n* 7 '*ar*na comhbrecadh et*er* an Bric 7 an menistir; óir as aire adber*ar* an Bhrec fría, ó comhmbrecadh taisedh[1] na[2] nao*mh* 7 na naomh-ogh a náoinfea*cht*, '*ar*na co*m*hol 7 'arna daingniucc*adh* in*n*te, '*ar*na ttionól 7 '*ar*na ttiomsucch*ad* a hu*cht* Molaisi míorbhuil*igh* *ar* bein*n* bhruit Mhaodhócc,[3] amhail adeir betha Molaisi.

(233) 'Faccbaim da*no* na tri mion*na* ána oirdherca ele .i. an Brec, 7 an Bhachall bhán, 7 an Mac rath i rRos Inbir[4] .i. hi rRos Inbhir na nAingeal, áit a mbia mo thaisi, 7 mo thiomna, 7 mo thiru*air*si go laithe an brátha, 7 aingil 'ga niomcoimhett go huasal-onórach. Isé fath fan ordaighim m'adhnacal 'san ionad so .i. i rRos Inbhir, 7 mo mion*na* onóracha im fharr*adh* an*n*, *ar* mét a foithredh 7 a fhásaighed[5] gacha taobh ina timceall, 7 m*ar*sin beitt go brath ionn*us* go mbia mo chorp, 7 mo chaomh-thaisi, 7 mo mhion*na* míorbuil*ech*a maille friom, f. 209b ag | aithbear an uilc 7 an eccóra *ar* lu*cht* m'inghrema 7 m' esonóra, ag anacal 7 acc imdeghail do lucht m'umhla 7 m'orrama, mo troisccte 7 mo treidhenais, 7 da gach áon thoghas im ecclais. Díth 7 diogh-báil, laghducch*ad* righe 7 ro-fhlaithesa, saoghal aithgerr, 7 iffr*ion*n fadhéoigh ag slio*cht* Aodha fin*n* da ttréigett mo mhainchesa 7 mo mhor-thogha, 7 da sechnait a nadhlac*adh* im ecclais.'

(234) 'A Dhalláin da*no*', *ar* Maodóg, 'ataoi ag imtheacht anosa; beir lat soir go sunradhach go Breifneachaibh mo bhenn*acht*, oir as íad dorin*ne* 7 dodena caomhna 7 comhfurtacht dom chill 7 do*m* co*m*h-arbaibh, 7 nár ér mh'occlach na mh'oircin*n*each im brat no im biadh no im buan-tiodhlaicthibh, 7 n*ar* ia*rr* m'umhla nó mh'urraim im aon adhb*ar*, 7 dodhenait amhl*aidh* sin go brath .i. sliocht Mhaolmhor*dha* m*eic* Carnachai*n*, m*eic* Duibh Dothra .i. riogr*adh* ro-bheodha Ragallach

[1] 7 tiaruoirsi *add.* A, H. [2] nuile *add.* A, H. [3] ionnus gurab e Molaisi féin tug an tainm si fuirre .i. an Bhreac M*aodocc* *add.* A (not H). [4] an mac rath sin .i. mo chlog [oirdheirc H] do chur os cenn m' fert 7 m' adhnacail isin ionadh so *add.* A, H. [5] ar loighed cradhbaidh 7 coguis na ccinedh 7 na ccomhaicne filid ar gach taobh 7c. *add.* A; and so nearly H. (This is borrowed from the poem, § 243.)

7 goma fíor-buid*ech* Criost cumachtach da síol 7 da slechtaibh. Mo bhenn*acht* fós go síol Dúnch*ad*a go duthr*acht*ach, óir doronsat mo réir go ro-thairisi i ngach inam,[1] 7 dodhénait go siorrd*aidh*e óso amach.

(235) 'Beir fós mo bhennacht go Teall*ach* uaibhr*ech* Eachach, óir dorónsat mo ríar go ro-mhinic; 7 as fúthaibh ata fod mo gheinemhna 7 mo ghnáth-choimperta .i. Inis buadhach Brecm*aigh*e for Magh Slecht go sonradhach. Mo bhenn*acht* gomá secht[2] aris[3] go Breifneachaibh, a Dhall*áin*', *ar* sé, 'et*er* íseal 7 úasal, et*er* rígh 7 ro-dhuine, et*er* uath*ad* 7 soch*aid*e, óir nir tuillset m'esccai*n*e ná mh' oirbire riam 'tar'[4] gach áon aicme ele, 7 gion go ffaicfit mo chorp coidhce fes*ta*, docífitt m'fiorta 7 mo miorbuile 'ga niomcoimhett óso amach.'

(236) Bói da*no* Dallan go cu*m*htach, ciam*air*, comhthuirs*ech*, ag ceileabhr*adh* do Maodhocc isin maighin sin. *Acht* cena fa dedhail mná rea mac, nó oighe rea láogh, no con fri cuaine, no lachan re lin*n*, an ett*ar*scc*aradh* re 'roile an *tr*ath si*n*. Atbert Maodhócc: 'Ni fhuil *acht* áon bliadhain amhain dom shaoghal óso súas', *ar* sé, 'bí si a ccion*n* na blíadhna sin maráon risna trí cáocca naomh ele bhias im
fhoch*air* i naimsir | m' eitseachta, do cathucch*ad* fri demhnaibh 7 f. 210a
dubhailcibh, 7 do lath*air* m'adhnaicthi isin ionad so.'

(237) *Ocus* as cuma do bhái aga radha, 7 dorin*n*e an duan so, do dherbadh a thoccha 7 a thiomna, do cui*m*hneach*ad* a chíoscána do Dhallán fadeoidh, amhail ro cuimnigh da gach aon ele *con*uicce sin, go ndubhairt:

Bind an tiomna lúaiter lind,
Dom trí ceallaibh, nach ceilim,
Ferna Mór, mo cheall gan cleth,
Druim Lethan, is Ros Inbhir.

I Ros Inbhir hi ffuil sind,
I cCuillin na fFer nÁlaind,
Áit a mbía mo chorp gan ceal,[5]
Isin port sa fa deiredh.

Me Maodhócc dani an tiomna,
Dár dheon*aigh* Dia gan diom*dha*,
Do chath Aodha fin*n* gan tlus,[6]
A mbreith lim go breithemhnas.

Cath Aodha find thiar is toir,
Nemh uaimsi da nanman*n*aibh,
Gach a nadhnaicther dibhsin
I nDrui*m* Lethan is Ros Inbir.

[1] th. a riam A; th. gach áon am H. [2] andara feacht A; go Magh Sleacht H. [3] agus *add.* H. [4] sech A, H. [5] ceil H. [6] dlus H.

A taoisigh, a sleachta, a slua[i]g,
Is a meic riogh go ro-buaidh,
A ttéid díbh fóm úir go beacht,
Bérat lem *ar* nemh naemh-cert.[1]

(238) Do Manch'ach'aibh don taoibh toir,
Doréir chengail mo chattaig,
Da nadhnaicther im chill cain,
Nemh gan elang da[2] nanmain.

Do Laighnibh go léir anos
Deonaighim nemh go follas,
Da nadhnaicther diobh uile
Hi fFérna fam fior[3]-ghuidhe.

Con*n*achtaigh, Laighnigh go léir,
Íocait sin a ccert[4] rem cléir,
Nemh uaimsi go brath gan goid
Da gach énnech m*ar* éraic.

O Eirne go Sionain*n* suairc
Fairche mo chiosa fa ccu*airt*,
O righ Cruachna as dom cert
A each 'sa earr*adh* a náoinfecht.

Ofrail go beacht derbhth*ar* lim
Ó gach éinneich dom aird-mion*n*
Gacha bliadhna, ní saobh soin,
'S a hi*arraidh* ar gach urraidh.

Fath mo chana is mo chíosa
Ar sliocht Aodha fin*n* fiochda,
Ar bhaistedh Aoda i nAth Airm,
Dar len Aodh fin*n* an forain*m*.

Íocfaitt[5] a sleachta 'sa slu*aigh*
Mo chios gach bl*iadh*na go mbuaidh, |
f. 210[b] Is beratt sa *ar* nemh anond
Gach neach dodhena a comhall.

(239) Eol*us* mo chíosa go ccéill
Dobher sa go cert dom cléir,
A tabach doibh ara thír
D' fiachuibh aca ar gach *air*d-righ,

[1] a naomhtheacht H. [2] éra aga H. [3] mór- A, H. [4] mo chios A, H.
[5] iocaid A, H.

Do chom*ar*baibh mo cheall caomh,
M*ar* onóir tar gach en naomh,
Seach gach nduine d'feraibh Fail,
Da rabhait uile i nen dail.

Tosach suidhighthe go sír[1],
Is gúala gacha deigh-righ,
Tosach tairce[2] is comhóil cain,
Tosach fáilte is fot*r*acc*aidh*.

Bó *ar* gach baile derbhaim duibh,
Is screpall *ar* gach ndeat*aigh*,
Dom chíos ar chath Aodha fin*n*
Fáre[3] humhla is re hoirrim[4].

Each is earradh, derbhtha a ndíol,
La dénma gacha deigh-righ;
Tuill*edh* ele as dliccedh duibh,
M*ar*t, muc, is molt ga*n* meab*ail*.

(240) T*r*i dabhca, m*ar* derbht*ar* lim,
Is roin*n* ciosa go coitchind
Ar rioghr*aidh* catha Aodha finn
Don[5] Ros Inbhir si a bfuilim[6].

Bon*n* baiste gacha bliadhna
Ar gach náon do réir riaghla,
Is off*r*ail gach fir ele
Im féil Maodocc d'áiridhe.

Muc as gach crú, glór gan goid[7],
Caora as gach tréd togh*áidh*i,
Searr*ach* da gach groigh gan tlus[8],
O Laogh*an* go Cenann*us*.

Re faicsin mo mion*n* go mbaidh
Do shlio*cht* Aodha fin*n* fír-náir,
Ar son mo guidhe gan gheis,
Eirgitt uile 'na nairrceis.

Íocait mo chíos gach samhna
Slio*cht* Aodha fin*n* m*ei*c Fergna,
Dobhér doibh, as b*er*t go mbrigh,
Nemh is nert da gach deigh-righ.

[1] fior A. [2] tairrc H. [3] farre ré H. [4] hurraim A, H. [5] do A.
[6] adeirim A, H. [7] glan gan gháoi A, H. [8] tlás H.

(241) Ata an cios cedna go cert
Ar Oirgíallaibh a neinfheacht,
Cul*aidh* righ Oirghiall go hán,
Each[1] is err*adh* go hiomlán.

Mo chíos cataidh is mo cháin
Ar Manchachaibh, feirde an dáil,
Diombuaidh, muna íocait soi*n*,
Go brath *ar* a seacht tuathaibh.

Mo sheacht mion*na*, as bhrigh go mbuaidh,
Dobher a nanmanna uai*m*:
An Bhrec, is a[n] Bhachall bán,
'S a[n] Bhachall Brandaibh bith-lán. |

f. 211[a] An cethramhad mion*n* dibhsin,
An mblaith-min*es*tir mbuadh*ach*,
Ina bfuil an taisccidh sáor,
Roin*n* do thaisibh na nard-naomh.

An cuiccedh diobh, an Mac rath,
Bhios im laimh amuigh is amach,
Clocc na ttrath, as Clocc an deilcc,
Bhíos fom brot ar gach en leirg.

(242) Roin*n* na mion*n* sin uaim gan fhaill
Doden a Dallán Forghaill,
Do ordaigh Caillin go cceill,
Is Colaim Cille cneis-reidh.

Fáccbaim mo Brec go méd[2] ngluin*n*[3]
Hi cCuillin na fFer nÁluin*n*,
'S mo ministir, mar maoidhim,
I nDrui*m* Lethan lán-aoibhin*n*.

Fagbhaim an mBachaill mBranduibh
Hi fFéirna féil almsan*aigh*,
D' fagail mo chiosa gan ceal
Go brath o laochr*aidh* Laighen.

Cuid maith dom mion*n*aibh ele
Fáccbhaim íad rea nesccai*ne*[4];
Clocc na ttrath, is Clocc an deilcc,
Bhios fri easccai*ne* d'éin ceird;
An da clocc so labhras sinn
I nDrui*m* Lethan, im *ar*d-chill.

[1] a each A. [2] go mblaidh A. [3] *om.* A, H. [4] fri esc. A, H.

Fáccbhaim fós an mBachaill mbáin,
Ata accam im urlaimh,
Isin chill si hi ffuil mo clí,
I Ros Inbhir aingl*idh*i.

Fáccbaim an Mac ratha tra,
Bhíos im laimh si gach nen lá,
Os cenn mf*er*ta 'san cill caidh,
I rRos Inbhir m*ar* onóir.

(243) As uime fhaccbhaim an Bhrec
'S mo corp hi bPort na bFinn-lec,
Ar laghatt coccúis gach áoin
Dá ffuil uime i ngach en taoibh.

Gibe diobh do throisccf*edh* rim[1]
I rRos Inbhir na naiffrion*n*,
Dobhér sa da chionn gan caill
Nert, is umhlacht, is oirrim[2].

Rath tor*aidh*, is coimhétt cruidh,
Saoghal fada, is rath bunaidh,
Ar schlio*cht* oird*er*c Aodha fin*n*,
Da ttroisccit isin[3] *air*d-chill.

Bíd cath Aodha fin*n* uile
'S a tionol fam trom-guidhe,
Dober sa naoimh-nemh da chion*n*
Da gach aoinnech gan foircion*n*.

Gibe nach toghfa an*n* mo cill[4]
Do chath Aodha ferr*dha* find,
Bidh bith-gerr ina shealbh*us*[5],
Bidh if*rion*n gan amharas. |

(244) Beir[6] mo benn*acht*ain si lat[7] soir, f. 211[b]
A Dhállain, go Breifneachaibh,
As riu thaobhaim mo cill cai*n*,
Et*er* daoinibh *is* cethraiph.

Nír érsat mo manach riamh
Rem beth*aid* im brat no im biadh,
Nocha clos le duine ndil
Mh' orraim[8] ag flaith da flathaibh.

[1] linn A ; liom H. [2] urraim A, H. [3] im Br. [4] gibe nech [a *add.* H] shuidhfios im chill A, H. [5] -gerr a sealbh abhus A ; a rée abhus H. [6] si *add.* A, H ; omitting 'si' after 'bennachtain'. [7] uaim A, H. [8] m'urraim A ; mh'aruim H.

M*ar*sin dodénait go bráth
Muint*er* Maolmordha sech cach,
Gurab gnáth[1]-buid*ech* Criost cai*n*
Da síol *ocus* da sleachtaibh.

Mo bhenn*acht ar* slio*cht* Dunch*aid*,
Aran mbuidhin[2] su*air*c sulch*air*,
A ccaidreabh do fháccaib sind,
Aille an aittreabh *gus*a tteighim.

Benn*acht* for Theall*ach* nEachach,
An cuire crodha, creachach,
Ata aca d' fód sealbha
Fod gnatach mo gheinemhna.

Mo bhenn*acht* goma sheacht seacht,
A Dhalláin, iomchair iatt lat
Soir go Briefneachuibh uile,
Et*er* righ is ro-dhuine.

Nír tuillset m'esccaine riamh,
Acht mo cealla do choimhri*ar*,
Gion go ffaicfit mo corp cain,
Beid m'ferta im diaigh 'na mbeth*aid*.

(245) Gach nech mórfas Drui*m* Lethan,
Tiomna as cóir do cuimhneacadh,
Mórfatt sa a ainim *ar* nimh
D' onóir *ocus* d' airmhittin.

Na tabhratt cor ele uaim,
Toghait accam gach en ú*air*,
Eitt*er* fhiora, is maca, is mna,
Deighenach na tiomna sa.

Gach aon do chath Aodha find
Treiccfes me, a Dhalláin Forgaill,
Treiccfet sa a ccaomhna gan clodh
La coinne na ttrí tionól.

Deichneabhar tri cháocca naomh
Bí si, a Dhalláin, leo rém thaobh,
Oníu amach ní fhuil lá
Acht bliadain dom shaoghal sa.

Bun na tiomna sa adeir me:
Berat *ar* nemh go naoimhe[3]
Lucht mo togha, gidh lór lind,
M*ara* mbia fogh*ar* fír-bhind.

[1] glan- A, H. [2] ccuire A, H. [3] nimhe A; nimh H.

Aodh *mac* Séttna, meisi adeir,
An duan-tiomna sa is deimhin,
I rRos Inbhir hi ffuil sind,
I niomd*aidh* bhuiligh blaith-bind.

Bind.

lxxiii. (246) Ceileabhrais Dallán do Maodhócc isin maighin sin, ⁊ teid reime | go Cill Dalláin, dia áit[1] budhdéin ; ⁊ bói an*n* nó *gur* f. 212[a] comhfoiccsigh cend na bl*iadh*na dó[2] adub*air*t Maodhócc fris. *Ocus* bói acc furn*aidh*e le fios fírinn*ech* do b*r*eith on fíor-náomh[3] *air*. Cuiris Maodhócc fios deithnesach go Dallán, ⁊ d'ion*n*saighe na naomh ⁊ na nuasal-aithr*ech* ele, do neoch nach raibhe do lath*air* díbh ; go mbeittis i náon ionadh re hacch*aid* báis an fhior-naoi*m*h ⁊ an fíreoin. Tionoilit t*r*a ⁊ tiomsaig*it* as gach aird arabhat*ar*, go rangatt*ar* Ros Inbhir, m*ar*a raibhe Maodhócc. *'Ar* ttorr*acht*ain doibh go háoin ionad, bói Maodhócc acca ullmhucc*adh* féin fo coin*ne* an bhais.

(247) Ro fháccaibh im*morro* a ffiadhn*us*e a sruithedh ⁊ a samhadh rath, ⁊ son*us*, ⁊ sobh*ar*than, i ngach cill ⁊ i ngach tuaith dodhénadh cumhdach ⁊ comhfurt*acht* día cheallaibh ⁊ dia chomh*ar*baibh, dia dhaoinibh ⁊ dia deibhlenaibh. *Ocus* fós i ngach áit a leghth*ar*, no a lain-sg*r*iobhth*ar* a bhetha ⁊ a bhúain-sccéla go brath, ⁊ gach rí ⁊ gach taois*ech* dia leghth*ar* a bhetha do bunadh *iar*na rioghadh, ni haithrioghthar go brath eisséin dá éis.

(248) I*ar* ccumhdach[4] im*morro*, ⁊ *iar* ccomhonórucc*adh* ceall ⁊ caoimh-ecclas nio*mdha* niol*ar*dha, ⁊ *iar* nden*amh* miorbuil*edh* mór-adhbal do Mhaodhócc .i. *iar* ttódúscc*adh* m*ar*bh, *iar* leicches dall, ⁊ loscc, ⁊ lán-bhacach, *iar* ccobh*air* clamh, ⁊ enert, ⁊ anbfand, ⁊ aósa eccrúaidh, *iar* nion*nar*badh iodhal, ⁊ *ar*racht, ⁊ ainchreidmheach an Coimd*edh*, *iar* ttóccbháil fedb ⁊ iriseach Iosa a[5] ngach ionad, *iar* ccoscc úna ⁊ ard-ghorta i ngach an*n*óitt ⁊ i ngach aittreibh dí*ar* fhoghain, *iar* leiges áosa gacha treablaitte, ⁊ gacha trom-esláinte da ttainicc chuicce forsan T*r*inoid ; tainicc an laithe deighen*ach* dia áois ⁊ día aimsir 'na fhocc*us*, m*ar* do fhoillsigh aingeal a fhurtachta ⁊ a imcoimhéda dó. Tangatt*ar* deichneabh*ar* ⁊ tri *caocait* naomh ⁊ nao*m*h-ogh go lath*air* a écca ⁊ a eitseachta, go ffu*air* cumain ⁊ sácarfaic o'roile dibhséin ⁊ uatha *ar*áon asa haithle, *gur* fáoidh a spioratt dochum nimhe et*er* na naomhaibh ⁊ na nao*m*h-ainglibh *iar* mbreith buadha ó dhemhan ⁊ ó dhomhan isin laithe deighenach do mí Iánáir d' airidhe. |

(249) Tangatt*ar* t*r*a sl*úaigh* adhbal-mhóra aingeal 'na airrcis, ⁊ *ar* f. 212[c] cenn a anma go ccéol*aibh* coi*m*hmbin*n*e, ⁊ co norgánaibh aobh*dha* examhla, ⁊ go núallaibh múisecdha mór-thaidiúiri. Ro hadhnaicedh

[1] reime dia domhnus dilios H. [2] *om.* A, H. [3] go cinnte *add.* A, H.
[4] = M § 59 (V § 57[b]) ; S § 55. [5] MS. a*n*.

Maodhócc go honór*ach* isin maigin sin leisna hainglibh, ⁊ leisna h*ard*-naomhaibh *ar* lorcc a thiomna ⁊ a thogha féin, hi bPort na bFinn-lec, re ráiter Ros Inbhir, go naomhaiph, ⁊ go naomh-oghaibh 'na uirthimceall and maille [le] hiomat[1] dí*air*mhe[2] d'ainglibh nua-ghlana nimhe, d'fiadhnaisi ⁊ d'iomcoimhet fora écc, ⁊ fora adhnacal, go ffuil et*er* airbhribh ogh ⁊ aingeal ⁊ *ár*chaingeal i naont*aidh* apstol, ⁊ *ard*-naomh, ⁊ deiscip*ul* an Duileam*an*, i náont*aidh* treisi ⁊ taith-neimhche na Trínóide, i mbeth*aid* gan bás, i náois gan urc*ra*, i ttigern*us* gan traoth*ad*, i ninme[3] gan foircend, i comhflaithes gan cin*n*ed, i ffrecn*arcus* tocc*aidh*e na Trínóide, Ath*air*, M*ac* ⁊ Spiorat Nao*mh*, tre bithe na beth*ad*, tre shaoghal na saoghal. *Con*idh bladh do bheth*aid* Mhaodhocc *con*uicce sin an fedh ro bói ina beth*aid*.[4]

(250) As iomdha t*ra* miorbuile dorin*n*e Día *ar* Maodhócc ina bheth*aid*, nach *air*imhther andso, do mhian[5] an eimheltais do seachna ⁊ d'iomgabháil. Dorinne[d] ⁊ dogníther miorbuiledha mora i ttalmai*n* fora thaisibh osin alle, ⁊ dogént*ar* go laithe an bratha, amhail as foll*us* asan sccel so siosana.[6]

lxxiv. (251) Do bái[7] nech[8] isin Roimh *ar*a raibhe p*air*ilis; ⁊ do ba duine laidir lán-cum*acht*ach é. Bói acc iarr*aidh* a leighis ⁊ a lan-fhurt*acht*a a móran d'ionaduibh, ⁊ ni fuair idir. Adubhratt*ar* daoine iom*dha* ris, go raibhe fe*ar* naomhtha nós-oirdheirc ind Eirinn, d*ar*b ain*m* Maodocc, ⁊ gomadh deimhin sláinte d'faghail dósamh, dia tticcedh dia ion*n*saigh*ed*, ⁊ go rabhatt*ar* tiodhlaicthe on Trinoid go hiom*ar*cach aicce.

(252) Tainic thra an fer sin go hÉirin*n*, ⁊ do bí sin ai*msir* a bfu*air*
f. 213a Maodhog bás. | Gidh edh do bi do doigh as naomhtacht Mháodocc aiccesium, g*ur* doigh leis a easláinte do chur ar ccúl tre corp an tailgin*n* do thadhall, ⁊ do tren-glac*adh*. Dorónadh eol*us* go Ros Inbhir, m*ara* raibe corp ⁊ caomh-taisi an érlaimh ⁊ an fhireóin. Docuaidh m*ar*a raibhe an corp don chur sin, ⁊ do i*ar*r cett fora lucht coimhetta, dol dia fhoirnedh, ⁊ dia fhíor-glacadh a nonóir an Choimdhe chum*acht*aigh. Fu*air* siumh an ced sin; glacais an corp accedóir, ⁊ fu*air* aiseacc a shlainte gan uiresb*aidh* asa haithle a ffiadhnaisi cáich a ccoitchin*n*e, go ndeach*aid* slán dia c*r*ích ⁊ dia chaoimh-fheran*n* maille re luathg*aire* ⁊ le lán-ghairdech*us*. Gur móradh ain*m* Dé ⁊ Maodhócc detsin.

lxxv. (253) Do bai[9] nech eslan ele fri re *deich* mbl*iadhan* fichet i ccoiccrich Laighen, dár bó comhain*m* Fínán Lob*ar*. Doc*on*nairc

[1] drechtaibh A, H. [2] ⁊ l' [re H] uimhir adhbhal-mhor A, H *add.* [3] inbhe A. [4] saoghalta *add.* A, H. [5] na hathchuimere d'ionnsaighidh ⁊ *add.* A, H. [6] re sgaoiledh A, H. [7] §§ 251, 252, 259, 260 = M § 56 (V § 55); S § 52; Ir.[1] § 37. [8] naomhtha *add.* A, H. [9] §§ 253-255, 261, 262 = M § 57 (V § 56); S § 53; Ir.[1] § 38.

se in aisling oidhce féile Máodocc fea*cht* ele .i. m*ar* docíťedh sé c*arpat* 'ar ttea*cht* go hecclais Férna, 7 días isin c*ar*patt .i. fer for*us*ta, fíor-naomhta, *co* ndealr*adh* degh-mais*ech* na diad*acht*a i ndreich 7 i neccoscc in chleirigh ; 7 do bái ogh álain*n* éxamail ina fochair ; 7 íatt fein acc onórucc*adh ar*oile, m*ar* dodhénadh serbont*aidh*e a thiccerna.

(254) Fiarf*aigh*is Fínán sccela dibh. Do fhrecc*air* an cleir*ech* he, 7 iss*edh* adub*air*t : 'An ógh bith-álain*n* benn*aigh*the úd', ar sé, 'Brighitt ban-ogh issidhe .i. ban-naomh na nÉiren*n*ach, 7 Maodhócc Ferna Moire meisi', *ar* se, 'mogh 7 serbhónt*aidh* díles an Duilemhan. *Ocus* am*á*rach atá m'féil, 7 a noirrcher [1] feil na ban-óighe úd ; 7 as aire tangam*air* ne do bhennucc*adh* gach áoin onóraighfes na laithe 7 na féilte a bfu*ar*am*ar* bás corp*ar*r*dha*, d'almsanaiph 7 d'offralaibh. *Ocus* bí si go hullamh i noircill écca', *ar* Maodhócc, 'óir rach*air* tú an tres lá oníu dochum nimhe.'

(255) Do éirigh Fínán go forbailt*ech ar*namar*ach*, 7 do gabh*adh* a ch*ar*patt dó, 7 dochúaidh roimhe go Magh Liffe go hecclais mB*r*ighde .i. go Cill D*ara* ; 7 do in*n*is a aisling do cách a ccoitcin*ne* .i. mar | adu- f. 213ᵇ
b*air*t Maodocc o t*ús* go deir*edh*. Fu*air* Fínán féin im*morro* bás *ar*an tres laithe go lán-conáigh, '*ar* ffaghail furt*acht*a ona easlainte chorp-*ar*r*dha*, 7 '*ar* mbreith buadha *ar* domhan 7 *ar* deman, *co* *n*dech*aid* docum nimhe.

lxxvi. (256) Aims*ir* [2] ele a ndiaigh báis Maodhóg do bí Moling Luacra 'na easp*occ* urdhálta ind ecclais Maodhócc hi fFerna móir. Docuaid sei*n* oidche air*idh*e do codl*adh* i lleabaidh Maodhocc .i. leaba i ngnathaigh*ed* siumh troiscсthe, 7 slechtana síor-gnathacha, 7 crab*adh* diochra, duthrachtach, do denamh. *Acht* chena nír lamh en nduine ríamh roimhe dul in*n*te, o fúa*ir* Maodócc bás *con*uicce sin. Adu*bair*t cleir*ech* da raibhe is tigh [3] : 'A Moling', *ar* sé, '*con*uicce so ni dheach*aid* ennech isin leabaidh sin d' éis báis *ar* bpátruine, *ar* m*ét* a grás 7 a ghnath-naomhtachta, óir as an*n*sin doniodh cumhsanadh d'eis a shaoth*air* 7 a shior-urn*aighth*e do Día.' Do raidh Moling : 'Gibe "na' easpucc ina ionad, fhéd*adh* sein doréir cora 7 c*eir*t codl*adh* ina leab*aidh*.'

(257) '*Ar*na radha sin do Moling gabais galar anbháil [4] é asa haithle '*ar* luighe 'san leab*aidh* dó. M*ar* dochon*nair*c siumh sin doch*uir* urn*aighth*e diochra go Dia d'faghail furtachta 7 fhoirithne uadha. Gidh edh nir treicc a theindios ná a troim-easlainte leissi*n* hé. *Ocus* do chom*ar*thaigh ó comhartha na croiche naoimh é féin, 7 do ghoir ain*m* Maodhócc go minic d'i*arr*ai*dh* a fhurtachta, go ndeach*aid* a gal*ar* as 7 a easlainte uadha asa haithle.

(258) Do eir*igh* Moling go luathghairech maille le g*áir*dech*us* mór [5]

[1] = oirrther. [2] §§ 256–258, 263 = M § 58 (V § 57) ; S § 54 ; Ir.[1] § 39.
[3] cl. don choimhthionol H. [4] anfforlannach A, H. [5] domheasda H.

as leab*aidh* Maodhócc, 7 adub*airt*: 'As fír', *ar* sé, 'nach diongmála do dhuine ar domhan isin aimsir si, d'iomatt a mhaithesa nó a mhór-naomhthachta, codl*adh* no cumhsanadh i lleab*aidh* Maodhóg mór-*cr*aibht*igh*.' As foll*us* assi*n* im*morro* a med do grasaibh 7 d'onoir fuair Maodhócc *ar* nemh, an tan ata an urdail sin d'onoir 7 d'airmidin ag Día *ar*a thaisibh *ar* talmai*n*, 7 fós *ar*an leab*aid* ina ngnathaigh*ed*
f. 214[a] cumhsanadh 7 comhairisiumh do denamh d'aithle a urn*aighth*e | 7 a fhior-cráb*aidh*.

(259) *Con*adh do derbadh gach neith dia ndub*r*am*ar* doron*adh* na roinn si:

Maraitt ferta Maodhóicc móir,
Fúair ó Dhia Athar d'onóir;
Nach lia a fherta rea lind féin,
Ina aniu d'éis an fíréin.

Gion go ffuil a colan*n* caomh
Ocus a anam d'en taobh,
Atad go mór *ar* m*ar*thain
Ferta Maodhócc malach-duibh.

Ata sccel na sgél chosmail
Accam *ar*an erlamh soin,
Fan onóir fuair t*ar* gach nech
D'éis a bháis o Dhía duileach.

Tarla nech roimhe 'sa Roimh
I ngal*ar* anba anbhóil,
Ní fu*air* sin liaigh a leighis,
Is é i bpéin o pairilís.

Gach aird 'san ccruinde gan cleith
Do siredh leis da gach l*et*h,
Ni fhuair *acht*, gid dál deimhin,
I nen aird a fhoiridhin.

Aon do laithibh do raidh ris
Neach eolach rea[1] teacht th*air*is:
'Dobhér duit, as fáth fáilte,
'Teccu*s*cc d'furttacht th'eslainte;

'Ata érlamh don thaobh thíar
'I ttír na bfuinedach ffir-fíal,
'Fóirfes th' ainimh gan fuireach,
'Dan hain*m* Maodhócc míorbuil*each*.'

[1] iar A; ar H.

(260) Go hEr*inn* ttonn-gloin ttairthigh[1]
Ticc an tocclach anaithn*idh*
On Róimh irraibhe a fine,
D'fios an fhireóin aingl*idhi*.

An trath sin '*ar* tteacht oa thoigh
Do bháoi Maodhóg gan m*ar*thain;
Tascc an erlaimh, fa táscc tind,
Doclos i ngach *air*d d'Éiri*nn*.

'*Ar* ccloistin báis Maodhóicc móir
Donté sin tainic on Roimh,
Ticc go Ros Inbhir gan ail,
Go roimh adhlaicte an erlaimh.

Re lu*cht* coimheda an cuirp caoimh
Doní a easlainte d'eccaóin;
Ced glactha an cuirp gan ces
I*ar*rais mar liaigh d'a leighes.

Ced an chuirp saor-clanda shéimh,
Do derbadh fherta an fhirei*n*,
Fu*air* an teslan gan dol de
O coimhthionól na cille.

Lamh ó docuir ara corp,
Do bi uile '*ar*na furtocht,
Gan tin*n*es coisi no cind,[2]
M*ar* do glac taisi an tailgin*n*. |

Da tigh féin, ni ceilte *ar* cách, f. 214[b]
Acc dol *ar*ais on occlach,
O Mhaodhócc diadha dércach
Do bí sleamhain slan-crechtach.

(261) T*ar*la nech easlán ele
I lLaighnibh úair d'áiridhe
'Ar nécc Maodhócc caoimh gan col,
Fínan lan-oird*er*c lobh*ar*.

Oidhce feile[3] Maodhócc do thuit
Codl*adh ar* Fhínán *or*d*er*c,
Dochí cuicce Maodócc mór
Le céle is Brighitt ban-óg.

Do in*n*is Maodhócc gan meth
Sgela d'Fíonán gan fhuir*ech*:
'Sin*n*[4] *ar*áon, as derbtha deit,
'Maodhócc féin *ocus* Brighit;

[1] taidhbhsigh A. [2] cuimh H. [3] feil A, H. [4] Sinn . . . buddéin, *om*. H.

'Gach nech onóraighes m'féil,
'Ocus féil Brigde b*ud*déin,
'Onóir[1] thall i ttigh nimhe
'Atá aicce d'airidhe.

(262) 'Áit a léght*ar*, as ceim cert,
'No a sgriobhthar mo bhetha bheacht,
'Rath[2] faseach *ocus* sonas
'Biaidh 'san áit gan amh*arus*.

'Gach rí is gach taois*ech* tren
''Arna rioghadh gan ro-lén,
'Dá legh*tar* mo betha bil,
'A aithriogadh ni héidir.'

Do ráidh an térlamh áointeach
Le Fíonán go forb-fáoiltech,
Go bfuighedh bás 'na bás glan
Aran tres lá go loghm*ar*.

Teid go Cill D*ara* 'na drubh
Ar maidin *ar*namharach
Fíonán go cléir na cille,
D'innisin a aislingi.

Fíonán lobhar m*ar* gréin gloin
Doch*uaid* o bhás go beth*aid*
*Ar*an tres laithe gan lén,
M*ar* do ráidh Maodhócc mór-trén.

(263) Moling, gérbh escop naomhtha
A nionad Maodocc máor*dha*,
Se 'na leabaidh '*ar*[3] luighe
Nir fét súan no sadhaile.

I niomd*aidh* a fhir páirte
Lion*tar* Moling d'esláinte,
No gur guidh Maodhog ga*n* acht,
O Dhia ni fhu*air* furtacht.

Do Moling 'arna guidhe
Doní Maodhócc míorbuile,
Gan cneid, gan galar, gan goimh,
Do bí '*ar* neirghe asa iomdhaigh.

Maodhócc fa derscn*aighthe* dreach,
Ata a aithne ag gach énneach |
f. 215ª Gradh do bheith acc Iosa *air*
Re a bhás *ocus* re a beth*aid*.

[1] a onóir A [2] rath . . . amharus *om.* A. [3] 'na H.

Ge ata a chorp i ccriaidh fa chruth,[1]
Ocus aingil 'ga folach[2],
Ni duine antí[3] nach tuicc
Ferta Maodhócc go m*ar*ait.

M*ar*aitt.

(264) Tuill*edh* ele do thestaibh 7 do thu*arus*ccbhalaibh Maodhócc d'aithle a bhais ó Giolla Mochoda ó Caisitte :[4]

Uasal an mac, mac Settna,
Terc nech do dligh a éra,
Noch*ar* ér féin duine dil,
'S nír shir ní *ar* nech *ar* talmain.

Ger fíal Colaim Cille an flaith,
Gion gur ér riamh olc no maith,
Adeirim go bea*cht* gan moid,
Feile goma sheacht Maodhócc[5].

Nochan faca Maodhocc riamh
Duine gan brat na gan biadh,
As dáil cosmail De, fora corp
Nech nach*ar*[6] mían leis d'furtocht.

Bret[h]a[7] cláona 'na cill fein
Nocha rucc mac Séttna seimh
Leisan nech b*udh* c*ar*a dó
Taran bfer búdh easccaró.

Noch*ar* mhol a crabadh féin,
Nir chaisc*ed*[8] cai*nn*teach a dheirc;
Droch-cráb*adh* da nderna nech,
Nocha clos é 'gá éccnach.

Esp*ar*ta gach trath nóna,
Aifrion*n*, léxa, is canóna;
Salma senais[9], riaghail ócc,
Dob iadsin míana Máodhóg

Gan longadh comhluath re cách
Go héis a saltrach 'sa tráth,
M*ar* do shásadh a corp cai*n*,
Ni líonadh é 'mun am soi*n*.

[1] gan carm A; gan char H. [2] uma anmhuin A; anomain H. [3] an duine A, H (*recte*). [4] ut dixit *add*. A. [5] ionann r(e)acht do is do M., A, H. [6] nech nar Br. [7] This stanza is not in A, H. [8] caisc Br.; chaisg- (with mark of abbreviation) A; chás gan H. [9] sena A, H.

(265) Tuill*edh* ele sloinnfe mé
Ar mhac Sétna *ocus* Eithne,
Anté 'sa ain*m* lúaiter lind,
Mían leis einech 'na aird-cill.

A ndérna Maodhócc na mion*n*
Do cráb*adh* 's do crois-fighill,
Is *ar* scath a chaoimh-ceall go rath
'Sa lucht ciosa *ocus* cana.

Aird-chealla Maodhócc íattso:
Druim Lethan *ocus* Férna,
O*cus* Ros Inbhir oghdha,
Nemh da gach áon onórfa[1].

Maith érlamh dan scela[2] so
Maodhócc na mbriath*ar* mbúadha, |
f. 215b Ocus maith saor-fhuil da ffuil,
Maith a aittreabh re háoid*id*.

Derlaict*ech* mac Eithne dún,
Fosaidh a chiall, beacht a rún,
Mochen daon*na* as cruaidh creidme,
Flaith firén na foighitte.

Maodocc gan mes *ar* mhaoinibh,
Gnúis fíor-alain*n* forbfáoil*idh*,
Taccra claon[3] ni bi 'na bhél,
Saoi chreidm*ech*, n*ar*ach,[4] neimh-thréith.

Da ttuiccdis uaisle Eren*n*
A dheigh-bhretha[5], a dheig-leighean*n*,
Do bhíadh miadh ó shen go hócc
Ar briatraibh millsi Maodhócc.

Na dermadad a shluagh féin
Briathra Maodocc, is a sccel,
A riaghla, a reachta 's a modh,
Briathra dechta[6] rea nderb*adh*.

Riarat clanna Neill gan acht,
Ocus caoimh-riogha *Con*nacht,
Iocth*ar*[7] a chios 'arna chur
Risan érlamh naomhdha[8] nuasal.[9]

Uasal.

[1] moraighfes Br. [2] scel Br.; sgela A, H. [3] claon A; clan Br. [4] nairidhe A. [5] -bheath A. [6] desa A. [7] iocar A, H. [8] nán A; ? naomh. [9] Here A and H give an additional stanza:
Giolla Modhubda [Moghuda H] m'ainm do fhíor [shíor H]
Dom chreid*iomh* mol*adh* mor-ghníomh

(266) Senchus Maodhocc meabh*air* lin*n*,[1]
M*ar* adeir sccel an scribhin*n*,
Do chach ré a chur do mheabh*air*,
Go bun gnath a gheinealaigh.

Maodhoce m*ac* Settna *ar* sliocht righ
Dochuir d' Eir*inn* a hessídh;
Colla Uais ór fhás an naomh,
D' Úais nír chás *ar*a chomhgaol.

Mac Séttna, ni slighe cham,
A gheineal*ach* reidh romham,
M*ei*c Eirc fheramhail fedhm*aigh*,
M*ei*c Feradh*aig* indeall-gloin,

M*ei*c Fiachrach na narm ngaiscc*idh*,
M*ei*c Amalg*aidh* urmaisnigh,
M*ei*c Muiredh*aig*, fa seimh síol,
Don fhréimh fuinedh*aigh* aird-riogh;

M*ei*c C*arr*th*ainn* an croidhe feil,
M*ei*c Eirc, m*ei*c Each*ach* airm-géir,
Gan guais orra i ngleic na a ngniomh,
M*ei*c Colla Uais in aird-righ.

Re ceithre mbliadhan, beacht lind,
Do Cholla Uais os Eirin*n*,
'Sa righe i nam a hiomcair
Acc barr íle o Eireannchoibh.

Mac Séttna Maodhócc na mion*n*,
G*ar* é d'oireach*us* Eirion*n*,
Sé féin nír seachnadh m*ar* so
An dechmadh céim ó Cholla.

Do bí sé acc sechna na locht,
Do chaith a aois le hóghacht; |
Do chenn*aigh* a[2] nert ar nimh, f. 216[a]
Do ghremaigh[3] cert da chairdibh.

(267) Aodh m*ac* Settna 'san aois óicc
Fuair tiodhlaicthe on Trinoid,
Sé *ar* cach 'na oigh 's 'na eccn*aidh*
Bláth óir *ar*a fhoircettlaibh.

Dobheir cuid dom cheird gan chol
Go mac *Seth*na ard-uasal. Uasal.

They then give as heading to the piece which follows: Siodh*raidh* O Cuirnin dorinne an duain si síos [duan ar ndiaigh H] do sloin*neth* sench*us* 7 maithesa Maodhóg. [1] leam A. [2] ar A. [3] greann*aigh* A; ·aidh H.

Tiodlacadh aidhbsech eile
Fu*air* an terlamh aingli*dhe*,
Feile n*ar* coiccledh ar chách,
Caidreabh[1] céille *ocus* conach.

Do chaith sé, saidhbir[2] a seal,
Le frestal clí*ar* is coin*n*emh,
A thainte, fa céim caithme,
Doréir fáilte[3] is fiadhaighte.

Con*n*radh lér cosnadh eineach[4]
Doniodh Maodhócc míorbuilech,
Rí*ar* na nuile go humal,
A biadh uile d'altuccadh.

Tucc sé da comh*ar*baibh ceall
Faccbála *ar* nach fuil foircend,
Geall reidhe[5] a ccenn gach cille,
Geall feile *ocus* fairsinge.

(268) Maodhócc, gér mór a ana,
A eineach, 's a almsana,
Betha bocht, ó mbíodh fa bláth,
Ar dil[6] rea corp da chonach.

Liach gráin eorna gach lái lais,
Do Maodhócc fa cuid corgais,
Sásadh gan*n* don bh*ar*r-dhon*n* bin*n*
Abhlan*n* i nam in aiffrin*n*.

Ocht ccorghais 'sa mbliad*ain* mbuicc,
M*ar* do bhái i mbeth*aid* Pat*r*aicc[7];
Srían rea corp in gach corg*us*,
Oc riar[8] na nocht niom*ar*b*us*.

Moran trath re timceall cros,
Beccan suain, druim re díom*us*,
Seal amhlaidh agan ulaidh
Ar shalmaibh, *ar* slechtanaibh.

Maodócc mór, m*a*c Séttna sáoir,
Becc da re rucc go diomháoin,
Seal do ló re hoideacht[9] scol,
Seal ag proicept don popal.

[1] creidemh A. [2] saidhbhrios A, H. [3] aithne A, H. [4] rer cosnamh oinech A, H. [5] rethghe A; retha H. [6] In Br. there is a space left in the text, and '*ar* dib' is written on the margin; ar dhiol A, H. [7] Pháduig A. [8] A space is left in the text, and 'oc riar' written on the margin; ag riar A, H. [9] hoideas H.

(269) Smuainis Maodocc, fa mor ngill,
Dul da oilithre a hErin*n*,
Tríall go Roimh *tar*la ara thoil
Go hadhba Poil is Ped*air*.

Le culáidh [1] Maodhócc t*ar* muir
Docuatt*ar* cethr*ar* cráb*aidh*,
Drem cáoim dochuaid o chiontaibh,
Naoimh gan uaill 'na naigentaibh.

Maodhócc féin, is Caillin cáidh,
Is Ulltán ó Ard Brecáin, |
Nír ghar a fherc da iris f. 216[b]
'Sa damh dercc a Daimh-inis.[2]

Don Roimh m*ar* rangat*ar* sin,
Do bí a ffáilte 'arna faicsin,
Cluicc an bhaile '*ar*na mbúain féin,
Sl*úaigh* 'sa naire *ar*a noigh-réir.[3]

Fer ionaid Pettair is Poil
'Arna mes, moide a nonóir,
Dul gan toirnemh do thoccair [4]
Da noirdn*edh* 'na nepscopaibh.

T*ri* hespuicc, fa haidbs*ech* rath,
Dorin*ne* don tri*ar* treorach,
Doní aird-espucc d'Aodh an*n*,
Naomh fa cáirdes-bocc cuman*n*.

Brec Maodhócc do muigh nimhe
Fu*air* an terlamh oirdn*idh*e,
'S do fú*air* an mBachaill mBrandaibh
An [5] stuaigh ro-chaim reltan*n*aigh.

(270) Gabhaitt cett a ccion*n* bliadhna
'Ga lu*cht* cumta is coimhriaghla,
Teacht go hiath É*renn* t*ar*ais,
O thriath na cceimenn ccadais.

T*ar*bhach a tturas Romha
Don cethr*ar* naomh neamh-ónda,[6]
Ferain*n* cairte, fa tenn tor*adh*,
Bailte ceall gan cumhsccug*adh*.

[1] coimhed A, H. [2] nir . . . Daimhinis *om*. H. [3] ara nua-réir A, H.
[4] thogair A, H. [5] = on. [6] chaidh chanónda A, H.

'Ar tteacht do Maodocc tar muir,
Dob oird*erc* f*ert* da fhertaibh,
Dár bhaist Aodh dubh i nAth Airm,
Da dhul do[1] chách da ched-ain*m*.

Aodh fion*n* on ló sin alle
Tainicc do bhrigh a bhaiste
An da Breifne *ar* breith an naoimh
Ní a[2] leith értha d'én taoibh.

(271) hÍ Cendsheal*aigh* na ccuach nóir,
hI Bríuin na meirgedh maoth-sróil,
Crioch Oirghiall rea thaoibh m*ar* tád,
Fa coimhriar do máor Maodhóg.[3]

Fir Lí, Fir Lemhna, Fir Luircc,
Fir Manach go Magh Miodhbuilcc,[4]
Geal-fhon*n* re gach magh mesmuid,
Bladh d'feron*n* an aird-easpuicc.

hÍ Tuirtre na ttulach nghlan,
hÍ m*ic* Uais na bfond ffledhmhar,
Críoch Fer Rois irrulla[5] an naomh,[6]
Re cois Ó cColla a comhgháol.

Cuirt aird-espuicc hí don fhior,
Ferna mór *ar* lár Laighion,
Cuid gan cleith da thogha thes
I lLeith Mogha, is dá mainces.

Aird-cheall aicme Aodha finn,
Druim Letan na lercc naoibhin*n*, |
f. 217ª An chlan*n*maicne,[7] doibh as díon,
Roimh adhlaicthe na n*air*d-riogh.

Ros Inbhir, áras oinigh,
O rath Maodhócc miorbuiligh,
'*Ar*na naomhadh thall faa toil,
Faobh*ar* an*n* *ar*a fhertoiph.

Siodhr*aigh* mór in*n*isim díbh,
Do ngoiredh cach O Cuirnín,
Dom lu*cht* cumain, cliar na ccros,
Ni chumaim sriabh na senc*us*.

Sencus.

[1] o A, H. [2] ní na A, H. [3] do mhaorthaibh Mhaodóige na ndeghniomh (!) H. [4] Míbuilg H. [5] a rolla A, H. [6] MS. naoimh. [7] ni *add.* A.

(272) Maircc[1] sháireochas mo chill cáid,
Maircc fa ttabhraid mo cluig *gair*,
M*airc*c *ar*a mbent*ar* mo cluicc
Gacha maidne is gach easpuirt.

Maircc duine téid fóm thermon*n*,
Maircc sháireoch*us* mo tempoll;
Dogheba ara son re t*r*eall
Giorra saoghail is ifrean*n*.

As mé an teine re loscc*adh*,
Me an nath*air* as c*r*uaidh coscc*ar*,
B*udh* geire ina guin gach[2] ga
Mo cléirigh is mo mionda.

As mé Maodhócc urnaight*ech*,
Fuar*us* ó Dhia rath ndealbha,
Ni fhaicfe mo dhiultadhach
Go brath an flaithes nemh*dha*.

Bentar mo cluicc si guin sccíach[3]
Ar shiol Raghall*aigh*, coscc gliadh,
Is cluicc Molaisi go mbin*ne*,
Is cluicc in naoimh Fheilime.[4]

Bent*ar* cluicc Molaisi an*n*,
Máodócc is Fuinche, nar ghand,
Ar Raghallcaibh, reim brighe,
Da ndiochur oa ndeigh[5]-righe.

Ní shaigitt[6] 'sa righe reil
Raghall*aigh*, as rioghda réim,
Ni gebhaitt da éis go cert
Righe *ar* iath na *ar* oireacht.

(273) As mé an nath*air* ag díth sl*úagh*,
As me an teine as cró-derg gual,
As me an leomhan ag díth cruidh,
As mé an mathgamhai*n* ar menm*ain*.

As mé an beithir, reim rioghda,
As mé Maodócc mórmiolla[7],
Biaidh 'gum fhoghlaidhibh[8], reim tend,
Gairde saoghail is if*ren*n.

[1] In A and H the following piece is prefaced thus: M*aodhog immorro* do raidh na briathra so sios [do dhenamh *add.* H] ag toirmesg na tuaithe fa brighe [laige H] no letrom do dhen*amh* ar f*erann* na heglaisi *co n*eib*er*t an*n*so goleig.
[2] *om.* Br. [3] go dian A, H. [4] Fhethlimidh A. [5] aird- A, H. [6] shúirfiod A; suidhfid H. [7] = míorbulda. [8] MS. foglaibhibh.

Me mac righ Oirgiall[1] moire,
Me ciste na cánoine,
Mé naomh as neimnnig*h*e puirt,
Ocus as uaisle ard-cluicc.

Gibe ara mbent*ar* mo cluicc,
Loitter leo, *ocus*[2] m*ar*baitt ; |
f. 217b Gair mo thermain*n* is mo mion*n*
Acc cur anman*n* i nifr*io*nn.

Diombuan a cl*ann* is a cclú,
An drem doní rim iomthnúth,
Gal*air* tromma 'na ndail soi*n*,
Is if*ren*n da nanniannaiph.

Eslainte legas gach nech,
Gáir mo clocc is mo chleir*ech*,
As báth*ad* coindell mo chros,
If*ren*n tall a bfineach*us*.

Cuicc gal*air* dobheir Mac Dé
D'áos m'esccaine is m'eiccnig*he*,
Sccamach, lirach, mortin[3] m*ar*b,
Bás obann *ocus* ifr*eann*.

Tren nam*at* mallacht mo mhiond,
Air[4], is esccai*ne*, is ai*n*cend,
Da rabh mo chl*íar* fand, faiteach,
Biaidh orra Dia dioghaltach.

Ni thucc*us* cúl don[5] oineach,
As mé Maodhócc miorbuil*each* ;
Mairce thuilles om cléir a ccailcc[6],
As m*air*cc *ocus* as ro-m*air*cc.

Mairg.

lxxviii. (274) Mairce[7] dan comharsa naomh *g*arcc,
Teccmáil fris as réim re h*ar*d,
M*air*cc as *gar* da chill go ccion[8],
Dochluin a chert, 's do brisf*edh*.

Maith an[9] naomh *ar*a labram soi*n*,
Maodocc mór Droma Leth*ain*,

[1] me patrún Fherna A, H. [2] no A, H. [3] moirtín A, H. [4] ír A ; aoir H. [5] dom A, H. [6] a chailg A, H. [7] In A and H the following piece is prefaced thus: Fursan*adh* oile isin duain si síos *ar* mhiorbhuil*ibh* M. dar lagd*uigh* comhach*t*a Fhe*ar*gaii Úi Ruairc 7 a shleachta dia éis tre esccaoine [easanrughadh H] a chille 7 a chomh*ar*ba amail adbér an*n* so [am. adbér aran taobh thall a Thomas Úi Conchoill*edh* H]. [8] go ccion *om.* A, H. [9] *om.* A.

Dochúaid feacht buadha go mbl*adh*
Suas go tech an Duilemh*an*.

Ag écc do Mhaodócc bodhbda,
Et*er* múr is mór-gharrdha,
An cheall guna búar bennach
Tucc*adh* uadha d'Fairceallach.

D'éis Fhaircheall*aigh* do dul d'écc,
Tucc*adh* an cheall dia coimhet
Don ghnúis fáoilidh, nar ér dáimh,
Dont sáoir-fher, do Mháolchi*arán*.

Cúduil*igh*, fa g*ar* do gnímh,
T*ar*éis Mhaolchi*ar*áin go mbrigh,
Tri bliadhna an dias sin gan acht
D'éis a céile a ccomh*ar*bacht.

Maolbrigde, fa bind fogh*ar*,
As dó fa mac *Con*cobh*ar*,
Nír ghabh Maolbrighde an ceall cain[1],
'S do ghabh a mhac, *Con*cobh*ar*.

(275) Re lind Choncobh*air*, b*arr*[2] sccol,
Taréis cáich i nDrui*m* Leth*an*,
Ticc O Ruairc, diorma n*ar* thim,
D' fagail aóighidechta on *air*d-cill. |

Dob é líon tecchl*aigh* Fergail f. 218[a]
Go port Maodhócc mín-dealbaigh,
Tri deigh-fir décc gan folach,
Tri*ar* is t*r*i céd comhramhach.

T*r*i hoidce doibh 'sa chill cain,
Í nDrui*m* Lethan, don laochraidh;
Gan urchra *ar* ócc na *ar* shen diobh,
Is *Con*cobhar da ccoimhdhíol.

A frestal, ger cruaidh cennaigh[3],
Gér nemh-náir[4] d' Ó Fh*air*ceall*aigh*,
Ní raibhe gan díol dá chuid
Fer díchill dibh na[5] dermuitt.

T*r*i c*et* fer do loing, d*ar* lim,
Timceall Ferghail righ Er*enn*,
Concubh*ar* acc ríar gach fir
Do bhiadh 's do lion*n* 's do leabthoibh.

[1] Maolb. gan col A. [2] na *add.* A, H. [3] an cennach A, H. [4] -nar A, H. [5] no A.

Fu*air* Fergal, flaith na Temhra,
hI bport Maodhócc mín-dhelb*dha*
A ríar uatha i ngach tigh
Do chuirm is do chaomh-coilcthibh.

(276) '*Ar* néirghe aran bfaithce amach
Adub*air*t Fergal faobhr*ach*:
'A chli*ar* sa, 's a chill dona,
'Congbaidh uaibh damhsa diorma.'

Do raidh an com*ar*ba an*n*soin:
'Congbáil na hi*ar*r, a Fergoil,
'Ma tá h'uidh re Temhraigh tin*n*,
'*Ar* cléir Maodhócc 'na *air*d-chill.'

'*Congbáil* bliadhna do dá c*et*,
'A Choncobh*air*, is ní bá[1] brécc,
'Ar do cleircibh, is *ar* do thech,
''S gach fer dibh do beith buid*ech*.'

'Do fhlaith m*ar* tú nír cubh*aidh*',
Dob é comhradh Concubh*air*,
'Beith ag cur bhúand*adh ar* chill,
'O atá th'aire re hEirin*n*.'

'Dá madh tusa Maodhócc féin',
Adub*air*t Fergal ain*n*séin,
'Do cu*ir*fin*n* buan*n*a *ar* do chill,
'Go mbein*n* im righ *ar* Eirin*n*.'

'Congbáil t*ar*a coin*n*medh féin.
'Ar muin*n*tir Maodhóg min-reid[2]
'Do neoch da bfuil *ar* dom*an*
'Ni cuireabh', *ar* Concob*ar*.

'Beir si gan cethra *is* gan crodh,
'A chomh*ar*ba', bh*ar* Fe*ar*gal,
'Fán frec*cr*a tuccais 'gud toigh,
'Más aicc*n*edh libh a lenmai*n*'.

'Cion do chur i nDrui*m* Lethan
'Do rioghaibh m*ar* gnathachadh,
'Ni thiubh*ar* amach go brath,
'*Ar con*nr*adh* creach[3] na conách; |

f. 218b. 'Cur congb*ála* ar mo cinedh
'D'esonoir no d'aindlighedh,
'Ni bhia an sccel sin uaimh *ar* m'eis
'Ar fher m'ion*aidh* 'ga[4] fhaisnéis.'

[1] *om.* A, H. [2] -réil A, H. [3] cruidh A. [4] da A.

(277) Éirghis an uair sin amach
O Ruairc *ocus* a theghlach,
Faccbaitt Druim Letan gan c*r*adh,
Tuccs*a*t é go hén ionad.

Aisecc nír fhaomsat annsi*n*
Do Mhaodhócc na da mhuin*n*tir,
San*n*taighit go búan na ba,
Is gradhaighit na cethra.

Tri hoidhce gan éirghe ó a thigh
Don comh*ar*ba is dá mhuin*n*tir,
Luaithe íad go tech Temhr*ach*
Ná Ó Ru*air*c 'sa ro-thecchlach[1].

Maithe ffer nEiren*n* uile,
Et*er* righ is ro-dhuine,
Go Ferghal do bí a ngeall*adh*,
Go Temhr*aigh* da timcheall*adh*.

T*ri* hu*air*e, gan fhios doibh fein,
Tuaithbel na Temhr*ach* ain*n*séin
Tiaghaitt na maithe gan móid,
'*Ar*na mescc*adh* do Maodhócc;
An chuairt sin do bhen a bladh
D'Ferghal Ó Ruairc ré a rioghadh.

Neach do shiol Fhergail fhui*ligh*
Tre móid Maodhócc míorbhuil*igh*
Cennus for Themr*aigh* na ttreabh
Noch*ar* gabh d'áis no d'éiccen.

Luach ara chreich gan cumhga
Fúair Concubhar com*ar*bha,
Buain righe d' Ó Ru*air*c malle,
'S gan cur búana ara bhaile.

Maodhocc m*a*c Sédna su*air*c sáoir
N*ar* thuill[2] ó énneach anaoibh[3],
A chlí*ar* 'sa chill don chur sa,
Maircc do chách dan com*ar*sa.

Mairg.[4]

[1] rígh-th. A, H. [2] thill A. [3] tathair A. [4] In Br. the following colophon is appended: Acc Drobaois i cconveint b*r*áth*ar* Dúin na nGall do sgriobhus an betha so Maodócc, asan ccairt do sg*r*iob*us* féin roimheso asan leabar do sgriobh Fion*n*tan Ó Cuirnín d'Úa Fherg*usa* .i. P*ar*talán mac Matha, ⁊ adeir an Fiontan si*n* gu*r*ab as sein-leabhraibh dubha doileghtha o ré na naomh ⁊

Siodhr*aich* móir Í Cuirnin 7 Giolla Moghoda Í Caiside do sg*ri*obh 7 do cumd*aigh* an betha so o bhel 7 o briat*ra*ib Maodócc féin. Do sgriobh an Fionntan sin an tsen-c*air*t do bi accum ; 7 gan am*urus*, ge go ffuil moran do mhiorbhuilibh móra maithe 'san mbeth*aid* si, ni thaitnend a dechtadh na a hord sgribneor*acht*a lemsa 7c. 17 Novemb*er* 1629. Meisi an br*athair* Michel bocht ; i. e. 'On the Drowse, in the convent of the friars of Donegal, I wrote this Life of Maedoc, from the paper copy which I had previously made myself from the book which Fintan O'Cuirnin wrote for O'Fergusa, to wit Bartholomew, son of Matthew. And Fintan says that it was (taken) from old black and illegible books of the time of the saints and of Sidrac Mór O'Cuirnin and Gilla Mochuda O'Cassidy, who wrote and compiled this Life from the mouth and words of Maedoc himself. This Fintan wrote the old paper copy which I had. And undoubtedly, though there are many great and excellent miracles in this Life, I do not approve of its diction or order of composition, etc. Nov. 17th, 1629. I am the poor brother Michael.' In H there is a long colophon stating that the Life had been copied in Dublin in 1737 from the book of Thomas mac Conchoilligh by Aodh (Hugh) O'Dalaigh (O'Daly). The rest of the colophon consists of pious invocations of the saints mentioned in the Life. On the binding of A is stamped the name Ignatius Maguire, and it was written by James Maguire according to the catalogue in 1721.

Betha Mochuda.

i. (1) Cartaghus[1] di*no* do clan*n*aibh Fergusa[2] dosomh doshun*nradh*. Fígeni*us* a ath*air*, 7 Med a mathair; neach ba c*ar*thanach la Día 7 dáoinibh, *con*idh uadha asbertha Carthagh*us* fair[3].

(2) Ro[4] thircan[5] an taing*el* laithe náon do Comhgall Ben*n*c*air* t'r'eimsi do bliadhnaibh riana breith eisiu*mh*:[6] 'Bérth*ar* gein buadha', ol sé, 'i ni*artar* Er*enn*, día mba lán béoil na ndáoine adíu 7 anall;[7] 7 ticc[8] go hairm i mbíai si, do dhul do Roimh; 7 is*edh* as ail do Íosa, tusa da *con*gmail bliadai*n* it aontaidh.'

(3) *Ocus*[9] tainic celmaine B*r*enain*n* leisan faistine sin, an tan ro scart an taingel fris:[10] 'Berthar mac don chenél dia ttai si', ol sé, '7 bidh ile a mhiorbhuile i nnimh 7 i ttal*mhain*, 7 C*ar*tag*us* a ain*m*.' *Ocus*[11] tainic celmai*n*e Comhgaill 7 B*r*enain*n* l'aroile.

(4) Clan*n*a[12] Ferg*us*a ro bói hi cCi*arraigh*e Luachra an tan sin; 7 ticc áenach coitchen*n* aca, 7 mathair Charthag*us* an*n*; go ro thoirin*n*[13] cáor thein*edh* do nimh fora cend. In cáer sin ro chuir Iosa d'foillsiucc*adh* naomht*achta* na geine bói i mbroin*n* na hingine. Dochuaidh for cúla iar*amh*.

(5) Ro[14] lamn*aigh*[15] an inghen, 7 beiridh mac fri taobh Maingi; 7 ni raibhe uiscce foran tul*aigh* sin; 7 maighis sruth assa taobh, 7 dober*ar* Aídanas[16] chuca, 7 baistis asin sruth é. *Ocus* dober*ar* Cartaghas d'ainm f*air*; 7 dober*ar* da oilemain do Chartagh*us* .i. don tsein-esp*ucc* é. 'Mochuidig[17] tu', ol in tesp*occ* naomhtha; *con*idh de do len Mochuda dhe.

[(6) Gidedh[18] as Mocuda dog*air*thi dhe, *ar* son gurab e dogoir*edh* a mhaighistir de, *ar* méd a gradha 7 a deithite uime. *Ocus* as te*r*c aga raibhe fis aitherr*aigh* Mocuda do beith d'ainm f*air*; 7 as diles Mocuda no Ch*ar*thach do sgriob*adh air*. Adub*airt* Aodan ag denamh fáidhéor*achta*: 'An mac so ro bhaisttes, bidh dealr*aigh*tech, 7 bidh sograd*ach* do Dhia 7 do daoinibh é.'

(7) *Ocus*[19] ba fir son; u*air* do bí sé sgiam*ach*, degh-mais*e*ch, m*ar* Dabit; 7 do bi sé sechantach *ar*na droch-mianaibh, m*ar* Dainiel; 7 do bi cen*n*sa, cáenbharrach, m*ar* Moysi. *Ocus* nir bo honór*ach* 'ga

[1] M § 1; S § 1; St. p. 18. [2] meic Roigh *add.* St. [3] fris St. [4] = M § 2. [5] fhoillsigh St. [6] re Mochuda do breith St. [7] a bfus 7 táll St. [8] tiocfaidh St. [9] = M § 3. [10] tainic an taingel go B. leisan gcelmaine ccedna sin go nebhairt: Berthar 7c. St. [11] *ocus* . . . aroile *om.* St. [12] = M § 4; S § 1. [13] toirling St. [14] = M §§ 5–6. [15] ro ghabhsat iodain St. [16] an sagart *add.* St. [17] St. p. 19. [18] The passage in brackets is added in Br. on an inserted slip (f. 150 bis) in a smaller but probably identical hand, with a mark of reference to this place. It is not in St.; = M § 6. [19] = M § 7.

ath*air* no 'ga math*air* e, *ar* son nach aontaigedh se da nin*n*tin*n*ibh saoghalta san. *Ocus* do coimhlion*adh* briat*har* Dhauid adub*airt*: '*Pater meus et mater mea derĕliquerunt*[1] *me*; *Dominus autem asumpsit me*'[2] .i. do faccaibh m'ath*air* 7 mo math*air* mé, 7 dogabh an Tigerna cuige me. *Ocus mar* do coi*m*eitt Dabit caoir*igh* a ath*ar*, as *m*ar*sin* do coi*m*eitt Mocuda muca a ath*ar* fein ina m*a*cant*acht* a bfoc*air* aodhairedh ele na muc]. *Ócus* dotéighedh[3] d'iongaire muc a athar *ar* aón risna haodh*air*ibh.

ii. (8) Luidhsiot[4] na haodhairedha la náon go dun an righ, 7 Mochuda léo. Gradhaigis in rí Mochuda,[5] oir bá soch*ar*thana hé. Do fhí*arfaigh* an ríghan, inghen Maoldúin m*eic* Aodha Bennain, de; 'Cidh an seirc sín ag*at* don aodhaire?' ol sí. 'Is*edh* tadhbás damh', ol in rí, 'coróin órdha lais,[6] 7 columhan órd*ha* óa mhull*ach* go nemh, 7 brugh[7] or*dha*
f. 151[b] ina thimceall[8] gan mull*ach* fair; | 7 ro ch*arus* he forna h*air*rdhenaib sin.'

iii. (9) Téitt[9] Mochutta lena muccaibh fo fedhaibh na Maingi, go ccual*aidh* C*ar*tagh*us* .i. an sein-espocc, ag cantai*n* a phsalm; 7 c*a*rais[10] go mór na salma. *Ocus* gabais an ráen i ndecchaid na ccleir*ech*, 7 téid go h*air*m i mbátt*ar*, *gusan* mainistir ren ab*ar*tar Túaim.[11] Ba machtn*adh* lasin righ ca slighe i ndeach*aid* Mochuda in acch*aid* sin; 7 cuiris dáoine fora lorg. *Ocus* dober*ar* chuicce i ngiallaigea*cht*[12] é.

(10) Ro bai[13] an ri for fleidh hi ffarr*adh* ath*ar* Mochuda an tan sin; 7 dobheir trealamh[14] gaiscc*idh* do Mochuda: 'Agso', ol sé,[15] '7 an accamsa i noighrea*cht* t'ath*ar*.' 'Ni anabh', ol sé; 'is ferr lim na briat*hr*a ro cúala lasna cléircibh.'[16] *Ocus* o ro airigh an rí gradh Dé[17] la Mochutta, dobheir[18] don easp*ucc* é do proicept[19] breithre Dé dó; 7 ba luathg*airech* leosamh sin dibhlínaíbh. *Ocus* ro an aicce[20], go tucc an tesp*occ* gradha sacc*airt* fair.

(11) Beiris[21] lais he go h*air*m irraibhe in rí. 'Acc so', ol sé, 'an dalta doradais damhsa; 7 as eolach 'san scrioptuir hé. *Ocus* edhb*air* si tú féin, 7 do ríghe[22] dosomh, 7 do Dhia.' 'As ócc, anáosmh*ar*, lin*n* he', ol síatt.[23] Léiccis a*n* sein-espucc nao*m*htha fora ghluinibh é, 7 atb*ert*: 'Edhbraim si me fein 7 mo chill dó', ol sé. *Ocus* léiccis an rí *ar*a ghluinibh é, 7 edhbrais[24] é féin, fioru, m*a*cca, mna, do Dhía 7 do Mochuda. Cuiris Mochuda a troigh for muinel an rígh, 7 ro thomhais an rí dia[25] troightibh. *Ocus* ro machtnaigh*edh* uime, siubhal foran righ.

[1] MS. dereliquauerunt. [2] Ps. xxvi. 10. [3] The syllables '7 do téig' are repeated, occurring both on the inserted slip and also in the main text. [4] = M § 8. [5] iarna fhaicsin *add.* St. [6] c. o. do beith fair St. [7] brigh St. [8] urtimcheall St. [9] = M § 9. [10] gradhighes St. [11] gusan m. . . . Túaim, *on margin of* Br.; *not in* St. [12] i ng. *om.* St. [13] = M § 10. [14] chulaigh St. [15] ol an righ, 'trealamh do dhiongmhala duit St. [16] do lenmuin *add.* St. [17] do beith an gcommor 7 sin St. [18] St. p. 20. [19] senmoir St. [20] a bfharradh an easbuidh St. [21] = M § 13. [22] t'iardraighe St. [23] ar an righ St. [24] o'dconna[i]rc an righ sin, edbrais St. [25] 'na St.

'Na boill[1] rer bhen mo t*r*oigh si dhe, ni ba heccal dó faobhra[2] nád gallra.'

iv. (12) Luidh[3] Mochuda ass, 7 doni ecclais fri Maing atuaid; 7 ro fhothaigh ecclais naile fria Maing andes i Mach*air*e Colmai*n*, 7 faccbais frestal diadha forra. *Ocus*[4] téid fein go Ros Gialláin, go h*air*m i mbói Cí*ar*an, d'fág*ail* fhesa cia hait i noirisfedh. Asrubairt Cí*ar*an: 'Ro siacht aing*el* | Dé[5] go Comhgall',[6] ol sé, '7 asbert fris gomadh i f. 154r (*sic*)
medhon Er*inn* no airisfedh,[7] 7 Raithin ain*m* an ion*aidh*, 7 i fFeraibh Ceall atá.[8] *Ocus* biaa sa *sesca* bl*iadan* in*n*; 7 cu*mh*daighfidher cathair let iar*amh* isin *air*d thes d'Er*inn*, 7 Lios mor a hain*m*, 7 is an*n* donic foircen*n*[9] do shaoghail.'

(13) Ro fíoradh[10] sin; 7 do thircan Colmán[11] Eala a*n*[12] ccédna; 7 ro thairngir Colum C*ille* fe*cht* riamh i*ar* ndola do Raithin, *gur* bo hacobh*ar*[13] lais *air*isium*h*[14] in*n*; 7 asrub*airt*: 'Ní damh ro cedaigh[15] Día beith sun*n*', ol sé, '*acht* doicfa nech *air*mittn*ech* i*ar* ttrill,[16] dia mba domgnas an dú[17] so, 7 bidh *Car*tach a ain*m*, 7 bidh oird*er*c i f*er*taibh 7 mhíorbhallaibh.' *Ocus* ro chlan*nustair*[18] Col*um* Cille t*r*i slata isin ionad sin;[19] gur bhó dibhsidhe ro tion*n*sgnadh damhna[20] reclesa la Mochuda i*ar* ttoidhea*cht*.[21]

v. (14) Fe*chtus*[22] do Mochuda oc ern*aigh*the a áen*ar*, *co* faca nech fora bheola, Magh*us* a ain*m*, co neb*er*t f*r*is la haimhirsi[23]: 'Tabh*air*', ar sé, 'duille forsan abhaill so fil it farr*adh*.' Dorad somh sighin na croiche t*ar*san abhaill, go raibhe fo dhuille go huilidhe. 'Ba háillide sidhe bláth fuirre', ol Magh*us*. Dorad somh in mblath am*ail* asrubh-r*adh* fris. 'Ba ferr gomadh 'na ubhlaibh forbiadh', ol Magh*us*. Foghni siumh ón, gur bhat[24] lan-toirt*hech* do ubhlaibh. 'Ba ferr gomtis aipche', ol Magh*us*, 'go ro toimhlem.' Ro fíoradh son, go mbatt*ar* ina náen broin[25] abaigh for lár ar belaibh na habla. Toccbhais Magus ubhall dia thomailt, *ar* ba hadhlaic lais[26] *ar*a méd 7 *ar*a náille;

[1] an ball St. [2] faobhair St. [3] = M § 14; S § 4. [4] = M § 16. [5] The numbering of the folios in Br. here skips from 151 to 154. [6] Benncair *add.* St. [7] no bheithe sa St. [8] St. p. 21. [9] tiocfus cenn St. [10] = M §§ 19, 20. [11] o Lainn *add.* St. [12] ní *add.* St. [13] mian St. [14] 7 comnuighe do dhenamh *add.* St. [15] déonaighedh ó St. [16] iar naimsir fhoda St. [17] háitrebh an tionadh St. [18] saighisder St. [19] 7 ro imthigh féin *add.* St. [20] 7 adbhar *add.* St. [21] dó go Ratha[i]n *add.* St., which then inserts the 'Indarba Mochuda a Raithin'. The insertion is made much too early in the narrative; for the expulsion of Mochuda from Rahen and his settlement at Lismore are really parallel to cc. xxv–xxvii (§§ 37–45) infra, and that is the point at which the insertion should have been made. In V. S. H., p. xviii, I have wrongly spoken as if this insertion of the 'Indarba' were made in both MSS. of the Life; it is only in Stowe. A collation of this Stowe text of the 'Indarba' is given in the notes to that tract, which follows the present Life. [22] St. p. 31, which here returns to the text of our Life, after the insertion of the 'Indarba'; = M § 21; S. § 5. [23] la faitfedh fáoi St. [24] bo St. [25] 'bron', altered from 'baon' St. [26] mianach sum cuige St.

⁊ ni ro fhaolustar a tomhailt ara sheirbhi. 'Ba ferr gan a ttabairt, ina an serbhas fil léo.' Bennaigh siumh iaramh, gur bho blas meala orra. Imtighis Maghus iaramh, co ro dallta la breithir Mocuda go cend mbliadna aran amairsi[1] ro gabh dhe; go ttorracht fo breith Mochuda i forcenn na bliadhna, gur bó slán dia dhoille iar numhla ⁊ aithrighe dó, gur bho manach dó céin bói i mbethaid. Ro moradh ainm Dé ⁊ Mochuda desidhe; ⁊ a mí Marta doronta insin.[2]

vi. (15) Fechtus[3] dorala macán amhlabhar gan eistecht ar amas Mochuda. Ro ataigh siumh Dia dia chinn im cobhair fair[4]; go ro híctha focéttoir.[5] |

f. 154[b] vii. (16) Luidh[6] araile fer lubhra, go ruacht do saigidh Mochuda; gur bho hogh-slan iaramh la hatach Mochuda.

viii. (17) Luidh[7] araile fer doidhealbhdha do saighidh Mocuda, do accaine a troighe fris. Ro hícadh somh dano, co nar bó ferr delbh nach aile; go ro an ina mainces iaramh.

ix. (18) Araile[8] duine truagh tainicc ar ammus Mocuda gan cumang treabhtha lais,[9] go ro iarr cobhair fair. Ni bái cumang la Mocuda dó, ar ni ra bhattar doimh na arathair[10] lais; ⁊ as ruamhar fognídh día mhancaibh, ar ní ghabadh nach cethra saoghalta o neoch. Co nebert fri nech dia muinntir, toidecht fon fidh comhfhogus, ⁊ dí dhamh alltaighe do tabairt don trog uccat. Fognít samhlaidh; go ro airsett a mboi aca, ⁊ tiaghait for dásacht[11] iaramh.

x. (19) Luidh[12] nech aile do saighidh Mochuda, ⁊ boi séin for dasacht iar ndol do dheamon inn. Go ro ghuidh Mochuda mo shláinte, ⁊ ro ataigh siumh Dia dia chinn gur uó slán iaramh.

xi. (20) Fechtus[13] docuaidh Mocuda do bleith coda na manach go muilenn comhfoccas do. Bói rí éttrocar forsan crích, ⁊ ba misccnech fri Mocuda, go ro chuir ammus[14] fair.[15] Atracht iaramh casair[16] teinedh, ettorra co na ro cuimgeset ní dó. Tiaghaitt[17] for ammas an righ, ⁊ atfiadhat a sccela dó. Dasachtaigter uimesiumh desidhe, condeachaid fein día shaighidh; ⁊ atracht an chasair[16] cétna ettorra ⁊ an muilenn; co nebert nech dia mhuinntir: 'Anam', ol sé, 'fris, co ro imtighi[18] on bleith fora[19] ttá, ⁊ marbhtar iaramh.' 'Bidh maith on', ol cach.[20] Anait samhlaidh co ndarocht, ⁊ nochtait a narma;[21] go ro lensat dia

[1] amarus St. [2] doronadh an mhiorbuil sin St. [3] = M § 22; S § 6. [4] St. p. 32. [5] Here in Br. occurs the note: 'i cCorcaigh damh aniu. 30 Iunii 1629', i. e. I am at Cork to-day, June 30, 1629. [6] = M § 23; S § 7. [7] M = § 24; S § 8; *om.* St. [8] = M § 25. [9] do cuingidh t. fair St. [10] naid asail St. [11] fón bfhiodh St. [12] = M § 26; S § 9. [13] = M § 27. [14] ionnsaidhe St. [15] dia marbhadh *add.* St. [16] lasair St. [17] an taos meabhla *add.* St. [18] thille St. [19] St. p. 33. [20] an righ St. [21] fair *add.* St.

lámhaib, *ar* ní for*caomhsat* ní dósamh chena.[1] Slechtait dó *iar*suidhe, 7 tiag*ai*t fora mhainces 7 ógh-reir.

xii. (21) Fe*cht*[2] aile do Mocuda hi rRathain. Tainic an taing*el* cuicce, 7 asrub*air*t fris: 'Eir`g' got ath*ar*dha', *ar* sé, '7 atá rí Ci*arraighe*[3] fri bás a mucha, 7 tabh*air* comain 7 sacarfaic dó; *ar* atbéla ria noidhce.' 'Ni rúa sa an u*air* si*n* cuige, | munam cobhra f. 155a Día', ol sé. Doratt an taing*el* *carpat* tein*ntidh*e foa[4], go ro siacht fri prapadh súla g*us*in righ, 7 ro lesaigh am*ail* asrub*art*m*ar*, *co n*abail dia laimh, *iar* mbreith buadha o dhemhan 7 ó dhomhan; 7 ro siacht somh go Raithin isin laithe c*et*na, go rucc for esp*ar*ta na manach.

xiii. (22) Fe*chtus*[5] dia luidh Mochuda *ar* amas Cholmáin go Lain*n* Eala, *ar* go ttísedh lais go Raithin do bhennacadh f*er*ta 7 tumba dó, *ar* doridhnacht Día dó gach fert no bhen*n*aighfedh[6], *co na* téisedh if*er*n*ach* in*n*. 'Eircc si go Raithin', ol Colmán, '7 tiagh sa dhi día d*ar*dáin.' Ní thainic Colmán amh*ail* ro gheall; 7 téitt Mochuda doridhisi dia shaighidh, 7 atb*ert*: 'Cidh na ro chomhaillis an geall*adh* doradais?' ol sé. 'Aing*el* rom[7] fucc go hadhnacal naile dia ben*n*achad', ol sé; '7 eircc si go Lissmór, 7 fogeba comh*ar*ta f*er*ta 7 adhnaicthi an*n* *iar*na choisergadh ó ainglibh; 7 cu*m*daight*er* 7 benn*aigh*t*er* let fodheisin, ar is an*n* forbía th'esérge, 7 ní bá hif*er*nach nech dia téis in*n*.' Foghní siumh, amail asrubhradh fris.

xiv. (23) Fec*htus*[8] do Mochuda hi rRathai*n*, g*ur* baidhedh aon m*a*c rígh Delbhna. Guidhis an rí Mochuda ima oidhre do dhús*acht*.[9] Do bái lá 7 aidhche fon sruth i*n* tan si*n*. Teid Mochuda uasa lasi*n* rígh; 7 guidhis Dia uman mac do thódhúsccadh[10]. *Ocus* ro eirigh don g*r*ian go h*air*m i mbád*ar*. Ro iodhb*air* an rí an mac do Mocuda. 'Fuirghedh occ dín a ríghe',[11] ol Mocuda; 7 rob e an m*a*c sin roba rí for Dealbhna a haithle a ath*ar*, 7 a clan*n* dia éis.

xv. (24) Mochuda[12] di*no* nech as cruth*aighe*[13] bai ina aimsir. Dusrat *tricha* ógh seirc nde*ar*m*áir* dó, na ro fhetsat do cheilt; 7 ba doirbh la Mocuda si*n*, 7 guidhis Día imón seirc sin do thin*n*to[dh][14] hi seirc sp*ira*talta, 7 ros iompo; 7 dogní Mocuda cailledha[15] dona hoghaibh sin, 7 ro bat*ar* oc fogn*amh* do Día goa mbás.

xvi. (25) Luidh[16] Mochuda la naén hi cCi*arraigh*e Cuirci; 7 Corc ri Mum*an* fora chin*n* isin crich. | Ticc cáer thein*ntidh*e asan aer, go ros f. 155b m*ar*b seitigh 7 mac an righ, 7 dí each a ch*arpait*. Guidhis an rí Mochuda imo tódús*acht*. *Ocus* dogní la grasaibh Dé.

[1] O'dconncadur an mhiorbuil sin *add.* St. [2] = M § 28. [3] Luachra *add.* St. [4] The scribe at first wrote *do.* [5] = M § 29. [6] bennochadh St. [7] St. p. 34. [8] = M § 31; S § 10. [9] dó *add.* St. [10] thodhusacht St. [11] 7 a oighrechta *add.* St. [12] = M § 11. [13] cruithidhe St. [14] iompodhadh St. [15] *for* caillecha; siolladha St. [16] = M § 37.

xvii. (26) Bai[1] rí na *cr*iche sin dall, amhlabh*ar*; 7 ros fóir Mochuda hé.

xviii. (27) Bái[2] nech ele in*n*te, 7 eslainte theinnt*idh*e f*air*. *Ocus* cuiris Mochuda a *cr*ios thaíris, 7 fu*air* f*ur*t*acht* foc*et*óir. *Ocus* ro airis Mochuda bliadhai*n* isin *cr*ich si*n* i*ar* ffaghbáil almsan mór on rígh. *Ocus* luidh go Rathain.

xix. (28) Laithe[3] d*ar* gabh Mochuda tar ath for Abhain*n* Móir, g*ur* toccaibh ubhall fu*air* f*air*.[4] *Ocus* ro bái inghen cherr marbh-lamach[5] occ righ Fermuighi, 7[6] a lamh dhes' *ar*na táth fría táobh. *Ocus* beiris Mochuda an tubhall lais go h*air*m 'irraibhe an inghen. 'Agso',[7] ol sé. Sínis an inghen an lamh clí, amail ro cleacht. 'Sín an laimh naile', ol Mochuda. 'Ní thicc dím', ol an inghen. 'A fhechain', ol Mochuda. Ro shín, 7 ro sccaoil an cuibr*ech* 'ro' boí et*er* an laimh 7 an taobh; 7 ro fhás fuil 7 feoil na laimhe 7 an taoibh, gur bó óghslán.

(29) Gabhais luaṭhg*aire*, g*air*dechas an rí, 7 atb*ert*: 'Ní fuil ceile b*us* áil lat nach fuighbe festa.' 'An cléir*ech* uccat ros foír mé, as áil damh', ol sí. Téid an inghen la Mochuda; 7 dogni reclés di hi cClúain Dalláin, 7 boi ina hoigh naomhta oshin ille.

xx. (30) Araile[8] aims*er* dorala días manach asin mB*r*iotain do shaig*idh* Mochuda, *ar* bá herrd*er*c a ccíana, go mbat*ar* athaidh occa; go ro gabh cod*ar*sna[9] 7 form*at* fris, *ar* do muinset*ar*[10] gomadh aca forbíadh a ionad 7 cen*nus* fora mhancaibh, díamadh m*ar*bh. Go ro coccratt*ar* meabhal f*air*, *ar* ba derbh léo gomadh síor-saoghl*ach*, mu*n*a tucctai dían-bás do. *Con*idh edh airecc fu*air*set,[11] cuibhrighi do chur f*air*, 7 a bhadadh fo dichleith.

(31) Isin u*air* si*n* dorala manach do mhuin*n*tir Mochuda dí*ar* bó bés fritaire, 7 ernaighte, 7 siubhal[12] for reilgibh 7 táisi'bh'[13] gach noidhce, go ro fhi*ar*facht, cidh bói léo. Asb*er*at somh ba he édach na manach
f. 156a 'dia' diunnach | 7 fot*hr*accadh.[14] 'Taispent*ar* damhsa', ol sé, '*ar* ni gnath oidhchi friss.' Toccbhais an turfhol*ach*,[15] 7 fogeibh Mocuda in*n*. 'Ní maith in gniomh ro t*r*iallab*air*', *ar* se, '7 léiccidh uaibh.' 'Bidh maith damhsa', ol Mocuda, 'ciabt*ar* ife*r*naidẹ siumh dhe.' *Ocus* asb*er*t f*r*iusiumh imtecht dia nath*arr*d*ha*, 7 na léiccf*edh* a aithe[16] forru an col ro triallsat.

xxi. (32) Fe*chtus*[17] dia luidh Fínan *ar* am*mus* Mochuda, 7 at*connairc*

[1] = M § 39; S § 13; not in St. [2] = M § 38; S § 12; not in St. [3] = M § 40; St. p. 35. [4] for barr an tsrotha St. [5] inghen ciorbhach St. .i. St. [7] an tubhall St. [8] = M § 45. [9] tnuth St. [10] brethnaighsit St. [11] edh ro conncas doibh St. [12] St. p. 36. [13] naomh *add.* St. [14] dia ghlanadh St. [15] an brat St. [16] fein a dhiogail St. [17] = M § 46.

na manchu occ rua*mh*ar, 7 *ar*aill dibh go ttiaghaibh 7 oiredhaibh forra. 'As *tr*uagh', ol Fínan, 'ainmhedha bruidemla do dhenamh dia bhar manchaibh; *ar* ro ba córa daimh fri har 7 tarrudh[1] libh, oldas an *ar*adhain[2] uccat do thab*air*t for deisciplaibh Dé.' 'Ní ro mhianaigsium sealbh saoghalta lin*n*', ol Mochuda. 'Ni maith in*n*sin', ol Fínán, 'ce*n* derca 7 edhb*ar*ta na manach talmanda do ghabail occan ecclais, 7 coibhsiona 7 ern*aigh*the doibh dia chin*n*; 7 na dént*ar* samh-l*aidh* ó sun*n* amach.'

xxii. (33) Araile[3] nech airmittn*ech* ro siacht do shaighidh Mocuda, Lasian*us* a ainm, 7 ronucc t*r*iocha loilgech lais i nurfhol*ach*[4] do Mochuda. Tiagait na man*aigh* do proin*n*; 7 ro leicc siumh meirten fair, 7 atb*er*t, ní eisbedh *acht* loim; *ar* bá derbh lais ni bói loim[5] lasna mancaibh. Atfiadh*ar* so*n* do Mocuda, 7 ro bennaigh an uiscce boi fora belaibh, gur bó loim, 7 atnagh*ar* do Laisiánus. *Ocus* and*ar* lais, ba huiscce i*ar*na claochmodh i nass; 7 ro ghuidh Día imá toidhea*cht* ina cruth feisin;[6] 7 ro sodh i nuiscce iar*amh* amail *con*naig.

(34) 'Ní maith in*n*so', ol sé, 'uiscce fil sun*n*, 7 ni hass.' *Ocus* atfiadh*ar* do Mochuda in*n*sin, 7 luidh go Laisián*us*, 7 ro aithin, is ó Día forfu*air* claochmodh i nuiscce don ass;[7] 7 atb*ert* fris: 'Cidh *ar* na proinnighi lin*n*?' ol sé. 'Ni tó', ol Lasián*us*, 'go ro gabha sae almsana ona manchaibh domhanda, 7 ó gach ao*n* dianid áil chéna.' 'Dogent*ar* samhlaidh', ol Mocuda; 7 fogní[8] *iaramh* in cein bói i mbiu. *Ocus* ro fhaccaibh Laisián*us* an *triocha* agh lais; 7 foghníseat[8] a náentaidh, occ*us* ceileabhraitt diaroile iaramh.[9]

xxiii. (35) Feacht[10] nan*n* atbertat*ar* na manaigh ra Mochuda: 'It aipche *ar* nguirt', ol siat, '7 ní fhuil meithel sun*n*[11]? As tualaing Dia meithel[12] doibh', *ar* Mochuda. Go ttainic foiren*n* d'ainglibh[13] forsan ngort, 7 gur bhensat he. f. 156b

xxiv. (36) Fe*cht*[14] dona manchaibh ag dul for fiddh, go ro bris a chriss t*ar* manach dibh la truíme a eire. Cuiris an prioir gad thairis am*ail* crios, gur chon*n*aimh th*air*is[15] hé, co ros morg a fheoil uadha, go ndech*aid* i naimhn*er*te, súaill n*ar* bhás lais. 'Cidh an ffain*ne*[16] sin fort, a manaigh?' ol Mochuda. 'Cris ro cuir a*n* p*r*ioir thorum', ol in manach, '7 rainic mo cnámha; 7 nírbh ail damh a chur dím lá humhla,[17] go mben*adh* an p*r*ioir dím hé.' *Ocus* do thaisbéin a cre*cht*a do Charthagh*us*[18]. 'Doghebhaitt na hál*aidh* sin furt*acht*', ol Mocuda, '7 doghebh*air* féin sáog*al* fada, no nemh do lath*air*.' 'Nemh dhamh', ol an

[1] tarrang St. [2] aradha St. [3] = M § 47. [4] a nalmsa St. [5] St. p. 37. [6] aris *add*. St. [7] o beith 'na bhainne St. [8] dogni, doghnisit, St. [9] Here there is a scribal note in Br.: seallaim colléic, i. e. I see it now. What it refers to, I cannot say. [10] = M § 48. [11] linn St. [12] do thabhairt *add*. St. [13] nime *add*. St. [14] = M § 51. [15] St. p. 38. [16] an anmainne St. [17] no *add*. St. [18] Mochuda St.

manach. Dobheir Mochuda corp Íosa dia thomhailt dó; 7 dochúaidh 'chum nimhe.[1]

xxv. (37) Luidh[2] ri Temhra 7 rí Midhe do díchur Mochuda a Rathai*n*, i*ar* ccur breg-sccel niomdha f*air*. *Ocus* doníad c*r*ai*n*d, d*us* cia dibh dorachadh do díchur an chleirigh .i. Mochuda, a Rathain. *Ocus* do thuit an c*r*and for righ Midhe, 7 cuiris a bhrath*air* do dhichu*r* Mochuda; 7 atbath an brath*air* focédoir. Fergaighter an rí, 7 tiaghait anun*n*, 7 sraighlit Mochuda *con*a mhancaibh a Rathain.

(38) Ro bai[3] man*ach* dibh, 7 gal*ar* cos f*air*, 7 docuaidh i ccosaibh in righ, 7 ba hinsiub*ail* siumh fein. *Ocus* ba hiomdha neach la Mocuda go ccláochl*adh* áibide fair. Ro esccain Mochuda gach áon ros dichuir é, 7 in neoch ros t*ar*raing hé, 7 an rí.

(39) *Ocus*[4] ro gab Mochuda seach fhert mhan*aigh* naomhtha ro hadhna*cht* t*r*eall do bliadhnaibh roimhesi*n*; 7 ro éir*igh* an man*ach* a húir. 'Beir meisi lat', ol sé. 'Nocha to', ol Mochuda, 'no co ttí lá an tim*air*ccthi.'

(40) *Ocus*[5] rob é lín imirce Mochuda an tan sin .i. moir-seis*er ar* dá fhicet *ar* ocht c*et*aibh; 7 gabait tré fhiodh do-imtechta. Bai c*r*and

f. 157a dimór 'na luighi forsan *conair*, | 7 ni ro caomhsat na fai*n*n dul t*air*is. Toccbais Mochuda a laimh uasa: 'Eirigh', ol sé, 'am*ail* ro badhais fea*cht* riamh.' *Ocus* ro eir*igh* an cran*n* la breithir Mochuda, 7 ro faccaibh an *chonair* réidh. *Ocus* ba hiom*dha* boi*cht* 7 t*r*oigh, 7 espuicc, 7 abb*aidh* forsa*n* imirce si*n*; 7 a raibhe do lobhraibh fuirre, bá sé Mochuda ro f*r*eastl*adh* día lamhaibh a saotha 7 a ngallra.

xxvi. (41) O 'tchuala[6] rí Mum*an* .i. Failbhe Flan*n*, Mocuda for slighidh, ticc ina dháil[7] do tab*air*t aiti i noirisfedh dó. 'Ni thicc dím',[8] ol Mocuda, 'óir do déonaighedh áit eiseirge damh.'

(42) Luidh[9] go hArd Fínáin, 7 ticc ri na nDéisi ina dáil. *Ocus* ro iodhb*air Air*d Fínáin dó. *Ocus* ba hingen do Fhailbhe Flan*n* séitigh an rígh sin. *Ocus* do*connair*c si fís am*ra* .i. ealta do énaibh díaírmhe do tea*cht* go h*air*m irrabhat*ar*, 7 an tén ba cuingidh[10] dibh do thoirnemh[11] forsa*n* righ. *Ocus* do in*n*is do*n* righ gach a ffac*aidh*, 7 ba luthg*airech* leosomh si*n*. 'Mochuda', ol[12] sé, 'triallf*us* sun*n*, 7 así a imirci an ealta si*n*; 7 isé féin an ten do airis[13] oramsa.'

(43) Nir[14] cian doibh iar*amh* go ffacatt*ar* Mocuda *con*a imirce. 'Do chuinghidh ferai*n*n i noirisfemais[15] fortsa tangam*ar*',[16] ol Mochuda[17] f*r*isin rígh. 'Doghebae Liss mór', ol an rí. 'As cian ó do thirchan

[1] go mbuaidh o dheman 7 o doman *add.* St. [2] St. omits c. xxv, because it has already given from the 'Indarba' a longer version of Mochuda's expulsion from Rahen; § 37 = M § 53. [3] = M § 56. [4] = M § 57. [5] = M §§ 59, 60. [6] = M § 61. [7] do fhertain fhalti fris 7 *add.* St. [8] ni gébh St. [9] = M § 62. [10] ba huaisle St. [11] toirling St. [12] St. p. 39. [13] thoirling St. [14] = M § 63. [15] 'na ndenmais comnaidhe St. [16] tang. fortsa Br. [17] The scribe at first wrote: ol in rí.

an taingel damhsa, gomadh an*n*sin do bhiadh m'eiseirge.' *Ocus* oirisit hi ffarr*adh* Colmai*n*[1] ina chill teora laithe ⁊ teora haidhche gan[2] do lin*n* leo *acht* aen soidt*ech*, ⁊ ba lór doibh *gach* noidhche a bfaghdais de.

(44) Oc*us*[3] teccaitt 'chum atha for Nem linn;[4] ⁊ tuile mor[5] an*n* a ccoi*ne* *ar*oile .i. on muir ⁊ on abhain*n*. Cuiridh Molúa ⁊ Colma*n* ina re*m*htus. Cuiridh Colman an mhuir dhe ina haill fria thaobh; ⁊ cuiris Molua an sruth dhe ina aill ele. Ticc Mochuda fora lorcc 'san áth, ⁊ hé ina lecaibh tiormaibh, ⁊ do dheon*aigh* do*n* uiscce dol i ccen*n* *ar*oile;[6] ⁊ docuaidh.

xxvii. (45) Luidhsiot[7] go Liss mór. Scc*ar*ait for fí*ar*láid an duin dia bhen*n*ach*ad*, ⁊ do dhenamh aittrebh *fair*. Go tt*ar*la ogh doibh i reicles isi*n* mbaile. *Ocus* lioss mbecc aca aga chlaidhe. 'Dísccir hé', ol an ogh;[8] 'cladhaidh an liss so as mo díbh', | ol sí.[9] Doniat, *con*idh desi*n* f. 157b do len Liss mór dhe; ⁊ do edhb*air* hi féin ⁊ a sealla do Dhia ⁊ do Mocuda.

xxviii. (46) Luidh[10] duine bo*cht* la naen go Mochuda fora ttucc*adh* serc le*n*na, ⁊ bainne, ⁊ fiona. Toccbais Mochuda a lamh osin top*ar* bái ina freccn*air*c, ⁊ doní teora ran*na* dhe, ina fhion, ina lion*n*, ⁊ ina bain*ne*; ⁊ do ibh an bo*cht* a dháothain dibh, gur bó slán. *Ocus* ros benn*aigh* Mocuda an top*ur*, go ro cuir ina chruth féissin doridhisi.

xxix. (47) 'Ar ccriochnucc*adh*[11] na noibr*ech*[12] ndiadha sin[13] do Mochuda,[14] dochuaidh a corp hi ffain*ne*[15] ⁊ i n*ar*saighe*cht*. *Ocus* dochuaid hi tteghdais mbicc ona mancaibh.[16] *Ocus* do innis doib n*ar* bó cían a reimhes. *Ocus* ni[17] fhedadh dol dia ffiss, *acht* as iattsomh thiccedh dia fhiss somh. *Ocus* ro shill[18] súas la náen, go ffacaidh dor*us* nimhe[19] occa fhosluccadh, ⁊ foiren*n* d'ainglibh ag t*echt* ass go h*air*m irraibhe siu*m*h. 'I ndáil t'anma sa tangam*air* ne, a Mocuda', ol síatt. Cuiris fioss forna mancaibh, ⁊ ro in*nis* doibh a niomscc*aradh* fri aroile;[20] ⁊ do chaith Corp Criost, ⁊ dob*erar* sacr*a*mai*n*t na hecclaisi dó, ⁊ do scc*ar* a anam fria chorp, ⁊ dochuaidh i naent*aidh* aingeal[21] i ffrecn*air*c na Tr*in*óide;[22] Ath*air*, Mac, ⁊ Sp*ir*at Naomh.

FINIS.[23]

[1] ⁊ anaid faré Colman St. [2] gan . . . oc*us* *om.* St. [3] = M § 64; S § 17. [4] atha for Abhainn mor St. [5] tórmach tuile St. [6] dul a leith oile St. [7] = M § 65. [8] 'dís. sin a óg', ol síad (altered from *si*) St. [9] dibh budhein', ol an óg, St. [10] = M § 67; *not in* St. [11] = M §§ 68, 69; S § 19. [12] St. p. 40. [13] cr. iol-umad do degh-oibreachaibh St. [14] sechnoin Lesa Mhoir *add.* St. [15] a nanmainn St. [16] ar leith *add.* St. [17] ro gabhadh fair go ná *add.* St. [18] for nemh *add.* St. [19] na righ-cathrach nemhdha St. [20] do lathair, ⁊ ro cheileabhair doibh maille re bennachtain *add.* St. [21] ⁊ arrcaingel *add.* St. [22] naomtha *add.* St. [23] There is no colophon in Br.; cf. § 15 note.

Indarba Mochuda a rRaithin.[1]

f. 266[a] i. (1) Mochutta m*ac* Finaill do Ciarraigibh Luachra a ceiniul .i. do Uibh Ferbu an tsainr*iudh*. Tainicc sein i[2] noilithre andes go Leith Cuinn, go ros gaibh i rRaithin. Bui maincine mor ime occ lub*air*[3] ⁊ acc ern*aigh*te ; deichneab*ar ar* secht cedaibh do isi*n* mancine,[4] ⁊ no aiccilledh aingli gach tres fer dibh.

(2) Ro ba cob*air* mor don mainch*ine*, an toilithrech naomh donanaicc[5] *tar* muir .i. C*u*santin mac Ferccu*sa* ri Alban. Ro ren[6] side maiti*us* an talm*an ar* oilithre do asccnamh nimhe, *co na tar*at a mod manch*ine* amh*ail* ce*ch* man*ach* fognamha do Dia. *Con*id he ro claidh ⁊ ro thorain*n*[7] an cill, .i. Rathen,[8] ⁊ ro lesaigh cepaid *Con*santin fri Rathen andes, '⁊ Magh *Con*stantin *for* b*r*u B*r*osn*aigh*e Atha Maighne'.[9]

(3) Ba mor im*morro* a p*r*oin*n* ⁊ a[10] saith .i. proin*n* ced nos ferud,[11] co tab*ar*tai fuigell[12] Mocuda[13] do. Ro sen[14] Mocuda a beol[15] ⁊ ni caithedh[16] *acht* coibeis fri gach manach iar*am*, ⁊ ni t*e*sda dia nert, cia ro thesda dia saith. Ba mor torbu a umhaloitti dona mancaibh ; nert c*ét* an*n*.[17] Ro guidh sium dano Mocuda dia leccad dia tir fodeissin i nAlb*ain*, d'fios sccel a cloin*ne* ⁊ a cineoil. Ro ched*aigh* do techt.[18] Tainicc siu*mh* doridisi. Ro taisccedh dosomh a cuid proinne airett ro baoi thair, ⁊ doradadh f*or* seithe[19] ina fiadnaisi ina cumascc*adh*[20], it*er* brothcan,[21] ⁊ ass, ⁊ *arbhar*, ⁊ dorell f*or* crui*mhe* cidh ·*ar*aill de.[22] Ro gabh iar*am* a fuath*r*oic[23], ⁊ ro tim*airc*c *con*a dib lamhaibh cuicce, go ro gle dó a caithim uile. Tucc*adh* do d*ano* fuigell an chleir*igh*, ⁊ doromailt uile co fos*adh* ⁊ co halain*n*. Baoi an f*er*tigis occa forcoimétt na facbadh ni dia proin*n* ce*n* tomhailt.

(4) 'Fon d*aire* duit fod*est*a', *ar* Mocuda *ar*abarach, '⁊ imir do bh*arai*n*n* f*air*.' 'Cid dia tucais fo*rm* to*cht* do laim am*ail* docuad[24] hi

[1] The title is from Fer. [2] a leith Fer. ; illeith Ash. [3] saothar St. [4] mar-mancine sin St., Ash. [5] do thocht Fer. [6] rec St. ; roind Fer. [7] he dororaind Fer ; dosroraind Ash. (*omitting* ro claidh ⁊). [8] ⁊ ro claidh (ra cechlaid Ash.) a clodh, *add.* Fer., Ash. ; do thogaibh a cloide St. [9] '⁊ Magh . . . Maighne', on margin in darker ink. Not in Fer. or Ash. ; the whole sentence '⁊ ro lesaigh . . . Maighne' is omitted in St. [10] proinn ⁊ a *om.* Ash., St. [11] *no* fiuradh *interlined* ; feradh Fer., Ash. ; proinn ced gacha nona la fuigell St. [12] foiccild Ash. [13] gach trath *add.* St. [14] coisrig St. [15] gin Fer., Ash., St. [16] meiledh Ash. [17] St. omits from this point to the end of the chapter. [18] ro cedaighedh dó Fer. [19] seichidh Fer., Ash. [20] cumascaigh Fer. ; cumus caich Ash. ; cumuscraid R. [21] clerech *add.* Ash. [22] ⁊ dorell . . . de *om.* Fer. [23] im(b)e Fer., Ash. [24] *so* Fer., Ash. ; docuaid Br.

tos*ach* arráir? Nim tainic sea riam d'ecomnart, a Mocuda, ni no samhlaind 'fris'; ce*ch* eccomn*ar*t riam rom farr*aid*', for se, 'ro laas dim fom cumhang. Gach maith rom baoi rom buanad*us*.'[1] Luidh siu*mh* fo*n* d*air*e iarsin, 7 nos reidhigind.

ii. (5) Fecht ele doso*mh* isi*n* cludh[2], ag denamh a oibre. | Ro proin*n*siott na cler*igh*, 7 ro dermaitt*edh* eisium. Ro lon*n*aigedh siumh disuidhi, *co n*docuirest*air* lan na sluaiste uada asin cladh don úir d*ar* forles an proin*n*tige, *co n*darainic a cuid a mias-cuadh[3] ce*ch* man*aigh* bói istigh. Teid Mocuda dia shaigid siumh iarsin. Is an*n* ro batt*ar* na srotha allais t*air*is la dichracht an tsaoth*air*. Dob*er*t Mocuda a bhois [fo a edan, 7 dobert[4]] fo a edá*n* feissin. 'Maith, a chleirigh', f*or* C*us*antin, 'all*us* a maoile fein íc*us* cach.'[5] 'Uch, ro loitis', *ar* Mocuda, 'uair no icfudh cidh drucht do lighi, min epertea sin.' f. 266b

iii. (6) Ro tionoilsett cleirigh Úa Neill fe*cht* an*n* i mMagh Lenai[6], 7 ro troisccsiot an*n* co ffoillsighthi doib dunorga*in* dorónad is tir. Ros foillsigedh doibsium tre naroile oig .i. tria Cainnli[7] *ingen* Di*ar*mata. Rucc Mocuda leis na cler*ciu* i*arsín* co Rathen, 7 ros biath co hiomlan andsin iatt .i. samadh Finden *con*a nab*aidh* .i. Colmán m*a*c h*Ui* Tell*uibh*, 7 samadh Coluim Cille, 7 samadh Ciarai*n* *con*a nabb*aid* .i. Cronan d*er*cc m*a*c h*Ui* Laicti. Ro gab tra tnuth 7 f*or*matt na cl*er*ciu an*n*sin fri Mocuda *ar* iom*a*t na man*ach*, 7 *ar* feph*us* na ca*t*hrach[8] .i. Raithin[9], 7 *ar* shaidbrios a mbid 7 a ned*aigh*,[10] 7 ar feabh*us* an cler*igh* fei*n*, u*air* ba f*er*[11] go rath nDe he.

iv. (7) Ro benadh clocc proin*ne* oc Mocuda i*ar*si*n*, 7 dochoidh ina proin*n*tech. Bat*ar* na habb*aidh* aga radh ett*arr*a fein: 'Cidh dia tta an clocc proinne si ittr*as*ta' f*or* siatt, '*ar* ro caithsim ne 'narraibhe do biudh[12] isi*n* mbaile; ar maidhmighi', *ar* siat, 'dogni sem so, *no* is *ar* ro-im*a*t bidh occa.' Cuirither iar*am* techtaire uaidibh dia fios an mboi biad occa. Luidh iar*amh* an tech*taire* .i. Manchin e, fos-aircind*ech* Clu*ana* mic nois. Luidh i*aramh* Manchin isi*n* proinntech, 7 atchí an fuirecc[13] mbidh bae occa. 'Cidh so, a Mhancin?', f*or* Mocuda. 'Mo scci*an* doradadh uaim f*or*sin meis', or se. 'Fir', for Mochuda. 'Cid fil an*n* tra?' *ar* se, 'ar is do thaisceladh[14] foirne[15] dodeachad. G*ur*ab gorta not béra fei*n*, 7 fer th' ion*aidh* do' gres'.'

(8) Ro soi an fos-aircindech gusna cleircibh i*ar*si*n*, 7 ro in*n*is | gach ni atcon*nair*c 7 atchvala,[16] 7 ros gabh tnuth 7 f*or*matt na cleirchi frissintí f. 267a

[1] gach maith . . . buanadus *om.* Fer. [2] cloidhe St. [3] i mias-chuit Ash.; dorainic cuid di for méis gach St. [4] dochuir St. The bracketed words are omitted in Br. owing to homoiotel. [5] fhognas do gach aon St. [6] Line St. (*inepte*). [7] Caimill Ash., St. [8] a ionaid St. [9] *om.* Br. [10] St. omits the rest of the sentence. [11] forud Fer., Ash. [12] ioncaithme *add.* St. [13] iomad St. [14] thaiscelaibh Fer.; tairrscelad Ash. [15] fiad m. pr.; for biadh Fer., Ash.; is do braith ar biadh mo thige si tangais St. [16] et nunciauit eis omnia que uidit et audiuit Fer., Ash.

Mochuda i*ar*s*in*, ⁊ asb*er*tsatt*ar* fris: 'Faccaibh an mendat[1] attaoi', ar iett, '⁊ leicc Let[h] Cuin*n* d'Fin*n*en[2] ⁊ do Colai*m* Cille, ⁊ do Ci*ar*an m*ac* an tsaoir.' 'Ni ragh sa adiu', for Mocuda, 'go ro gaba ri no esp*oc* mo laim as; *ar* ni maith do cleir*iuch* utmoille, *acht* muna dichuirther ar eiccin.'

(9) Lot*ar* na habb*aidh* iarsi*n* c*us*in righ[3] .i. co Blathm*ac* mhac Aedha Slaine, ⁊ doronsat casaoitt Mochuda fris. Tainicc sein leo co Cl*uain* Iraird, ⁊ asi comairle ro cinnsiot an*n* .i. Mochuda d'ion*n*arb*adh*. *Con*id sí sin in[4] tres saobh[5]-san*us* Le*t*he Cuin*n*, ⁊ is hi Cl*uain* Er*aird* doronta a ttriur iad, dia nebhradh:

Teora saobha sanasa
Cl*ainni* Cuind imraga sa[6]
Cur Colum Cille t*ar* sal[7],
Timdibhi sáog*ail* Ci*ar*a*in*,
Mochutta *con*a chlamhraidh
D'in*narbadh* a Rathai*n* roglai*n*;
F*or*bais doibh ar clan*n*aib Cuin*n*
Tarr*aid* do siol Muoluim[8].

*Con*idh diom*m*buaidh comairle ro fagb*adh* for Cluain Erai*r*d iar*amh*[9].

v. (10) Lottar na clei*righ* i*aram*h c*us*na riograidh léo .i. Blathm*ac* ⁊ Di*ar*ma*i*t, da m*ac* Ae*dh*a Slaine, da righ Ere*nn*, co mbatt*ar* ri dor*us* na cille. Giollae aouc an*n* Diar*mait*. 'Eircc du*n* a C*us*atin', *ar* Mocuda, 'do guide na rig im dail[10] mb*liad*na do thab*a*irt duin*n*, ce*n* ar ngluas*acht*[11] adiu.' Tet iar*amh* C*us*atin dia saichin siumh, ⁊ a lorcc slaidhe ina laimh, ⁊ a *cu*lchi[12] *imm*e. 'Coich seo?' f*or* in oig. 'Cusantin in toilit*ir* sin', *ar* iatt. 'Maith a ocu', f*or* se, 'do guidhe hitchi cuccaibh si dodheochadh*us* on cl*er*iuch, co tarttai dail[13] mbliadna do cen fogluas*acht*, ⁊ damhsa da*no ar* m'oilithre ⁊ ar mo geilsine don Coimde.' 'Is ferr a thaba*ir*t', ol Di*ar*ma*i*t. 'Dob*er*thar', ol Blathm*ac*.

vi. (11) Tiag*ai*t as iara*m*. Doberad na clei*righ* ce*t*na iatt i*ar* cin*n* bl*iadn*a, co mbata*r ar* dor*us* na cille. 'Eircc dun, a C*us*atin', *ar* Mocutta, 'do ghuidhe b*liadn*a oile cen ar ffogluas*acht*.' Teitt siumh da*no* fon iond*us* ce*t*na. 'Ise an bachlach ce*t*na', for cach, 'nis bia
f. 267[b] failte don chur sa.' 'Is d*r*och-impide, | a occa,' f*or* C*usan*tin, 'ar ro bamair ne riam isin maitis attataoi si, co ros renam[14] e *ar*in Coimde. Ro battar secht nduine f*or*m com*us* [s]a, ⁊ rig ce*ch* duine,[15] ⁊ or ⁊

[1] inat Fer., Ash., St. [2] Finnia Ash. [3] Here, on the top margin of Ash., is a scribe's note: 'dermat sin', i.e. that is forgetfulness; perhaps he refers to this mention of a single king, whereas there were two joint kings, see § 10. [4] *om.* Br. [5] *om.* Fer., Ash., St. [6] 'ma[r]radhas sa Ash. [7] sail Fer. (*recte*). [8] Mo ulaim Fer; Mo ul. (with mark of abbreviation) Ash. St. omits the quatrains. [9] dogreas St. [10] chairde St. [11] ar fhogluasacht Fer., Ash., St. [12] cluicin Ash., St. [13] cairde St. [14] recsam St. [15] rig an cach duine Fer.; ⁊ ri cacha duine Ash.

arccat, graighi[1] 7 alma bo ce*ch* duine, for mo cub*us* [s]a si*n* uile.[2] *co n*dam*f*il i moghsai*n*e sund *ar* s*er*c nDe .i. an Coi*m*de. Cia dob*er*ta *iaramh* f*or*msa 7 foranti rom faid, bes ropiadh foc*r*aicc.'[3] 'Fochen duit', or da m*ac* Aedha, 'rod fia failti 7 *cair*de mbl*iadhna*.' 'Be*r*idh si benn*acht*ain do*no*', *for* eisiu*m*.

vii. (12) Teccait dia bliadhna doridhisi it*er* laoch 7 cl*erech*, co mbatt*ar* a ndor*us* na cille. 'Eircc, a C*us*antin', *for* Mocuda, '*cus*na riogaibh, *gur* cuince cairde mbl*iadhn*a duin*n* forra.' 'Atag*ur* mi*n* tucait',[4] *for* *Cus*anti*n*. Luidh *iar*amh dia saichin. 'In bachlach cedna diabh*ar* saigh*id*', for siatt. 'Nocon acaille it*er*, rob*ar* bia f*er*c[5] leis.' Fecaitt na gille f*or* daescaire fris, occa caopadh.[6] Ni tucc somh dia oidh inní sin co toirsed[7] na righu. 'An tibrid si cairde na bliadna do Mochuda?' or se. 'Eircc uaind, a bhachl*aigh*' for siatt, 'nit fia failte.' Lasin sreidh in gabail uadh, 7 geibidh bragaitt ce*chtar* nae na da righ ina dib nglacaibh. 'An tibridh', for se, 'in itchi con*n*aighim? 7 min tardadh, bid liath cecht*ar* fath*ar* do inchinn a cheile uaibh.'[8] 'Dob*er*am co deimhin[9]', ol siatt. Tug*adh* dosomh in cairde, 7 ni la benn*acht*ain fu*air*[10].

(13) Uch, m*ar*bh *Cus*antin *íar*tain, 7 isin tsechtmai*n* ria neccaibh do, oc ceilebr*ad* doiph ina necclais, *co n*acca Mocuda in Satan[11] for cind C*us*antin. 'Cidh dotfuc an*n*sin?' *for* Mocuda. 'Manach[12] damso', for se, '*ar* ata an dom*an* *for*a cub*us*.' 'Is doigh, as becc sidhe', for Mocuda. 'Is cuitech*ad*[13] an*n*, gid becc,' for eisiumh. 'Maith a cleirigh', *for* Mocuda, 'tab*air* do coibhsiona.'[14] 'Dober sa *immorro*, a tic*cern*a', *for* C*us*anti*n*, 'nach fil don dom*un* for mo cub*us*, *acht* imraidim[15] nama comadh maith lem, in lec forsan geibh si do p*ater*[16], comadh si no be*t*h dar m'aghaid.'[17] 'Bidh si *immorro*', for Mocuda, | 'eircc si, a Shathain,[18] isin coirthi cloichi f*r*i cill andes, 7 ni d*er*na ercoid f. 268[a] an*n*, *acht* donti ticfa f*r*isin ecclais.'

viii. (14) Tangatt*ar* meic Aodha Slaine *iar*si*n* co mborrfadh 7 barain*n*, uaille 7 diumuis, 7 na cleirigh;[19] 7 ba[20] hi*ar*na ndeg-*gr*esacht do ladran*n*aibh hU*a* Neill. Deithbir on da*no*, *ar* ni faigebhdais scor a nech la feraibh Midhe, mi*n* dicuirte Mocuda. Uch,[21] ba haini*mh* mor[22]

graigte Ash. [2] Instead of 'for . . . uile' St. reads: 7 ro treiges íad sin uile ar Dia; foracbus sa sin uili R. [3] cia . . . focraicc *om.* St. [4] as baoghal lem nach tiubhraid St. [5] scel Fer., Ash.; nacham aigilleadh nach náon uaib ar na bia derb-sgel lais St. [6] Gabhaid na gille ag fochaidbedh fáoi, 7 aga theilgen do caobaibh 7 do criaidh St. [7] toracht Ash., Fer, St. [8] 7 mona tucthaoi, luighim si fom Día fíre fein, go ná haithgeona nech uaibh a incinn fein tar incinn aroile St. [9] *om.* Fer., Ash., St. [10] *om.* Fer., Ash., St. [11] an demhan St. [12] dileas *add.* St. [13] cuithech Ash., Fer.; is . . . eisiumh *om.* St. [14] do culpa St [15] acht a iomradh am intinn St. [16] salma St. [17] a ló m'éga *add.* St. [18] a demain St. [19] aroen friu Fer., Ash., St. [20] 7 ba . . . uch *om.* St. [21] uch . . tan sin *om.* Fer. [22] la Mucuda ég *add.* St.

*Con*satin an tan sin. 'Eircc anun*n* a Di*ar*ma*i*t', or Blathm*ac*, 'ar is at rí.' 'Ragat', *for* Di*ar*ma*i*t, 'cenip fo lith lem.[1] 'Neach uaibh leis, a chleirchiu', for Blathmac. 'Dogentar', ol iatt.

(15) Ro ladh crandch*ar* et*er* samad Fin*n*ein ⁊ Ci*ar*ain, ⁊ Coluim Cille, d'fis cia hepscop[2] uadaibh no raghad la Diarmaid.[3] Dorala do mui*n*ntir[4] Cl*uana* m*eic* Nois, ⁊ ro lasat[5] sein fora fairchi, ⁊ dorala do muin*n*tir Cille Achid Drumfhata. Ro lasatt sein iter a cceallaibh, ⁊ dorala do muin*n*tir Cluana Cong*us*a hi Cinel Ardgair.[6] 'Rag*at sa*', *for* a hairchin*nech* side, 'do ghabhail a lamha.'

(16) Tiagaitt t*r*a anun*n* Di*ar*ma*i*t ⁊ an cleir*ech*, ⁊ socch*aidh*e mor *ar*chena maraon friu.[7] Teid Di*ar*maid, co t*ar*att a uillin*n* frisind ursain*n* na heccl*ais*i i mboi Mochuda. 'T*arr* istech isin ecclais, a Di*ar*ma*i*t', f*or* in cleir*ech*. 'As lor dodech*ad*', or Di*ar*ma*i*t. 'In do gabail mo lamha so dodeach*ad*?' f*or* Mocuda. 'Is fris rom cuired cet*us*', ol Diarm*ait*. 'Madh dian[8] deni siu forru', ol Mochuda, 'am erlum sa[9] da*no*', f*or* se, 'l*et*su.' 'Ro fheimghios', ol Diarm*ai*t, 'nis gebh do laim co brath, *ar* med do nóimhe ⁊ t'ordain, ⁊ is am aithr*ech* cidh *ar* techt iter.' '*Co n*do[t] raib siu ordan ⁊ oirech*us* do*no*', f*or* Mocuda, 'f*or* nimh ⁊ talm*ain*, ⁊ cu*mh*achta ⁊ righi ⁊ flaithemhn*us* f*or* Eirin*n* go brath, cei*n* co[10] tis frim com*ar*ba sa. Nir soit*er* do gnuis frit nai*m*diu, ar \`ro' soisiu rem*am*sa. Dob*er*att tra ind oicc aithis fort i*ar* ndol amach .i. Di*ar*ma*i*t Ruan*aidh* do radh riut, ⁊ g*ur*ab i nordan[11] doicc duitsiu sin, ⁊ dod shiol, ⁊ gurab uait an righe dogres.'

(17) Ro soi Di*ar*ma*i*t amach i*ar*sin, ⁊ doratt Blathm*ac* aithis fair: f. 268b 'As ruan*aidh* tice on cleir*iuch*', ol se | .i. as rioghda. Ro be do*no* radh caich iar*am* fris .i. Diarma*i*t ruan*aidh*. 'Eirg*id* fein', f*or* Blathm*ac* frisna cleircibh, '⁊ geib*idh* laim Mocuda, *ar* is fribh cosn*us*[12] f*er*onn.' 'Ni ragam *gan* t*us*a linn', f*or* siat. 'Ragat sa libh', f*or* an righ. Atragat[13] a naoi*nfecht* uile, laochaibh cleircibh, co h*air*m a mboi Mocuda.

(18) Dochoidh da*no* airchin*n*ech Cluana *Cong*us*a* dia saighidh, do gabhail a lamha, *ar* is dó rainic a[n] cran*ncar*. 'An geba sa mo laim siu?' or Mocuda. 'Gebat, ar[14] ni bhia isin suidhe abádh fris', or in cleir*ech*. 'Nit *r*aib siu do*no* nemh no tal*amh*', for Mocuda, '⁊ corap fo ssop ⁊ cuitbiudh[15] i ndalaibh \`⁊' i ndoire*cht*aibh dogr*es* t'airchinnech'.[16] 'Uch, mairce nod geibh, ⁊ lasa ngab*ur*',[17] for secnap Cille Achid. 'Benn*acht* fort', or Mocuda, 'bidh let ordan do cille.'[18]

[1] 'cenip . . . lem', written above the line; *om.* Fer., Ash., St. [2] *om.* Ash., St. (*recte*). [3] do gabhail laime Muchuda asan neglais *add.* St. [4] ro thuit an crannchur ar samadh Ash. [5] ro lasat . . . Drumfhata *om.* St. [6] Ardgail Fer., Ash., St. [7] Here ends Ash. [8] For 'mad dian . . . ro fheimgios' St. reads: 'An dena sa sin forta?' ar an cleirech. 'Madh ail duit si mo iomgabhail', ol D. [9] fris *add.* Fer. [10] Eirinn duit fein ⁊ dot shiol, no co St. [11] ⁊ inmhi *add.* St., omitting 'doicc'. [12] is uaibh congbhus a St. [13] adnachtadur St. [14] 'gebat ar' inserted above the line; *om.* Fer., St. [15] MS. cuitbiudha. [16] ⁊ fós gurab fuigell fochuidbidh ⁊ fanamaidh . . . tú fein ⁊ fer t'ionaid go brách St. [17] do lam *add.* St. [18] dogres *add.* St.

(19) ‘Berid as e’, *ar* fos-aircind*ech* Cluana m*ei*c Nois, ‘na fuirghidh an bachlach c*r*and-briathrach isin ccill.’ ‘Nit raib si nemh no tal*amh*’, for Mocuda ‘7 fu*acht* 7 gorta dot breith fein, 7 do breith fhir th'ionaidh dog*re*s.’ ‘Mor liach a ndognid,’ f*or* secnap D*ur*maigi. ‘Bid t*us*a b*us* secnap 7 b*us* aircind*ech* it chill dog*re*s’, for Mocuda. ‘Tairr*n*gidh anuas é’, for[1] aircin*n*each D*urmaigh*i. ‘Dig*r*adh[2] do samhta fort tria bite, 7 for fhior t'ion*aidh* dog*r*es, 7 gurab eiccin meur fair tria bhite in*n* aireacht dia mun*adh*.’[3] Ro saoi co muin*n*tir Cluana hIraird, 7 ro esccaoi*n* drem dibh, 7 ro bennach drem ele.

(20) Luidh Blathm*a*c feisin anun*n* i*ar*sin, 7 Cronan dercc com*ar*ba Ciarain. ‘Cidh dia ttuidcidh?’, for Mochuda. ‘Do gabhail do lamha sa’, or Blathm*a*c. ‘Ni gebha’, for Mocuda. ‘Ni bia isin tsuidhe abbadh fris’, f*or* se. ‘Gebatt sa do*no* do lamha sa asi*n* suidhi righ ittaoi, 7 getat nemh 7 talam fo*r*t, *co na* bia ri no ri-dhamhna uait, 7 isiatt bas d*aire* don giolla[4] dochoidh amach do chlan*n* 7 do chiniul go brath.’

(21) Ro soi[5] go Cronan i*ar*sin, 7 adub*air*t f*r*is: ‘Ni daonda ataoi frimsa’, or se, ‘ar inisle do gnim si si*n*, 7 do aont*adh* fri samu`dh' Ciara[i]n; ut sit in prouerbiu*m* ap*ud* eos: M*u*mne*n*sis manum Mumne*n*sis accepit .i. co ro moti raibh ap a Mumain occa.[6] |

(22) ‘Ni raib *immorro* `somaoin'[7] 'na habdaine si*n* tre bithi sír for Muimn*ech*, *acht* aon nama do Mu*mh*a geb*us* í do in*n*ech*adh* for Leith Cuin*n* mo diocur si.[8] *Connacht*a fo Araib, 7 h*Úi* Neill *gan* righe rur*ech*, *acht* a mbeith fo fhan echtrand fri re. Cluai*n*[9] da*no* ce*n* lubair, ce*n* riaghail, i*ar* ndith a sruithi, i mbia comhcedludh discir nach druine trepait a hiatha[10] a bith cen rimad[11] comgnimha fri fo*r*ce*tal, cen toi fri ortt, *acht*[12] s*r*uithi cen com*m*aidh c*r*esine, acht comhcetlud in espaic[13] f*r*ia lin*n*, cein co ti an daol bán firfes dia eis, 7 bidh maith ind ecclas fria re,[14] bid olc í i naimsir in luc*air* deoda don[15] Mumha firfes a comrama ce*n*[16] espa; co ra bai siu fein fo aithis.’ Statim oculus sinister Cronani exce[c]atus[17] est. f. 269a

(23) ‘Dian-bas dot breith do*no*, 7 do ciníudha dot eis, 7 an lamh ro sinedh cuccamsa,’ or se, ‘gurap foll*us* do chach a míaradha.[18]’ Quod postea completum est. ‘Ce*ch*[19] ab da*no* gebh*us* itt ionadh gibe ernail

[1] secnab no *add.* St. [2] neam-gradh St. [3] dogres . . . munadh *om.* St. [4] isiat bus bias 'na lucht dáoirsi 7 moghsaine do siol an giolla St.; omitting ‘do chlann 7 do chiniul’. [5] For the long passage, ‘Ro soi . . . excecatus est’, St. has only: Do sói Cronan derg iarsin: ‘In deana innechad formsa samluigh?’ ar sé. ‘Do tuillfidis do míghnioma si sin’, ar Mochuda. [6] The passage ‘Ciara[i]n . . . occa’ has been added later at the foot of the page. Fer. reads: ‘do gnim se’, for se sin, ‘7 d'oentaigh fri samud Ciarain’, co rob móite rai[bh] ab a Mumain occo. [7] somhain Fer. [8] dichu*ir* se Fer. [9] cl*erig* Fer. [10] na nduinech tre fáit a iatha Fer.; ? na ndui*n*e trebait. [11] ra imudh Fer. [12] sen Fer. [13] a nespaibh Fer. [14] cein co . . . fria re *om.* Fer. [15] olc immorro iman luchair dego din Fer. [16] comrum cacha Fer. [17] uel extinctus, *interlined*; *and so* Fer. [18] drochdhiol St. [19] can Fer.

treblaitte gebh*us* e i*ar* ngabhail abdhaine, nir sccara fris coa bhas'. 'Fer ghai d*eir*c itt ionad sa da*no*', for Cronan, '7 dian-bas do breith d*r*eime dibh.' Ro fhacc*aibh* da*no* b*r*iath*r*a aile beos do.[1] 'Bidh limsa an cathair siu do*no*', *ar* Cronan.[2] 'Ac', f*or* Mochuda, '*acht* bidh Rathen Mochuda, 7 Mochuda Rathain atb*er*tar an*n*.'

(24) Gabaitt iar*amh* a laimh, 7 lotta*r*[3] timcell m*artra* 7 relecc. 'Uch, a tig*er*na', *ar* manach dia mancaibh fri Mochuda, 'ata gal*ar* im chois; ní fedaim techt lat.' 'An di*no*', *ar* Mocuda. 'Na to', f*or* Col*man* m*ac* h*Úa* Telduib, ap Cluana Iraird, 'ni bia ind aoibhell sin uaitsiu accain*ne* i*m*medhon'.[4] 'Eircc', f*or* Mochuda, '7 tab*air* do cois forsin cloich ucatt.' *Ocus* o doratt an manach a cois fuirre, ba slan focedoir; 7 asi si*n* lec Mochuda ı rRathe*n*. Dochoidh da*no* an gal*ar* i ccois Col*main* la breithir Mochuda; 7 asp*er*t co mbeith go hartraigt*ech*[5] dog*r*es i cCl*uain* Irai*r*d[6] an ga*lar*.[7]

(25) At*r*achtatt*ar* na m*air*b asi*n* talm*ain* do neoch atbath fria aimsir

f. 269b siu*m* | do techt lais. 'Ami*n*', for Colm*an* god man*ach*,[8] la gab*ail* coisi Mocuda, 'ro gellais si duin*ne*', for se, 'comadh ett*r*ain no beith h'es*erge*; 7 apair di*no* in let ragmat, no an sun*n* anfam*at*.' 'An*aid* sunn', *ar* Mocuda, '*ar* ni filit in da eiseirge isin tsoisc*el*, 7 ticub sa dia laithe bratha cóm manch*aibh* uile co crois C*us*antin i ndor*us* na cille, c*u*rap immalle digsem do fuig*ell*[9] bratha.'

ix. (26) Luidh iar*amh* Mocuda ass, *cus*in mor-imirci sin lais .i. xl *ar* o*cht* cedaibh a llion. Mor do fhertaibh 7 do miorbhuilibh doroini[10] co rrainicc na Deisi;[11] 7 doratt ri na nDeisi .i. Maolochtraig m*ac* Din*ert*-*aigh*, a chorp 7 a anmai*n* do, 7 doratt do gach ao*n* no togf*adh* do*na* Deisibh do leccadh leis[12]. Ro gab somh iar*amh* i nDun Scinm f*or* Nim. 'Bith-biad sa[13] sun*n*', for eisiumh, '*co n*dech*us* do Nimh for nemh.' 'Cid dofo*r*ni si*n*, a chl*eirigh*?' or caill*ech* ro bai an*n* fris, Caimell a hain*m*. 'Nach lis sin indso dogniatt na manaigh',[14] for eisiumh. 'Is les mor cet*us*', ol in chail ech. 'Bidh é a ain*m* dono', for eissiumh '.i. Les mor.' *Co*nidh desi*n* ata Lioss mor Mochutta.

(27) M*ar*b dóno Mocuda dia b*liadhn*a[15] iarsi*n*. Dochoid do*no* Cronan i Mum*ain* fora fairci .i. com*ar*bha Ciarain;[16] docoidh assin go Les

[1] fer ghai . . . beos do *om.* St. [2] 7 budh uaim aimneochar *add.* St. [3] luid Fer. [4] ar fadoghadh ionar medhon St. [5] artraigech Fer. [6] i C. I. *om.* Fer. [7] dochoidh . . . galar *om.* St. [8] gat manach Fer.; gad- St. [9] docum breithemhnais St. [10] Dia 7 Mochuda no *add.* St. [11] Aon dibh side. Fechtus dia mbaoi Mochuda 7c. St., which now returns to Ir.[1] c. v. This shows the crudeness of the conflation, for what follows in St. is concerned, not with Mochuda's journey to the Deisi, but with his life at Rahen prior to his expulsion. [12] fris Fer. [13] Dun Scinde for Neim-lind. 'Biad sa' 7c. Fer; Br. seems to take 'nim-bith' as a single word, and it is written 'nem-bith' on the lower margin. But Nem is the Ir. name of the Munster Blackwater. [14] dogniat an dunagh Fer. [15] dia bl. *interlined*; *not in* Fer. [16] com. C. *om.* Fer.

mor,[1] d'iarraidh loghtha dia cinel a los na mbriath*ar* ro fagaibh Mocuda forra. Molua lob*ar*, ase ro bai ara cind an*n*. Bui siumh arnabharach oc cuingidh logta for Molúa [2]. 'Dia tti Mochuda doridhisi hi ccurp', *for* se, 'cuindigh log*adh* fair. Cein co tti, ni thibrem ni logad dia eissi.'

(28) Tainic Cronan andes reme i*ar*sin do saigidh Cl*uan*a m*eic* Nois. Tainicc i lluing *for* Sinuind. At*connairc* an taen eth*ar*, ⁊ eth*air* iom*dha* aga tog*r*aim. Ro baiditt *immorro*, ⁊ ro m*ar*baitt na roibhe isi*nd* eth*ar*. Tainic aon do lu*cht* an ethair *for* snamh c*us*in luing irraibhe Cronan, ⁊ ro gabh Cronan ar cend é. Doratt *immorro* aon do lucht na tog*r*ama beim do, co ro be*n* a cend de, ⁊ a laimh do Chronan araon. Luidh C*r*onan | iarsi*n* co port, ⁊ docoidh for tir, ⁊ atb*er*t fria muin*n*tir: 'An*aidh* sun*n*', *ar* se, 'co ro codl*ar*.' Batt*ar* fri re i*ar*sin occa idnaighe d*us* in érsed. Marb tra Cronan an*n*si*n* tre breithir Mocuda, am*ail* dorairngert do, ⁊ ro thairrngir aon dia chinel do ghabhail abdhaine a Cl*uain*, ⁊ meth foran tuaith ⁊ foran ecclais fria reimes. Et hec omnia completa sunt, et complentur, et complebuntur. f. 270[a]

x. (29) Ro la[3] an doman bacc ar bacc
Da m*a*c décc fil acc Blathm*a*c;
Aen[4] m*a*c décc la gach mac;
Is an*n*sa[5] a ríom re a rath-nert[6].

Ro la [athirruch][7] athbac
Dec meic cech ui do Blathm*a*c;
Aiteoch an Rí dosrat[8] nert,
Na raibh ri[9] o Blathm*a*c.

Treab*aid* Blat[h]m*a*c mile rod
Cian ó ata in iomat ócc;
Biaidh Blathmac i*ar*sin i ffán,
Faicfidher a aenarán.

Blathm*a*c cía no raitea fris,
Fil nech bad treisi iris;
Focicher don nirt i ttá
Fri hen oidce *ocus* en lá.

Et reliqua.

(30) Mochutta *con*a coimhtionol .i. moirsheis*er* ⁊ secht fichit ⁊ se*cht* ccétt, ⁊ imaccallaimh re hainglibh ce*ch* tres fer dibh. Lá nan*n* luidh

[1] Here ends Fer., a leaf of the MS. being lost at this point; so that for the remainder of the tract Br. is the sole authority. [2] Moling m. pr. [3] The two first quatrains occur in the Life of Colman mac Luacháin (ed. Meyer, p. 20). [4] da Colm. [5] i. doiligh, *interlined.* [6] rath-mac Colm. [7] supplied from Colm. [8] dosrait Br.; in Colm. the line reads: is tualaing in Ri dusrat. [9] *no* taithmet, *interlined*; and this is the reading in Colm.

Mochuda *gus*in coimhtionol sin ime ina prosesiam mor-timcell reilge na naingel i rRathain occ denamh an ernaighthe, *et reliqua.*[1] |

f. 270[b] xi. *Mochutta cecinit.*

(31) Ind ecclas naemh nem*dha*,
Is saer hí, is crodh cundla;
Tabr*aidh* taobh re sruith-n*ert*;
Is cruitnecht, is craobh cu*m*ra.

Da ngabaid ind ecclais,
Cur bá haltrom naeidhen,
Gurab tren bhar mbriath*ar*
Occ biathadh a haidhedh.

Is siad so na haidhigh
Is dír isin ecclais,
Lucht lubra *ocus* leigin*n*;
Bochtain, deiblein diadha;
Mogenar dogenad
Cobhair oca fegadh,
Oc denamh a riara.

Da ngabhaitt in ecclas,
Fograim, daibh a pudar,
Abraidh náchas gebaid,
No denaid a lubair.

Do lubha*ir* a tempuil,
Ceilebr*adh* is crabhadh,
A haltoir maith mais*ech*
Co raibh si 'arna senad,
G*ur*ab caemh re fegadh
I*ar* ndenam a caiseal.

Da ngabaid an ecclas,
Foccraim, ni radh rúine,
Daigh is lim as cumhan,
G*ur*ab eirghe curadh,
Bidh ulad ce*ch* cúile[2].

[1] Here the scribe breaks off, and adds the note: Do sccriob*us* an scél so riasun*n* 'san duilleog remainn, air ni a haen lebh*ar* frith an tecclamad, i. e. I wrote this story previously on the following leaf (i. e. f. 271, c. xii), for the collection was not (all) got from one book. Then follows the Colophon: A ttig na mb*r*ath*ar* do scc*r*iobadh ag Drobhaois 24 Ianuarii 1627 as leabhar Briain meig Niall*usa*, i. e. In the house of the brethren on the Drowse was this written from the book of Brian mac Niallusa, Jan. 24, 1627. The significance of these notes is discussed in the Introduction. [2] The word *cúile* added later in darker ink.

A haith[l]e na nuladh,
Foccraim, is rádh bun*aidh*,
Da nd*er*naidh b*ar* saeth*ar*,
Da moraidh b*ar* lubhair,
Saothraighet bar ccosa,
Imdaighter b*ar* lossa,
Toccbaidh súas b*ar* mbosa,
Bid crosa os gach ulaigh.

(32) A hait[h]le cros cin*n*te,
Da cin*n*id b*ar* saethar,
Ní abraim ribh anad;
B*ar* ndul amach re bliadai*n*,
G*ur* bat fai cet fiadaigh
Oc iarr*aidh* bh*ar* manach.

Gach manach dobera
A edhbairt don ecclais,
Do denamh a saeth*air*,
Do mhor*adh* a cille;
Rob leis fein a dini
Oc treabhadh a tire,
Cu rachtea ar crine,
A righe *ar* muigh nimhe.

Gach manach nac tiubrae
A edbairt don ecclais,
Do den*am*h a sáetha[i]r,
Do mór*adh* a lubar;
A gort, ni rab gen as,
Rob olc gach ní treabh*us*,
G*ur*ab dem*in* bheires,
Gurab de len*us* pudh*ar*.

Na rap pud*ar* daibhsi;
Troiscidh *ar*na mancaibh
Diultfaid forind ecclais,
Issedh dlegar duibhsi;
Mad becc libh a mberaitt,
Eirgidh *ocus* treabhaidh,
Denaid gurta gemhair,
Lenaid as in ecclais[1],
Ind ecclas naemh nem*dha*.

Et reliqua. |

[1] MS ecclass.

f. 271ᵃ xii. (33) Mochudae[1] Rathain *con*a coimhtionol .i. ase so a lin .i. moirseis*er* ⁊ secht fichit, ⁊ secht ced ; ⁊ imaccallaimh re hainglibh[2] gacha t*r*eas fer dibh. Ina coroin doib a timcell reilcce[3] Rathain ag denamh an ern*aigh*ti. Amhail bai Mochutta an*n*, *co n*faca an deman ina medhon ettorra. Fi*ar*f*aigh*is Mocuda de : 'Ca *conair* fu*ar*ais, a truaigh, conuicce so ?' Freccrais an diabal é, ⁊ is*edh* adubairt : 'For mail an Con*n*achtaigh', ol se .i. mac leig*ind*[4] do cinel Aodha na hEchtghe. 'Maith a chler*igh*', ol Mocutta, 'ca hait iraibi do menma a*n* tan tainic an diab*al* tort[5], go fil in*ar* medon ett*r*ain*n* ?' Luidhigh[6] an mac eccailsi ic p*r*ost*r*ait i fiadnaisi Mocuda, ⁊ ro i*n*dis an tadb*ar* do .i. 'Ag tab*air*t catha ro batt*ar* mo braith*r*e collaidhe, ⁊ ro foillsighedh *da*mhsa inní sin, ⁊ as ettorra ro búi mo dut*r*acht[7] gen *gur* muig rempu, ⁊ ni hannso, ⁊ dogellaim si duitsi ⁊ do*n* Coimde *con*a faigbe diab*al* slige amach tora*m*sa, ge fu*air* amuigh' ; ⁊ ba fir ón.

(34) 'Maith, a cleir*igh*', ol in diab*al* fri Mocudae, 'cedaigh damh imtecht, uair ni lamhaim dul ind aér[8] suas la hanalaibh na naemh ⁊ na hirn*aighth*e, uair ni dom fu*arus*[9] i nif*r*ion*n* pian as t*r*uma ⁊ as diochra oldas anala na naemh, ⁊ na hirn*aighth*e.' Ro chett*aigh* dano Mocuda don diabal imthecht la t*r*uaighe na naitesc ro chan i ffiadhnaisi na naemh. Ro imtigh *immorro* an diabhal i*ar*sin ina fiadhnaisi, ⁊ nis fainic cuca doridhisi. *Et reliqua.*

xiii. Scel ele ar Mochuda an*n*so.[10]

(35) Mochuttae Rathain *immorro* dorin*n*e roind da coimhtionol ⁊ da aidhedhaibh adhaigh naen an*n*. Gach biadh *immorro* frisa mbenadh
f. 271ᵇ a lamha,[11] no cui*m*ledh | dona broccaibh no bittis uime gach lai.
Adhaigh nan*n* do*no* asbe*r*t Mocuda : 'As mór an righe si i fuilim', ol se, '.i. moirseis*er* ⁊ secht fichit ⁊ secht c*et* isi*n* 'coim'tionol so i fuilim, ⁊ imaccallaim fri hainglib gach tres fer dibh, ⁊ abdhaine ⁊ cenn*us* accamsa forrosa*n*, ⁊ con*idh* mesa misi oldas gach fer dibhsi*n*. *Ocus* ni slige nimhe damsa si*n*, ⁊ ni biu aml*aidh* ni bús sia, *acht* rachatt g*us*an luing at[a] ag imtecht a hEirin*n*, cu na rabh*ar* da adhaigh i naen ionad, acht acc ait*r*icche *ar* fud an dom*ain* moir.'

(36) Rucc as an adhaigh si*n* amhl*aidh* sin, ⁊ ro élo[12] *ar*nam*ar*ach go h*air*m a mboi Com'gh'oll, ag Tigh Teille. Amhail at*connair*c cach dibh a chele .i. Mochuda ⁊ Co*m*'gh'oll, bennachais cach dibh diaroile. 'Suidh', ol Com'gh'oll fris. 'Ni hail lem', ol Mocuda, 'u*air* ata tinnen*us* form, u*air* ata an long oc imtecht', ol se, '⁊ as eigen damh ro*cht*ain in*n*te.' 'No to', ol Com'gh'oll, 'u*air* dobhera Dia don luing

[1] This story occurs separately in Rawl. B. 512, f. 142ᵇ 27 (cited as Rl.). [2] fri Dia Rl. [3] na naingel a *add.* Rl. [4] mac ecailsi Rl. [5] fort Rl. = luighidh ; loigis Rl. [7] menma Rl. [8] isin aidheor Rl. [9] ni fagaim Rl. [10] There is a rather shorter version of this story in Rawl. B. 512, f. 142ᵈ, which has been printed by Kuno Meyer, Z. C. P. iii. 32–3. [11] comruicedh a lam Rl. [12] lan-mochtrath *add.* Rl.

anadh anocht.' Suidis *immorro* Mocuda, 7 ros benadh a brocca de, 7 amhail ro benad, asb*er*t Com'gh'oll: 'Tair amach, a dhiabail', ol se, 'asi*n* broig, 7 ni bherair lat in ettail fu*ar*ais[1] ni as sia.' Lingid *immorro* an diab*al* asin mbroicc amach, amhail atcuala sin, 7 asedh adub*air*t oc imtecht: 'Ni sechbaidh deit do thégmail dia[2] Com'g'oll, a Mocuda, u*air* ni leiccfind si di adhaigh i naen ion*adh* tú, *ar*in lethcumaigh doronais *ar* do bhrogaibh fein sech b*r*occaibh an choimtionoil, u*air* no chumailtea do lamha doibh an tan no bithea ag roind na p*r*oinne no bidh occaibh, 7 ni fu*arus*a siighe ele cucc*at acht* an *conair* si*n* namá.' Imthigis an diab*al* i*ar*tai*n*, 7 asb*er*t Com'g'oll frisan naemh in*n*todh dia tigh, 7 tathaighe a t*r*ath do dhenamh.

Ocus asbert:

'Maith do chleireach beith ab*us*[3]
'Ocus tathaighe na t*r*ath;
'Doberat demhna cuidmide
'Spirut utmaille for cach.'

Anais Mocuda abh*us* gan imtecht do cu*macht*aibh De 7 Com'gh'oill.

Finis.[4]

[1] ro forbrais Ri. [2] *no* o, *interlined.* [3] *no* i ffoss, *interlined.* [4] Asin leab*ur* do s*cr*iob Tadg o Cianain do sgriobadh an beccan sin ag Drobaois, 28 do Marta 1627, i.e. From the book written by Teige O'Keenan this little fragment was copied at the Drowse, March 28th, 1627. By the little fragment is meant cc. xi-xiii.

f. 272a

Do mhacuibh Ua Suanach.

(1) Fiachra cettam*us*, m*a*c Each*ach* Muidhmedhoin, bat*ar* da mac lais .i. Amalgaidh 7 Nathi. Meic da*no* Nathi .i. Eocha brec, 7 Eocha Mingort, 7 Elgach, 7 Earca Cael-buide, Corcoroi, 7 Onbecc, 7 M*a*c Cuais, 7 Oengas Lamhfadha. Clan*n* Eachach bric .i. hÚi Eachdach Muaidhe .i. Clann Breithi m*ei*c Eachdach bric, 7 Clann Loeghaire m*ei*c Each*dach* bric .i. Muinter Muiren i nUmhall; dibhsidhe Maoldui*n* m*a*c Criomtai*n*, m*ei*c Dima, mic Di*ar*mata, m*ei*c Sen*aigh*, m*ei*c Laegaire, m*ei*c Ech*dach* bric. Cuimin[1] m*a*c Dima, m*ei*c Diarm*a*ta, i cCill Cuimin i tir Ó nEach*dach* .i. isin Ulaigh moir fo chosaibh h*Úa* Shuanaigh .i. i rRathain ro hadhnacht Cuimin.

(2) Cenel Laeghaire, Muint*er* Muiren Glin*ne* Muilduin, 7 Muint*er* Máilfogham*air*, 7 I Cridgen, 7 [I] Lena[i]n, 7 [I] [F]latili. Clan*n* Breithi m*ei*c Ech*dach* bric .i. Maelfalce mac Breithe, 7 Brodubh m*a*c Breithe, 7 Brenain*n* mac Breithe. Dibhsidhe na tri h*Úi* Suan*aigh* .i. Fidhmaine, 7 Fidhairle, 7 Fidhg*us*, tri meic Fidhbadhaigh 7 Ferabla ingine Dima duibh, m*ei*c Diarm*a*ta, m*ei*c Senaigh, m*ei*c Laeghaire, m*ei*c Each*dach* bric. Fidhbadhach ón m*a*c *Con*duiligh, m*ei*c Comain, m*ei*c Suanaigh[2], m*ei*c Crecain Muaide, m*ei*c Bruidge, m*ei*c Brenain*n*, meic Breithe, 'm*ei*c Each*da*ch bric *ut supra*', m*ei*c Nathi, m*ei*c Fiachr*ach*, m*ei*c Each*ach* Muigm*edhoin*.

(3) Ite iar*amh* naeimh Ua nEachach .i. Aedhan ic Cluain Eochaille isin Coran*n*, Colman m*a*c Each*ach* ic Senbochta i nUibh Cein*n*sel*aigh*; m*ei*c Each*ach* Muighmedhoin in*n*sin. Naeimh *immorro* sil Bric .i. Colman m*a*c Duach, m*ei*c Ainmirech, m*ei*c *Con*aill, m*ei*c Cobhtaigh,
f. 272b meic Egh*ain*, m*ei*c Each*ach* Mui*m*nigh. | Na tri h*Úi* Suan*aigh* *tra*, ite an*n*so a ngabhala .i. Fidhmaine occ Rathain, Fidhairle i Cintsaile, Fidg*us* oc Glas *car*n, *et reliqua*.

(4) Mar fu*air* Mochuda 7 h*Úa* Suan*aigh* Ros corr *con*a eran*n* .i. Maolbresail m*a*c Cathasaigh m*ei*c Flain*n* Lena bói ar foghail. Aen dia fhogail .i. sarucch*ad* croisi h*Ua* Suan*aigh* 7 a fhir-comairce i Fidh Elae imon cleir naésa cert[i][3] is de ata Cros na Cainte i Fid Elo;

[1] Scuimin, written on margin. [2] The scribe at first wrote Senaigh.
[3] = cerddi; MS. c*er*t; cerdi Fél.

i flaith Do*mh*naill m*ei*c Murch*ad*a dorón*adh* an sarucch*ad* 7 h*Úa* Suan*aigh*. Dorim*ar*t Domhnall m*a*c Murch*ad*a iar n*ar*gain 'h*Úa* Suanaigh' in dilgen*n* uile. Forfeimdhetth breth 7 eraic ar méd an tsaraighthe, co ro ladh for cub*us* hua Suan*aigh* fadeisin. Ishi im*morro* breth rucc sidhe .i. tir an echta do thuitim i ndilsi do Mocutta 7 d'Ua Suanaigh .i. Ros coir; 7 na dáoine doroine na hechta .i. h*Ui* Cernaigh, 7 h*Ui* Gilla Shuanaigh, 7 h*Ui* *Con*in, gan a nimpodh frisan fine c*et*na co laithe in bratha, *et reliqua*.

(5) MOCUTTA *CECINIT* OCCA IONN*AR*BADH O RATHAI*N*.

Nib [ṡ]ursan sccaradh scc*ar*mait,
Dursan nach anadh anmait;
Gidh sun*n*, cidh tall no m*air*mis,
Ro badh ferr lin*n* na sccarmais.

In as lemsa,
Cain in cell sa;
Inas leissiomh,
Taisigh dosomh,
G*ur*abh leisio*m*h.

Amhail gab*us* m*a*c go mblaidh
Forbai a uasal-athar,
Gebaidh m'ionad sa go mblaid
M*a*c fial feta Fiodhbadhaigh. |

Rathan na náemh ro charsam, f. 273[a]
Sosadh sáer ar ro fhersam;
Ar tafon*n* as nir charsam,
T*r*uag in mhalairt, nib [ṡ]ursann.
Nib [ṡ]ursann, *et reliqua*.

(6) MOCUTTA CECINIT.

Ni bia oram fairisiumh
Acht mar bhís ben ar aithedh,
Mo Rathen, b*údh* mo Rathnín,
Bu[dh] mór, [budh mór] mo Rathen.

Rathen ran, reil a ana
Os ruidh reidh Erca fine,
Is ris samlaim si Rathen,
Re hachadh do mhuigh nimhe.

Budh í mo cheall cátamhail,
Beid in*n*te buadha bin*ne*,
Beid scola go lán-grádaibh[1]
Og foghlaim eccna in*ne*.

Budh si mo cheall cátamhail,
Biaidh in*n*te im*at* nangel,
Budh si mo port gabhala,
Bidh sí mo dún, mo daingen.

In mac lasa toicebhth*ar*,
Bidh leis an dún na dria;
Aca ni bia a indsamhail,
Et*er* manchaibh ni bía.
Ni bia, *et reliqua.*

(7) Fecht*us* rainic h*Úa* Suan*aigh* co Laind m*ei*c Luachain. Occlaech saidhbir i ccomfog*us* do Laind an tan sin; ⁊ batt*ar* se*cht* m*ei*c occa, ⁊ feran*n* mor .i. Coisimnach ain*m* in*d* occlaich. 'A cleirigh', ar Colman mac Luachain fri hÚa Suan*aigh*, 'tair lium do iarr*aidh* faighde ferain *ar* Choisimnach.' 'Rachat', ar h*Úa* Súan*aigh*. O'tces iatt, ro hiadadh an baile fríu, ⁊ ro troisccsett go mattain i ndor*us* na
f. 273[b] ratha in líon ro bhatt*ar* | .i. hÚa Suanaigh *con*a muin*n*tir, ⁊ Colman, ⁊ Maoltuile m*a*c Nochuire, .i. bron-dalta hÚi Súan*aigh*.

(8) *Con*idh an*n* asb*ert* Colman re hUa Súan*aigh* .i. 'tabhair do mhallacht ar Choisimnach *con*a cloin*n*'; *co n*der*n*sat an t*riar* si*n* tri runda do Choisimnach, *ut dixit* Colman an rand:

'Fuirimh, a Fhidmaine fhi*nd*,
'Briath*ar* doréir righ na rind
'Ar Choisimnach, comhall ngal,
'*Con*a moir-sheiser brath*ar*.'

Dixit hÚa Súan*aigh*:

'Mo mallacht sa, co tí brath,
'Ar Choisimnach ina rath,
'Is ara chloin*n*, ni chelar,
'I céin raibh nemh is talamh.'

Ut dixit Maoltuile:

'Ni ro [a]trebhth*ar* in rath
'Oa comh*ar*baibh, co ttí brath;
'*Ar* t*r*osccadh na sruithe sen;
'A Criost caidh, ro co*mh*aillter.'

[1] 'án' of lán, written above the line.

Tucc*adh* díth ar Choisimnach iarsin, 7 ro tuit an ferand agan ecclais osin alle, *et reliqua*.

(9) Tri meic ro faccaibh Gilla Coluim Ua Maelmuaidh .i. Cubladma, 7 Don*nchadh*, 7 Muircertach. Ro gabhsat na meic si*n* occ foghail 7 occ ingreim for Raithin, 7 f*or* muintir Raithin, 7 for h*Úa* Suan*aigh*; cu tainic Cubladma la nan*n* go Rathai*n*, 7 ro m*ar*bh cuicc mile *déc* et*er* bec 7 mor. Tainic iar*amh* fercc comh*ar*ba h*Úi* Suanaigh .i. Saerbrethach Úa Ceall*aigh*, 7 chosaitt e go mo*r* | i ttech Murch*adh*a I Mael- f. 274[a]
echlaind i[1] nDurmagh, ar is an*n* bói Úa Mailechlaind istigh. *Ocus* doroine a cosaid ˋ.i. *Con*bladhmaˊ, ina fiadhnaisi féin.

(10) Ron gabh somh in glas-bachaill, 7 ro luigh nach deach*aid* do Rathain isin ló sin uile, 7 *con*ach derna olc dár hinnisedh uadh. 'Ni cóir', *ar* cach a coitchin*ne*, 'cosaid bréicce do denamh f*or*t.' Gidh edhsin tainic doridhisi do Rathain .i. i ndegh*aidh* h*Ua* nDuibgin*n*. Ro bui ar fhoghail 7 for dibeircc an tan sin; 7 tangatt*ar* f*or* com*airc*e an*n*, 7 rucc na bú do l*ár* na reilcce. Ro impó fer na mbo frissiumh[2] iarttain, 7 dorad guin don sgín bói occa i mullach a brond. O'tces dósomh é fein i n*ai*rdhén*aibh* bäis, targaidh a mhaincine d'O Ceall*aigh*, 7 d'Úa Suan*aigh*, 7 nir gabh Ua Ceall*aigh*, 7 ro ba m*ar*b somh fri cend nomaidhe iarttain. *Ocus* ro moradh fiorta Dé 7 h*Ua* Suan*aigh* andsin.

(11) Ron gabh Muircert*ach* Ua Maolmuaidh righe Fer Cell iarsin. Tainic adhaigh naén an*n* do Rathain for aidhigecht, 7 is an*n* boi a leabaidh in adhaigh si*n*, isi*n* temp*ull*, 7 boi a bhen ina fharr*adh* isin leab*aidh*. Muighi do digh coiscc bói occ senoir ro bói isin mbaile. Rucc*adh* ar eiccin chuicce *gu*sin temp*all*, 7 m*ar*t do crudh in bhaile. *Co n*ethat diblinaibh. *Co m*boi an tan si*n* Domhnall Ua Maolmuaid for ion*nar*b*adh*, 7 muin*nt*er Luainim ina fharr*adh*. *Co r*rangatt*ar* a moch-t*r*ath do Rathain, *gur* uo iatt ro duisigh Mu*i*rcert*ach*, *co n*dech*aidh* isin temp*all* for cula, *gur* loisced an tempall f*air* ˋtreˊ eiln*edh* an | tempaill ind oidhche roimhesin; go ro moradh ferta De f. 274[b]
7 h*Úa* Suanaigh an*n*sin.

(12) Ro m*ar*b*adh* Domhnall Úa Maolmuaidh ro loisc an temp*all*, ar lár Rathan ría cin*n* bliadna. Don*nch*adh* h*Úa* Maolmuaidh .i. an tres mac do Ghillacoluim, ro gabh*adh* eisidhein ag M*ur*ch*adh* hÚa Mailechlain*n*, 7 ro tiodnaic do mhuin*nt*ir Luainim go ttuccsat tunaith f*air*, 7 go ro foilgett*ar* hi poll móna co na frith riamh .i. ar mètt a doibes.

(13) Aodh m*ac* Domhnaill I Maolmuaid tainic sidhe beos do Rathain for aidhighecht, gur m*ar*bhsat muint*er* Luainim he i nInis Mochutta, 7 se fir d*éc* dia muin*nt*ir maraen f*r*is; 7 ro moraitt ferta Dé 7 Mochutta 7 h*Úa* Súan*aigh* isna gniom*h*aibh sin.

(14) Ishi da*no* oidh*edh* rucc ath*air* na[3] m*ac* sin .i. Gillacoluim .i. an

[1] 'in' is interlined as an alternative, and is surely right; 'go' in text.
[2] MS. sissium. [3] MS. mc.

Geocach h*Ua* hAilleai*n* d'Feraibh Cell do m*arbadh* Gillacholuim i nInis Locha m*ei*c Dubhrai, 7 do m*ar*badh a mna .i. inghen h*Úa* B*r*icc, dona Deisibh Muma*n*, 7 siatt for meiscce, 7 ro m*ar*badh in Geocach iarttain. Conidh de ata Port in Geoch*aigh* in bhail ro m*ar*bhadh é ; *et reliqua.*[1]

[1] Here O'Clery adds the Colophon : Ni faghaim ni 'sa mo lena sccriobadh ar Mochutta 7 ar Ua Suan*aigh* 'na sein-leabhraibh, 7 as eittir le fer a legtha so an meid bhenus le gach naemh diobh so do chur i neccar iomcub*aidh* 'san áit ina bfuighe bethaige na naemh ni sa lionmaire. Atú tuirsech g*an* amhar*us* ag Drobhaois, 3 M*art* 1629 ; i.e. I cannot find anything more to write in reference to Mochuda and Ua Suanaigh in their old books ; but where the reader finds fuller lives of these saints he can introduce in the proper order whatever (in these documents) refers to each of the saints. Indeed I am sorrowful, March 3rd, 1629, on the Drowse (i.e. in the Franciscan convent of Donegal).

Betha Ruadhain.

i. (1). Beatha[1] Ruadain do shiol Duach sund.[2] Ba[3] soichenelach inti hisin d'fuil riogr*aid*e Mumh*an* .i. Ruadhán fin*n*[4] m*a*c Ferg*us*a Beir*n*, m*ei*c Dera duibh, m*ei*c Daire cerb, meic Oill*ell*a Flan*n*bicc, m*ei*c Fiach*ach*[5] Muillethain, m*ei*c Eog*ain* moir, m*ei*c Oill*ell*a Ol*uim*.

(2) Do thogh Dia an Ruadhan sin i mbroin*n* a math*ar*, 7 o[6] dhiul a ciche dó, óir ba lan do rath an Spiorta Náeimh eisidhéin o laithe a thuismidh go laithe a eitsechta[7]. Dorad[8] anté Ruadhan gradh dermair don Choimdhe ina naoidhentacht.

(3) I*ar* techt aóisi in foglama dó, do múin[9] an Coimdhe cumh*acht*ach dó, dol d'foghlaim an screptra[10] 7 an creidimh chatolice[11] 7 na heccna diadha[12] archena. Doluidh Ruadan iarsin go hIbh Neill an deiscirt co Finden, .i. co hescop Cluana hEraird; 7 ro chaith | a aimser aicce, f. 193[b]
gur bo foirfe isin scriptuir[13] é. Gabais ced imthechta iarsin occa oide. Beiris benn*acht*ain uadha, 7 faccbhais bennachtain aicce.

ii. (4) Luid[14] Ruadhan i*ar*sin go M*us*ccr*aigh*e, a nAra M*a*c Ua Neitt, 7 toccbais[15] ionadh oirisimh[16] ann. Cuiris an Coimdhe aingel go Ruadhan iarsin, 7 is*edh* asb*ert* fris: 'Ni ced duit on Coimde t'eiseirge do bheith sun*n*.'

(5) Luidh Ruadhan iarsin go Lothra i nUr-mum*ain*, dú[17] hi ffuil a chatha*[i]r* aniu. 'Atchi anti naem Ruadhan an torc nallta nadhuathm*ar* fora chin*n* i ccúas croind, ar ba haitte cu*mh*san*aidh* dósam eisidhe.[18] Gabhais eccla anti naemh Ruad*án* occ faicsi*n* an tuirc. O't*con*nair'c' an torc antí Ruadhan, doluidh asin locc a mboi m*ar*[19] umla don Coimde 7 do Ruadhan. Cumhdaighis anti Ruadan ecclas noirbhidni*gh* don Coimdhe an*n*, 'for' forgall[20] an aingil, *a quo* Lothra i Mumai*n* aniu.

iii. (6) An cedna[21] aimsir taghais Brenainn .i. m*a*c ui Alta ionat oirisimh dó[22] settal o[23] Ruadhán i tTul*ach* Brenainn. Cumdaighis Brenain*n* duirt*ech* ann, áit a cclunidis clucca aroile adíu 7 anall.

[1] = M § 1; S § 1. [2] Beatha . . . sund *om.* St. [3] sochraidh *add.* St. [4] *om.* St. [5] Fiachaidh St. [6] ag St. [7] bháis St. [8] tug St. [9] theagaisg St. [10] diadha *add.* St. [11] an tegaisg criosduidhe St. [12] naoime St. [13] egna n-diadha St. [14] = M §§ 2, 3; S § 2. [15] ro thog St. [16] comnuidhe St. [17] áit St. [18] ba háit cumsanaidh disi sin St. [19] do St. [20] For 'don C. . . . forgall', St. reads 'isin ionad sin asa r'eirigh an torc ar fularam'. [21] = M § 3; S § 3. [22] The reading 'i. mac ui Alta . . . dó', is interlined, the original reading being 'muca allta inath oirisium do'; for 'mac úi Alta', St. substitutes 'mac Fionnlogha'. [23] dó fein a n-gar do St.

Atb*ert* Brenain*n*:[1] 'fagbham an chrioch so do Ruadhan, oir ní thuillem nech i nen crích fris *ara* oirbittin ⁊ ara onoir fein.'[2]

(7) Luidh Brenain*n* iarsi*n* co Cluain Ferta Brenaind, ait hi ffuil a cathair fein aniu. *Ocus* bennachais ann. Bennachais Ruadhan Brenain*n* ar son[3] a umhla dhósomh, ⁊ as*edh* asb*ert*: 'Mo cath*air* si' *ar* se, 'ni ba he daingne a chath*air* siumh t*r*e bithi inas.'[4]

iv. (8) Luidh[5] Ruadhan i*ar*sin a crich chineoil Chairpre móir go
f. 194ª Snamh Luthair. Atbath rí na criche an ta*n* sin. | Tuccadh[6] i ccend Ruadhain e dia adhnacal; ⁊ iatt oc toirse ⁊ occ derghubha go derm*air*.[7] Gabhais t*r*uaighe anti náemh Ruadan doibh, co ro aitcestair[8] in Coimde tara c*end*, co ro duissicch Dia an rí iarttain i nonoír Ruadháin. Ro edhb*air* an rí hisin a cath*r*aigh ⁊ a chrich, ⁊ se budeisin, ⁊ a chineol archena, do Dhia ⁊ do Ruadhan tre bithe;[9] ⁊ ro mor*adh* ain*m* De ⁊ Ruadhain desin.

v. (9) Luidh[10] Ruadan áen do laithibh do Rus Eir*n*ine i Crich na nOirther. Atchi soch*raid*e fora chind and; dibercoid, ⁊ toirsi t*r*om, ⁊ dergubha dermair leo.[11] Cesnaighes[12] Ruadhan damhna na diucaire.[13] 'Ata im*morro*', or siatt, 'a fotha accain*n* .i. aims*er* tedhma moir dorala sund, ⁊ ro fáccb*adh* ⁊ ro folchadh cistedha na cathrach fon talm*ain*, ⁊ ní fes[14] duin*ne* cia hion*adh* incleithe hi filet.'[15]

(10) Luidh Ruadhan i*ar*sin sechnon na cathrach occ sir-beim a cluicc, co ro ghort*aigh* a chlocc,[16] ⁊ 'é' ag atach an Coimdhe[17] tara cend. O'tclos don Choimde ett*ar*guidhe diochra Ruadháin fair, ro ersluicc an talamh uaistibh,[18] *gur* bo foll*us* do cach na cistedha; co tardsat a neiredha eistiph iarttai*n*[19] i nonoir naemh Ruadhain. *Ocus* ro edbratt*ar* na maithe a ccathraigh ⁊ a ccineol ⁊ iatt b*u*deisin do[20] Dhía ⁊ do Ruadhán. Morth*ar* ain*m* De ⁊ R*uadháin* desi*n*.

vi. (11) Doluidh[21] coicc Ruadhain laithe n-an*n* do idhlacadh loma[22] don cath*r*aigh[23] secht laithe diaigh aroile. An tan im*morro* do ticc*edh* go dor*us* na cath*r*ach, do mionaighte lest*ar* an loma, ⁊ do doirtea i mbith ind.[24] Luidh Ruadhan iarsin go dor*us* na cath*r*ach, ar go fion*n*adh cia dosgnidh an taidhmill*edh* bun*aidh* forsan coicc.[25]

[1] fria muintir *add.* St. [2] For '⁊ ara . . . fin', St. reads 'acht sé budheisin'. [3] a logh St. [4] Ni bá mo mu chathair si, ⁊ ní bá hoirmidnidhe a nimh ⁊ a ttalam oldas do chathair si tría bithe na bethadh St. [5] = M § 7; S § 5. [6] Corrected from St.; ticc cach Br. [7] uime *add.* St. [8] ro guidh St. [9] betha go bfhoghnann dó aniu *add.* St. [10] = M § 8; S § 6. [11] a chind og derchaoinedh ⁊ gubha mháir St. [12] fiafraighes St. [13] na toirsi sin St. [14] ní haithnidh St. [15] cáit a bfhilid St. [16] co ro . . . chlocc *om.* St. [17] ag guidhe Dhe St. [18] a bfiaghnaisi na *nuraidhe add.* St. [19] gur bo . . . iarttain *om.* St. [20] na maithe sin iad fein gona gcisdegaibh ⁊ gona nuile mhaithes ⁊ a siol iona ndeghaidh do St. [21] = M § 10; S § 8. [22] bainne St. [23] chill St. [24] an luim feisin St. [25] go fionnadh ciodh fodera anni sin St.

(12) At*con*nairc antí Ruadhan dha[1] demhon fora chind, .i. demon forin ursaind ndeis | 7 demon forsan ursain*n* clí; 7 ord iarn*aidhe* i llaimh gach dem*ain* díbh. 'Cidh dia tancabair sunda?' ol Ruadhan. 'Ni*nsa*',[2] ar siatt, 'i. do blodhadh lestair in loma,[3] 7 dia dhortadh feisin.' 'Cidh sin?' ol Ruadhan. 'Ata im*morro*', *ar* siatt '.i. f*or* domíad[4] in choicc frisna haidedhaibh, 7 frisna bochtaibh[5] archena.' Naiscis inti Ruadhan forna demhnu iartain t*r*iall rempu[6] i fudomhain in m*ara* moir amach, 7 oirisiu*mh* and dogres, *con*nach tístais[7] do aidhmilledh neich isin du cétna sin, ná i ndú naill t*re* bithu. Dogniat na demai*n* amhail asb*ert* Ruad*an* f*r*iu. f. 194[b]

vii. (13) Luidh[8] araile ferscal do *Ar*adaibh Cliach co Ruadán dia atach[9] *ar* go ndernadh liaigh de budeissin. Senais antí Ruadan a dhurna 7 a ruscca[10] dósomh. Foillsigter ind uile ealada leighis dos*omh* iarttain gurbo foirfe in*n*tibh é.

viii. (14) Rioghan[11] Cualan*n*, ros gabh guas*acht* tedma moir[12] hi. Baoi cáocca liaigh f*r*ia hacch*aidh* fri hath*aid*[13] fhoda; 7 nir chumaingsit icc[14] di. Luid an Coimdhe iartai*n* i rriocht aingil[15] go Ruadhan, 7 is*edh* asb*ert* f*r*is: 'As duitsi do deon*aigh* an Coimdhe an rioghan do ic.'

(15) Tocbais anti Ruadhan a toirrchim dhe[16]. [Ro foillsighedh tre aislingthe iona collad don rioghain anti Ruadhan][17] a[18] neccosc et*r*ocht, 7[19] maille f*r*i gloir nderm*air*. And*ar* lésí is*edh* asb*ert* f*r*ia: 'Cuirfet sa m*a*camh ócc dot shoighidh[20] comai*nm* an laithe a ttanacc sun*n*. Is amhl*aidh* rot bia m'eccoscc, 7 'rot' icfa.'[21] Edhbrais an riogan i*ar*ttai*n* hi b*ú*déin hi láimh De 7 Ruadhain, 7 atb*ert* frisna legaibh sódh for culaibh, 7 nar cu*m*aingsett slainte di.[22]

(16) Cuiris Ruadhan iartai*n* in liaigh remhraite dia soighidh, 7 ticc lestar[23] numhaidhe bói occa *con*a lan uiscce ann[24] do shaigidh Ruadhain.[25] Senais[26] antí Rua*dan* | an tuiscce. Laaidh bheos a shele ind. f. 195[a]
Ocus dorad digh don liaigh ass, 7 iss*edh* asb*ert* f*r*is iarttain Ruadhan: 'Soich[27] an rioghan, 7 beir an soidheach c*et*na let. Lai feissin do sheile ind, 7 tucc digh as do*n* riogai*n*, 7 bidh slan iarttain issidéin .i. an lía fola fil ina broind sgeraid fria iar*omh* ina gein m*air*b; 7 na geibh do lóg ó rígh Cualan*n acht* an brat fil aicce, dianid ainm Leuia'[28].

[1] added below line. [2] inneosam sin duitsi St. [3] do brisedh suithidhe an bhainne St. [4] droch-roinn St. [5] haidhilgnechaibh St. [6] dul St. [7] 7 bheith ann do shíor gan tiachtain as go bráth St. [8] = M § 11; S § 9[a]. [9] guidhe St. [10] a lamha 7 shuile St. [11] = M § 12; S § 9[b]. [12] galar trom St. [13] fria ré St. [14] níor fhogain aoinnech diobh St. [15] Tic aingel o Día St. [16] MS. dhi; St. omits 'tocbais . . . dhe'. [17] From St.; *om.* Br. [18] o Br. [19] *om.* St. [20] dot ionnsaighe St. [21] a samail mo égcosca feisin 7 nod iocta sa don galar a bfuile St. [22] dul for culaibh dia ttighibh, uair nar fhedsad leighes di St.; di *man. sec.* Br [23] soitheach St. [24] an Br. [25] na rioghna St. [26] ro choisrig St. [27] In St. this speech is put into *oratio obliqua*. [28] leini St.

(17) Luidh an liaigh iarttain *gusin* ríog*an*, 7 dogní feib atb*ert* Ruadhán; co ro íc an rioghan iarttain.[1] Ro thairccc[2] in rí tiodlaicte ile don liaigh uadha t*ar* cend íca na rioghna. 'Acc', ol in liaigh, 'ni gebthar sín uait, *acht* an leiuia[3] do breith lim go Ruadhan.' 'Rod fia', *ar* rí Cualann; 7 doratt in ri in lin-brat doso*m* iarttain, 7 ro mair for altoir Ruadhain fri haith*aid* fhada iarttain; 7 ro móradh ain*m* De 7 Ruadhain desin.

ix. (18) Araile[4] la boi long Brenain*n* for fudhomai*n*[5] mara Luimnigh, co ro súig an luing, go ros báidh *iar*tain, 7 m*a*ccamh óg, ba mac do ri Bretan bói occa foghlaim occ Brenain*n*, ina hio*chlar*. Is*edh* as*bert* Brenain*n*: 'Is do Ruadhan Lothra do dheon*aigh*[6] an Coimdhe an long so do sodhad for cula doridhisi, 7 an mac becc do d*úscc*e*dh*.[7]

(19) Cuiris Brénain*n* iartain techta go Ruadhan dia chuinghe f*air* te*cht* go h*air*m i mbói, ar go ccabhradh[8] Ruadhan an cás sin.[9] Luidh Ruadhan go Brenain*n* iarttain, 7 aitchis antí Ruadhan an Coimdhe t*ara* cend, go ro eist Día ettarghuidhe Ruadhai*n*, go ro shoidh an luing for cula, 7 m*a*c righ Bretan beo lais. *Ocus* iss*edh* asb*er*t an m*a*c becc: 'Isé cochall Ruadhain boi limsa fo*n* muir, *co n*ar leicc an tuiscce dom ingreim, go ro
f. 195ᵇ shoidhes im frithing | for cula doridhisi.' Morthar ain*m* De 7 Ruadhai*n* lasin f*er*t sin.

x. (20) Teora[10] *coic*at do mhuin*n*tir la Ruadhan doghrés, 7 no geibhdis betha gan feidm ndaonda léo, *acht* ern*aighth*e 7 ed*ar*guidhe an Dúilem*an*, 7 claiscettal coimdheta leo in gach dia, do móladh an Choimdhedh tre bithu, ion*nus* go ffaghdais a mbeth*aidh*. Crand iongn*adh* bói ag Ruadhan isin cathraigh; sugh aingle*cda* do shiledh asin crand doghres; boladh fína lais, 7 an ccedna do s has*adh* an*n*.[11] Geibhis tnuth derm*air* naemhu Er*enn* fris *iar*sodhai*n*, gurbat formattaigh fri Ruadan iatt.

(21) Go ro luidhsett naemha Er*enn* co Fin*n*en, eps*cop* Clúana hEraird, oír ba hoide dala 7 foircetail d'il*ar* naemh[12] eisidhe; *ocus* atberat aroile gur bedh do [uile] naemhaibh Er*enn*.[13] Doghníatt na naeimh in*n*lach nderm*air*[14] fri Finden, 7 is*edh* asb*er*tsat fris, nach tair[is]fittis[15] aes timthir*ech*ta dia mancaibh ina neccalsaibh, gan triall os aird, no fo dichleith,[16] do soighidh na beth*ad* naeimhe go Ruadhan[17]. Luidh Fin*n*en, 7 naeimh Er*enn* iarttain diblínaibh go Lothra go Ruadhán. O doriacht Finden isin ccath*r*aigh anon*n*, at*con*nairc an cran*n* cum*acht*ach, 7 senais Finden an cran*n*.[18] Batt*ar* an*n* asa haithle, gomba huair tomhaltais doibh iarsodhai*n*.

[1] gur bo slan an rioghan ar thegasg Ruadhain St. [2] ro fulair St. [3] leine St. [4] = M § 13; S § 10. [5] a ndomain St. [6] do chedaigh St. [7] a bás *add.* St. [8] ttogbhudh St. [9] de *add.* St. [10] = M § 14; S § 11; tri St. [11] fína fair, 7 ba sasaighthe gach aon no blaisd aoin fheacht; ni thomailte do biugh oga acht luibhi in talmhan St. [12] do uile naom haibh Eirenn St. [13] St. omits '7 atberat . . . Erenn'. [14] égaine 7 iomchasaid ndoaisneisi St. [15] tairfittis Br.; tairfidis St. [16] no ós ísel St. [17] The scribe at first wrote 'Colmán'. [18] go na ro sil banna as *add.* St.

(22) At*r*aigh an fertigis go Ruadhán, 7 is*edh* asbe*r*t f*r*is:[1] 'Nir snighedh on crand dúinn aniu *acht* daethain ar man*ach* 7 ar muintire fadéin.[2] *Ocus* caidhe attoimhelaitt ar naoidhigh?' Atbe*r*t anti naemh Ruadhan: 'Tab*air* si uiscce an top*air* diar soighidh, 7 imsoidhfidh an Coimde hi fion iarsodhain.' Atracht an coicc *iar*sin *gu*san top*ar*, 7 lionais a lest*ar* don uiscce. At*ra*cht in maighre | dia soighidh tresan f. 196[a] cloich boi fon top*ur* iarsodhain. Ba d'ingna[dh][3] 7 ba difaisneisi leosomh a mett, oir mar*aidh* a fhuilliucht isi*n* cloich beos. Luidh an ferthighis go Ruadhan iarttain, 7 an tuiscce 7 an teo derm*air* lais. Coisriccis[4] Ruadhan an *tu*sci, co ro shaidh in Coi*m*de hi fín iartain i nonoir Ruadhain.

(23) Díolais[5] Ruadhan naemha Er*enn* 7 a aidhedha arcena ind acch*aidh* sin d'fíon 7 d'iassc, gurbatt subhaigh soimhenmn*aigh* iarttain. Aílit na naeimh anti Ruadhan maille fri duth*ra*cht nern*aigh*the, ar co tairsiudh co cut*r*ama friu budeissin, 7 fria mancaibh a mbeth*aid* dáenda, daigh *co na* batt formadaigh fris. Ro aent*aigh* antí Ruad*an* i numhla 7 i foighitti*n* an tatach. Bennachais Fin*n*en iarsi*n* anti Ruadhan ar logh a umhla, 7 bennachais an ccathr*aigh*, 7 an talamh, dodailfedh toirthe do.

(24) Iss*edh* asbe*r*t Finden fri Ruadhan iarsodhain: 'Atbe*r*im si duit, an talamh oirfither[6] accat, toirthe derm*air*e do techt de co síor*aidh*e, 7 nach suirfe[7] lesachadh tre bithe, amal dogniter la daoinibh anaill.' Faemais Ruadhan inni si*n* do*n*ti náemh Findén. Soidhis Finnen 7 naeimh Er*enn* dibhlinaibh for cúla iarttain o Ruadhán maille fri sídh suthai*n*; 7 tiodlaicis Fin*n*en a bhenn*acht* do Ruadhan iarsodhain.

xi. (25) Diarmait m*a*c Ferg*usa* Ceirbeoil, frisan abr*adh* araile[8] Diarmaid m*a*c Cerbaill, ba ri Er*enn* i rreimhes Ruadhain. Cuiris an ri sin maoir 7 aes timtirechta sechnon Er*enn* do tabhach a chísa 7 a cabhalaigh,[9] ar faillsighti a[10] ne*r*t d'feraibh Er*enn* dibhlinaibh.

(26) Bai araile occlach eisiodhan ainiccnech lais ba maer dosomh, di*ar* bo ain*m* Bacclamh. Satan ar cumsan*adh* an*n*sidhein riamh 7 iar*amh*.[11] Ni aiclidh so*mh* | diabal dogres, acht no bittis d'aen scel fri f. 196[b] aroile ag[12] *tar*rachtain aindlesa[13] De dogres.[14] Triallais anti eissenngaide[15] i. Bacclam gae[16] derm*air* lais ar atach[17] ndiab*ail*, d*ar* ghoirist*air* fein[18] gae ind áird-*r*igh, co mbeiredh t*ar*sna lais i ndinnaibh 7 i ndeag-cath*r*achaibh na righ 7 na nuasal[19] *ar*chena, ar gomadh tormach neirt[20] don aird-ri eissidein.

[1] What follows is much shortened in St. [2] MS. fa fadéin. [3] ba hiongnadh St. [4] sénais St. [5] ro biaith St. [6] arfathar St. [7] iarrfadh St. [8] fria a nabarthaoi St. [9] a chána St. [10] The scribe at first wrote: dia. [11] Diabhal 'ar ndenamh comnaide ann do shior St. [12] acht sé ag St. [13] Perhaps: aindlechta (s̄ *for* s), or read: aimlesa, with St. [14] a aimleasa De tre bhithi St. [15] an fer demnaighe dobhésach sin St. [16] dersgaith *add.* St. [17] aslach St. [18] dia ngoiredh sum St. [19] a nionadaibh 7 a ndegharasaibh na ttriath 7 na ttaosech St. [20] comarta cumacht 7 comaonta St.

(27) At*r*acht Baclam iarsodhai*n* fon samhail sin hi cCon*nachta* dosun*n*radh. Luidh remhe go din*n* Aodha Gu*aire* .i. go righ Ua Maine. O doriacht somh,[1] atrubhrat*ar* cach[2] fris: 'Triall lin*ne* immaille fri hoirmittin 7 fri honóir isi*n* cathraigh anon*n*.' Atb*er*t somh nad raghad it*er*, co mbeired gae ind righ lais t*ar*sna, feibh *co m*beiredh i ndin*n*aibh[3] gach rígh *ar*cena. O'tcualat*ar* teglach Aeda Gu*aire* inní sin ro bhrisettar an ccathr*aigh*, 7 leiccit Bacclam anon*n*,' *ar* mionachadh[4] na cathrach, 7 a ghae t*ar*sna lais.

(28) Aodh Guaire im*morro* o'tcual*aidh* an gniomh si*n*,[5] lon*n*aighis uime, 7 fuactn*aigh*is go derm*air* iarsodhai*n*, 7 soichis go hairm i mbói an maor, 7 imris oid*edh* anfforlain*n* fair, go ros bath focéttoir.[6] Acht ge dorighne Aodh Guaire an gniomh sin, ba doigh lais na rachadh leis tar forsma*cht*[7] in aird-ri. Luidh Aodh Guaire iarsi*n* do Mu[s]cr*aigh*i co hepscop Senaigh. *Ocus* teitt fora chomairce tre bithin gaoil do beith aca fria cele, óir ba dias deirbh-seth*ar* a maithre dibhlínaib.

(29) Luidh Senach epscop iarsodhain[8] la hAedh nGu*air*e for imnedh an rígh go Ruadhan Lothra [for a ghaol fris][9]; oir ba días deirbh-seth*ar* do Ruadhan ro oilest*air* an tuasal-epscop Senach [7 Ruadhan][9] .i. Cael 7 Ruanat a nanman*na*. Acht ge ro faemastair inti Ruadhán f. 197^a in | chomairce, ba heccail lais nach eistf*edh* an ri fris it*er*.[10] Luidh Ruadhán dano la hAedh nGuaire go Bretnaibh for omha*n* Di*ar*m*a*ta .i. an rí, d'imditten a chomairce. Faccbais i mBretnaibh eisidei*n*, 7 soidh for cula budeissin.

(30) Imt*usa* in rígh Di*ar*mata, o'tchualastair inní sin, faidhis techta iarsin go rígh Bretan, 7 go huaislibh na criche[11] arcena, la forchongra a ndu*n*-oirgne do denamh, mine cuirdis Aedh Guaire for cula doridhisi.[12] O'tcualat*ar* Bretnaigh inni sin, soidhit Aodh Guaire for cula doridhisi.

(31) Ascnais[13] Aodh Guaire co Poll[14] Ruadhain, ar is an*n*sin fuar*us*-tair[15] anti[16] naemh Ruadhán fora cind. Dosgní Ruadhan iartain aitte 7 adba[17] isin talmai*n* d'Aed Guaire isin duirrtech irraibhe fein, occ fognamh do*n* Coimdhe, d'imdítten a chomairce forsan rígh nuaibr*ech*; 7 ni leiccedh somh dia soighidh *acht* aen ghiolla[18] nama i ninam a foghanta don lucc talm*an* irrabh*us*tair occantí naemh Ruadhán.

(32) Atcualust*air*[19] antí Di*ar*m*ai*t Aedh Guaire do techt go Ruadhan dia imdítten fairsiu*m*. Doluidh Diarm*ait* *iar*sodhain go Poll Ruadhain, 7 ro lá a *ara* *car*p*ai*t *gus*in duirrtech irraibhe intí naemh Ruadhan og fognamh do*n* Coimdhe, do tab*airt* Aodha lais ó Ruadhan. O doriacht an t*ara* don duirrtech anon*n*, druidis an Coimdhe imdoirsi a amhairc,

[1] an maor sin go faithce an dunaidh St. [2] muinnter an bhaile St. [3] duintibh St. [4] mbrisedh St. [5] 7 a tech do gerradh St. [6] imris bás fair aran lathair sin St. [7] sarughadh St. [8] for teit[h]edh *add.* St. [9] From St. [10] lais an righ dia sarughadh St. [11] righechta St. [12] an dúnoirgnidh do dhiochur fodhaigh nach dionfuithidhe leosum é St. [13] ro ceimnigh St. [14] So St. *recte*; Pupall Br. [15] baoi St. [16] *om.* St. [17] iartain derc St. [18] timt[h]ireachta *add.* St. [19] ó'd- St.

gur bo dall; *co nar* chumhaing a fhoghnamh dibh. An *tara* im*morro* geibis aithrech*us* ndiocchra isin ngniomh ro *tr*iall, ⁊ dorad é budeisin for breith nDé ⁊ Rúadhain in*n*.

(33) An tan ba cian lasin righ boi an tara tall, luidh feissin don duirrteach anon*n*, ar go ccesnaigedh[1] do Ruadhán, caidhe an dú irraibe Aod Gu*aire*; | óir ba doigh lais nach ebér*edh* antí Ruadhan f. 197b
dailbh fris. 'Ni f*etur* sa on', ol Ruadhan, 'acht mine fil fot cosaib.' Soidhis Díarmaitt for ccúla asin duirrtech, óir nir thuiccestair an mbreithir atb*er*t Ruadhan fris. Machtnaighis ina menmai*n*[2] *iar*sodain, comba fír a neb*airt* Ruadhan fris .i. co cumhaingfe nech do chor[3] i ttalmai*n* dú irraibhe a chos isin duirrt*ech*, ⁊ gurab for ingabhail dailbe[4] atb*er*t Ruadhan an mbreithir uccat fris.

(34) Atchí in rí béos ina decch*aidh* sin isin duirrt*ech* thall aroile gillae do aes timthirechta Ruadain ag triall *gus*in lucc talma*n* i mbói Aódh Guaire, ⁊ sutt*r*all for lasadh[5] lais, do foghnamh d'Aédh in*n*, feibh dogníth dogrés. Atces do Di*ar*maitt inní sin, ⁊ goiris gilla dia muinntir díar bó ain*m* Dondán[6], ⁊ is*edh* atb*er*t fris, *tr*iall don duirrtheach, ⁊ ín talamh do thochailt go hAedh nGu*aire*, ⁊ go tucctha ass dia shaighidh feissin anall asin poll t*ar* sarucc*adh* Ruadhain. Luidh Don*n*án don duirrtheach cona aidhmibh iarn*aidh*e lais.[7] An tan dob áil dó an talam do tochailt[8] dona haidmibh go hAedh nGu*aire*, seacais a laimh f*air*, *co nar* chumhaing it*er* a foghnamh dhi.[9]

(35) An gniomh nettualaing ro triall Dondán forsantí Ruadhan, geibhis ait*r*icche ndiochra inn, ⁊ edbráis é fein for breith nDé ⁊ Ruadhain. Ara in righ im*morro* do dhall in Coimdhe isi*n* du*irrtech* *i* nonoir Ruadhain, ⁊ Donnán feisin, dogni Ruadhan mancha dibh, ⁊ do naemhaitt iattsidhein, ⁊ isíatt dorala *i* nuimhir naemh nEr*enn* i Pull Ruadhain aniu. O' *t*conn*airc* Di*armaitt* im*morro* gan na techta do teacht,[10] luidh feisin *gus*in duírrt*ech*, | ⁊ doratt Aedh Guaire lais tar f. 198a
sarucch*adh* nDé ⁊ Ruadháin. *Ocus* lottar iarsín go Temair, ⁊ Aodh lais.

xii. (36) Ba[11] fercc mor la Ruadhan inn*í* sin, co ro tionoil a mhanchu, ⁊ lottar go Brénainn mBiorra. Luidh Brenain*n* lais *con*a manchaibh diblinaibh co Temraigh. Cuingis Ruadhan a chomairce forsan righ .i. for Diarmaitt. Erais[12] Diarm*ai*t go hathlamh antí naemh Rúadhan. Atclos do Ruadhan innísin, ⁊ do B*r*enain*n*, occ*us* dia mancaibh. Ro *tr*iallsat a cclucca ⁊ a cceolana do bein for Di*arm*a*i*t, go ros gortaighset[13] aga mbein. *Co n*gabhs*at* fós a psalma esccaine ⁊ innighte[14] fair, nir

[1] ⁊ fiarfuighes St. [2] ro tuig an righ St. [3] go madh eidir nech do chongmhail béo St. [4] bhreige St. [5] s. solusda St. [6] Donnan St. [7] do tochailt an talmhan do thabhairt Aodha lais gusan righ *add.* St. [8] claoidhe St. [9] tre misgaith naomh R*uadhain add.* St. [10] antan ba cían la Diarmuid baoi Donnan ana egmais St. [11] = M § 16; S § 12b. [12] ro dhiult St. [13] brisead St. [14] innechaigh St.

cumaingset it*er* a riar don[1] airdri lasodhain, *acht* doratt i ttarc*us*al dermáir íatt.

(37) Cumhsanaighidh[2] Ruadhan 7 Brenain*n*[3] i Temhraigh ind oidche sin. Da rígh *dec* bói la Di*armait*, ro eiblett*ar* an da mh*e*ic décc batt*ar* occa an cédna agh*aidh*, go ros frith marbh arabhárach. Toccbhaidht*er* ile comh*ar*c ós aird t*r*ithibh[4] i tTemhr*aigh* iarna cluinsin.[5] At*r*achtsat na ríghu sin g*us*in airdrí, i. go Di*armait*, *con*idh edh asb*er*tsat fris: 'Is tre shailm-chettal na ccleir*ech* 7 antí naemh Rúadhain fil oc tabach a dhála sun*n* fortsa, is desin ro eibhletar ar meic ne.' Lottattar oidedha[6] na m*a*c m*ar*bh sin go Ruadhan iarsin,[7] co ro aitchett*ar* anti Ruadhan maille fri derghubha ndermair ar co toduiscedh a maca doib. Luidh Ruadan 7 Brenain*n*[8] *con*a mancaibh ina c*r*ois-fighill iarttain, 7 dosgnit duthracht nataigh[9] forsan cCoimdhe im thod*us*ccadh[10] na m*a*c m*ar*bh; co ro shóidh an Coimdhe iatt ina mbetha[i]dh doridhisi, i nonoir Ruadhain.[11]

f. 198b xiii. (38) Adhaigh[12] naill naile boi Ruadhan i tTemr*aigh* ag tab*ach* a co*mairce*,[13] *co* t*ar*fas fis[14] don rígh in adhaigh sin .i. cran*n* derm*air* d' faicsin do. And*ar* leis boi feicce[15] an croin*n* a clethibh nimhe,[16] 7 a fremhae[17] i ttalmai*n*. Atchi béos teora *coicta* fer dia saigedh. Biail beil-lethan i llaimh gach ae dibh, co ro gabsat acc sloighi 7 acc sír-lett*r*adh[18] an croin*n* dibh, co ro srainsett leo for talm*ain*,[19] go ro duiscc t*air*m[20] in chroin*n* ag tuitim an righ asa thoirrchim suain, go huttmall, imnedhach,[21] gurab é ní ro oiris i sinist*r*eachaibh a eistechta .i. foghar sailm-cettail Ruadhain *con*a mhancaibh 7 a claicc-beim dibhlinaibh occ esccaine fair, gur forlíonsatt a clúasa *iar*ttain.

(39) Atracht an ri asin cath*r*aigh amach la turccgabail greine, óir ba geis do flaithibh[22] Temr*ach* eirge ngreine do breith forra alla astigh do shecht múraibh na Temrach. Luidh an ri *iar*sin go h*air*m i mbói an naemh-clerech Ruadán *con*a manchaib. O doriacht an ri ro sccuirset na manaigh dia cclais-cettal,[23] 7 doronsat tái d'eistecht frisan righ.

(40) *Con*idh an*n* atb*er*t Di*armait*: 'Maith mon*ar* fil limsa, triall occ cosnamh na cora 7 na firinne, 7 ag coi*m*ett an rechta, 7 acc[24] oirmitniuchadh[25] an dlighith.[26] *Ocus* tuccadh a deimhni damhsa', ol se, 'doreir cumsan*aidh* an tsiodhae. Madh sibhse', ol se, 'b*us* olc

[1] ni bhfhuairsid a réir on St. [2] ro comnaigh St. [3] *om.* St. [4] iola ghartha gubha 7 cointi St. [5] don tásg sin St. [6] aithre St. [7] go ttasg a gcloinne léo St. [8] *om.* St. [9] guidhe St. [10] do dhusacht St. [11] Here O'Clery adds the date: 1 M*ar*ta 1629. [12] = M §§ 17. 18; S § 12c. [13] ag tobhach na dala cedna St. [14] adu[a]thmar *add.* St. [15] uachtar St. [16] a nélaibh nimhe a nairde St. [17] freama St. [18] ag ledradh 7 ag lán-gerrad St. [19] leigsed docum láir 7 lán-talmhan é St. [20] fuaim St. [21] asa codlad go hanmuainech, imsniomach St. [22] righ St. [23] dia nesgaine St. [24] *om.* St. [25] daingniughad St. [26] 7 medughadh na mathasa i ngach áit *add.* St.

monar, ag *tr*iall ag cosnamh[1] na haingidhechta, 7 occ diochur an rechta 7 na riaghla flatha, 7 occ domíadh in dlicch*idh*, 7 occ imditten na ccionta*ch*;[2] snigf*edh* dioghal an Choimdhedh foraibh ind', or se.

(41) *Con*idh an*n* atbert Di*armait*: 'Bidh si do cheall sa, a Ruadhain, cét ceall dibhgh*us*[3] a remthus *ard*-cheall nEr*enn*.' Ro frecc*art* Ruadan dósoin: 'Bidh túscca | dibhgh*us*[4] do flaithemhn*us* oldas', f. 199[a] ol se, '7 ni aittreba neach dot seimedh Temair for do lorcc.' Friscart Di*ar*mait do Ruadhan: 'Bid fás t' aitti siu',[5] ol se, 'ar do ragha muc-thréd dia soig*edh*, co ros claidhet dia srubhaiph.' Ro freccart Ruadhán dó: 'Bidh fás Temhair ile ced mbliadan resanní sin', *ar* se, '7 ní ros aittrebha nech *iar*sin coricce an mbráth.'

(42) Ro freccart Diarmait dósomh: 'Do teccaimh[6] aithis for do ch*ur*p', ol se, 'oir biaidh dibhdadh[7] boill dot bhallaibh fort .i. do shuil, *con*ach ba léir duit silladh amhairc thairsi, suil faccbas tú an talamh.' Friscart Ruadhan dó: 'Bidh do ren*n*aibh biodhbadh atbela sa *co n*oidigh nderoil fort, 7 roind 7 dian-sccáoil*edh* dochraidh for do bhallaibh', or se, 'nas fuigebthar la 'roile go hadhnacal.' Friscart Diarmaitt: 'Do túaim adhnacail si, do tora torc allaidh dia saighidh, go ros tochla', or sé. Frisc*cart* Ruadhan dó: 'Atbeirim si gell', or se, 'in sliasait nar fhoscclais frimsa[8] i tTemhair, nas fuighebhthar lat bhallaibh fe*cht* naill go hadhnacal; 7[9] in tegh inat m*ar*bhthar', ol intí naemh Ruadhan, 'bidh occ díglodh in tighe iar ccaerchaibh for sluasaitt in ch*artaidh* ros tóccbhaidhther tú a broind áoilich.'

(43) Issedh asb*ert* Di*armait*: 'Leicc ass ale', ar se, 'do dhingaibhsidh mo flaithes, 7 ataidh si occ imditten na cintach. Fil a fhis sun*n*', ol se, 'is abhar tocha lasin Coimde innú sa.[10] Saigidh for cula', ol Di*armait*, '7 ín fer libh tar cend fuaslaicte damhsa.' A mbatt*ar* and iarsodhain, co ffacattar *tr*iocha each ngor*m* oc teacht | co Ruadhan, f. 199[b] nar bo hindshamh*ail* fri hechr*aidh* naill [ar aille][11], oc tocht asin mu*ir* moir \`fri' Poll Ruadain andes. Laais Ruadhan iadsidein a coimhrith[12] fri hech*raidh* Temr*ach*, co ro cinnset a ccoimhrith foraiph. *Ocus* dosratt Ruadhan in ech*raidh* i ffuasccl*edh* Aodha Guaire. Doratt an rí iattsidhe d' uaislibh a theccl*aigh*. Gairitt becc iarsodhain co ro soidhsett*ar* in each*r*aidh isin mhuir comhramhaigh[13] *cet*na gan poin*n* dia ttarbha 'ga nerradhaibh.[14] Imthighis Ruadhan iartain a Temhraigh maille fri síth on righ, 7 Áedh Gu*air*e lais.

xiv. (44) Atchí[15] antí Ruadhan clomha ina dhiaigh. Ro ailsiot[16] na

[1] cothughadh St. [2] 7 cádhas dona ciontachaibh St. [3] dibeortar St. [4] dibeortar tusa as St. [5] t'áit si 7 t'adbha St. [6] MS. deccaimh; dotiocfa St. [7] díobháil St. [8] an chos na ro atraighis remhamsa St. [9] St. omits: 7 in tegh . . . áoilich. [10] St. omits: fil a fhis . . . innú sa. [11] From St. [12] a gcuimling St. [13] móir St. [14] dona huaislibh sin diar bronnadh íad St. [15] = M § 19; S § 13. [16] ro iarrsad St.

cloimh almsain fair. 'Ni fhuil im chumang sun*n*', ol se, 'acht in eachr*adh* fil fon carp*at*, 7 dosia duibhsi for seirc an Coimdedh.' Soidhit[1] na cloimh o Rúadhan iarsin, 7 na heich leo. Atchí antí Ruadhan iarsin an da noigh nall*aidh* dia shoig*idh* asin coill*idh* ina fochraibh;[2] dorattsatt a cindu fo irsibh[3] an charp*ait*, co ro imchuirsett é immaille fri hoirmittin móir dia cathraigh feissin. Soait na hoige fora nalltaighibh fodheisin.[4]

xv. (45) Aroile[5] aims*er* corgais bói antí Ruadan, 7 isedh asb*ert* fria a mhanchaibh: 'Fil dál coin*n*me naeimhe dabh*ar* saigidh si; 7 tabhraidh feoil libh dia soighidh, 7 toimlidh feisin an fheoil leo, an tan nach t*ar*la a ndaethain do bhíudh ele i nbhar ccumhang[6].' 'Ar torrachtain na naemh, dorattsatt na manaigh an fheoil leo. Ro sen*us*tair[7] naemh Ruadhan in fheoil iarttain, cebtar nár lais. Ro shaidh in Coimdhe Ísu *Crist* in feoil sin gomba h*ar*án i nonoir Ruadhain.

(46) An tan im*morro* ro lai na naeimh for an aborta,[8] tainic athlaech
f. 200a léo don baile; diultais | an tarán do chaithemh o 't*con*nairc gurab d'féoil doronadh an taran go gar resan úair sin, do bhithin[9] am*ur*ais 7 eccrábhaidh[10]. Frith a daethain aráin naill dósomh. A mboi an tathláech occ tomhailt an arain, *co* tarfás dona cleirchibh 7 do cách archena gurab snighi fola ford*er*gi boi fria bél, 7 gúrab feoil[11] bói do thomhailt. Foillsígther dósomh cach aga fhaicsin amhlaidh sin. Geibhis an tathlaech aithrige ndiochra don gnio*mh* sin. O 'tcondaircc Ruadhan aithricche ind athláich ro shénastair cuid ind athláich. Ro shóidh in Coimdhe i narán nádurtha i nonoir Ruadhai*n* iarsin. Mórthar ainm Dé 7 Ruadháin lasin firt sin.

xvi. (47) Aroile[12] samh-aimsear bói náemh Ruadha*n*, at*con*nairc da chlamh *dec*[13] dia soighidh, go ro shuirset[14] almsai*n* forsan fer naemh. *Con*idh and asb*ert* somh fríu: 'Fil i ccumhang an Coimdhe[15] almsain d'faghái duibh, a trogha.' Clan*n*ais[16] naemh Ruadhán a bachaill i ttalmain iarsin, go ro gortaigh an talmai*n* 'ga cor in*n*. Atracht tomaidm d'uiscce tresan talamh iarsin, gur bo top*ar* derscnaighth*ech*, diar bo ain*m* Pisina, oir dorala bliocht d'iascc.[17] Is fris atberat cách topar Ruadhain aníu. Imthusa an dá clamh *déc*, ro fhothraiccset a huiscce an thopair gurbhatt ógh-slána iatt.[18] Mórthar ainm Dé 7 naemh Ruadhain tresan firt sin.

[1] ro ionntoisid St. [2] ba foigsi dhó St. [3] fhirtsibh St. [4] fon gcoill dorighisi St. [5] = M § 21; S § 15. [6] gcumachtaibh St. [7] ro coisrig St. [8] in tan ro suighedh na naoimh for na bordaibh do caithemh a bphruinne St.; in Br. we should probably read: forsna borta. [9] a *add.* St. [10] a fhuar-chrabhaidh St. [11] omh *add.* St. [12] = M § 22; S § 16. [13] ceitheora clamha St. [14] ro ataighsed St. [15] is tualaing Dia St. [16] saigheas St. [17] For: iarsin . . . d'iasc, St. has merely: 7 a lán eisg fair. [18] mar na daoine oile. Is frisan sruth sin adeirid cach tobar R*uadhain* aníu, 7 iocaidh gach galar ósin anall. St.

xvii. (48) Is[1] dochum an Ruadháin naeimh ro tiodhlaic an Coimdhe Ísu *Crist* ind oigh nall*aidh* asin coillidh fri fescor i nam | esp*ar*tan. f. 200[b] Do oirisfedh ind oigh nall*aidh* fria bleoghan occ Ruadán. An agh im*morro* ro reithestair go huttmall uirettrom; iarsodhain ro imthigh an agh, 7 doria*cht* co Colman Éla co ros bligedh do Cholman gairitt iar turgbail urthosaigh laithe *iar*ttai*n*.

xviii. (49) Aroile[2] urtosach erraigh ro thriall Ruadhán oiriseamh i nDoire Eidhneach. Atchuala m*a*c Dairine Doire moir sin .i. eisiumh do bheith an*n*. Ro t*r*iall an tocclach ina dochum, 7 ruscc dermhair lan d'im lais, dia tiodlacadh do Ruadhan. Ro la mac Dairine an lest*ar* for da damh naimhriata iarsodhain.

(50) Doradsat na doimh a nacch*aid* forsan cathraigh o Dhoire mor *con*air n*ar* ghnath*ad*[3] riamh na iaramh. Coirighís an Coimde slighe nderscaighth*ech* fora cind tresan mon*aidh*, nach frith riamh riasin u*air* sin na iar*amh*; gur bo crúaidh socair an tslighe dona damhaibh for gach ceim, no go riacht co Ruadhan co Doire Eidhnech. Dosgni antí R*uadhan* teora [cóicta][4] cuid don lestar go ro fodhlastair forsan cédna lín do dáoinibh eisidhei*n*. An lestor im*morro* frith lan laithe cingeisi iarsodhain amail ro boi acc t*echt* go Ruadhan.

xix. (51) Aroile[5] aims*er* dorala Ruadhan i nAradhaibh[6]. Atchi an mbanscail dia soigidh; gruaidhi fliucha 7 tóirsi trom, 7 dibergóid derm*air* lé. Co ro ataigh anti R*uadhan* go humhal foigidnech im tódh*usccadh* a meic o m*ar*baibh di. Antan ro ataigh antí Rua'dh'án an Coimdhe cumachtach t*ar* cenn an mairbh, atracht an marbh iarttai*n*.[7] |

xx. (52) Macamh[8] naill naile ro thodhuiscc antí náemh Ruadhan. f. 201[a] An tan ro ladh a chenn fo chasal Ruadhain eisidéin at*r*acht o m*ar*baibh.

xxi. (53) An[9] tres fer im*morro* ro thodiuscc R*úadhan* ó mh*ar*baib a Cuillin*n* a flaith Eile. Doronadh[10] in aitti dó ina nderna in mírbhal sin. Tulach Ruadh*ain* a hainm sein g*us*aniú.

xxii. (54) Baoi[11] araile occlach esccainte hi ccrich úa Néill di*ar* bo hain*m* Aodh eiccintach.[12] Ile nolc lais, óir ba discir 7 ba droch-

[1] = M § 24; S § 18. This chapter is not in St. [2] = M § 25; S § 19. [3] gnathaighedh St. [4] trí caoga St.; Br. omits cóicta. [5] = M § 26; S § 20. [6] a nAraibh Cliach St. [7] atracht in mac o marbhaibh iarna cur fo casal R*uadhain*. An áit a ndernad a miorbail sin, Tulach R*uadhain* a hainm aníu St.; which thus combines the three miracles cc. xix–xxi into one. Consequently it omits cc. xx, xxi, and inserts here the story given below, §§ 62–5, as an appendix from a different Brussels MS. [8] = M § 27; S § 21. [9] = M § 28; S § 22. [10] ? doratadh. [11] = M § 29; S §§ 23, 24. There is a shorter version of this story in MS. Br. 2324–40 f. 161 r°. It is cited in the notes as Br.[2]; St. follows this shorter version. [12] engach Br.[2], St.

comhairlech anti eisidein. Ro edhb*air* dano a fheran*n* d'Áedh m*ac* Bric. Tingellais Aodh flaith nDe dósomh ind.

(55) Atbath an tócclach iarttain. Ro chathaighset slogh adhbal ainíarm*art*ach na ndemhon fris. Cathaighis an tepscop náemh 'san áer *tara* cend friu. An tan rob ail doibh imirt anforlaind forsan epscop, ⁊ an tocclach do bhreith leo da aitti ⁊ da adhba .i. do if*ur*n, ailis epscop Aodh co hathlamh anti Ruadhan ⁊ Colam C*ille*, co toirsitis dia cobh*air*.[1] Atrachtsatt an dá fher náemtha i*ar*sin dia shoighidh, go ro cathaigsett friu dibhlínaibh, go ruccsatt an tocclach leo i fflaithes nDe,[2] iar mbreith coscair for demon.[3]

(56) Ruadan ⁊ Col*um* Cille im*morro* iarsin raidhis gach nech dibh, go ro dermaittsiot a ccluicc [do] b*eim* d'eis [s]in, iar farcbail imchomhairc occa chele. Colum Cille im*morro* bói manuail órdha lais, dia breith dia scriobh*adh* do m*a*caibh foghlama. Ros dermaitt ag Ruadhan Lothra aon do laitibh iartain.

(57) Dorala Baithin i ffarr*adh* Col*uim* Cille. *Con*idh an*n* atb*ert* |
f. 201[b] Baithín fri Col*um* Cille : 'Caidhe', ar se, 'an manuál báoi lat lá an fhughaill.' 'Atbeirim, a Bháithín', ar Col*um* Cille, 'co ro dhermaites hí lá an fhughaill si*n* occ Ruadhán ; ⁊ atbeirim frit, soich si feisin go Rúadhan, ⁊ tabhair an manabail lat damh.'

(58) Ro thriallastair Báoithin for sétt iarsin go Rúad*an*. Ruadhan immorro bói an manabail lais i naichill Báithin, óir do foillsighedh dó cían suil do thicf*edh*, go ttiucfedh Báithine for cend na manabaile. Baithin iar*am*h ro faccb*us*tair io*m*chom*ar*c bethadh ag Ruadhan, go riacht budeisin for cula go Col*um* Cille, ⁊ an leabhar lais.

xxiii. (59) Ruadhan[4] im*morro* da throigh *déc* i nairde lais, ⁊ foirfe do deilb, óir ba derbh gur bó riaghalta allastigh anti Ruadhan, óir ba hinfeich allastigh ⁊ allamuigh anti Ruadhán, ⁊ ba hinícha allastigh eisidhe. Ba huasal immaille fri daoinibh inti Ruadan ; ba huaisle immaille fri Dia inas. Ba holl cuirp eisidein, ba huille a grasa inas. Ba holl i frecnarcas De ⁊ daoine anti Ruadhán náemh ; ba mar 'san aimsir fil sund antí Ruadhan, ba móa 'san aimsir fil gan toidecht anti Ruadhan.

(60) Ba mor i ngradh eisidhe, ba mor i numhla eisidhe, ⁊ m*ár* i ffoighittne ⁊ a ttrocaire eisidhe ; ⁊ ba m*ar* 'san ile maithes anti Ruadhan, meince ⁊ lionmaire a dhegh-oibrech ndingbala 'san cenntar, is as fuarastair il-mhaithes i naltair o mhac Muire oighe ingeine, Ísu Crist, ar tTigernai ne. Is aire beos fuarastair in luaighidhecht laindhermair, ⁊ in oirmittin ndifhaisneise, | ⁊ in gloir nach cumang*ar* do

[1] Ruadhan día furt*acht* ón eiccendáil ghab*aidh* sin 'na raibhe agan dubh-sluagh ndeimn*idh*e Br.[2], St. (omitting all reference to Colum Cille). [2] hi seilbh nDé Br.[2], St. [3] Br.[2] and St. omit the rest of this chapter. [4] = M § 30 ; S § 25. St.'s version of this chapter is much shorter.

dibhadh doghres, i ttir nimhe, hi frecnarc*us* in airdri, Athar 7 M*eic* 7 S*pir*tu Naeimh, an Trinoid mair, aen De,[1] in Coimde ilcumachtach, ar naen aird-ri, aga fil an sith suthain 7 comhlanas an uile maithesa, *et reliqua.*

(61) As leabhar Echr*aidh*e í Shiagail ó Fheraibh Ceall do ben*adh* an betha so Ruadain i cconueint brathar Atha Luain aois 'an Tigerna an tan si*n* 30 (*sic* !) Febru. 1628. 7 do sccriobhadh leisan sccribhneoir cedna an betha cedna i cconueint bráthar Duin na nGall aois an Tigerna an tan sa, 2 M*ar*ta 1629. Meisi an br*athair* bo*cht* Michel O'Cler*igh.*

(62) Fe*chtus*[2] dia ndeach*aid* anti naomh Rúadan for cu*airt* cleir- f. 160[r]
cechta go righ Eog*hanacht*a Caisil .i. Eoch*aidh* m*a*c Mailughra, is hisin aims*er* tainic araile d*r*ái d'*fer*aib Alban for cuairt bíd go feraibh Eire*nn* cona t*r*om-dhaimh lais, do breith einigh Er*enn*, no d'fag*ail gach* neith no sirf*edh* for fiora Eirenn.

(63) Lobhan ain*m* an d*r*uagh ; go ttainicc go h*air*m i mbói Eoch*aidh*, co n*ar* gabh aisccidh ele *u*ada, *acht* an aon shuil bói ina chion*n* do tab*air*t dó, no a ein*ech*, 7 ein*ech* bfer nEr*enn*, da breith lais ind Alba*in*. O ro chuala an righ anni si*n*, ro raidh go m*air*fedh a bhladh do shir, 7 nach m*airfedh* an roscc. Lasodhai*n* ro la a mhér fona shúil, go ro theilcc an roscc i nucht an d*r*uagh.

(64) O't*conair*c antí naemh Rúadhan an ithche neimh-dligth*ich* sin ro shir an dráoi, ro leicc fora ghluinibh é, 7 dorinne croisfighill dhe, 7 ro guidh Dia go duthr*acht*ach go ndechdais di shuil an d*r*uagh Loba*in* i ccenn in righ Eochadha, do fhognamh dó i nait a ruiscc fodheisin ; 7 ro fír*adh* anni sin, tre impidhe nao*mh* Ruadhain.

(65) Ro sgin*n*siott di shuil[3] an druagh asa chion*n* tre impidhe nao*mh* Ruadhain, 7 t*r*e cumh*acht*aibh Dé, go ndechsat i nacch*aidh* 7 i neinech Eoch*adh*a, go ro fhoghainsiot dó, amhail bidh iad a suile féin o thos*uch* a bhethadh no beith occa ; go nabradh gach ao*n* atchidh é : 'Suil Lobhái*n* fil occa', *con*idh desi*n* ro len Súillebhai*n* de. O't*connair*c Eochaidh an mirbal sin, ro edhb*air* é féin *con*a shiol, 7 *con*a chlan*n*-maicne | a mbith-dilsi do Dia 7 do Ruadhan ; *gur* moradh ain*m* De 7 f. 161[a]
Ruadhain desin.[4]

[1] Br. wrongly inserts: Athar. [2] This story is from Br. 2324-40 f. 160 v°. St. gives it after c. xix of the Life, *v. s.* p. 327 note 7. [3] rosg St. [4] Here follows in Br.[2] a shorter version of the story given as c. xxii above, pp. 327-8.

GLOSSARY

ach = acht, body (acht .i. corp. R. C. xx. 268), Maed. ii. § 220 (v. l. clí).

aduathmaracht, F., dreadfulness, Br. ii. § 13 note.

aibéil, speedy, hasty, fír-a., Maed. ii. § 151.

aigenta, oceanic, marine, Br. i. § 132.

aimirse, F., want of faith, unbelief, Moch. i. § 14.

aim-nerte, F., want of strength, weakness, Moch. i. § 36.

aincend, ? reproach, disgrace, Maed. ii. § 273.

ain-déonugad, act of displeasing, Maed. ii. § 194.

ainicnech, violent, oppressive, Rua. § 26.

ain-imat, great number, great quantity, Maed. ii. § 92.

ainsgine, F., ? fury, destruction, Maed. ii. § 52 note.

ain-treise, F., overbearing force, tyranny, Ci. S. i. § 39.

airbreith, ? power of movement, Coem. iii. § 11.

aird-legim, to read aloud, Br. i. § 169.

air-frith, was found, Coem. iii. § 9.

airgech, M., a herdsman, Ci. S. ii. § 61; Maed. ii. § 103.

a(i)ride, ? = airige (airech), watchfulness, Br. i. § 203 note.

áisech, regretful, sorrowful, Coem. ii. c. 15, l. 5; iii. §§ 26, 28, 41.

aiste (from Lat. essentia), nature, quality, ar aisde, so that. 'de sorte que', Coem. ii. c. 3, l. 8.

áithes, success, triumph, Coem. ii. c. 11, l. 34.

aithmelach, causing shame or regret, Maed. ii. § 162.

(1) **aithnigim, aichnigim**, to recognize, know, Br. i. § 77; to make known, Maed. ii. § 206.

(2) **aithnigim**, to enjoin, command, Ab. § 27.

aithnim (for older aithgninim), to recognize, know, Col. E. § 41, cf. Dinneen.

aithrigech, penitent, Coem. iii. §§ 23, 28.

áitte, by-form of áit, a place, Rua. §§ 5, 31.

a lágh, ? alack, alas, Br. ii. § 15.

alla, *for* ella, v. ell.

alltaige, F., wildness, wilderness, Rua. § 44.

alltán, M., a little crag, Coem. ii. c. 20, l. 11.

án, splendid, brilliant, amail rob áiniu doibh, when their feast was at its height, Br. ii. § 1; cf. LL. 126[b], 31.

ana, ? truly, certainly, O'R, Col. E. § 38 (perhaps read *ceana*).

anachan, F., 'danger, misfortune, accident' O'R; but in Maed. ii. § 162 note, seems = guilt.

an-ád, ill-luck, misfortune, Maed. ii. § 180 note.

an-adbul, vast, monstrous, Coem. iii. § 36 (v. l. an-aidbeil).

an-áesmar, not aged, immature, Moch. i. § 11.

an-ámaill, *lit.* non-sport, i. e. a serious matter, Maed. ii. § 133.

an-arracht, -tach, very feeble, Maed. ii. § 142 note.

an-arsaid, very old, decrepit, Maed. ii. § 142.

an-cristaide, unchristian, pagan, Ab. § 11.

an-dlesa (pl.), ? an + diles, things not proper, or perhaps we should read andlechta, wrongs, illegalities, Rua. § 26 (St. reads aimleasa).

an-dothchas, M., presumption, Maed. ii. § 122 (= Meyer, andóchas).

an-drong, M., ? an evil crowd, rabble, Coem. iii. § 24.

an-fásach, very wild or desert, Coem. iii. § 7.

an-fesach, ignorant, uninstructed, Maed. ii. § 161.

an-forlannach, oppressive, overpowering, Maed. ii. § 257 note.

an-gním, great deed, exploit, Col. E. § 26.

an-iarmartach, reckless of consequences, pitiless, Rua. § 55.

an-mór, huge, Br. i. § 133.

an-muainech, weak, helpless, go h.,

Rua. § 38 note = anbfainnech, Oss. Soc. iii. 88, 8.

annóit, F., church of a patron Saint, Ber. § 16; Maed. ii. §§ 201 note, 225; v. Laws Gl.

an-ró, unrest, trouble, Col. E. § 29.

an-spirat, M., the evil spirit, the devil, Br. i. § 56.

anuraid, last year, Br. i. § 77.

ardaigim, to become high, Ba. § 5 note.

árnaigh, ? = arnaid, severe (Meyer), Maed. ii. § 109.

arsaigim, to grow old, Br. i. § 153.

artraigtech, artraigech (from Lat. arthriticus), gouty, Moch. ii. § 24.

ath-bacc, crookedness, confusion, Moch. ii. § 29.

ath-béoaigim, to revive, restore to life, Br. i. § 184; Coem. i. § 24; iii. § 16.

ath-cuingim, to request, Br. i. § 41.

ath-éirgim, to rise again, Maed. ii. § 130.

ath-gellaim, to promise, Br. i. § 37.

ath-gerra, F., shortness, a short cut, Maed. ii. §§ 77 note, 135.

ath-lúath, very swift, Maed. ii. § 154 note.

ath-nuadaige, F., newness (translates: nouum mandatum), Br. i. § 38.

ath-scríbaim, to write again, to copy, Br. i. § 210; Col. E. § 41.

babdún, a 'bawn', enclosure, Br. i. § 121.

bagar, threatening, a threat, Ci. S. i. § 20.

baigh, ? a threat, O'R., Br. ii. § 17.

baindsech, ? pernicious, Ber. § 39 (cf. O'R. bainseagad, destruction).

balach, perh. = bailech, prosperous (Bergin), Coem. ii. c. 3, l. 51.

ban-cumachtach, *lit.* a female person of power, i. e. a witch, Coem. ii. c. 18, l. 33.

bann-lám, F., hand-breadth (from band, rule; *lit.* regular *or* standard hand), Ci. S. ii. § 74.

baramlach, opinionative, obstinate, Maed. ii. § 161 note.

bardal, ?, Coem. ii. c. 2, l. 23.

bardan, M., ? little bard, name of a bell, Ci. S. i. § 4.

barr-crith, *lit.* top-trembling, Coem. ii. c. 20, l. 4.

bél-scath, a tent, hut, Coem. iii. § 11; cf. C.F.T. Eg. 127.

bláedach, act of roaring, bellowing, Br. ii. § 11.

blaedgal, F., roaring, bellowing, Br. ii. § 9.

blegnaim, to milk, Coem. iii. § 9 note.

blicht, M., *lit.* milking, milk, but used of other kinds of produce also, b. d'iasc, abundance of fish, Rua. § 47.

bodaing, ? column, *pl.* bodhainge, vv. ll. boghainne, bothuinne, Maed. ii. § 55.

bothach, of or belonging to a hut, hovel-like, or perh. full of hovels, Coem. ii. c. 11, l. 4.

brécaid, M., a deceiver, Br. ii. § 17.

brécnacad, act of deceiving, deceit, Maed. ii. § 30.

bressán, ? conflict, din, Ber. § 44.

brod-chú, M., a mastiff, Br. i. § 173.

bronnaigim = bronnaim, to give up, give, spend, Coem. iii. § 35 note.

bruignech, ? = O'R. bruidnech, noisy, contentious, Col. E. § 12.

brúitemail, brutish, irrational, Ab. § 38; Coem. i. § 31.

buanadus, Moch. ii. § 4; perh. for ***búanagus***, from búanaigim, to perpetuate (Meyer).

cabalach, tribute, rent, O'R. Rua. § 25.

cabóc, plunder, theft, Br. i. § 54.

cáen-barraighe, F., sweetness (= suauitas), Ba. § 42 (= cáinfúaraige).

caidreb, caidrem, intercourse, familiarity, Coem. iii. § 4; Maed. ii. § 57.

caill, Maed. ii. §§ 219, 243, ? = O'R. caill, loss, trick.

cáintech, satirical, a satirist, Maed. ii. § 264.

cairt, F., a cart, waggon, Maed. ii. §§ 59, 67.

caislen, M., a castle, Br. i. § 160.

cánonta, regular, according to rule, four-square, Maed. ii. § 157.

car, the whole, Coem. ii. c. 16, l. 4 (v. R.C. xxix. 149).

carm, ?, Maed. ii. § 263 note.

carthanach, beloved, Moch. i. § 1.

cartún, ? charter, Maed. ii. § 204.

céillech, intelligent, sagacious, Maed. ii. § 36.

ceiltiu, concealment, Coem. ii. c. 11, l. 11.

cen, F., *lit.* affection, but seems (like Engl. benevolence) to mean a contribution, Maed. ii. §§ 198, 201, 204.

cinedach, of or belonging to a race or tribe, a tribesman, Maed. ii. § 206 note.

cirbach, maimed, Moch. i. § 28 note.

cith, seems used as vbl. n. of cíim, to weep, Br. ii. § 13 note.
clochrad, stones, Coem. ii. c. 12, l. 50.
clochrán, M., a small heap of stones, Coem. ii. c. 17, l. 20 ; iii. § 31.
cloistecht, **claistecht**, act of hearing, Col. E. § 11.
clumach, plumage, down, Br. i. § 151.
cnetach, F., act of sighing, groaning, Br. i. § 110.
codna = congna, horns, Maed. ii. § 25.
coilltech, well-wooded, Coem. ii. c. 11, l. 24.
colar, F., the colure, tar colair fuinid, Ber. § 7; cf. dar colair turcbála, C. Cath. 4416.
com-, **coim-**, in many substantives and adjectives the addition of this prefix merely strengthens the meaning of the simple word, and therefore such compounds are not, as a rule, given separately ; in other cases it adds the idea of common, joint, or mutual.
com-aidem, F., implement, instrument, Maed. ii. § 55.
com-áigthech, terrible, horrible, Ab. § 14 note.
com-ar, partnership, joint property, *lit.* co-tillage. Maed. ii. § 214.
com-arden, a sign, Maed. ii. § 4 note.
com-brecad, act of variegating or decorating jointly, Maed. ii. § 232.
com-catharda, Br. i. § 39, translates 'combellator' as if from 'cath'; it may have its ordinary meaning, 'fellow-citizen', viz. of the monastic 'cathir'.
com-chechtach, ? overpowered, exhausted, Maed. ii. § 25 note.
com-comthromm, equally proportioned, Br. i. § 138.
comda, safe keeping, protection, Maed. ii. § 107 (= coimde).
-com-daingnigim, to establish jointly, ratify, Maed. ii. § 200.
com-dochar, joint misfortune, common loss, Maed. ii. 107 note.
com-féodaig[th]e, quite withered, withered up, Maed. ii. § 6 ; com-féoide, ib. § 7.
com-fert, M., an equal miracle, Ber. § 57.
-com-fuaigim, to sew or weave together, to compose, Maed. ii. § 207.
com-gáel, M., mutual relationship, kin, Maed. ii. § 216 note ; § 266.
com-gním, M., acting together, cooperation, Moch. ii. § 22.
comla, **comlad**, M., a horn, O'R., Maed. ii. § 25 note.
com-malairt, mutual interchange, Maed. ii. § 199.
com-molad, joint praising, united praise, Br. i. § 87.
comneinfecht, one and the same time, Maed. ii. §§ 93, 104, 154.
comramach, neighbouring, Rua. § 43.
com-sádad, act of placing together, uniting (translates conglutinare), Br. i. § 39.
com-signiugad = Lat. consignatio, prob. confirmation is meant, Maed. ii. § 41.
com-thidlacad, contribution, Maed. ii. § 201.
com-thinóiltech, congregational, Br. i. § 198.
conarán, M., a little path, Col. E. § 35.
connaimh = congaib, Moch. i. § 36.
conuersaid = conuersatio, Br. i. § 30.
córa, choir, Br. i. § 68 ; Maed. ii. § 221.
cornach, ? of or belonging to horns, Maed. ii. § 111.
cosmad, **cosmait** (from Lat. consummatio), confirmation (as being the completion of baptism), Ba. § 47.
(1) **crannach**, F., a wooded place, a wood, Coem. ii. c. 7, l. 9.
(2) **crannach**, **crand-**, F., plough-gear, Ber. § 75 ; in a Pl. N. Cluain na Cranncha, ib. § 60.
creidemain, credit, belief, Maed. ii. § 130.
cretha, ?, Br. ii. § 11 note.
crú, **crunna**, act of milking, Maed. ii. § 78 note ; cf. O'Dav. No. 515.
cruitenn, a harp, Ci. S. ii. § 25.
cúanach, abounding in havens, Coem. ii. c. 11, l. 24.
cuil, F., a flea, Br. i. § 160.
cuilc, F., a reed, O'R., Dinneen, Col. E. § 7.
culpa, confession (from the words 'mea culpa' in the formula of confession), Moch. ii. § 13 note.
cumann, M., companionship (= Meyer 1. cummann) ; lucht cumainn, companions, Maed. ii. §§ 35, 271.
cumáoin, F., a countergift, requital (= com-máin), Coem. ii. c. 9, l. 21 ; Maed. ii. § 204 ; *pl.* cumaoine, ib. § 209.
cumaoin, F., the Holy Communion (= Meyer commáin), Ci. S. i. § 54 ; *gen.* -nech, ib. § 35 ; Maed. § 143.
cumnad = caemna, protection, Coem. iii. § 23 note.

cusal, ? a cavity, recess, Br. ii. § 8 note.

dáennaide, human, Br. i. §§ 70, 175.
dáerse, dáirse, F., subjection, bondage, Br. i. §§ 181-2; Coem. ii. c. 11, l. 43, c. 12^b, l. 12; Moch. ii. § 20 note.
(1) **daith,** nimble, active, *compd.* daith-grinn, nimble (and) pleasant, Coem. ii. c. 14, l. 3.
(2) **daith,** ? bright, Br. ii. § 3.
daróg, F., a little oak, Col. E. § 39.
deblén, M., a weakling, Moch. ii. § 31 (= dedblén).
decra, F., difficulty, trouble, Maed. ii. § 50.
dechtad, diction, Maed. ii. § 277 note.
deg-thuitmech, falling out well, fortunate, prosperous, Maed. ii. § 145 note.
deimne, F., certainty, Rua. § 40.
deinmnech, impatient, Br. ii. § 10.
déirce, F. (by form of dérc v. Dinneen s.v. déirc), Coem. iii. § 42.
delam, *for* delb, destitute, poor, Maed. i. § 33.
déra, notice, command, a thabairt fa dera air, to enjoin him to, Coem. iii. § 2, 13; v. Dinneen s.v. déara; prob. due to wrong analysis of O. Ir. fodera he causes *it*, from foferaim.
dergaim, to plough, Ber. § 75.
dér-neim, *lit.* tear-poison, dropping poison, Coem. ii. c. 3^b, l. 12.
diachair, Coem. iii. § 2 = tiachair.
dibercoid (formed by metathesis from diprecoit = Lat. deprecatio), intense prayer, Rua. §§ 9, 51.
dichenn, headless, Col. E. § 11.
díglod, *for* digléod, vbl. n. of do-gléim, to clear out, to empty, Rua. § 42.
dílenda, overwhelming, torrential, Br. ii. § 84; ii. § 7 note.
dimbúaine, F., transience, transitoriness, Coem. ii. c. 12 ad fin.
dinigthéoir, M., protector, Maed. i. § 31.
dithach, dithech, destructive, ? near destruction, ruined, Maed. ii. § 212.
dithchell = díchell, zeal, eagerness, endeavour, Br. i. §§ 74, 75; Coem. ii. c. 3^b, l. 9; Maed. ii. § 98.
dithlad, act of withdrawing or concealing, Coem. iii. § 7.
diul-chaoineas, act of soothing, pacifying, Coem. iii. § 30.
diultuigim, to refuse, Coem. iii. § 15 note.
do-aimser, F., 'mauvais temps', bad weather, Br. i. § 76.
do-bertach, ill-mannered, unmannerly, Maed. ii. § 161.
do-bésach, ill-mannered, vicious, Rua. § 26 note; hence: dobésaige, vice, immorality, LBr. 144^a 2.
dobrón, M., sorrow, grief, Col. E. § 17.
do-brónach, sorrowful, Br. i. § 134.
docair, difficult, irksome, Maed. ii. § 135; compar. docra, Coem. ii. c. 3, l. 84.
docamlach, grievous, hard, Maed. ii. § 127.
docennsaigthe, undomesticated, untamed, Maed. ii. § 59.
dochain = doethain, sufficiency, Coem. iii. § 26 note.
dochi, dociad, seem to be for dochoid, dochuaid, Ab. §§ 6, 32.
dochma, difficult, as subst. difficulty of obtaining, scarcity, want, Ber. § 78.
doc(h)rach, hard, grievous, Coem. iii. § 13 note; Maed. ii. § 180.
dochraidech, hard, grievous, Coem. iii. § 13.
docht, tight, hard, Coem. ii. c. 4, l. 3.
dóchus, M., hope, confidence, Br. i. § 181; v. dothchus.
dóchusach, confident, trustful, Maed. ii. § 117.
dóig, probable, likely, as subst. probability, a likely way, Coem. iii. § 9 (v. l. eolus).
do-imthechta, impassable, Moch. i. § 40.
doinenn, F., foul weather, storm, Br. i. § 76; Maed. i. § 11.
doithir, dothair, dark, ill-favoured, Maed. ii. § 40 note.
do-legtha, hard to be read, illegible, Maed. ii. § 277 note.
do-mesta, inestimable, incomparable, Br. i. § 36.
domgnas, inheritance, abode, Moch. i. § 13.
do-míad, dishonour, disrespect, Rua. § 12; as a vbl. n. occ d. in dliccidh, ib § 40.
donus, M., misfortune, ill luck, Col. E. § 36.
dothchus, M., hope, trust, Maed. ii. § 76; v. dóchus.
do-thuaruscbála, hard to be described, indescribable, Br. i. § 56.
dranntán, M., snarl, growl, Coem. ii. c. 20, l. 7.
dreimire, M., a ladder, Ba. § 46; Maed. i. § 29; ii. § 171.
dria, perh. s. conj. of dringim, to climb, Úa S. § 6.
drub, a chariot, Maed. ii. § 262.

dúal, dual, fitting, Coem. ii. c. 11, l. 38; Maed. ii. §§ 79, 199.
dualach, vicious, Br. i. § 206.
duas, F., reward, guerdon, Maed. ii. § 198 note.
dubailce, F., vice, Maed. ii. § 236.
dubán, M., a fishing hook, Maed. ii. § 194.
dubánacht, F., angling, fishing, Br. i. § 163.
dúil, F., desire, wish, Coem. ii. c. 13, l. 20.
duillebar, foliage, leaves, Maed. ii. § 94.
duilleóc, F., little leaf, leaf of a book, Coem. ii. c. 6, l. 18 note; Moch. ii. § 30 note.
duithche, F., hereditary land, patrimony, Maed. ii. § 158 note.
dúsacht, act of waking, raising, Maed. ii. § 29 note; Moch. i. § 23.

eagra = acra, suing (at law), Coem. iii. § 22 (v.l. teagra) = fogra, ii. c. 11, l. 46.
echtugad, act of enacting, drawing up a deed, Maed. ii. § 42.
écíallach, senseless, foolish, Maed. ii. § 191 note.
écintach, guiltless, Rua. § 54.
eclasach, **eclaisech**, ecclesiastical, an ecclesiastic, náem-e., Maed. ii. § 140.
eclasda, ecclesiastical, Coem. iii. § 4.
ecnige, F., violence, outrage, Maed. ii. § 273.
écomtrom, inequality, unfairness, Maed. ii. § 50.
écrínna, unwise, imprudent, Maed. ii. § 191.
écruaid, not strong, weakly, sickly, feeble, Coem. iii. § 11; Maed. ii. §§ 72, 248.
écrábud, M., want of (ascetic) devotion, indevotion, Col. E. § 40; Rua. § 46.
écsamlacht, F., distinction, excellence, Br. i. § 67.
écubaid, *lit.* unfitting; strange, monstrous, Maed. ii. § 66.
eiletrom, M., a bier, a litter, Maed. i. § 37.
eir, ? story, Br. ii. § 1 note.
eitech, wings, *pl.* eitighe, Ab. § 10 note.
éitir, power, ability, opportunity, Ab. §§ 36, 37 notes; Br. i. § 186; Coem. ii. c. 12, l. 39; Maed. i. § 28.
ela, M., a swan, *pl.* elada, Col. E. § 15.
eladanta, learned, Br. i. § 67.
élang, fault, flaw, O'R. Maed. ii. § 238.
ell, emotion, pang, alla iodhan, i.e. the pangs of childbirth, Coem. i. § 7.
ellach, *lit.* union, hence a company, herd (of cattle), Coem. ii. c. 3, l. 36; Maed. i. § 18.
emech, opportune, ready, quick, Br. i. § 177; Maed. ii. § 52.
emeltas, **emiltius**, M., tediousness, Maed. ii. § 71.
énert, strengthless, weak, Maed. ii. § 248.
engach, noisy, talkative, Aedh Engach, Rua. § 54 note; cf. Rawl. B. 512 f. 105^{b} 37; Aed engach . . . i. labar.
énlaithe = énlaith, birds, brood, Coem. iii. § 17.
éol, gen. iuil, known, Maed. ii. § 33, v. iul.
epistil, F., a necklace, collar, Ber. § 48; v. A. M. Glossary.
esbadach, wanting, deficient, vain, Coem. ii. c. 17, l. 17.
escainim, to curse, Col. E. § 21; Maed. i. § 27.
es-engaide (engaide, from enga, innocence), non-innocent, criminal, Rua. § 26.
esinnill, *lit.* unsafe, as *subst.* unreliability, shiftiness, Maed. ii. § 138 note.
eslán, not whole, sick, diseased, Ab. § 33; Maed. ii. § 104.
esmuilt, reproach, reviling, Coem. iii. § 31 note.
esonóir, F., dishonour, disrespect, Maed ii. § 233.
esonoraigim, to disgrace, treat contumeliously, maul, Br. i. § 105.
estad, M., a treasury, Ba. § 43; Ber. § 88 note (*for* etsad).
étaigim, to clothe, Br. i. § 111 = eitigim, ib. § 193.
étail, **édail**, plunder, act of plundering, spoil, Ci. S. i. § 22; Coem. iii. § 35; Maed. ii. § 194; Moch. ii. § 36.
etal, pure, Maed. ii. § 84.
etar-roen, M., *lit.* intervening road; distance, Col. E. § 38.
etir-breth, F., a decision, arbitration, Maed. ii. § 221.
etir-delugad, separation, Maed. i. § 7.
etla, F., repentance, penance, Br. i. § 184.
etlaide, sorrowful, Br. i. § 145.

faball, M., a fable, romance, Br. i. § 152.
fáelchú, M., *lit.* wild dog; a wolf, Ab. § 30; Ci. S. i. §§ 6, 47; Coem. i. § 28; Maed. i. § 5.
fáideoracht, F., prophecy, Moch. i. § 6.

faillige, F., neglect, remissness, Ba. § 15 note.
fairche = parochia, diocese, used of the group of associated monasteries under a single abbot, Ci. S. i. § 35; Moch. ii. § 15.
fáisc, ripe, cnai fáiscci = nuces maturissimae, Ba. § 19.
falc, folc, a flood, downpour, Maed. ii. § 61.
fallsacht, F., falsity, falsehood, Coem. ii. c. 12b, l. 6.
fán, *lit.* slope, metaph. decline, misery, Moch. ii. § 22.
fánaid, M., a slope, declivity, re fánaid, headlong, Coem. ii. c. 5, l. 13; ré fána, le fanadh, iii. § 7 (v. Dinneen).
fás-cocnam, empty-chewing (when nothing is really eaten), Br. i. § 188.
febda, excellent, Maed. ii. § 12.
fecaim, *lit.* to bend, metaph. to apply oneself to, engage in, Moch. ii. § 12.
fechtnaide, prosperous, happy, Maed. ii. §§ 32.
fedach, timber, Ci. S. i. § 6.
fedmech, strenuous, Maed. ii. § 266.
feicheda, **fetheda**, **fethe**, Br. ii. § 7 and note; ? cf. O'Don. Suppl. feith, 'a boggy stream'.
feichtech, ? boggy, Br. ii. § 12.
feillbert, **fillbert**, F., a treacherous deed, Coem. iii. §§ 23, 36.
feille, F., by-form of *fell*, treachery, Coem. iii. § 36 note.
feimenn = semen, seed, posterity, Maed. ii. § 99 note.
fel-duine, M., a learned man (cf. felmac), Coem. ii. c. 12, l. 6.
fenaid, ? Maed. ii. § 109 note.
feolmach, flesh, meat, Br. i. § 130.
feorainn, F., green sward, especially of land on the brink of rivers, lakes, &c., Maed. ii. § 12 (v. Dinneen, s.v.).
férach, grassy, grazing land, Maed. ii. § 190.
feramail, manly, valiant, Maed. ii. § 266.
ferannus, M., landed property, real estate, Ba. § 1.
fern, M., an alder tree, Maed. ii. § 189.
féta, comely (from féth, form), or peaceful (from féth, quietness), Br. ii. § 3; in former sense, Úi. S. § 5.
fethach, ?, Br. ii. § 12 note.
fethal, badge, insignia; used also of various sacred and ecclesiastical articles, chalices, bells, bachalls, &c., *metaph.* of a man, Ba. § 44.
fétnaigim, to grow calm, Br. ii. § 7.
fiadaigim, to entertain, treat hospitably, Maed. ii. § 104; vbl. n. ib. §§ 56, 57.
fiadain, wild, uncultivated, Br. i. § 274.
fiadnach, of or belonging to a witness, express, clear, Coem. ii. c. 9, l. 25.
fiadnaigthech, **-naisech**, what is borne witness to, certain, Maed. ii. § 154 note.
fiarláit, for f., throughout, Moch. i. § 45.
fiata, wild (of animals), Coem. ii. c. 3, l. 87.
find-bethach, of happy life, blessed, Br. i. § 1; written finnbfegtach; ib. § 2.
finne, F., fairness, beauty, Coem. ii. c. 8, l. 38.
finnfadach, hairy, furry, Br. § 49.
fiolún finn, *lit.* white felon, name of a disease, Coem. i. § 35; ii. c. 13, l. 6; in Eg. 159 f. 2b fiolún saith 'malignant felon' translates 'anthrax'; O'Grady, Cat. p. 281 ad calcem; in Coem. iii. § 24 it is fiolun alone; necrosis of the bone, according to Dr. O'Sullivan.
fírenta, just, righteous, Br. i. § 1.
fírinnech, just, sincere, true, Maed. ii. § 246.
fisecda, M., a physician, Coem. i. § 35.
fiuchach, boiling, raging, Maed. ii. § 153.
fiugar, F., figure, esp. in ecclesiastical sense, type; and hence nearly = prediction, Coem. i. § 1; in the lit. sense, *pl.* fiogracha, ib. § 33.
fledmar, festive, hospitable, Maed. ii. § 271.
fochras, bosom, Br. i. § 60.
foclaim, to state, to declare (from focul, a word), Ber. § 66.
fo-cland, F., inferior clan, Ber. § 82.
fódán, **fótán**, M., a little sod, Maed. ii. § 159.
fogluasacht, moving, removal, Moch. ii. § 10.
fogní, &c., *for* dogní, Moch. i. § 14 and ft.
fo-iadaim, to close, enclose, Br. i. § 39.
foicserad, approach, nearness, Maed. ii. § 225.
foide, Coem. iii. §§ 26, 29; **fóigh**, Coem. ii. c. 15, l. 10, c. 17, l. 10; seems = foigde, request.
foiditnech, patient, Maed. ii. §§ 33, 161.
foigidnech, *for* foiditnech, patient, Rua. § 51.

foigitne, for earlier foditiu, patience, Rua. § 60.
foill .i. beag O'R. go foill = a while, Maed. ii. § 65 note, v. Dinneen.
fóir, help, assistance, Maed. ii. § 113.
foirín, v. fuirthinn.
foirned. act of inclining, bending, Maed. ii. § 252.
foistine, resting, abode, Br. ii. § 6 note; Coem. ii. c. 3, l. 58.
foistinech (*for* foisitnech), of or belonging to confession, Ba. § 13 note.
foithre, woods, Maed. ii. § 233.
foithremail, wooded, Maed. ii. § 155.
folaigthech, secret, Maed. ii. § 57.
folla, Coem. ii. c. 12, l. 47; perhaps O'Clery's folladh .i. follamnughadh (Bergin).
for-ainm, N., an additional name, a 'sur-name', pet name, Maed. ii. § 9.
for-báilte, for-fáilte, F., joy, welcome, Ber. § 10.
for-báiltech, very joyous, Maed. ii. § 255.
for-bíu, to be over, remain, to exist, Moch. i. §§ 14, 22, 30.
for-dorcha, *lit.* very dark, gloomy, threatening, Ber. § 88.
for-guin, wound, injury, Br. ii. § 7 note.
forla, ?, Br. ii. § 3; probably we should read 'forba', with E, F.
forlamus, M., authority, possession, Ab. § 1 note; Maed. ii. § 151.
for-línaim, to fill completely, Rua. § 38.
forma, a form, bench, *dat.* formaid, Br. i. § 122.
formatach, envious, jealous, Rua. §§ 20, 23.
forrach, oppression, violence, Coem. ii. c. 22, l. 19.
for-scailte, loosed, released, Ab. § 5.
for-smacht, excessive power, tyranny, Rua. § 28; hence forsmachtach, overbearing, Tec. Corm. xxxii. 7.
fortaigim, to help, relieve, Maed. ii. § 21; fur-, ib. §§ 133, 184.
forusta, grave, sedate, Maed. ii. § 253.
fos-aircindech, M., vice-abbot, prior, Moch. ii. §§ 7, 8.
fossaigim, to sojourn, abide, Br. i. § 157.
fostaim, to remain, stop, Ci. S. i. § 31.
fothach, a pool, a lake, f. muilinn, a mill-pond, Ber. § 22.
fráechda, raging, furious, Coem. ii. c. 3^b, l. 14.
fraissi (v.l. raisi), ? roars, Maed. ii. § 114.
frestlaim, to attend on, minister to, Moch. i. § 40.
frichnamach (*for* frithgn-), attentive, careful, Maed. ii. § 9.
fris, ? *for* afrithisi, again, Moch. ii. §§ 18, 20.
frith-ardad, ? injury, opposition, Br. i. § 173.
frith-comdál, F., a preliminary meeting, Ber. § 61.
frithing, return track, return journey, ro soidhes im frithing, i. e. I turned back again, Rua. § 19.
fúar-chrábud, M., *lit.* cold devotion, hypocrisy, Rua. § 46 note.
fuigell, winter = fuidell, remnant, 'the days in January are called *fuighle*, the dregs or remnants of the year', Dinneen, from P. O'C., Coem. ii. c. 21, l. 5.
fuiglech, winter, Ber. § 35; Coem. i. § 25; v. fuigell.
fuilech, bloody, slaughterous, Maed. ii. § 212.
fuinedach, western, occidental, Maed. ii. § 259.
fuirec, preparation, provision, Moch. ii. § 7.
fuirthinn, a sufficiency, enough (O'R. furthain), Coem. iii. § 30 (v.l. foirín).
fulacht, ? = fuilecht, bloodshed, battle, Br. i. § 164.
fuláir, *for* furáil, q.v., what is superfluous, too much, Ba. § 42 note.
fularam, *for* furailem, order, commandment, Ci. S. i. § 10: Maed. i. § 11; Rua. § 5 note.
furáil, what is excessive, superfluous; ní f. = what is fitting, necessary, Maed. ii. § 140; cf. fulair.
furrann, M., additional verse, Maed. ii. § 106 note (= for-rann).
furtachtaigteoir, M., helper, Br. i. § 53.
furtaigim, v. fortaigim.
furtaigthéoir, M., helper, comforter, Maed. ii. § 142.

gablaigim, to fork, branch off, Maed. ii. § 152.
gadar, M., a hunting dog, a hound, Br. i. § 56; ii. § 11 (*pl.* gair, phonetic for gadhair, ib. § 17); Maed. ii. § 25.
gaibnecht, goibnecht, F., smith's craft, Br. i. § 123.
gaibnide, of or belonging to a smith, Br. i. § 124.

gainne, F., scarcity, penury, Coem. ii. c. 18, l. 8.
gair, v. gadar.
gairdechas, M., joy, gladness, Ab. § 28; Br. i. § 78; Maed. ii. § 104.
gairdiugad, *lit.* shortening (the time); hence, pleasure, amusement, cf. O.N. skemtan, Col. E. § 5.
gairfedach, F. = ululatus, howling, Br. i. § 106.
gairit, *lit.* short, hence of what shortens the time, pleasant, Coem. ii. c. 3. l. 65.
-gairmnech, voiced, vociferous, Br. ii. § 10.
gaodh, ? wound, murder, O'R., Maed. ii. § 223 (prob. read *goid*, as in A, and so translated).
gasrad, young men, soldiers, Maed. ii. § 202.
gat, a withe, a twisted osier, Moch. i. § 36.
gécach, branching, Coem. ii. c. 3, l. 85.
géimim, to bellow, to low, Ab. § 7.
géimnech, a roaring, bellowing, Maed. ii. § 114.
géire, F., sharpness, acuteness, Ber. § 16.
gemar, corn, Moch. ii. § 32.
genamail, smiling, amiable, Col. E. § 20.
géraigim, to make or become sharp, eager, intense, Coem. iii. § 14.
gerr-gimach, having short locks of hair, Col. E. § 7.
giallaigecht, F., hostageship, captivity, Maed. i. § 4; Moch. i. § 9.
girre, F., shortness, Coem. ii. c. 11, l. 51; Maed. ii. § 194.
gláed, F., a roar, Br. i. § 172.
glaedgal, act of shouting, screaming, Br. ii. § 11.
(1) **glasán**, M., a little brook, in a place name, Caill na nGlasán, Ber. § 75.
(2) **glasán**, M., little blue or green (bell), name of an iron or bronze bell, Ber. § 82.
glonnach, active, enterprising, valiant, Br. i. § 160.
gló-snaithe, M., *lit.* a thread, line, rule; hence, a thread of connexion, explanation, Maed. ii. § 206.
gluige, F., ? rottenness, decay (cf. gluig, rotten, Armstrong's Gaelic Dict.), Coem. ii. c. 12, l. 28.
gnae, mockery, Br. ii. § 17.
gnemuigim, v. gremuigim.
gnouighe, F. = gnothaige, business, service, Br. i. § 119.
-gobach, beaked, Br. ii. § 10.
gobanach, smith-craft, Ba. § 2 note.
goillim, to hurt, offend, Ci. S. ii. § 15; Coem. ii. c. 9, l. 6.
goim, F., anguish, pain, Coem. ii. c. 3[b], l. 22; Maed. ii. § 263.
goirtige, F., ? warmth, cherishing, Ber. § 88; cf. B. Fen. 164, 12, but we should prob. read *goirthe* as in V. Tr. 62, 8; 256, 23.
goithne, a little spear, Coem. i. § 21.
gol-fadach, lamentation, mourning, Br. ii. § 9.
gol-fartach, lamentable, Br. ii. § 10.
gorad, act of warming, Ci. S. i. § 50.
gorm-srothach, having blue streams, Maed. ii. § 49.
gortaigim, *lit.* to make bitter; and hence, to injure, to damage, Rua. §§ 10, 36, 47; vbl. n. Br. i. § 60.
grafaing, **grabaing**, **grafainn**, Br. ii. §§ 15 note, 17; ? = O'R. grafuing, 'grunting'.
gráinemail, horrible, dreadful, Maed. ii. § 67.
graingciuil, ? phonetic for graingcemail, frowning, surly, Col. E. § 37.
graisc, F., 'the common people', O'R., Coem. ii. c. 13, l. 36.
grásamail, full of grace, gracious, Maed. ii. § 18.
grecda, Greek, Br. i. § 169.
grechach, clamorous, noisy, Br. ii. § 10 note; = **grechda**, ib. text.
gredan, uproar, noise, tumult, Br. i. § 52.
gremaigim, to seize, to obtain, Maed. ii. § 266.
gremuigim, to stick, adhere to, so to read for gnem-, Coem. iii. § 40 note.
grennaigim, to challenge, defy, Maed. ii. § 266 note.
grían, gravel, esp. the gravel, &c. at the bottom of the sea or of a river, Ab. § 17; Br. i. § 164; Maed. i. § 21; Moch. i. § 23.
gríanach, sunny, Maed. ii. § 190.
gríb, F., Br. i. § 142 'the feathers covering the claws of birds' Dinneen; here however it = claw.
grifing, **grifuing**, Br. ii. § 15; cf. grafaing.
grod, quick, sudden, Coem. iii. § 41.
grod-dal, ? early delay, Coem. ii. c. 16, l. 3.
gron, spot, blemish, Maed. ii. § 213.
grúag, F., hair (of the head), Br. i. § 110; Col. E. § 7.
guagach, fantastic, vain (v. Dinneen), Ab. § 19.

guilbnech, beaked, Br. ii. § 10.
gúr, sharp, bitter, Ab. § 1.

iar-casca, *pl.* the season after Easter, Ci. S. ii. § 35.
iarsma, remains, remnant, Br. i. § 72; descendants, Maed. ii. § 213.
iartraige, F. (later form of iartaige), what comes after, consequence, result, Col. E. § 29; descendants, progeny, Moch. i. § 11 note.
iascach, fish (collective), Br. i. § 63.
icaidecht, F., payment, Maed. ii. § 124.
Idal, M., a Jew, Br. i. § 101.
idnugad, act of travailing in birth, bearing, Maed. ii. § 6 note.
ifernach, of or belonging to hell, doomed to hell, Moch. i. § 22.
ifernaide, id. Moch. i. § 31.
il-delbach, of many beauties, beautiful, Maed. ii. § 102.
ile, F., numerousness, a crowd, Ab. § 19.
il-péist, F., *for* ul-péist, great monster, Coem. ii. c. 3[b], l. 14.
il-píastach, having many monsters, Coem. ii. c. 1, l. 17 (perh. *for* ul-p., having a huge monster).
ilrad, variety, diversity, Br. i. § 57.
imaig, F., an image, Maed. ii. § 102.
imarcach, abundant, excessive, Maed. ii. § 9.
im-chéine, F., great length (of time or distance), Maed. ii. § 143.
im-chomarc, a greeting, salutation, Rua. §§ 56, 58.
im-gerr, very short, Maed. ii. § 212.
imgim = imthigim, to go, depart, Maed. ii. § 76; cf. § 101 note.
imidh = imthigidh, depart ye, Maed. ii. § 65 note.
im-láine, F., wholeness, soundness, completeness, Ci. Si. § 49; Maed. i. § 40.
im-lochtad, act of ferrying, transit, Maed. ii. § 7 (v. l. iomluchtaidhe).
im-luadail, movement, motion, Maed. ii. § 102 note.
immarcradach, excessive, great, Br. i. § 66.
imnedach, anxious, suffering, Rua. § 38.
im-snímach, very sorrowful, grievous, Maed. ii. § 142.
im-thnúth, mutual jealousy, Maed. ii. § 213.
im-thuile, surrounded by flood, Ci. S. i. § 37.
im-uamnach, very fearful, timorous, Br. i. § 177.
im-úar, very cold, Br. ii. § 9.
ináirme, worthy to be enumerated, Maed. ii. § 122.
incollugud, *for* incolnugud, incarnation, Ber. § 9.
inchuirthe, to be placed, is i. i ningantas, it is to be wondered at, reckoned a marvel, Coem. iii. § 3.
indlach, **innlach** (vbl. n. of indlung), division, dissension, and hence, complaint, accusation, Rua. § 21.
infeich, perfect, complete, Rua. § 59; = inich, complete, Laws Gl., cf. inichus, completeness O'Dav. No. 1114; compar. inícha, Rua. § 59; cf. in duni ba hinicthu (v.l. inicha), the most capable or worthy person, GG. 50, 8.
ingeilt, F., grazing, pasture, Coem. ii. c. 3, l. 34.
ingnais, F., absence, want, Maed. ii. § 198.
ingreimim, to persecute, Ber. § 50.
inich, v. infeich.
inite, eatable, edible, Maed. ii. § 170.
inmar, condiment, fat, dripping, Maed. ii. § 149 note.
inme, **inbe**, F., rank, dignity, Maed. ii. § 158.
innfúar, frigid, Br. ii. § 9 note.
innis, **inis**, F., a milking stead, byre, Coem. i. § 10; ii. c. 18, l. 20.
innsa, sorrow, grief, Maed. ii. § 49.
inruigech = inraic, worthy, honourable, Coem. iii. § 35 note.
insiubal, able to walk *or* go, Moch. i. § 38.
intinn, F. (Lat. intentio), intention, inclination, mind, Maed. i. § 4; Moch. i. § 7; ii. § 13 note.
irisech, *for* airisech (from airis, airisiu, story, events), a narrator, Coem. ii. c. 12, l. 19.
iul, knowledge (of the way), direction, Maed. ii. § 128 note.

labairt, F., act of speaking, speech, Ba. § 46.
lachtmar, milky, abounding in milk, Coem. iii. § 33.
lad, 'order, preparation', O'R. Col. E. § 12.
laeglach, F., a cow that has newly calved, trath laodhlaighe, *lit.* the cow's time, i. e. milking time, Maed. ii. § 77 note.
lagdaigim, to diminish, lessen, vbl. n. Col. E. § 10; Maed. ii. § 220.

lagdaim, to diminish, decrease, Ci. S. ii. § 19.
lái, F., a tail, Ab. § 27; Ci. S. i. § 8.
laidianda, Latin, Col. E. § 5.
laige, F., weakness, debility, Maed. ii. § 200.
lainder, a lantern, Br. i § 72.
lainnech, brilliant, resplendent, fír-l., Maed. ii. § 33.
laithrech, **lathrach**, a swamp, puddle, Ber. § 38; Col. E. § 35.
lamnaigim, to give birth, be delivered, Moch. i. § 5.
lamunn, ? a handful, Maed. ii. § 146 note.
laoided, ? act of celebrating in lays, Maed. ii. § 79.
leigisim, to heal, Ba. §§ 15 note, 33 note.
leígthéoir, M.. reader, Coem. iii. § 28.
leimim, to leap, spring, Coem. ii. c. 9, l. 11.
léitmech, ravenous, eager, Br. i. § 173; Coem. ii. c. 12, l. 40.
lenbaide, child-like, Maed. ii. § 131.
lenbaidecht, F. childishness, childish sport, Maed. ii. § 191.
lerda, sea-girt, maritime, Laigen l., Coem. ii. c 6, l. 2; cf. LU. 38[b] 17.
lesaiges, upkeep, maintenance, Coem. i. § 20.
leth-cuma, F. partial gift, unfair advantage, Moch ii. § 36.
leth-scél. N. *lit.* a partial or ex parte statement, defence, excuse, Col. E. § 31.
letrom (= leth-trom), partiality, injustice, Maed. ii. § 272 note.
léxa, law, Maed. ii. § 264.
liach, F. a spoon, a spoonful, Maed. ii. § 268.
líge, act of licking, Coem. i. § 16; ii. c. 6. l. 14.
lígim, to lick, Coem. i. § 15.
lirach, name of some disease, ? cholera rubea, Maed. ii. § 273.
litis, F. white colour, Br. i. § 135.
locaim, to refuse, shrink from, Coem. ii. c. 20, l. 9; vbl. n. Maed. ii. § 219.
(1) **locc**, mire, O'R., Coem. ii. c. 3[b], l. 1.
(2) **locc**, M. a hollow, a hole, Col. E. § 34.
loccán. **logán**, M. a small hollow, Col. E. § 35.
loingseoirecht, **-oracht**, F. voyaging, journey, Ab. § 20; Br. i. § 58.
loinnrech, **laindrech**, shining, radiant, Coem. iii. § 2.
loiscnech, burning, Ber. § 9.
lomán, M. a log, Coem. ii. c. 9, l. 22.
lúagaill (= **lúadail**), movement, adventure, Coem. ii. c. 6, l. 42.
luaithe, F. swiftness, Ber. § 57.
luath, an otter, Br. i. § 113.
luathgáire, F. joy, gladness, Ab. § 28; Br. i. § 118; Maed. ii. § 252: Moch. i. § 29.
luathgairech, joyful, glad, Br. i. § 67; Maed. ii. § 258; Moch. i. § 10.
lúbaim, to bend, curve, Col. E. § 27.
luchair, brilliance, luchair-dega, shining beetle, Moch. ii § 22.
luchtairecht, F. act of dressing or cooking meat, Ber. § 7.
luchtmaire, F. largeness *or* completeness of crew, Br. ii. § 4.
luibenn, herb, Br. i. § 74; Coem. iii. § 5.
luthmairecht (by metathesis, lumthairecht), F. activity, movement, Maed. ii. § 64 note.

macánta, modest, gentle, Maed. ii. § 38.
macantacht, F. youth, boyhood, Moch. i. § 7.
machtnad, wonder, astonishment, Br. i. § 176; Coem. iii. §§ 10, 41.
máelaim, to make blunt or smooth, Ab. § 27.
maethal, F. milk cheese, v. O'Don. Suppl.; Dinneen says 'biestings', which does not suit Coem. iii. § 43, vv. ll. maethlaigh, -laigthe.
maigden, F. a maiden, Ci. S. ii. § 51.
maigrech, abounding in salmon, Br. i. § 155.
maill, tardiness, O'R. i maill, in a leisurely way, Coem. iii. heading; v. moill.
(1) **mainches**, F. a nun, Br. i. § 153.
(2) **mainches**, M. service, Moch. i. §§ 17, 20; in Maed. ii. § 199 it seems to mean the tributary district within which such service is leviable.
mainchine, F. monkhood, a body of monks, Moch. ii. § 1.
mainder, F. a pen, a lair, Coem. ii. c. 4, l. 4.
mainnecht, F. **mainnechtnaige**, F. sloth, neglect, Maed. ii. § 213; = Atk. maitnechtaige.
mairgne, F. woe, Dinneen, Coem. ii. c. 12[b], l. 18 (conjectural reading).
mairnelach, M. pilot, Br. i. § 78.
maithemnus, M. remission, forgiveness, Maed. ii. §§ 64, 146.

maithfechus, M. for maithmechus, forgiveness, Ci. S. i. § 15.
maithfedach, forgiving, Ba. § 43 note.
maithfidhe, F. = maithmige, forgiveness, Maed. ii. § 162.
maithnech, 'sorrowful', Dinneen, sorry, wretched, Coem. ii. c 11, l. 36.
malartnaigim, to destroy, Ber. § 84.
málla, mánla, modest, gentle, Maed. ii. § 111.
mám, F. a hand, Maed. ii. § 146.
mannar, evil, Maed. ii. § 106.
manuail, manabail, F. = liber manualis, a hand-book; in Rua. §§ 56–8, it means writing tablets, and represents the *pugillaris* of the Latin Lives.
maraide, M. a mariner, seaman, Br. i. § 77.
marb-lamach, dead-handed, paralysed, Moch. i. § 28.
marcaigecht, F. cavalry, horsemen, Br. i. § 187.
medad, consideration, Maed. ii. § 33 note.
medon-sídaigthid, M. a mediator, Ber. § 1.
medraim, to bewitch, bewilder, Ci. S. i. § 11.
meirgech, of the banners, as a nickname, Ba. § 17 note.
meirtnigim, to discourage, weaken, Br. i. § 54.
mell, 'good, pleasant', O'R. Col. E. § 11.
melltoirecht, F. deceit, jugglery, Ab. § 19.
menestir, ministir (Latin ministerium), a portable reliquary, Maed. ii. §§ 195, 232; see note on the latter passage; also of the vessel in which the reserved Sacrament is carried, Ba. § 23.
methach, decaying, wasting, Coem. ii. c. 12, l. 52.
miadach, honourable, noble, Maed. ii. § 204.
mí-aradu, evil treatment, evil case, Moch. ii. § 23.
míchar, affable, courteous, Coem. iii. § 30; miodhchuir, Maed. ii. § 15.
mi-chíall, F. wrong-headedness, perversity, Coem. i. § 21.
mí-chreidmech, unbelieving, an unbeliever, Maed. ii. § 145.
mí-gnáe, displeasure, Maed. ii. § 84.
mí-gnech, ill-looking, having a bad appearance, Coem. iii. § 36.
mí-gnímach, criminal, Coem. iii. § 36 note.
mí-gnímrad, evil deeds, Coem. iii. § 37 note.
-mílla (?), mild, Maed. ii. § 273.
minn, signifies both a relic or sacred object, and the oath taken on such objects, Maed. i. § 36.
mirbuilech, wonder-working, marvellous, Coem. ii. c. 3[b], l. 15.
mí-rún, F. ill-will, malice, Maed. ii. § 123.
misgaith (= miscaid, L.S. 2327), curse, Rua. § 34 note.
mí-trócairech, usually means pitiless, but in Br. i. § 102 it evidently means unpitied, wretched.
mocol, mogal, M. a mesh, Ba. § 25; the husk *or* cupule (*not* shell) of a nut, ib. § 19 note.
moglaid, soft, O'R., Br. i. § 92.
móid, F. a vow, oath, wish, Col. E. § 35; Maed. ii. § 197.
móide ?, Coem. ii. c. 2, l. 23.
moill, F. delay, hindrance, Maed. ii. § 220; v. maill.
monad (Latin moneta), money, tribute, *metaph.* Col. E. § 28.
móntach, marshy, marshy or boggy ground, Ber. § 12.
mor-dálach, majestic, O'R., Maed. ii. § 130.
morgaim, to make or become putrid, mortify, Moch. i. § 36.
morí ?, a moor, Maed. ii. § 60 note.
mór-thondach, having mighty waves, Br. i. § 155.
mortín marb, name of some disease, paralysis, ? epilepsy, Maed. ii. § 273.
mosar, filth, Br. ii. § 9.
mucnechad ?, act of slaughtering, destroying, (v.l. muchad), Maed. ii. § 70.
múichnech, smoky, stifling, *metaph.* gloomy, Br. ii. § 9.
muide (Latin modius), a tub, a vessel, Úi S. § 11.
muincenn, F. the surface of the sea, Br. i. § 76.
muinterach, having a great following, Maed. ii. § 12.
muirer, a company, retinue, Maed. ii. § 181.
muirerach, having a large company, Maed. ii. § 120[b].
muirn, noise, sound, Coem. ii. c. 13, l. 14.
muirnech, beloved, dear, nír m. leis, he did not like it, Col. E. § 38.
musecda, musical, Maed. ii. § 155.
mulcán, molcán, M. soft cheese, Coem. ii. c. 23, l. 11; iii. § 43.

musclaim, mosclaim, to wake, Br. i. § 58; Ci. S. ii. § 18.

náemthach, holy, Maed. ii. § 24.
náirech, bashful, ashamed, Br. i. § 177; nárach, Maed. ii. § 265, v. l. náiride.
neimnech, heavenly, Maed. ii. § 205.
nemdide, heavenly, Maed. ii. §§ 155, 229.
nem-fad, 'non-length', shortness, short cut, Maed. ii. § 135.
nem-ónda, unblemished, unstained, Maed. ii. § 270.
nem-treith, not weak, mighty, Maed. ii. §§ 30, 265.
neoin, F. afternoon, evening, um neonuidh dhé, Coem. iii. § 81.
nertarbach, ? nert-tarbach, very profitable, Maed. ii. § 156 note.
níadach, heroic, valiant, Ber. § 57.
nobla óir, a gold noble (a coin), Maed. ii. § 44.
nóedenán, M. a little infant, Coem. ii. c. 3, l. 6.
nósmar, courteous, well-mannered, pleasing, Coem. ii. c. 6, l. 50; c. 9, l. 60.
núas = nós, custom, Coem. ii. c. 8, l. 24.

ocarach (for accorach, accobrach), hungry, starving, Coem. i. § 30.
ócbatu, youth, Coem. i. § 30.
ochtáb, ochtaf, F. octave (of a feast), Br. i. §§ 66, 73.
offertoir, some kind of ecclesiastical vessel or implement, the nature of which is not precisely known, v. Ducange, s. v. offertorium, Ba. §§ 23, 24.
offrail, F. an offering, an oblation, Ci. S. ii. § 42; Coem. ii. c. 12, l. 33; Maed. ii. §§ 99, 198.
ógacht, F. virginity, chastity, Maed. ii. § 266.
ogánach, M., a youth, a stripling, Maed. ii. § 191 note.
oides, M. fosterage, tutorage, Maed. ii. § 268 note.
oific, F. office, church service, Ab. § 25; Br. i. § 118; Maed. i. § 27.
oige, uige, F. a web for the loom, *pl.* oigde, Coem. ii. c 23, l. 3 = ugha iii. § 43; v. Dinneen, s. v. uige, and O'R. oige.
oigretacht, F. iciness, Ci. S. i. § 41.
oirther, front, the east (lá) a noirthur, the day after to-morrow, v. Dinneen, s. v. oirthear, Maed. i. § 38; ii. § 254.

olarda, fat, greasy, Ci. S. i. § 44.
ómnaigim, to be afraid, Br. i. § 172.
onóraim, to honour, reverence, Maed. ii. § 265.
orramach, v. urramach.
órtha, ? prayer, Maed. ii. § 106 note.
osna, is in osnadh, Ber. § 80; perhs. O'R.'s fosna, a dwelling, abode.

paidrín, a rosary, Maed. ii. § 25.
pailís, F. a palisade, Br. i. § 185.
páin = panis, a loaf, leth-páin, Br. i. § 154.
páiper, paper, Coem. iii. § 45 note.
pairilis, paralysis, palsy, Ab. § 34; Maed. ii. § 251.
páirt, F. union, alliance, Maed. ii. §§ 117, 263.
patrún, M. patron, patron saint, Br. i. § 181; Maed. ii. § 140.
pax, paxa, the kiss of peace, Br. i. § 137.
pell, a couch, O'R., Coem. ii. c. 3, l. 73.
periacail = periculum, Br. i. 75.
pic, pitch, Br. i. § 44.
pillim = fillim, to turn, Coem. iii. § 37 note.
plantugad, act of planting, setting, Maed. ii. § 170.
pollta, perforated, hollowed, Coem. iii. § 33 note.
port-linn, N. a pool on the bank (of a river), Ber. § 86.
praipe, F. instantaneousness, rapidity, Br. i. § 50.
prem = frem, root, Br. i. § 130.
premach, roots (collective), Br. i. § 133.
prepoist, M. = prepositus, the prior of a monastery, Br. i. § 43.
prioir, M. a prior, Moch. i. § 36.
priuiléidech, privileged, Maed. ii. § 140 note.
procuttoir, M procurator, Br. i. § 77; procadóir, Maed. ii. § 58.
proinnigim, to dine, take refection, Moch. i. § 34; vbl. n. Br. i. § 138.
prostrait, prostration, Moch. ii. § 33.
punt, a pound, Br. i. § 181.

raisi, v. fraissi.
raithnech, F. fern, bracken, Col. E. § 37.
rám ?, Maed. ii, § 31 note.
rega, I will go; with *la*, to succeed, prevail, Ruad. § 28; cf. Germ. das geht mir nicht.

réide, F. smoothness, easiness, Maed. ii. § 267.
réidigim, to make smooth or level, Coem. iii. § 14; Moch. ii. § 4; ? to settle with, arrange with, Br. i. § 75.
réidim, to make smooth *or* plain, Maed. i. § 28.
reilcech, abounding in cemeteries, Coem. ii. c. 11, l. 23.
reithtech, reidtecht, act of levelling, Coem. iii. § 14.
remi-rádim, to foretell, Br. i. § 209.
rethghe, ? Maed. ii. § 267 note.
reuerens = reuerentia, Br. i. § 57.
rían, a track, a path, Maed. ii. § 190.
ríatta, tamed, domesticated, Br. i. § 6.
ridire, M. a rider, man-at-arms, Maed. ii. § 167.
rigdamnacht, F. position of heir-apparent, Maed. ii. § 139.
rimad, ? = ro-imad, great abundance (v. l. raimudh), Moch. ii. § 22.
ro-, for substantives and adjectives compounded with this strengthening prefix, see the simple forms.
roba, robe, clothing, Coem. ii. c. 12, l. 8.
rod, rot, ? swift, Br. ii. § 10.
róisin, rosin, Br. i. § 44.
rolla, a roll, Maed. ii. § 271 note.
ro-lucht = ro-lacht, a great sepulchre, Maed. ii. § 13.
rómar, ruamar, act of digging, Coem. iii. § 30; Moch. i. § 18.
rónach (collective), seals, Br. i. § 187.
rúad, rúag, strong, mighty, Col. E. § 11.
rúag, F. pursuit, course, Coem. ii. c. 7, ll. 9, 42.
ruainne, F. hair, fur, Maed. ii. § 162.
rud, a wood, forest, O'R., Úi. S. § 6 (?).
ruirthech, N. palace, Ba. § 45.

sac, M. a sack, bag, Col. E. § 18.
sacartacht, F. priesthood, Br. i. § 133.
sacrament, F. the Sacrament, Br. i. § 61; Maed. ii. § 143.
sáer-clannda, of noble lineage, Maed. ii. § 30.
sáerse, sairse, F. freedom, privilege, Br. i. § 182; Coem. ii. c. 11, l. 44; c. 12[b], l. 7.
saethrugad, act of labouring; in Coem. iii. § 40 it seems to mean hunting [can there be a confusion of the English words toil (work) and toils (snares)?]
sagh, F. = sod, a bitch, Maed. ii. § 94.
sáirsecht, F. craftsmanship, manual skill, Maed. i. § 34.
saithech, satiated, full, Ci. S. ii. § 39.
saltraim, to tread, trample, Maed. ii. § 111.
samad, M. common sorrel, Ber. § 35; Coem. i. §§ 14, 25.
sámad, ? rest (from sám, peace), Coem. ii. c. 1, l. 4.
sám-chelgad, act of soothing, pacifying, Coem. iii. § 30.
sam-mag, N. sorrel-plain, plain abounding in sorrel, Coem. iii. § 2; cf. Inis Maige Sam, Mart. Gorm. Index.
samrata, *adj.* summer, Br. i. § 197.
sásugad, satisfaction, act of satisfying, Coem. iii. § 33.
scáile, sgáile, F. shadow, shade, Ci. S. ii. § 2; *metaph.* a phantom, ib. § 30.
scailt, ? *dat. pl.* scaltaibh, scailtibh, Br. i. §§ 136, 138 (v. note ad loc.).
scamach, lung disease, Maed. ii. § 273.
scapal, M. a scapular, Br. i. § 188.
scellic, sgeilg, an isolated rock, a skerry, Coem. i. § 12; ii. c. 3, l. 91, iii. § 5.
scíamach, beauteous, Moch. i. § 7.
scing, ? glove, Coem. i. § 31 (v. note ad loc.); ii. c. 16, l. 8.
scolaire, M. a scholar, clerk, Maed. ii. § 191.
screig, a rock, a crag (Dinneen); screig-scelg, a craggy reef, Coem. iii. § 5 note.
scribneoir, M. a scribe, Coem. i. § 37; Rua. § 61.
scribneóracht, F. writing, composition, Maed. ii. § 277 note.
sebcaide, hawk-like, Maed. ii. § 131.
sechantach, prone to shun, Moch. i. § 7.
sechbaid, badness, a bad thing, Moch. ii. § 36.
secht 7 techt, ? coming and going, Maed. ii. § 72 note.
secht-chosach, having seven feet, Br. i. § 194.
sed, strength, vigour, Ber. § 22; cf. Si. Gad. i. 76, 37.
seicreitech, secret, Ci. S. ii § 74; Maed. ii. § 25.
séimed, seed, posterity, Rua. § 41; cf. Acc. Sen. 6650.
se(i)pel, chapel, Ci. S. ii. §§ 43, 44, 46.
seirbís = seruitium, Maed. ii. § 24; in Br. i. § 65 it translates obsequium, which means the foot-washing (ósaic) of Maundy Thursday; of divine service, Br. i. § 79.

selat, an interval of time or space, a short time or distance, Ber. § 87; Br. i. §§ 125, 150; Coem. iii. § 4 note; by metath. settal, Rua. § 6.
selgán, M. meadow-sorrel, v. Hogan, Luibhleabrán (Bergin), Coem. iii. § 39.
sella, sellad, siolla, a cell, Br. i. §§ 30, 37; Maed. ii. § 77; Moch. i. §§ 24 note, 45.
séman, ? Maed. ii. § 183 note.
sémide, slender, attenuated, Maed. ii. §§ 33, 100.
sémidecht, F. fineness, tenuity, Br. i. § 121.
sénadugad, act of blessing, Maed. ii. 157 note (? read: sénugad).
senaid an Tigerna = Cena Domini (Maundy Thursday), Br. i. § 63; lá senaid in T., ib. § 77.
senmoir (by metath. from sermoin), a sermon, the act of preaching, Coem. i. § 1; Col. E. §§ 3, 4; Moch. i. § 10 note.
sén-smal, *lit.* decay of luck, disaster, Coem. iii. § 24 note.
séolaim, to direct, guide, Ab. § 9; Br. i. § 49; Maed. i. § 1.
seomratoir, M. = camerarius, Br. i. § 103.
serbas, M. **serbe**, F. bitterness, sourness, Moch. i. § 14.
serbfogantaide, M. servant, Br. i. § 182; serbontaide, Maed. ii. §§ 64, 253.
sesrech, F. (*a*) a plough, (*b*) a plough-team, Ber. §§ 74, 77; (*c*) a plough-land, fer sesrighe, the holder of a plough-land, ib. § 44.
settal, v. selat.
sgagad, act of winnowing, sifting, straining; *metaph.* revision, emendation, Col. E. § 41.
sicc, frost, Coem. i. § 9.
sídach, peaceful, Ab. § 36; Ba. § 44.
sídaigim, to make peace, Ci. S. ii. § 36.
silens, = silentium, Br. i. § 70.
silim, for sailim, to think, expect, Ci. S. i. § 21.
sinim, to stretch, in Coem. ii. c. 6, l. 11 seems used intransitively = to come.
sírdaide, lasting, perpetual, Maed. ii. § 234.
sírraide, lasting, constant, Ba. § 42 note; Br. i. § 34; Rua. § 24.
sír-saeglach, long-lived, Moch. i. § 30.
siublaigim, to walk, proceed, Maed. i. § 16.
slán, security, pledge, Maed. ii. § 44.
slánaigthéoir, M. Saviour, Br. i. § 119.
sleibtemail, hilly, mountainous, Br. i. § 123.
slim, 'miserable, wretched' (Dinneen), Col. E. § 41.
slim-tend, smoothe and tough, Maed. ii. § 52.
smér, a berry, a blackberry, Ci. S. i. § 27; Coem. i. § 25
so-barthanach, prosperous, wealthy, Ba. § 45.
socair, socar, easy, comfortable, Coem. iii. § 14; Maed. ii. §§ 129, 177; compar. socra, Coem. ii. c. 3, l. 83.
so-caithme, good to eat, edible, Maed. ii. § 170.
so-carthana, worthy of love, loveable, Moch. i. § 8.
sochrach, excellent, abundant, Coem. iii. § 10.
so-delbda, shapely, comely, Maed. ii. § 96.
so-dénta, easy to be done, practicable, Ba. § 8 note.
so-grádach, well-beloved, acceptable, Moch. i. § 6.
soichell, hospitality, liberality, Maed. ii. §§ 16, 228.
soilléir, clear, manifest, Ab. § 10; Col. E. § 12.
so-imthechta, easily traversed, practicable, Coem. iii. § 14.
soirbes, M. success, advantage, Coem. ii. c. 9, l. 4.
soirbigim, to make easy, to prosper, Ab. § 9; vbl. n. Br. i. § 40.
so-míadach, very honourable, Br. i. § 158.
sosdaim, to stop, Coem. iii. § 45 note.
sotheach, ? Ba. § 3 note.
spraic, F. strength, power, Coem. ii. c. 9, l. 50.
sprecad, reproof, rebuke, Maed. ii. §§ 63, 215.
spor, M. spur, Br. i. § 187.
staid, Latin stadium, a furlong, Maed. ii. § 168.
stial, F. a writing style, Br. i. § 68.
stór, a store, a quantity, Coem. ii. c. 20, l. 23.
sualtach, virtuous, Ba. § 44.
subaltaige, F. joy, Br. i. § 28.
substaint, F. = substantia, Br. i. § 114.
suidecán, M. a little seat, Col. E. § 20.
suideóc, F. = sedile, a seat, Br. i. § 68.
suipér, M. supper, Br. i. § 53; Ci. S. ii. § 10; Maed. ii. § 104.

sulchar, pleasant, affable, Maed. ii. § 244.
súrim, to seek, to require, ask, Maed. ii. § 272 note; Rua. §§ 24, 47.

taca, nearness, proximity, Br. i. § 162 note.
tacar, M. gleaning, collection, provision, Br. i. § 67.
tachar, **tochar**, M. strife, conflict, Br. ii. § 11; Maed. ii. §§ 33, 218.
tachraim, **toch-**, to quarrel (impersonal construction), Br. i. §§ 192, 193.
táebaim, to go to the side of, to visit, Br. i. § 44.
taidbsech, evident, manifest, Maed. ii. § 260 note.
taidbsigim, to show, reveal, in pass. to appear, Maed ii. § 167.
táim-nél, a swoon, a faint, Col. E. § 16.
tairbthech, profitable, Coem. iii. § 27.
tairchi, v. tarcud.
táire, F. reproach, disgrace, Coem. ii. c. 23, l. 8.
táirim, to reproach, revile, Coem. ii. c. 1, l. 23.
tairise, loyalty, affection, Maed. ii. §§ 36, 117.
tairngertach, prophesied of, promised, Coem. i. § 5; ii. c. 7, l. 4.
tais, damp, moist, Maed. ii. § 149; *metaph.* soft, weak, cowardly, ib. § 175.
taise, F. dampness, moisture, Maed. i. § 35; *metaph.* softness, faintness, Col. E. § 16.
taistel. act of travelling over, traversing, visiting, Br. i. § 124; Maed. ii. § 33.
taistlim, to traverse, *metaph.* to go through, search, Br. i. § 198.
taith-beoaigim, to revive, bring to life, Br. i. § 206; Coem. i. § 18; vbl. n. Ci. S. ii. § 31.
táithlech, peace, quietness, O'R., Coem. ii. c. 8, l. 18.
talaim, to drop, let fall (of a female animal yielding its milk), vbl. n. talad, Coem. ii. c. 18, l. 17; also tal, ib. l. 32; iii. § 33.
tamall, M. a space, interval (of time or distance), Ba. § 30 note; Maed. ii. § 169.
tapaid, active, strong, Br. i. § 52.
tapar, a taper, Ab. § 32; Coem. ii. c. 2, l. 27; iii. § 2.
tarbnaigim, to be profitable, to avail, Br. i. § 199.
tarcud (vbl. n. of do-aircim), act of providing, entertainment, *gen.* tairchi (*for* taircthi), Maed. ii. § 213.
tarrachtain, act of attaining or effecting, Rua. § 26.
tarrad, act of drawing, draught, Moch. i. § 32.
tarrlad, act of drawing or dragging, Maed. ii. § 164; cf. O'R., tarlaidim.
tártháil, help, protection, Coem. ii. c. 4, l. 15; c. 12, l. 3.
táth, act of fastening *or* fixing, Moch. i. § 28.
táthaigim, *lit.* to join, weld, *metaph.* to impose (as a tax), Maed. ii. § 203.
táthaim, to join, to weld, Coem. ii. c. 19, l. 16.
tatham, M. sleep, rest, Maed. ii. § 204.
técar, shelter, Br. i. § 162.
técht, viscous, glutinous, Br. ii. § 12.
tecmais, accident, luck, Maed. ii. § 131.
teilgthech, ? causing to melt or fuse, Ba. § 44 note.
térma, a term, period, Maed. ii. § 83.
termon, M. (Latin terminus), sanctuary, asylum, Maed. i. § 18.
texa (Latin textus), text, Col. E. § 11.
tiachair, difficult, painful, as a subst. pain, difficulty, Coem. ii. c. 2, l. 6.
tidlacud (verbal noun of -tidlacim, for older do-ind-nachim), an offering, a gift, Rua. § 17.
tidlaicthech, prone to giving, liberal, Maed. ii. § 221.
tigedas, M. husbandry, provision, Br. i. § 67.
tillim, to turn, return, Coem. iii. § 6.
-timsaigim, to collect, assemble, Maed. ii. § 246.
timsugad, act of collecting, Br. i. § 67; Maed. ii. § 225.
tinde, **tinne**, an ingot or bar of metal, Col. E. § 33.
tintothach, able to turn away or avert, Ber. § 57.
tiruairsi, remains, relics, Maed. ii. §§ 232 note, 233.
tlás, softness, cowardice, Coem. ii. c. 7, l. 44; Maed. ii. § 213 note.
tlus, ? pity, compassion, Maed. ii. § 213.
tobanta, sudden, Coem. iii. § 3 note, § 15 note.
tochailt, **tochlad**, verbal nouns of tochailim, to dig, to root (of a boar), Ci. S. i. § 6.
tochar, **tochraim**, v. tach-.
tocht, silence, Ci. S. ii. § 69.
todúsacht, act of awaking *or* raising

(from the dead), Ab. § 12 : Moch. i. §§ 23 note, 25.
tograim, N. pursuit, act of pursuing, Moch. ii. § 28.
tógraim, to choose, to please, wish, Maed. ii. § 216 note ; Coem. iii. §§ 13, 27 ; t. ceilebrad, to wish farewell, ib. § 26.
toich, due by natural right ; hence, dear, beloved, compar. tocha, Ber. § 17.
toiligim, to will, to choose, agree, Maed. ii. § 216.
-toimsim, to measure, Maed. ii. § 55 ; Moch. i § 11.
toirt, value, respect, OR., Coem. ii. c. 12, l. 7.
torann-glés, thunderous apparatus, Br. i. § 124.
torthaige, F. fruitfulness, Ber. § 88.
tosanach, original (tosán, origin, O'R.), Br. i. § 128.
tragugad, act of causing to ebb, Maed. ii. § 76.
tráigim, *trans.* to exhaust, weaken, cause to ebb, Ab. § 9 ; *intrans.* to ebb, be exhausted, Ab. § 29 ; vbl. n. trágad, ib. § 39.
traigthech, M. a foot-soldier, Maed. ii. § 141.
trebthachus, **trebachus**, M. husbandry, ploughing, Maed. ii. § 120[a].
trédach, **trétach**, having flocks, populous, Br. i. § 155.
trédenus, fasting, abstinence (strictly a fast of three days), Maed. ii. §§ 1, 150.
treimse, F. a time, a period, Moch. i. § 2.
tréine, F. strength, valour, Maed. ii. § 216.
treise, F. strength, Maed. ii. § 202.
trell, a turn, a while, Br. i. § 158 ; Ci. S. ii. § 15 ; Moch. i. § 13.
tréoir, guidance, Ba. § 46 note ; *gen.* tréorach, Coem. ii. c. 14, l. 25.
tréoraigteoir, M. guide, leader, Br. i. § 53.
tré-phersannach, having three Persons (of the Trinity), Maed. ii. § 93.
tressach, combative, pugnacious, borbt., Maed. ii. § 122.
treth, weak, Maed. ii. § 33 ; cf. nemtreith.
trethan, ? noise, Br. ii. § 5.
trice, F. quickness, promptness, Ber. § 57.
trócairech, merciful, pitiful, Maed. ii. § 229.
troitim, to contend, dispute, Br. i. § 191.
tromaigim, to make heavy, to load, Br. i. § 133.
tuaim, a village, homestead, in a place name, Tuaim Usci, Ber. § 74.
túath-bertach, ? treacherous, Br. ii. § 10.
túairim, gan techt fa thuairim, Coem. ii. c. 6, l. 32 ; my conjecture *tuairin* is quite unnecessary ; tuairim means conjecture, aim, intent ; fo th. is a frequent expression meaning in the direction of, about (of time and space), with a view to ; fa th. troda, intending to fight, Oss. Soc. iii. 90, 30 ; ac triull fona thuairim, marching upon him, F.M. v. 1570, 15 ; fa th. na haimsire sin, about this time, MS. Mat. 574, 18 ; gan techt fa th. = without wandering about.
tuicsech, intelligent, able, Maed. ii. § 31 note.
tuin, ? gan tuin bídh, Coem. iii. § 28 note (? without a scrap of food).
tulach, which generally means 'hill', seems in Maed. i. to be used simply in the sense of place, spot, §§ 8, 11, 26.
tulchán, M. a little hill, Coem. ii. c. 23, l. 12.
tumba, a tomb, Moch. i. § 22.
turcruthach (*for* turcurthach), fortunate, wealthy, Maed. ii. § 13.

uaignech, solitary, retired, Coem. iii. § 4.
uaignes, M. solitude, privacy, Coem. iii. § 6.
uaim-thech, N. *lit.* 'cave-house', of a fox's burrow, Ci. S. i. § 7.
uáin, time, turn, ar uainibh, in turn, Ab. § 11.
ugha, v. oige.
uigil, vigil, Br. i. § 65.
uinniment (unguentum), unguent, Ci. S. ii. § 75.
uirbernach, defective, Maed. ii § 48.
uirtimchell, act of surrounding, circuit, Maed. ii. § 65 ; Moch. i. § 8.
ulca, F. badness, malice, Maed. ii. § 59.
ullam, ready, prepared, Col. E. § 24 ; rí u., an actual King, Maed. ii. § 223.
ul-piast, F. great beast, monster, Coem. i. § 4.
umale, ? for immale, immaleith, forthwith, Ci. S. i. § 7.
umlaigim, to be obedient, submit, do

obeisance, Ab. § 22; Maed. i. §§ 10, 66.

úna, hunger, famine, Ab. § 6; Maed. ii. § 248.

unsa, an ounce, Br. i. § 138.

úrach, green wood, fresh wood, Coem. i. § 17; ii. c. 7. l. 23.

uradhall = uraghall = ur-fuigell, decision, Maed. ii. §§ 159, 200; uraghall, 'speech', Dinneen.

urchosc, a preservative from evil, a spell, antidote, Maed. ii. § 7.

urfolach, air-, concealment, a covering, Moch. i. §§ 31, 33.

urmaisnech, *lit.* aiming well, prosperous, successful, Maed. ii. § 266.

urmas, the act of lighting on, finding, Coem. ii. c. 6, l. 6 (= airmasiu).

urramach, or-, reverent, respectful, obedient, Maed. ii. §§ 62, 78.